KB140638

세계문화사

김기훈·이내주·이 재

공저

일조각

제3판을 내면서

육군사관학교는 국제적 안목을 지닌 군의 지도자 양성을 위해 그 동안 지속적으로 세계사를 교양필수 과목으로 교육하여 왔다. 그러므로 원래 이 책은 육군사관학교 생도들에게 세계사 교육을 보다 체계적이고 알차게 학습시키기 위한 의도에서 집필되었다.

이 책이 첫선을 보인 것이 1977년이니 그 나이 벌써 20년이 넘었다. 그 동안 1985년에 동양근대사와 서양 근대 초기 부분에 대해 일부 수정을 하였고, 1990년대에 접어들어서는 학습에 도움을 주려는 의도하에 역사지도 등을 삽입하여 보완한 바 있다.

그럼에도 불구하고 세계사 교육의 시대적 추세와 오늘날의 새로운 요구는 이 책을 다시 개정하지 않을 수 없게 만들었다. 이런 점에서 이번의 개정판은 다음의 몇 가지 점에 유의하여 수정하게 되었다.

첫째, 실제 강의시간에 다루어지는 학습 내용과 교과서 내용을 가능한 한 일치시키려고 노력하였다. 그리하여 통상적으로 강의에서 제외되어온 선사시대 및 고대문명 분야는 집필에서 삭제하였고, 특히 동양사 분야는 전적으로 근대 이후에 초점을 맞추어 정리하였다.

둘째, 학습의 편의를 도모하여 서양사와 동양사를 별도로 구분하여 편집하였다. 다년간의 강의 경험에 비추어 볼 때 오히려 이러한 편집 구성이 학생들의 역사적 이해에 보다 효과적이었다고 판단하였기 때문이다.

셋째, 세계사에 대한 이해를 더욱 증진시키기 위해 많은 사진, 지도, 삽화 등을 수록하여 시각적 효과를 높였다. 또한 주 독자층이 한글세대임을 감안하여 불가피한 경우를 제외하고는 한자를 한글로 바꾸었고, 표현을 좀더 평이하게 고쳐썼다.

끝으로, 원래 이 책은 육군사관학교 생도들의 세계사 교육을 위해 쓰여졌다. 그러나 다른 일반대학에서도 관심을 갖기 시작함에 따라 이번에는 가능한 한 모든 학생 및 교양인에게도 도움이 될 수 있도록 재구성하였다.

이러한 몇 가지 새로운 시도에도 불구하고 여전히 새로운 서술과 수정이 요구되는 부분이 있음을 집필진은 동감하는 바이며, 이러한 점들은 앞으로 끊임없이 관심을 갖고 보완해 나가고자 한다. 여러가지로 어려운 시기임에도 불구하고 오히려 보다 적극적으로 개정에 열의를 보여주신 일조각 편집부 여러분들께 심심한 사의를 드리는 바이다.

1998년 8월

집필진 일동

머 리 말

세계사에 대한 지식이 오늘날 지성인으로서의 교양의 가장 기본적인 바탕
의 하나를 이루고 있음은 이미 상식으로 되어 있다. 그것은 세계사가 인류 경
험의 보고(寶庫)로서 그에 대한 지식은 현대 우리들이 당면한 많은 문제 해결
에도 좋은 시사(示唆)를 줄 뿐만 아니라 인류역사의 흐름 가운데서 우리들의
현위치를 올바르게 파악케 함으로써 우리들로 하여금 정당하고 진보적인 미
래로 지향케 하는 데 큰 도움이 되기 때문이다. 그리고 오늘날과 같이 교통과
통신이 발달하여 세계가 일일권(一日圈)으로 좁혀지고 세계의 여타국가와 긴
밀한 유대관계가 없이는 살아가기 어려운 때의 세계사 속에서 타국이 어떻게
성장 발전을 해 왔는가 하는 데 대한 지식은 우리의 생존을 위해서도 불가결
한 것이다.

그렇게 때문에 세계문화사는 선진 제국(諸國)의 각 대학에서 필수교양과정
으로 되어 있고, 우리나라에서도 대학교양과정 중 중요한 과목으로 교수(敎
授)되고 있다. 어느 선진국의 사관(士官)에도 못지않은 장교를 양성할 책임을
지고 있는 우리 사관학교에서도 그 중요성을 일찍부터 인식하여 기본과정의
하나로 이미 20여년 간 교육을 해 왔다. 이 책은 그러한 사관생도 교육을 위
한 전용 교과서로서 편찬된 것이다.

그간 국내에서도 많은 세계문화사 교과서가 편찬되었다. 그러나 우리의 경
험에 의하면, 종래의 많은 교과서가 혹은 너무 간략하고 혹은 너무 분량이 많
아 우리 사관학교 과정에 적합하지 못하였다. 이 책은 우리가 과거에 다년간
육사에서 교수한 경험을 토대로 그러한 결점을 보정하고 사관학교 교육에 보
다 적합하게 하려는 의도에서 만든 것이다. 그러한 의도가 얼마나 성취되었
는지는 모르나, 사관생도 교육에 조금이라도 도움이 된다면 필자들은 큰 기

뿜으로 여기겠다.

　이 책이 나오기까지에는 교장님과 교수부장님의 특별한 관심과 배려로써 이루어지게 됨을 밝혀 두는 것이다.

　끝으로 이 책의 출판을 맡아 주신 일조각의 한만년 사장님과 짧은 기일에도 불구하고 아담한 책으로 꾸며 주시기에 많은 수고를 해 주신 직원 일동에게 심심한 감사를 드린다.

　　　1977년 2월

　　　　　　　　　　　　　　　　　　　　　육군사관학교 사학과

목 차

제2편　서양의 중세사회

제1장　유럽 사회의 신생

제2장　중세 유럽의 변천

제3편　서양의 신기운

제1장　의식의 새로운 변화

제2장　새로운 사회의 형성

제4편 서양근대사회의 성숙

제1장 혁명의 시대

제2장　보수·반동시대와 자유주의운동

제3장　국민주의의 실현

제6편　근세 동아시아

제1장　동아시아의 전제국가

제2장　서구인들의 아시아 진출과 동아시아의 근대화

제3장 제국주의하에서의 중국의 개혁운동

제4장 20세기의 중국

주요 역사 지도

제1편
서양의 고전문명

제1장
그 리 스

참된 의미의 서양문화가 발생한 곳은 그리스였다. 그리스에서 일어난 문화는 오리엔트의 문화와는 전혀 다른 것이었다. 그리스의 문화는 오리엔트의 신정적 국가나 동양의 전제국가와는 전혀 다른 국가, 곧 '폴리스'라는 시민공동체를 기반으로 하여 발생하였다.

이곳에서 서양 문화의 기조를 이루었던 자유로운 시민정신과 고전적 민주정치의 원리가 배태되어 나왔다. 이러한 그리스 문화는 알렉산더의 대제국을 통하여 오리엔트에 전해져서 헬레니즘 문명을 낳았으며, 또 이 문명은 로마제국에 흡수되어서 로마제국으로 하여금 보다 더 포괄적인 세계 문명을 이룩하게 하였다.

전술한 바와 같이 역사상 그 어느 민족도 헬레네인처럼 자유분방하고 인간적인 문화를 창조해 내지 못했다. 이러한 헬레네 문화는 그리스 고유의 사회·정치 체제인 폴리스polis에서 형성되어 나왔기에 폴리스의 발생·구조, 이곳에서의 시민의 정치·사회·경제·군사·문화 생활 등을 검토해 봄이 필요할 것이다.

제1절 폴리스의 성립과 발전

지리적 조건

그리스는 지중해의 동쪽 발칸반도의 남부에 위치해 있어 기후적 조건은 양호하였다. 그러나 전국토의 80%가 산악으로 되어 있어 가경지가 적을 뿐만 아니라 그리스인 상호간의 통교를 방해함으로써 그리스의 경제적 번영과 민족적 통일을 저해하였다.

바로 이러한 지리적 조건이 고전 그리스로 하여금 마케도니아의 필립 2세에게 정복되기까지 무수한 도시국가 상태로 있게 한 요인이었다.

에트루리아의 여전사상

호머시대

전술한 바와 같이 그리스에서 도시국가의 출현은 B.C. 1200년경 도리아인의 남하로 인해 그리스 본토의 미케네 문명이 몰락하고 난 이후인 소위 암흑기(B.C. 1200~800)에 형성되었다. 이 시기는 호머(호메로스)의 서사시를 통해서 그 모습을 추리할 수밖에 없기 때문에 일명 호머시대라고도 불린다.

그리스 지방에 내려온 도리아인들은 B.C. 1000년까지 부족phyle을 단위로 촌락을 이루고 농목(農牧)을 생업으로 하고 있었다. 부족은 몇 개의 형제단 또는 문족phratria으로써 구성되고, 형제단은 다시 몇 개의 씨족genos으로써 구성되었다. 따라서 B.C. 1000년경의 도리아인의 사회는 씨족공동체적 사회였고, 또 그것은 위와 같은 씨족—문족—부족을 기본 사회단위로 하여 편성되었다. 생산활동은 공동생산이 이루어졌고, 또 토지는 부족원들에게 공평하게 분배되어 여기서부터 나오는 경작물을 생계의 기본으로 삼게 되었다. 따라서 호머시대의 경제생활은 촌락을 단위로 한 자급자족의 자연경제가 행해지고 있었다.

촌락의 통치자는 국왕basileus이라고 칭하였는데 그는 아시아의 국왕처럼 절대적 지배권을 지닌 전제 군주가 아니라 촌락민 중의 제1인자에 불과하였다. 그리하여 그는 세습 또는 선거에 의하여 선출되었다. 촌락의 정치기구로는 각 씨족장으로 구성된 장로회의bule와 촌락의 성년 남자로써 구성된 민회agora가 있어서 촌락의 중대사를 결정하였다.

폴리스의 성립

그러나 생산기술이 발전함에 따라 공동생산보다 개인생산이 성행하고 그 결과 토지의 사유화 현상이 일어남으로써 부락민이 대토지를 소유한 귀족eupatritai과 토지를 잃고 몰락한 귀족의 고용인thetes, 소작인hektemoroi, 그리고 노예 등으로 분화하는 사회계급이 발생하였다. 한편 이때 왕은 귀족이 그 지배권을 강화함에 따라 종교적 지도자로 전락하였다.

이러한 사유재산제도와 계급의 발생은 평등을 원칙으로 하는 씨족사회를 붕괴시키는 작용을 하였다. 또한 에게해를 중심으로 하는 교역의 발달은 부락 상호간의 경제적 관계를 긴밀히 하고 타부락민과의 지연적 유대를 맺게 해 줌으로써 씨족제의 붕괴를 더욱 촉진하였다. 이리하여 종래의 혈연적 유

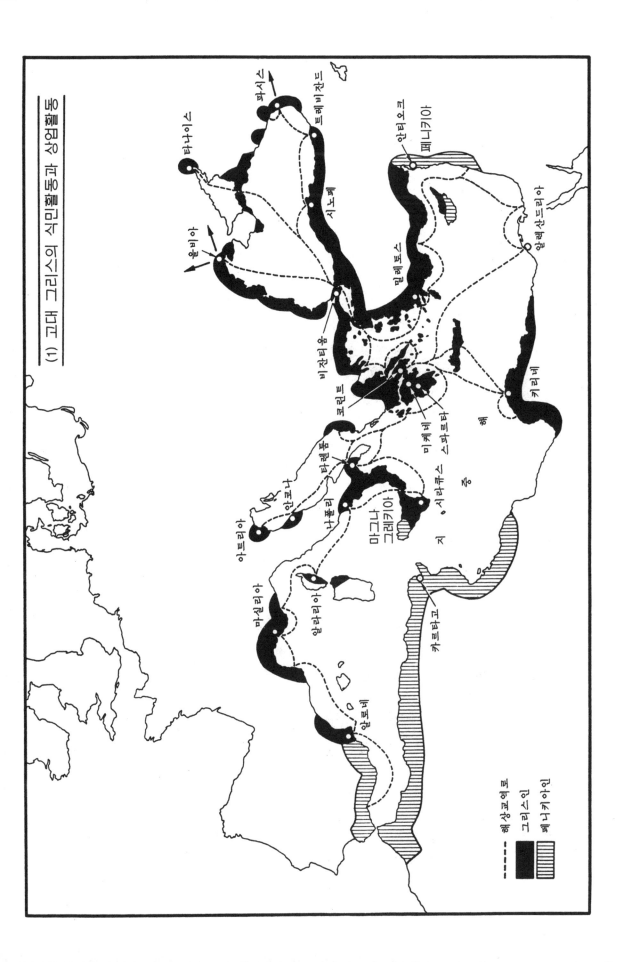

(1) 고대 그리스의 식민활동과 상업활동

대로 뭉친 씨족사회는 허물어지고 경제적, 군사적으로 공통의 이해관계를 가진 귀족들이 한 곳에 모인 '집주(集住)'*synoikismos*가 이루어져 고대 그리스의 도시국가인 폴리스를 형성하였다. 이처럼 폴리스는 혈연적 사회가 지연적 사회로 그리고 왕정이 귀족 지배의 사회로 넘어가는 시기에 나타났던 것이다.

폴리스는 경제활동이 가장 빠른 소아시아의 이오니아지방에서 먼저 일어나 그리스 본토 및 에게해의 여러 섬으로 확대되었는바 B.C. 8세기경에는 지중해·흑해 연안에도 많이 생겼다.

폴리스의 구성

대부분의 폴리스는 성벽으로 둘러싸인 도시부(중심부)와 전원부(교외)로 나뉘어 있었다. 도시부는 정치·경제의 중심을 이루어 주로 귀족과 상인이 살았다. 이곳의 중앙에는 아크로폴리스*acropolis*라는 높은 언덕이 있어서 도시의 수호신을 모신 신전이 있었다. 또 산기슭에는 아고라*agora*라는 광장이 있어서 이곳에 시민들의 경제활동의 중심 무대가 되는 시장이 열렸고 시민들의 정치활동의 중심부인 공회당이 모여 있었다. 한편 전원부에는 농민들이 노예·반자유민과 더불어 거주하고 있었다. 폴리스의 크기는 500~5,000평방마일에 달하였고 그 주민은 수천으로부터 20~30만 명에 이르렀는데 평균인구는 5천 명 정도였다.

폴리스의 시민들은 한정된 폴리스의 성벽 안에서 살았으므로 그들의 애국심은 자연 자신의 폴리스에 한정될 수밖에 없었다. 또 이들은 일체의 경제활동을 노예에게 맡겨(노예제도의 실시) 시간적 여가를 마음껏 활용할 수 있었으므로 폴리스를 바탕으로 자유로운 시민생활을 향유할 수 있었다. 이리하여 이들은 자유시민단을 구성하여 전 시민의 직접민주주의를 가능케 했으며, 또 고도의 자유분방한 문화를 창조할 수 있었다.

이처럼 고대 그리스의 도시국가인 폴리스는 그리스인의 정치·경제·사회생활의 기본적인 요소였으며, 또 그것은 배타적인 단위였다. 이와 같은 독자적인 폴리스는 그리스 본토에 100여 개가 있었으며, 식민시까지 합쳐서 폴리스의 총수는 1,000을 넘었던 것 같다. 폴리스 내에 살고 있었던 그리스인들은 동일한 언어·종교·생활 습속을 갖고 있었다. 또 그들은 동일 조상인 헬렌Hellen신을 섬기면서 자신들을 헬렌신의 후예인 헬레네스*Hellenes*, 또 그들의 거주지를 헬라스*Hellas*라고 부르면서 이민족을 바바로이*barbaroi*라 하여 멸시하였다.

폴리스의 식민활동

B.C. 8~7세기에 걸쳐 그리스의 식민활동은 활발하게 전개되고 교역도 크게 발달하였다. 그리스인의 식민활동은 B.C. 11세기에도 있었다. 곧 그리스 본토의 북부에 살고 있던 아케아인 및 에올리아인이 소아시아 서해안의 북부 지방에, 그리스의 중부 지방에 살고 있던 이오니아인이 소아시아의 중부 지방에, 그리고 그리스 남부 펠로폰네소스반도에 살고 있던 도리아인이 소아시아 남부 지방에 식민하여 각각 많은 도시국가를 건설하였다.

그러나 이 식민활동은 그 뒤 약 250년 동안 중단되었다가 B.C. 750년경부터 다시 시작되었다. 식민활동이 다시 시작된 이유는 여러가지로 생각할 수 있다. 첫째로, 귀족층에 의해서 토지가 집중적으로 독점되어 영세농이 증가하게 됨으로써 농민이 새로운 경작지를 위해서 밖으로 나가게 된 점과, 둘째로 폴리스 내의 인구 증가로 인하여 과잉 인구의 분산책으로서 나오게 된 점, 셋째로 도시가 번영하고 통상·교역이 발달함으로써 해외시장의 확대가 요구된 점, 넷째로 폴리스 내부에 정치적 분규가 일어나서 불만을 가진 계층이 식민을 통해서 새로운 땅을 개척하게 된 점 등이었다.

그러나 어떠한 이유로 식민시가 수립되었든 간에 식민시는 모시(母市) me-tropolis에 대해 정치적인 예속관계에 얽매이지 않은 자주 독립의 정치체제를 갖고 있었다. 다만, 모시의 제도·관습·종교는 그대로 보존되었으며 문화적·종교적 유대는 유지되었다.

식민활동의 범위는 매우 광범하여 동쪽으로는 소아시아의 밀레투스 Miletus, 서쪽으로는 이탈리아 남부와 시칠리아섬에 걸친 '위대한 그리스' Magna Graecia, 그리고 남프랑스의 마르세유 Marseille 와 스페인의 제시(諸市), 북쪽으로는 보스포러스와 흑해 연안, 남쪽으로는 아프리카의 리비아 해안과 나일강 유역에까지 이르렀다. 그리하여 B.C. 6세기경에 그리스인은 전 지중해 연안과 흑해 연안에 널리 퍼져 살게 되었다. 오직 페니키아의 식민시였던 카르타고만이 그리스의 식민활동에 맞설 뿐이었다.

그렇다면 이러한 식민활동은 폴리스 내외에 어떠한 영향을 미쳤는가? 첫째, 대내적으로는 폴리스의 정치적 발전을 촉진시켰고, 둘째, 대외적으로는 각 지방 상호간에 새로운 경제적 의존관계를 성립시켜 마침내 폴리스의 할거성을 지양, 그 비약·확대를 촉구하였다. 그럼 어떻게 해서 식민활동이 폴리스 내의 정치적 발전을 가능케 하였는가? 식민활동은 그리스인들의 경제적 활동 무대를 넓혀 주어서 해상활동을 통한 교역과 상업이 크게 발달하였다.

교역 및 상업의 발달은 국내의 상품 생산을 자극하여 해외에 수출하기 위한 각종의 수공업, 곧 도기공업·섬유공업·금속공업·목재공업 등의 발달을 촉진하였다. 또한 수공업의 발달은 수공업에 종사하는 직인계급의 성장을 가져왔는데 이들은 귀족정치를 타도하고 민주정치를 확립한 중요세력이 되었다. 기원전 5세기의 아테네 민회는 이 직인계급이 대다수를 차지하고 있었다.

제2절 폴리스의 정치

정치적 발전 과정

폴리스의 정치적 발전 과정은 대략 다음과 같은 4단계로 전개되었다.

첫번째는 왕정시대(B.C. 1000~800)로서 이 시기는 사료가 매우 빈약하여 단지 호머의 2대 서사시를 통해 추측할 수밖에 없으므로 일명 호머시대라고도 한다.

두 번째 단계는 귀족정시대(B.C. 800~660)인데 이때는 한 명의 왕이 아닌 여러 명의 귀족 지배가 이루어져서 일명 과두정시대라고도 한다. 이 시대의 귀족은 전시에는 기병대장으로서 중요 군사적 기능을 수행했고 또 평시에는 대토지소유자요 권력자로서 군림하였다. 이때는 폴리스의 식민활동이 활발하게 전개되어 교역과 상업이 크게 발달하기 시작한 때이다.

델피의 원형신전

세 번째 단계는 참주정시대(B.C. 660~550)였다. 참주(僭主) *tyrannos* 는 본래 독재자라기보다는 전공을 세워 민심과 인망을 얻어서 평민과 결탁하여 귀족세력을 억누른 자를 말하였다. 따라서 그는 폭군이라기보다는 18세기적인 계몽군주에 가까웠다. 그러나 그는 불법으로 최고 정치권력을 찬탈해서 1인 정치를 자행했다는 점에서 폭군으로 불리고 있는 것이다. 참주정의 출현은 상공인들로 이루어진 폴리스 내의 부유한 중산계층이 귀족들에 맞서서 정치참여의 요구를 한 정치적 혼란기에 등장했다.

네 번째 단계는 민주정시대(B.C. 500년 이후)로서 많은 도시국가들이 최종적으로 민주정의 형태를 취하게 된 때인데 특히 아테네의 경우가 가장 전형적이었다.

위와 같은 4단계의 정치적 발전 과정은 주로 아테네 계열의 도시국가에서 볼 수 있는 현상에 불과하였고 스파르타 계열의 도시국가는 이와는 전혀 다른 군국주의적 독재국가체제를 지니고 있었다.

아테네의 아크로폴리스

아테네의 민주정치

아테네는 B.C. 8세기 중엽까지는 왕정을 유지하고 있었다. 그러나 그 이후 부터는 왕정을 폐지하고 대귀족들이 정치를 농단하는 귀족정을 실시하였다. 귀족들은 '귀족회'*areopagus*를 만들어 여기서 행정 · 사법 · 군사 · 제사를 맡아 보는 9명의 최고 행정관을 선출하였다. 이때 왕은 유명무실한 존재였고 정치적 실권은 귀족들이 장악하고 있었다.

이와 같은 귀족과두정은 귀족들에게 대토지가 집중적으로 소유됨으로써 생긴 현상이므로 농민이 토지를 잃고 몰락하거나 대토지를 소유하지 못한 평민들이 정치권력으로부터 소외됨은 불가피하였다. 그러나 이러한 귀족과두정의 모순은 농민들의 사회 참여의 기회가 확대되고 평민들의 부가 증대하게 되면서 심한 반발을 받게 되었다.

곧 B.C. 7세기경에는 폴리스 내의 상공업이 해외무역을 통해서 크게 발달하여 평민들 가운데서 귀족처럼 기사로서 무장할 수 있는 부유한 상공계급이 형성되었다. 또 한편으로 기병보다는 중갑병 보병밀집부대 *phalanx*를 더 중요시하게 된 당대의 전술상의 변화는 무기를 자변(自辨)하여 중갑병 보병부대원이 될 수 있는 중소 농민층의 사회적 입장을 강화해 주었다.

이리하여 귀족들도 평민들의 요구를 무시할 수 없게 되어서 B.C. 621년경에 드라콘Drachon이 최초의 성문법을 제정하여 귀족세력을 누르고, 이어서 B.C. 594년에는 솔론Solon이 정치 · 사회 제도의 대개혁을 단행하였다. 솔론은 전 시민을 재산의 소유액에 따라 제1계급 · 기사계급 · 농민계급 · 노동자계급의 4계급으로 나누고, 계급에 따라 정치적 권리와 의무를 달리하게 하여 부유한 평민에게 귀족과 동등한 참정권을 주었다. 이를 부인(富人)정치 또는 금권정치 *timocracy* 라 일컫는다.

솔론의 개혁은 귀족 및 하층 평민계급의 불만을 샀기 때문에 솔론이 아테네를 떠나자 여러 정당이 일어나 서로 싸웠다. 이 대혼란의 틈을 타 대귀족인 페이시스트라토스 Peisistratos 가 평민들과 결탁하여 무력으로 귀족정치를 타도하고 참주정치 *tyranny*(B.C. 561~510)를 세웠다. 그는 민중의 환심을 사기 위하여 30년 동안 아테네의 번영에 힘썼다. 그러나 그의 아들은 참주의 본성을 드러내어 폭군으로 화하였으므로, 아테네 시민들은 참주정치를 타도하고 자유를 회복하였다.

아테네의 민주정치는 클레이스테네스 Cleisthenes 때에 성립되었다. 그는 귀족정치를 타도하기 위하여 종래의 4부족에 의한 혈연적 정치구획을 폐지하고 새로이 아테네를 10개의 정치구획인 부족 *phyle* 으로 나누었다. 또 그는 추첨에 의한 500인회(1부족에서 50명을 선출했음)를 조직하여 전 시민이 출석하는 민회 *ecclesia* 를 상설적인 정무기관으로 삼아 민주정치를 확립하였다. 또 참주의 출현을 방지하기 위하여 도편추방 또는 패각추방 *ostracismos* = *ostracism* 제도를 만들었다. 이는 매년 1회 시민이 추방하고 싶은 인물을 도편 또는 패각에 써서 투표하여 6,000표 이상이 나오면 10년 간 추방하는 제도였다. 이는 민주정치의 철저화에 도움이 되었으나 후에는 남용이 되어 정적 추방의 도구로 쓰이게 되었다.

페리클레스상

아테네의 민주정치는 페르시아전쟁 승리 이후의 페리클레스 Pericles(B.C. 445~429)시대에 황금기를 맞아 B.C. 5세기 중엽에는 스파르타를 제외한 전 헬라스에 널리 보급되었다.

페리클레스시대에 아테네의 대표적인 민주제도는 민회 *ecclesia* 였다. 민회는 18세 이상의 시민권을 가진 남자가 전부 참석하는 입법·행정·사법·군사에 관한 최고 의결기관으로 그 결정은 수정하거나 거부할 수 없는 절대적인 것이었다. 한편 관직은 시민 중에서 추첨에 의하여 선출되었고 임기는 1년이며 재임을 허락하지 않았기 때문에 전 시민이 그 자리에 앉을 기회를 갖고 있었다. 아테네의 재판도 역시 추첨에 의하여 선출된 배심원에 의하여 집행되었고 다수결로 결정되었다.

이상과 같은 아테네의 민주정치는 직접민주주의로서 근대의 간접민주주의와는 다른 것이었다. 또한 아테네 민주정치는 시민권을 가진 성년 남자만이 정치에 참여할 수 있고 부녀자와 노예는 정치 참여로부터 제외된 비민주성을 지니고 있었다.

스파르타의 귀족정치

스파르타*Sparta*는 도리아인이 라코니아*Laconia*지방에 세운 폴리스로서 B.C. 7세기에 이르기까지 라코니아·멧세니아*Messenia*지방을 정복하고 B.C. 6세기 이후에는 펠로폰네소스동맹의 맹주가 되어 헬라스 최강의 폴리스가 되었다. 스파르타는 3개의 계급으로 구성되어 있었는데 그것은 첫째로는 공노(公奴)*helot*였다. 공노는 주로 도리아인에 의하여 정복된 선주민인 아케아인으로서 그 수는 스파르타 시민의 약 10배인 18만이었는데 국유농장의 농노로서 농사를 지어 그 생산물의 반을 스파르타 시민에게 바쳤다. 두 번째로는 반자유민인 페리오이코이*perioikoi*로서 이들은 도시의 주변에 살았고 그 수는 스파르타 시민의 3배인 7만이었다. 이들은 자치가 인정되어 있었고 상공업과 군무에도 종사하였으나 시민권은 없었다.

세 번째로는 스파르타 시민이었는데 이들은 스파르타에서 시민이면서 귀족의 지위를 누리고 있었으나 그 수가 극히 적어 무장할 수 있는 남자의 수는 1만 명에 불과하였다. 이들은 때때로 발생하는 공노의 반란에 위협을 받았는데 이로 말미암아 이들은 자위상 시민들이 생산에 종사하는 것을 금지하고 남녀 공히 국가의 관리 아래 엄격한 훈련과 교육을 받는 군국제도를 완성하였다. 이것이 이른바 스파르타식 교육제도라 일컫는 리쿠르고스*Lykurgos*헌법이다.

한편 스파르타의 정치는 2명의 국왕과 30세 이상의 남자로써 구성된 민회 *apella*와 5명의 감독관*ephoros*과 2명의 국왕을 포함한 30명의 원로원 *gerousia*에 의하여 행해졌는데, 이 중 원로원의 권력이 컸다. 아테네와 스파르타는 여러가지 점에서 이질적인 특성을 지니고 있었다. 곧 아테네가 민주정치인 데 대하여 스파르타는 귀족정치였으며 아테네가 상공업을 중심으로 한 데 대하여 스파르타는 농업을 기간산업으로 하였으며 아테네에 개인 소유의 노예제도가 발달한 데 대하여 스파르타에는 국유노예*helot*제도가 지배적이었다. 그리스의 모든 폴리스는 이 아테네형과 스파르타형으로 대별되었는데 주로 이오니아지방·이스토모스지협·유리포스해협 등 상공업이 발달한 지역에 있던 폴리스가 아테네형에 속했고 북방의 뎃살리아, 펠로폰네소스반도 등 후진 지역에 있던 폴리스가 대개 스파르타형에 속하였다.

페르시아 전사의 부조

제3절 그리스 세계의 번성과 쇠퇴

페르시아전쟁

B.C. 8~6세기에 해외식민활동을 통해서 판도를 넓혀 갔던 그리스 세계는 당시에 동방의 강자였던 페르시아와의 충돌이 불가피하게 되었다. 이것이 바로 페르시아전쟁(B.C. 492~479)이다. 페르시아전쟁은 단순한 두 나라 사이의 전쟁에 불과한 것이 아니라 이후 세계 문명의 기로를 좌우하는 중대한 결전이었다. 곧 서방의 민주주의가 승리하느냐, 아니면 동방의 전제주의가 승리하느냐 하는 중대한 세계사적 사건이었던 것이다.

페르시아전쟁은 서남아시아를 통일한 페르시아의 다리우스 1세Darius I (B.C. 521~486)가 소아시아 서안의 그리스 식민시를 압박하자 밀레투스를 중심으로 한 이오니아 지방의 여러 도시가 반페르시아운동을 전개(B.C. 499)하였고, 이에 동일 민족이라는 입장에서 아테네가 전함 20척을 보내 후원하게 된 데에서 비롯하였다.

다리우스 1세의 무덤

페르시아전쟁은 3회에 걸쳐 행해졌다. 제1회 때는 다리우스 1세의 원정군이 북방의 트라키아Thracia 해상으로부터 그리스 본토로 침공하려 하였으나 아토스Athos 갑(岬) 앞바다에서 대폭풍우를 만나서 실패하고 도중에서 되돌아갔다(B.C. 492). 제2회 때는 다리우스 1세가 직접 아테네를 응징할 목적으로 원정군을 일으켜 전과는 다른 항로를 취하여 에게해를 건너 아테네로 쳐들어갔다. 그러나 제1차전 때 페르시아군과 대전한 경험이 있는 밀티아데스Miltiades를 총사령관으로 한 아테네군에게 마라톤Marathon 평원에서 격파당하였다(B.C. 480).

살라미스해전 상상도

제3회(B.C. 480~479) 때는 다리우스 1세의 아들 크세륵세스Xerxes가 몸소 대군을 거느리고 그리스로 쳐들어왔다. 제3차전 때는 양측 공히 만반의 전비를 갖추고 전쟁에 임하였다. 특히 아테네의 테미스토클레스Themistocles는 해군확장론을 주장하면서 대함대를 건조하였다. 페르시아군은 테르모필레Thermopylae의 육전에서 스파르타왕 레오니다스Leonidas가 지휘하는 그리스 연합군을 쳐부수고 이어서 아티카Attica에 침입하여 아테네를 불살랐으나 테미스토클레스는 페르시아 함대를 교묘하게 살라미스Salamis만으로 유인하여 한꺼번에 격멸하였다(B.C. 490). 살라미스해전은 전 전국(戰局)을 결정짓는 중요한 계기가 되어 다음해 스파르타는 플라테Platae에서 페르시아 육군을, 아테네는 미칼레Mykale에서 페르시아 해군의 나머지를 격멸하였다.

이리하여 페르시아전쟁의 최종적 승리는 그리스에게 돌아갔다.

페르시아전쟁의 역사적 의의는 대단히 크다. 그것은 첫째, 이미 밝힌 바와 같이 서방 세계의 민주주의가 동방의 전제주의를 누름으로써 장차 세계사의 기로를 민주주의로 지향하게 한 점과, 둘째 페르시아전쟁의 승리는 그리스 세계에서 아테네의 주도권을 확립시켜 아테네에 미증유의 번영을 가져와 아테네 민주정치의 황금기를 맞게 하였다.

아테네제국

페르시아전쟁은 헬레네스의 민족의식을 고취시켜 이들로 하여금 장차 페르시아의 보복에 대비하기 위하여 아테네를 맹주로 한 델로스*Delos* 동맹을 형성케 하였다(B.C. 477). 이 동맹에 참가한 폴리스의 수는 200개나 되었는데 이들은 부담금을 내어 대함대를 만들어 동지중해의 해상을 수비하였다.

그러나 당시 아테네의 통치자 페리클레스*Pericles*는 동맹의 금고를 델로스 섬으로부터 아테네로 옮겨 아테네로 하여금 동맹 제시(諸市)의 폭군도시 *tyrant city*로 변모케 하였다. 이제 동맹도시는 납세자 격으로 전락되고 아테네는 이들의 고혈을 착취하여 전대미문의 번영을 누려 이른바 아티카제국 또는 아테네제국을 건설하였다. 이 시기에 그리스의 민주주의가 완성되고 학문·문학·예술 등이 크게 발전한 그리스 고전문명의 황금기를 맞이하였다. 그리하여 아테네는 B.C. 5세기 이후 펠로폰네소스반도를 제외한 전 헬라스를 손아귀에 넣고 오랫동안 헬레네문명을 주도해 나갔다.

펠로폰네소스전쟁

스파르타와 아테네는 동일 민족이면서도 정치·경제·군사 체제상의 현저한 차이로 인하여 오랫동안 질시·반목해 왔다. 이들은 페르시아와의 전쟁시에는 일시 화해하여 전 헬라스의 공동의 적을 맞이하여 싸웠으나 페르시아전쟁이 종결되자 그 반목은 계속되었다. 그리하여 스파르타는 아테네가 델로스동맹을 결성할 때에 별도로 펠로폰네소스동맹을 결성하여 아테네에 대항하였다. 이 두 블록은 결국 코린트만의 지배 문제를 가지고 충돌케 되었다. 먼저 펠로폰네소스동맹 측에서 아테네에 공격을 가함으로써 전단(戰端)의 문이 열리게 되었다(B.C. 431~404). 이 무렵 아테네에는 노예제도의 발전에 따라 자유노동이 값싼 노예노동에 의해 구축을 당하여 자유민 실업자가 많이 생겼고, 게다가 전쟁중에 페스트가 유행하여 아테네 시민들에게 큰 고통을 주었다.

전쟁이 장기화됨에 따라 아테네 시민들은 점차 도덕심을 잃어버리고 전쟁

에 대해 혐오감을 느끼게 되었다. 특히 페리클레스가 죽은 뒤 아테네의 민주
정치가 데마고그(선동정치가)가 판을 치는 우민(愚民)정치로 전락함으로써 아
테네는 전쟁수행능력을 상실해 갔다. 그 결과 알키비아데스Alkibiades와 같은
인물의 국력신장책에도 불구하고 아테네는 스파르타에 패배하여 항복하였다
(B.C. 404). 이에 델로스동맹은 해산되고 해상제국은 무너져 아테네의 부강과
번영은 끝났다. 약 30년 간에 걸친 이 동족 상잔의 펠로폰네소스전쟁의 결과
는 그리스 세계를 쇠퇴하게 한 결정적인 요인이 되었다.

그리스 세계의 쇠퇴

항복 후에 아테네는 성벽의 파괴, 모든 해외 소유지의 포기, 거의 모든 해
군력의 폐기 등의 조치로 스파르타의 예속국의 지위로 떨어졌다. 이리하여
아테네 정부는 스파르타의 지시 아래 움직이게 되었으며 그 밖의 다른 그리
스 도시국가들에 대해서도 괴뢰적인 과두정권이 수립되었다.

이렇게 스파르타는 전후에 한때 번영을 누렸다. 그러나 스파르타는 당시
대내외적으로 불리한 상황에 처해 있음으로써 그 전성은 오래가지 못하였다.
첫째, 대외적으로는 전쟁중 스파르타를 원조한 페르시아가 그리스 세계를 계
속 압박하여 그 보상을 요구했기 때문에 스파르타는 B.C. 386년에 페르시아
와 '대왕의 화약'을 맺어 소아시아의 그리스 식민지를 모조리 페르시아에게
넘겨주어야만 했으며, 둘째 대내적으로는 스파르타의 동맹국들이 스파르타의
강압적 군국주의 정책에 반발하고 나선 점이었다. 특히 후자의 요인으로 인
하여 스파르타의 패권은 단명하게 되었다. 곧 B.C. 371년에 재기한 아테네군
은 낙소스Naxos해전에서 그리고 에파미논다스Epaminondas를 총사령관으
로 한 테베Thebae군은 레우크트라Leuctra전투에서 각각 스파르타군을 격
파하여 스파르타의 성세(盛勢)를 꺾어 버리고 그 대신 당분간 테베가 패권을
차지하였다.

그러나 이 테베의 패권도 오래 지속되지 못하고 B.C. 362년 이후 모든 헬
라스는 근 1세기 간 그 중심 세력을 잃고 분립·상쟁을 계속하였다. 이리하
여 그리스 세계는 무모한 국력의 낭비와 부패 속에서 그 문화 창조의 여력을
잃은 채 마케도니아라는 북방의 신흥 강대 세력 앞에 굴복할 수밖에 없었다.

테베의 전사상

제4절 그리스 고전문화

그리스 문화의 특성

그리스 문화의 특성은 서민적인 에게 문화의 영향을 이어받아 이를 보다 더 인간적이고 자유로운 바탕 위에 확립시켰다는 점이다.

따라서 그리스 문화의 진수는 초기 에게 문화에 잔존하였던 동양적 권위와 전통이라는 속박을 완연히 탈피한 인간주의적 정신*humanism*이었다. 이러한 그리스인의 휴머니즘은 인간성의 발견과 이의 자유로운 전개를 수반하였고 또 이것은 현실적으로는 합리적 사고방식을 자아내어 진리의 탐구로서 나타났다. 오리엔트인도 과학의 영역에서 훌륭한 업적을 남겨 놓았지만, 그것은 실용적 목적을 위한 것이 아니면 종교와 결부된 것이었다.

헬레네인들은 종교적 목적과 실용적 목적을 떠난 순수한 진리 탐구를 하였다. 또 이들의 진리 탐구 정신은 예술에 있어서는 완전미의 추구로 나타나 조화와 균형을 중요시한 예술품을 낳았다. 그러나 이처럼 그리스인들이 인간성의 존중과 진리의 탐구 그리고 완전미를 추구하는 정신을 마음껏 발휘할 수 있었던 것은 헬레네 세계가 구비하고 있었던 노예제도 및 민주정치체제라는 객관적 조건이 없었다면 곤란하였을 것이다.

철 학

그리스인들만큼 우주의 본질과 인간의 사회적·윤리적 문제에 보다 포괄적이고 광범하게 사고한 민족은 없었을 것이다. 그리스의 철학적 사고의 분야에는 우주론·인식론·논리학·윤리학·미학 등이 포함되어 있었다. 철학 *philosophia*이라는 말이 본시 그리스어로 '지혜를 사랑한다'는 의미를 갖고 있을 만큼 그리스인들은 객관적 진리 탐구 정신을 소중히 하였다.

그리스 철학의 발전 시기는 대략 자연철학의 시기, 소피스트학파의 시기, 고전철학의 시기로 나눌 수 있다.

자연철학의 시기는 자연계의 본질을 탐구하려는 시기로서 자연현상을 해석함에 있어서 신화를 벗어난 때였다. 그 기원은 소아시아의 지중해 연안에 있는 밀레투스시를 중심으로 한 밀레투스학파 또는 이오니아학파에 있었다. 이 학파의 창시자는 철학의 아버지라고 불리는 탈레스Thales(B.C. 625~545)였다. 그는 우주 생성의 근본이 물이라고 단정하였으나 그의 지식은 비록 사실과는 모순된다 하더라도 서양 철학사상 최초로 과학적 해석을 내렸다는 점에서 의의를 갖고 있다. 그 밖에 아낙시만드로스Anaximandros(B.C. 611~547)는 우주 생성의 근본 요소를 무한 부정하고 불멸한 어떤 것apeion이라고 하였고 아낙시메네스Anaximenes(B.C. 586~525)는 공기라고 하였다.

한편 이탈리아 남부 출신의 피타고라스Pythagoras는 우주의 본질이 물질적인 것에 있지 않고 하나의 추상적 원칙, 즉 수에 있다고 규정하고 만물을 수학적 비례로 보려고 하였다. 또 같은 지방 내 엘레아Elea 출신인 헤라클리투스Heraclitus(B.C. 540~475)는 만물은 항시 생성유전(生成流轉)하는 상태에 있다고 하면서 불을 생명의 본질이라고 하였다.

또 데모크리투스Democritus(B.C. 460~370)는 우주의 궁극적인 구성 원소는 파괴할 수 없고 더 이상 나눌 수 없는 원자atom라고 하여 그리스 자연철학의 끈질긴 질문이었던 우주의 본질에 관한 궁극적인 해답을 제시하였다.

이상과 같이 초기 철학자들의 주 관심은 자연계에 집중되었는데 이러한 사고의 대상을 자연으로부터 인간으로 옮긴 것은 소피스트들이었다.

소피스트sophist들은 페르시아전쟁의 승리 후에 출현하였는데 이들은 당대의 현실적인 정치·사회적 요구에 부응하여 보편 타당하고 객관적인 진리의 탐구보다는 수사·변론 등의 피상적인 분야에 열중하여 상대주의와 회의주의로 흐르는 경향을 보였다. 그리하여 원래 지자 또는 현자로 불리었던 소피스트란 말은 궤변을 일삼는 자라는 경멸적인 칭호로 쓰이게 되었다.

소피스트들 가운데서 가장 위대한 사람은 프로타고라스Protagoras(B.C. 480~411)로서 그는 "인간은 만물의 척도이다"라고 하였다. 곧 그는 선·미·진리·정의 등은 인간 자신의 필요와 이익에 따라 달라질 수 있는 상대적인 것이라고 하면서 진리와 정의에 관한 항구불변한 기준은 없다고 주장하였다.

후기의 소피스트들은 프로타고라스의 견해를 극단으로 밀고 나아갔다. 고르기아스Gorgias(B.C. 483~375)는 프로타고라스의 회의주의를 더 확대하여 인간이란 스스로의 주관적 인상 이외에는 아무것도 알 수 없다고 주장하였고, 트라시마쿠스Thrasymachus는 개인주의를 극단으로 밀고 나아가 모든 법과 관습이란 가장 힘센 사람의 의지에 불과하다고 하였다.

소크라테스의 두상

이처럼 소피스트들은 비록 상당한 문제점은 내포하고 있었지만 인간과 사회의 문제에 관하여 처음으로 광범한 관심을 보이면서 철학의 범위를 자연철학의 범위로부터 벗어나게 한 업적을 낳았다.

그러나 인간과 사회에 대하여 보다 객관적이고 보편적인 진리를 수립하려고 노력했던 사람들은 그리스 고전철학자들이었다.

소피스트들의 상대주의·회의주의·개인주의에 강력한 반대의 기치를 들고 나타난 것은 아테네 출신의 철학자 소크라테스Socrates(B.C. 470~399)였다. 그는 소피스트의 피상적 지식에 만족하지 않고 객관적 진리의 존재와 지덕의 합일을 역설하였고, 나아가서 독특한 대화법을 써서 상대를 인도하여 마침내 무지의 자각을 통해 참된 진리에의 도달을 꾀하였다. "너 자신을 알라"는 그의 외침은 무지에 대한 자각이 바로 진리에의 제1보를 의미함을 알려 주었다. 그는 부단히 질문을 던지면서 많은 소피스트들의 의견을 비판하였다. 마침내는 아테네를 해치는 반역자라는 낙인을 받고 독배를 마시게 되었다.

소크라테스의 철학은 그의 제자 플라톤Platon(B.C. 427?~374)에 의하여 계승되었으나 그의 철학은 이데아*Idea*론에서 볼 수 있는 바와 같이 지나치게 관념론적인 경향으로 흘렀다. 곧 이데아론에서 그는 영원불변의 진리를 확신하고 이것은 이데아라는 영원한 형상 속에서 발견되는 것이라 주장하였다. 우리가 보는 변화하는 현상계는 단순한 이데아 세계의 반영에 불과하며 따라서 절대적인 정의·미·진리는 다만 이데아의 세계에서만 가능하다고 하였다. 기타 플라톤의 정치사상은 「국가론」*Politeia*과 「법률론」에 잘 나타나 있다.

플라톤의 관념론적 경향은 그의 대표적 제자였던 아리스토텔레스Aristoteles(B.C. 348~322)에 의하여 극복되었다. 그는 「형이상학」*Metaphysika*에서 플라톤과 의견을 달리하면서 플라톤보다 구체적이며 실제적인 지식을 추구하였다.

아리스토텔레스에게 있어 실체란 일반적인 이데아에서 발견되는 것이 아니라 형상*form*과 질료*matter*로 구성되어 있는 개물(個物)이나 구체적인 사물에 내재하는 것이었다. 그는 형상과 질료를 가지고 구체적인 현실 세계와 추상적인 관념 세계에 다리를 놓았다. 그는 정치·사회 사상에 있어서 플라톤과는 달리 재산과 가정이 인간 생활의 중요한 위치를 차지한다고 긍정하였으나 신분제 사회를 주장한 점에서는 플라톤과 견해를 같이하였다.

그는 또 노예제도도 정당한 것이라고 하고 강력한 일인 지배를 희망하였다. 그는 아직까지의 인간 역사 중에서 가장 백과사전식의 두뇌를 가진 천재로서 논리학·윤리학을 비롯하여 거의 모든 자연과학에 걸쳐 학문을 체계화하였다. 그는 나무 밑을 거닐며 제자를 가르쳤기 때문에 그의 학파를 일명 소요학파(逍遙學派)*Peripatetics*라고도 한다.

아리스토텔레스의 철학의 권위는 중세시대의 사라센인과 토마스 아퀴나스에 의해 유지되었고 그 후 르네상스를 거쳐 17세기에 이르러서도 심대한 영향을 미치게 되었다.

종 교

그리스인의 원시 종교는 만물에 영혼이 있다고 하는 애니미즘*animism*이 었다. 곧 선령과 악령이 있어 선령은 사람에게 행복을 주나 악령은 해독을 준다고 생각하여 선령을 맞아들이고 악령을 물리치는 의식이 발달하였다. 그들은 폴리스를 초월한 전 헬레네스의 공통의 신앙 대상이었던 주신 제우스*Zeus* 이하의 12신을 가졌다. 이들은 올림푸스*Olympus* 산정에 거주하며, 또 지방마다 상이한 잡신들이 제각기 덧붙어 살고 있다고 생각하였다. 그리고 이들 여러 신들은 상이한 성격 및 사명과 형상을 가졌고 인간과 똑같은 감성을 가진 신인동형(神人同形)의 동성적인 존재라고 여겨졌다. 헬레네인들은 신을 즐겁게 하여 신의 도움을 얻으면 모든 현실적 욕망을 달성할 수 있다고 생각하여 화려한 신전을 짓고 신을 예배하는 제전에 민족적 총력을 기울였다. 올림피아경기도 제우스신을 위한 행사에 불과하였던 것이다(B.C. 776). 그러나 이와 같은 종교적 행사는 정치적으로 할거상태에 있는 헬레네인들을 종교적으로 결합시켜 민족의식을 고취해 주었다.

한편 그리스 종교는 오리엔트에서처럼 특권적 신관신분이라든지, 또는 그리스도교나 이슬람교에서처럼 일정한 경전 같은 것이 없다는 것이 중요 특징 중의 하나였다.

문 학

그리스 문학은 종교와 연관을 맺고서 아래와 같은 발전을 하였다. 곧 그리스 문학은 신화적 단계로부터 시의 단계, 그리고 극(비극, 희극)의 단계까지 발전하여 마침내 문학으로서의 참된 가치를 지니게 되었다. 신화로서는 그리스신화가 유명하였고, 시는 B.C. 9세기경에서부터 발달한 서사시와 B.C. 6~5세기에 발달한 서정시가 있었다. 대표적인 서사시로는 호머가 지은 「일리아드」와 「오딧세이」가 있었고, 또한 헤시오드*Hesiod*의 고대 신앙과 농업 등의 실제 생활을 묘사한 「신통기」*Theogonia* 와 「일과 나날」*Erga kai Hemerai ; Work and Days*이 있었다. 서정시를 대표하는 시인으로는 여류 시인인 사포*Sappho*, 술(酒)을 찬양한 아나크레온*Anacreon*, 올림픽 경기의 우승자를 찬양하며 송시를 지은 핀다로스*Pindaros*가 있었다.

시의 시대가 지난 후 그리스 문학의 다음 단계로의 발전은 극을 중심으로 하여 나타났다. 연극에는 비극과 희극이 있었는데, 전자가 대자연에 대한 인간의 무력한 현실적 슬픔을 드러내고 신화·전설을 그 소재로 한 데 대하여 후자는 당시의 정치·사회 풍자를 중심 재료로 삼았다. 시기적으로 볼 때에도 비극은 B.C. 5세기 초 페리클레스시대를 전후하여 유행하였다. 「페르시아

헤로도투스

에피타우루스 야외극장

인들」과 「아가멤논」을 지은 아이스킬로스 Aeschylus (B.C. 525~456), 「오이디
푸스왕」과 「안티고네」를 지은 소포클레스 Sopocles (B.C. 495~406) 그리고 80
개의 희곡을 썼다고 하나 오늘날은 18개밖에 전해지지 않는 유리피데스
Euripides (B.C. 480?~406?) 등의 3대 비극작가가 특히 유명하였다. 한편 희
극은 펠로폰네소스전쟁 이후의 그리스 말기가 성시였고, 「개구리들」·「구름」
을 지은 아리스토파네스 Aristophanes 에 의하여 최고의 완성을 보게 되었다.

그리스 희곡작가들(왼쪽부터
아이스킬로스, 유리피데스,
소포클레스, 아리스토파네스)

원반 던지는 모습

미술 · 건축 · 조각

그리스의 균형과 조화의 사상은 미술 작품에서 가장 완전하게 표현되었다. 그리스의 미술은 전체적으로 중용과 정일이 넘치는 안정감을 느끼게 하며 실로 그것은 지성과 감성이 적절히 융합된 소산물이라 할 수 있다. 미술 작품의 주제는 신화 및 종교 또는 일반 시민 생활에 관한 것이었다. 그리스 미술은 특히 기원전 5세기의 아테네에서 그 절정에 달하였는데 미술 형식 가운데서 각별히 건축이 독특한 발전을 하게 되었다.

석재를 이용한 그리스 건축은 자연철학의 발상지였던 이오니아지방의 밀레투스에서 시작되었다. 기원전 6세기경에 성하였던 밀레투스의 건축은 페르시아전쟁 후에는 아테네로 그 중심이 바뀌었다.

그리스 건축 양식은 주형(柱型)에 따라 3대별된다. 첫째, 도리아식은 가장 기원이 오래며 또 가장 단순한 형태이다. 기둥에 받침(주초)이 없고 기둥머리(주두)의 장식이 없어 장중하고 웅쾌한 인상을 주는 기둥 형식이다. 파르테논신전과 헤파이스토스*Hephaistos*신전이 이 주형의 전형이다. 둘째, 이오니아식은 좀더 날씬하고 우아하며 와류형의 기둥머리 장식을 갖고 있다. 이 주형은 에레크테움*Erechtheum*신전에서 볼 수 있다. 셋째, 코린트식은 이오니아식의 연장이었으나 더욱더 화사하고 복잡한 아름다움을 표현한 것이었다. 이 양식은 아테네에서는 채택되지 않고 주로 헬레니즘시대에 유행했다. 로마인들도 즐겨 이 주형을 채택하였다. 대표적 건물로는 로마의 판테온*Pantheon*신전이 있다.

파르테논 신전

그리스 조각 작품은 주로 인체의 아름다움을 묘사하는 데 주력하였다. 특히 나체의 미를 그들이 이상시했던 완전미의 극치라고 생각하여 나체 조각이 발달하였다.

제5절 헬레니즘 세계

개 관

헬레네 문명은 B.C. 323년에 알렉산더대왕의 죽음과 더불어 붕괴되고 그 후 약 3세기 간 새로운 시대인 헬레니즘시대가 전개되었다. 헬레니즘시대를 단순히 그리스 역사의 마지막 단원으로 생각하는 것은 결코 옳지 않다. 이 시대는 비록 그리스어가 공통어로 쓰이고 그리스인이 많은 분야에서 적극적인 역할을 수행했다 하더라도 문화의 정신은 크게 오리엔트적이었다. 곧 그리스의 고전적 민주주의의 이념은 이집트·페르시아의 것처럼 엄격한 전제정의 이념으로 대체되었고, 예술에 있어서도 헬레네스의 단순성과 중용의 정신은 방탕하고 호화스런 것으로 대체되었다. 또 철학 분야에 있어서도 탈레스에서 아리스토텔레스에 이르기까지 헬레네인들의 인간의 정신력에 대한 확신은 패배주의로 흐르게 되었고 그 결과 논리학을 신학의 시녀로 만들고 말았다. 경제 분야에 있어서도 아테네의 소규모 생산체제는 대기업과 이윤 획득을 위한 무자비한 경쟁체제로 전환되었다. 이런 관점에서 볼 때 헬레니즘시대는 근대 문명이 중세 문명과 판이하게 다르듯이 헬레네 문명시대와 전연 다른 것이다.

또한 헬레니즘시대는 헬레네 문명시대의 폐쇄적이고 자족적인 성격을 탈피하여 개방적이며 보편적인 문화, 곧 '세계주의*cosmopolitanism*적 문화'를 창조하였다는 점에서 중요한 의미가 있다. 그래서 헬레니즘 문화를 동·서양의 고유 문화를 융합한 복합문화라고 한다.

헬레니즘 세계가 이처럼 동·서 문화를 융합한 세계 문화를 창조할 수 있었던 점은 B.C. 3세기 이후 이 세계의 정치·경제·문화의 중심지가 그리스에서 동방으로 옮겨갔기 때문이었다. 특히 이집트의 알렉산드리아를 포함해서 시리아의 안티오크·페르가몬·로도스 등은 그 중심지가 되었다.

알렉산더 제국

B.C. 5세기 이후 정치적 혼란기에 빠진 그리스는 북방의 마케도니아의 필립 2세 Philip Ⅱ(B.C. 360~336)에 의하여 정복되었다.

20대의 알렉산더대왕

마케도니아인들도 본래는 동일한 헬레네인이었지만 북쪽에 자리잡고 있었기 때문에 정치·문화적으로 발전이 늦어 그리스 본토인으로부터 바바로이(야만인) 취급을 받아 왔다. 그러나 마케도니아는 B.C. 4세기경 그리스 문물을 본격적으로 도입해서 자국의 약체한 경제력과 군사력을 강화한 후 주변의 여러 민족을 복속시켜 갔다. 특히 정복군주로서 유명한 필립 2세는 B.C. 338년에 아테네와 테베의 연합군을 케로네아전투에서 격파하여 전 헬라스를 장악하였다.

B.C. 336년 필립 2세가 암살되자 그 아들 알렉산더가 20세의 젊은 나이로 즉위하였는데 그는 부왕의 유지를 받들어 페르시아 원정군을 일으켰다. 그는 페르시아의 다리우스 3세(B.C. 335~330)군을 잇수스 *Issus* 전투에서 격파한 후(B.C. 333) 곧이어 후방의 교란을 염려하여 시리아·팔레스타인·이집트를 정벌하였다. 여기에서 그는 다시 군을 돌려 페르시아 본토 공격에 나서서 아르벨라 *Arbela* 의 대회전에서 다리우스의 군대를 쳐부수어 페르시아제국을 멸하였다.

알렉산더는 계속 동진하여 중앙아시아와 인도 서북부를 휩쓸고 부하의 권고로 회군하여 B.C. 323년 바빌론으로 개선하였다.

알렉산더대왕은 이처럼 동방원정을 통해서 세계사상 처음으로 유럽과 아

잇수스전투

시아 두 대륙에 걸친 대제국을 세웠다. 그는 오리엔트의 각지에 그리스인을 식민하고 자기 이름을 딴 알렉산드리아라는 도시를 각처에 세워서 그리스 문화를 보급시키는 동시에, 그리스인과 오리엔트 주민 사이의 결혼을 장려함으로써 동·서 문화의 융합을 꾀하였다. 그는 세계의 모든 민족을 같은 동포로 생각한 세계동포주의를 제국 통치의 기조로 삼았다.

B.C. 323년에 알렉산더대왕이 32세의 젊은 나이로 요절한 이후 알렉산더 대제국은 부하 장군들에 의하여 시리아·이집트·마케도니아의 세 왕국으로 분립되어 붕괴되었다.

헬레니즘 문화

헬레니즘시대의 기본 정신은 개인주의 및 세계주의에 있었는데 이것이 잘 반영되어 있는 분야는 철학이었다. 이 시대의 철학은 국가와 정치를 떠난 개인의 행복이나 처세훈, 즉 인생 철학을 주로 하였는데 그 사상의 주류는 크게 에피쿠로스파·스토아파·회의파의 셋으로 나누어 볼 수 있다.

'에피쿠로스학파'는 사모스섬 출신의 에피쿠로스Epicurus(B.C. 341~270)가 창시하였는데 일명 쾌락 철학이라고 불린다. 곧 이 철학은 사후의 존재를 부정하고 현세에서의 최대의 개인적 쾌락이 최고의 덕과 일치한다고 하였다. 그러나 그 쾌락은 결코 육체적 쾌락이 아니라 정신적 평정과 만족을 얻는 데 있다고 하였다. 정치에 대하여는 극히 도피적이어서 "숨어서 살아라"라고 하였다. 이러한 입장은 헬레니즘시대의 개인주의 풍조를 대표한 것이었다.

'스토아학파'는 키프로스섬 출신의 제논Zenon(B.C. 334~262)이 창시한 학파였는데 헬레니즘시대에 가장 커다란 철학적 공헌을 하였다. 스토아학파의 주장에 의하면 인생의 유일한 목적은 모든 욕심으로부터 해방되는 것이다. 곧 인간은 이성을 가진 존재로서 이성으로 감정과 욕망을 억압함으로써 비로소 완전한 덕을 이루어 마음의 행복을 얻을 수 있다고 하였다. 또 이 학파는 인간은 누구나 이성을 갖고 있으므로 평등하며 자연적 불평등은 없다고 주장하여 헬레니즘의 세계주의 풍조를 대표하였다. 또 한편 스토아학파는 세계의 질서는 이성의 법인 자연법에 의하여 통치되어야 한다는 사상을 지니고 있었는데 이 사상은 로마법 사상과 기독교 교리의 성립, 그리고 나아가 17세기에 있어 근세시민사회 수립을 위한 정치 철학의 토대가 되었다.

다음 '회의파'는 피로Pyrrho(B.C. 365~275)에 의해 창시되었는데 이 시대가 갖는 혼돈성을 반영한 이 파의 주장은 지식의 가능성을 부정하였다. 이들의 논리의 출발점은 인간의 감각 이외에는 아무런 확실한 것이 없다는 명제에 입각하였다.

라오콘

그러나 감각조차도 개인마다 다르고 일치하지 않으므로 결국 모든 감각은 환각에 불과하다고 하였다. 그리하여 진리란 존재할 수 없고 모든 기존의 이론도 부정된다고 하였다. 따라서 현명한 자의 참된 태도는 자신의 판단을 보류*epoche*하여 마음의 평정과 행복을 구하는 데 있다고 하였다. 그러나 이와 같은 판단을 유보하는 회의파는 비판 정신에는 투철하였으나 적극적 내용이 결여된 철학이므로 정신적 공백과 혼돈을 해결하는 데는 거의 도움을 주지 못하였다.

헬레니즘시대에는 고전 그리스시대의 자연과학에 비하여 보다 실제적인 과학의 발달을 보게 되었다. 이집트의 알렉산드리아는 헬레니즘 세계의 학문 연구의 중심이 되었다. 특히 톨레미왕조의 적극적 지원 아래 문학·수학·천문학·의학 등이 발달하였다. 이 중에서도 천문학은 가장 두드러진 발전을 하였다. 아리스타르쿠스Aristarchus(B.C. 284~264)는 월식 관측을 기초로 해서 태양이 지구보다 300배 정도 크다는 결론에 도달하였고, 또 지동설도 주장하였다. 힙파르쿠스Hipparchus(B.C. 160?~125?)는 주전원이론을 제시하여 천체 현상에 관한 해답을 얻었고, 지구·달·태양 간의 거리를 측정하고 1개월과 1년의 계산도 하였다.

밀로의 비너스

기하학에 있어서는 유클리드Euclid(B.C. 300)가 평면기하학을 대성했고, 아르키메데스Archimedes(B.C. 287?~212)는 기하학적 원리를 다른 과학 분야에 적용시켜 비중의 원리를 발견하였다.

미술도 헬레니즘 일반의 경향을 잘 나타내고 있어 사실적 수법과 개성의 표현에 능하고 화려·우미한 것을 좋아하였다.

헬레니즘시대의 건축은 고전시대의 신전으로부터 바뀌게 되어 더 세련되고 규모가 커져서 로마 건축이 갖는 웅장·정려한 특징이 나타나기 시작하였다. 건축 양식은 코린트식이 유행하여 헬레니즘의 향락주의적 기분을 나타내고 있다. 조각은 종래의 숭고한 정신미의 표현보다 육체미의 관능적 묘사에 몰두하여 고전 고대의 기풍을 잃었으나 그 반면 성격 묘사에 훌륭한 기교를 보여 주고 있다. 헬레니즘의 조각 가운데 라오콘, 밀로의 비너스, 사모트라케의 니케 등은 대표적인 것들이다.

제 2 장
로 마

　지중해 한가운데에 뻗어나와 있어 동·서 전 지중해를 바라볼 수 있는 이탈리아반도는 지정학적으로 보아 그리스와는 달리 통일을 저해하는 요소가 적었으며 그리스의 평야보다 더 넓고 비옥하였다. 라티움 평야에 자리잡았던 조그만 도시국가 로마는 비록 씨족적 공동체로 출발했지마는 이러한 귀중한 지리적 유산에 힘입어 폐쇄적 사회를 벗어나 반도 전체를 통일하고 더 나아가 생활화된 상무적 정신을 바탕으로 전 지중해 및 유럽·아시아·아프리카에 걸친 대제국으로 발전할 수 있었다. 그들의 정치적 발전은 대개 왕정시대(B.C. 753~510)·공화정시대(B.C. 510~27) 및 제정시대(B.C. 27~A.D. 476)로 구분되며 제정시대에 이르러 대제국이 건설되고 문화가 융성하여 로마의 평화*Pax Romana*가 깃들게 되었다.

　영토가 점차 팽창됨과 함께 로마는 그리스적 문명과 동방의 제문명을 받아들여 자신의 문화로 통합시켜 나아갔으며 그들의 조직적이고 실천적인 특성을 발휘하여 정치·법률·건축·토목 등에 있어서 위대한 업적을 이룩하였다. 즉 로마는 고대 문화를 통합한 후 이를 실제 생활과 관련시키어 진정한 세속적 문화를 이룩하여 역사의 개척자로서의 인간의 능력을 높이고 세계를 지배하는 위대한 인간을 만들어 낸 것이다. 또한 로마는 그들이 통합 발전시킨 문화를 서구에 전파함으로써 오늘날의 서구문명이 형성되는 데에 결정적 역할을 수행하였다. 제국은 망하였으되 그들이 남긴 문화적 유산은 게르만 사회의 건설에 원동력이 되었다. 특징적으로 표현한다면 로마는 헤브라이즘*Hebraism*과 헬레니즘*Hellenism*을 통합하여 그것을 서구의 중세에 전달했다고 말할 수 있겠다.

제1절 공화정 로마와 지중해 세계의 건설

로마의 건국과 왕정

이탈리아반도에는 일찍이 구석기 및 신석기시대부터 여러 민족이 거주하였다고 전해지고 있으나 로마 문명과 직접적인 관계는 청동기시대에 이르러서부터 시작되었다. 로마 건국 이전의 이탈리아반도에는 대개 세 종류의 민족이 활동하고 있었으며 이들이 로마 문명의 형성에 큰 영향을 주었다.

그중 하나는 에트루리아인*Etruria or Etruscans*인데 이들은 동방의 소아시아계 민족으로 보이며, 일찍이 B.C. 12세기경부터 이탈리아반도에 들어와 티베르*Tiber*강의 서부와 북부를 근거지로 삼고, 더 나아가 티레니아*Tyrrhenia* 해로 진출하였다. 비록 이들은 대제국을 건설하지는 못하였으나 동방과 활발한 무역을 전개했으며 고도의 야금술과 알파벳 및 아치*arch*형의 건축술 등을 개발하여 후에 로마 문명에 기여하게 되었다.

두 번째로, 반도 남부에 '위대한 식민지'*Magna Graecia*를 건설한 그리스인을 들 수 있다. 이들은 B.C. 8세기 이후 이곳으로 진출하여 반도 남부 및 시칠리아섬에 많은 도시국가를 건설하였으며 그들의 알파벳과 종교관 및 미술적 재능은 로마로 전파되었다.

세 번째 민족은 로마 문명을 일으킨 이탈리아 민족이다. 이들은 인도-유럽 어족의 일파로서 일찍이 청동기 문명을 소유하고 있었으며 점차 반도로 내려와 대개 중부 지방을 근거지로 하여 활동하였다. 이들 이탈리아 민족 중의 하나인 라틴인이 중부의 라틴평야에 정착하여 티베르강 하류에 세운 도시국가가 바로 로마였다.

전설에 의하면 아에네아스*Aeneas*의 후손인 쌍생아 로물루스*Romulus*와 레무스*Remus*가 B.C. 753년에 로마를 건국하고 로물루스가 초대 왕이 되어 주변의 제민족에 대항하면서 라티움지방을 통일하였다고 한다. 그 후 7인의 자손이 그 뒤를 이어 왕정을 실시하였으나 뒤에는 에트루리아인에게 정복되어 이민족 출신의 왕의 지배를 받기에 이르렀다. 이에 이민족의 지배에 대한 라틴인의 강력한 반발과 권력이 증대된 귀족들의 항거로 B.C. 509년 드디어 왕정이 폐지되고 이민족의 지배에서 벗어나 공화국이 수립되었다.

왕정하에서의 모든 권력은 점차 왕보다는 씨족*clan*의 장들로 구성된 원로원*Senatus*에 의해 장악되어 갔다. 원로원은 왕을 선출하며 왕이 제안한 것을 관습에 따라 심사 거부할 수 있는 실질적 권력을 갖고 있었다. 왕은 고대 동

로마 건국 시조
로물루스와 레무스

방 사회에서와 같은 전제군주의 절대적 권력을 소유하지는 못했으며 행정·사법의 권한을 위임받아 행사하는 상징적인 가부장적 존재로 변해 갔다. 그 외에 전쟁에 참가하는 성년 남자로써 구성된 큐리아회 Comitia Curiata 가 있었으나 입법이나 정책의 변환을 결정할 권리는 없고 왕의 제안을 인준하는 인준기구의 기능을 수행하였다.

건국 당시의 로마 사회는 족장적 제사 중심의 씨족사회였다. 씨족이 사회조직의 기본이 되었으며 10개의 씨족이 하나의 씨족단 curia 을 구성하였고 다시 10개의 씨족단이 부족 tribus 을 만들었다. 로마는 3개의 부족으로 구성되었으나 시간이 경과함에 따라 이러한 혈연적 공동체는 그 결속력이 약해져 지연적 부족으로 발전하여 행정구획의 성격이 강해지게 되었다.

공화정의 발전

왕정이 폐지된 후의 공화정치는 실질적으로 귀족이 모든 권력을 장악하는 귀족정치와 다름없었다. 왕 대신 귀족 가운데에서 임기 1년의 2명의 통령 consul 이 선출되었으며, 국가의 위기시에는 그중에 1인이 총통 dictator 으로 선임되어 6개월 간 일체의 권리를 위임받았다. 그러나 실질적인 권력은 역시 300명으로 구성된 원로원에서 장악하였으며 통령은 단지 원로원의 결정을 받들어 집행하는 정도에 지나지 않았다. 따라서 귀족들은 정치적·경제적 특권을 독점하여 그들만이 진정한 로마인이라고 자처하였다.

공화국 로마의 통령

그러나 인구의 증가와 상업의 발전 및 계속된 정복전쟁은 평민들로 하여금 이러한 지배체제에 도전을 불러일으키게 하였다. 상공업 분야에서 부를 축적한 평민이 나타나고, 또 한편 평민으로 구성된 중무장보병밀집부대 phalanx 의 역할이 증대되자 이들 평민의 요구는 이제 무시할 수 없게 되었다. 그리하여 B.C. 3세기경 법적인 평등권이 부여될 때까지의 2세기 간 평민과 귀족 간의 투쟁이 지속되었으며 그 결과 평민권의 신장을 바탕으로 한 공화정이 수립되었다.

먼저 혈연 중심적인 큐리아회에 대치되어 나타난 병원회 Comitia Centuriata 가 이러한 평민권의 신장의 한 예이다. 재산의 기준에 의거하여, 스스로 무장한 평민 100명을 한 부대로 편성한 백인조 Centuria 에 1표의 투표권이 부여됨으로써 평민이 참정권을 행사하는 계기가 마련된 것이다. 한편 성산 Mons Sacer 사건으로 인해, 평민의 권리를 보호하는 2명의 호민관 tribunus 이 평민 가운데서 선출되었고(B.C. 494), 평민회 Comitia Tributa 가 설치되어 입법권이 부여되었다(B.C. 471). 이어서 귀족들의 권력 남용 방지를 목적으로 평민의 요구에 따라 최초로 성문화된 12표법 Laws of Twelve Tables(또는 12

동판법)이 제정되고(B.C. 449) 더 나아가 리키니우스*Licinius*법이 제정됨으로써(B.C. 367) 통령 2명 중 1명이 평민 출신에서 나오게 되고, 토지 소유의 상한선이 그어졌다. 뿐만 아니라 평민회의 결의에 대한 원로원의 거부권이 상실됨으로써(B.C. 287) 이제 평민은 귀족과 동등한 정치적 권력을 갖게 되어 민주적 공화정의 완성을 보게 되었다.

반도의 통일

로마가 귀족적 공화정에서 민주적 공화정으로 발전하는 시기는 대외적으로 볼 때 반도를 통일하는 시기와 일치한다. 반도 통일의 결정적 계기는 우수한 문화를 갖고 있던 에트루리아인을 정복함으로써 마련되었다. 당시 반도 일대가 정치적으로 혼란한 틈을 타서 로마는 에트루리아의 수도 베이*Veii*를 함락하여(B.C. 396) 포*Po*강 이남의 지방을 점령하고 남으로 방향을 돌려 비옥한 캄파니아*Campagnia*를 차지하고 있던 삼니테*Samnites*를 완전 정복하여(B.C. 290) 반도의 중부 및 북부를 장악하게 되었다.

로마는 이에 그치지 않고 공격의 여세를 몰아 점차 약화되어 가고 있던 남부 그리스의 식민지를 침공하여 이른바 에피루스전쟁을 야기하였다. 당시에 가장 강력했던 그리스의 식민도시 타렌툼*Tarentum*은 그리스 본토 에피루스*Epirus*의 왕 피루스*Pyrrhus*의 원조하에 로마에 대항하였으나 끝내 로마의 공격을 막아내지 못하고 패망하고 말았다(B.C. 275). 그리하여 로마는 남부의 '마그나 그레키아'를 포함한 대부분의 이탈리아반도를 통일하여 지중해의 새로운 강자로 등장하게 되었다. 로마는 점령지를 다스림에 있어서 분할하여 통치하는 원칙하에 식민시·자치시 및 동맹시로 구분하여 통치방식을 달리함으로써 그들의 반항을 효과적으로 약화시키면서 전체적으로 융화시키는 탄력성 있는 통치방법을 사용하였다.

지중해 제패와 로마의 팽창

로마의 이탈리아반도 통일은 자체의 경제구조에 큰 변화를 초래하였다. 정복한 토지와 노예의 증가로 부력이 크게 증가하고, 지중해를 통한 대외무역이 성행하면서 농업 위주의 경제는 상업 위주의 경제로 변하기 시작하였다. 로마의 이러한 경제생활의 전환은 지중해 제해권의 장악을 필수적으로 요구하였으며 따라서 당시 지중해를 장악하고 있던 카르타고*Carthago*와의 대결은 불가피하게 되었다. 이에 3차에 걸친 이른바 포에니전쟁*Poenic War*(B.C. 264~146)이 일어나게 되었다.

카르타고는 원래 B.C. 9세기경 페니키아의 식민도시로 건설되었으나 페니키아가 몰락한 후 B.C. 5세기경부터 독자적으로 세력을 키워, 북아프리카 일대와 이베리아반도의 일부를 지배하는 강력한 해군국가로 등장하였다. 경제적으로는 융성하였으나 정치적으로는 소수 부유층의 금권적 과두정치가 행해져 국민을 단결시키지 못함으로써 로마와의 전쟁에서 패배하기에 이르렀다.

한니발

시칠리아섬 쟁탈이 목적이었던 1차 포에니전쟁(B.C. 264~241)에서는 로마가 해군력에서 열세에 놓였음에도 불구하고 강인한 정신력으로 결속함으로써 카르타고에 승리할 수 있었다. 그 결과 시칠리아섬은 로마의 영토로 되었고 로마는 많은 배상금을 얻게 되었다. 비록 1차 포에니전쟁에서 로마가 승리했다고는 하지만 그로써 로마의 지중해의 제패가 완전히 이룩된 것은 아니었다.

카르타고는 다시 한번 보복의 기회를 엿보아 2차 포에니전쟁(B.C. 218~201)을 일으켰다. 카르타고의 명장 한니발Hannival은 스페인에서 육성한 군대를 지휘하여 알프스 준령을 넘어 이탈리아반도를 유린하고 칸네*Cannae*에서 대승하였으나 카르타고 정부의 미온적 태도로 인하여 홀로 로마와 싸우지 않으면 안 되었다. 카르타고와는 달리 전 로마 시민의 단결은 더욱 공고해져 갔다. 드디어 로마의 스키피오Scipio가 스페인을 거쳐 카르타고 본토를 공격하게 되자 한니발도 회군하여 귀국하기에 이르렀다. 양군은 자마*Zama*에서 결전하였으며 또다시 승리는 로마에게 돌아갔다. 전쟁의 결과 카르타고는 카르타고를 제외한 대부분의 영토를 로마에 할양하였고 막대한 배상금을 지불케 되었다.

스키피오

그러나 카르타고가 완전히 멸망한 것은 아니었다. 2차 포에니전쟁 이후 카르타고는 점차 회복하여 번영을 되찾기 시작하였다. 이에 따라 로마인들도 카르타고의 부활에 대하여 점차 불안감을 갖게 되었다. 결국 지중해 세계에서 이 양대 국가는 공존할 수가 없었던 것이며 어느 하나가 숙명적으로 파멸될 수밖에 없었다. 로마의 동맹시인 누미디아*Numidia*와 카르타고와의 전쟁을 계기로 일어난 3차 포에니전쟁(B.C. 149~148)은 카르타고의 결사적 항전에도 불구하고 다시금 최후의 승리는 로마로 돌아갔다. 그리하여 수백년 간 지중해를 지배해 온 카르타고는 완전히 멸망하기에 이르렀다.

한편 로마는 카르타고와의 전쟁중에도 동방에 군대를 보내어 발칸반도의 마케도니아를 치는가 하면 소아시아의 시리아를 정벌하여 이를 로마의 속주화하고 이집트를 그의 세력하에 두었다. 이제 로마는 전 지중해 세계를 통일하였으며 지중해는 과연 로마의 호수가 되었다. 포에니전쟁에서 로마가 승리함으로써 서양이 완전히 지중해를 장악하는 결정적 계기가 형성되었을 뿐만 아니라, 그리스 문화와 헬레니즘이 융합하게 되어 종합적인 로마 문화가 형성되게 되었다.

공화정의 위기

포에니전쟁 이후의 가장 큰 변화는 로마인 기질의 변화라 할 수 있다. 정복으로 인한 물질적 소득의 증대와 가치관이 다른 헬레니즘의 영향은 단결과 조직을 통해 국가에 봉사하는 데 익숙한 로마인의 기질을 변질시켜 병역의 기피나 사치스런 개인 생활의 추구 현상이 뚜렷해졌다. 이러한 새로운 기풍은 로마 사회 전체에 영향을 주어 경제·정치 및 사회 전반에 걸쳐서 큰 변화를 일으키게 하였다.

정복 사업이 활발해지면서부터 정권을 잡고 있던 귀족들은 많은 토지를 얻게 되어 상업주의적 대농장을 건설하였다. 이들은 수익성이 큰 포도나 올리브 등을 재배하는 데 정복지에서 획득한 노예노동력을 이용하였으며 더 나아가 몰락한 평민들을 사유하기 시작하였다.

이러한 특권계급의 대토지소유제도latifundium는 그 후 제정에서도 더욱 확대되어 빈부의 차이는 더욱 커졌다. 지중해 세계를 건설하는 데 주역을 맡았던 로마의 농민들은 외지에서 수입되는 염가의 곡물로 큰 타격을 받게 되었고, 또 노예노동력에 의존하고 있는 라티푼디움과의 경쟁에서 견디어 낼 수가 없었다. 오랜 전쟁으로 말미암아 자유민들의 토지는 황폐해지거나 귀족에게 병합되기 일쑤였다. 그리하여 로마 시민의 대다수를 차지하였던 자작의 자유 소농은 몰락하게 되었고 이러한 자유 소농의 몰락은 곧 로마 사회의 기본 질서가 파괴됨을 의미하였다.

또한 전쟁 포로나 노획을 통하여 노예가 급격히 증가함에 따라 로마 사회는 가사에서부터 농장 및 광산에 이르기까지 노예노동의 비중이 커지고 자연 노예매매가 성행하여 로마 사회는 노예노동에 크게 의존하게 되었다. 이에 노예들의 폭동이 빈번히 일어났으니, 스파르타쿠스의 반란(B.C. 73~71)은 그 대표적 한 예이다.

부에 의한 새로운 특권층이 대두됨에 따라 평민들이 오랜 투쟁을 통해 이룩한 민주적 공화정은 변질되기에 이르렀다. 평민회의 기능이 약화되는 반면 원로원의 권한은 강대해지고 이들의 경제적 특권이 증대됨에 따라 금전·권력 및 혼인 등으로 결합된 새로운 권력 집단인 벌족optimates이 형성되었다. 이제 로마의 공화정은 사실상 이들 벌족의 과두정치로 변하고 만 것이다.

빈부의 차로 인한 이와 같은 사회계급 간의 대립과 그에 따른 사회 질서의 혼란을 시정하기 위해 개혁을 제창한 사람은 그락쿠스 형제였다. 몰락한 소농들의 지지를 받아 B.C. 133년에 호민관으로 당선된 형 티베리우스Tiberius

Gracchus는 토지 소유의 상한선을 정하고 나머지 토지를 균등 분배하자는 토지 개혁과 시민권 확대 및 노예노동의 제한 등을 골자로 하는 새로운 입법을 제정하여 종전의 리키니우스법을 다시 시행하려고 했으나 귀족들의 음모로 암살당하고 말았다. 그 후 동생 가이우스Gaius Gracchus가 다시 호민관이 되어(B.C. 123) 시민권의 확대와 토지 재분배 및 원로원의 권한 축소 등을 주장하였으나 역시 귀족들의 반대로 실패함으로써 로마 사회 개혁 운동은 좌절되고 말았다.

제2절 제정 로마의 성쇠

군벌의 로마 지배

로마 내부의 사회적 갈등이 심각하게 대두되고 벌족(閥族)에 의한 과두정치가 성행하고 있을 때 변경 지방에서 반란이 일어났다. 그러나 로마는 기존 체제를 가지고 그들과의 전쟁을 승리로 이끌 수는 없었다. 이에 군사력을 바탕으로 한 군벌의 역할이 중요시되면서 이들은 새로운 정치적 지도자로 등장하게 되었으며 정권 쟁취를 위한 각축전이 아우구스투스Augustus의 독재권이 수립되기까지 지속되었다.

정권 쟁취를 위한 최초의 대결은 평민측의 지지를 받은 마리우스Marius와 귀족의 지지를 받은 술라Sulla 간에서 일어났다. 무공으로 출세한 마리우스가 소아시아에 있는 폰투스Pontus의 왕의 반란을 진압하는 원정군 사령관으로 임명되자 술라는 이에 불만을 품게 되어 두 사람 사이에 상호 투쟁이 벌어졌다. 한때 마리우스가 승리하는 듯했으나 술라가 원정에서 개선하여 정권을 장악하게 되었다.

술라의 사후 판도는 폼페이우스Pompeius와 케사르Gaius Julius Caesar(B.C. 100~44)의 대립으로 나타났다. 술라의 부하로서 그 뒤를 이어 귀족당의 수령이 된 폼페이우스는 검노들의 반란을 진압하는 한편(B.C. 73) 팔레스타인과 시리아를 정복하여 명성을 얻었으나 원로원의 냉대를 받았다. 한편 평민당의 수령인 케사르는 갈리아Gallia 지방을 정복하여 로마의 영토를 크게 확대함으로써 명성을 얻고 있었다. 원로원의 폼페이우스에 대한 냉대는 드디어 폼페이우스와 케사르 간의 동맹을 형성시켰으며, 이들은 더 나아가 원로원의 신망 있는 부호였던 크랏수스Crassus와 손을 잡아 원로원에 대항하여 로마를 분할 통치하기에 이르렀다(제1차 삼두정치, B.C. 60).

그러나 크랏수스의 사후 폼페이우스는 원로원과 결탁하여 당시 브리타니

케사르

아의 일부를 정복하여 명성이 높아 가고 있던 케사르를 타도하려 하였다. 케사르는 이에 루비콘*Rubicon* 강을 건너(B.C. 49) 로마를 점령하고 그리스에 피신한 폼페이우스 일당을 추격하여 섬멸하였다. 이어 그는 이집트, 시리아, 북아프리카 및 소아시아를 제압한 뒤 개선하여(B.C. 45) 종신총통*Imperator* 이 됨으로써 모든 권력을 그의 수중에 장악하였다.

케사르는 권좌에 오른 후 일련의 개혁정치를 실시함으로써 로마의 발전에 큰 공헌을 남겼다. 그는 공화정의 구조를 변질시키고 약화시키기는 하였으나 정치적으로 전 이탈리아인과 스페인인 및 일부 갈리아인에게까지 시민권을 확대하였으며 속주에 대한 착취적 징세제도를 폐지함으로써 본토와 피정복민 간의 융화를 꾀하기도 하였다. 또한 황무지를 개간하고 빈민을 구제하는 등 민생의 해결에도 상당한 관심을 보였으며 이집트의 태양력을 바탕으로 하여 이른바 율리우스력을 제정하기도 하였다.

제정의 확립과 번영

케사르는 B.C. 44년 그의 독재적 정치에 반대하는 브루투스*Brutus* 에 의하여 암살되고 말았다. 케사르의 사후 그의 양자인 나이 어린 옥타비아누스가 후계자로 지목되었으나 이미 혼란된 상태에서 독재적 권력을 행사할 수가 없게 되었다. 이에 그는 케사르의 부장이었던 안토니우스*Antonius* 와 기병 대장이었던 레피두스*Lepidus* 와 함께 천하를 3분하여 통치하게 되었다(제2차 삼두정치, B.C. 43). 그러나 레피두스가 탈퇴한 후 판도는 안토니우스와 옥타비아누스의 대결로 변했다. 동방과 그리스 및 이집트를 지배하고 있던 안토니우스가 클레오파트라와 결탁하여 로마로부터 이탈하려 하자 원로원의 지지를 얻은 옥타비아누스는 안토니우스를 타도하려는 원정길에 올랐다. 대세를

왼쪽부터 브루투스,
옥타비아누스, 안토니우스

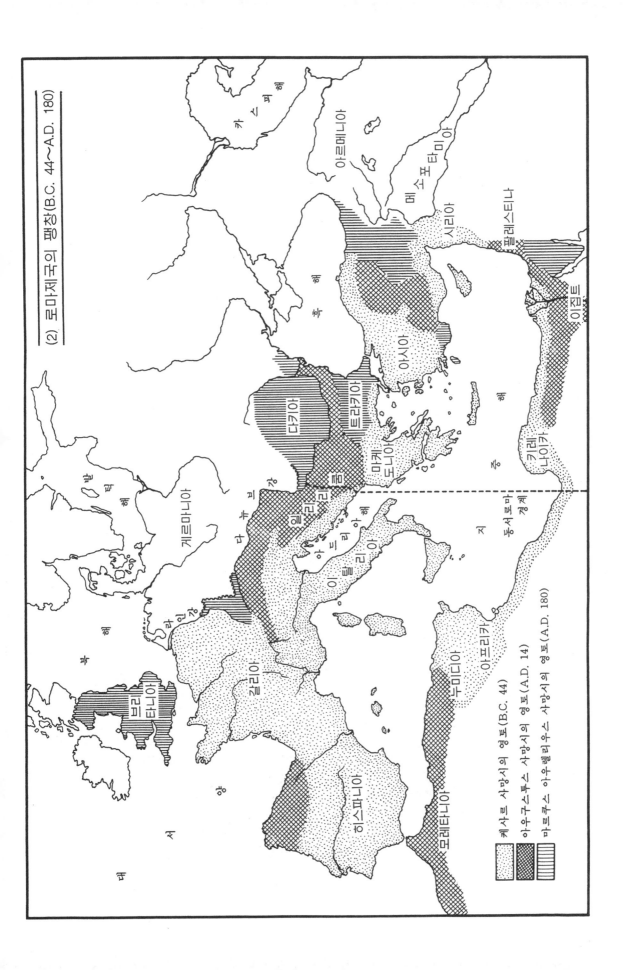

(2) 로마제국의 팽창(B.C. 44~A.D. 180)

카스피해

아르메니아

메소포타미아

흑해

시리아

팔레스티나

이집트

아이아

다키아

트라키아

마케도니아

키레나이카

발트해

게르마니아

다뉴브강

일리리쿰

모에시아

이탈리아

중

지

동서로마

경계

아프리카

누미디아

갈리아

북해

브리타니아

모레타니아

히스파니아

대

서

양

케사르 사망시의 영토(B.C. 44)

아우구스투스 사망시의 영토(A.D. 14)

마르쿠스 아우렐리우스 사망시의 영토(A.D. 180)

클레오파트라

아우구스투스

결정지은 것은 악티움*Actium*해전이었다(B.C. 31). 이 해전에서 옥타비아누스가 대승하여 안토니우스는 패망하고 클레오파트라는 자살함으로써 이제 로마 최후의 지배자는 옥타비아누스가 되었다.

실권을 장악한 그는 절대권을 행사하는 군주가 되려 하지는 않았다. 케사르의 죽음을 교훈으로 삼아 전통적 공화제를 유지하면서 로마를 통치하려 하였다. 안토니우스를 격파한 후 그는 일체의 권리를 원로원에 환부하였고 원로원은 다시 그에게 아우구스투스*Augustus*의 칭호를 부여하고 모든 권력을 그에게 위임하였다. 즉 형식적인 공화 체제 속에서 전제정치를 수립함으로써 제정을 확립한 것이며 그의 사후 제위는 세습되게 되었다.

옥타비아누스의 치세 44년 간(B.C. 31~A.D. 14)은 질서와 평화를 유지하기 위한 노력의 시기였다. 이집트를 황제의 직속령으로 하여 안정된 재정 기반을 구축하고 이를 바탕으로 하여 군대를 재편성하였으며 빈민 구제를 위해 새로운 세제를 마련하였고 사법권의 중앙집권화를 통해 전 제국 내에 로마법을 일률적으로 적용하였다. 그는 케사르와 달리 로마제국의 영토를 팽창시키는 것보다 수비하는 데 중점을 두어 국경을 굳게 지키는 한편 관료제도를 확립하는 등 내치에 주력하였으므로 오랜 전란에 시달렸던 사람들은 태평성대를 구가하였다. 그는 스스로 "벽돌의 로마를 대리석의 로마로 개조했다"고 말할 정도로 로마시에 신전·극장·욕탕 등의 시설을 갖추었으며 학예를 크게 장려하여 베르질리우스*Vergilius* 같은 인물을 배출하였다. 그리하여 아우구스투스 이래 약 2세기 동안 제국은 계속 번영하였고 라틴 문명은 절정기에 달

4C경 로마의 중심부

하여 로마의 평화*Pax Romana*가 이루어졌다.

아우구스투스 이후 왕위는 세습되었다. 초기에 네로Nero(재위 A.D. 54~68)와 같은 인물이 나오고 군부가 정권을 장악하는 등 일시 혼란이 있었으나 네르바Nerva(A.D. 96~98), 트라야누스Trajanus(A.D. 98~117), 하드리아누스Hadrianus(A.D. 117~138), 안토니우스 피우스Antonius Pius(A.D. 138~161), 마르쿠스 아우렐리우스Marcus Aurelius(A.D. 161~180) 등의 이른바 오현제(五賢帝)시대에 들어와 로마의 영토는 최대로 팽창하여 다뉴브강 이북이 로마의 영토가 되었다. 뿐만 아니라 속주의 경영에 크게 힘써 이탈리아인과 피정복지인 간의 법률상의 차별이 폐지되고 라틴어가 보급되었으며 로마식의 교육이 장려되어 속주의 생활 양식 및 문화가 로마화함으로써 제국은 정치적으로나 문화적으로 하나의 통일체가 되었다.

제국의 쇠망

제국 로마의 평화 유지는 군부 장악을 기반으로 하여 황제가 중앙집권적 권력을 행사함으로써 가능하였다. A.D. 180년 마르쿠스 아우렐리우스를 마지막으로 오현제시대가 끝나면서 제권은 점차 약화되어 갔다. 이는 곧 황제가 군부를 장악하는 데 실패했음을 의미하는 것이었다. 이제 군부는 정치에 대하여 실력을 행사하였으며 황제의 폐위와 옹립조차 임의로 조정하였다. A.D. 180년부터 284년에 이르는 기간은 군인들이 제위 쟁탈전을 전개한 시기였다. 특히 235년부터 284년까지의 50년 간은 군부에 의해 26명의 황제가 폐위되는 이른바 군인황제시대였다. 또 3세기 후반부터 변경에서 게르만족과 사산조 페르시아 등 이민족의 잦은 침입은 군부의 권력을 더욱 강화시켰다.

2C경 로마군단병

황제의 경호대

한편 공화정 말기부터 나타난 자유 농민들의 몰락은 국방에 필요한 병사의 보충을 어렵게 만들어 로마의 국방은 점차 용병제에 크게 의존하게 되었다. 심지어 게르만족으로 하여금 제국의 북변을 방비케 함으로써 로마제국의 북방은 그들의 세력하에 들어갔다. 이러한 용병제에 의존한 국방 문제의 해결은 로마인의 제국에 대한 충성심의 상실을 의미하는 것으로서 로마제국이 몰락하는 하나의 요인이 되었다.

그러나 로마제국을 멸망의 길로 이끈 것은 외환 문제보다는 사회 내부의 문제였다. 제정의 화려한 번영 속에서도 각종의 사회적 모순과 정신적·경제적 퇴락(頹落)의 기운은 점차 자라나 라틴 문명을 몰락시키는 결정적 요인이 되었다. 기본적으로 로마는 도시중심적이요 화폐경제 위주의 문화였다. 그러나 제국이 확대되면서 동방과 헬레니즘에 접하게 되자 향료·비단 등의 사치

스런 소비성 물품의 수요가 증가하고 황금의 해외 유출이 현저해졌으며 그로 인하여 화폐경제는 위기에 봉착하게 되었다. 이러한 화폐경제의 위기는 악화(惡貨)의 남발로 더욱 고조되었다. 결국 화폐보다 현물이 중요시되는 자급자족적 자연경제로 역행하게 되고 경제 및 문화의 중심은 도시에서 농촌으로 옮아 갔으며 상업은 쇠퇴하여 갔다.

또한 대규모의 노예노동력을 기반으로 하여 성립된 라티푼디움에도 변화가 생겼다. 제정 이래 정복 활동이 점차 중단되자 새로운 노예의 공급이 어렵게 되었다. 따라서 토지는 분할, 대여될 수밖에 없게 되어 소작제가 등장하게 되었다. 또한 몰락한 농민들이 소작을 담당하게 되어 토지에 예속된 부자유 소작인 *colonus* 이 출현하게 되었다. 자연경제로의 복귀와 함께 인구가 감소하자 생산이 저하되고 아울러 직업 전환의 유동성이 적어져서 직업의 세습적 경향이 대두되었고 신분이 고정화되는 현상이 뚜렷해졌다. 결국 이러한 모든 변화는 제국의 통치 질서를 근본적으로 붕괴시키는 내부적 요인들이었다.

또한 인류애와 인간 구제를 내세워 민간에 유포되었던 기독교는 모순과 혼란투성이의 로마 사회를 더욱 부정적으로 취급함으로써 로마의 붕괴에 더욱 박차를 가하였다. 로마의 제국적 전통이나 국민의 애국심은 물론 황제 숭배 사상은 기독교의 이념에 어긋나는 것이었으며 기독교인들이 바라고 있던 메시아 출현의 기대는 탈로마적 열망이었던 것이다.

제국의 이러한 혼란을 수습하여 제국 건설의 이상을 실현코자 한 사람이 디오클레티아누스 Diocletianus (재위 285~305)와 콘스탄티누스 Constantinus (재위 323~337) 대제였다. 디오클레티아누스제는 제국을 통일하여 통치하는

디오클레티아누스

콘스탄티누스

것이 곤란함을 인식하고 제국을 4분하는 한편(293) 동방적 전제정치이념을 도입하여 황제 숭배를 강조하고 관료제도를 강화하였으나 그러한 통치방식도 일시적 방책일 뿐 제국의 질서를 완전히 회복할 수는 없었다.

디오클레티아누스의 사후 분열된 제국은 다시 혼란에 빠졌으나 콘스탄티누스대제에 이르러 재정비되었다. 그는 로마의 지배권을 완전히 장악하여 제국의 분할통치제를 타파하고 제국을 재통일하였다(324). 그는 전제적 관료제도를 확립하여 중앙에서 파견된 관리로 하여금 통치하게 하는 한편 군사적으로나 상업상으로 중요한 비잔티움 *Byzantium* 으로 수도를 옮겨 콘스탄티노플 *Constantinople* 이라 개칭하였다. 그는 또한 밀라노칙령(313)을 통해 박해를 받아 오던 기독교를 법적으로 인정하는 한편 니케아 *Nicaea* 에 종교회의를 소집하여(325) 아리우스 Arius 파와 아타나시우스 Athanasius 파의 종교적 분쟁을 종식시켜 정치적으로 유용한 아타나시우스파로 교리를 통일토록 하였다. 그가 기독교를 공인하고 교리를 통일시킨 것은 기독교사상 큰 공헌임에 틀림없

로마의 유적

으나 그것은 종교적 신념에서 비롯된 것이라기보다는 기독교 세력을 이용하여 제권을 강화시킴으로써 제국 재건의 뜻을 실현하려고 했던 것으로 보아야 하겠다.

그에 의하여 다시 통일되었던 로마제국은 대제의 사후 또다시 분열하여 쇠망의 징후는 더욱 뚜렷해졌다. 드디어 테오도시우스Theodosius(재위 376~395)의 사후 로마제국은 동·서로 분열되고 말았다(395). 장남 아르카디우스 Arcadius는 동로마제국, 차남 호노리우스Honorius는 서로마제국의 황제가 되어 로마는 영구히 분열되고 만 것이다. 동로마제국이 비잔틴제국으로 1453년에 멸망할 때까지 중세 1천년 간을 지속해 온 데 비해 라틴 문화의 정통 세력인 서로마제국은 누적된 내부의 갈등에다 외부로부터 게르만족의 침입을 받아 476년 멸망하게 되었다.

제3절 기독교의 성립과 로마제국

기독교의 성립

로마 문명 중 서양 문명의 형성에 가장 큰 영향력을 준 것은 기독교였다. 예수는 제정이 시작된 아우구스투스시대에 로마의 지배를 받고 있던 팔레스타인지방에서 태어났다. 당시 헤브라이*Hebrews* 민족은 수백년 간 이민족의 지배를 받아 온 터라 민족의 해방과 독립을 갈망하여 왔다. 그들은 헤롯왕 Herod I의 통치를 받고 있었으나 만족할 수 없었으며 따라서 예전에 영화를 누리게 했던 다비드왕David의 진정한 후계가 나타나 그들을 구해 줄 것을 염원하였다. 야훼Jahveh사상은 이들의 그러한 염원을 잘 말해 주고 있다.

요한John의 세례를 받은 예수는 자신이 인간의 죄악을 구해 줄 성스런 임무를 지녔다고 자처하고 수년 간 설교와 복음의 전도 및 병자의 치료에 힘썼다. 그의 이러한 가르침은 보수적 유대교 율법학자들로부터 적대감을 사게 되었다. 헤브라이 민족만의 해방이 아니라 인류 전체의 구원을 주장하는 예수의 혁신사상은 그들의 기대에 어긋난 것이었으며, 로마의 통치 이념에도 어울리지 않는 것이었다. 그는 곧 유대교의 이단으로 간주되어 골고다*Golgotha*의 언덕에서 십자가에 매달려 처형되고 말았다.

예수의 사후 그의 추종자들은 한때 실망했으나 신념과 용기를 되찾아 포교 활동에 적극 나서게 되었다. 이들은 예수의 부활을 믿고 그의 가르침을 체계화하여 사복음서*The Four Gospel*를 저술하였다. 그들은 예수는 하나님의 아들인 그리스도*Christ*로서 인류의 죄를 그 자신의 죽음으로써 사하기 위하여 지상에 보내어졌고 사후 곧 부활하여 승천했으며 언젠가 세상을 심판하기 위해 다시 온다고 굳게 믿었다. 복음서에 나타난 예수의 가르침은 하나님이 주관하는 천상과 그 지배를 받는 지상의 관계, 황금률*The Golden Rule*, 인간에 대한 사랑, 극기, 위선과 욕심의 배척, 종교의식의 폐지, 부활 및 영혼의 구제 등으로 요약할 수 있다.

기독교의 전파

예수의 가르침이 세계의 종교로서 발전한 데는 그 제자들의 헌신적 포교 활동이 큰 역할을 하였다. 최초의 순교자로 알려진 스테파노Stephen는 팔레스타인 땅을 벗어나 이방의 헬레니즘 세계를 중심으로 활동하였으나 이교도들에 의해 돌에 맞아 죽었다(34).

사도 바울

예수의 생시 가장 신임을 받아 오던 베드로Peter는 로마제국의 수도인 로마를 중심으로 포교 활동을 벌임으로써 후에 이곳을 기독교 세력의 중심지로 만드는 데 기여하였으며 끝내 네로의 탄압으로 순교하였다.

한편 아시아에서 태어난 바울Paul은 헬레니즘의 영향으로 학문·예술·종교 등의 제분야의 교양을 갖추고 있었으며 기독교로 개종한 후 교리 확립에 힘쓰는 한편 수차례의 포교를 위한 여행에 나서 소아시아·시리아·크레테·그리스 및 로마에 이르기까지 전도 사업을 벌였다. 기독교의 포교에 있어서 그의 위치는 신약성서의 3분의 1 분량이 그에 관한 기록임을 보더라도 잘 알 수 있다. 바울 역시 네로의 박해로 순교자가 되고 말았다(67).

기독교가 그와 같이 세력을 확장할 수 있었던 것은 포교 활동 이전에 그 자체가 가지는 사상의 보편성과 그러한 보편성이 크게 인식되어지게 된 시대적 배경 때문이었다. 기독교가 유대교의 영향을 많이 받은 것은 사실이었다. 그러나 유대교는 민족주의에 입각한 선민사상과 계율주의에 기반을 두고 있었다. 예수가 이와 같은 배타적 고립성을 타파하여 민족을 초월한 전 인류의 구제를 주장함으로써 기독교는 세계 종교가 갖추어야 할 보편성을 갖추게 된 것이다. 뿐만 아니라 기독교에서 강조되는 고도의 윤리성은 당시의 혼란한 사회에 미래의 비전을 제시하는 것이었다.

기독교의 이러한 범세계적 사상의 형성에는 동방의 제종교와 헬레니즘이 또한 영향을 주었다. 조로아스터교의 내세관이라든가 선악의 영원한 투쟁 이념 및 개인의 행복과 위안을 신비한 의식에서 구하려는 그노시스파*Gnosticism* 등의 원초적 종교관 등이 그 예이다. 뿐만 아니라 헬레니즘의 철학사조는 기독교 교리에 합리성을 부여함으로써 기독교 사상을 보편화하는 기본적인 힘이 되었다. 이러한 모든 요소가 종합되어 기독교는 고대의 어느 타종교보다 보편성을 갖추게 되었다.

세계 종교로서 기독교를 빨리 받아들이게 한 것은 당시의 시대적 배경이었다. 압제적인 제정에 싫증을 느껴 점차 이탈해 가는 로마의 시민과 피정복민들은 점차 현실을 부정하여 현실 도피적인 운명관이나 개인의 구제에 집착하게 되었다. 바로 이러한 시대적 요구에 가장 부합할 수 있었던 것이 기독교였으며 따라서 기독교는 민중 사이에 널리 보급될 수 있게 된 것이다.

교회제도의 확립

그러나 기독교는 그 당시 로마의 정치 권력과 타협하지 못하고 황제 숭배 정신에 위배되었으므로 박해를 당하게 되었다. 네로로부터 공공연히 시작된 기독교도 박해는 디오클레티아누스에 이르러 절정에 다다랐다. 그러나 기독교는 이러한 탄압과 함께 빈자나 억압받는 민중 및 부녀자 등의 하층에 더욱 전파되어 갔다. 즉 순교자의 피는 교회의 씨(種)가 되었던 것이다.

제국 재건의 꿈을 간직한 콘스탄티누스대제는 통치 목적상 스스로 기독교 신자가 된 후(311), 전술한 바와 같이 밀라노칙령으로 교회의 자유를 인정하여 기독교 신자에 대한 박해에 종지부를 찍고 325년에 있었던 니케아 종교 회의에서 아리우스파를 이단으로 결정하였다. 그리스 철학의 영향을 받은 아리우스파는 예수를 하나님과 동일시하는 삼위일체설*Trinity*을 부정한 데 반

해, 아타나시우스파는 하나님과 예수 및 성령*Holy Ghost*을 동일한 것으로 간
주하였다. 그 뒤 테오도시우스 황제는 기독교를 국교화하여 다른 모든 종교
를 이단으로 간주하였다(395).

　제국의 종교로 등장한 기독교는 로마의 행정조직을 모방하여 점차 교직계
급제도*hierarchy*가 확립되게 되었다. 중요 도시에 주교*Bishop*가 생기고 이
들이 연합된 지역에 수도대주교*Primate*가 설치되어 예하 주교를 다스리게
되고 다시 그 위에 총대주교*Patriarch*가 생겨 로마 · 콘스탄티노플 · 안티오
크 · 예루살렘 · 알렉산드리아 등 제국 전역의 5개 지역에 총대주교가 나타났
다(5대본산). 이 중에서도 베드로의 순교지인 로마의 총대주교가 우위를 차지
하여 로마를 중심으로 교황제가 수립되게 되었다.

제4절 로마의 문화

로마 문화의 특성

　로마는 그리스와는 달리 도시국가 체제로 발전하지 않고 정복을 통한 제국
으로 발전하였다. 그러므로 비록 로마 문명이 그리스 문화를 흡수하고 동방
의 제문명을 받아들였다고는 하지만 광범위한 제국을 훌륭히 통합하여야 한
다는 현실적 문제로 인하여 조직을 바탕으로 하는 군사와 통치 분야에서 전
례 없는 강력한 실용적 문화를 창조하는 천재성을 발휘하였다. 로마는 또 그
리스 및 동방의 정신적 문화를 받아들여 지중해 세계의 고전문명을 집대성한
후, 그것을 케사르에 의해 제국의 판도로 편입된 갈리아를 통하여 서구에 전
달하였다. 이 점이 로마 문화가 남긴 역사적 공헌의 하나라 하겠다.

　그리스인들은 이상과 원리를 추구하여 문예 · 미술 및 철학 등에 있어서 창
조력을 발휘하였지만 로마인들은 그러한 면에서 그리스인에 미치지는 못하
였다. 가령 그리스 문화를 화려하고 정서적이며 탐미적이라고 부를 수 있다
면, 로마 문화는 이지적이며 의지적이고 견실한 문화였다고 말할 수 있겠다.
로마는 그리스 문화를 받아들여 그것을 응용하는 데 능하여 실용적 방면에
훌륭한 유산을 남겼다. 즉 그들의 능력은 창조적인 면이라기보다는 섭취한
문화를 포용하는 면이나 이용하는 면에 유감없이 발휘되었다.

로마의 법률

　로마가 서양 문명에 남겨 준 가장 중요한 영향과 전통은 그들의 준법사상
과 법체계였다. 로마의 법률은 로마의 팽창과 함께 발전하였다. 로마가 도시

국가로 출발하였을 당시 법은 성문화되지 않았으며 종교적 관습이 법의 기능을 수행해 왔다. 그러나 로마가 발전하고 사회가 점차 복잡해짐에 따라 법은 종교에서 점차 분리되고 세속화하여 갔다. 즉 로마가 공화정으로 바뀌고 시민의 권리가 증대되면서 성문화된 법이 나타나게 된 것이었다.

그러한 법은 자연 시민법*jus civile*의 형태로서 발달하였다. B.C. 449년에 나타난 12표법은 바로 이러한 시민법의 성립을 말해 주는 것이며 그 뒤의 리키니우스법 또한 시민법의 확립을 보완하는 성질의 것이었다. 12표법은 법제적 측면에서 볼 때 영국의 대헌장*Magna Carta*과 비교될 수 있는 것으로, 전통적으로 초등학교의 과목으로 채택되었다. 그 내용은 벌칙과 가부장권, 유산상속, 소유권 및 소송 진행에 관한 것들이었다. 또한 이 법은 평민과 귀족 사이의 통혼을 금하고 있었으나 이 조항은 뒤에 폐지되었다.

공화정이 점차 발달하고 정복 활동을 통하여 많은 피정복민이 생기게 되자 로마는 제한된 로마 시민만을 상대로 하는 시민법만으로는 통치에 어려움을 느끼게 되었다. 그리하여 정복된 제민족에게 적용할 새로운 법이 필요하게 되었으며 이러한 요구에 따라 만민법*jus gentum*이 나타나게 되었다. 만민법은 시민법을 바탕으로 하여 성립되었으며 따라서 시민법보다 더 포괄적이고 보편성을 띠었다. 그러나 제정이 진전되면서 만민법은 사고 방식과 문화 생활이 다른 여러 지역의 법률 사조와 제학문의 경향으로 인하여 방대한 양으로 변하여 법을 적용하는 데 혼란을 초래하게 되었다. 이에 일반적 원칙에 입각하여 각 지역의 특수한 법을 보편화할 필요성이 대두되었다. 이러한 필요성에 부응하여 법에 일반적 원칙을 제시하는 데 공헌한 것은 스토아학파*Stoicism*였다.

감성 대신 윤리성을 강조하고 자연주의적 사상을 기본으로 하는 스토아 철학은 모든 인간의 평등과 동등한 가치관을 주장함으로써 로마 시민이건 아니건 간에 동일한 법을 적용해야 한다는 원칙을 일깨워 주었다. 그리하여 하드리아누스제 이후에 이르러 자연법*jus natural*이 성립되었다. 이제야 로마는 제국을 통치함에 적합한 법체계를 갖추게 된 것이었다.

서로마제국이 멸망한 뒤 로마의 법률은 동로마제국으로 전수되었다. 로마제국을 재건하려는 꿈을 가졌던 동로마제국의 유스티니아누스Justinianus(재위 527~565)대제는 법학자 트리보니아누스Tribonianus로 하여금 종전의 모든 법률과 판례 등의 방대한 법자료를 수집 분류케 하여 대법전을 편찬하게 하였다. 이른바 유스티니아누스법전*Corpus Juris Civilis*이 편찬된 것이다 (529~535). 이 법전은 그 당시까지의 4세기 간에 걸친 로마제국의 제법을 법령*codex*·법전*digest* 및 법학설*institutes*로 나누어 상세하고 정확하게 기술

콜로세움

하여 이를 재판에 편리하게 사용토록 하였다. 이 법전이야말로 로마법뿐만 아니라 로마 문화의 위대한 유산이었다. 영국의 관습법 *common law* 과 함께 법체계의 또 다른 지주가 된 로마법은 이렇게 하여 이탈리아·프랑스·스페인 및 라틴아메리카 제국의 법률의 기초가 되었을 뿐 아니라 중세의 교회법전·마호메트교회법의 발달에도 크게 영향을 주었던 것이다.

건축·토목

그리스의 건축은 신전과 같은 인간의 정신 활동이나 분묘와 같은 내세적인 것에 중점을 두었지만 로마인은 실제 생활과 관련된 공공 건물이나 교량·도로 건설 등의 건축·토목 분야에서 훌륭한 성과를 올렸다. 제국의 영토 팽창

아피아 군사도로

은 통치의 필요상 황제의 권력이나 권위를 상징하는 대규모의 웅대한 공공의 건축물이나 정복지와의 교통을 원활히 할 수 있는 잘 포장된 도로 및 교량의 건설을 발달시켰다.

로마의 건축은 실용성을 위주로 하였다. 관공서 건물·야외 극장·목욕탕·경기장 등이 그 대표적 작품인데 이것들은 육중하면서도 균형이 잡혔고 또 견고한 특징을 나타내고 있다. 초기에 로마의 건축은 헬레니즘적 요소가 강했으나 후기에 이르면서 독자적인 특성을 드러내었다. 재료에 있어서도 초기에는 벽돌을 많이 사용하였으나 뒤에는 대리석을 많이 사용하였다. 형체에 있어서 로마인은 에트루리아인으로부터 배운 아치형을 더욱 발달시키고 돔 *dome* 을 개발하였다. 돔은 건축물의 하중을 벽으로 분산시켜 중앙에 기둥을

콘스탄티누스 개선문

필요로 하지 않았다. 그 대표적 건물은 판테온 *Pantheon* 사원이다. 아치형의 건물은 그 외에도 공공 건물 및 개선문 등에 많이 사용되었다. 그들이 남긴 가장 유명한 건축물은 역시 콜로세움 *Colosseum* 이다. 45,000명의 수용 능력을 가진 이 원형경기장은 그 웅장한 규모로도 유명하지만 도리아식 *the Doric*, 이오니아식 *the Ionic* 및 코린트식 *the Corinthian* 의 기둥 양식이 아치형으로 연결되고 3층으로 건축되어 있어 건축의 발달 과정을 잘 살펴볼 수 있다. 그 외에 열주식 건물로서 바실리카 *Basilica* 를 들 수 있다. 법정이나 시장 등의 구실을 한 이 건물은 창이 높이 달려 있고 또 천장이 높은 것이 특징으로서 중세 고딕 양식의 건축에 영향을 주었다.

　로마인들은 건축뿐 아니라 도로·교량 등의 토목 사업에도 큰 업적을 남겼다. 도로 건설에 있어서는 특히 뛰어난 자질을 발휘하였다. 그들은 일정한 규격의 석재로 도로를 포장하여 로마로부터 지중해에 이르는 고속도로를 건설하였으며 후에는 정복지까지 이것을 확대하여 군사활동로나 교통로로 사용하였다. 그리하여 모든 길은 로마로 통하게 되었다. 교량 건설에 있어서도 역학적 기술을 발휘하여 아치형을 서로 연결하여 견고한 교량을 건설하였으며

가르 수도교(프랑스 남부)

이를 몇 층씩 쌓아 대규모의 교량을 가설하였다. 대표적인 것으로 프랑스 남부지방의 가르*Gard*교를 들 수 있다.

이 외에도 그들은 콘크리트를 사용하여 터널까지 구축하였고 지중해를 연한 제지역에 항만도 건설하였다. 여하튼 로마인들의 건축과 토목 기술은 매우 뛰어났으며, 그들의 작품은 견고하고 웅장하여 로마제국의 위엄과 영화를 잘 나타내 주고 있다.

문예 · 철학 · 자연과학

로마인은 법이나 건축 · 토목 등에서 건설적이고 실용적인 발전을 이룩하였지만 조각이나 문예 등의 예술 활동에 있어서는 그리스의 것을 능가하지는 못하였다. 로마인들의 본격적 예술 활동은 그들이 그리스를 정복하고 헬레니즘 세계와 접촉하게 되면서부터 시작되었다. 그리스인들은 예술 분야에 있어서 로마인들의 스승이 되었던 것이다. 이러한 현상은 조각 · 회화 · 문예 등 예술 전반에 걸쳐 나타났다.

조각에 있어서 로마인의 활동은 주로 개선문과 기둥 및 제단 · 흉상 등에 나타나고 있다. 그리스인들이 조각에 있어서 이상적인 미를 추구하여 신화에 나오는 아름다운 여신을 찬양의 대상으로 삼은 데 비해 로마인들은 위대한 업적을 남긴 정치가나 군인 등의 개성 있는 역사적 인물을 즐겨 표현하였다. 또한 로마의 화폐에 새겨진 것도 제국의 영화를 상징하거나 특정한 인물의 선전을 위한 것이었다. 그 외 관에 새겨진 조각이나 기사상 및 장식 등에서 이채로운 것을 간혹 발견할 수는 있으나 조각을 통한 심미적 안목의 면에서는 그리스인을 능가할 수가 없었다.

　문예에 있어서도 로마인들은 뛰어난 독창성을 발휘하지 못하고 그리스의 것을 모델로 받아들였다. 그리스의 작품과 비교할 때 덜 사색적이고 상상력이 덜 풍부하면서 대신 윤리성이 좀 강했다는 점이 로마 문예의 특징이라 할 수 있겠다. 그렇지만 교훈시나 역사 서술 및 풍자문학에 있어서는 그들의 자질이 잘 나타나고 있었다.

　포에니전쟁 이전에는 대개 그리스의 것을 모방한 연극 활동이 활발하여 플라우투스Plautus(B.C. 254~184)나 테렌스Terence(B.C. 190~159) 등의 희극작가들이 나왔으나 로마 문예 활동의 전성기는 역시 지중해를 제패한 이후인 B.C. 1세기경이었다. 이 시기를 대표하는 인물은 정치가이면서 라틴 산문의 완성자인 키케로Cicero(B.C. 106~43)였다. 그리하여 B.C. 1세기는 ‘키케로시대’로 불리게 되었다. 또한 국민적 서사시「아에네이스」Aeneid로 유명한 베르길리우스Vergilius(B.C. 70~19)나 서정시와 풍자시에 뛰어난 호레이스Horace(B.C. 68~8) 등이 바로 이 시기에 활약하기도 하였다.

　역사 서술에 있어서는 로마제국의 팽창과 함께 로마 자체를 취급한 역사 서술이 활기를 띠게 되었으며 이에 리비우스Libius(B.C. 59~A.D. 17)·타키투스Tacitus(B.C. 155?~117) 및 폴리비우스Polybius(B.C. 204~122) 등이 나타났다. 그리스 출신이었던 폴리비우스는「로마사」를 통하여 로마의 세계적 발전의 필연성을 사적으로 논구하고 역사의 실용성을 강조하였다. 그리스의 헤로도투스에 비길 수 있는 리비우스는 서사시적 표현으로 142권의「로마사」를 저술하여 로마제국의 정복과 업적을 찬양했으나 객관성이나 과학적 기술 방식이 결여되어 있다. 타키투스는 역사적 관심을 로마 전체에서부터 제한된 시기와 사회적 측면으로 옮기었다. 그가 쓴「게르마니아」는 소박한 게르만인들의 제도·풍속·생활을 묘사하여 부패한 로마 상층계급에게 각성을 촉구한 교훈적 저작이라 하겠다. 그의 글은 비평적이면서도 원로원을 중시하고 황제를 단순한 전제군주로 간주하여 로마사에서의 황제의 공헌을 거의 무시하였다. 그 외에 자신의 정복을 과시한 케사르의「갈리아전기」나 그리스와 로마의 위대한 인물들을 취급한 플루타크Plutarck(A.D. 46?~120?)의「영웅전」등의 역사적 저작이 남아 있다.

　자연과학 분야에서 로마인은 별다른 업적을 남기지 못하였다. 그들은 기본적으로 세계와 우주에 대한 왕성한 지적 호기심을 갖고 있지 않았고 단지 헬레니즘의 자연과학을 그대로 받아들인 정도였다. 다만 이들은 실용주의적 입장에서 병원이나 의과대학을 처음 세웠으며 일반인의 교양에 있어서도 의학적 지식이 높이 존중되었다. 로마인들은 동방의 과학 지식을 실제 생활의 유용성과 관련시켜 이를 집성하게 되었다. 플리니우스 Plinius(A.D. 23~79)의 「박물지」가 바로 그것이다.

기타 천문학에 대한 그들의 업적으로는 케사르의 율리우스력이나 지구구형설에 입각한 프톨레메우스 Ptolemaeus의 지도 제작을 들 수 있다. 비록 프톨레메우스가 아시아·아프리카에 대해서 지도를 잘못 그렸다고는 하지만 오히려 그로 인해 후에 탐험가들의 활동이 활발하게 되어 역설적으로 공헌하였다. 지중해와 동방 지역의 지도는 상당히 정확하였다. 그 외에도 로마인은 이른바 로마숫자를 만들었으나 아라비아숫자에 압도당하고 말았다.

제 2 편
서양의 중세사회

제 1 장
유럽 사회의 신생

중세 시대를 상·하한으로 구분하는 시기는 관점에 따라서 달라질 수 있다. 교회사적인 관점에서는 콘스탄티누스대제의 기독교 공인(313)에서 종교 개혁의 발발(1517)까지를 중세라고 한다. 반면에 정치사적인 입장에서 시대 구분을 하면 게르만의 등장과 서로마 멸망(476)이 중세의 시작이고, 동로마가 멸망(1453)하고 신대륙이 발견되어 초기의 유럽 개념이 깨지는 시기를 중세의 끝으로 생각할 수 있으며, 경제사적인 측면으로 본다면 봉건제도의 성립과 붕괴를 중세의 상·하한으로 잡을 수 있다. 이와 같이 견해에 따라서 중세의 상·하한은 조금씩 상이하다. 그러나 이들의 시기 구분에는 일반적인 특징이 있는데 그것은 중세의 특징이 성립되는 시기를 중세의 상한으로 잡고 중세의 특징이 와해되는 시기를 중세의 하한으로 잡고 있다는 점이다.

중세사회는 다른 시기에 보기 어려운 몇 가지 특징을 가지고 있다. 중세사회는 기독교로 통일된 사회였다. 중세의 가치관·윤리관이 기독교로 통일되었음은 물론이고, 정치·경제·사회·문화에 이르는 모든 부분에 획일적이라고까지 할 정도로 봉건적이고 기독교적인 특징이 나타나 있다. 또한 중세사회는 최초로 유럽이라는 개념이 형성된 시기였다. 고대 상업 문명의 중심지였던 지중해 연안에서 갈리아 지방에까지 문화권이 확장되었으며 그럼으로써 제한되었던 고대문화권을 탈피할 수 있었다. 이제 중세 문화의 범위는 로마·게르만 지역, 동로마의 비잔틴 문명 지역, 유럽 일부와 아프리카·아시아에 이르는 이슬람 문명 지역의 이른바 중세 유럽의 3대문화권에까지 이르게 되었다.

중세는 진정한 의미에서의 '서양' 혹은 '유럽'이라는 개념이 생성된 시기였다. 고대 그리스·로마의 고전문화와 사회가 가졌던 한계성에서 탈피하여 유

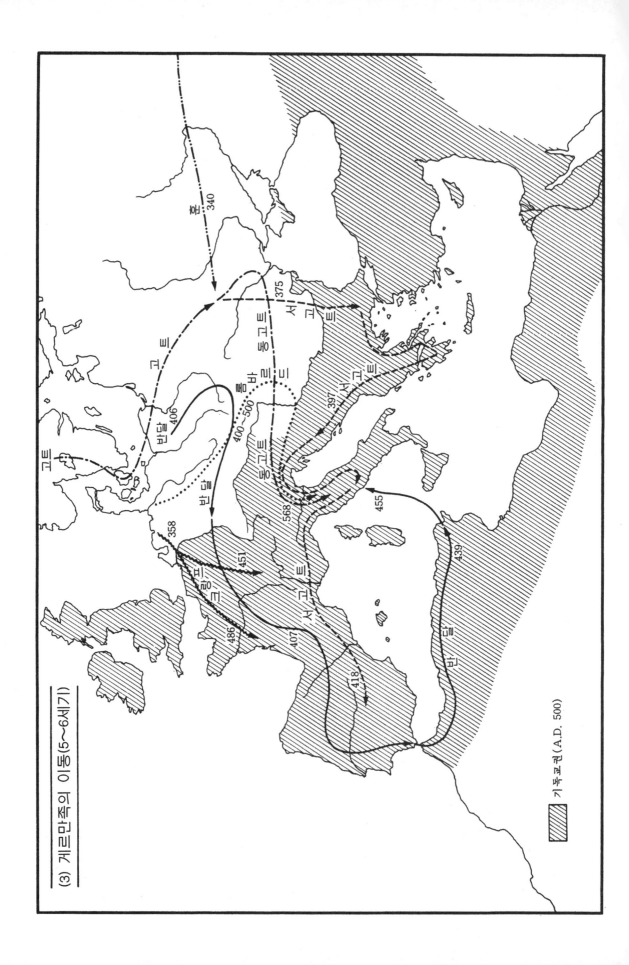

(3) 게르만민족의 이동(5~6세기)

340 훈
375 고트
서 고트
동 고트
406 반달
반 달 족
400~500 롬바르드
400~500 동고트
397 서고트
568 동고트
455
439 반 달
451
486 부르군트
407 서 고트
418
358 고 트
기독교권(A.D. 500)

럽 세계를 신생시키는 등 창조성이 나타났으며 고세계와 신세계가 처음으로 접촉한 결과 초기의 혼란과는 달리 암흑 시기*dark age*라는 용어로만 규정할 수 없는 문화적 성장 요소도 또한 지니고 있었다. 이런 중세의 발전은 다음의 세 가지가 기본 요소가 되었다. 즉 게르만적 요소, 기독교적인 요소, 그리고 로마 고전 문화의 전통이 그것들이다.

제1절 유럽 문화의 형성

게르만적 요소의 가미

서양중세사는 게르만 민족의 대이동으로부터 시작되었다. 게르만은 처음 스칸디나비아 남부·덴마크·독일 북부 지방에 살고 있었는데 점차 독일 지방의 켈트*Celts*족을 구축하고 B.C. 1세기에는 라인·다뉴브강에 이르러 로마와 국경을 접하게 되었다.

게르만인의 대대적인 이동은 남방에 대한 동경과 인구의 증가, 그리고 375년의 훈*Huns*족의 침입 등이 원인이 되어 시작되었다. 동고트*Ostro Goths*족이 훈족에 의해 멸망하자 인접해 있었던 서고트족은 오늘날의 불가리아 지방에 정주하여 로마 국경의 일각을 무너뜨렸는데, 이것이 게르만 민족 대이동의 시작이었다. 이로부터 약 200년 후 동게르만 부족인 동고트, 반달*Vandals*, 부르군트*Burgundians*의 이동이 있었고, 뒤이어 서게르만 부족인 앵글로-색슨*Anglo-Saxons*, 프랑크*Franks*, 롬바르디아*Lombardias* 등의 이동이 계속되어 로마 영토 각지에 게르만 왕국이 건립되었다.

초기 게르만의 생활은 케사르*Caesar*의 「갈리아전기」와 타키투스*Tacitus*의 「게르마니아」에서 살펴볼 수 있다. 게르만 민족은 기원을 전후하여 촌락 공동체를 형성하였다. 민족 이동 전에 그들은 왕 혹은 수장을 가진 소부족국가를 이루었다. 구성원은 자유민이 대부분이었으며 중대사는 자유민으로 구성된 민회*concilium*에서 결정하였다. 그러다가 4~5세기경 민족이동기에 이르러 점차 규모가 큰 종족*stamm* 국가가 형성되어 왕권이 강화되었다.

게르만 민족은 거칠고 게으른 면도 있지만 용감하고 신의가 깊으며 소박하여, 세련되기는 했지만 퇴폐적인 로마인과는 좋은 대조가 되었다. 서양 중세 문화의 주도자인 게르만 민족의 이와 같은 이질적인 요소는 문화 주도자의 교체 못지않게 중세에 활력소가 되었다. 이들의 출현은 구질서에 대한 일대 변혁이었지만, 그렇다고 해서 고대적 사회체제를 전면적으로 파괴하고 고전 문화를 완전히 몰락시켜 암흑으로 가려버리는 시대를 만든 것만은 아니었다.

칼 마르텔

물론 그들의 침입이 초기에는 혼란을 동반하였다. 그러나 결과적으로 볼 때 게르만의 출현으로 유럽은 로마제국 말기부터 시작되었던 봉건화의 과정이 안정기로 접어드는 과도기를 맞게 되었다. 실제로 게르만 민족은 봉건제도의 성립에 법적인 관념을 제공하였을 뿐만 아니라 지배자와 피지배자의 개념을 봉건제도에 도입하여 종사제도(從士制度)*comitatus* 같은 봉건사회의 기본 제도를 성립하기도 하였다. 더구나 그들은 그들만의 이질적인 요소를 로마의 전통적 고전 문화에 부가하여 로마-게르만적이고, 좀더 발전적인 중세 문화를 이루는 데 필요하였던 기본 요소와 성격을 부여하였던 것이다.

프랑크 왕국

피핀

라인강 북안에 살고 있던 프랑크*Frank*족은 4~5세기경부터 갈리아 지방으로 진출하여 왕국을 성립함으로써 유럽은 점차 안정을 찾기 시작하였고, 이 왕국은 곧 서구 정치의 주도권을 잡았다. 클로비스Clovis(481~511)는 전 부족을 통일하여 메로빙거Merovinger 왕조를 세웠다. 그는 기독교로 개종하여 로마의 지지를 얻음은 물론이고 이를 국가의 정신적 지주로 삼는 등, 왕국을 크게 발전시켰다. 그러나 왕국은 클로비스가 죽은 후 곧 분열되었다. 그 뒤 칼 마르텔Karl Martel이 사라센을 격퇴하고 정권을 잡았으며, 그의 아들 피핀Pipin은 751년 로마 교황의 양해를 얻어 카롤링거Carolinger 왕조를 창시하였다. 피핀은 로마 교황의 요청에 의하여 북이탈리아에 침입한 롬바르디아인을 격퇴하고 라벤나*Ravena* 부근 토지를 교황에게 바쳐 교황령의 시초를 이루었다.

피핀의 아들 칼대제Karl the Great(768~814)는 다시 프랑크 왕국을 통일하였다. 그는 롬바르디아 왕국을 멸망시키고, 회교도에게 빼앗겼던 이베리아반도의 북부를 다시 찾았으며, 색슨인을 토벌하여 게르마니아 지방까지 영토를 확장하였다. 그러나 그의 정복이 지닌 가장 큰 의의는 정복한 땅을 기독교로 교화한 것이다. 그는 프랑크 왕국을 기독교의 교권국가로 완성하였고, 이 공로로 교황 레오 3세는 그에게 서로마 황제의 관을 씌워 주었다(800). 또한 그는 로마 정치 체제를 재현하려 했으며, 산업과 교육 발전에 힘쓰는 등 라틴 문화 부흥에 노력하였다. 이리하여 이른바 카롤링거 르네상스를 이루었으며, 그 결과 게르만 지역과 구로마령을 서구문화권으로 통일할 수 있었다.

샤를마뉴의 대관식

칼대제는 정·교권을 모두 가진 중앙집권체제를 이룩하였으나 통일은 견고하지 못하였다. 주요 구성 민족들이 게르마니아·갈리아·이탈리아에서 각각 민족적 경향을 나타내었으며, 더욱이 토지 분할 상속의 습관은 왕국의 분열을 촉진하였다. 드디어 843년의 베르덩*Verdun*조약과 870년의 메르센

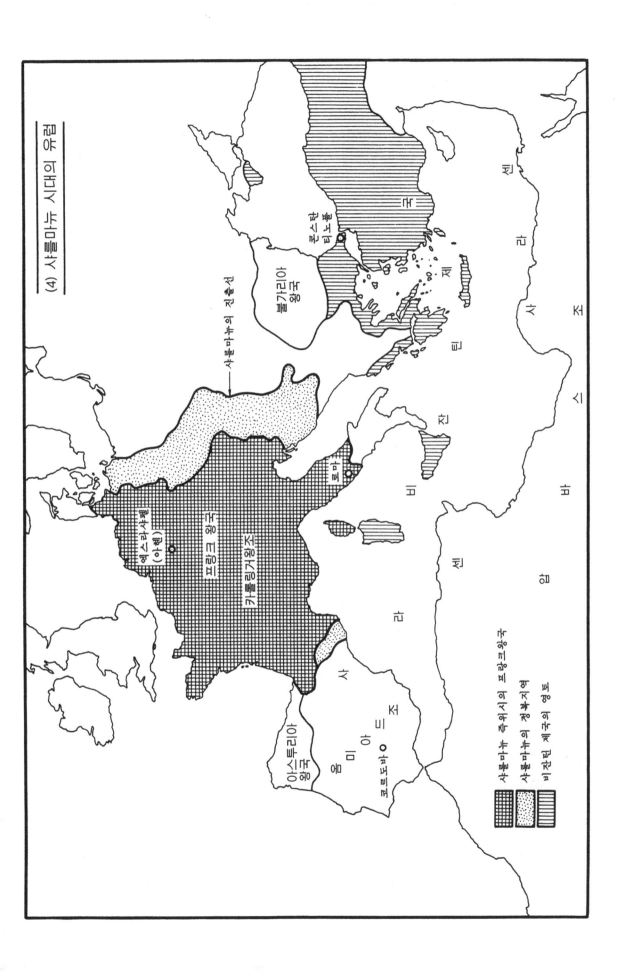

(4) 샤를마뉴 시대의 유럽

Mersen 조약으로 제국은 3분되었고, 이들 3국은 오늘날의 이탈리아 · 독일 · 프랑스의 기원이 되었다.

노르만의 침입과 잉글랜드

칼대제 이후 안정되었던 서유럽은 사라센인, 마자르인 *Magyars* (헝가리인), 노르만인 *Norman* 의 침입으로 깨졌다. 그런데 이들 중에서 특히 노르만인의 침입은 유럽에 큰 파동을 가져왔다. 노르만의 원주지는 스칸디나비아 · 덴마크로 북게르만의 일파였다. 원주지에서의 인구 증가와 장자상속법에서 쫓겨난 사람들이 중심이 되어 9세기경부터 해적 행위를 많이 하였는데 이들은 얼마 후 유럽 도처에 식민 왕국을 건설하기에 이르렀다. 이러한 침략에 대항하여 동프랑크는 방어에 성공하였으나 서프랑크는 이들을 격퇴하지 못하였다. 그 결과 10세기 초에 이르러서는 센강 하류의 지역을 노르만에게 내주고 노르망디공국을 인정함으로써 이들과 타협하였으며, 침입한 노르만을 이곳에 정착시켜서 이들이 노르만을 방어하도록 하는 소극적인 정책을 취하였다.

스웨덴에 있던 노르만 일파인 루스 *Rus* 족은 동유럽의 슬라브족을 정복하고 노브고로드 왕국을 세웠는데(862), 이것은 오늘날 러시아의 기원이 되었다. 한편 일부 노르만은 남으로도 진출하여 이슬람교도가 장악하고 있었던 시칠리아를 정복하고 나폴리 왕국을 세웠으며(1130년경), 멀리는 아이슬란드 · 그린란드 · 북아메리카 동안에까지 그들의 자취를 남겼다. 그렇지만 노르만의 활동 중에서 가장 중요한 것은 잉글랜드의 정복이었다.

잉글랜드의 원주민은 이베리아반도에서 내주(來住)한 사람들이었으며, 기원전 6~4세기에 켈트인에게 정복당하였다. 정복민은 원주민과 혼혈되어 게일 *Gales* 인과 브리튼 *Britain* 인으로 나뉘었으나 브리튼인이 주로 활약하였다. 기원전 1세기경에는 로마에게 정복당하였으며, 이후 약 4세기 동안 지배되었고, 이때 라틴 문화를 흡수하였다. 기원후 5세기에 앵글로-색슨족이 대륙에서 이주하여 9세기에는 잉글랜드 왕국을 건립하였다. 이러던 중 노르만의 일족인 데인족 *Danes* 이 침입하여 11세기 초에는 잉글랜드를 병합하였다. 이후 노르만공이 잉글랜드를 정복하고(1066) 왕위에 올라 윌리엄 1세가 되었으며, 그는 노르만왕조의 시조가 되었다. 아마도 영국의 역사는 실제적으로 이때부터 시작한다고 할 수 있을 것이다. 이와 비슷하게 스칸디나비아반도에서도 9세기에는 덴마크 · 스웨덴 · 노르웨이 등이 부족 국가로 통일되어 가고 있었다.

바이킹 뱃머리의
동물머리 장식

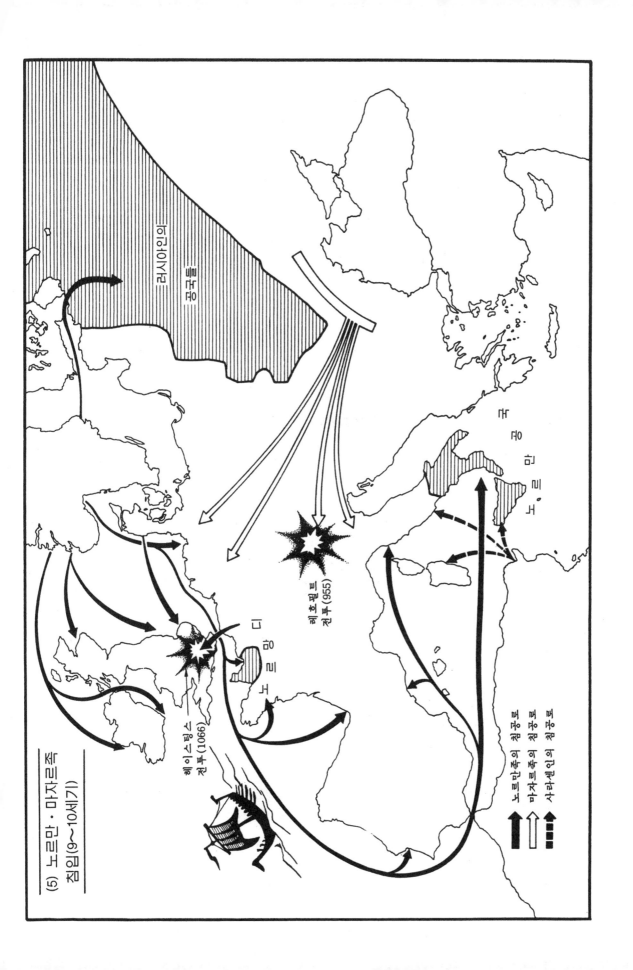

(5) 노르만 · 마자르족
침입(9～10세기)

러시아인의
공국들

헤이스팅스
전투(1066)

노르망디

레호펠트
전투(955)

노르만

지중해

노르만족의 침공로
마자르족의 침공로
사라센인의 침공로

중세 초기의 사회경제적 상황

게르만 침입 이후 중세 초기의 경제는 고대의 전성기와는 달리 오히려 원시 상태로 환원된 것과 같은 침체된 상태였다. 각국에서 봉건제도가 성립될 수 있었던 요건들이 조성되고 있었으며, 이런 상황은 로마 문화의 중심지였던 이탈리아도 예외는 아니었다. 5세기 중엽부터 이탈리아의 경제적 침체는 대단히 빨랐다. 상업과 산업은 거의 사멸하게 되었고, 전에 경작되었던 토지는 황폐화되었으며, 인구는 현격히 감소하여 심지어는 40세 이하의 여자는 수녀원 입단이 금지된 적도 있었다. 이런 것과는 관계없이 대토지 소유자는 그들의 영토를 더욱 확장하였고, 이에 따라 더욱 많은 농민이 농노*serf*로 전락하였으며, 농노와 농장이 귀족 및 부유한 자에게 한층 집중되었다. 이런 상황 속에서 동로마 유스티니아누스의 지중해 재정복*Justinianus war of re-conquest*은 이탈리아 경제를 결정적으로 침체시켰다. 각지에서 야만적인 행위가 횡행하였고, 야생 동물들이 마을을 엄습하였으며, 특히 기아의 곤경은 대단하였다. 다만 큰 도시 몇 개만이 정상적인 문명을 유지할 수 있는 기능을 가질 수 있었다.

프랑스에 있어서의 경제 변화도 이탈리아와 비슷하였다. 그렇지만 경제 침체의 속도는 완만하였다. 로마 때 상업과 산업이 융성했던 도시들이 9세기 말에 이르러서는 완전히 침체되었으며, 마르세유 같은 항구도 이미 2세기 동안이나 유기되었고 시가지는 황폐하였다. 다른 지중해 연안 도시들도 대부분 마찬가지였다. 단지 유대인·시리아인·롬바르디아인에 의하여 소규모의 거래만이 잔존하였지만 이것마저도 도로의 파괴, 유통시장에서의 화폐의 부재, 약탈자의 증가 때문에 더욱 어렵게 되었다. 프랑스의 경제도 역시 이탈리아와 마찬가지여서 봉건제도는 초보적인 단계에 머물러 있었다.

봉건제도의 성립은 메로빙거와 카롤링거 왕조의 정책과 상당한 관련을 가지고 있었다. 피핀과 그 이후의 왕들은 칼 마르텔처럼 교회령 토지를 확대하였으며, 전쟁 때 공을 세운 부하에게 군역의 대가를 토지로 보상해 주었다. 그런데 여기에서 중요한 사실은 왕이 귀족에게 토지를 줄 때 사법권과 행정권을 토지와 함께 이양하는 이른바 공리불입제도(公吏不入制度)*Immunitas*를 인정한 것이다.

공리불입제도는 원래 성직자들이 속권(俗權)으로부터 그들의 권리를 보호하기 위한 제도였다. 그러나 점차 원래의 성격이 변화되어 속세의 귀족에게까지 적용되기에 이르렀고, 특권을 부여받은 귀족들은 수여받은 토지 내에서 절대권을 누리게 되었다. 이제 귀족들은 그들 소유의 토지에서 독자적인 활동을 구상하였으며, 실제로 독립적인 체제를 구성하였다. 이러는 가운데 전쟁·약탈 행위·가중된 경제적 압박 등은 약자들을 강자에게 의탁하게 만들었으며, 이런 상황은 토지를 매개로 한 주종관계를 더욱 심화하는 결과를 초래하였다. 드디어 고대와는 달리 사회계급은 두 계급, 즉 지배자인 영주와 기사, 피지배자인 농노로 분리되었고, 중세의 봉건제도는 그 기반을 점차 구축하게 되었다.

제2절 중세유럽의 안정

기독교와 게르만

중세의 특성 중의 하나인 기독교는 게르만 국가와의 융합으로 이루어졌다. 기독교는 창립 초기에는 일정한 조직을 갖지 못하였다. 그러나 신자의 수가 증가하고 교세가 확장됨에 따라, 점차 교회 조직이 자연 발생적으로 생기고, 교회 조직은 로마제국의 정치 통치 조직과 유사하게 만들어졌다. 즉 한 사람의 주교(主敎) *bishop* 를 중심으로 교구(敎區)가 생겼고, 이것이 연합하여 교관구를 만들었으며, 교관구는 다시 5대교회를 형성하였던 것이다. 그런데 5대교회 중에서 가장 유명한 교회는 로마 교회와 콘스탄티노플 교회였으며, 특히 베드로가 세웠다는 로마 교회는 뒤에 그리스도 교회의 중심이 되었다.

후기의 서로마제국을 실제적으로 통치한 것은 교회였다. 특히 450년경 훈족의 아틸라 *Attila* 가 이탈리아에 침입하였을 때 서로마 황제는 이들을 격퇴하지 못하였다. 그러나 당시 로마 교회의 장로였던 레오 1세는 황제를 대신해서 이들을 격퇴하고 로마를 구해냄으로써 그는 로마 내지는 이탈리아의 구원자로서 추대받게 되었고, 또 자신이 다른 장로보다는 우위라는 것을 선포하였다. 이와 같이 교회는 이민족이 침입한 혼란기에 치안 유지에 크게 이바지하여 민중의 신망을 얻었으며, 서로마제국이 멸망한 후의 혼란기에도 로마와 그 부근의 정치를 교회가 맡아서 하였다. 이외에도 로마 교회는 게르만족 개종 사업에 힘써 프랑크 왕국과 손을 잡고 서유럽에 기독교를 전파하였으며, 나아가서는 프랑크 왕국의 도움을 얻어 교황령을 설치함으로써 정치·경제적으로도 강한 힘을 갖게 되었다.

게르만인은 원래 자연 종교를 신봉하였다. 그러나 서로마의 영향을 받아서 점차 기독교도가 증가하더니 496년에 이르러 프랑크 왕국의 클로비스 *Clovis* 가 세례받은 것을 계기로 처음으로 게르만 국가와 로마 교회가 공적으로 결합하게 되었고, 이후로는 로마 교회가 게르만 국가와 운명을 같이하게 되었다. 게르만의 지지를 얻고, 나아가서는 브리타니아에까지 교세를 확장한 로마

교회는 이민족 격퇴·국내 치안·구제 사업을 수행하여 민심의 지지를 얻었으며, '베드로의 성좌'라는 전승에 힘입어 더욱 강해졌다. 특히 로마 교회의 사제는 교황 *pope* 이라고까지 불리어 교황의 기원을 이루었다.

서로마 교회는 공적으로는 동로마 교회의 감독을 받게 되어 있었다. 그러나 실제적으로는 그렇지 못하여 서로마 교회는 거의 자치적이었다. 동·서 교회는 로마제국 분열 이후 문화의 차이로 서로 소원해졌으며, 특히 726년에 동로마 교회에서 성상예배금지령을 단호히 요구한 데 대하여 서로마 교회가 정면 충돌을 함으로써 이후로는 양 교회가 완전히 분리하게 되었다. 원래 기독교는 우상 숭배를 금지하였으나, 로마 교회는 게르만에 대한 포교에 있어서 이해를 돕는다는 이유로 성상(聖像)을 인정하여 왔다. 그러나 실제적으로는 성상 판매로 로마 교회가 상당한 수입을 얻고 있었으므로 로마 교회는 프랑크 왕국과 결탁하여 동로마 황제와의 관계를 끊고 콘스탄티노플 교회와 결별하였던 것이다. 이제 그리스도 교회는 교황을 수장으로 하는 로마 카톨릭 교회와 동로마 황제를 수장으로 하는 그리스정교로 분리하게 되었으며, 이와 같은 사건이 있은 후부터 로마 교회와 게르만은 더욱 유대를 긴밀히 하였다. 결과적으로 게르만은 개종한 후 그들의 성격도 완화되었고, 로마 문화를 수용할 수 있는 태도를 갖추게 되었으며, 점차 그들의 문화 대신에 전통적인 고전 문화를 숭상하게 되었다.

수도원운동

종교와 이상 사이에는 언제나 금욕이라는 실증이 필요한 경우가 많다. 그렇지만 기독교는 본시 금욕은 그다지 강조하지 않았다. 이러다가 3~4세기에 이르러 수도사에 의하여 금욕주의 *Asceticism* 가 강조되었는데, 그 이유는 세속화되는 교회에 대항하고 순교에 대치할 수 있는 고행을 하며, 믿음 깊은 자들이 믿음 약한 자에 대한 봉사의 정열을 나타내기 위해서였다. 그러나 동방적인 주지주의 *Gnosticism* 에서도 많은 영향을 받았다.

기독교 수도사의 기원은 은둔자 *hermits* 였다. 3세기에 이집트의 은둔자들은 사막이나 황무지에서 은둔 생활을 하면서 금욕주의를 실천하였다. 이것이 100여 년 후에는 더욱 전파되어 기독교인에게까지 영적인 생활을 강조하는 방편으로 이용되었으나, 이런 은둔자의 격리된 생활은 어떤 경우에는 사람을 광적으로 만드는 것으로 인식되었다. 그러므로 이런 동방적인 금욕에 대한 대안이 나타났는데, 이것이 곧 수도원주의 *Monasticism* 였다. 초기 수도원 성립의 공로자는 4세기 중엽의 파코미우스 Pachomius 였다. 그 후 성 바실 St. Basil 이 수도원 규율을 처음으로 만들었으며, 이 규율에서 그는 개인의 고행

시토 수도원 도서관 유적

*self-torture*에 대신하는 수도사*monk*의 적절한 노동을 주장하였다. 이후 점차 수도사들은 육체의 격하에 노력하였고, 가난이 주는 고통을 자초해서 맛보려고 하였으며, 종교적인 명상에도 많은 시간을 보냈다. 이런 바실리안식 *Basilian type*의 수도원주의는 동부 유럽의 기독교에 많은 영향을 주었다.

서부 유럽의 수도원의 역사는 이집트에서와 비슷한 수도원이 로마에 설립되는 4세기부터 시작된다. 그렇지만 수도원은 성 베네딕트St. Benedict가 수도원 규율을 정한 6세기 이후에야 부각되기 시작하였다. 이 규율은 바실리안 수도원의 규율——청빈, 규율에 대한 복종, 그리고 신앙에의 헌신——과 비슷하였다. 그러나 바실리안 수도원이 베네딕트 수도원보다는 개인의 수양과 훈련에 더 중요성을 두었다.

초기 중세 유럽에 수도원이 미친 영향은 상당하다. 수도사는 일반적으로 유럽에서 최대의 농장 경영자였다. 황무지를 개간해서 농경지를 넓히는가 하면 로마에서 전수된 기술을 이용해서 목조각·금속 가공·직조·유리 제조·양조 등의 산업 공예 발전에도 큰 공헌을 하였다. 뿐만 아니라 수도사들은 많은 책을 저술하고 고서를 복사했으며, 학교·도서관·병원 등의 요직을 차지하기도 하였다. 수도사의 등장으로 기독교도 많이 변화되었다. 성직 계급을 분할하여 세속의 성직자와 대립하게 되는 계기를 이루었고, 승려의 세속화에 제동을 걸었으며, 교황시대에는 교회의 세력을 확장하는 데 주축이 되기도 하였다. 그러나 중세 후기의 수도원은 너무 세속화되어 사회의 빈축을 사기도 하였다. 그러므로 유럽 각지에서는 새로운 수도원운동이 전개되기에 이르렀다.

중세 초기의 문화

중세 초기에 지적인 발전을 선도한 것은 기독교 철학이었다. 이때의 기독교 철학자는 신학을 연구하는 방법에 있어서 권위와 믿음을 강조하는 학자와 믿음을 이성에 비추어 생각하려는 학자 둘로 구분할 수 있다. 전자에 속하는 인물로는 카르타고 출신의 테르툴리아누스Tertullianus와 성 암브로시우스St. Ambrosius, 그리고 교황 그레고리 1세Gregory I(540~604) 등을 들 수 있다. 이들은 기독교의 모든 신성한 계율은 완전한 믿음으로 받아들여져야 하며, 신은 절대적인 존재여서 인간은 어떠한 의문을 제기할 권리를 갖지 못한다고 하였다. 뿐만 아니라 인간의 지식은 종교를 믿는 데에는 전혀 무가치하다고 하여, 비판이 없는 전적인 믿음만을 강조하였다. 반면에 후자에 속하는 학자로는 3세기에 알렉산드리아에서 활약하였던 클레멘트Clement와 오리게네스Origenes를 들 수 있다. 이들은 신플라톤주의와 주지주의Gnosticism의 영향을 받아서, 기독교의 교리와 이교도적인 것의 조화를 주장하였다. 즉 그리스 철학자의 가르침과 예수의 가르침은 일치한다고 하였으며, 신의 전능Omnipotence을 부정하여 신의 능력은 신 자신의 선(善)과 지(知)의 범위 안에 있다고 하였고, 숙명론을 부정하여 인간은 자신의 운명을 스스로 개척하는 것이라고 주장하였다.

초기 기독교 철학의 기원을 이룬 학자는 아마 성 아우구스티누스St. Augustinus일 것이다. 그는 클레멘트와 테르툴리아누스의 중간적 입장을 주장하였다. 354년에 이교도인 아버지와 기독교도인 어머니 사이에서 태어난 그는 처음에는 이교도적인 태도를 가졌다. 18세쯤에 키케로Cicero의 「호르텐시우스」Hortensius를 읽고 철학에 흥미를 갖게 되었고, 그 후에는 신플라톤 철학에 심취하였으며, 암브로시우스의 설교를 듣고 기독교에 귀의하였다. 곧 성직에 머물렀으며, 말년에는 북아프리카 히포Hippo의 주교가 되었다.

아우구스티누스의 철학은 주로 신플라톤 철학의 경향을 띠었으며, 저서로는 「신국론」과 「고백」이 있다. 그의 신학은 철학의 연장이었다. 그는 신의 전능을 믿었으며, 신은 인간에게 제한된 자유 의지를 주었다고 하였다. 그러므로 인간은 원죄를 갖게 되었고, 인간의 자유 의지는 선과 악 사이에서 갈등을 일으킨다고 하였다. 그러나 인간은 신에게서 선악 구별의 영감inspiration을 받았으므로 덕을 행하게 된다고 하였는데 그는 이것이 신의 은총에 기인한 것이라고 하였다. 그는 또한 예정론을 주장하였다. 즉 신은 구원받을 인간을 미리 예정하였으며, 신국의 거주자는 이미 정하여져 있으므로 인간이 구원을 위하여 할 수 있는 일은 오직 소망뿐이라는 것이다. 이와 같은 아우구스티누스의 신학적 해석은 후대에 상당한 영향을 주었다. 그의 이론은 중세 신학자에게 거의 그대로 받아들여졌고, 루터와 그 외의 신교 학자에게서도 존중되었으며, 오늘날의 로마 카톨릭 교회에서도 신봉되고 있다.

중세 초기에 이르러 고전에 대한 흥미가 줄어들면서 새로운 문학적 기풍이 성립되고 있었다. 이미 5세기에 이르러서는 라틴 문학의 좋은 문장의 맛은 사라지게 되었으며, 이교도 학교에서 수학한 몇몇의 교부들만이 고대 문학에 관심을 가지고 있었다. 그러므로 라틴어의 문법과 철자는 혼동되어 일상 생활에서 나온 단어와 섞이게 되었으며, 라틴어의 문법체계는 크게 변동되었다. 이런 상태가 계속되는 가운데 유럽의 각국어가 점차 라틴어를 대치하였으며, 이 결과 13세기에 와서는 새로운 각국의 문학이 발전하게 되었다.

초기 중세의 역사 기록으로는 스페인 사제인 오로시우스Orosius의 「이교도에 대한 일곱 권의 책」*Seven Books against the Pagans*, 주교인 그레고리 Gregory of Tours의 「프랑크 역사」*History of the Franks*, 그리고 영국 수도사였던 베드Bede의 「영국교회사」*Ecclesiastical History of the English Nation* 등이 있다. 이와 같이 성직자의 기록은 이 시대의 역사적 기록으로 주된 것이었다. 역사학뿐만 아니라 교육에 있어서도 수도원은 그 중심에 서 있었다. 이탈리아 도시에서는 르네상스에 이르기까지 공공 교육이 실시되긴 하였지만 별성과가 없었고, 오히려 수도원에서 많은 교육이 이루어졌다. 수도원 교육의 선구자는 카시오도루스Cassiodorus였다. 그는 수도사는 학자로서 키워져야 한다고 주장하였으며, 이 목적을 위하여 소위 말하는 문법*grammar* · 수사학 *rhetoric* · 논리학 · 산수 · 기하학 · 천문학 · 음악의 7교양과목*seven liberal arts*으로 이루어진 교과과정을 만들었다. 이와 같은 그의 수도원 교육은 곧 베네딕트식의 모든 수도원에서 채택되었다. 이들의 교육이 전문적인 것은 못 되었으나 사라져가던 중세 유럽의 문화를 그나마 간직하여 중세 말기 이후에 고전 문화가 재현되는 데 기여하였다는 점에 그 중요성이 있다고 할 수 있다.

봉건제도의 기원

봉건제도는 정부의 권력이 영지를 수여받은 귀족들에 의해서 분권화되었던 중세의 사회구조였으며, 봉토*fief*를 매개로 한 영주신분*lordship*과 봉신신분*vassalage*의 관계로 조직되어 있었다. 그렇지만 봉건제도가 언제 성립되었고 어떤 기원을 가지고 있는가를 정확히 알 수는 없다. 봉건제도의 기원에 대해서는 로마적인 기원, 교회제도에서의 기원, 게르만 기원 등의 여러가지 기원설이 있지만 아마도 이런 기원들이 복합되어 봉건제도를 이루었을 것이다.

로마 말기에는 보호를 원하는 농민이 많았다. 특히 지대를 지불 못하는 농민을 토지에서 쫓아낼 수 있었던 지주의 권한은 로마 말기의 농민을 매우 불안케 하였으며, 농민들은 불리한 줄을 알면서도 안정을 찾기 위하여 예속관계를 자초하였다. 한편 봉건사회의 기본적인 제도였던 은대지(恩貸地)제도는 중세 교회에서 시작되었다. 그러나 7세기 카롤링거왕조의 칼 마르텔Karl Martel이 무어Moors인을 격퇴한 공으로 귀족에게 토지를 분배한 뒤부터 은대지제도는 새로운 양상을 띠게 되었으며, 이후 봉건사회의 중요한 제도가 되었다.

프랑크 왕은 지급된 토지에 국가의 관리를 파견하지 않고 모든 권리를 양도하는 이른바 공리불입제도Immunitas를 실시함으로써 봉건제도의 또 하나의 구성 요소가 이루어지는 계기를 마련하였다. 한편 노르만과 사라센 침입도 봉건제도 성립을 자극하였다. 외침이 계속되는 불안한 가운데 자작농들은 스스로 토지 소유를 포기하고 힘으로 그들을 보호할 수 있는 자에게 의탁하였던 것이다. 그렇지만 봉건제도 성립에 미친 게르만의 영향은 대단하였다. 게르만의 자유·명예·충성심은 봉건제도의 성격을 형성하였고, 그들의 전사단의 원칙이었던 봉사와 충성의 상호 의무관계는 봉건제도의 기본 원칙인 종사(從士)제도를 이룩하였다.

봉건제도

봉건제도의 모든 권한은 봉토를 가진 사람이면 누구나 소유할 수 있었으며, 모든 지배권은 계약에 근거한 것이었다. 지배자는 인간의 관습법과 신의 법을 준수해야만 하였다. 지배를 받는 자들은 지배자가 정당하게 지배하면 복종하였다. 그러나 만일 지배가 부당할 경우, 상호 계약은 일방적으로 깨질 수 있었다. 봉건제도는 제한된 군주권을 이상으로 하고 있었다. 어떠한 지배자도 독재 군주로 군림할 수 없었고, 지배자의 목적을 위해서 법을 제정할 수도 없었다.

봉건제도는 영주와 봉신 사이에서 봉토를 수여하고 받는 은대지제도에서 출발한다. 은대(恩貸)는 토지뿐만 아니라 지위, 화폐 주조권, 교량세 징수, 시장 개설권 등의 모든 혜택도 포함하는 것이다. 영주lord는 봉토를 지위에 관계없이 아래 사람에게 수여하였다. 토지를 수여받은 사람은 그가 기사knight이건 백작이건 간에 봉신vassals이라고 불리었으며, 보통 국왕king은 최고의 영주였다. 왕 바로 밑에 대귀족nobles들이 있었으며, 이들 대귀족은 다시 봉토를 소귀족barons에게 나누어 주었다. 기사에 이르러서는 봉토는 다시 나누어지지 않았지만 이런 제도는 각국에 따라 조금은 상이하였다.

기사 서임식

영주와 봉신은 서로의 권리와 의무를 가지고 있었다. 영주는 봉신을 항시 보호해 주어야만 하고 가신은 이에 따른 의무를 수행해야만 하였다. 물론 영주의 의무보다 봉신의 의무는 훨씬 많았다. 종사제도comitatus에 따라 일정 기간 동안 영주에게 군역을 제공해야만 했으며, 세금을 지불하였고, 영주의 조정에 출석하여야 하는가 하면 심지어는 영주가 적의 포로가 되었을 때 몸값을 치르고 석방시켜야 하는 의무까지 있었다. 그러나 이런 의무는 은대지 이외에도 봉토에 소속된 모든 권한을 양도한 이른바 공리불입제도를 인정함으로써 보상되었다. 이로써 봉토 내에서의 봉신의 권한은 절대적인 것이 되었고, 영주에게는 재판권까지도 인정되었다.

기사도chivalry는 중세 사회의 꽃이었다. 기사도는 게르만 문화에 뿌리를 두고 있는데, 그 이상은 용감과 충성 이외에도 관용, 진실, 약자에 대한 보호와 사랑이었다. 기사도는 봉건시대 지배계급의 귀족적인 면을 나타내고 있다. 그러나 봉건시대 최하층의 농노villein or serf의 경우를 기사의 생활과 비교할 수는 없다. 이들은 지대와 세금을 모두 지불하면서 상층계급의 압제에 시달리고 있었으며, 영주는 인두세·결혼세·공공시설 사용료 심지어는 우물 사용료 등의 명목으로 농노를 착취하였다. 이런 데에다 농노는 신분 예속을 의미하는 사역까지 겸하였다. 이와 같은 농노의 참상은 귀족들이 농노에 대해서 조소하는 말에도 잘 나타나 있다. "그놈들은 당나귀 똥에서 태어났는지 추하기 이를 데 없다. 아마 악마도 지옥에서 그들을 만나는 것이 두려울 것이다. 너무 심한 악취가 나니까……"

장원제도

봉신이 분봉받은 토지는 장원manor으로 나누어져 봉건제도 토지의 기본 단위가 되었다. 장원제도는 봉건제도의 하부구조로서 소독립적인 경영이 실시되었다. 봉건경제의 기본 단위인 장원은 자급자족적인 폐쇄적 자연경제를 기초로 하고 있었다. 장원은 대개 영주의 직영지와 농민보유지, 그리고 공동용익지의 3부분으로 구성되었다. 직영지는 농노의 부역노동을 이용하여 영주가 직접 경영하는 토지이며, 농민 보유지는 농민이 직접 경영하는 토지이나 대신에 부역과 공납의 의무를 지고 있는 토지였다. 공동용익지는 농민이 사용료 없이 그들의 일상 생활에 필요한 자원을 얻고 목축 등을 하였던 토지이다. 그러나 이것은 뒤에 영주의 소유로 되어서 그 의미를 점차 상실하였다.

장원의 규모는 일정치 않았다. 그리고 한 영주 소유의 장원이 한곳에 모여 있는 것도 아니었다. 그렇지만 일반적으로 장원은 그 안에 장원청, 농민 거주지, 교회당, 공동 이용 시설 등 장원 내에서 자급자족할 수 있는 시설들이 기본적으로 갖추어져 있었으며, 대개의 장원의 구조는 비슷하였다. 한 영주의 장원은 보통 각지에 분산되어 있었고, 한 촌내에는 여러 영주의 장원이 있었다. 한 영주가 가지는 장원의 수도 일정치 않았으며 몇십 개에서 수백 개의 장원을 가질 수도 있었다.

장원의 토지를 경작하는 농민은, 근대의 자유 임금 노동자와는 구별되는 농노(農奴) *serf* 라고 한다. 이들은 토지에 매여 있어서 이주의 자유가 없었고 재산 처분권도 제한되어 있었다. 이들은 영주로부터 신분적으로 억압을 받았으며, 이들의 억압은 영주의 재판권에 의해서 더욱 심해졌다. 영주의 재판권은 영주권의 핵심을 이루었다. 영주의 재판권이 미치는 곳의 농민은 국가의 재판권과는 직접적 연결이 없었고, 영주의 재판권은 자유민에게도 적용되었다. 실로 영주 재판권은 농민을 착취하고 신분적인 억제를 가할 수 있는 영주의 중요한 무기의 구실을 하여 주었던 것이다.

장원 내 자유민의 사유지, 소작지, 그리고 농노의 보유지 등 모든 토지는 영주의 통제에 따라야만 하였다. 처음에는 이포제를 실시하였으나, 곧 삼포제로 바뀌었다. 이것은 토지의 3분의 1을 휴경하여 지력을 회복시키고 병충해를 막기 위하여 실시되었으며, 이 방법은 농업 화학이 발달되는 산업혁명 때까지 계속되었다. 경작지는 개방적이고 추수 후에는 목축지로 사용되었다. 경작지 이외의 야산과 산림은 농민 공유지로서 일반 농민이 연료와 건축 재료를 얻거나 혹은 방목하는 데 이용하였다.

제3절 비잔틴 문명

비잔틴 제국

콘스탄티누스Constantinus 황제는 4세기에 옛 그리스 식민지인 비잔티움 *Byzantium* 에 수도를 건설하였다. 서로마가 붕괴된 후 이 도시를 중심으로 비잔틴 제국이 융성하였고 6세기 이후에는 전에 없이 그 문명의 중요성이 증가되었다. 사실 이곳은 로마의 중심이 옮겨진 것과 다름이 없었다. 그렇지만 비잔틴 문화에는 오리엔트적인 특징이 많았다. 시리아·소아시아·팔레스타인·이집트·그리스 등의 헬레니즘 지역을 판도로 한 이 문명은 본래의 서부 유럽 문명에 오리엔트 문명이 첨가되어 확장된 형태의 것이었다. 그리스어가 널리 쓰였고, 그리스인 · 시리아인 · 유대인 · 아르메니아인 · 이집트인 · 페르시아인 · 슬라브인 · 몽고인 등 다양한 민족으로 구성되어 있었다.

제국 초기의 역사는 게르만과의 투쟁으로 점철되었다. 유스티니아누스 Justinianus 황제의 이탈리아와 북아프리카 정복도 게르만 세력을 구축하기 위한 것이었다. 그러나 이 지역을 잠시 정복하기는 했어도 팽창하는 이슬람 세력에 크게 위협받았다. 특히 6세기 초 페르시아와의 투쟁에서 국력을 소모한 비잔틴 제국은 사라센으로부터 본국의 영토마저 지킬 수 없었으며, 750년에 이르러서는 유럽 지역과 소아시아를 제외한 모든 영토를 사라센에게 빼앗겼다. 사라센 정복의 물결이 퇴조한 후 크레타섬 · 시리아 지방 · 발칸반도 · 이탈리아 연안을 잠시 회복하였다. 그러나 11세기 이후에는 셀주크 투르크 Seljuk Turks의 침입을 받아 동방 지역을 상실하였다. 13세기 후반과 14세기 초에도 다시 한번 번영을 누렸으나 1453년 오스만 투르크 Osman Turks의 콘스탄티노플 함락을 계기로 비잔틴 제국은 멸망하였다.

비잔틴 제국의 특성

비잔틴 제국은 서로마와는 달리 천 년 가까이 존립하였다. 이와 같이 오랜 기간 동안 안정될 수 있었던 것은 다음의 몇 가지 이유 때문일 것이다. 무엇보다도 비잔틴 문명의 특징은 오리엔트적인 면이 많아서 비교적 안정적이라는 점을 들 수 있을 것이다. 사회 변혁이 급변적인 것이 아니었고 문화의 몰락과 탄생이 격렬하지 않았다. 이런 그들의 문화에 대한 보수주의적 태도는 제국이 급격히 몰락하는 것을 방지할 수 있었다. 또한 콘스탄티노플의 지리적 · 경제적 요인도 이 점에 많은 기여를 하였다. 수도는 천연적으로 외적의 방어에 용이했으며, 더구나 비잔틴 제국은 경제적으로도 로마와는 달리 중세 때에도 산업 · 상업적으로 쇠퇴하지 않았다. 여기에 비잔틴 제국이 원래부터 지니고 있었던 풍부한 재정은 제국의 안정에 큰 도움을 주었다.

비잔틴 제국은 디오클레티아누스 Diocletianus 후의 로마와 비슷하였다. 그러나 황제는 로마와 달리 제한 없는 권력을 가진 전제군주였고 또한 신권적이었다. 이런 경향은 경제적인 조직에서도 나타나서 전매특권, 온정주의 paternalism의 전성기를 구가하였다. 모든 임금과 생산품의 가격은 정부에 의해서 통제되었다. 길드 guild 조직이 건재하여 생산 · 판매가 규제되었고, 이것은 결국 정부에 의해서 간섭되었다. 많은 수의 산업기관은 국영이었고, 심지어 개인공장의 생산량도 국가의 통제하에 있었다.

농업은 후기 서로마 제국 시기부터 발전하였다. 라티푼디움이 산간지역을 제외하고는 전 영토에 널리 퍼져 있었고, 주민은 소작농민과 농노로 구성되어 있었다. 교회에서 농업의 부를 독점하였으며, 수도원이 비옥한 농토를 가진 지방에서 발전하였다. 농토 경작만으로는 생활이 어려운 농민과 만연된 금욕주의에 영향받은 사람들이 그들의 토지를 수도원에 기증하고 그곳에 의탁하였다. 토지는 수도사나 성직자가 직접 경작하지는 않았고, 증가된 농노에 의해서 경작되었다. 농노는 7세기와 8세기의 경제 변혁 당시 소지주가 되어 자유를 얻은 적도 있었지만 11세기 이후에는 다시 농노로 격하되었다.

우상파괴운동

비잔틴인들은 일상 생활에 못지않게 심할 정도로 종교에 관심이 많았다. 모노피사이트운동*Monophysites Movement*과 우상파괴운동은 특히 이런 면을 잘 나타내고 있다. 모노피사이트운동은 물질을 경멸하는 데에서 시작되었다. 예수는 단 한 가지 성격, 즉 신성함만을 가지고 있다는 것이다. 이런 교리는 서방 정통의 기독교 논리와는 다른 것으로 이미 5세기부터 대두되었으나 유스티니아누스 황제 때 그 절정을 이루었다.

한편 우상숭배 금지운동은 725년 레오 3세의 칙령으로 시작되었다. 우상파괴운동은 모노피사이트운동과 같이 신앙에서 감각적이고 물질적인 것을 배제하고 교회에서 세속적인 요소와 이교도적인 것을 없애려는 데서 발단되었다. 그러나 실제적인 원인은 황제가 반대세력으로 성장한 수도원에 대해 타격을 가하기 위함이었다. 수도원의 부는 대부분 성상의 제조에 근원을 두고 있었기 때문에 이것을 없애려는 것이었다. 결국 성상 숭배 금지는 황제권 확장에 큰 기여를 하였다.

이외에도 성상 숭배 금지는 다른 중요한 의미를 가지고 있다. 성상 숭배의 논쟁은 로마적인 전통과 동방적인 전통의 대립이었다. 성상 숭배 금지령의 발표는 물질을 배제하고 초기의 기독교로 돌아가자는 동방적인 전통의 승리였던 것이다. 이와 같은 것은 정치적으로도 큰 의미를 부가하였다. 우상 문제를 놓고 이루어진 1054년의 교황의 파문은 동·서로 기독교를 분리시켰고, 동로마 황제는 더 이상 프랑크 왕들의 지지를 얻지 못하여 고립되는 결과를 초래하였다.

비잔틴 문화

비잔틴 사회는 중세 초기의 서부 유럽과는 매우 다른 양상을 나타내고 있었다. 이탈리아의 대부분과 남프랑스의 도시가 황폐해지고 원시경제 상황으로 돌아가고 있는 것과는 달리 비잔틴의 도시는 종전의 질서와 경제체제를 유지하고 있었다. 뿐만 아니라 서로마에서 무역과 상공업을 수입원으로 하는 계급을 질시했던 것과는 반대로 비잔틴 제국 내에서는 귀족 계급 및 대영주가 상공업을 주도하였다. 이들의 부는 실로 비잔틴 문명의 성장에 기반이 되었던 것이다.

비잔틴 문명 중 뚜렷한 성과를 올린 것은 고대 로마법의 성문화 및 개정일 것이다. 2~3세기 이후부터 로마법은 법철학 면에서나 실제적인 면에서 발전이 없었다. 비잔틴 제국에서도 이와 같은 구법(舊法)의 원칙을 적용할 수 없었고, 오리엔트적인 전제군주 체제하에서는 더욱 적용하기 어려웠다. 527년에 유스티니아누스 황제가 즉위하자 그는 곧 종전의 로마법을 개정하여 그의 지배에 적합한 법으로 고쳐서 「로마법대전」을 편찬하였다. 그러나 이 법전은 신 이외에는 그 누구도 황제권을 제한할 수 없다는 등 오리엔트 군주에 맞게 개편된 것이었고, 전형적인 로마법과는 다른 면을 나타내고 있었다.

비잔틴 문화에는 법 이외에도 종교적인 문학작품, 백과사전식의 고전 편집, 성자의 자서전 등이 있지만 후세에 공헌한 바는 그리 크지 않다. 과학은 제국 초기에 발전하였는데 이것은 헬레니즘의 영향에서 비롯된 것이었다. 이슬람의 영향으로 다시 과학이 융성한 때도 있었지만 물리학 정도에서 업적을 남기었다. 이와는 달리 비잔틴 문명의 진수는 그들의 화려하고 사치스러웠던 예술 작품들에서 찾아볼 수 있다. 그렇지만 그들은 금욕주의의 영향으로 인간을 찬양하는 것은 금하였다. 이런 까닭에 조각은 발달되지 못하였으나 건축에 있어서는 큰 업적을 남기었다. 비잔틴 문명은 로마적 요소와 오리엔트적 요소가 복합된 것이었기 때문에 건축에서도 로마적인 건축 기술과 오리엔트적인 건축 기술이 복합되어 훌륭한 작품을 남길 수 있었다.

비잔틴 건축의 대표적 걸작인 소피아 사원*Santa Sophia=Holy Wisdom*은 유스티니아누스 황제 시대에 건축되었다. 이 건물은 사각의 건물 형태에 천장으로 돔*dome*을 이용하였으며, 신앙을 표현하기 위하여 내부 장식으로 모자이크와 스테인드 글라스를 사용하였는데 이런 방식은 후세 유럽의 건축 발전에 큰 공헌을 하였다. 비잔틴 건축은 기독교의 영적인 면을 상징적으로 표현한 것이었다. 소피아 사원도 그렇지만 일반적으로 비잔틴 건축물에는 외부보다는 내부에 화려하고 정교한 장식이 사용되었다. 이것도 그들의 열렬한 신앙심을 표현하기 위한 데에서 기인하였으며, 그리스와 로마의 건축 양식과는 상당히 다른 점일 것이다.

비잔틴 문명의 의의

비잔틴 문명은 동부 유럽의 문화 발전에 결정적인 힘이 되었고 동부 유럽 및 러시아 문화에 그 나름대로의 특징을 부여하였다. 제정 러시아의 문화 발전은 비잔틴 문명을 바탕으로 이루어진 것이었다. 즉 그들의 달력, 알파벳 등의 기원이 비잔틴이라는 사실이 이를 잘 말해 주고 있다. 심지어는 구소련의 독재주의도 그 기원을 궁극적으로 소급하면 비잔틴에까지 이를 수 있는 것이다. 그렇지만 비잔틴 문명의 영향이 동유럽에만 국한된 것은 아니다. 서부 유럽에 미친 영향도 컸다. 중세의 베네치아와 콘스탄티노플 사이의 교역은 동·서 문화 교류의 유일한 통로가 되어 중세 문화에 활력소를 제공하였다. 뿐만 아니라 비잔틴 학자들은 고전을 복사하고 간직하였으며, 그리스 문예를 백과사전식으로 정리함으로써 이탈리아의 르네상스를 일으키는 중요한 계기를 마련하여 주었다. 비잔틴의 공예와 회화, 건축은 그대로 서유럽에 전수되어 르네상스에 이르러 재현되었으며, 유스티니아누스의 법전 편찬은 중세 말기에서 근대세계로 로마법을 전수해 주는 데 결정적인 공헌을 하였다.

제4절 사라센 문명

이슬람교의 성립

사라센*Saracen* 문명은 비잔틴 역사보다 약간 늦게 시작하여 조금 일찍 끝맺었으며, 그 시기는 대략 630년경부터 1300년경으로 잡을 수 있다. 사라센 제국은 수백만의 사람들을 이슬람교도로 개종시킨 것 이외에도, 기독교 문화권에 심각한 영향을 줌으로써 사회적인 면과 지적인 면에 상당한 변화를 가져왔다. 사라센은 원래 아라비아말로 사막의 왕자라는 뜻이다. 이 단어는 본시 아랍인에게만 적용되었으나 점차 유대인·페르시아인·시리아인 등 모든 종족을 초월하여 이슬람교도 전체와 정복 지역을 지칭하는 말이 되었다.

6세기 말경에 아라비아의 주민은 교외에 사는 아랍인과 베두인*Bedouins* 사람으로 나누어져 있었다. 전자는 메카*Mecca*와 야드리브*Yathrib* 근방에 살면서 교역과 수공업에 종사하는 비교적 문명화된 생활을 하였으나, 후자는 주로 목축업을 하면서 무식하고 미신적인 생활을 하고 있었다. 이들은 모두 정치적인 조직체를 갖지 못하였고 상호 분쟁이 심하였으며 다신교를 갖고 있었다. 그렇지만 식자들 가운데는 전부터 내려오던 유일신 알라*Allah*를 믿고 있는 이들이 있었다. 이들에게 메카는 성지가 되었으며, 이들을 중심으로 하여 메카에는 하늘에서 떨어졌다는 검은 돌인 카바*Kaaba*를 모신 신전이 세워졌다.

새로운 종교인 이슬람교를 창시한 모하메드*Mohamed*는 쿠래시*Kuraish* 종족의 가난한 집에서 태어나 고아로 성장하였다. 그가 어떤 교육을 받았는지

메카의 대 모스크 안에 놓여
있는 카바

는 알 수 없지만 25세 되던 해에 부유한 과부에게 고용되어 시리아의 북쪽까
지 상행위를 하는 동안 많은 견문을 넓혔을 것이다. 그 후 고용주였던 과부와
결혼하여 재정적인 도움을 받았고, 전력을 종교에 쏟을 수 있었다. 그는 새로
운 종교를 창시하기 전에 아라비아 북부에 살았던 종족으로부터 유대교와 기
독교의 영향을 많이 받았다. 더욱이 그가 처했던 시대의 사회적이고 도덕적
인 면에 있어서의 좋지 못한 상황은 전면적인 개혁을 필요로 했는데, 이와 같
은 상황 속에서 모하메드는 아라비아 종족을 파멸에서 구하기 위해 신이 선택
한 사람이 자신이라고 생각하였고 알라신의 계시에 따라 포교를 시작하였다.

모하메드의 초기 설교는 별로 성공적이지 못하였다. 그의 종족인 쿠래시는
물론 메카에 거주하는 사람과 베두인 사람에게서도 별로 성과가 없었고 오히
려 배척당하였다. 그리하여 그는 619년에 새로운 기반을 구축하기 위하여 야
드리브에 진출하였다. 그곳은 많은 대상들이 곧잘 파당을 이루어 분쟁하였으
므로 그곳에서 기반을 얻을 기회를 찾으려 함이었다. 마침내 그는 622년에
성지 메카 포교를 포기하고 이른바 성천(聖遷) *Hegira* 을 하였으며, 이해를 이
슬람 원년으로 삼았다. 성천 후 야드리브를 메디나 *Medina* (예언자의 도시)로
이름을 바꾸고 그곳을 중심으로 세력을 확대하였는데 630년에는 메카를 다
시 탈환하였다.

이슬람교와 지도자

이슬람교는 유일신 알라를 신봉하고 있다. 그들은 최후의 가장 힘있는 예언자는 예수가 아니라 모하메드라고 하였다. 모하메드의 설교는 구약 성경과 매우 비슷하다. 이슬람교의 부활 이론, 최후의 심판, 죽은 후의 고통, 천사의 존재를 믿는 것 등은 기독교와 일치하며, 모하메드 자신도 구약과 신약 성경을 영적인 책으로 평가하였다. 그렇지만 그는 예수를 요셉과 마리아의 아들로 신이 아니라 인간이라고 하였는바, 이것은 기독교와 매우 다른 점이다. 이런 이론은 알라의 계시록인 「코란」*Koran or Quran*과 모하메드의 언행록인 「알 하디스」*Al-Hadis*에 잘 나타나 있다.

이슬람*Islam*은 신에게 복종한다는 뜻이다. 이와 비슷한 단어인 모슬렘*Moslem*은 신에게 복종하는 자 혹은 신을 믿는 자의 총칭으로 쓰이고 있다. 모슬렘은 그들의 지도자를 선출하는 방법이 각각 그 종파에 따라 다르다. 모슬렘의 3대종파는 선나이트*Sunnites*, 쉬아이트*Shiites*, 수피*Sufis*였는데, 선나이트 종파에서는 족장을 선출하듯이 그들의 지도자를 선출하자고 하였고, 쉬아이트 종파는 모하메드와 혈통이 닿는 사람이 지도자의 지위를 계승해야 한다고 하였으며, 수피 종파는 신의 계시를 받은 자만이 지도자가 될 수 있다고 하였다.

모하메드는 이슬람교의 창시자일 뿐만 아니라 아랍 민족 국가의 창시자였다. 모하메드가 632년에 죽은 후 그의 직위는 아부 바크르*Abu-Bakr*에게 계승되었고, 새로운 지도자인 그에게 칼리프*caliph*라는 칭호가 붙여졌다. 이후 두 명의 칼리프가 모하메드의 초기 제자 중에서 나오다가, 656년에 이르러서는 이슬람교 최고의 직위를 놓고 투쟁이 벌어졌다. 처음은 쉬아이트의 승리로 돌아가 모하메드의 사위인 알리*Ali*가 칼리프가 되었다. 5년 후에 알리는 살해당하였고, 권력은 옴미아드*Ommiad*가로 넘어갔으며, 그들은 수도를 다마스커스*Damascus*로 옮기고 비잔틴을 모방하여 사치스런 궁정 생활을 하였다. 750년에는 다시 쉬아이트파가 반란을 일으켰다. 이 파의 지도는 주로 압바스*Abbas*가에서 하였는데 이들이 중심이 되어 압바스왕가를 이루었고 수도를 바그다드*Bagdad*로 옮겼으며, 오리엔트적 군주로서 약 3세기 동안 지배하였다.

사라센의 흥망

이러는 동안 사라센의 영토는 아시아 · 아프리카 · 유럽으로 확장되었다. 모하메드가 죽을 때만 하더라도 영토는 아라비아반도의 1/3을 넘지 않았다. 이러던 것이 100년 후에는 인도와 지브롤터*Gibraltar*를 국경으로 하게 되었다.

이것은 단지 종교의 힘만으로 이루어진 것은 아니다. 물론 광신자들도 있었지만 개종시키려는 열망 때문에 정복을 한 것만은 아니었다. 이슬람교도들은 정복지에 획일적으로 이슬람교를 강요하지도 않았을 뿐만 아니라, 피정복민에게 관대하였다. 사실 사라센의 정복은 경제·정치적인 데 더 큰 원인이 있었다.

유목 민족이었던 아랍인에게 인구의 증가는 전염병보다 더욱 무서운 것이었다. 더구나 7세기 이후에 심해진 오아시스에서의 한발은 아라비아인에게 위협적인 것이 아닐 수 없었다. 주위의 굶주린 부족들이 이웃 나라에 침략하는 것을 서슴지 않았던 것이다. 게다가 비잔틴 제국 내의 시리아에서 있었던 아랍인 용병의 반란은 이슬람교의 지도자에게 정복의 당위성을 더욱 확고하게 심어 주었다. 아랍인의 정복은 대대적으로 이루어졌으며, 이제 영토는 시리아·페르시아·이집트·북아프리카·스페인에까지 확장되었다. 사라센은 정복지에 그들의 종교를 전파하였으며 칼로써보다는 오히려 개종자에게는 세금을 감면하는 등의 현실적이고 효율적인 정책으로 포교하였다. 여기에 이슬람교 교리의 과학성은 포교에 큰 공헌을 하였을 것이다. 사라센의 정복은 피정복지의 주민에게 환영받기도 하였다. 왜냐하면 비잔틴과 페르시아 같은 곳에서는 사라센 침략에 기인한 중과세(重課稅)로 주민들이 시달렸으므로 사라센인을 해방자로 생각했기 때문이었다.

사라센 제국의 몰락은 그 흥기만큼이나 급속하였다. 사라센인들의 정치적인 경험이 부족한 것뿐만 아니라, 넓은 영토와 다양한 종족 때문에 하나의 정치적인 단위로 국가를 구성하기는 불가능하였다. 종파 간의 내분도 사라센의 멸망과 깊은 관계가 있었다. 국가의 기본 이념인 종교 자체가 약화되기 때문이다. 사실 합리주의자인 선나이트와 신비주의자인 쉬아이트와의 화해는 처음부터 기대할 수가 없었던 것이었다. 929년에 옴미아드가는 스페인 코르도바Cordova에서 독립하였고, 얼마 후에 알리의 후예는 바그다드에서 새로운 칼리프국으로 독립하였다. 바그다드를 중심으로 한 동칼리프국은 1057년에 셀주크 투르크Seljuk Turks에게 멸망당하였으며, 이후 사라센의 위용은 사라지게 되었다.

사라센 문명

사라센에서 이룩된 지적인 발전은 당시의 유럽의 것보다 우월하였다. 이것은 사라센이 그리스와 헬레니즘 문화를 간직하고 있었던 시리아와 페르시아를 점령하였다는 사실과 상당한 관련을 가지고 있다. 물론 아랍인들이 직접적인 문명의 담당자는 아니었다.

사라센의 철학은 기본적으로 아리스토텔리아니즘과 신플라토니즘의 화합이었다. 이성은 지식의 근원이기 때문에 믿음보다 우월한 위치에 두었다. 만물은 신에 의해서 창조되었으며, 이미 예정되어 있다고 하였다. 이들은 주장하기를, "모든 사실은 원인과 결과의 사슬로 연결되어 있다. 그러므로 기적이라는 것은 불가능하다. 신이 창조주이기는 하지만 전능하지는 않다. 그도 선과 정의에 의해서 제한을 받는다"라고 하였다. 이와 같은 내용의 사라센 철학은 9세기와 10세기에는 바그다드를 중심으로, 12세기에는 스페인을 중심으로 발전하였다.

사라센 문화는 과학 분야에서 가장 진전되었다. 그 업적은 헬레니즘시대를 능가하는 것으로 천문학·수학·물리학·화학·의학 등 각 방면에 걸쳐 이루어졌다. 오마르 카이얌Omar Khayyám은 매우 정확한 달력을 고안하였고, 대수와 삼각법은 사라센인에 의해서 크게 발전되었다. 아라비아 숫자를 인도에서 채택하여 유럽에서 실용화되는 데 가교를 이루었으며, 물리학에서는 확대경, 속도, 전도, 빛의 굴절에 대하여 몇 가지 중요한 결론을 이루었다. 사라센의 화학은 연금술을 연구하는 과정에서 발전된 것이 많았다. 탄산소다·명반·승홍·질산은·질산·황산 등은 연금술 연구의 부산물이었다. 그렇다고 해서 화학이 연금술 분야에 국한된 것만은 아니었다. 사라센 화학자는 증류·여과·승화 과정을 최초로 기술하기도 하였다. 의학 분야에서도 사라센인은 큰 기여를 하였다. 결핵의 전염성이 이때 발견되었고 병은 물과 흙의 오염으로 전파될 수 있음도 밝혀졌으며, 천연두의 올바른 성질이 규명되었고, 병원 조직도 전에 없이 발전되었다.

사라센 문학은 주로 페르시아의 것이 전수된 것이었다. 그 예로 시의 대표작인 「왕의 책」은 사라센에 관한 것이 아니라 페르시아 왕을 칭송하는 것이었다. 사라센 문학을 대표할 수 있는 「천일야화」는 8~9세기에 쓰여졌다. 우화·일화, 집안에서 일어난 일, 음담으로 이루어진 이 책은 중국에서 이집트에 이르는 많은 나라에서 나온 이야기를 엮은 것이었다.

사라센 예술은 주로 비잔틴과 페르시아 문명을 배경으로 이루어졌다. 건축의 구조적인 양식, 즉 돔dome·기둥·아치 같은 것은 비잔틴에서, 장식은 페르시아에서 주로 기원하였다. 사라센 문명권에서는 종교적인 이유로 조각이나 회화에서 인간의 형상을 표현할 수 없었다. 그러므로 건축은 가장 중요한 예술 분야였다. 사원mosque을 주로 해서 궁전·학교·도서관·병원 등의 많은 건축물이 있는데, 이들은 중세 유럽의 그 어느 건축물보다 세속적인 분위기로 가득하다. 구근(球根) 모양의 돔, 사원의 뾰족탑, 말굽 모양의 아치, 흑백이 교차된 무늬, 모자이크, 장식에 쓰이는 아라비아 문자 등이 바로 세속적인

예루살렘 황금사원

분위기를 나타내는 대표적인 것이다. 이슬람 건축은 비잔틴 건축과 같이 외양에는 관심을 두지 않았다. 반면에 내부의 장식은 매우 호화스러웠다. 이런 것은 종교적인 것을 무시하고 이루어졌는데, 이와 같은 점은 이슬람 문화를 더욱 생동감 있게 만들었다.

사라센 문명에서 이루어졌던 경제적인 발전은 경이적인 것이었다. 불모의 사막에서 그들은 거대한 도시를 만들었고, 그들의 상품은 중국에서 프랑스까지 널리 알려졌으며, 상행위는 고대의 카르타고인을 능가하였다. 근대적인 상업에서는 필수적인 수표·영수증·선하증권·신용장·주식회사 등을 그들의 상업 수단으로 사용하기도 한 사라센인은, 육상에서는 대상들로 대륙을 누볐으며, 해상 활동도 상당하여 인도양·페르시아만·카스피해·지중해의 해상권을 대부분 장악하였다. 물론 이런 교역은 자국 내의 산업을 바탕으로 이루어질 수 있었다. 향료·약품·카펫·색무늬 융단·비단 등을 전문적으로 만드는 도시가 있었으며, 여기에서 만든 상품은 동·서로 팔렸고, 심지어 중국에서 배운 제지법으로 종이를 만들어 유럽에까지 공급하기도 하였다.

사라센 문명의 영향

사라센 문명이 중세 유럽과 르네상스에 미친 영향은 상당한 것이었다. 그 중 어떤 것은 오늘날에까지 영향을 미치고 있다. 힌두-아라비아 숫자 소개, 대수학의 발전, 의학의 진전, 화학 분야에서의 공헌 등 과학 발전에 큰 역할을 하였다. 문학에 있어서도 상당한 영향을 유럽에 주었다. 프랑스 음유시인 *troubadours*들은 사라센 시인들에게서 직접적인 자극을 받았으며,「천일야화」는 보카치오의 「데카메론」과 초서의 「캔터베리 이야기」에 많은 영향을 주었다. 사라센의 예술 역시 다른 분야와 마찬가지로 유럽에 큰 영향을 끼쳤다. 유럽 대성당의 고딕양식의 많은 부분은 이슬람교 사원을 모방한 것이었으며, 유럽 중세의 성도 사라센 건축 양식을 본뜬 것이었다.

경제적인 면도 예외는 아니었다. 유럽에서 11, 12세기에 부활한 교역은 사라센의 경제적인 발전에서 많은 자극을 받아 이루어질 수 있었다. 사라센인은 항해 도구와 기술을 유럽에 소개함으로써 지리상 발견을 도왔을 뿐만 아니라, 그들이 사용하였던 상거래조직과 제도는 유럽에서 상업혁명이 일어나는 데 기본적인 요인을 제공하였다.

사라센 문명이 유럽과 나아가서는 오늘날까지 얼마나 큰 영향을 미쳤는가는 지금도 빈번히 사용하고 있는 많은 용어들이 사라센 문명에서 기원하고 있음을 생각할 때 더 잘 알 수 있다. 거래 *traffic*, 관세 *tariff*, 수표 *check*, 알코올 *alcohol*, 영 *cipher*, 대수 *algebra*, 설탕 *sugar*, 면 *cotton*, 바자 *bazaar* 등 많은 낱말들이 모두 아랍-페르시아 기원의 말인 것이다. 더구나 이 당시 사라센 제국에 의해서 정복된 많은 지역은 오늘날에도 단 한 곳 스페인을 제외하고 이슬람 문명권이 되어 있음을 생각할 때 그들의 정복은 엄청난 영향력을 갖고 있었음을 알 수 있다.

제 2 장
중세 유럽의 변천

유럽의 중세 사회는 보통 정체와 야만성*Babarism*으로 특징지어져 왔다. 그러나 이런 이른바 암흑 시기는 기껏해야 9세기 정도까지일 것이다. 9세기 이후의 중세 후기 사회에서는 고대 및 중세 전기 사회에서는 찾아볼 수 없는 훌륭한 문화의 자취를 엿볼 수 있다. 중세 후기의 문화 특징이 비록 르네상스에 의해서 빛을 잃은 것 같기는 하지만, 중세 후기의 문화에는 분명히 근세로 통하는 기운이 있었다.

중세 말기에 이르러 기독교 교리는 많이 변화되었고 교황은 속세권에서까지 최고의 존재로 군림하였다. 이와 같은 교황권 전능은 십자군 원정으로 실증되었다. 그러나 십자군 원정은 한편으로는 교황권의 한계성을 표출하기도 한 사건이었다. 이후 변화된 사회·경제적인 상황으로 교황권이 후퇴하였고, 아울러 봉건제도도 함께 붕괴되었다. 길드 또한 도태되기에 이르렀으며, 유럽 각지에 도시가 발생하였고, 중세의 이상은 국민군주의 등장으로 더욱 급격히 와해되었다. 중세 사회의 변화는 여러가지 원인에서 시작되었다. 근본적인 원인은 봉건사회의 여러 구성 요소의 붕괴였다. 그러나 이런 것 이외에도 여러가지 원인을 들 수 있다. 사라센·비잔틴 문명의 영향, 경제의 안정, 수도원 교육으로 인한 개명, 11~12세기 이후의 무역 재개 등이 복합적인 원인이 되어 근세로 가는 길을 넓혀 주었고, 13세기에 이르러서는 중세 후기 문화의 꽃을 피울 수 있었다.

제1절 중세 유럽 사회의 변화

새로운 기독교 교리

세상의 모든 일들을 악마와의 타협으로 생각하였던 중세 초기의 비관적이고 운명론적인 신학은 중세 말기에 이르러 변화하였다. 9세기 중엽부터 시작하여 13세기에 절정에 이른 중세 말기의 신학은 토마스 아퀴나스St. Thomas Aquinas · 성 프란체스코St. Francesco · 이노센트 3세Innocent Ⅲ로 대표될 수 있다. 이 시기에는 인간의 생활이 구원을 위한 준비 장소로서뿐만 아니라 그 자체로도 중요한 의미를 가지고 있었다. 인간의 모든 것을 악으로만 연관시키던 사고는 사라졌고, 철학자와 신학자는 신의 전능만을 주장하는 것 대신에 신성한 정의와 자비를 강조하였다.

교황 이노센트 3세

중세 말기에 새로이 채택된 교리 중에서 가장 중요한 것은 사제 교리와 비적의 교리the theory of the sacraments이다. 사제는 중세 전기에도 있었다. 그러나 이때에 와서 사제는 신학적인 뒷받침을 받게 되었는데 이 이론에 의하면 사제는 예수와 연관된 권위를 갖고 있으며 신의 뜻에 맞추어 어떤 기적까지도 나타낼 수 있었다. 카톨릭에서 신의 은총은 성례를 통해서 받을 수 있었다. 일곱 가지의 성례, 즉 세례 · 견진 · 성례 · 회전 · 종유 · 품급 · 혼인의 의식은 이때에 정해졌으며 이런 성례는 모두 사제의 손으로 진행되어야만 신성한 것이라고 하였다.

새로운 기독교 교리의 특징 중 하나는 성자와 성모를 인간적인 면으로 해석하는 것이다. 그러나 새로운 기독교의 형성은 교회조직의 재편성에서 크게 영향받았다. 교황 니콜라우스 1세(858~867)는 처음으로 성직의 품계를 고정하고 성직자를 그의 밑에 두었으며 성직자의 절대적인 복종을 요구하였다. 11세기에는 교황 선출도 제도화되었는데 1059년 설립된 추기경회College of Cardinal에서 교황을 선출하였다. 교회조직의 절대화는 교황 세력의 절대화를 의미하는 것이었다. 13세기의 이노센트 3세(1198~1216)에 이르러서는 교황권의 강력함이 절정에 달했다.

교회는 중세 사회에서 도덕의 지배자가 되었다. 새로이 발전된 교리, 즉 파문excommunication과 고해성사의 교리는 교회 권위를 높이고 도덕을 규제하며 사제의 경외심을 증진하였다. 한편 교회가 봉건 귀족들에 의해서 영향을 받는 것에 대한 반발도 일어났다. 중세의 대표적인 베네딕트 수도원은 이미 부패하였고 봉건 귀족의 지배 밑에 있었다. 이런 상태에 있는 수도원을 개혁하려는 노력이 클뤼니*Cluny* 수도원을 중심으로 약 10세기경에 시작되었는데 이를 가리켜 클뤼니운동이라고 한다. 11세기에 이르러 클뤼니 수도원의 수도사들도 베네딕트 수도원의 수도사와 같이 세속화되었다. 이후 매우 금욕적인 카르투시안*Carthusian* 수도사와 시스테르시안*Sistercian* 수도사들이 수도원 정화운동을 일으켰지만 이들도 13세기적인 사회 상황 속에서 고래의 수도사 이념을 지킬 수는 없었다.

중세 말기에 있었던 가장 중요한 종교개혁운동은 13세기에 있었던 프란체스코 수도사*Francesco Friars*와 도미니코 수도사*Dominico Friars*였다. 프란체스코 수도회의 창시자는 성 프란체스코St. Francesco(1182~1226)이다. 이들은 개인의 구원뿐만 아니라 인류 전체의 구원에 관심을 두었고 보다 나은 현실을 추구하기 위하여 빈민에 대한 자선을 많이 하였다. 도미니코 수도회는 1215년에 성 도미니쿠스St. Dominicus에 의해서 설립되었다. 이들은 교리를 잘 앎으로써 오류를 범하지 않고 또한 포교를 할 수 있다고 하였으며, 이런 것을 수행하기 위하여 교육에 중점을 두었다. 실로 13, 14세기의 철학자와 과학자의 대부분은 이 두 무리에서 탄생하였던 것이다.

교회의 세속적 발전

로마교회는 로마의 관료기구에 못지않은 조직을 가지고 있었다. 로마가 해체되고 또한 제국이 봉건적으로 분열됨에 따라 전에는 국가에서 수행하던 기능을 교회에서 대행하였다. 이런 동안 교황의 권한은 증대되었고, 교황청은 어느 국왕이나 제후보다도 재정적으로 풍부해졌다. 교황의 교권 자체도 강해져서 파문을 통한 종교집행정지는 상당히 위협적인 요소가 되었다. 영적인 구제를 못 받는다는 것은 중세인에게 상당히 심각한 문제였다. 이제 교황은 교회법에 기초를 두고 신자의 영·속의 양면에서 모두 절대적 지배권을 확립했으며 법은 비신자에게도 적용되었다. 교회의 재판은 이런 것을 잘 나타내고 있다. 교회는 국가와 같았으며 중세인의 모든 사유와 행동을 규제하였다.

교회 재산의 대부분은 기진(寄進)에 의하여 축적되었다. 교회는 수도원과 아울러 막대한 토지를 프랑크 왕과 귀족들에게서 기진받았으며 11세기 이후에는 중세 최대의 종교제후가 되었다. 십일조·헌금·면죄부 판매 등은 교회 수입의 다른 원천이 되었고 영적인 면과 세속적인 면을 모두 지배하기 위하여 교회가 가지고 있던 교권과 속권을 상호 보완적으로 사용하였다.

강해진 교황의 세속권은 결국 속세 최고 권위를 자랑하는 신성로마제국 황제와의 대립을 가져왔다. 정치와 종교와의 대립 투쟁은 중세적인 특유한 현상이었다. 성직임명권, 교회령에 대한 징세권·재판권이 직접적인 문제가 되어 11세기 이후 약 2세기에 걸쳐 격렬한 투쟁이 벌어졌다. 특히 교황 그레고리 7세(1073~1085)와 황제 하인리히 4세(1050~1106)와의 정면충돌은 중세사회의 성격을 잘 표명하는 것이었다. 양자의 투쟁은 악화되어 하인리히 4세는 보름스 종교회의(1076)에서 파문되었으며, 교황에게 용서를 빌어 유명한 카노사Canossa의 굴욕을 당하였다. 뒤에 하인리히 4세는 로마를 점령하여 교황에게 보복하였다. 그러나 중세 후기에는 대개 교황의 강세 속에 투쟁이 이루어졌고 13세기 초의 이노센트 3세에 이르러서는 교황권이 절정에 달하였다.

십자군 원정

십자군the crusades의 원정은 정·교대립에서 교황이 승리한 것을 현실적으로 증명한 사건이었다. 그러나 십자군 원정이 종교적인 이유에서 이루어진 것은 부인할 수 없다. 중세인은 항상 죄의식 속에서 살아왔다. 그러므로 성지

십자군의 예루살렘 점령

순례를 함으로써 죄를 가볍게 하려고 하였다. 더욱이 11세기에 클뤼니 수도회의 운동이 활발해진 이후로 성지 순례는 더욱 절실해졌다.

성지 예루살렘은 이교도에게 점령되어 있었다. 그런데 성지 탈환은 십자군 원정의 중요한 원인이 되었다. 십자군 원정은 교황 세력 확장에 절호의 기회였다. 우르반 2세Urban Ⅱ는 성지 탈환을 명목으로 하여 대립되었던 교황과 귀족 및 군주권의 단결을 이룩하려고 하였다. 사실 당시의 교황은 비대해져만 가는 봉건 귀족의 세력에 큰 위협을 느끼고 있었다. 교황은 교회 재산과 인원을 보호하기 위하여 봉건 귀족의 힘을 분산시킬 필요성을 느끼게 되었고 그 방법으로 십자군 원정을 구상하였다.

십자군 원정의 직접적인 계기는 셀주크 투르크Seljuk Turks의 문제에서 발단하였다. 11세기 중엽에 이들은 바그다드·시리아·팔레스타인·이집트 그리고 콘스탄티노플 부근까지를 점령하였다. 이에 비잔틴 제국 황제는 잃은 땅을 탈환하기 위하여 교황 우르반 2세에게 지원을 요청하였다(1095). 우르반 2세는 이 기회를 놓치지 않았다. 그는 성직자와 귀족들에게 종교적인 순교정신으로 성지 탈환에 협조할 것을 호소하였고, 드디어 클레르몽Clermont 회의와 성직자들, 그 외에도 많은 민중의 지지를 얻어 1096년에는 프랑스와 독일을 비롯한 유럽 각지에서 모인 사람들을 콘스탄티노플로 보낼 수 있었다.

십자군 원정은 1096년부터 1224년까지 세 번의 큰 원정과 기타 작은 몇 번의 원정으로 진행되었다. 한때는 성지를 탈환하고 시리아 전역을 점령한 적도 있었지만 결국은 모두 실패로 돌아갔다. 이런 실패의 원인으로 다음의 몇 가지를 들 수 있다. 일원화된 지휘를 할 수 없었고, 십자군 원정의 목적이 참가한 사람마다 각기 달랐던 점을 들 수 있다. 어떤 무리는 경제적인 이익을 위하여 원정을 왔고, 어떤 무리는 신앙을 위해서 전쟁을 했는가 하면, 어떤 무리는 로마 카톨릭 확장을 위해서, 어떤 무리는 그리스정교 확대를 위해서 싸움을 하는 등 그 목적은 서로 달랐다. 사실 중세 말기의 분위기 속에서 통합된 종교적 정열만으로 종교전쟁을 성공적으로 이끌려는 것은 처음부터 오산이었을 것이다.

십자군 원정 실패는 중세에서 근세로 이전하는 데 하나의 원인이 되었다. 그러나 중세가 몰락하는 결정적인 원인이라기보다는 중세의 몰락을 촉진시키는 정도였다. 어떻든 십자군 원정 이후 귀족들은 재정난에 허덕였다. 반면에 농민들은 귀족세력 약화로 토지에 속박된 상태에서 벗어나기가 용이하여졌다. 귀족들과 함께 교황권도 크게 추락하였다. 종교심은 더욱 냉각되었고 교황은 재정을 확보하기 위해서 면죄부를 판매함으로써 더욱더 교회의 권위를 상실시켰다. 교황에게 불리해져만 가는 중세 말기의 분위기를 쇄신하고

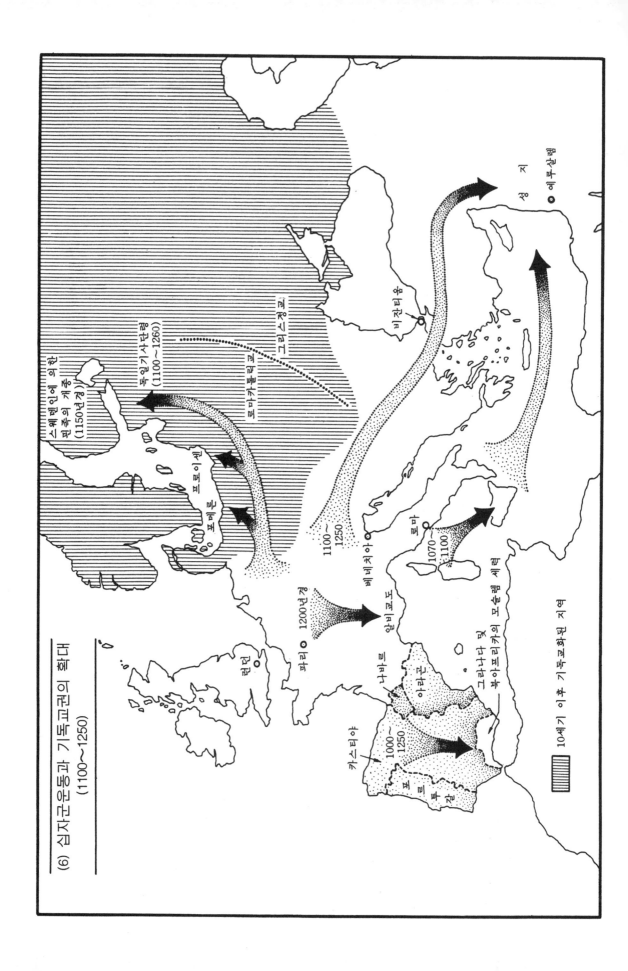

(6) 십자군운동과 기독교권의 확대
(1100〜1250)

독일기사단령
(1100〜1260)

스웨덴인에 의한
병족의 개종
(1150년경)

그리스정교

로마카톨릭교

프로이센

포메른

런던

파리 ○

1200년경

앙베르토

베네치아 ○

1100〜
1250

비잔티움

용

예루살렘 ◎

성 지

로마 ○

1070〜
1100

나바르

카스티야

1000〜
1250

포르투갈

그라나다

그라나다 및
북아프리카의 모슬렘 세력

10세기 이후 기독교화된 지역

봉건제도 재건을 위해서 최후의 방법으로 시도하였던 십자군 원정이 이처럼 실패하자 이제 교황 세력과 봉건 체제는 걷잡을 수 없이 동요하게 되었다. 이런 불안정 속에서 국민의식과 왕권강화는 크게 이루어졌으며 근대적인 제요소는 더욱 무르익게 되었다.

한편 십자군 원정은 동방과 서방 무력의 흥기를 초래하였다. 아울러 아라비아의 과학 기술과 학문, 비잔틴 미술과 문학이 들어옴으로써 유럽 문화에 새로운 자극을 주게 되었다.

도시의 발생

중세 말기, 적어도 11세기경부터 지적인 면과 예술적인 면의 중심지는 도시였다. 서구 도시의 기원은 로마에까지 이를 수 있다. 그러나 이탈리아 이외의 곳에서는 도시가 흔하지 않았으며 교구에 속해 있었던 촌락은 도시화되기 어려웠다. 그러나 이런 중에서도 어떤 곳에서는 자체방어를 위하여 뭉쳐서 도시를 이루기도 하였지만 일반적으로 도시는 11세기 이후에 교역이 재개된 후부터 성립되었다. 이런 유의 도시의 기원은 이탈리아의 베네치아·제노바·피사였다. 이들 도시는 비잔틴 제국과 사라센 제국과의 교역으로 상업의 중심지가 되었고, 일찍이 도시가 이루어졌다. 이탈리아 도시에서 전파된 많은 상품은 유럽의 여러 나라, 즉 독일·프랑스·영국 등지에서 도시형성을 자극하였다. 많은 시장들이 개설되고 동방에서 온 상품을 모방하는 직업으로 많은 농민이 전업하였다. 도시의 인구는 급격히 증가되었고 상업은 더욱 융성하게 되었다.

중세 유럽에서 가장 인구가 많았던 도시는 인구 30만의 시칠리아의 팔레르모*Palermo*였다. 13세기의 파리는 24만이었고, 베네치아·피렌체*Firenze*·밀라노*Milano*도 10만이 넘었다. 이들 도시들은 중세 말기에 이르러서는 대부분 봉건적인 조직에서 이탈하여 있었다. 도시의 시민들은 결혼·거주 이전이 자유스러웠고 재산도 임의로 처분할 수 있었으며 봉건적인 속박은 이미 지불된 화폐로 상쇄(相殺)되었다. 그러나 이탈리아 북부, 프로방스*Provence*, 프랑스와 독일 북부에 있었던 크고 부유한 도시는 좀더 자유스러워서 도시 자체로 독립된 정부를 구성하고 요인을 선출하였다. 그런데 이런 자유는 전쟁을 통해서 획득한 경우도 있지만 주로 돈을 지불하고 얻었으며 이미 봉건 귀족들의 세력이 약화되었기 때문에 가능했던 것이다. 그렇지만 이들 도시정부는 대부분 상인들의 과두독재정치하에 있었다.

대부분의 도시는 급성장을 하였으며 도시의 인구는 매우 밀집해 있었다. 이것은 도시방어의 필요성에서도 기인한 것이다. 도시는 방어를 위하여 성벽

중세도시 거리풍경

으로 둘러싸여졌다. 인구가 증가하면 성벽을 확장하여 개축하였다. 그러므로 도시 내의 유용한 공간은 항상 협소하였으며 그나마 토지의 대부분은 상인길드가 독점하고 있었다. 길은 협소했고 집들은 고층으로 지어졌으며, 공중위생은 오히려 고대의 로마만도 못하였다.

길드의 변화

중세의 기본 경제조직은 길드*guild*였다. 길드에는 상인길드*merchant guilds*와 수공업길드*craft guilds*가 있다. 전자가 먼저 생겼으며 초기에는 수공업길드까지 겸하고 있었다. 이러다가 상업이 점차 전문화되면서 수공업길드는 독립하였다. 상인길드의 주된 기능은 조합원의 이익을 위하여 상업독점을 유지하고 안정된 상태를 지속하며 경쟁자가 없는 경제조직을 가지는 것이었다. 이 목적을 위하여 많은 규율과 제재가 수행되었고 어떤 경우는 도시의 법령으로 공포되기도 하였다.

　수공업길드는 주인장인 *master craftsmen* · 공장 *journeymen* · 도제 *apprentices* 의 세 계급을 가지고 있었다. 주인장인은 중세산업계의 귀족계급이라고 할 수 있다. 그들은 일꾼을 고용하고 상점을 소유했으며 도제의 훈련을 책임지는 등 길드의 운영을 그들의 뜻에 맞게 이용할 수 있는 특권계층이었다. 공장은 주인장인의 상점에 고용되어 일을 하였다. 그러나 유능하고 독립할 만큼의 재산을 보유하고 소정의 자격 시험을 통과한 공장은 주인장인이 될 수 있었다. 도제는 주인장인의 통제 밑에 있었다. 도제는 2~7년 혹은 그 이상의 수업을 받아야 공장이 될 수 있었으며 이 기간에는 대체로 숙식 이외에는 급료가 없었다. 그런데 중세 말기에 이르러서 길드는 더욱 배타적으로 되었다. 상점을 소유하지 못한 장인들은 평생 동안 급료를 받으면서 보냈고, 길드는 몇몇의 가문을 중심으로 경영되었으며 이들은 점차 자본가와 고용주로 변화되었다.

　수공업길드의 성립 목적도 상인길드와 같았다. 결국 임금 · 상품가격 · 노동시간을 동일하게 통제하였고 나아가서 상품의 질과 생산 과정도 규제하였다. 이와 같은 규제는 길드가 기술면에서 낙후되는 중요한 요인이 되었다. 이런 획일을 지향하는 이유 때문에 새로운 기술의 도입을 거부함은 물론 새로운 상품의 생산마저 규제하였다. 그렇지만 완전 통제는 불가능하였고 길드의 한계성은 근대에 이를수록 점차 드러났다.

　길드는 주도자가 노동자들이 아닌 점에서 오늘날의 노동조합과는 전혀 성격이 다른 것이었다. 그러나 길드는 기독교의 영향을 받아서 다분히 금욕적인 분위기를 나타내고 있었다. 안락과 사치를 위한 물건의 생산은 배제되었고 개인의 이익은 무시되었다. 길드가 추구했던 경제적 행위는 결핍으로부터 사회를 보호하고 생활의 안정을 추구하는 면에 국한되었다. 당시의 경제활동은 부를 축적하기 위한 것은 아니었으며 심한 치부는 도적행위에 비유되었다. 모든 상품은 생산비와 약간의 이익——그것도 사회에 다시 기여하기 위한 이익만을 추가한 적정가격으로 책정되었다. 이와 같은 분위기는 다음과 같은 토마스 아퀴나스의 말로 잘 알 수 있다. "사람들이 필요 이상의 재산을 갖는 것은 좋지 않다. 모든 재화는 신의 것일 뿐 인간의 것은 아니기 때문이다. 만일 부자가 잉여의 재화를 빈민에게 나누어 주지 않으면 그의 재산은 몰수되어도 좋다."

　중세 때 길드가 추구했던 경제적인 이상은 숭고할 정도로 높았다. 그러나 이런 비자본주의적인 길드경제가 중세의 모든 경제 영역에 합리적으로 적용될 수만은 없었다. 처음으로 한계성이 뚜렷이 나타난 것은 국제사회에서의 무역에서였다. 길드에 소속되지 않은 개인 자격으로서 상인이나 장인들이 국제 무역에 종사하여 상품의 수출입을 담당하였는데 이들은 길드의 특성과는 유리된 조직이었다. 유명한 스테이플 상인단*Merchants of the Staple*과 튜튼 한자*Teatonic Hansa*조합은 그 대표적인 조직이었다. 이들은 13, 14세기 유럽 상품의 수출입을 대부분 관장했으며, 노골적으로 이익을 추구하기 위한 조직체였다. 그러나 길드는 이런 조직체에는 속수무책이었다. 실로 이들의 상행위는 자본주의에 바탕을 둔 상업혁명의 전조이기도 하였다.

봉건제도의 붕괴

봉건제도는 이탈리아와 프랑스에서는 일찍이 13세기 말경에 붕괴되었고, 비교적 오래 지속된 영국과 독일에서도 16세기에는 자취를 감추었다. 물론 중·동부 유럽에는 19세기까지 잔재가 남아 있었다. 봉건제도의 붕괴는 주로 11, 12세기에 이루어졌던 경제적 변혁에 의해서 이루어졌다. 동방과의 무역 재개와 도시 발전은 그 자체로도 봉건제도의 분위기와는 유리된 것이었지만 그 밖에도 농촌에서의 농산물 생산을 급증시키는 계기가 되었다. 이런 가운데 물가가 오르자 어떤 농노는 재산을 모아 그의 자유를 돈으로 살 수 있게까지 되었다. 더욱이 상업과 산업의 발전은 농노들의 고용기회를 가져다 주었으며 그들은 자유를 찾아 도시로 옮겨가기도 하였다.

농산물과 토지 가격의 앙등은 영주들의 개간 의욕을 고취시켰다. 영주는 농노의 자유를 조건으로 개간을 하였는데 이렇게 하여 자유를 얻은 농노들도 많았다. 또한 14세기에 유행한 흑사병은 노동력의 감퇴를 초래하였다. 결국 농노는 좋은 조건을 선택할 수 있었고 자유를 요구할 수도 있었다. 이제 봉건 시대의 경제 중심이었던 장원조직의 유지는 불가능하게 되었다.

정치적인 변화도 봉건제도의 붕괴를 유도하였다. 직업군대의 성립으로 농민은 용병이 되기도 하였다. 새로운 전쟁 방법의 도입은 기사계급을 몰락시켰고 농민의 위치를 상대적으로 호전시켰다. 백년전쟁 같은 귀족 간의 전쟁은 귀족 자멸을 초래하였고 십자군 원정도 또한 귀족 약화를 촉진하였다. 이런 혼란기 속에서 국민국가의 군주가 성장할 수 있었으며 봉건제도는 국민군주에 의해서 결정적으로 와해되기에 이르렀다.

제2절 국민군주의 흥기

프랑스 군주권 강화

샤를마뉴가 814년에 죽은 후 843년에 체결된 베르덩조약은 유럽 영토를 2분하여 그 영토는 오늘날의 프랑스와 독일이 형성되는 모체가 되었다. 이들 두 국가 사이에 몇 개의 나라가 있었는데 벨기에 · 네덜란드 · 알자스 등의 소국으로 오늘날 유럽 판도가 대충 정하여지기 시작한 것이다.

유럽 대부분의 국가는 봉건적인 지배 체제하에 있었다. 왕들은 명분상으로는 큰 위치를 차지하고 있었으나, 국민을 실제적으로 지배하지는 않았다. 영주를 지배한다는 것은 명목만이었고 왕의 군대와 세수는 지방 귀족과 영주에게 의존하였다. 그러나 12세기에 이르러 이런 상황을 탈피하는 기운이 프랑스에서 나타났다. 987년에 카롤링거왕조에서 벗어난 위그 카페 Hughes Capet 이후 약 300여 년 동안 이른바 카페 Capet 왕가가 강력해지면서 중세의 전형적인 봉건적 왕권지배는 크게 변화되었다. 그런데 이런 변화는 귀족들에 대항하는 세력으로 새로 등장한 부유한 상인들과 중산층, 즉 부르주아 bourgeoise 를 배경으로 이루어질 수 있었다.

카페왕조의 왕 중에서 프랑스 국민군주의 기초를 이룬 왕은 필립 오귀스튀 Philip Augustus(1180~1223)였다. 그는 봉건 영주에게서 왕에 대한 충성을 맹세받았고, 봉건 영주의 재판소에 감독관을 파견하였다. 그도 종래의 봉건 군주와 같이 군사력은 영주의 군대에 의존하였다. 그렇지만 그는 상비군과 같은 성격을 띤 용병(傭兵)을 가지고 있었고 심지어는 촌락에 징병을 요구하기도 하였다. 결국 그는 왕의 영토를 4배 이상 확장하였고 많은 봉건제도상의 권리를 그의 수중으로 귀속시켰다. 중세 프랑스의 황금 시기를 가져왔던 루이 9세(1226~1270)는 뒤에 성자의 칭호까지 받기도 하였지만 그도 군주권을 확장시키는 데 큰 기여를 하였다. 왕의 재판권이 미치는 범주를 크게 하여 반역 행위와 평화 파괴 행위를 규제할 수 있게 하였고, 왕이 주조한 통화를 그의 영토 어느 곳에서나 쓸 수 있도록 강제하였다. 그렇지만 그의 업적 중에서 가장 의미 깊은 것은 귀족들의 동의 없이 왕의 의사에 따라 법령을 전 영토에 공포할 수 있었던 점일 것이다. 봉건제도에 의하면 왕은 귀족들의 동의 없이 관습법의 범위를 벗어나는 법령을 공포할 수 없었다.

필립 4세(1285~1314)에 이르러 국민군주의 권한은 한층 증진되었다. 필립은 왕의 세입을 크게 증가시키려고 하였다. 이런 그의 정책은 유대인과 이탈리아인을 금융조직에서 축출하는 정책을 동반하였다. 그리고 그는 중세적인 의무를 직접적인 세금의 형태로 전환하였다. 뿐만 아니라 필립은 교회의 재산에도 세금을 부과하려고 하였다. 결국 이런 정책은 교황과의 불화를 초래하였다. 이런 가운데 필립은 프랑스 카톨릭 교회를 국왕에게 예속시켰다. 곧 그는 모든 신하와 성직자들로 구성된 회의를 소집하였는데 이 회의는 프랑스 의회의 모체가 되었으며, 모든 계층의 신하들이 참가하였다고 해서 '삼부회'*Estates-General*란 명칭으로 불리었다. 물론 이 회의는 입법권이 없는 왕의 자문기관이었으며, 그 의회의 중요성은 단지 봉건 귀족의 대변기관이 아니었던 점일 것이다. 이제 프랑스 정부는 봉건 국가에서 국민 국가로 바뀌게 되었으며 왕은 과거의 봉건 귀족과 봉건 군주와는 다른 근대적 의미의 국왕의 위치를 차지하게 되었다.

백년전쟁

백년전쟁(1337~1453) 이후 프랑스 군주권은 한층 강화되었다. 백년전쟁은 영국 왕과 프랑스 왕의 오랜 국경대립에서 비롯되었다. 13세기 말에 영국 군주는 프랑스의 남서 지방을 차지하고 있었는데 프랑스 왕은 이런 외국 세력을 축출하려고 노력하였다. 그렇지만 플랑드르*Flandre* 지방은 영국과의 모직교역으로 이익을 얻고 있었기 때문에 그곳 주민이 영국 왕과 연합하는 것을 우려하여 구체적인 노력을 경주하지 못하였다. 이런 가운데 프랑스 필립 4세의 외손자인 영국의 에드워드 3세가 프랑스 왕위계승권을 주장하자 드디어 전쟁이 일어나게 되었다.

영국군은 초반전에 연승하였다. 그래서 프랑스 영토의 반 정도를 차지할 수 있었다. 이것은 영국군의 우수한 군대 조직과 장비 그리고 훈련에 기인한 것이었다. 프랑스에게 이토록 불리했던 전세는 평범한 농촌 처녀였던 잔 다르크Jeanne d'Arc의 출현으로 역전되었다. 잔 다르크는 신의 계시를 받았다고 주장하였으며, 프랑스인에게 애국 정신을 고취하여 영국군을 추방하는 계기를 이루었다. 그렇지만 잔 다르크는 영국군의 포로가 되어 마녀로 인정받아 화형을 당하였다. 이후 프랑스군은 1453년에 보르도를 탈환함으로써 승리를 거두었다.

백년전쟁은 프랑스 왕권강화의 초석을 이루었다. 삼부회나 귀족들이 정권을 주도하려는 의도는 전쟁 이후에 와해되었다. 사실 귀족들은 전후 문제에 대하여 속수무책이었고 왕이 국가의 재건을 주도하였다. 이제 왕을 중심으로 한 국가의식이 크게 성장하기에 이르렀으며, 프랑스는 봉건 국가에서 근대 국가로 확고한 형태를 잡게 되었다.

영국의 군주권 강화

영국에서 국가적인 군주권이 발달되기 시작한 것은 정복왕 윌리엄William the Conqueror 때부터였다. 윌리엄이 1066년에 잉글랜드를 점령한 것은 과거의 색슨Saxon 지배자들의 정복과는 달랐다. 그는 앵글로-색슨의 법률과 제도를 채용하기는 하였지만, 그것은 왕권 강화를 위한 목적에서였다. 윌리엄 왕은 대륙에서 봉건제도를 들여왔다. 그러나 전형적인 대륙의 봉건제도를 그대로 적용하지는 않았다. 가신에게 영주에 대신하여 왕에게 충성할 것을 서약시켰으며, 영주 간에 임의로 전쟁을 할 수 있는 재량권도 박탈하였다. 이어서 그는 점진적으로 앵글로-색슨 왕의 자문기관witan 을 왕의 조정 curia regis 으로 바꾸어 왕권 강화에 노력을 기울였다.

12세기 초에 이르러서 헨리 1세 때에는 왕권 쟁탈전이 심해서 거의 무정부 상태에까지 도달하였다. 이러는 가운데 1154년에 헨리 2세가 왕이 됨으로써 혼란은 일단 그치게 되었다. 그러나 그는 고갈된 재정을 확보하고 귀족의 세력을 억압해야만 하는 당면 문제를 가지고 있었다. 헨리는 이 두 목적을 이룩하기 위해서 병역면제세scutage 를 부과하였다. 그럼으로써 재정 충당은 물론 귀족 세력도 억제할 수 있었다. 헨리 2세는 영국인에게 세금을 부과해서 왕 개인의 재정을 충당한 최초의 영국 왕이었다.

헨리의 왕권 강화 정책은 여기에서 끝나지 않았다. 귀족 세력 억압을 위해서 허가 없이 증축한 귀족의 성을 허물었을 뿐만 아니라, 영주의 재판권도 박탈하였고 나아가서 영국 전체를 압제하는 법 The Common Law of England 을 만들기에 이르렀다. 이 결과 귀족 세력은 상당히 압제당했다. 그러나 그도 성직자에게는 어쩔 수 없었다. 즉 성직자에 대한 왕의 재판권 적용 시도는 교회의 심한 반발로 실패하였던 것이다.

영국의 왕과 귀족

리처드 1세(1189~1199)와 존(1199~1216)왕 때에는 봉건제도가 많이 회복되었다. 리처드왕은 그의 재위기간의 대부분을 3차 십자군 원정에 전념하면서 막대한 전비를 소모하였기 때문에 귀족들의 반발이 심하였다. 존왕에 이르러서 귀족들의 불만은 최고조에 달했다. 프랑스의 필립 오귀스튀와 교황 이노센트 3세를 적으로 하였던 그는 결국 프랑스에 있던 영국의 영토를 대부분 상실하였다. 이 틈에 귀족들은 전에 없이 유리한 위치를 차지할 수 있었다.

영국 헌정사상에 중요한 기록으로 남아 있는 마그나 카르타Magna Charta 는 이런 상황 속에서 귀족들의 강요에 의한 존왕의 인준으로 이루어졌다. 그런데 이 당시의 마그나 카르타는 일반 인민에 대하여 자유를 보장하는 의미

마그나 카르타

로 이루어진 것은 아니다. 다만 왕과 귀족 사이에서 왕이 전통적인 가신의 권리를 존중할 것을 약속한 것이었다. 그렇지만 후세에 제한된 정부의 개념이 제시될 당시 왕은 반드시 법률의 제약을 받아야 함이 요구되었는데, 이때에 마그나 카르타의 이념을 근거로 해서 많은 사람의 관심을 끌게 되었다.

존왕의 아들인 헨리 3세는 마그나 카르타의 약속과는 관계없이 왕권 강화를 계속하였다. 이에 대하여 중산층의 강력한 지지를 받은 귀족들은 군대를 동원하여 왕과 전쟁을 일으켰다. 결국 왕은 포로가 되었는데 이런 사건이 있은 후 왕권을 제약할 수 있는 영구적인 기관의 필요성이 더욱 요청되었다. 드디어 귀족·성직자·중산계급의 세 계급이 모두 참가하는 회의를 구상하는 안이 제시되기에 이르렀고 1295년 에드워드 1세 때에는 최초로 모델의회 *Model Parliament*가 개최되어 영국 의회의 기원을 이루게 되었다. 하지만 왕은 의회를 민주화 개혁의 기구로는 생각하지 않았다. 왕은 의회라는 정치기구를 이용함으로써 더 이상 귀족들에게 의존하지 않으려는 생각을 가지고 있었다. 그렇지만 왕의 뜻과는 달리 영국에서 의회는 꾸준히 발전하였는데, 에드워드 3세(1327~1377) 때에는 상·하원의 양원이 분리되었고, 조세감독권 및 입법권을 갖게 되었다.

14세기의 영국은 비록 대륙보다는 늦지만 경제적으로 상당히 발전하였다. 도시는 커지고, 화폐유통이 많아졌으며, 노동력이 부족하여졌다. 변화된 사회·경제적인 상황에 따라 장원조직은 붕괴되었으며 이에 따라서 봉건 세력도 약화되었다. 더욱이 백년전쟁으로 왕의 군사와 재정은 증강되어 귀족 세력은 근본적으로 위협받게 되었다. 이런 가운데 귀족들은 두 무리로 나뉘어 전쟁을 하였는데 이것이 장미전쟁(1455~1485)이다. 전쟁은 결국 귀족 세력의 자폭을 가져왔고 새로운 왕조 성립의 배경이 되었다. 즉 헨리 튜더Henry Tudor가 왕이 되어 헨리 7세가 된 후 튜더왕조를 이루었고, 이후 튜더왕조를 중심으로 영국의 근대적인 절대군주권이 점차 성립되기에 이른 것이다.

독일과 이탈리아의 군주권

독일과 이탈리아는 근대에 이르도록 프랑스와 영국 같은 군주권이 성립되지 못하였다. 이것은 제후와 교황의 세력이 너무 강하였기 때문이었다. 카롤링거 왕조가 멸망한 후 독일은 고래의 방법에 따라 왕을 선출하였다. 그러나 936년에 왕이 된 오토대제Otto the Great는 종전의 독일 왕과는 같지 않았다. 그는 샤를마뉴의 정통 후계자임을 자처하는 한편, 이탈리아 문제에 간섭하여 롬바르디아왕이 되었다. 그런데 이와 같은 그의 정책은 교황과의 문제를 야기하였다. 하지만 오토는 이에 개의치 않고 로마황제가 되었다. 물론 그의 제국은 독일과 이탈리아에만 제한되어 있었다. 그러나 오토가 관할한 국가는 과거의 카롤링거왕조의 개념을 부활시키기에는 충분하였다.

프리드리히 1세 Friedrich Babarossa(1152~1190)와 프리드리히 2세(1220~1250)는 호엔슈타우펜 Hohenstaufen 가를 대표하는 왕이었다. 오토의 왕관이 호엔슈타우펜 왕가로 넘어간 후 황제권은 크게 강화되었다. 프리드리히 1세는 제국의 이름을 신성로마제국 *The Holy Roman Empire* 이라고 하였다. 그런데 이 명칭은 신과 성직 계급이 조화된 제국임을 암시하는 것이었다. 프리드리히 2세는 신성로마제국의 황세이면서 시칠리아와 남부 이탈리아의 왕을 겸하였다. 그는 신성로마제국의 이념을 구현하기 위해서는 남부 이탈리아로부터 제국을 강화해서 북부 유럽에까지 힘이 전파되어야 한다고 생각하였다. 그러므로 그는 독일에는 별관심이 없었다.

프리드리히 2세는 남부 이탈리아에서 황제의 신성권을 주장하였고 나아가서 봉건잔재 일소에 매진하였다. 그는 귀족에게서 충성 서약을 받았고, 전문화된 군대를 조직하였다. 황제가 부과하는 직접징세를 실시하는 것은 물론이었고, 제국 내의 법률을 일원화하였으며 법을 보편화하기 위하여 정부의 법관을 전국에 순회시키기도 하였다.

이와 같은 프리드리히의 과격한 중앙집권화와 황제권 절대화 정책은 중산층의 지지를 얻지 못하였다. 중산층의 도움 없이 교황과의 대결은 어려웠다. 프리드리히가 1250년에 죽자 호엔슈타우펜가계는 끊어졌고 대신 합스부르크가의 루돌프 Rudolf of Habsburg 가 황제로 선출되었다(1273). 이후 신성로마제국은 1806년까지 존재하기는 하였지만 실제적인 국가의 역할은 수행하지 못했고 명목만 유지되었을 뿐이었다.

제3절 중세 후기의 문화

철 학

철학 분야에서 중세 후기에 이루어진 가장 중요한 업적은 스콜라 철학 *Scholasticism* 이었다. 스콜라 철학은 일반적으로 신학에 봉사하고 이성과 믿음을 조화시키려는 학문으로만 인식되고 있으나, 엄밀한 의미에서 스콜라 철학이 신앙의 문제를 해결하기 위한 것만은 아니었다.

스콜라 철학자들은 합리주의자였다. 다만 그들은 근대적인 철학자들과 같이 과학과 경험을 바탕으로 하지 않고 주로 논리에 기본적인 바탕을 두었으며, 사고만으로도 진리를 얻을 수 있다고 생각한 점이 다를 뿐이다. 그러나 이들은 인간의 이성만으로는 진리를 알아내기가 어렵다고 생각하였다. 그러므로 성경과 교부, 플라톤이나 소크라테스 같은 철학자 등의 권위가 필요했으며 이런 이유로 그들은 권위주의를 숭상하였다. 스콜라 철학자들도 그들의 관심이 오로지 인간에 있었다는 점에서 휴머니스트라고 할 수 있다. 그러나 그 관심은 윤리적인 문제와 내세의 구원에 있었다. 뿐만 아니라 이들 철학자들은 근대 철학과는 달리 인·과를 따지고, 어떤 사물의 기원과 진화를 생각하기보다는 만물의 속성 그 자체를 연구하는 것에만 국한하였다.

스콜라 철학의 발전에 기여한 학자로는 12세기의 피에르 아벨라르Pierre Abélard(1079~1142)와 알베르투스 마뉘스Albertus Magnus를 들 수 있다. 그러나 스콜라 철학의 황금기는 13세기의 토마스 아퀴나스Thomas Aquinas (1255~1274)에 의해서 이루어졌다. 남부 이탈리아에서 태어나 도미니코 수도회에 들어간 후 교리의 가르침에 평생을 보낸 그는 너무나도 유명한 「신학대전」Summa Theologica을 저술하였다. 성 토마스의 목적은 합리적인 우주 질서를 설명하고 이성의 우위를 정립하는 것이었다. 그는 "만물은 기독교에서 뜻하는 바와 같이 지상에서 정의와 평화를 이룩하였고 내세에서 구원이 이루어지도록 창조되었다"라고 하였으며 인간은 누구나 이와 같은 질서를 이해할 수 있다고 하였다. 그렇지만 그의 논리는 아리스토텔레스의 권위에 기댄 것이어서 다분히 권위주의적인 면이 많았다. 그러나 그의 종교에 대한 태도는 감정적이 아니고 지적이었다. 그는 경건함은 믿음의 문제가 아니라 지식의 정도 문제라고 하였으며, 신도 합리적인 존재라고 하였다. 또한 그는 아리스토텔레스의 추종자로서 지고의 선은 인간이 그의 진정한 본성을 인식하는 것이라고 하였다.

토마스 아퀴나스

성 토마스 아퀴나스 이후에 스콜라 철학은 점차 쇠퇴하였다. 13세기 말에 프란체스코 수도사였던 스코투스John Duns Scotus에 이르러서는 성 토마스가 주장하였던 바와는 달리 종교이론에서 철학이 제외되었으며, 지적인 종교에 대치되는 감정적이고 실제적인 면의 종교가 주장되었다. 그렇지만 스콜라 철학의 쇠퇴를 크게 가속한 것은 유명론(唯名論)Nominalism의 대두였다. 이들은 모든 지식은 경험에 근원을 두어야 함을 주장하였으며 개념이란 것은 조그마한 실질도 갖지 못한다고 하였다. 경험의 범주를 초월하는 것은 믿음으로써 얻어지는 경험에 기반을 두어야 하고, 논리를 주장하는 종교적 진리는 극구 부정하였다. 이와 같은 것은 스콜라 철학의 이념과는 근본적으로 다른 것이었으며, 새로운 주장이었다. 그러나 이들의 중요성은 다른 면에도 있다. 이들은 르네상스기의 과학 발전에 논리적 기반을 제공하였을 뿐만 아니라 종교개혁운동에도 기본 이념을 제공하였다.

봉건시대의 정치이론은 철학의 이론과 상통하는 부분이 많았다. 우선 국가에 대한 개념이 철학의 기저와 일치된다. 이때의 국가는 신에 의해서 세워졌고, 죄악을 치료하기 위한 기관으로 생각되었다. 그러므로 인간은 지배자에게 충실히 복종해야만 한다는 것이다. 지배자에 관한 생각도 역시 중세적 특징을 그대로 드러내고 있다. 서구 유럽의 모든 국가는 교황이든 신성로마제국의 황제이든 간에 하나의 신성한 지배자에 의해서 통치되어야 한다고 하였다. 그렇지만 통치 이념이 절대주의적인 것은 아니었다. 봉건시대에는 왕권을 제한하는 이론이 주류를 이루어 지배자가 법을 만들 수도 없었으며 기껏해야 관습법이나 신의 법에 따라 법을 적용하는 정도에 그쳤다.

대 학

9세기에서 14세기에 걸친 철학 및 기타 문예의 발전은 체계적인 교육기관의 도움 없이는 불가능하였다. 그런데 중세의 교육기관에서 가장 중요한 것은 아마도 대학일 것이다. 대학*university*은 원래 라틴어에서 협동 혹은 길드를 의미하는 유니베르시타스*universitas*에서 기원하였다. 이와 같이 교수-학생협동체를 의미했던 대학은 점차 교양교육과 전공교육을 대표하는 교육기관의 대명사가 되기에 이른 것이다. 그러나 어느 대학이 가장 오래 되었는지를 알기는 어렵다. 볼로냐*Bologna* 대학과 파리*Paris* 대학이 적어도 12세기에 설립되었으며 다음으로 오래 된 대학으로 옥스포드*Oxford* · 케임브리지*Cambridge* · 몽펠리에*Montpellier* · 로마*Rome* 대학 등을 들 수 있다. 14세기 말에는 또 다른 유명한 대학들, 즉 빈*Wien* · 하이델베르크*Hiedelberg* 대학 등이 설립되었다.

유럽의 거의 모든 대학은 설립 형태에 따라서 둘로 구분할 수 있다. 즉 이탈리아의 볼로냐 대학을 규범으로 하는 이탈리아 · 스페인 · 남부 프랑스의 대학들과 파리 대학을 모범으로 하는 북부 유럽의 대학들로 분류할 수 있는 것이다. 남부 대학들의 규범이었던 볼로냐 대학은 학생들이 협동체를 이루어서 교수를 초빙하고 규제하였다. 이곳에서는 주로 세속적인 성격의 학문인 법률과 의학이 강의되었다. 이에 반해서 북구 대학의 중심인 파리 대학의 경우는 달랐다. 전부터 있었던 문학 · 신학 · 법률 · 의학의 교수들이 조합을 조직하여 학생을 모집하고 대학의 기원을 이룬 것이다.

중세 대학의 학생들은 문법 · 수사학 · 논리학을 약 4, 5년 간 배웠다. 이런 기본적인 공부를 한 학생에게는 학사*Bachelor of Arts* 학위가 수여되었다. 더욱 전문화된 과목은 석사 · 박사과정에서 배웠다. 즉 대수 · 기하 · 천문학 · 음악 등은 이 과정에서 중요한 교과목들이었다. 그러나 유럽의 각 대학은 나름대로의 특징을 가지고 있었다. 예를 들면 볼로냐 대학은 법학으로, 파리 대학은 신학으로 매우 유명하였다. 이 대학들에는 그 학문을 공부하기 위해 여러 국적을 가진 학생들이 모여들었다. 당시의 모든 대학들은 치외법권을 가지고 있었다. 그러므로 학생들은 모든 정치적 압제에서 배제될 수 있었다. 몇몇 독일의 대학교는 자체 감옥을 가지고 있었다는 사실만으로도 대학의 독립성을 충분히 이해할 수 있다.

문 학

중세 문학을 읽어보면, 봉건시대를 대표하는 '암흑 시기'라는 말이 적절치 못함을 누구나 알 수 있다. 이 시대의 문학은 우리가 통상적으로 아는 것보다 훨씬 더 휴머니즘이 풍부하고 현생의 기쁨을 찬미하는 내용으로 가득 차 있다. 특히 중세 말기의 작품은 르네상스기 작품과 성격이 매우 유사하다.

중세 후기 문학은 라틴어로 씌어진 문학과 각국어로 씌어진 문학의 두 종류로 대별할 수 있다. 교회와 대학교에서의 고전연구 증진에 의해서 라틴 문학은 상당히 발전하였다. 중세 후기의 라틴 문학을 대표하는 집단은 골리아디*Goliardi* 시인들이었다. 이들 집단의 명칭은 악마의 이름으로 알려진 골리아스*Golias*의 추종자라는 데에서 연유되었다고 한다. 명칭 자체가 의미하듯이 이들은 이교도적인 정신을 찬양하였고, 4계의 변전을 찬미하는가 하면 술·도박·사랑의 기쁨까지 서슴지 않고 노골적으로 표현하였다. 물론 중세의 대부분의 문학 작품은 라틴어로 씌어졌다. 그러나 12세기 초에 이르러서는 점차 각국어가 문학의 표현 수단으로 이용되기에 이르렀다. 불어·독어·스페인어·영어·이탈리아어 등이 발전되어 각기 훌륭한 문학 작품을 구성하였으며, 대표적인 것으로는 프랑스의 「롤랑의 노래」*Song of Roland*, 독일의 「니벨룽겐의 노래」*Song of the Nibelungen* 등을 들 수 있다.

12, 13세기 동안 봉건사회는 성숙해졌다. 당시 유럽보다 우수한 문명을 소유하였던 이슬람 문명은 이와 같은 유럽 봉건 사회가 더욱 다양성 있게 발전하는 데 많은 자극을 주었다. 이 결과 봉건 귀족 계급들은 새로운 자세를 갖게 되었다. 중세 초기만 해도 전쟁터의 영웅에 불과하였던 기사들이 이제는 여인을 존경하고, 세련된 예의범절을 가지고 있으며, 정의를 구현하는 중세적인 이상을 담은 존재로 받아들여졌으며, 점차 귀족 사회의 표상이 되었다. 이러한 기사의 모습은 수많은 중세문학작품에 반영되어 이른바 기사문학을 이루었다.

중세 후기의 전형적인 기사 문학 형성에는 트루바두르*troubadours*가 많은 영향을 미쳤다. 트루바두르의 발상지는 남프랑스였다. 이 지역은 사라센과 로마의 영향을 같이 받아서 유럽에서 가장 발전된 곳 중의 하나였다. 이곳을 중심으로 한 트루바두르는 중세 후기 문학 형성에 선구자가 되었다. 그들의 중요한 테마는 낭만적인 사랑과 여인의 이상화였다. 성경에서 보는 바와 같은 악의 유혹자로서의 여인상은 수도사나 승려에게만 있을 뿐, 트루바두르는 여인을 질시하기는커녕 오히려 찬미하였던 것이다. 이런 사실 하나로도 이들 음유시인이 중세적 특징에서 얼마나 이탈해 있었던가를 잘 알 수 있다. 음유시인은 프랑스에만 국한되지는 않았다. 독일에도 있었는데 독일에서는 미네징거 *Minnesingers* 라고 부른다.

기사 문학의 전형적인 작품은 「아더왕의 이야기」와 「트리스탄과 이졸데」 *Tristan and Isolde* 일 것이다. 기사 문학의 특징을 잘 나타내고 있는 이 두 작품은 모험 그 자체를 찬양하고, 지혜를 갖는 최선의 방법은 경험임을 표현하고 있다. 그런가 하면 신사로서의 행동, 약자에 대한 보호, 명예와 용감성을 위한 기사들의 투쟁담, 결혼으로 맺어지지 않는 기사와 부인의 비극적 사랑 등 기사 문학만이 가질 수 있는 매우 낭만적인 주제를 극적으로 표현하고 있다. 이런 기사 문학은 중세적인 금욕과 고통에서 떠난 인간성과 비극을 표현함으로써 탈중세적인 분위기를 보이고 있다.

예 술

중세 건축의 2대양식은 로마네스크 *Romanesque* 식과 고딕 *Gothic* 식이다. 로마네스크식은 수도원 발전과 함께 11세기경에 융성하였다. 로마네스크식의 건축은 수도원 건축에 주로 이용되었으며 수도원 권위의 상징이었다. 아

왼쪽부터 아미앵 성당 외관, 샤르트르 성당의 스테인드 글라스, 부르쥐 성당 내부

치, 넓은 벽, 거대한 창문 사이의 벽 *piers*, 음울한 내부 분위기는 이 양식의 특징이었으며 모자이크와 정교한 조각품으로 장식하였다.

　12, 13세기에 이르러서는 로마네스크식 대신에 고딕식이 널리 사용되었다. 부 축적, 지식의 증가, 세속적인 관심의 증대, 도시에 대한 자부심 등은 좀더 공이 들고 좀더 자부심을 펼 수 있는 건축 양식을 필요로 하였다. 이 결과 고딕식이 발전하였고, 도시를 중심으로 많은 건축물이 세워졌다. 고딕식은 로마네스크식보다 천장이 높은 기분이 들고 좀더 경쾌하게 보이도록 설계되었다. 장식물은 외부에 치중하여 배치하였고, 내부는 엄숙하거나 침울한 분위기가 나지 않도록 하였다.

　고딕식은 매우 정교한 구조를 가지고 있다. 하나의 건축물을 완성하기 위하여 수많은 노력과 물자가 소비되었다. 그러나 중세인들의 이러한 노력이 오로지 신앙적인 차원에서만 비롯된 것은 아니었다. 고딕식은 인간의 힘으로 신에게 좀더 가까이 갈 수 있다는 자만심의 소치인 것이다. 그러므로 고딕식은 중세적인 것보다는 오히려 근세적인 분위기의 표현이라고 할 수 있다.

제 3 편
서양의 신기운

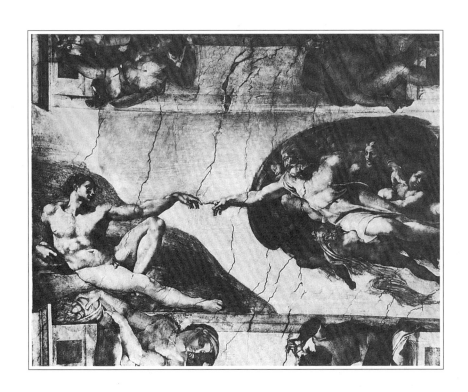

제 1 장
의식의 새로운 변화

　근세는 중세와는 매우 다른 성격을 가지고 있기는 하지만 중세와 완전히 단절된 가운데 이루어진 것은 아니었다. 근세의 특성들은 이미 중세 말기부터 싹트고 있었으며, 근세사의 서막이라고 불리는 르네상스도 중세와 근세의 과도기로 평가할 수 있는 것이다. 그렇지만 근세는 중세와는 다른 특징을 가지고 있다. 중세가 폐쇄적이며 자체통일적인 한계성을 특징으로 하는 반면에 근세는 분열적이고 개방적이었다. 근세인에게 통일은 속박과 부자유로 받아들여졌으며 중세적인 전통과 권위는 부정되었다.

　14세기에서 16세기에 걸쳐 일어난 르네상스에서 근대적인 정신은 크게 부각되었다. 이들은 인간정신의 자유를 갈망하였으며 인간의 육체를 긍정하여 중세 전기의 금욕주의를 정면으로 반박하였다. 유럽 남부에서 시작된 르네상스는 북부로 전파되어 상당한 업적을 남겼다. 북구의 인문주의자들은 남부의 문인과 달리 내성적이고 윤리적인 면에 관심을 두었으며, 교회에서 인간 정신의 자유를 되찾으려 하였다. 이 결과 북구 르네상스의 정신은 종교개혁을 유도하는 데 상당한 자극을 주었다.

　종교개혁은 중세적 분위기를 청산하였던 근세적인 신기운이었으며, 중세주의에서 벗어나려는 대중적이고 실천적인 운동이었다. 나아가서 국민주의 발전을 필연적으로 동반하여 근세의 특징 중의 하나인 국민국가의 발전은 급진전되었다. 이러한 의미에서 종교개혁은 근대로 가는 문의 구실을 하였다고 볼 수 있다.

제1절 이탈리아의 르네상스

르네상스

14세기에 이르러 봉건시대의 제도와 이상은 급격히 변화되었다. 신성로마
제국의 상업과 산업면에 있어서의 조직력은 약화되었고 스콜라철학도 쇠퇴
하였다. 이교도적인 비잔틴·사라센 문명은 유럽에 영향을 주어 중세적 사고
방식을 변화시켰으며 아울러 새로운 제도를 유럽에 소개하였다.

중세 초기와는 달리 도시가 흥기하였으며 상업 활동이 활발하여졌다. 이제
중세인들은 금욕적인 분위기를 점차 탈피하게 되었고 중세적인 윤리관 그 자
체에 대하여서도 회의를 느끼게 되었다. 이런 중세 말기의 분위기 속에서 르
네상스는 이루어졌다.

르네상스*Renaissance*의 본래의 뜻은 재생*rebirth*이다. 일반적으로 봉건
시대에는 고전에 대한 흥미가 많지 않았다. 고전에 대한 흥미는 9세기경부
터 수도원·교회 등의 성직자들에게서 나타나기는 하였지만, 이들의 흥미
는 기독교적인 면에만 대부분 국한되어 있었다. 그러나 14세기에 이르러
점차 그리스와 로마의 고전에 대한 흥미가 학자와 문인들에게서도 나타나
게 되었는데 이는 중세 때 잊혀졌던 이교도적 문예*pagan learning*에 대한
흥미의 재현이었다. 실로 르네상스의 본래의 의미는 이교도적인 고전문화
에 대한 흥미의 재생인 것이다. 또한 이와 같은 고전에 대한 흥미의 재현은
르네상스기에 이르러 세속주의·낙관주의·자연주의·개인주의의 재현을
초래하였다. 특히 중세의 신성한 것에 대응되는 휴머니즘*humanism*을 당
시의 사람들은 숭상하였으며 이것은 점차 르네상스의 중심 사상이 되었다.
르네상스인들은 휴머니즘을 찾기 위해서 고전연구에 흥미를 나타내었던 것
이다.

중세 후기는 이미 르네상스의 전조를 보이고 있었다. 성직자의 세속화 경
향은 심했고, 만물을 인간의 지식을 통해서 이해하려고 하였던 자연주의가
크게 대두되었다. 이와 같은 경향은 중세의 스콜라 철학의 이념과는 반대되
는 것이었다. 이제는 더 이상 신이라는 존재를 만물과 인간을 구원하는 관점
에서만 보지는 않았다. 사실 당시의 복잡해진 사회에 대하여 기독교 윤리는
해결책을 마련하지 못하였을 뿐만 아니라 기독교의 한계성은 르네상스에 이
르러서 더욱 뚜렷이 노출되었다. 이제 사람들은 중세시대에 멸시되었던 이익
을 추구하고 중세의 획일주의보다는 개인주의를 옹호하였으며, 죄의식에서

벗어나 각자의 특질을 강조하게 되었다.

이탈리아 르네상스의 배경

르네상스는 이탈리아에서 시작되어 큰 성과를 거두었다. 르네상스가 이탈리아에서 맨 먼저 시작된 이유는 무엇인가? 이탈리아는 다른 국가보다 고전의 계승이 많았다. 이들이 로마인의 후예들이었다는 점으로 미루어 보아도 쉽게 짐작할 수 있다. 그러므로 이탈리아에서는 중세 때에도 다른 국가보다 로마의 옛 제도가 가장 많이 잔존하고 있었다. 이탈리아인은 또한 그들의 우월한 문화에 대하여 자부심 *pride* 을 가지고 있었는데, 자부심 그 자체는 중세적이 아닌 근세적인 개념인 것이다. 이런 이유 이외에도 이탈리아인들은 윤리적인 면을 가볍게 여겼다는 점도 들 수 있다. 실제로 이탈리아는 당시의 기독교 국가들 중에서 가장 세속적인 문화를 보유하고 있었던 것이다.

피렌체 전경

이탈리아의 르네상스는 부를 기반으로 하여 일어났다. 이탈리아에서는 동양과의 교역을 통해서 많은 도시가 경제적으로 풍요하였다. 지중해 교역의 중심지였던 베네치아 · 나폴리 · 제노바를 비롯하여 북부 대륙과의 교역의 중심지였던 피렌체 · 볼로냐 등의 도시들은 막대한 부를 축적하였으며 이들 도시의 부는 르네상스가 이루어지는 경제적 기반이 되었다. 그리고 당시 이탈리아의 정치체제는 중앙집권제가 아니라 자치제로서 도시공화국이 강한 세력을 가지고 있었는데, 이러한 이탈리아의 정치적 특징은 이탈리아 르네상스에 오히려 다행스런 일이었다. 각 도시의 집권자들은 르네상스 문인의 후원자가 되기도 하였던 것이다.

로렌초 메디치

문 학

최초의 인문주의자인 단테Dante(1265~1321)는 「신곡」을 저술하였지만 이것은 중세적인 색채가 많았다. 이탈리아 문예의 아버지라 일컬어지는 사람은 페트라르카Francesco Petrarca(1304~1374)이다. 그러나 그를 최초의 근대인이라고는 하지 않는다. 그는 오히려 중세인의 기질을 갖고 있었다. 그의 라우라Laura 에 대한 사랑의 소네트는 트루바두르*troubadour*의 기사문학적인 성격을 다분히 포함하고 있다. 그렇지만 그는 중세의 시인과는 달리 그리스와 로마의 고전에 기원한 휴머니즘을 바탕으로 하고 있다. 이것이 페트라르카 이전의 이탈리아 문인과 다른 점일 것이다. 역시 같은 피렌체 사람이었던 보카치오Giovanni Boccaccio(1313~1375)는 페트라르카보다는 더욱 강한 휴머니즘을 가지고 있었다. 「천일야화」와 기타의 중세적 작품에서 영향받아 저술

교황 율리우스 2세

한「데카메론」*Decameron*에서는 보다 개인적이고 반기독교적이며 육감적인 면을 나타내고 있다. 그러나 이것도 중세적인 금욕주의와 획일주의에 대한 전면적인 부정은 못 되었다. 이 작품은 오히려 이탈리아 산문의 패턴을 이루는 데 기여하고, 나아가서 다른 르네상스 작가에게 큰 영향을 줌으로써 문학사에서 중요한 의미를 갖고 있다.

보카치오가 죽은 후의 15세기 문예는 라틴문학의 모델을 충실히 모방하는 데 최대의 목표를 두었다. 작가들은 고전에 나타난 것과 같은 이교도적인 생활과 육감적인 주제에 심취하였다. 더욱이 1393년에 콘스탄티노플의 대학자인 크리살로라스*Manuel Chrysaloras*가 베네치아를 방문하여 당시의 문인들에게 그리스어를 가르쳐 준 사실은 그리스 원전연구에 큰 도움을 주었다. 이 후로 비잔틴제국과의 문물교류도 활발히 진행되었으며, 문인들은 페트라르카가 그토록 원하였던 바대로 그리스 원전을 직접 읽을 수 있게 되었다.

16세기에 이르러 이탈리아인들은 그리스와 라틴 고전에 대한 이해가 전보다 훨씬 깊어졌고 교회의 후원을 받은 로마가 문화의 중심지가 되었다. 이 시기는 서사시·희곡·역사학이 발전한 시기였다. 서사시에서는 아리오스토*Ariosto*(1474~1533), 희곡에서는 마키아벨리*Machiavelli*(1496~1527), 역사학에서는 「이탈리아역사」를 저술한 귀차르디니*Guicciardini*(1483~1540)와 「콘스탄티누스 기진장(寄進狀)」이 위작임을 증명해서 역사비평의 아버지라 일컬어지는 로렌초 발라*Lorenzo Valla*(1406~1457) 등이 대표적인 문인이었다.

마키아벨리

미 술

미술 분야에서 페트라르카와 보카치오에 비견될 수 있는 사람은 지오토*Giotto*(1276~1337)이다. 그는 뛰어난 자연주의 작가로서 「새에게 설교하는 성프란체스코」·「죄 없는 자들의 학살」등을 그렸다. 그에 이르러 비로소 이탈리아 회화가 종교의 부속물에서 벗어날 수 있었으며 하나의 독립된 장르를 이룰 수 있었다. 이때부터 점차 종교화에 세속적인 분위기가 묘사되어 새로운 활기가 나타났으며 특히 당시 처음으로 이탈리아에 소개된 유화 기법은 회화의 기술적인 문제 해결에 큰 도움을 주어 미술 발전에 기여를 하였다.

피렌체의 미술가인 마사치오*Masaccio*는 르네상스기 최초의 사실주의 작가였다. 「낙원에서 아담과 이브의 추방」은 그의 대표작으로 그림의 제목이 말해주는 바와 같이 르네상스기 사람들의 공통된 시대작 감정을 잘 표현하고 있다. 마사치오의 기법을 그대로 전수받은 화가는 리피*Lippi*이다. 그는 성자와 성모를 표현할 때 모델로 평범한 피렌체 사람을 택하였고 특히 인간의 심리 묘사를 잘해서 그의 그림 속에 나타난 인간의 얼굴은 영혼을 투영한 것과

「비너스의 탄생」

다빈치의 근육스케치

도 같았다. 그의 제자인 보티첼리Botticelli(1444~1510)는 신플라톤주의에 영향받아 이교도적인 것과 기독교적인 것을 조화시켜 그림으로 표현하려고 하였다. 「비너스의 탄생」·「봄의 풍유」 등에서 그러한 것들이 잘 나타나 있다.

르네상스기 최대의 미술가는 아마도 레오나르도 다빈치 Leonardo da Vinci (1452~1519)일 것이다. 그는 모든 예술은 자연에 대한 과학적인 탐구가 기초가 되어야 한다고 믿었으며 자연의 오묘한 질서를 표현함에 매료되었다. 그의 작품인 「바위 위에 앉은 성모」에서는 경이적인 자연의 조화를 잘 묘사하였고, 「최후의 만찬」에서는 12제자의 심리를 절묘하게 나타내었으며, 「모나리자」에서는 인간 영혼의 온화한 분위기를 잘 표현하고 있다.

르네상스 전성기에 화단의 주축은 베네치아 화단 Venetian School 이었지만, 그 속에는 쇠퇴의 징후도 보이고 있다. 르네상스 후기의 작가로는 라파엘로 Raffaello(1483~1520)와 미켈란젤로 Michelangelo(1475~1564)를 들 수 있다. 라파엘로는 「아테네 학당」·「마돈나상」 등을 그렸으며 종교적 감정과 미의 이상 그 자체를 표현하는 데 목표를 두었다. 자신의 전 작품을 통해서 휴머니즘과 이교도적인 분위기를 표현한 미켈란젤로는 회화·조각 분야에 많은 걸작을 남겼고 그의 작품은 후기 르네상스 예술의 절정을 이루었다. 그는 나약한 인간의 비극적 운명을 나체와 근육으로 묘사하였다. 그의 대표적인 그림으로는 시스티나성당에 있는 「천지창조」가 있고, 조각으로는 「모세상」과 그 자신의 묘석으로 만들었던 「피에타」 Pieta 가 있다. 미켈란젤로는 건축에 있어서도 르네상스기를 대표하는 인물이다. 장식적인 고대 로마 건축 양식에

「모나리자」

「모세상」

「천지창조」

로마네스크Romanesque 양식을 융합한 이른바 이탈리아 르네상스식의 대표적 건축물인 페트로사원은 미켈란젤로가 설계한 것으로서 인간의 자부심과 현생의 환희를 세속적인 분위기로 잘 표현한 건축이다.

「피에타」

철학 · 과학

르네상스기의 철학은 일반적으로 스콜라철학의 이념을 배격하였다. 이 시기의 사람들은 신플라톤주의와 기독교주의를 조화시키려 하였으며, 기독교적 믿음과 아울러 그리스 · 로마시대의 고전에서 엿볼 수 있는 이교도적인 생활도 신봉하였다. 이 시기를 대표할 수 있는 철학자는 발라Valla와 마키아벨리일 것이다. 사료비판으로 유명한 발라는 자신을 에피쿠로스의 추종자로 자처하였고, 최고의 선은 고요한 기쁨이라고 하였으며 금욕주의를 헛된 일이라고 비난하였다. 정치철학자인 마키아벨리는 중세 정치윤리와 철학을 근본적으로 파괴하였으며 비도덕적인 그의 정치철학은 사회에 중요한 의미를 부여하였다. 그는 정치에서 윤리를 분리할 것을 주장했을 뿐만 아니라 국가에 의해서 만들어지는 성문법을 인정하였다. 나아가서 자연법에 대신하는 실제적인 정부의 힘을 주장함으로써 근대적 국가의 개념을 처음으로 제시하였다. 실로 마키아벨리적인 생각은 중세를 떠난 르네상스기의 산물이라고 할 수 있다.

갈릴레이

르네상스기에 이르러서 과학 분야에서는 이른바 코페르니쿠스적 혁명이 이루어졌다. 종래의 프톨레메우스적인 이론을 뒤엎은 지동설은 중세적 우주관에 종말을 가져왔고 메커니즘과 회의주의를 발전시켰으며 시간과 공간의 무한함을 믿는 근대적 사고의 서막을 열었다. 천문학에 큰 기여를 한 갈릴레이Galileo Galilei(1564~1642)는 자신이 개조한 망원경으로 태양흑점과 수많은 별로 구성된 은하수의 정체를 밝혔으며 지동설을 대중에게 널리 인식시키는 데에도 큰 공헌을 하였다. 레오나르도 다빈치는 과학 발전에도 공헌하였

16C경 출판사 내부

다. 그는 지구는 축을 중심으로 자전한다고 하였고, 물리학적인 분야에서도 모든 물체는 중력의 방향에 가장 가까운 곳으로 떨어짐을 주장하였다. 갈릴레이도 역시 물리학 분야에 기여를 하였다. 그는 낙하의 법칙을 발견하여 후세의 뉴튼에게 상당한 영향을 주었다. 한편 르네상스기에는 기술 분야에서도 많은 진보가 있었는데 활판인쇄·망원경·기계시계·나침반·화약 등이 사용되고 있었다.

르네상스의 한계

이렇듯 근대의 서막이었던 르네상스도 그 한계성을 내포하고 있었다. 약 2세기 반 동안 풍미하던 문화는 이탈리아가 경제적 우월성을 잃은 후 곧 쇠퇴하기 시작하였다. 15세기에 이르러 무역권이 지중해에서 대서양으로 옮겨진 후 이탈리아는 유럽의 중심부에서 이탈되었으며, 또한 극단적인 개인주의와 독재적인 각 도시 통치자들의 만행은 정치적 분열을 초래하여 이탈리아 사회의 동요를 가져왔다. 그러나 무엇보다도 르네상스의 결정적인 한계는 당시의 모든 문화가 일부 상류층 지식인에 국한되어 있었고 대중적 기반이 결여되어 있었다는 점이다.

제2절 르네상스의 확대

북부 유럽의 상황

이탈리아에서 시작된 르네상스는 북부 유럽에서도 꽃을 피웠다. 일반적으로 이탈리아의 르네상스가 삶의 환희를 인정하면서 그것을 예술과 문학으로 표현하였다면, 북부 유럽의 르네상스는 인간의 존재를 좀더 진지하게 이성에 비추어 생각하려는 도덕이나 종교에 더 큰 관심이 있었다. 그렇지만 북구 르네상스가 일어나게 된 전체적인 상황은 이탈리아의 그것과 비슷하였다. 북구 르네상스기의 대부분의 국가는 지방분권적인 중세의 봉건체제에서 탈피하여 점차 중앙집권적이며 근대적인 절대왕정이 성립되는 과도기에 있었다. 경제적으로 길드의 위력은 점차 붕괴되었고, 정치적으로는 지방 귀족들을 격파한 야망에 찬 군주들이 등장하고 있었다.

영국은 장미전쟁(1455~1485) 때 많은 귀족이 몰락하였는데 이 틈을 이용해서 헨리 7세는 튜더 Tudor 왕가를 건설하였고(1485) 잔존 봉건질서를 타파하여 갔다. 이 결과 영국 르네상스기인 헨리 8세나 엘리자베스시대에 이르러서는 대부분의 봉건 귀족은 타파되었고, 르네상스의 주도자였던 중산계급이 크게 융성하였다. 프랑스의 경우도 영국과 비슷하였다. 백년전쟁(1337~1453)을 계기로 봉건 잔재가 없어지게 되었고, 영국 세력을 프랑스에서 축출함으로써, 프랑스에서는 국민의식이 성장하였다. 또한 황폐해진 국토 건설에 국왕이 중심이 되었는데 여기에서도 귀족들은 그들의 무능을 드러내어 그 존재마저 의심받게 되었다. 그 뒤 루이 11세에 이르러서는 왕권이 프랑스 영토를 장악하고 절대왕정체제가 확립되었다.

스페인의 경우도 일반적인 북부 유럽의 상황과 비슷하였다. 스페인은 아라곤 Aragon 의 페르디난트 Ferdinand 왕과 카스티야 Castilla 의 이사벨라 Isabella 와의 결혼으로 통일되었으며 펠리페 2세 Felipe II(1556~1598)에 이르러서는 이탈리아를 대신하여 무역권을 장악하는 등 유럽 최강의 국가로 성장하였다. 그러나 북부 유럽에서 독일만은 통일이 되지 못한 상태로 있었다. 부분적으로는 강한 영주가 있었지만, 르네상스기 동안은 오스트리아의 합스부르크 Hapsburg 왕가가 주도한 신성로마제국의 일부분으로서 존재하였다.

독일의 르네상스

독일의 르네상스는 이탈리아와 같이 자생적인 것은 아니었다. 이탈리아에 많은 유학생이 다녀옴으로써 독일 르네상스는 시작되었다. 르네상스가 시작된 시기를 정확히 말하기는 어렵다. 그러나 일반적으로 시기를 잡는다면 남쪽의 도시인 아우크스부르크*Augsburg*·뉘른베르크*Nürnberg*·뮌헨*München*·빈*Wien* 등은 15세기 중엽부터 시작되었고, 하이델베르크*Heidelberg*·에어푸르트*Erfurt* 등의 북부 도시는 16세기경부터 시작되었다고 할 수 있다. 초기의 문인으로는 풍속문학으로 유명한 후텐*Ulrich von Hutten*(1488~1523)과 교황 및 스콜라철학자와 격렬한 논쟁을 하였던 루비아누스*Crotus Rubianus*(1480~1539)가 있었다. 그러나 이들은 일반적인 독일 르네상스의 특징처럼 휴머니즘 자체보다는 오히려 종교와 정치에 대한 저항을 더 중요시하였다.

독일 르네상스의 예술은 미술과 조각*Engraving* 분야에 국한되었다. 뒤러 *Albrecht Dürer*(1471~1528)는 「동방박사의 경배」·「네 사도」와 같은 작품을 남겼다. 특히 그의 판화인 「멜랑콜리」*Melancholy*는 독일적인 침울한 사실주의를 잘 표현하고 있다. 홀바인*Hans Holbein*(1497~1543)은 「에라스무스」·「헨리 8세」 등과 같은 초상화를 많이 그렸고 「성묘 속의 그리스도」와 같은 종교화도 그렸다. 그런데 그의 종교화는 신교를 옹호하는 입장에서 그린 것이었다. 한편 과학 분야에는 케플러*Johann Kepler*(1571~1630)가 공헌하였다. 그는 지구의 타원궤도를 발견하였는데, 이것은 코페르니쿠스의 영향으로 이루어졌으며, 뉴튼의 중력법칙을 예시했던 중요한 업적이었다.

저지대 지방의 르네상스

저지대 지방 국가들은*Low Countries* 17세기에 이르러서야 정치적으로 독립할 수 있었다. 그러나 이와는 달리 이곳에 자리잡았던 도시들은 일찍부터 남부 유럽과의 무역 중심지였으므로 풍요함을 누렸는데, 이를 바탕으로 하여 르네상스가 이루어졌다.

에라스무스

저지대 지방의 르네상스는 에라스무스*Erasmus*(약 1466~1536)로 대표될 수 있다. 휴머니스트 중의 왕자라고 불리는 그는 로테르담에서 사제인 아버지와 그의 시종인 어머니 사이에서 태어났다. 그는 어려서 부모가 죽자 수도원에 맡겨졌다. 소년 시절을 그곳에서 보낸 그는 종교나 기타 기존 교육의 선입관 없이 자유로이 독서를 할 수 있었는데, 이것은 그가 중세적 사고에서 벗어나는 데 상당한 영향을 미쳤다. 그는 후에 파리 대학에 입학하여 신학을 연구하였으나 사제보다는 교사를 자청하였고, 고전에서 읽었던 고대저자의 자연주의와 휴머니즘에 더욱 매료되었다. 그의 사상은 기독교적이라기보다는 오히려 이교도적이었다. 키케로Cicero와 소크라테스는 교황보다 더 훌륭한 성자라고 하였고, 예수는 사랑을 가르친 이외에는 공헌한 바가 없다라고까지 하였다. 그는 기독교를 단지 철학으로만 받아들였으며, 무지·미신·증오는 이성만 있으면 해결된다고 하였는데 이런 사상은 그의 저서인 「우신예찬」 *Praise of Folly*에 잘 나타나 있다. 에라스무스는 동시대인 중에서 근세인다운 특징이 가장 잘 나타난 인물이었다. 북부 유럽의 르네상스의 정신은 그에 이르러 구현되었으며 그의 저서와 주장은 종교개혁의 한 원인이 되기도 하였다. 그리고 에라스무스와 같은 문인 외에도 저지대 지방의 르네상스기에는 종교적인 경건함을 잘 표현했던 에리크Eryck 형제와 같은 화가도 있었다.

프랑스와 스페인의 르네상스

프랑스에서는 르네상스기에 루브르*Louvre*궁전을 짓는 등 건축과 예술에 상당한 발전이 있었다. 그러나 프랑스 르네상스의 중요한 업적은 주로 라블레 François Rabelais(1490?~1553)와 몽테뉴Michel de Montaigne(1533~1592)의 문학과 철학에서 이루어졌다. 라블레는 수도사로서 교육을 받았으나, 곧 신학을 포기하고 약학을 공부하였으며 약학자로서 일하였다. 그러다가 1532년에 그는 「가르강튀아」*Gargantua*를 출판하였다. 이 책은 뒤에 그의 또 다른 저서인 「팡타그뤼엘」*Pantagruel*과 합쳐져서 출판되었다. 가르강튀아나 팡타그뤼엘은 모두 중세 때부터 전래되어 온 거인의 이름들로서 그들은 힘이 무척 세고, 대단한 탐식가였다. 라블레는 이 거인들에 비유해서 그의 철학과 강렬한 휴머니즘을 표현하였다. 그는 교회와 스콜라철학에 대하여 조소를 보냈으며, 종래의 주장에 반대하여 인간의 본능은 건전하며, 본능은 어떠한 행동으로써도 변화시킬 수 없다고 하였다. "인간은 자기가 하고자 하는 일을 하였을 때 자유와 기쁨을 얻는다…… 가르강튀아도 그러하였다"라고 하여 자신에 찬 휴머니즘을 주장하였다. 한편, 몽테뉴의 사상은 「수상록」*Essays*에 잘 나타나 있다. 그는 독단적인 교리와 절대의 진리에 대하여 회의를 가졌다. 그는 "신이란 인간이 알려고 해도 알 수 없는 존재이다. 인간이 태어나기 전을 몰랐던 것과 같이 죽은 후도 알 수 없다. 죽음을 무시하고 숭고하게 살아야 한다…… 기독교의 도덕과 이교도의 도덕과는 차이가 없다"라고 하여 프랑스 르네상스기의 전형적인 휴머니즘을 잘 나타내었다.

16, 17세기는 스페인의 전성기였다. 그러나 스페인은 식민지 경영에 몰두하고 무어*Moors*인과의 전쟁으로 혼란하였으며 더구나 카톨릭 세력이 너무 강하여 스페인의 르네상스는 애초부터 한계성을 내포하고 있었다. 강한 개인

주의를 가지고 있었던 엘 그레코El Greco(1547경~1614)는 베네치아학파의 기법을 이어받아서 종교적 정열이 강렬했던 시기의 스페인 화단을 대표하고 있다. 그러나 스페인 르네상스의 큰 업적은 세르반테스Miguel de Cervantes (1547~1616)에 의하여 이루어졌다. 그의 작품 「돈키호테」*Don Quixote : Spanish Gentlemen*는 스페인 풍속문학의 걸작이었다. 이 책은 봉건제도에 대한 날카로운 풍자로 가득 차 있으며 귀족들의 존엄과 권위에 대한 허례 허식을 비꼬았다. 아울러 이 책이 당시에 크게 유행할 수 있었던 것은 스페인에서 중세의 제도와 이상들이 이미 쇠퇴해 가고 있음을 실증하는 것이었다.

세르반테스

영국의 르네상스

튜더왕조 이래 영국 정부는 안정되었고 중산계급은 번영하였다. 국가적인 부강과 이탈리아 · 프랑스 · 저지제국 등에서의 문화의 전파는 영국 르네상스를 꽃피우게 한 원동력이 되었다. 그러나 청교도의 영향이겠지만, 영국의 르네상스는 예술면보다는 주로 철학과 문학적인 면에 국한되어 있었다.

영국의 휴머니스트들은 실제적인 휴머니즘에 관심을 두었다. 그들은 좀더 합리적인 기독교 교의를 요구하였고, 중세적인 논리가 주도했던 교육에서 탈피할 것을 주장하였으며, 또한 개인의 자유에 관심을 집중하였다. 초기 르네상스 시기의 최대의 사상가는 토머스 모어Thomas More(1478~1535)이다. 모어의 철학은 「유토피아」*Utopia*에 잘 나타나 있다. '유토피아'는 어디에도 없는 곳이란 뜻으로 당시 사회를 풍자한 소설이었다. 이 책 속에서 모어는 도덕혁명을 주장하였으며 신이 내린 계시의 도움 없이 착한 생활을 하는 유토피아인의 생활을 찬양함으로써 그의 휴머니즘과 이상을 잘 표현하고 있다.

토머스 모어

영국 르네상스기의 최대의 철학자인 베이컨Francis Bacon은 1561년에 태어났다. 그는 과거에 진리를 찾던 사람들의 판단은 스콜라철학적인 논리에 선입관을 가지고 있었기 때문에 틀렸다고 하였다. 철학자는 이런 장애물을 제거하기 위하여 자연을 직관하여 그것을 지배하는 법칙을 발견해야 하며, 진리의 열쇠를 여는 방법은 오직 귀납법밖에 없고, 권위와 전통은 배제하여야 한다고 주장하였다. 베이컨의 귀납법은 중세부터 내려오는 오류를 바로잡기 위해 당시에 필요하였던 교정(矯正)이었고, 근대 과학을 본궤도에 올려놓는 데 도움이 되었다.

영국 르네상스의 문학은 14세기 초서Chaucer의 「캔터베리 이야기」*Canterbury Tales*에서 시작된다고 하지만, 이 작품은 중세적인 것으로 간주되고 있다. 일반적으로 중세의 문학 작품보다 근세의 문학 작품은 좀더 대담하게 개인주의를 표방하고, 국가적인 자부심과 깊은 철학적인 면을 표현하고 있다.

셰익스피어

이런 점에서 볼 때 엘리자베스시대의 스펜서 Edmund Spenser(1552?~1599)는 초서보다 중세적 성격에서 많이 벗어나 있으며 그의 시는 르네상스의 휴머니즘을 잘 표현하고 있다. 그러나 영국 르네상스의 커다란 성과는 셰익스피어 Shakespeare로 대표될 수 있는 희곡 분야였다.

셰익스피어는 1564년에 소상인의 집안에서 태어났다. 그의 생애는 그의 업적에 비해 너무 밝혀지지 않은 부분이 많아서 혹시 셰익스피어가 당시에 살았던 유명한 인물의 필명이 아닌가 하고 의심을 받고 있을 정도이다. 그의 작품은 영국 르네상스의 최대의 산물 중의 하나로서, 르네상스기 휴머니즘을 감동적으로 묘사하고 있다. 물론 그도 당시의 지식 범주를 벗어나서 작품을 쓰지는 못하였지만 지금도 그의 희곡은 영어권 사람들에게 속세의 성경이라는 별명이 붙여질 정도로 널리 읽혀지고 있다.

제3절 종교개혁

종교개혁과 르네상스

북부 유럽의 르네상스는 종교개혁을 동반하였다. 르네상스와 종교개혁은 모두 개인주의 individualism에 기반을 둔 것으로 상층 사회 계급을 중심으로 이루어졌으며, 그 이상은 과거로의 회귀에 있었다. 그러나 르네상스와 종교개혁이 공통점만을 갖고 있는 것은 아니며 르네상스의 한 부분이 종교개혁인 것은 더욱 아니다. 르네상스기에는 현생의 즐거움과 초자연적인 면을 구분하고 이성을 믿었으며, 과거로의 회귀, 즉 로마와 그리스를 이상으로 삼았다. 그러나 종교개혁은 그렇지 않았다. 육체는 영혼보다 열등하였고, 이성보다는 신에 대한 믿음이 더욱 주장되었으며, 복고의 이상은 성 바울이나 성 아우구스티누스의 주장으로 돌아가는 것이었다. 종교개혁은 중세적 요소에서 탈피하는 중요한 사건이었다. 종교개혁은 중세의 특징 중의 하나인 기독교통일을 와해하였으며 근대로 이전하여 가는 문의 구실을 하였다. 종교개혁가들은 르네상스기의 휴머니스트보다 봉건제도를 더욱 철저히 배격하였다. 또한 종교개혁은 종교적인 면뿐만 아니라 정치적인 면에서도 중요한 의미를 지닌다. 근대적인 조류인 국민주의 nationalism가 종교개혁을 계기로 하여 크게 대두되기 시작했기 때문이다.

종교적 원인

종교개혁의 원인을 단순히 하나의 사실에서 찾을 수는 없다. 그러나 그 원인은 일반적으로 로마로부터 종교·정치·경제적인 분리를 원하는 데에서 찾아볼 수 있다. 당시 북구에서의 카톨릭교회에 대한 반발은 심하였다. 우선 성직자들의 자격과 양심이 의심을 받았다. 성직매매가 성행하여 부정한 방법으로 성직자가 된 사람이 많았으며 교회의 수입은 선술집·도박장을 경영하여 얻어지기도 하였다. 신에 대한 서약과는 달리 독신주의를 지키지 않았고 교황의 추문이 나돌기도 하였다. 면죄부의 판매는 더욱 물의를 일으켰다. 원래 면죄는 직접적인 자선행위와 선행에 의해서만 인정될 수 있었다. 그러나 점차 화폐의 납부로 대행된 후 면죄부가 천국 가는 표로까지 인식되어 사회적인 비판은 대단하였다.

종교개혁은 토마스 아퀴나스Thomas Aquinas의 신학 이론보다 아우구스티누스Augustinus의 이론을 중요시하였다. 종교개혁가들이 주장하기를 사제교리와 교회의 성사조직은 초기 기독교 시기인 성 바울이나 성 아우구스티누스 때에는 없었는데 중세에 와서 추가된 것이라고 하였다. 이들은 중세 때 널리 인식된 바와 같이 신의 은총을 전하는 곳이 교회라는 토마스 아퀴나스의 주장을 반대하였을 뿐만 아니라, 마리아 숭배는 물론 성상이나 성물 숭배도 부정하였다. 일반적으로 이들은 카톨릭 교회 자체를 부정한 것이 아니라 인간의 이성으로 풀이한 믿을 수 없는 신학을 부정하였다. 이렇게 신학적인 문제가 쟁점이 되던 중 종교개혁의 전조가 나타났다. 즉 위클리프Wycliffe와 후스Huss의 반발이 나타난 것이다. 이들의 카톨릭에 대한 도전은 실패하였지만 뒤에 나타난 종교개혁의 기수인 루터에게 큰 영향을 주었다.

위클리프

정치·경제적 원인

종교적인 원인 못지않게 정치적인 배경은 종교개혁 발발의 요인이 되었다. 종교개혁 전에도 북부 유럽에는 이미 국가의식이 성장해 있었다. 이 결과 중세와는 다른 상황이 전개되었다. 교황은 이제 외국인으로 간주되었으며 교황에게 가는 모든 돈은 무역의 적자와 같은 의미로 받아들여졌다. 이제 각국은 정치·경제적으로 이탈리아의 영향력하에서 벗어나려고 하였고 영적인 구원이라는 명분보다는 실제적인 이익추구를 서슴없이 택하였다. 유럽 각국에서 전제정부가 출현한 이후 정치적인 성장은 괄목할 만하였다. 이들 정부는 강하여져서 교황의 모든 권한이 군주에게 이관될 시기에 이르렀다. 사실 민중들도 한 지역에 교황과 군주라는 두 지배자가 있기를 바라지 않았으며, 그들에게 실제적인 이익이 될 수 있는 국왕의 정부를 택하였다.

카톨릭 교회는 당시에 전 유럽에 걸쳐 상당한 재산을 소유하고 있었다. 독일의 경우는 전 농토의 약 1/3, 프랑스의 경우는 전 농토의 약 1/5을 가지고 있었다. 국왕은 이런 교회 재산을 교회를 대신하여 소유하기를 열망하였다. 재산몰수와 아울러 농토에 대한 과세는 국왕의 탐닉거리가 아닐 수 없었다. 이런 경제적인 것 이외에도 국왕은 십일조가 교황에게 이관되고 있음을 질시하였다. 이와 같은 모든 문제를 근본적으로 해결하려는 국왕의 의도는 종교개혁의 의도와 일치하였다. 종교개혁의 주장과 같이 근본적으로 사제 계급을 부정하는 고대 기독교로 돌아가면 모든 문제는 해결될 수 있었던 것이다. 중세 기독교는 금욕적이었다. 이런 사상은 근세에 이르러 증가한 중산계급의 치부에 대한 야심과도 어긋난 것이었다. 국왕의 경우도 마찬가지였다. 국왕의 재정 증가에 대한 열망은 중세의 이념과도 유리된 것이었다. 이런 상황 속에서 종교개혁은 국왕의 도움을 얻을 수 있었고 또한 종교개혁의 전개는 국민주의의 전진을 시사하는 것이었다.

이상은 종교개혁의 종교·정치·경제적 원인이었다. 그렇다면 왜 종교개혁은 독일에서 가장 먼저 일어났는가? 당시 유럽에서 독일은 가장 문명이 뒤진 사회 중의 하나였다. 중세암흑시대의 종교적 잔재가 가장 많이 남아 있었으며 따라서 종교에 대한 관심도 다른 지역보다 많았다. 또한 독일은 명분상의 신성로마제국 밑에서 분열 상태에 있었다. 그러므로 독일에는 강력한 전제군주가 없었고 교황에 의한 피해도 가장 많았다. 이런 가운데 독일에서 종교개혁이 이루어졌다.

루터의 종교개혁

마르틴 루터Martin Luther(1483~1546)는 비텐베르크*Wittenberg* 대학의 신학 교수로 교황에 대한 95개조의 항의문을 발표함으로써 종교개혁의 서막을 열었다. 루터는 우울하고 내성적인 성격의 수도 성직자였다. 그는 전능한 신을 의식하면서 자기의 정신적 불안에 괴로워하였고 형식적인 교회의 의식에서는 위안을 찾지 못하였다. 그는 오로지 신앙만이 의롭게 한다는 교리를 발전시켰다.

마르틴 루터

1517년 교황청의 명을 받은 수도 성직자 테첼Tetzel이 성 베드로 성당 건축 비용 조달을 위하여 면죄부를 판매하면서 독일지역을 순방하였다. 루터는 이런 면죄부 판매에 대하여 공격을 하였는데 그는 이런 주장을 95개조로 만들어 비텐베르크 대학 정문에 붙였다. 여기에서 그는 성직자가 인간과 신의 관계에서 아무런 필요한 기능을 발휘하지 못한다고 하였다.

루터는 교황과 종교회의의 권위를 부정하였다. 또한 그는 개인이 성서를 읽고 자기 스스로 해석을 할 수 있다고 하는 등 지금까지의 교리에 대하여 전면적인 부정을 하였으며, 성경을 통해서만 기독교의 진리를 찾을 수 있다고 하였다. 그는 순례·성사·미사에 대한 의존도 비난하였으며 승려가 결혼해도 좋다고 주장하였고 수도원 폐지도 역설하였다. 루터는 그의 개혁을 추진하기 위하여 세속권력인 독일 제후(諸侯)의 힘에 의존하였다. 사실 그가 주장한 '국가의 종교지배' 이론은 새로운 군주제 시대를 제시하는 것으로 많은 지배자들에 의하여 열광적으로 받아들여졌다. 루터는 곧 파문되었다. 그렇지만 교황의 명령이 그를 더 이상 구속할 수는 없었다. 그는 보름스*Worms* 회의 참가도 거부하고 작센 선제후*Electer of Sachsen* 등의 도움을 받아 피신하였으며 성서를 독일어로 번역하였다.

루터주의는 적어도 반로마주의라는 점에서도 국민들의 지지를 얻고 독일을 휩쓸었다. 가지각색의 추종자들도 많이 나타났는데 그들 중에 재세례파 *Anabaptist* 가 있었다. 이들은 과격주의자들이었으며 군대를 장악하여 혁명의 분위기를 조성하기도 하였다. 이렇게 종교개혁이 사회혁명으로 변질되어 가자, 루터는 보수적인 입장을 취하였다. 그는 이 시기에 하부계층이 성장하고 폭동화하는 것을 두려워하였던 것이다.

남부 독일에서 시작된 1524년에서 1525년에 걸친 폭동은 북부 독일로 급속히 전파되었다. 하부계층의 거친 반항으로 기사계급은 급속히 전락하였고 물가 상승과 토지 소유 열망은 종교적 과격주의를 등장시켰다. 카톨릭의 구제가 없어진 이때 실업과 질병에 대한 대책도 없었고 종교개혁의 이념에 따른 하부계급의 상승은 농민반란을 더욱 유도하였다. 재세례파 교인에 의하여 주도된 1534년 뮌스터*Münster* 반란은 그 대표적인 것이었다. 이에 대하여 루터는 원래부터 상층계급을 기반으로 하였기 때문에 농민의 입장에 반대를 표명하였다.

루터파로 전향한 곳의 교회 재산은 곧 세속화되었다. 이런 재산 몰수는 제후들을 곧 부유하게 만들었고, 루터파에 대한 지지국을 증가시켰다. 물론 신성로마제국 황제나 주교와 같은 카톨릭주의자는 이에 반대하였다. 루터파 제후와 자유도시들은 황제에 대하여 슈말칼덴동맹을 맺어 대항하였다. 이는 복잡한 정치적인 문제와 섞여 독일의 국내외 전쟁으로 발전하였고 독일은 무정부 상태의 혼란으로 빠져 들어갔다.

루터주의와 국가권력의 승리는 1555년에 이루어진 아우크스부르크화약(和約)에서 확인되었다. 제후국가의 선택에 따라 루터파의 종교자유가 인정되어 프로테스탄티즘은 승리하였다. 그러나 이 화약은 캘빈 같은 종교혁명가에게는 아무런 권리의 보장도 없었다. 루터주의는 너무나 기성 국가와 밀접한 관계를 가졌기 때문에 국제적인 운동으로 발전하지 못하였고 오히려 캘빈주의가 국제적인 형태를 갖게 되었다.

캘빈

캘빈의 종교개혁

스위스의 종교개혁 선구자는 츠빙글리Ulrich Zwingli(1484~1531)이다. 그는 루터의 영향을 많이 받고 카톨릭교회를 공격하였으며, 1519년에는 취리히에 종교적 자치도시를 만들었다. 그러나 그는 1531년의 종교전쟁에서 전사하였다. 츠빙글리가 죽은 후 스위스의 종교개혁은 프랑스인인 캘빈John Calvin에게 계승되었다. 캘빈은 인간은 선행에 의해서가 아니라 신앙에 의해서 의롭게 된다고 주장하였다. 루터와는 달리 예정설(豫定說)을 주장하였는데 이는 인간은 그의 구원에 어떤 공헌도 할 수 없으며, 인간의 구원은 신의 자유 의사에 따라 이미 결정되어 있다는 것으로 성 아우구스티누스의 신학에 매우 접근한 것이었다. 예정설은 체념과 숙명론을 대두시켰다. 그러나 이러한 캘빈의 교리는 그의 추종자들에게 신념과 사명감으로 신을 위하여 싸울 수 있는 힘을 제공하기도 하였다.

캘빈이 루터와 다른 또 하나는 그가 성직에서 비롯되는 모든 권력을 배제하였다는 점일 것이다. 주교제도를 부정함은 물론이고, 주교 대신 평신도에서 선출된 장로의 지배를 주장하였다. 그는 모든 사회제도를 기독교화시키려 하였고, 제네바에서 이를 실현하려 하였다. 이와 같은 사상은 캘빈의 초기 저술인 「기독교강요」Institutes of the Christian Religion(1536)에서 이미 제시된 바 있다.

캘빈주의는 광범위하게 전파되었다. 이들을 프랑스에서는 위그노Hugue-nots, 잉글랜드에서는 청교도Puritan, 스코틀랜드에서는 장로교Presbyterian 라고 불렀다. 또한 캘빈주의는 상공업자들의 지지, 나아가서는 중산시민층의 지지에 의하여 빠르게 전파되었다. 캘빈은 상인과 금융업자에게 맞는 윤리적인 입장을 제시하여 그들의 지지를 받았던 것이다. 캘빈 교리는 엄격하고, 안식일에는 아무것도 안 하는 등 과격함을 보였지만 이 교리 속에 근대적인 정당한 이익을 인정하는 자본주의 윤리가 제시됨으로써 근대 사회의 발전에 일익을 담당하였다. 나아가서 중산계급이 시민혁명을 일으키는 데 혁명적 용기를 고취하여 주었다.

영국의 종교개혁

영국의 종교개혁은 종교적인 개혁가에 의해서라기보다는 정부에 의해서 이루어졌다. 그렇다고 해서 영국의 종교개혁이 단지 정치적인 이유만으로 수행된 것은 아니다. 이미 무르익은 종교개혁 분위기 속에서 정부가 이를 지지함으로써 개혁이 이루어졌다. 영국은 종교개혁 이전에도 교황의 지배에서 어느 정도 벗어나 있었다. 14세기에 이미 위클리프는 교황과 성직자에 대하여

공격하였고 토머스 모어도 카톨릭의 미신적인 면을 지적한 바 있었다. 이런 상황 속에서 독일의 루터주의가 영국으로 전파되자 전제군주가 이에 동조하여 영국교회는 로마에서 분리되기에 이르렀다.

　영국의 종교개혁은 헨리 8세의 개인 문제로부터 제기되었다. 정략결혼을 했던 왕비 캐더린Catherine of Aragon에게서 후계자를 얻지 못하자 새로운 왕비로 앤 볼린Ann Boleyn을 택하기 위하여 교황에게 이혼 허락을 요구하였다 (1527). 스페인을 의식한 교황이 이를 거부하자 헨리는 교황을 무시하고 종교적 장애물을 스스로 제거하였다. 1531년에 그는 성직자회의를 개최하고 그를 영국 교회의 수장으로 인정하도록 하였다. 곧 이어서 1534년에는 의회에 요구하여 교황에게 재정을 보조하는 것을 금하였으며 국가적인 영국교회*The Anglican Church*를 성립하여 왕을 그 수장으로 하는 이른바 수장령*Act of Supremacy*을 의회에서 통과시켰다.

　헨리는 잔여 카톨릭 세력을 제거하기 위하여 수도원을 해산하였다. 국왕은 수도원 토지를 몰수하여 재분배하였는데, 이로써 영국은 최대의 토지소유권 변동기를 맞게 되었으며, 이 결과 귀족이 재구성되어 튜더왕조와 영국교회의 지지자가 되었다. 이와 같은 사건은 카톨릭의 현저한 약화를 가져왔다. 그러나 헨리가 죽고 에드워드 6세Edward Ⅵ가 즉위하자 과격 신교주의자가 세력을 잡게 되었다. 에드워드에 이어 즉위한 메리Mary여왕은 카톨릭을 부활시키려 하였는데, 이런 그녀의 정책은 영국민의 반발을 가져왔다.

　영국 종교개혁의 잔여 문제는 엘리자베스 1세Elizabeth I 때에 일단 해결되었다. 엘리자베스 1세는 종교에 심취한 여왕은 아니었다. 그녀는 국력의 강

화에 뜻이 있었기 때문에 종교 정책은 카톨릭이나 프로테스탄트의 어느 쪽에
도 기울지 않는 중용의 정책을 취하였다. 그러나 여왕은 헨리의 수장령을 재
확인하였다. 1570년경에는 영국 특유의 종교적 화의가 이루어졌다. 영국교회
는 분명히 프로테스탄트였지만 의식과 조직은 카톨릭의 것을 혼용하였는데,
이것은 지금까지도 영국교회 속에 남아 있다.

카톨릭 종교개혁

　카톨릭 종교개혁은 급격히 전파되어 가는 신교에 대항하여 이루어진 것이
라 하여 반종교개혁이라고도 한다. 이미 16세기에 이탈리아와 스페인에서는
고질적인 카톨릭 교회의 모순을 없애려는 선험적 운동이 있었다. 그러나 본
격적인 카톨릭 종교개혁은 루터주의가 독일을 휩쓴 다음에도 즉시 이루어지
지는 않았다. 16세기 중엽 이후에 이르러서야 몇몇의 교황을 중심으로 개혁
의 기운이 나타났는데 실제적인 카톨릭 종교개혁은 트렌트*Trent*(1545~1563)
종교회의에서 구체화되었다. 이 회의에서 종래의 카톨릭 교리에 수정을 가하
였고, 면죄부 판매를 금지하는가 하면 성직자의 자질 향상을 위하여 교육을
강화할 것을 결정하여 트렌트 종교회의는 카톨릭 종교개혁의 기틀을 마련한
의미 깊은 종교회의가 되었다. 카톨릭 종교개혁은 예수회*The Society of
Jesus*의 직접적인 활동이 없이는 별성과가 없었을 것이다. 예수회의 회원들
은 트렌트 종교회의의 방침에 따라 실제적인 행동을 하였으며, 이 결과 남부
독일과 폴란드는 다시 카톨릭으로 환원될 수 있었다. 예수회는 스페인 귀족
인 로욜라*Ignatius Loyola*가 설립하였다(1534). 예수회 회원은 수도사로서 맹
세를 하였고 그들끼리 성지인 예루살렘을 순례할 것을 결의하였는데 이 순례
는 터키와의 싸움을 필연적으로 동반하는 것이어서 십자군과 같은 성격을 띠
기도 하였다. 이후 1540년에는 이 단체가 교황으로부터 공인을 받았고 그 이
후 예수회는 급격히 발전하였다.

로욜라

　예수회는 종교적인 조직임에도 불구하고 규율은 군대와도 같이 엄격하였
다. 군대와 다른 것은 그들이 총·칼 대신 강한 신념과 설복을 무기로 하였다
는 점일 것이다. 그들은 지휘자의 지시에 절대로 복종하였다. 예수회의 가장
큰 공헌은 카톨릭을 열렬히 신봉하여 프로테스탄트를 방어하면서 카톨릭 교
회에 새로운 바람을 불어넣었다는 점이다. 그러나 그들은 이와 같은 교회의
보호에만 만족하지는 않았다. 포교의 사명을 띤 회원이 아프리카·중국·일
본·남북아메리카에 가서 선교활동을 함으로써 교육기관을 설립하고, 카톨릭
교를 전파하는 데 지대한 공헌을 하였다.

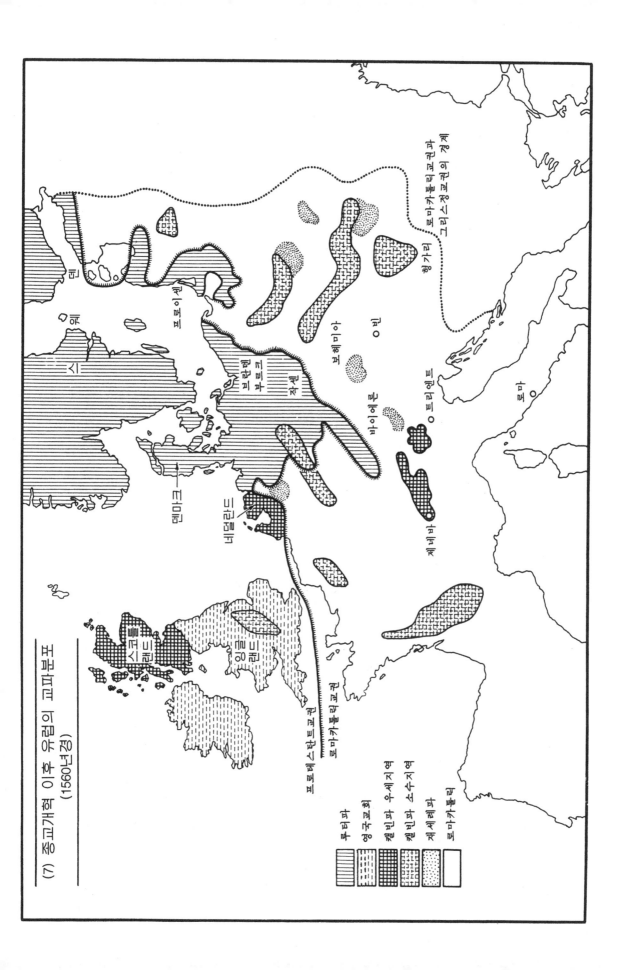

(7) 종교개혁 이후 유럽의 교파분포
(1560년경)

루터파

영국 교회

캘빈파 우세지역

캘빈파 소수지역

재세례파

로마카톨릭

프로테스탄트교권

로마카톨릭교권

스코틀랜드

잉글랜드

네덜란드

덴마크

스웨덴

노르웨이

프로이센

브란덴부르크

작센

보헤미아

바이에른

빈

제네바

트리에스트

로마

헝가리

로마카톨릭교권과 그리스정교권의 경계

제 2 장
새로운 사회의 형성

서구에 있어서 14 · 15세기는 앞 장에서 언급한 바와 같이 학문 · 예술 및 종교 등의 지적인 분야에서뿐만 아니라 본장에서 취급하게 될 인간의 사회생활과 경제생활의 영역 및 정치구조상에 있어서도 종전의 중세적 양식을 이탈하는 새로운 변화가 현저하게 대두된 시기였다. 물론 이 시기의 제변화는 기본적으로 중세적 전통을 완전히 일소하는 혁신적인 것만은 아니었지만 새로운 이질적 요소를 뚜렷이 보여 주는 것이었다.

농촌에서는 폐쇄적이며 자급자족적이었던 중세의 장원제도가 점차 붕괴되었으며 아울러 토지와 영주에 예속적이었던 농노가 신분상으로 향상 내지 해방되는가 하면 해방된 농민들의 계층분화가 대두되고 있었다.

한편 새로운 동방무역로 개척의 필요성은 지중해 중심의 유럽 세계관을 확대시켜 새로운 세계와 대양을 발견케 하였다. 이러한 유럽 세계의 팽창은 각 지역의 고립적인 문명의 상호 교류를 가능케 함으로써 하나의 세계를 형성시켜 놓았다. 그러나 유럽은 새로운 세계로부터 부족한 자원을 획득함으로써 농업 위주의 경제구조를 탈피하게 되었으며, 해외 식민지의 지배를 통하여 세계사적인 면에서 서구의 우월한 위치를 확고히 할 수 있었다.

이와 같은 새로운 세계의 확대는 나아가서 상업혁명이라 불리는 대변화를 촉진하게 되었다. 즉 상인 중심의 기업의 성장, 이윤 추구를 목적으로 하는 시장 판매의 확대, 이에 따른 상업경제의 성장, 도시의 대규모화와 시민의 증가, 화폐경제의 발전과 금융업의 발생 등 이 모든 변화는 비록 시기적으로 14세기 초부터 18세기 간에 걸쳐 완만하게 이루어졌지만 중세의 경제활동과는 기본적으로 이질적이며 혁신적인 것이었다. 이것은 한마디로 이윤 추구를 전제로 한 자본주의경제의 성장을 의미하였다.

이러한 사회경제적 변화 및 의식의 변화와 더불어 정치상에 있어서도 왕정의 강화와 함께 근대적 국민국가의 성격이 대두되기 시작하였다.

제1절 봉건사회의 붕괴

군사적 요인

샤를마뉴대제로부터 14세기에 이르는 5세기 간에 걸쳐 유럽의 지배적인 군사조직은 중기병이었다. 이들 중기병은 육중한 갑주에 투창·방패·검 등으로 무장하고 전장에서 충격행동을 통하여 그 위력을 과시하였다. 이들 중기병들은 영주의 성을 중심으로 활동했으며 경제적으로나 신분상으로나 특권을 행사하였다.

이 같은 중기병의 조직과 활동의 한계성이 노출되기 시작한 것은 십자군 전쟁부터였다. 당시 십자군의 중기병은 여러 민족으로 구성되어 원활하고 통일된 작전을 수행하기 어려웠다. 또한 십자군 전쟁시의 터키 경기병의 우수성은 유럽 중기병의 한계점을 완전히 노출시키고 말았던 것이다. 그러나 중기병의 능력에 결정적 타격을 가한 것은 몽고군이었다. 이들 몽고군대는 엄격한 규율과 기동성을 바탕으로 한 경기병을 핵심으로 하여 포위·차단·교란 등의 방법으로 기동성이 둔한 유럽의 중기병을 압도할 수 있었던 것이다. 중세의 중기병을 약화시킨 것은 이뿐이 아니었다. 14세기경에 이르면 기병들은 시민군대나 밀집보병의 위세에 눌리는 경우가 많았다. 이들 보병은 석궁 *cross bow*이나 장궁*long bow*을 이용하여 기병의 쇠퇴에 더욱 박차를 가한 것이었다. 1346년 크레시*Crecy* 전투에서 장궁으로 무장한 영국군이 프랑스의 기병을 물리침으로써 밀집된 보병이 기병보다 우위에 있음을 보여주었고, 이후 기병의 쇠퇴현상은 현저하여졌다.

크레시전투

영주의 성을 기지로 활동하면서 영주의 생존을 보장할 수 있었던 이 같은 기병의 쇠퇴는 당연히 영주와 봉건제의 몰락을 말해 주는 것이다.

군사적인 면에서 봉건제의 붕괴에 영향을 준 또 다른 요소는 화약의 발명과 그에 따른 화기의 출현이었다. 화약발명의 기원은 불확실하지만 흑색화약이 발명된 것은 13세기였으며 이를 전투에 사용할 수 있었던 것은 14세기에 이르러서였다.

1364년에 나타난 조총*hand gun*은 이탈리아에서 주로 방어용 무기로 쓰여졌지만 그 구조나 사용 방법에 있어서 상당히 불편하였다. 이 같은 초기의 총에 방아쇠를 사용하는 방법을 최초로 도입한 나라는 15세기 스페인이었으

중세 성곽도시
(프랑스 카르카손)

며 그 후 조총은 유럽에 보급되었다. 그러나 이 당시의 조총들(arquebus, match lock, arbalest)은 휴대면에서나 장진 방법 및 그 효력면에서도 많은 어려운 문제점을 가지고 있었으므로 공격용 무기로 사용되기는 어려웠다. 뒤이어 다소 개량된 총이 나타났으니 이것이 머스킷 *musket* 소총이다. 이 총은 비록 무겁기는 하지만 원거리 사격이나 다량의 탄환을 발사할 수 있으므로 공격용 화기로 사용되었으며 대개 창병과 전열을 같이하여 후열(後列)에 위치함으로써 그 기능을 발휘하곤 하였다. 머스킷 소총이 개인병기로 보편화된 것은 스웨덴의 구스타프 Gustavus Adolphus 이후였다.

전투에서 전과를 크게 올릴 수 있었던 것은 조총보다는 오히려 포였으며 이것의 개발 역시 조총보다 앞섰다. 포는 이미 14세기에 발명되었다고 알려져 있지만 크레시전투에서 영국군이 처음 사용하였다. 포의 위력이 가장 크게 발휘된 것은 1451년 오토만제국의 무하마드 2세가 콘스탄티노플을 공격했을 때였다. 또한 프랑스의 정복 군주였던 앙리 8세는 1494년의 이탈리아 침공시 말이 이끄는 포병대를 거느리고 알프스를 넘음으로써 포병에 기동성을 부여하였다. 아울러 포 제조 기술도 발전하여 영국의 헨리 8세에 이르러 놋쇠가 아닌 무쇠포가 제조되기에 이르렀다. 그러나 16세기에는 각종 포의 규격이 표준화되지도 않았으며 그 생산에 있어서도 어려운 점이 많았으므로 본격적인 생산활동은 이른바 절대군주의 성장과 더불어 가능했던 것이다.

조총이 창병을 무용화했다면 포는 영주들의 성을 무의미하게 만들었으며 이는 곧 중세적 생활의 기본구조인 장원의 해체를 불가피하게 하였다.

경제적 요인

장원을 소유한 영주와 영지에 예속된 농노로 구성된 서구의 장원경제의 붕괴는 그 붕괴시기로 보나 지역적인 차이로 보나 일률적으로 설명할 수는 없

중세 농민생활

다. 영국의 경우 이미 12·13세기에 금납화(金納化)*commutation* 현상이 시행되었는가 하면 독일의 경우 엘베강 동쪽에서는 농노제의 재판(再版)*the second serfdom* 현상이 대두되었으며 프랑스나 서부 독일지역에서는 생산물지대가 오래 남아 있었던 것이다.

따라서 장원제도의 붕괴문제는 지역적 차이에 따른 특수성을 고려하여 설명할 수밖에 없다. 우선 결론적으로 볼 때 봉건사회의 붕괴는 장원 자체의 내부적 요인과 외부적 요인이 상호작용에 의해 진행되었다고 말할 수 있겠다. 다만 이러한 두 가지 요소가 같은 강도로 작용했다고는 말할 수 없으며 오히려 후자가 지역적인 영향에서나 그 힘의 강도에 있어서나 더욱 결정적이었다고 보겠다.

내부적 요인에 관해서는 도브Maurice Dobb가 주로 영국을 중심으로 하여 설명하고 있다. 그는 장원을 해체시킨 결정적인 요인으로 생산양식에 있어서의 장원경제의 비능률성과 그로 인한 영주들의 수입증대의 욕망을 들고 있다. 영주들의 이러한 욕구는 농노에게 감당하기 어려운 압박으로 나타났으며 따라서 농노들은 집단적으로 장원을 이탈하게 됨으로써 부역의 소멸 현상이 초래되었다는 것이다. 더욱이 14·15세기의 흑사병과 전쟁으로 인한 인구감소는 상기한 농노들의 부역의 이탈과 함께 봉건제의 위기를 초래하였으며 이러한 위기에 처한 영주들은 불가피하게 농노를 해방시키거나 부역을 금납화하였다는 것이다. 영국의 경우 자유노동력이 풍부해짐에 따라 노동임금은 저렴해지고 또 이들을 이용한 농업생산성이 농노를 사용하는 경우보다 높았기 때문에 영주들은 농노의 해방과 금납화를 자진해서 받아들였다는 것이다. 반면에 엘베 이동의 경우, 토지는 광대하였지만 노동력은 부족하였으므로 오히려 농노들의 부역은 강화될 수밖에 없었으며 따라서 농노제의 재판현상이 나타났다는 것이다.

이와 같이 도브가 내부적 요인을 중시한 데 비해 스위지Paul M. Sweezy는 봉건사회는 정체적이므로 스스로 변화하는 내부의 요인이 발생할 수가 없었다고 전제하면서 장원 붕괴의 결정적인 요인은 '외부의 힘'이라고 주장하였다. 이 외부의 힘이란 도시를 중심으로 하는 상업의 발달을 지칭한다. 즉 도시를 중심으로 하는 상업의 발달, 화폐경제의 발전, 교역의 증대와 같은 새로운 경제상의 변화들이 영주의 생활수준을 향상시켰으며 따라서 이들의 새로운 수입 증대의 요구가 기본적으로 노동지대와 현물지대를 화폐지대로 바꾸어 놓았으며 이러한 금납화 현상은 영주와 장원에 예속되어 있던 농노들의 봉건적 예속관계를 해방시키는 결과를 초래하였다는 것이다. 엘베 이동의 경우에 있어서 이 지역은 상업중심지로부터 떨어진 지역이었으므로 도시의 발달이 늦어졌고 따라서 장원의 붕괴는 기대하기 어려웠고 반대로 농노제의 재판이 가능했다고 그는 설명하고 있다.

피렌느Henri Pirenne 역시 상업 발달이 장원의 붕괴에 결정적이었다고 설명하고 있다. 즉 상업 발달의 정도에 따라 장원의 붕괴 정도가 결정되었다는 것이다. 중부 및 서부 유럽의 경우, 큰 도시가 이웃하고 있는 농촌지역, 예컨대 롬바르디아 · 토스카니 · 프랑스 북부지역 · 플란더스 및 라인강변 지역이 영국이나 독일의 중심지역보다 장원의 붕괴가 빨랐다는 것이다.

장원의 붕괴 원인에 관한 이 같은 몇 사람의 주장들은 당시 유럽 전체를 충분히 설명할 수 있는 일반론이 되지 못함은 주지의 사실이다. 왜냐하면 각 지방의 장원제도가 특수한 성격과 차이를 갖고 있기 때문이다. 예를 들어 당시 왕권의 성격이나 영주권의 강도 및 농민의 성격 등의 요소들이 또한 장원제도와 관련을 갖고 있는 것이다. 결국은 내부적 · 외부적 · 기타 요인이 장원제도를 붕괴시켰다고 말할 수 있겠으나 역시 외부적 요인이 보다 큰 비중을 차지했다고 보아야 할 것 같다.

사회적 요인

상업의 발달과 화폐 사용의 증대로 인한 장원의 몰락은 중세적 사회구조를 변질시키는 결과를 초래하였다. 토지와 영주에 예속되어 왔던 농노들은 금납화를 통해 예속적 신분이 향상 또는 해방되어 가기 시작했다. 즉 현금을 필요로 하는 영주들의 경제적 변화가 농노들의 신분을 해체하기 시작한 것이다. 이른바 이러한 농민의 계층분화가 전형적이었던 곳은 영국이었다. 14 · 15세기에 이르러 영국에서는 위로는 독립적인 자영농민층인 요우먼리yeomenry가 형성되는가 하면 그 밑으로 소작인 · 농업노동자 등의 농민계층이 나타났다. 인클로저enclosure 운동은 이러한 계층분화를 더욱 촉진시켰으며 아울러 중세의 공동체 규제를 소멸시키는 계기가 되었다.

프랑스의 경우 농노해방은 일찍이 시작되었으나 중세귀족들의 봉건적 반동으로 인하여 생산물 지대와 공동체적 규제가 완전히 제거되지는 못하였다. 비록 몸은 자유로웠으나 봉건적 부담은 없어지지 않았다. 좀 늦어지기는 하였으나, 18세기경에 이르면 프랑스 농민의 계층분화는 뚜렷해졌다. 소작청부인 · 자영농민이 나타나는가 하면 차지농(借地農)과 소토지농민이 나타나고 밑으로는 농촌 프롤레타리아가 다수를 차지하게 되었다.

동부 독일이나 러시아는 영국 · 프랑스 등의 서구와는 사정이 달랐다. 전술한 바와 같이 독일의 동부지역에서는 농노의 지위가 향상되어 오다가 15 · 16세기부터 다시 봉건제가 강화되어 농민은 예농(隸農)으로 하락하고 영주는 이들 예농의 노동력을 토대로 농장경영의 형태를 취하였다. 이 같은 부역 중심의 봉건적 대농장경영제를 구츠헤르샤프트*Gutsherrschaft*라 하는바 이것이 공식적으로 폐지된 것은 1807년 10월 칙령을 통해서였다. 이같이 '구츠헤르샤프트'가 해체되어 영주와 농민 간의 예속관계가 소멸되기는 하였지만 서구에서와 같은 독립적인 소농이 창출되지는 못하였다. 영주들은 기존의 권력을 이용하여 토지소유권을 주장하고 수여의 대상을 제한했을 뿐 아니라 잔존한 영주재판권을 이용하여 농민의 토지를 병합함으로써 자본주의적인 융커*Junker*로 변하였고 농민들은 대개 토지를 버리고 농업노동자가 되고 말았다.

러시아의 경우 농노해방은 1861년 알렉산더 2세에 의해 이루어졌지만 이것 역시 봉건적 예속관계의 해체일 뿐 농노는 귀족의 촌락공동체*mir*의 지배를 받게 됨으로써 농민층의 분화가 뒤따르지 못하였다.

이상과 같이 봉건적 토지소유관계의 해체와 농노해방 및 그에 따른 농민계층의 분화로 나타나는 사회유동*social mobility*의 증대 현상은 지역에 따라 차이를 나타내고 있지만 중세적 장원의 붕괴와 함께 나타나는 일반적인 현상이었다.

이같이 사회유동이 증대되는 과정 속에는 많은 농민소요 현상이 뒤따르기 마련이었다. 1381년 영국에서 발생한 와트 타일러Watt Tyler의 난이나 1358

자크리 농민반란 진압

년 프랑스에서 발생한 자크리Jacquerie 반란이 바로 이러한 농민소요의 대표
적 실례이다. 또한 종교적 요소가 바탕이 되고 있긴 하지만 1419년 보헤미아
지방의 후스John Hus 전쟁이나 독일의 농민전쟁(1524~1525) 역시 부역의 강
화를 통해 권력을 회복하려는 영주들의 봉건적 반동에 대한 농민들의 항쟁이
었다 하겠다. 이러한 농민반란들은 여하튼 중세적 전통의 붕괴에 더욱 박차
를 가하여 농민의 신분향상에 도움을 주었다.

봉건제 붕괴에 또 하나의 사회적 요인으로 부가할 수 있는 것으로 흑사병
*Black Death*을 들 수 있겠다. 14세기 중엽 유럽에 만연했던 흑사병으로 인해
유럽인구의 3분의 1이 병사하였다. 이 같은 인구의 감소 때문에 중세질서는
더욱 어지러워졌다. 농민의 이산과 농경노동력의 부족 및 임금의 인상 등을
초래하여 영주의 직영지의 경영을 마비시킴으로써 영주의 지위를 흔들어 놓
았고 농민의 소작화에 길을 터놓는 데 기여하였다.

페스트 환자의 이송

정치적 요인

영국과 프랑스 양국에 있어서 중세적 정치형태의 붕괴에 결정적 영향을 준
것은 백년전쟁(1338~1453)이었다. 이 전쟁은 명목상으로는 1328년 카페왕
조가 단절된 후 바로아왕조가 왕위를 계승함에 따라 영국왕 에드워드 3세
(1327~1377)가 왕위 계승을 요구함으로써 일어났다. 하지만 실제에 있어서
는 플란타지네트왕조와 바로아왕조 간에 프랑스 내의 영토 확장과 모직물 공
업에 있어서 지역적으로 중요한 플란더스의 확보문제를 둘러싼 상호대립이
주요 원인이었다.

영국은 초기의 전투에서는 대개 승리하였고 프랑스는 전쟁중 흑사병의 창
궐로 위기에 처했으나 1429년 잔 다르크Jeanne d'Arc의 출현으로 오를레앙
을 해방시키면서부터 승세를 굳혀 1483년의 카스티용 회전을 마지막으로 영
국인을 프랑스에서 구축하는 데 성공하였다.

프랑스가 이 전쟁에서 승리하는 데에는 많은 귀족들의 도움과 자크 쾨르
Jacques Coeur 같은 거상(巨商)으로부터의 재정적 후원 및 기병과 포병을 중
심으로 하여 새로이 조직된 군대의 도움이 컸다. 새로 즉위한 루이 11세
(1461~1483)는 전쟁에서 형성한 강력한 상비군을 바탕으로 왕권강화에 주력
하였다. 그는 먼저 봉건세력을 억누르며 각 제후들을 억압하였으니 그 대표
적인 것이 가장 강력했던 부르고뉴 공작령의 병합이었다. 이제 프랑스 내에
서 루이 11세에게 도전할 수 있는 제후는 없어졌으며 반항하는 귀족은 가혹
한 세금으로 다스리고 중산층에겐 호의적인 입장을 유지하여 이들을 왕의 관
리로 흡수했다. 이미 프랑스왕의 지위는 중세의 것을 벗어나 국민적 군주국

가의 모습을 보여 주고 있었다.

왕권이 강화되고 영주들이 몰락하는 현상은 프랑스뿐만 아니라 영국에서도 마찬가지였다. 프랑스의 경우와 같이 영국에서 헨리 7세(1485~1509)가 왕권을 확립하기까지는 정치적·사회적 혼란이 뒤따랐다. '의사(사생아) 봉건제'*bastard feudalism*로 불리는 대혼란이 일어났고 장미전쟁(1455~1485) 기간에 이르러서는 혼란이 절정에 이르게 되었다. 미약한 왕과 왕족을 중심으로 한 귀족추종자들이 30년 간 무리지어 서로 살육하고 폭동을 일으킴으로써 스스로 자신들의 몰락을 서두르고 있었다. 요크가와 랭카스터가의 결혼으로 탄생한 튜더왕조(1485~1603)의 시조인 헨리 7세는 곧 귀족들을 무장해제시키고 그들의 사병을 폐함과 동시에 왕권에 바탕을 둔 성실청*Star Chamber*을 설치하여 귀족들의 사법권의 통제와 관리들의 비위를 적발하는 등, 왕실 특별재판소의 기능을 하게 하였다. 또한 그는 귀족이나 성직자들의 재산을 몰수하여 왕실의 재정을 강화함으로써 봉건적 정치구조를 종식하고 왕권의 존엄성을 확립함으로써 강력하고 재정적으로 풍부한 왕국을 남겨 놓았다.

이베리아반도에는 이슬람의 침입 이래 서칼리프제국이 형성되어 중세 시대 동안 이슬람의 지배를 받아 왔다. 스페인의 경우 중세로부터의 이탈과 새로운 왕국의 출현은 기독교를 중심으로 하는 정치세력의 대이슬람항쟁으로 시작되었다. 아라곤·나바르·카스티야·레온 등 많은 기독교 왕국이 형성되었으나 동부는 아라곤 왕국, 서부는 카스티야 왕국으로 결합되고 1479년 드디어 아라곤*Aragon*의 페르디난트*Ferdinand* 왕과 카스티야의 왕녀 이사벨라*Isabella*의 결혼으로 스페인 왕국이 탄생하였다. 이제 이베리아반도에서도 중세적 정치 전통은 사라져버린 것이다.

일반적으로 말해서 서구의 경우 영주의 몰락과 왕권의 강화는 전쟁이나 왕 자신이 만들어 놓은 것만은 아니었다. 야심 있고 능력 있는 영웅들의 노력을 가능케 해 준 것은 경제적 변화로 대두된 기업가 계층의 지원이었다. 이 같은 부르주아와 왕과의 결탁은 일찍이 메디치*Medici*가의 활동에서 찾아볼 수 있거니와 합스부르크왕조를 뒷받침한 푸거*Fugger*가나 프랑스의 찰스 7세를 도와준 자크 쾨르, 영국의 헨리 7세를 도와준 중산계층의 경우에서 그 실례를 찾아볼 수 있다. 즉 왕권의 강화는 기본적으로 봉건경제와는 이질적인 도시 중심적 상업 발달의 뒷받침을 받고 있었다고 할 것이다.

제2절 유럽 세계의 팽창

신무역로의 필요성

대체로 15·16세기에 걸쳐서 인도항로와 신대륙 발견으로 요약되는 지리상 발견의 가장 직접적인 동기는 탐험 그 자체의 관심보다는 동방과의 무역에서 얻을 수 있는 경제적 이득 때문이었다. 이미 십자군전쟁 이래 수세기 동안 유럽 사람들은 아시아의 고귀한 물품, 예를 들어 비단·면직물·양탄자·보석 및 각종 향료·후추·커피·생강 등을 무역을 통해 공급받아 왔다. 특히 후추는 쉽게 부패하는 육류 등의 보존이나 입맛을 돋우는 향료로 사용되었고 심지어는 약으로 사용하는 등 그 수요가 증대되었다.

그러나 유럽인들은 이러한 동방 물품의 원산지에 직접 가는 것은 아니었다. 중국·인도 및 남방의 향료군도가 원산지인 이들 물품을 지중해 부근의 시장 즉 알렉산드리아나 베이루트 및 콘스탄티노플 등지로 수송하여 이를 유럽의 원거리 무역상에게 중개해 주는 것은 주로 아랍상인들이었다.

수세기 간에 걸쳐 증대된 이와 같은 동방지역과의 무역은 주로 지중해를 통해 이루어지고 있었다. 그러나 터키족에 의해 근동지방에서의 정상적인 무역로가 봉쇄됨에 이르자 모험심이 강한 사람들은 이 지역에 이르는 새로운 길을 찾아 나섰던 것이다.

국가의 지원

새로운 항로의 개척이란 소수의 노력으로는 기대하기 어려운 것이었다. 항해에 필요한 많은 자금이나 항해 도중에 흔히 있는 해적과의 싸움을 위한 군사력의 보유 등은 강력한 정치권력을 행사하는 국왕에 의해서만 가능하였다. 실제 15·16세기의 탐험은 일찍이 중앙집권적 정치권력을 형성하는 데 성공했던 스페인·포르투갈·영국·프랑스 등 국가들의 적극적인 지원에 의하여 이루어졌던 것이다. 이들 신흥국가의 왕들은 해상무역을 통해 취득하게 되는 경제적 부가 자신들의 재정에 크게 기여할 것을 잘 알고 있었다. 이들은 이탈리아인들이 보여준 경제적 번영을 뒤따르고, 이탈리아인에 의해 독점된 지중해 무역로보다는 독점적인 새로운 항로를 개척하려 했던 것이다. 이러한 노력을 가장 강력하게 추진한 국가는 대서양과 지중해를 같이 접하는 이베리아 반도의 스페인과 포르투갈이었다.

항해기술의 발달

직접적으로 새로운 무역항로를 발견할 수 있게 해준 것은 실상 항해에 관련된 기술의 발전이었다. 이러한 항해기술의 발전은 르네상스 시대의 산물이라 해도 틀린 말은 아니며 이탈리아의 경우 더욱 그렇다 하겠다. 항해에 가장 중요한 것은 나침반의 활용이었다. 육지가 보이지 않는 곳에서의 항해, 또 성좌(星座)에 의존하던 야간항해시에 이 조그만 기구는 엄청난 변화를 초래했다. 대양항해를 가능케 해준 것은 바로 이 나침반이었다. 그 기원은 중국이나 사라센으로 알려지고 있으나 이를 실제 항해에 편리한 기구로 만든 사람은 이탈리아의 선원인 지오이아 Gioia 로 전해지고 있다.

나침반과 함께 모험가들에게 항해에 용기를 불어넣어 준 것은 지도의 제작이었다. 일찍이 피렌체의 천문학자인 토스카넬리 Toscanelli(1397~1482)는 지구 구형설에 입각한 해도를 작성하였으며 서쪽으로 항해함으로써 인도에 이를 수 있다는 주장을 한 바 있고, 콜럼버스와 서신을 교환하기도 하였다. 또한 토스카넬리의 해도를 중심으로 베하임 Beheim 은 지구의를 만들었으며 이것이 곧 아메리카 대륙의 발견에 길잡이가 되었다. 물론 당시의 지도는 부정확할 뿐 아니라 아시아와 대서양의 간격이 좁게 되어 있어 그 정확성이나 지리에 관한 지식은 별것 아니었다. 그러나 좀 과장하여 말한다면 토스카넬리와 베하임의 그러한 무지함과 단순성이 오히려 신대륙을 쉽게 발견케 했다고 말할 수 있을는지도 모른다.

범선

위에서 열거한 나침반이나 지도 외에도 조선기술에 있어서도 변화가 나타났다. 좁은 지중해형 선박보다 깊이가 깊고 폭이 좁은 선박이 제조되어 큰 파도에 견딜 수 있게 되었으며 장비에 있어서도 노(艣)보다 돛(帆)을 위주로 함으로써 대양의 항해에 적합하게 되었던 것이다.

항해사들의 탐구정신

동방의 부에 관한 욕망이나 국가적 지원 및 항해상의 기술의 발전 그 자체가 인도와 신대륙을 발견한 것은 아니었다. 이러한 여건과 함께 실제로 목숨을 걸고 대양에 나섰던 그 당시 모험가들의 정신상태 또한 특수한 것이었음을 간과해서는 안 될 것이다. 이미 지구가 둥글다는 이야기는 오래 전부터 논의되어 왔으며 항해기술도 상당한 수준에 있었다. 문제는 그럴듯한 이야기를 들었을 때 그것을 스스로 경험에 의해 확인·증명해 보려는 탐구적 정신상태의 문제라고 볼 수 있다. 일찍이 14세기 이전에는 이러한 것을 증명해 보기 위한 모험적인 노력은 대두되지 않았다. 특별히 15·16세기에 이 같은 현상이 대두된 것은 기본적으로 르네상스 정신의 바탕 위에 강력한 모험심이 꽃

피운 것이라고 보아야 할 것이다.

　물론 이러한 탐구정신의 확대는 당시 동방에 대한 유럽의 관심이 증대된데에도 원인이 있을 것이다. 마르코 폴로Marco Polo(1254~1323)의 「동방견문록」이나 교회측에서 주장한 동방의 강대국의 존재설이나 아프리카의 기독교왕국에 관한 설명 등이 더한층 모험심을 자극했다고 볼 수 있다.

헨리 항해왕

인도항로의 발견

　역사적인 새로운 세계의 발견에 선구자 역할을 한 인물은 포르투갈의 헨리 항해왕Henry the Navigator(1394~1460)이었다. 독실한 기독교 신도인 그는 막연히 전해져 오는 프레스터 존의 전설 *Legend of Prester John*을 믿어 동방 어딘가에 군림하고 있는 강력한 기독교 국가와 손을 잡고 회교도를 협공하여 기독교를 전파시킬 뜻을 갖고 있었던 것으로 전해지고 있다. 그는 일찍이 항해에 관심을 나타내 천문관측소를 설치하여 학자들을 초빙 연구케 하였으며 선원 양성에 주력하여 왔다. 그리하여 그의 생전에 아프리카 서해안의 개척이 이루어졌다. 그는 아프리카 전체에 대한 윤곽을 알지 못하고 죽었지만 그가 죽은 뒤 1472년 포르투갈인은 카메룬에 도달하여 대륙이 남으로 뻗고 있다는 사실을 발견하였다. 이후 왕실의 지속적인 후원 아래 대륙의 남단은 물론 다시 이를 돌아 인도로 가는 항로를 독자적으로 개척해 냈다. 1488년 바톨로뮤 디아즈Batholomeu Diaz는 아프리카 대륙의 최남단에 이르러 폭풍이 심한 이곳을 대낭갑(大浪岬) *Cape of Storm*이라 하였으나 왕은 인도항로 발견의 희망을 실현할 수 있음을 기뻐하며 이곳을 다시 희망봉 *Cape of Good Hope*으로 명명하였다. 1497년 바스코 다 가마Vasco da Gama는 용감한 탐험가들의 뒤를 따라 4척의 배를 이끌고 희망봉을 돌아 아라비아의 무역지대를 거쳐 캘커타의 마라바르 해안에 도착하였다. 이제 인도에 이르는 새로운 무역로가 개척된 것이었다.

바톨로뮤 디아즈

바스코 다 가마

　기존의 무역로를 주장하는 아랍인이나 이집트 및 터키인들의 반항은 거세었지만 그는 무자비한 탄압으로 이들을 지배하는 데 성공하였다. 이같이 새로 발견된 신무역로에 의하여 1504년 리스본에서는 베네치아에서보다 5분의 1의 가격으로 향료를 구입할 수 있게 되었다.

신대륙의 발견

　스페인이 해상탐험에 본격적으로 나선 것은 페르디난트와 이사벨라가 결혼하여 스페인 왕국이 건설된 이후부터였다. 제노아 태생의 모험심이 강한 콜럼버스Christopher Columbus(1456~1506)는 일찍이 토스카넬리의 지도를

이사벨라여왕

보고 동방의 '황금의 나라'에 이르는 서쪽 항로에 확신을 갖고 포르투갈의 존 2세에게 야심에 찬 원정계획을 상신했으나 왕은 이를 거절하고 말았다. 당시 포르투갈은 인도에 이르는 신항로의 개척이 시간문제였을 뿐 아니라 이러한 새로운 무역로의 독점 사용권을 교황에게 보장받았기 때문에 무모한 투자를 할 필요가 없었던 것이다.

그러나 스페인의 경우는 달랐다. 1485년 콜럼버스가 이사벨라여왕에게 이 같은 서행계획을 제시했을 때 포르투갈과 경쟁적인 입장에서 신무역로 개척의 필요성을 느끼고 있던 스페인은 이 원정계획을 환영하였던 것이다. 1492년 3척의 배에 120명의 선원을 인솔하여 팔로스항을 출발한 콜럼버스는 오늘날의 산살바도르 · 쿠바 등을 발견하였으며 이곳을 인도의 일부로 판단하여 서인도제도라고 이름붙였다. 그는 뒤에도 4차례 이 지역의 탐험을 계속하여 오리노코강의 델타지역 · 온두라스 · 파나마 지역 등지를 발견하였으나 끝내 이 지역이 인도가 아닌 신대륙임을 알지 못했다. 신대륙이 아메리카로 명명된 것은 피렌체 태생의 항해가로서 스페인의 탐험대원으로 콜럼버스의 뒤를 이어 신대륙에 건너가 브라질 등 남아메리카지역을 탐험하여 신대륙임을 확인한 아메리고 베스푸치 Amerigo Vespucci(1451~1512)의 이름 때문이었다.

신대륙이 유럽에 소개됨과 함께 이 미지의 땅에 대한 탐험과 개척은 급속도로 진척되었다. 그 선두 주자는 물론 스페인이었다. 스페인 · 영국 및 프랑스가 아시아로 가기 위해 신대륙의 북서항로에 집착하고 있을 때 마젤란 Ferdinand Magellan(1480?~1521)이 이끄는 스페인 함대는 1520년 서남항로를 택하여 마젤란해협을 돌아 태평양을 항해하여 필리핀군도와 인도양을 거쳐 1523년 스페인에 개선하였다. 이제 유럽인들은 대양의 크기와 세계에 대한 지식을 갖게 되었다. 스페인에서 해로 개척의 뒤를 이은 것은 탐험가이자 무자비한 정복자였던 콘키스타도르 *Conquistadores* 들이었다. '정복자'란 뜻의 콘키스타도르들은 신대륙을 침략하였는데, 멕시코의 아즈텍제국 *Aztec Empire* 을 정복한 코르테스 Hernando Cortés, 페루의 잉카제국 *Inca Empire* 을 정복한 피자로 Francisco Pizarro 등이 대표적인 인물이다. 이들 수많은 콘키스타도르에 힘입어 스페인은 미국 남부 · 멕시코 · 서인도제도 · 중앙아메리카 등지에 광대한 식민제국을 건설하였다. 이 식민제국에서 스페인 사람들은 귀금속이며 광산들을 개발했다. 원주민인 인디언들과 아프리카에서 수입된 노예들이 무자비한 강제노동에 시달렸다. 특히 페루의 포토시에서 산출된 은의 다량입하는 스페인 왕국의 경제적 부를 이룩하였으며 유럽의 경제권을 장악하게 되는 결과를 초래하였다.

코르테스

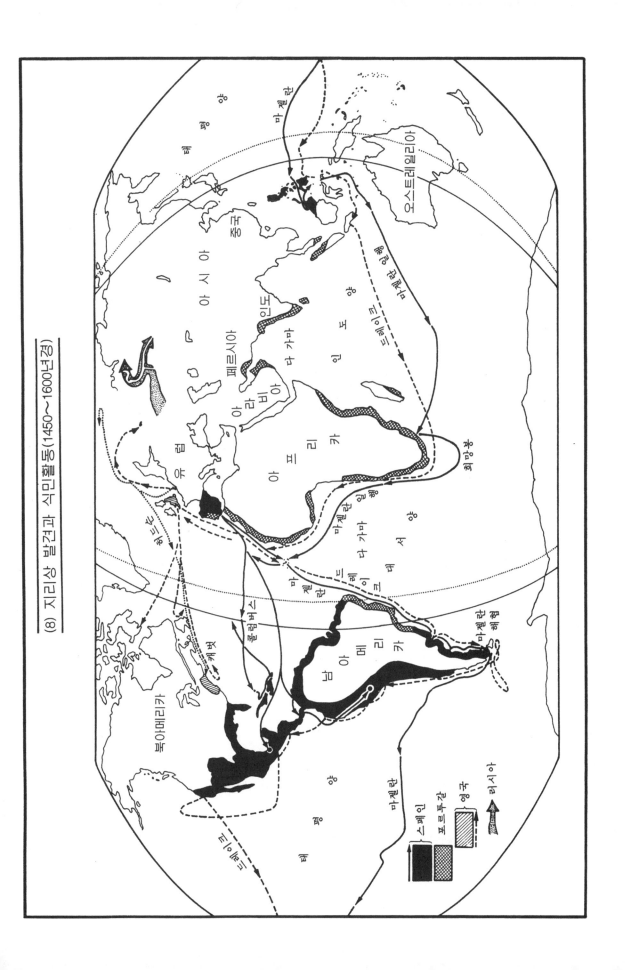

(8) 지리상 발견과 식민활동(1450~1600년경)

잉카의 마추피추 유적

포르투갈은 아시아에서 인도·인도네시아·중국의 마카오 경략에 주력하면서 신대륙의 광대한 중부지역에도 손길을 뻗쳤다. 포르투갈이 남미에서 스페인의 독점을 깨뜨리고 브라질을 점령할 수 있었던 것은 일종의 행운이라고 보아도 좋을 듯하다. 왜냐하면 포르투갈 선원 카브랄Perdo Cabral이 1500년 인도항해를 함에 있어서 아프리카 서해안의 굽은 해안선을 따르지 않고 직선으로 남부로 향했으나 약간 벗어남으로써 브라질을 발견하게 되었기 때문이다. 기타 영국은 버지니아에, 프랑스는 캐나다 동부에 새로운 터전을 마련하고 점차 세력을 키워 나갔다.

포르투갈과 스페인의 통치

포르투갈은 스페인과는 달리 식민지를 통치함에 있어서 기본적으로 중상주의 정책을 실현했다. 즉 포르투갈 제국은 무역을 위한 제국이지 정착을 위한 제국은 아니었다. 그러기에 이들은 직접 지배하지 않고 식민지의 정치·사회·경제구조를 가능한 한 인정하고 다만 무역을 통한 부를 추구했을 뿐이었다. 그러나 이들의 소극성, 국내 기업의 영세성 때문에 얼마 안 가서 경쟁적인 네덜란드에게 식민지에서 우월한 지위를 내줄 수밖에 없었다.

스페인의 악독한 초기 정복자들은 미개한 신대륙에 그들의 언어·종교 및 생활수단을 강요함으로써 자신의 문화를 심기에 바빴다. 종교재판소가 생기는가 하면 원주민들은 노예신분으로 전락했고 유럽의 장원과 비슷한 제도 *Encomienda*를 도입하여 인디언들의 노동을 집약적으로 관리했다. 스페인어가 보급되었으며 유럽의 대학을 모방한 교육기관이 세워졌다. 그러면서도 이들은 식민지로부터 풍요한 자원이나 물품을 본국으로 끌어갔던 것이다. 요컨대 스페인은 신대륙을 스페인화하려고 했던 것이다.

팽창의 결과

15·16세기에 행해진 유럽의 지리적 팽창을 거시적으로 본다면 세계적으로 각 지역의 특수한 문화가 상호 소개됨으로써 세계를 총체적으로 이해하는 것이 가능하게 되어 이후부터는 근대적 의미의 세계라는 용어를 사용할 수 있게 되었다는 점이다.

그러나 실제로 이러한 팽창운동의 주도권을 쥠으로써 이득을 볼 수 있었던 지역은 유럽 세계였다. 고대에 알렉산더대제에 의해 동방에 대한 유럽인의 인식이 증대되고 십자군전쟁이나 몽고의 침입으로 아시아 세계에 대한 인식이 다소 증대되었다 하더라도 유럽 세계의 중심은 역시 지중해였으며 비유럽 지역과의 관계가 개방적인 것은 아니었다. 아프리카·인도 및 신대륙의 발견은 유럽인의 이 같은 세계관을 엄청나게 확대시키는 결과를 가져왔다. 이들은 신대륙의 미개한 인디언으로부터 상당한 문화전통을 쌓아 올린 중국인에 이르기까지 다양한 인종·신앙·문화·산물을 접하게 됨으로써 비유럽 세계에 대한 인식을 넓혔으며 그들이 발견한 지역으로부터 경제적 이익과 번영을 크게 누릴 수 있었다. 옥수수나 감자·토마토·담배는 물론 중세에까지 제한되었던 동방의 향료·비단 등의 특산물을 손쉽게 다량으로 획득할 수 있었는가 하면 그들이 생산한 모직물 등을 식민지에 판매함으로써 경제적 부를 더한층 증대시켰다.

더욱이 신대륙으로부터 유입된 금·은 등 귀금속의 양은 대단한 것이었다. 16세기 중엽 이후 매년 50만 파운드의 은과 1만 파운드의 금이 신대륙으로부터 스페인으로 흘러 들어왔으며 이러한 재화를 통해 스페인은 유럽의 패권을 잡으려 했던 것이다.

다량의 은이 신대륙으로부터 유럽으로 유입되었다고 해서 스페인이나 유럽 경제 전체가 순탄히 발전한 것은 아니었다. 이른바 가격혁명*Price Revolution*이 일어나게 된 것이다. 은의 유입은 당시 유럽에 은을 공급해 주고 있던 독일의 은광을 몰락시켰으며 은의 가치를 하락시킴으로써 물가의 앙등현상

16C경 주화 제작

을 초래하였다. 16세기 후반에 들어서자 물가는 신대륙이 발견되기 전보다 3 배 내지 5배가 인상되었다. 유럽에 있어서 최초의 이 같은 국제적 인플레이션은 산업기반이 약한 스페인은 물론 자체의 은광에 기반을 둔 남부 독일의 도시와 상인들을 몰락시켰다. 그러나 대륙과 떨어져 있는 영국은 모직물을 중심으로 하는 산업기반이 확고하여 대륙의 경제적 혼란에 영향을 받지 않은 채 스페인이 가져온 은을 흡수하여 동방의 물자와 교환함으로써 경제적 번영을 누리게 되었다.

은의 유입이 유럽에서 지역에 따라 다른 경제적 혼란을 초래하긴 했지만 유럽 전체로 본다면 전환해 나아가는 경제상의 재조정에 더욱 박차를 가하는 계기가 되었다. 즉 새로운 세계의 발견은 중세 말기부터 이루어져 오던 이른바 상업혁명 *Commercial Revolution* 을 더욱 촉진하는 작용을 한 것이다. 그리하여 상업의 발전, 기업가의 활동의 증대, 상업자본의 형성, 화폐경제의 발전 및 금융업의 발전 등으로 요약될 수 있는 상업혁명의 진전에 결정적인 힘이 된 것이다.

근세 초기의 유럽의 팽창을 정복이나 약탈 또는 착취로만 설명하기는 곤란한 점이 없지 않다. 더욱이 19세기 후반과 20세기 초에 대두된 제국주의 정책과 비교해 볼 때 더욱 그러하다. 제국주의시대의 경우는 군사적 정복이나 영토의 합병 및 경제적 착취가 보편적이었다고 말할 수 있겠으나 16 · 17세기의 팽창은 기본적으로는 무역 *cach and carry* 의 성격을 띤 것으로 볼 수 있다.

그렇지만 중상주의 정책을 표방하던 16·17세기의 유럽의 팽창이 역사상 잊기 어려운 오점을 남긴 것이 있으니, 그것은 아프리카 흑인들을 대상으로 한 노예무역과 북아메리카의 인디언 *Red Indian* 의 멸종에 관한 것이다. 포르투갈과 스페인을 선두로 하여 시작된 노예무역은 뒤늦게 식민지 획득의 경쟁에 등장한 네덜란드·영국·프랑스 등에도 확대되어 아프리카 흑인들의 고난의 역사의 장을 열었다. 오늘날 미국 내에서 중요한 사회문제로 대두되고 있는 흑백 분규의 근원도 여기에 있는 것이다. 또한 비록 소수이긴 하지만 북미의 원주민인 인디언 역시 거의 멸종됨으로써 역사의 비극의 일면을 보여주고 있다.

유럽의 팽창과 함께 마지막으로 언급해야 할 것은 기독교에 관한 문제다. 유럽의 팽창으로 직접적인 피해를 본 지역의 사람들은 기독교를 침탈의 도구로 간주할지도 모른다. 그리하여 이슬람의 팽창과 비견하여 한 손에는 코란 대신 성서를 들고 다른 손에는 칼을 들었다고 말하는지 모른다. 그러나 이러한 비유는 정확하다고 볼 수는 없다. 왜냐하면 기독교가 유럽인들의 지배를 당연한 것으로 인정했거나 비유럽인들의 피지배상태를 합리화했다고는 볼 수 없기 때문이다. 오히려 그보다는 기독교가 유럽인의 팽창정책으로 인해 시련을 겪은 점을 또한 상기해야 할 것이다.

제3절 상업혁명

상업혁명과 새로운 세계의 발견

1400여 년경부터 시작된 이른바 상업혁명은 점진적인 것이었으며 그 원인도 중세 말기의 일반적인 사회·경제적 상황에서부터 형성되었다. 즉 이탈리아 도시들의 무역 독점, 이탈리아 도시와 한자동맹 *Hanseatic league* 과의 교역 증진, 화폐의 재유통, 교역·선박·광산업에서의 자본 축적, 부의 축적을 위한 군주의 노력 그리고 여행자들의 동방에 대한 소개 등은 상업혁명이 이루어진 복합적인 원인이 되었던 것이다. 이와 같은 상황은 초기 르네상스인에게 사업 확장과 재산축적의 욕구를 유발시켰으며 그들은 중세적 경제체제에 불만족을 느끼고 점차 그런 상태에서 탈피하려고 하였다.

그러나 상업혁명은 15세기에 시작된 새로운 대륙의 발견에 크게 고무되어 이루어졌다. 신항로와 신대륙 발견의 동기는 쉽게 생각할 수 있다. 종래의 동방과의 교역은 이탈리아 도시가 중심이었다. 그러나 이들 이탈리아 도시는 중간에서 너무나 많은 이익을 착취하였다. 이에 포르투갈과 스페인에서는 새로운 항로와 시장을 발견하여 이탈리아의 독점에서 벗어나려고 하였으며, 더구나 스페인 사람들의 포교를 위한 정열이 여기에 덧붙여져 신세계로 항해를 하기 위한 노력은 시작되었다.

포르투갈과 스페인의 이와 같은 노력은 당시에 발전되었던 지리학에 관한 지식과 항해기구를 배경으로 실현되었다. 이미 12세기 이후의 대부분의 사람들은 지구가 구형임을 믿었고 원거리 항해에서 필수적인 나침반은 12세기경에 사라센을 통해서 유럽에 소개되었다. 특히 해상에서의 위치를 알 수 있는 천체관측구 astrolabe 는 이미 헬레니즘시대에 발명된 것이었지만 상업혁명기에 들어와서 실용화됨으로써 원거리 항해는 더욱 안전하게 이루어질 수 있었다.

15세기 중엽에 포르투갈인은 기니 Guinea 남쪽 해안까지 도달하여 새로운 대륙 발견에 있어 선구자가 되었다. 1497년에는 바스코 다 가마 Vasco da Gama 가 희망봉을 돌아 이듬해에 인도에 도착하였으며, 이전에 콜럼버스 Columbus 는 스페인 군주의 도움을 얻어 서쪽으로 항해하여 서인도제도에 도착하였다. 콜럼버스는 그가 발견한 땅이 신대륙인 줄은 몰랐지만 후에 아메리고 베스푸치 Amerigo Vespucci 에 의하여 아메리카 America 임이 밝혀졌다. 스페인왕은 또한 코르테스 Cortés 와 피자로 Pizarro 를 원조하여 오늘날의 미국 남부, 멕시코, 서인도제도, 중앙아메리카, 남아메리카에 걸친 광대한 식민제국을 건설하였다. 영국과 프랑스도 스페인의 뒤를 따랐다. 영국의 캐벗 John Cabot 과 세바스찬 Sebastian 부자는 1497~1498년 간에 북미에 도달하여 후에 버지니아에 정착한 후 식민지의 기원을 이루었고, 프랑스의 카르티에 Cartier 는 캐나다 동부에 도착하여 기득권을 획득하였다.

이 시기에 있었던 새로운 항로의 발견은 식민제국 건설을 수반하였다. 역사상 처음으로 유럽의 선박이 7대양을 항해하였고, 지중해 중심의 무역은 확장되었다. 이탈리아 대신에 리스본 · 보르도 · 리버풀 · 브리스톨 · 암스테르담이 번영하였으며, 이들 도시를 중심으로 전에 볼 수 없이 무역량이 확대되었다. 북미 · 서인도제도 · 아프리카 등지에서 대량의 생활필수품이 도착하였고, 상업량이 대폭 증가되었으며, 특히 신대륙에서 들어온 귀금속들은 가격혁명을 일으켜 서구자본주의 경제 발전에 많은 영향을 주었다. 사람들은 미래의 이익을 위하여 부를 축적하였고, 자본주의는 크게 성장하기 시작하였으며 중세적인 물물교환 개념은 점차 사라지게 되었다.

상업혁명시기의 사회 경제 변화

상업혁명은 지리상 발견으로 인하여 크게 진전되었다. 그리고 상업혁명은 사회·경제적 면에서 많은 변화를 수반하였다. 그중에서도 가장 괄목할 만한 것은 자본주의의 발전이다. 자본주의는 개인의 이익을 추구하기 위한 부의 축적, 시장거래의 증진, 시장경제의 우위확보를 위한 효율적 기업 경영 등의 다양한 경제적 양상을 초래하였고 중세의 침체된 교환경제와 길드의 테두리를 붕괴시켰다. 물론 자본주의는 19세기에 이르러 성숙되지만 이미 상업혁명 시기에 모든 기본적인 것이 이루어졌다.

상업혁명시기에 금융업의 발달은 매우 활발하였다. 금융업은 중세 때 가장 질시를 받던 업종 중의 하나였다. 그러나 십자군원정 이후 실제적인 화폐의 대부가 성행하였다. 14세기 이후에 금융업은 기업으로 발전하였으며, 실제적인 금융업의 기초는 이탈리아의 도시에서 이루어졌고 피렌체의 메디치 가문의 금융업이 대표적이었다. 15세기 이후에는 독일·프랑스 저지제국에서도 발전하였으며 아우크스부르크의 푸거Fugger 집안은 성직자와 각국의 군주를 상대로 하여 금융업을 하기도 하였다.

상업혁명은 중세부터 내려오던 길드조직을 급속히 붕괴시켰다. 길드의 구성원은 대부분 특권층의 가문으로 제한되었기 때문에, 이들은 새로운 상업혁명적 분위기에 적응하지 못하고 점차 도태되었다. 더구나 길드조직 밖의 기업들은 그들의 생산기술을 발전시키고 효율적인 경영을 하여 실제적인 경쟁에서도 종래의 길드를 압도하였다.

상업혁명시기의 전형적인 생산 형태는 가내수공업제도이다. 중세의 수공업은 수공업길드의 주인장인master이 소유한 공장에서 이루어졌다. 그러나 상업혁명시기는 이와는 달리 공장artisan의 집에서 제품을 생산하였는데 이런 연유에서 가내공장이라고 불리었다. 가내공장은 규모는 작았으나 그 조직은 다분히 자본주의적이어서 기업주·생산자·판매자가 분리되어 있었다. 처음에는 모직공업에서 시작하여 점차로 각 분야에 파급되었으며, 새로운 기술을 도입하고, 생산비를 줄이는 한편 생산량을 늘림으로써 당시의 생산 체계에 큰 기여를 하였다. 가내 수공업은 일거리가 단속적이어서 생산자는 농업을 겸하는 수가 많았다. 상업혁명 말기에 이르러서는 길드가 아닌 자본가에게로 생산자는 예속되어 갔고 생산 원료에서 기계·도구까지 자본가에 의지하게 되어 자본주의의 경향은 더욱 농후해졌다. 더욱이 생산자들은 중세와는 달리 널리 분산되어 중세와 같은 획일적인 통제가 불가능하여, 근세적인 특징을 나타내기도 하였다.

상업혁명은 기업조직의 변천을 가져왔다. 중세 기업의 소유인은 개인이나

네덜란드 동인도회사

가계에 지나지 않았으나 이제 기업들은 대규모화되었다. 처음에는 영국의 모험 상인같이 모험에서 발생되는 손해를 분담하기 위한 상인들이 회사를 설립하였는데 이런 것이 기원이 되어 점차 주식회사의 형태로 발전하였다. 주식회사는 특허 받은 기업에서 크게 발전하였으며 영국의 동인도회사가 대표적인 것이었다.

이외에도 상업혁명 시기에는 화폐조직이 안정되었다. 화폐의 유통은 11세기부터 재현되기 시작하였으나, 상업혁명 시기에 와서 각국의 군주들이 일정한 기준을 만들어 통일된 화폐를 사용함으로써 유통이 크게 진전되었다. 화폐의 안정으로 교역과 산업이 좀더 융성할 수 있었으며 전국적으로 활발히 유통되었다.

중상주의

상업혁명은 각국에서 중상주의*mercantilism*를 실시함으로써 큰 진전을 가져왔다. 중상주의는 국가의 부와 힘을 증진시키기 위한 국가의 정책이었으며, 경제적인 정책의 이면에는 다분히 정치적인 목적까지도 수반하고 있었다. 왕은 상비군과 관료조직의 유지를 위하여 중상주의를 시행하였고, 그 결과 봉건제도의 잔재를 없애는 중앙집권화를 이룩하여 절대권을 확립하였다. 물론 이런 것은 왕의 힘만으로는 불가능한 것이었다. 이미 상업화 초기에 거대한 부를 축적한 상인들이 왕의 이와 같은 정책에 협조하였다. 왕은 반대급부로 상인들에게 특권을 주었고 상인들은 부여받은 특권과 전매를 통하여 부를 축적하였으나 이러한 변화는 일반 민중에게는 부자유를 안겨 주었다. 이와 같은 중상주의 정책을 통한 왕과 상인과의 밀월시기는 1600년에서 1700년까지가 전성기였으며 18세기 말까지 계속되었다.

중상주의는 중금주의(重金主義)*bullionism*를 기본 원칙으로 하고 있다. 즉 한 국가 내의 금·은의 절대량이 많을수록 세금을 더 거둘 수 있으므로 그만큼 국가가 부강하다는 원칙이다. 이것은 스페인에서 시작되었다. 스페인은 식민지로부터 많은 금·은을 가져왔고 그로 인해 부강하였던 것이다. 그러나 식민지로부터의 금·은의 유입이 적은 국가의 경우에는 문제가 달랐다. 그들은 수출을 수입보다 많이 하여 그 차액만큼 금을 국내에 유입하려 하였는데, 이런 것을 가리켜 무역차액제도(貿易差額制度)*favorable balance of trade*라고 하며 중금주의에서 발생한 중상주의 정책의 한 원칙이 되었다.

중상주의 이론은 경제적인 민족주의와 제국주의를 초래하였다. 중상주의 이론에 의하면, 국가는 시민을 위하여 정치·경제의 파수꾼 역할을 수행해야 하며 나아가서는 이를 위하여 임금·노동시간은 물론 상품의 가격과 질을 통제하여야 한다고 하였다. 명목과 실제가 다르긴 하지만 빈민에 대한 자선은 이 시대의 산물이었다. 이는 국가의 혜택이라기보다는 안정된 경제 기반을 구축하고 전쟁에 대비하여 건전한 시민을 양성하기 위한 것이었다. 또한 타국의 희생에 의해서 자국의 부가 있을 수 있다는 원칙은 식민지를 개척하게 하여 제국주의 양상을 나타내었는데 이와 같은 사실들은 보댕Jean Bodin (1530~1596), 홉즈Thomas Hobbes(1588~1679)와 같은 절대군주 옹호자들의 이론적 지지를 받아 합리화되곤 하였다.

유럽 국가들의 중상주의

중상주의는 각국에서 다양하게 전개되었다. 그중에서도 스페인이 가장 앞장섰으며 스페인의 중금주의는 영국의 등장으로 곧 퇴색하였다. 영국은 엘리자베스여왕 때부터 스튜어트왕조, 크롬웰에 이르는 동안 중상주의를 표방하였다. 그 예로 엘리자베스여왕은 전매특권을 무역회사에 부여하고, 게으른 자를 자극하여 생산을 확대하는 법령을 제정하였으며, 크롬웰도 중상주의 정책의 일환으로 항해조령을 발표하였다. 이 모든 것은 중상주의 정책으로서 국가간의 전쟁을 유도하기도 하였는데 네덜란드와의 전쟁은 그 대표적인 것이었다.

독일은 상업혁명시기 동안 중상주의 정책을 통하여 국가의 내부적인 성장을 이룩하였다. 즉 민족주의적인 경제를 표방하고 독일 내에 계획된 사회를 구성하려 하였는데, 이것도 역시 정부를 중심으로 이루어졌다. 실제로 독일의 경제는 중상주의 정책을 통하여 내적으로 크게 성장하였는데, 그것은 프리드리히대왕 때 상비군이 무려 16만에 달했다는 사실로도 잘 알 수 있다. 그렇지만 중상주의 정책을 적용한 가장 대표적인 예는 프랑스에서 나타났다.

프랑스의 루이 14세(1643~1715)와 명재상 콜베르Jean Baptiste Colbert는 상업혁명시기를 통하여 프랑스에서의 절대주의 체제를 구현하였다. 콜베르는 중상주의의 이론가가 아닌 실천가였다. 그는 목적으로서 중상주의를 생각하지는 않았다. 국가의 부강을 이룩하는 가장 간편한 방법으로 중상주의를 택하였으며, 그 결과 절대왕조의 호응을 얻은 것이다. 그는 값진 귀금속이 프랑스로 유입됨으로써 프랑스가 부강해진다고 생각하였다. 그러므로 귀금속의 해외반출을 금지하고 아울러 외국 상품에 높은 관세를 부과하였으며 많은 상품을 식민지에 판매하려 하였다. 이런 목적을 위하여 식민지를 확장하였으며 서인도 · 캐나다 · 인도 · 아프리카 등에 무역의 거점을 확보하였다. 이런 전형적인 중상주의 정책으로 프랑스는 상업혁명시기의 가장 부강한 나라 중의 하나로 기반을 굳혀 가고 있었다.

상업혁명의 결과

상업혁명은 근대 경제의 기틀을 마련한 중대한 사건으로 중세의 경제체제를 변혁시켰으며 근대적인 자본주의적 요소를 마련하였다. 이런 반면에 상업혁명은 금·은의 대량 유입, 가격혁명, 특히 도박과도 같았던 투기적인 상업의 융성 같은 회의적인 면도 가져왔다. '남해의 거품'*the south sea bubble*과 '미시시피의 거품'*the Mississippi bubble*은 그 대표적인 예일 것이다. 그렇지만 이 시기에 이르러 유럽 부르주아지가 경제권을 장악함으로써 유럽을 세계 경제의 중심지로 만들었다. 17세기 말에 이르러 대상인·은행가·선박업자·산업자본가들은 종래의 봉건귀족을 제치고 왕을 파트너로 하여 크게 성장하여 세계를 제압하였으며 이 시기부터 유럽의 문명과 생활방식은 온 세계로 전파되었던 것이다.

상업혁명은 산업혁명을 준비하는 사건으로서도 그 중요성이 크다. 상업혁명시기엔 이익이 있다고 생각이 들면 어느 곳에든지 투자를 하는 자본가가 성장하였다. 또한 국가의 중상주의 정책은 산업을 육성하였으며 식민지의 막대한 구매력과 원료제공 능력에 힘입어 물자가 대량으로 생산되었다. 이 결과 중세의 규제에서 완전히 독립된 공장들이 생겨났으며 기계 설비를 갖춘 공장들이 설립되는 등 산업혁명의 제반 조건을 마련해 주었다.

한편 이 시기에는 농업분야에서도 큰 변화가 있었다. 흑사병 만연으로 인한 인구 감소와 농촌인구의 타업종 종사는 농업노동력의 감소를 가져왔고, 드디어는 장원경제체제의 자연 와해까지 초래하였다. 영국에서는 인클로저운동*enclosure movement*의 영향으로 농촌사회에 커다란 변환을 가져왔으며 이것은 영국농업을 자본주의적인 기업 성격으로 전환시켰고, 아울러 많은 사회 문제를 야기하였다.

이런 것들 이외에도 상업혁명은 많은 사회적인 변화를 초래하였다. 먼저 인구의 증가를 들 수 있다. 이 시기에 이르러 많은 식료품이 공급되었고, 상업·산업의 발달로 많은 인구를 고용할 수 있었다. 유럽 각국의 도시 인구수가 급증하였으며, 런던 같은 도시의 인구는 1378년에 46,000명에서 1605년에는 225,000명으로 증가하였다. 이렇게 인구가 증가함과 더불어 상업혁명시기에는 각 사회계급 간에 유동이 많았다. 이제 신분은 경제력에 의하여 결정되는 예가 많았다.

상업혁명의 제반 사항은 계급유동의 기회를 많이 만들었으며 나아가서는 봉건시대의 사회 계급 붕괴에 주역이 되었다. 또한 이런 상황은 하층계급의 각성을 가져왔다. 그런대로 안정성을 가지고 있었던 중세와는 달리, 상업혁명시기는 근세로 가는 과도기였기 때문에 시대적인 불합리성은 하층계급의 생계를 직접적으로 위협하였다. 그러므로 이 시기는 농민의 반란이 많았고, 이런 폭동을 통해 사회적으로 증가된 부의 분배를 요구하였다.

상업혁명은 사회적인 분위기조차도 중세적인 것과는 다른 것으로 변화시켰다. 개인주의가 증진되었고 도덕도 중세와는 다른 것으로 바뀌었다. 노예 사용 부활도 이 시기의 산물이었으며, 관습과 제도도 이 시기에 이르러 많이 변천하였다. 커피와 담배의 소비가 이 시기에 급증한 사실만 보더라도 이 시기의 분위기를 짐작할 수 있다. 그렇지만 마녀 *witchcraft* 의 화형 같은 것은 이 시기의 아이러니컬한 시대적 단면일 것이다.

제 4 절   절대주의시대

절대주의

14·15세기 동안 중세 유럽의 지방분권적인 봉건체제는 와해되고 절대왕권을 중심으로 한 중앙집권체제가 성립되었다. 지방 도시 경제의 발전, 장원제도 붕괴, 십자군 영향, 흑사병 유행, 백년전쟁 등은 귀족들의 위치를 전락시켰다. 그렇지만 이런 혼돈이 절대 왕조 성립에 결정적인 요소는 못 되었다.

무엇보다도 중요한 원인은 상업혁명이었다. 식민지 경영과 중상주의 정책은 왕의 재정을 풍요하게 하였고 그럼으로써 그들은 상비군·함대·관료조직을 유지하고 그 기능을 확대시킬 수 있었다. 거기에다 상업의 확대는 강력한 정부를 필요로 하였고 실제로 15세기의 상인·은행가·생산자들은 정부의 도움 없이는 자립할 수도 없었다. 외부의 적으로부터 상·공업인을 보호하는 것 이외에도 기업을 성장시키기 위해서도 국가나 왕의 절대권은 필요하였다. 결과적으로 중산계층은 절대권을 형성하려는 왕과 상호보완적인 목적으로 서로 지지하였다. 여기에 종래의 기독교적 통일을 종교개혁으로 분해하고, 왕이 종교권까지 압제하게 되어 절대주의로 향하는 데 놓여 있었던 큰 장애물이 또 하나 제거되기에 이르렀다.

절대주의는 여러가지 사회·정치적인 요인에서 이루어졌다. 그러나 그것이 대다수 민중이 원하는 바에 의하여 이루어진 것만은 아니었다. 부유하고 능력 있는 자들에 의해서 생겨난 산물이었다. 몇몇의 사상가들이 절대주의의 이론적 배경을 세웠는데, 보댕 Jean Bodin(1530~1596)은 절대 군주에게 용기를 북돋워 주었던 최초의 철학자였다. 그는 중세 철학자들이 주장했던 바와 같이 지배자는 신의 법에 의해서 규제받는다고 하였다. 그는 의회제도에 대해서 전혀 언급하지 않았으며 왕권을 규제하는 입법기관을 부정하였다. 그의

홉즈

「리바이어던」 표지

이론에 의하면 인간이 만든 법으로는 왕권을 규제할 수 없으며 왕이 신의 법이나 자연법을 지키지 않을 경우에도 인민은 왕에 대하여 혁명을 일으킬 아무런 권리도 없다. 그 이유는 혁명이란 인간의 진보와 안정을 파괴하기 때문이라는 것이다. 또한 그는 왕과 신하의 관계는 마치 어버이와 자식의 관계와 같다고 하였다. 그러므로 그의 주장에 의하면 왕은 영속적이며 제한 없는 권력을 갖게 되는 것이다.

절대 왕권 옹호자로 유명한 또 하나의 사상가는 홉즈Thomas Hobbes (1588~1679)이다. 청교도혁명 때 왕당파에 관련되었던 그는 왕권 부활을 원했으며 스튜어트왕가와 함께 그의 이론은 영국에서 환영받지 못하였다. 그는 그의 책 이름을 「리바이어던」Leviathan으로 정하였다. 리바이어던은 거대한 괴물의 이름으로 절대적인 국가권력을 상징하는 것이다. 그의 이론은 정부의 기원에 관한 이론에 잘 나타나 있다. 그의 이론의 요지는 다음과 같다. "인민은 원래 자연법이 지배하는 상태에서 살았다. 그들은 각자의 이익만을 주장하고 배타적이었기 때문에 혼란을 가져왔다. 이리하여 그들은 그들의 모든 권리를 폭력으로부터 인민을 보호해 줄 수 있는 군주에게 이양하였다. 인민은 안정을 위하여 그들의 모든 것을 절대 군주에게 양도한 것이다." 그런데 홉즈는 보댕과는 달리 신의 법에 의한 절대 군주의 제한마저도 인정하지 않았다.

절대주의시대의 이와 같은 사상은 몇몇 학자들만의 것은 아니었다. 개인의 자유보다 사회의 질서와 안정이 요구되었던 당시에는 널리 퍼진 사상이었다. 특히 상업자본가 계층이 그들의 사업을 보호하기 위하여 절대주의의 이론을 지지하였다. 이런 배경은 그 나름대로 발전하여 국왕이 곧 국가라는 상황으로까지 진전되었다. 절대주의를 지지하는 것은 비단 이 시대의 산물만은 아니었다. 오늘날에도 절대 권력만이 안정과 풍요의 유일한 방법이라고 믿는 사람들이 있다. 개인의 힘으로는 도저히 해결할 수 없는 불안정과 위험이 동반되는 과도기의 어려움을 절대 권력을 가지고 해결할 수 있었던 때도 있었지만 이것은 어디까지나 비정상적인 방법이었고 인류 역사의 극히 짧은 시기에만 나타났다. 시민들이 그들 자신의 힘으로 상황을 이끌어 갈 수 있는 힘이 성장하면 다시 정상적인 방법은 회복되는 것이다. 절대주의는 실로 중세적 잔재가 사라지고 새로운 시민사회가 형성되는 과도기적 산물이었다.

영국의 절대주의 정부

영국의 절대주의가 기틀을 잡은 때는 튜더Tudor 왕조 때이다. 귀족들의 힘을 모두 소비하게 한 장미전쟁 직후인 1485년에 헨리 7세가 새로운 튜더왕조를 세웠고 혼란스런 상황 속에서 안정을 추구하였던 이 왕조는 모두에게 환영받았다. 특히 중산계급은 안정된 정부의 보호를 원하였으므로 이 왕조를 지지하였다. 이런 상황 속에서 헨리 8세(1509~1547), 엘리자베스Elizabeth 1세(1558~1603)와 같은 대표적인 절대 군주들이 출현하였다. 더구나 이들 절대 군주들은 의회의 지원 속에서 더욱 성장할 수 있었으며 실제적으로 그들은 의회를 규제하고 있었다.

엘리자베스여왕은 후계자가 없이 죽었고(1603) 그녀의 가장 가까운 친족이며 조카인 스코틀랜드왕 제임스 6세가 영국의 왕으로 즉위하여 제임스 1세가 되어 영국 최후의 절대 왕조였던 스튜어트왕조를 개창하였다. 제임스 1세는 그의 개인적 결함에도 불구하고 왕권신수설(王權神授說)을 철저히 주장하였으며 장로교회와 청교도주의를 반대하고 의회를 억압하였다. 그러나 이와 같은 것은 당시의 영국 실정과는 유리된 것이었다. 마그나 카르타*Magna Carta* 이후 이미 제한된 정부 이념이 표현되었고, 이런 이념이 당시에 사라지지도 않았다. 그러나 제임스 1세는 이를 반대하여 의회의 인준 없이 세금을 거둬 왕의 재정에 충당하는가 하면 그가 좋아하는 기업에 특권과 전매권을 지나치게 허용하였고, 시민의 의사를 무시한 교역을 직접 지휘하였다. 엘리자베스 때 스페인을 격파한 후 영국 상인들은 다시 한번 스페인 세력을 구축할 것을 열망하였다. 그러나 왕은 오히려 스페인과 화해하고, 나아가서는 비록 실패하였지만 스페인 왕녀와의 결혼까지 추진하기도 하여 의회와의 충돌을 빚었다.

엘리자베스 1세

제임스 1세는 국가와 교회를 상호 관련짓지 않는 종교를 반대하였다. 그러므로 청교도는 그의 질시 대상 중에 하나였으며 오히려 카톨릭을 좋아하였다. 그러나 1605년 카톨릭 교도들의 화약음모사건*Gunpowder Plot* 이후 의회는 카톨릭에 대한 엄격한 법률을 요구하였고 왕과 의회는 더욱 갈등을 일으키게 되었다. 1611년에서 1621년까지는 의회의 공백시기였다. 하지만 1613년 코크Edward Coke가 대법원장*chief of justice*이 된 이후 마그나 카르타 이념을 바탕으로 한 기본권사상은 꾸준히 발전되고 있었다.

찰스 1세

1625년 제임스 1세가 죽은 후 그의 아들 찰스 1세Charles I가 즉위하였다. 그도 역시 왕권의 절대권을 주장하였고, 이로 인하여 의회의 지도자들과 대립하였으며 그 결과 징세하는 데 큰 어려움을 불러일으켰다. 프랑스와의 전쟁에서 재정의 궁핍을 크게 느낀 그는 의회에 더 많은 징세를 요구하였다. 의회가 이를 거부하자 그는 재판도 없이 인신을 구속하여 재정을 확보하기도 하였다. 의회는 이에 대항하기 위하여 권리청원*Petition of Right*을 제출하였고 찰스는 마침내 이를 인준하였다(1628). 그 내용은 의회의 인준 없는 징세

를 금하고 사병의 양성을 불법화하며 평화시 계엄령 선포와 자의에 의한 인신구금을 금지시키는 것이었다.

권리청원 이후에 찰스의 폭정이 끝난 것은 아니었다. 그는 계속해서 비정상적인 방법으로 돈을 거뒀으며 벌과금을 올리고 전매권을 팔았다. 특히 선박세의 징수는 중산 시민의 직접적인 분노를 자아내었다. 이에 왕의 폭정에 반대하는 사람들은 단합하여 대항하였으며 징세를 거부하였던 햄프던John Hampden은 왕의 자의에 의한 정책에 반대하는 중류시민계급의 대표자가 되었다.

청교도혁명

찰스 1세는 제임스 1세와 같이 캘빈파를 싫어하였고, 캔터베리Canterbury 주교로 로드William Laud를 임명하였다. 로드의 정책은 신교도 특히 스코틀랜드장로파에 대해 압제를 가하는 것이어서, 결국 스코틀랜드의 무장폭동을 초래하였다. 왕은 폭동 진압 전비를 염출하기 위하여 1640년 의회를 소집하였다. 그러나 의회는 왕의 뜻과는 달리 오히려 왕의 재정을 위축시킴으로써 왕권을 제약하려 하였다. 의회는 왕의 재정적 기반이었던 선박세를 폐지하고 왕에 대한 기부금의 금지를 결정하였다. 또한 주교인 로드와 스트래포드Strafford 백작을 탄핵하였고, 그 일당을 투옥하였다. 왕이 의회를 해산하는 것을 위법으로 규정하였으며, 의회는 왕의 소집 없이 적어도 3년에 한 번은 개최토록 하였다. 찰스는 이에 대하여 무력을 행사하여 하원을 해체하였고 이에 왕당파와 의회파가 군사력으로 대치하기에 이르렀다.

1642년에서 1649년에 이르는 시민혁명은 이렇게 하여 서막을 열었다. 이 시기의 시민 혁명은 정치·경제·종교적인 투쟁이었다. 왕당파cavaliers에는 대귀족·대지주·구교도·국교에 충실한 자들이 가담하였고, 의회파round heads에는 소지주·소상인·소산업가들이 동조하였지만 그 주축은 청교도와 장로파들이었다. 이들 간의 전투는 처음에는 왕당파에 유리하였다. 그러나 1644년 이후 의회파가 승기를 잡게 되었으며 1646년 네이즈비Naseby 전투에서 대승하였고, 왕을 사로잡을 수 있었다. 이렇게 하여 의회파의 승리로 전투는 끝났다.

크롬웰

그러나 의회파는 이제 왕권을 제약하는 조건으로 찰스를 복위시키고 종교적으로 장로교를 고집하는 대다수의 장로파와, 왕을 불신하고 종교적 관용을 주장하는 급진 소수의 분리주의자, 즉 독립파로 분열되었다. 후자의 지휘자는 크롬웰Oliver Cromwell이었으며 그는 의회파 군대를 지휘하였고, 1648년의 전투에서 찰스를 격파하였다. 독립파는 군사력으로 대다수의 장로파를 의회에서 축출하여, 이른바 잔여의회*rump parliament*만을 존속시키고 최고재판소*high court of justice*를 설립하였다. 드디어 1649년에는 왕을 처형하여 영국을 과두정치의 공화국으로 변모시킴으로써 청교도혁명을 일단락지었다.

새로 조직된 정부는 '연방공화국'*commonwealth*이라고 불리었다. 물론 독립파가 중심이었다. 잔여의회는 존속되었고, 왕 대신 국가회의*the counsil of state*가 조직되었다. 크롬웰은 군사력을 배경으로 이 두 기구의 권한을 잡았고, 의회를 규제하여 독재권의 기반을 만들었다. 그 후 의회는 그를 종신호국경*Lord Protector*으로 만들었으며, 그의 공직은 세습되기에 이르렀다. 이제 크롬웰의 권한은 스튜어트 전제정부의 그것보다 더욱 독재적이고 절대적인 것이 되었다. 더욱이 그의 권한을 신이 인정한 것이라고 주장한 것은 왕권신수설의 재현이라고 할 정도였다.

청교도혁명은 점점 더 극단적으로 진행되었다. 국교도·왕당파뿐만 아니라, 그보다 더 과격한 일당, 즉 수평파*Levellers*나 디거*Digger*도 크롬웰을 반대하였다. 그런데 이 두 과격파는 모두 기본권의 근원이 자연법에 있다고 하였고, 정치적인 평등보다 경제적 평등을 강조하는 등 매우 진보적인 사상을 제시하였다. 이런 반대당들 이외에도 아일랜드와 스코틀랜드에서 폭동까지 일어나 크롬웰을 난처하게 만들었다. 그렇지만 크롬웰 정부가 강력하게 존속할 수 있었던 데는 몇 가지 이유가 있었다. 강력한 군사력을 바탕으로 정국의 안정을 기하고 1651년의 항해조령(航海條令)*Navigation Act* 등의 정책으로 상당한 이권을 중산계급에 부여함으로써 중산계급의 지지를 얻을 수 있었다. 그리고 스페인·네덜란드와의 대외 전쟁에서의 승리는 그의 강력한 정치적 기반이 될 수 있었다.

명예혁명

1658년 크롬웰이 죽은 후 그의 아들 리처드*Richard*가 그의 공직을 계승하였다. 그러나 이제 영국인들은 연방공화국을 원치 않았으며, 엄격한 청교도주의도 싫어하였다. 구교도와 국교도 그리고 중산층까지도 점차 크롬웰이 이루어 놓은 일들에 대해서 회의를 가졌다. 그러던 중 1660년에 이르러서 새로운 의회는 찰스 2세*Charles II*를 왕으로 추대하였다. 왕정으로의 복귀는 군사력에 의거한 강압적 통치에서 벗어나는 환희를 가져왔다. 더구나 그가 독재자로 군림하지 않고 마그나 카르타와 권리청원을 준수할 것을 약속하자 영국인은 부활한 왕정에 더욱 기대를 걸었다. 찰스 2세(1660~1685), 제임스 2세(1685~1688)가 다시 재위하는 이른바 왕정복고*restoration*가 이루어진 것이다.

찰스 2세

17세기 말에 이르러 영국은 1688~1689년의 명예혁명*Glorious Revolution*시기에 돌입한다. 찰스 2세는 그의 공약과는 달리 의회를 무시하고, 점차 전제 군주의 성격을 나타내었다. 특히 그의 친구교 정책은 일단의 애국적인 영국인들의 공포를 자아내었다. 찰스 2세의 뒤를 이은 그의 동생인 제임스 2세도 카톨릭을 지지하여, 공공연히 의회를 무시하였으며 심사율을 위반하여 군대와 공직의 요직에 구교도를 많이 채용하였고, 국교도를 속박하였다. 그러던 중 구교도인 두 번째 왕비에게서 아들이 태어나자, 영국인들은 그가 왕이 될 경우 구교도의 세력이 확대될 것을 두려워하였다.

이런 가운데 이루어진 명예혁명은 실로 무혈의 혁명이었다. 제임스 2세의 딸 메리Mary와 그의 남편 윌리엄 오렌지William Orange공을 왕으로 추대하고 전제왕이었던 제임스 2세를 퇴위시킨 것이다. 새로운 왕에게는 전제적 군주가 될 만한 권한이 부여되지 않았고 의회는 1689년에 전제 군주로부터 인민의 권리를 보호할 수 있는 많은 법을 통과시켰다. 이후 이런 것들은 권리장전*Bill of Right*에서 법률로 되었는데, 이에 의하면 영국인은 재판 없이 구금할 수 없고 의회의 동의 없이 세금을 부과할 수도 없었다.

명예혁명은 왕에 대한 의회의 승리였으며, 이후 영국에서 절대 왕권은 사라졌다. 또한 명예혁명은 미국혁명을 일으키는 데 상당한 영향을 주었고, 프랑스에서 절대 왕정을 분리시키는 이론을 제공하여 주었다. 실로 볼테르Voltaire · 제퍼슨Jefferson · 페인Paine의 정치 이론은 제한된 정부라는 영국혁명 이념의 산물이었다.

프랑스의 절대주의

리셜리외

프랑스 절대 왕정의 기원은 13 · 14세기의 루이 9세Louis Ⅸ와 필립 4세 Philip Ⅳ에까지 거슬러 올라갈 수 있다. 그러나 프랑스 절대 왕권의 확립은 백년전쟁(1337~1453) 이후부터일 것이다. 전쟁 이후에 왕은 새로운 형태의 국가적 징세를 하고, 거대한 상비군을 조직하였으며 봉건귀족의 권한을 폐지하였다.

16세기의 프랑스는 대외적으로는 스페인과의 전쟁, 대내적으로는 카톨릭과 위그노전쟁으로 야망에 찬 귀족들에게 유리한 시기였다. 그러나 이런 혼란은 앙리 4세에 이르러 정리되었다. 1598년 낭트칙령*Edict of Nantes*을 선포하여 신교도를 인정함으로써 이후 프랑스에서는 종교적 갈등도 해소되었다. 앙리는 이뿐만 아니라 재상 쉴리Sully공의 도움을 얻어 국내외 정책에 힘을 써서, 국력을 키우면서 왕권확립을 이룩하였다. 왕권강화는 그의 아들 루이 13세Louis Ⅷ에 이르러서도 계속되었다. 그는 재상으로 리셜리외Richelieu를 등용하여 모든 왕권의 제약 요소를 없애고, 프랑스가 유럽의 주도권을 잡는 데 노력하였다. 이런 목적은 국내 정책에서부터 진행되었다. 귀족세력을 억누르고, 지방 행정부에 왕이 임명한 감독관을 파견하였으며, 봉건 잔재를 타파하였다. 한편 리셜리외의 대외 정책은 합스부르크왕가의 결합을 분리시키는 데 집중되었다. 마침내 이 문제는 30년전쟁에서 해결되어 프랑스는 유럽에서 가장 강대한 나라 중의 하나가 되었다.

루이 14세

프랑스 절대 왕권은 프랑스혁명 이전의 마지막 세 왕 때에 절정을 이루었다. 루이 14세(1643~1715)는 당시 유럽의 여러 군주 중에서 가장 큰 절대 왕권을 행사하였다. 그는 왕의 지위는 신에게서 위탁받은 것이라고 주장함은 물론이고 모든 국가 일을 왕 개인의 범주 안에서 수행하는 것이 정당하다고 믿었다. 그의 유명한 "짐은 국가다" *l'état c'est moi*라는 말은 그의 왕권이 얼마나 절대적이었던가를 잘 나타내고 있다. 그러나 태양에 자신을 비유하여 태양왕으로 자처했던 그는 허세와는 달리 실정을 연발하여 콜베르Colbert의 과세개혁안에 쓸데없이 간섭하였으며, 역대 재상이 축적해 놓은 재정을 탕진하였다. 그는 리셜리외와 앙리 4세가 만들어 놓았던 중앙집권 강화 정책과 귀족을 조신으로 만드는 정책 등을 추종하였을 뿐 프랑스 정부를 개혁하지는 못하였다. 또한 그의 종교 정책도 반동적이었는데 1685년에 낭트칙령을 폐지하여 위그노의 종교적 자유를 억압하였으며 그럼으로써 많은 수의 지식인과 부자들이 외국으로 도피하였다.

콜베르

1789년 혁명 이전의 프랑스정체는 루이 14세 때의 것이 그대로 계속되었다. 루이 15세(1715~1774), 루이 16세(1774~1792)도 역시 왕권신수설을 신봉하였다. 이들은 충성을 하지 않는다는 구실로 조신을 재판 없이 구금하기도 하였고, 그의 정책에 반대하는 자를 억눌렀으며 막대한 전비를 지불하는 전쟁과 사치 방탕으로 재정의 고갈을 초래하였다. 절대적인 왕권에 어울리지 못했던 그들의 비효율적인 정책들은 왕 자신들의 개인적 결함과 더불어 프랑스혁명을 일으키는 요인들이 되었다.

스페인의 절대주의

스페인의 절대주의는 프랑스보다 빨리 성장하였고, 좀더 오래 지속되었다. 스페인은 13세기에 반도 북부에 있었던 아라곤Aragon·카스티야Castilla·레옹Léon·나바르Navarre의 4개의 기독교 왕국과 이교도 국가인 남부의 무어Moors로 분할되어 있었다. 15세기 중엽에 이르러 가장 강대했던 두 나라의 국왕인 카스티야의 이사벨라Isabella와 아라곤의 페르디난트Ferdinand의 결혼으로 대부분의 반도는 통일되었다. 이어서 카톨릭 국가의 군대가 연

펠리페 2세

합하여 무어인을 추방함으로써 이베리아반도의 반카톨릭 세력은 모두 축출되었다.

페르디난트의 딸인 조안나Joanna 는 왕국을 계승받았고, 그녀는 합스부르크왕가의 왕자와 결혼하였다. 조안나의 아들은 스페인 왕위를 계승받아 카를로스 1세가 되었는데(1516) 3년 후에는 신성로마제국의 황제가 되어 칼 5세가 되었으며 이로써 스페인은 중부 유럽, 남부 이탈리아와 연합하게 되었다. 칼 5세는 프로테스탄트에 의해서 깨진 종교적 통일을 회복하여 스페인뿐만 아니라 전 유럽에 기독교적인 질서를 회복하려 하였다. 그러나 이와 같은 시도는 좌절되었고 왕위는 페르디난트 1세, 펠리페 2세로 이어졌다.

펠리페 2세는 스페인 왕권의 전성기에 재위하였다. 그렇지만 그 시대의 전성기는 스페인의 쇠퇴의 양상도 엿보였다. 펠리페는 선왕의 정책을 그대로 이어받았고 종교적인 면에는 너무 강경하였다. 그는 스페인 종교재판소를 통하여 국민에게서 혐오감을 받았으며 네덜란드에서는 폭동이 발발하였다. 그는 국내 및 식민지의 산업 진흥은 도외시하는 반면에, 시대적인 이론에 맞추어 금과 은만을 모았으며 재정의 대부분을 정치적인 전쟁과 상비군 유지에 탕진하였다. 그의 실책 중에 가장 큰 것은 영국과의 전쟁이었다. 1588년에 무적함대(無敵艦隊) *The Invincible Armada* 를 영국에 파견하였으나 엘리자베스여왕의 해군에게 참패를 당한 것이다. 이후 스페인은 점차 전성기의 영광이 사라지게 되었다.

프로이센 · 오스트리아의 절대주의

프로이센 절대주의의 기초를 이룬 왕은 선거후 프리드리히 빌헬름Fredrich Wilhelm 으로, 호엔촐레른Hohenzollern 가의 프로이센 지배를 이룩하였다. 그를 계승한 프리드리히 빌헬름 1세(1713~1740)는 적극적으로 강병육성책을 추구하여 엄격하게 조직된 군대를 갖게 되었다. 프리드리히대왕이라고 불리는 프리드리히 2세(1740~1786)는 18세기의 계몽절대군주로서 국제적인 고립을 피하고 군사와 경제 재건에 진력하였다. 자신을 국가의 제1의 공복(公僕)이라고 일컬은 그는 볼테르Voltaire 를 찬양하였고, 바흐Bach 와도 친교가 있었으며, 초등교육을 실시하고 산업과 농업을 증진시키는 한편 마키아벨리의 이론에 반대하는 등 계몽 군주다운 면을 보였다.

프리드리히 2세

그러나 그도 국제관계에는 냉혹하였다. 프리드리히는 오스트리아로부터 실레지엔Schlesien 을 빼앗았고 러시아의 캐더린Catherine(1762~1796)과 공모하여 폴란드를 분할하는 등 18세기 유럽을 유혈의 전화(戰火)로 이끄는 데 주역이 되곤 하였다.

오스트리아 절대주의 전성기는 마리아 테레지아Maria Theresia(1740~
1780)와 요셉 2세Joseph Ⅱ(1780~1789)의 재위시기였다. 상비군이 증강되는
대신 중앙집권화에 어긋나는 교회의 세력은 감퇴되었고, 교육이 널리 시행되
었다. 다른 절대 군주와는 달리 마리아 테레지아는 기독교적 도덕에 헌신하
였다. 그렇지만 잃어버린 실레지엔지방을 찾기 위하여 폴란드를 분할하는 등
당시의 다른 절대 군주와 다를 바는 없었다. 마리아 테레지아에 이어서 즉위
한 요셉 2세는 프랑스 계몽사상가의 영향을 받아 이성과 정의에 기반을 둔
제국을 재건하려 하였다. 그리하여 교회의 세력을 감축시키고 수도원을 폐지
하며 종교에 관계없는 정책을 수행하려고 하였다. 그러나 그의 높은 이상에
도 불구하고 개혁 정책은 모두 실패하였다. 대외 전쟁에서도 그는 실패하였
고, 귀족과 성직자의 반발에 부딪혔으며 강제 징용으로 농민에게서도 지지를
받지 못하였다.

러시아의 절대주의

러시아는 15세기부터 20세기에 이르기까지 한결같이 전제 군주 체제만으
로 이어져 왔다. 첫번째의 러시아 차르*Tsar*(Caesar ; 황제)는 이반 3세 Ivan the
Great(1462~1505)이다. 이반은 그 칭호인 차르가 의미하듯이 동로마 황제의
계승자임을 자처하였다. 그는 몽고의 지배에서 벗어나 영토를 북빙양(北氷洋)
에서 우랄산맥에 이르는 지역까지 확대하였다. 그 뒤 이반 4세 Ivan the Terri-
ble(1533~1584)는 영토를 남과 동으로 더욱 확장시켰다. 17세기에 이르러서
는 모스크바에서 돈*Don*강 계곡, 볼가*Volga*강 계곡 등으로 이민이 실시되었
다. 카자흐*Kazakh*라고 불리는 개척전사단은 동쪽으로 더욱 전진하여 17세
기 말에는 시베리아*Siberia*에 이르러 태평양에까지 도달할 수 있었다.

초기의 러시아제국은 동방적이었다. 민족·종교·철자법, 심지어는 달력까
지 비잔틴의 것을 그대로 사용하였다. 러시아를 서방적인 문화로 전환시킨
왕은 피터대제 Peter the Great(1682~1725)였다. 고대의 관습을 전적으로 무
시한 그는 러시아인의 생활방식을 바꾸었고 의복·예절까지 서유럽식으로
고쳤다. 그는 절대권을 확장하기 위하여 종래의 지방자치제를 중앙집권적이
고 국가적인 조직으로 바꾸었으며 종교도 그의 휘하에 두었다. 특히 그는 서
양의 과학과 기술에 관심을 두어 친히 영국과 네덜란드에 가서 조선과 산업
시설을 견학하였고 서구로 향한 관문인 발트 연안을 정복했으며 수도를 모스
크바에서 성 페테르스부르크*St. Petersburg*로 옮겼다. 그렇지만 피터도 수많
은 전쟁과 유혈사태를 불러 전형적인 절대 군주에서 벗어나지는 못하였다.

피터의 서구화 개혁은 캐더린여제로 이어졌다. 캐더린은 흔히 계몽절대군

피터대제

캐더린여제

주라고 불린다. 캐더린은 프랑스 계몽사상에 동조하여 병원을 세우고 고아원을 만들었으며, 농노는 해방되어도 좋다고 하였다. 그러나 그녀도 전형적인 절대 군주로서 잔인한 독재자였다. 여제의 업적은 서구사상 도입을 통한 강한 러시아제국의 건설에 있을 것이다.

절대주의시대의 여러 전쟁

17세기 유럽 전쟁의 대부분은 합스부르크왕가와 부르봉왕가와의 대립 때문에 주로 일어났다. 유럽의 많은 부분을 지배하고 있던 합스부르크왕가의 신성로마제국은 프랑스 절대주의 발전에 가장 큰 제약 요소였다. 독일과 덴마크 · 스웨덴의 경우도 이런 입장은 부르봉왕가와 같았다. 이런 가운데 종교개혁에서 시작된 탈신성로마제국 기운은 각국의 절대주의 성장에 부응하였고 종교적인 적개심을 바탕으로 하여 적대적인 두 동맹을 만들었다. 이 두 동맹은 신교를 중심으로 한 에반젤리칸동맹*Evangelican Union*과 카톨릭 왕들의 동맹이었다. 상호 대립적인 이 두 동맹은 나아가서 중부 유럽을 전쟁의 도가니로 이끌었는데 이것이 30년전쟁(1618~1648)이다.

30년전쟁은 신성로마제국의 보헤미아*Bohemia*에 대한 세력 확장 기도에서 시작되었다. 1618년에 보헤미아 왕위에 공백이 생기자 신성로마제국 황

웨스트팔리아조약 체결
(1648년)

제인 마티아스Matthias는 그의 합스부르크왕가의 일족이며 카톨릭옹호주의자인 페르디난트Ferdinand를 즉위시키려 하였다. 그러나 보헤미아지방(체코민족)은 민족주의와 신교주의가 강한 곳이어서 그곳 주민은 이를 반대하고 프리드리히를 왕으로 옹립하는 한편 독립을 선언하고 반란을 일으켰다. 신성로마제국 황제는 이에 대하여 라인강 계곡에 있는 페르디난트 영지를 압류하려 하였는데, 이와 같은 사건은 북유럽 신교국가의 왕들을 전쟁으로 끌어들이는 계기가 되었다. 독일·덴마크·스웨덴뿐만 아니라 1632년에는 프랑스가 참전하였으며, 이제 전쟁은 종교적인 양상을 벗어나서 실제적으로 합스부르크왕가와 부르봉왕가의 세력쟁탈전으로 바뀌었다. 전쟁 결과 프랑스와 그 동맹국이 목표하였던 바와 같이 합스부르크왕가의 연합세력은 와해되었으며 프랑스의 승리로 평화가 회복되어 1648년에는 웨스트팔리아조약*The Treaty of Westphalia*이 체결되었다.

웨스트팔리아조약은 전승국의 영토 확장을 인정하였다. 네덜란드와 스위스의 독립이 인정되었고, 독일 제후국들은 독립국으로서 인정을 받았으며, 신성로마제국은 단지 명목만 유지할 수 있었다. 그러나 이 조약은 유럽의 평화보다는 더욱 심한, 앞으로 전개될 국제 분쟁의 요소를 담고 있었다. 프랑스의 루이 14세는 이 조약에 만족하지 않고 영토 확장을 꾀하였다. 이것은 영국의 중립을 예견하고 이루어졌다. 그러나 아우크스부르크 동맹 전쟁*The war of the league Augsburg*(1688~1697)이라 불리는 전쟁이 일어나자 영국은 명예혁명 이후 태도를 바꾸어 오스트리아와 같이 이에 대항하는 연맹을 조직하여 프랑스의 의도를 좌절시켰다.

프랑스 영토 확장 의도는 이렇듯 일단 좌절되었지만 1700년에 이르러 다른 구실을 찾게 되었다. 스페인 왕위가 단절되자 루이 14세가 그의 증손자의 왕위 계승권을 주장한 것이었다. 이런 문제는 다시 전쟁을 유발하였는데 이것이 1702년의 스페인왕위계승전쟁이며, 유트레히트조약(1713~1714)으로 일단락되었다. 이 조약은 스페인과 프랑스를 합병하지 않는다는 조건으로 루이 14세의 증손자가 즉위하는 것을 인정하였으며 결국 영국과 오스트리아의 영토를 확장시켜 주었다.

18세기 절대주의시대의 가장 대표적인 전쟁은 7년전쟁(1756~1763)일 것이다. 이 전쟁은 아우크스부르크동맹전쟁과 스페인왕위계승전쟁에서 나타난 문제들이 영국과 프랑스의 상업 경쟁과 얽혀 확대된 것이다. 무역과 식민지 건설에서 주도권을 다투었던 영국과 프랑스는 이미 100여 년 전부터 노골적인 적대 행위를 보이고 있었다. 그러던 것이 아메리카 오하이오계곡 소유 문제를 계기로 확대되어 전 아메리카의 주도권, 나아가서는 인도의 주도권 쟁탈전으로 확산되었다. 유럽의 각국은 프로이센과 연합한 영국과, 스페인·오스트리아·러시아와 연결된 프랑스의 두 진영으로 나누어져 곧 국제 전쟁으로 바뀌었다. 결국 프로이센의 프리드리히가 오스트리아의 마리아 테레지아를 격파하고 실레지엔을 얻음으로써 전쟁의 승리는 영국을 중심으로 한 진영에게로 돌아갔다.

7년전쟁의 결과는 유럽사에 매우 중요한 영향을 미쳤다. 프로이센은 전쟁의 승리로 유럽 정상의 강한 국가로 성장하였다. 영국은 프랑스에게서 아메리카 이권을 거의 모두 인수받았으며 인도에서도 프랑스의 제권리를 양도받았다. 영국의 교역은 확대되고 중산층은 부유해졌으며 식민지와의 교역에서 이루어진 부는 산업혁명을 일으키는 원동력이 되었다. 이와 같은 7년전쟁에서의 영국의 승리는 영국이 세계를 지배하는 데 이정표를 만들어 주었다. 반면에 프랑스는 심대한 손실을 당하게 되어 이제 프랑스의 국력 회복은 거의 절망적이 되었다. 교역은 쇠퇴하였으며, 대륙의 주도권을 잡을 기회는 닿지 않았다. 이런 사태는 프랑스를 1789년 대혁명의 와중으로 유도한 큰 원인이 되었다.

베이컨의 「신기관」 표지

제5절 17·18세기의 문화

철 학

17세기 동안에 학문이 혁명에 비유될 수 있을 정도로 급격하게 발전하였다. 데카르트René Descartes(1596~1650)·뉴튼Issac Newton(1642~1727)·로크John Locke(1632~1704), 이 세 사람이 선구적인 역할을 하였다.

데카르트

군인이면서 수학자이고 물리학자였던 데카르트는 철학의 합리주의론에 크게 기여하였다. 물론 합리주의론이 그에게서 처음으로 시작된 것은 아니다. 그는 과거의 합리주의자, 예를 들면 스콜라 철학자와는 달리 권위를 철저히 배격하였고 아무리 명망이 있는 저자의 책이라고 하더라도 그 책을 사용하는 것을 조소하였다. 데카르트는 인류의 모든 경험과 지식은 편견에 의해서 오도되었다고 믿었다. 그러므로 그는 전혀 편견에 치우치지 않는 새로운 방법을 주장하였고, 간단하고 자명한 진리나 공리에서 어떤 특정된 결론을 얻는 수학적인 방법, 즉 순수연역법을 이용하여 진리를 찾자고 하였다. 데카르트는 자명한 공리를 "나는 생각한다. 그러므로 나는 존재한다"로 잡았고, 여기서 출발한 것은 기하학에서의 진리와도 같이 오류가 없다고 하였으며, 이것을 '진리'라고 주장하였다.

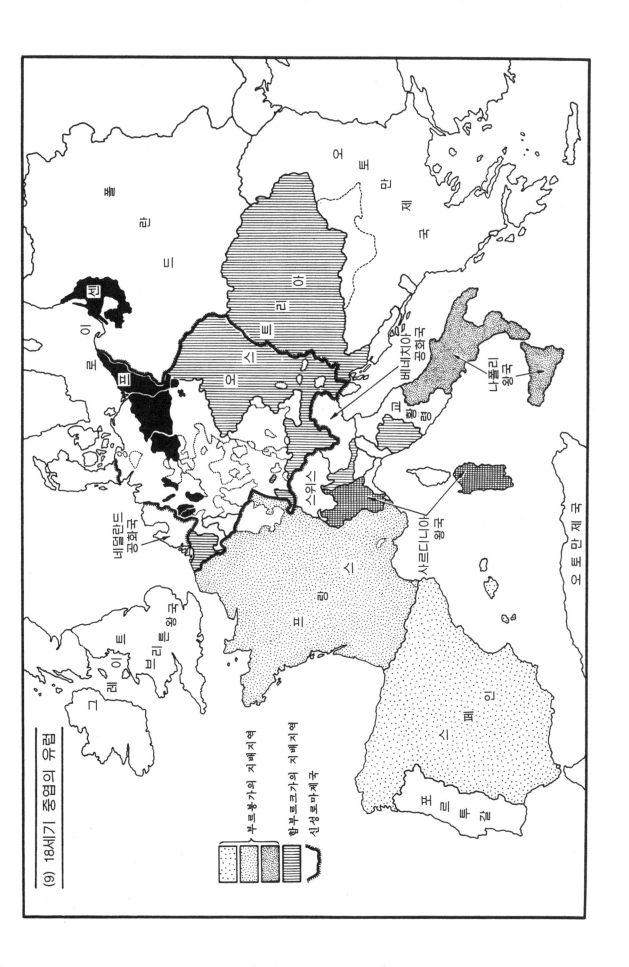

(9) 18세기 중엽의 유럽

데카르트는 새로운 합리주의의 창시자로서뿐만 아니라 기계론적인 우주관을 제시하여 물리학에 기여하였다. 그는 물질 세계는 신장과 운동extension and motion으로 조직되어 있다고 하였으며 모든 천체는 본시 지니고 있던 기계적인 힘으로 소용돌이치면서 계속적인 운동을 하고 있다고 하였다.

데카르트의 새로운 합리주의와 기계론적인 사고는 과거의 신학적 편견을 거의 모두 배제한 혁명적인 것이었다. 철학자들은 더 이상 진리의 근원을 신의 계시에 두지 않았다. 이제 이성reason이 지식의 기반이 되었고, 우주관 속에 뿌리박혀 있던 영적인 의미는 버려졌다.

데카르트의 이론은 스피노자Benedict Spinoza와 홉즈Thomas Hobbes에게로 이어졌다. 유대인이었던 스피노자는 우주에는 단 하나의 기본적인 존재가 있는데 그것은 신이며 신은 자연 그 자체라고 하였다. 이것은 우주의 개념을 순수한 범신론pantheism으로 풀이한 것이다. 그러나 스피노자가 주장한 범신론은 믿음에서가 아닌 원인과 결과를 계산한 이성에 바탕을 둔 것이었다. 스피노자는 윤리적인 문제에도 관심이 있었다. 인간이 소유할 수 있는 영속적인 행복은 돈·쾌락·권력·명예가 아니라 '신에 대한 사랑', 즉 자연의 질서와 조화를 사랑하는 것이라고 하였다. 인간이 기계적인 우주의 아름다움만을 인식하고 우주의 질서를 특정인이 파괴할 수 없다는 생각만을 갖는다면 그는 지금까지의 철학자들이 동경했던 것과 같은 마음의 안정을 찾게 될 것이라고 하였다. 또한 인간은 우주의 기계적 질서에서 벗어날 수 없는 부자유를 인정할 때 자유를 얻게 될 것이라고 스피노자는 주장하였다.

17세기의 영국에서도 연역법은 받아들여졌다. 홉즈는 철학적 진리를 찾는 가장 좋은 방법은 기하학적인 방법을 이용하는 것이라고 하였다. 그렇지만 그는 범신론은 부정하였다.

케플러

뉴튼

과학의 발전

과학에 대한 관심은 르네상스 이후부터 크게 증진되었다. 초기의 주요한 발견은 17세기 초의 데카르트의 업적으로 대표될 수 있는 수학과 물리학 분야에서였다. 곧 이어서 뉴튼과 라이프니츠Gottfried Wilhelm Leibniz(1646~1716)는 계산법을 발전시켜 수학 분야에 혁명을 가져왔다.

뉴튼의 물리학은 20세기에 이르러서까지 대단한 위치를 차지하고 있다. 그의 연구는 물리학뿐만 아니라 철학 분야에 있어서도 인간의 사고방식을 바꾸게 할 정도로 그 영향은 지대하였다. 갈릴레이의 업적에 부분적으로 기반을 둔 뉴튼의 중력법칙은 1687년에 발표되었다. 이 법칙은 세상의 모든 물질을 하나의 법칙으로 엮었으며, 코페르니쿠스의 가설에 남아 있었던 의문을 일소

하였고, 우주의 메커니즘을 명료하게 설명한 것이었다. 뉴튼은 중력법칙 이외에도 육분의를 발명하여 항해에 도움을 주었고, 스펙트럼을 사용한 그의 연구는 빛의 성질을 규명하는 데 큰 기여를 하였다.

지적인 혁명시기라고 일컬어지는 17세기에 전기적 현상에 관한 기본적인 연구가 이루어졌다. 17세기 초에 영국인 길버트William Gilbert는 천연자석의 특성을 연구하였고 '전기'electricity라는 단어를 소개하였다. 그레이 Gray와 뒤페 Dufay는 전기의 음과 양을 구별지었으며, 그 후 18세기에 이르러서 볼타 Alessandro Volta(1745~1827)는 배터리를 만들었다. 1746년에는 라이든병 Leiden jar이 발명되어 축전할 수 있는 방법이 마련되었고, 이런 것을 토대로 하여 프랭클린Benjamin Franklin은 1752년에 피뢰침을 발명하였다.

근대 화학의 창시자로 불리는 보일Robert Boyle(1627~1691)은 연금술로 상상되기만 하였던 화학을 순수 과학으로 독립시켰다. 그는 혼합mixture과 화합compound을 처음으로 구별하였으며, 원자이론을 부활시켰다. 1744년에 프리스틀리Joseph Priestley는 산소oxygen를 발견하였고, 1776년에는 캐번디시 Henry cavendish가 수소hydrogen를 발견하였다. 이들의 발견은 종래의 연소phlogiston에 관한 의혹을 벗기는 첫 단계였다. 화학 분야의 뉴튼이라고 불리는 라브와지에Antoine Lavoisier(1743~1794)는 연소와 호흡은 모두 산화현상임을 증명하였고, 생명을 이끌어 나가는 그 자체도 화학작용이라고 하였다. 그러나 그가 화학 발전에 가장 큰 공헌을 한 것은 '에너지보전의 법칙'의 발견일 것이다.

이 시기에 있었던 생물학 발전도 대단한 것이었다. 후크Robert Hooke (1635~1703)는 처음으로 식물의 세포구조에 대하여 기술하였다. 말피기 Marcello Malpighi(1628~1694)는 식물의 잎이 동물의 폐의 역할을 함을 밝혔고, 레벤후크Anthony van Leeuwenhoek(1632~1723)는 원생동물·박테리아를 발견하였으며 최초로 인간의 정충에 대하여 논하였다. 린네Carl von Linné, Linaens(1707~1778)는 오늘날에도 그대로 쓰이고 있는 생물의 분류를 하였으며 각 생물에 학명을 부여하였다. 프랑스 생물학자인 뷔퐁Buffon(1707~ 1788)은 「자연사」를 저술하였다. 그러나 그의 중요한 업적은 인간과 고등동물을 한 부류에 넣은 것이었는데 이것은 진화이론은 아니었지만 고등동물이 어떤 단순한 한 종류의 생물에서 변화된 것임을 시사하는 것이었다.

고전주의적 예술

17·18세기의 문학과 예술을 주로 지배하였던 사조는 고전주의였다. 작가들은 고대 그리스와 로마의 정신을 다시 부활하려 하였고, 고전을 모방하였다.

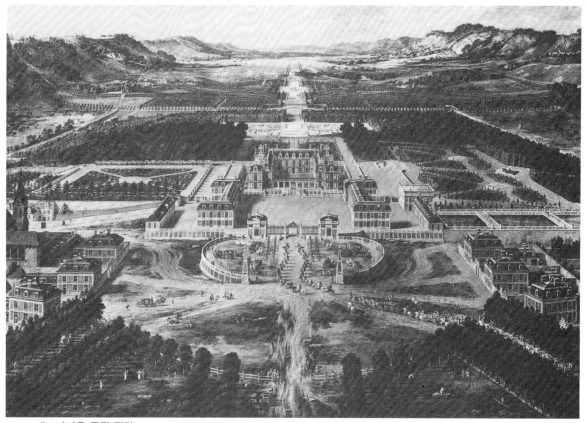

베르사이유 궁전 전경
（1668년）

당시의 문인들은 중세를 암흑의 시기라고 경멸하였으며, 기독교적 야만성이
고전을 파괴한 것에 대해 비탄하였고, 르네상스기의 휴머니즘에 동조하였다.

　예술 분야의 주요한 업적은 건축과 회화에서 이루어졌다. 조각은 르네상스
때와는 달리 건물을 장식하는 부속물이 되었다. 17세기의 건축은 주로 바로
크Baroque 양식을 따랐다. 이 양식은 원래 이탈리아에서 시작된 것인데 전
유럽에 전파되었다. 뢱상부르Luxembourg 궁전 · 베르사이유 궁전 · 영국의
세인트 폴 사원 등이 대표적인 건축물로 남아 있다. 바로크 양식은 고대 로마
에 기원을 두고 있는 것으로 알려져 있으나 로마의 건물보다 매우 더 화려하
다. 내부를 귀금속으로 장식하여 품위를 높이고 거울을 달아 빛을 반사시켜
화려함을 더했으며 색색의 대리석으로 장식하였다. 이런 것 이외에도 건물이
크고 외양은 많은 조각으로 장식되었으며 고전적인 기둥을 사용하여 중세의
교회와도 같이 신비로운 감마저 들게 하였다. 바로크 양식은 강대해진 절대
국가와 산업혁명에서 얻은 호사함을 표현한 것이었다.

　18세기에 이르러 거대하고 허세를 부린 듯한 바로크 양식은 새로이 고전
주의를 가미한 로코코Rococo 양식으로 바뀌었다. 로코코 양식은 바로크 양식

보다 경쾌할 뿐만 아니라 좀더 우아하고 세련된 것이었다. 프랑스의 경우 루이 14세 때의 절대 왕조의 투쟁기와는 달리 좀더 섬세하고 여성다우며 안정을 추구하는 사회 분위기가 루이 15세 때 나타나게 되었는데 이런 시대적인 배경은 로코코 양식을 성행시켰다. 프랑스 베르사이유의 프티 트리아농 *Petit Trianon* 궁전이 대표적인 건물로 남아 있다. 18세기 중엽에는 바로크와 로코코 양식에 반발하는 새로운 조지아 양식 *Georgian style* 이 유행하였다. 이 양식은 식민지 건축에 많이 사용되었는데 영국의 식민지와 아메리카에서 주로 이루어졌다.

17 · 18세기의 회화 양식은 건축과 비슷하였다. 바로크 전통을 가졌던 화가는 플란더스 지방의 루벤스 Peter Paul Rubens(1577~1640)와 반다이크 Anthony Van Dyck(1599~1641), 그리고 스페인 사람인 벨라스케스 Velazquez(1599~1660)였다. 루벤스는 이들 중 가장 재능이 뛰어난 사람이었다. 「물레 잣는 세 운명의 여신」*The Fates Spinning*, 「비너스와 아도니스」*Venus and Adonis*를 그린 그는 고전적인 주제를 고상한 색채와 활기로 표현하여 당시의 부유한 상인과 귀족들의 분위기를 표현하였다. 반다이크와 벨라스케스는 주로 절대 군주의 초상을 그렸는데 이것도 역시 시대적인 반영이었다.

렘브란트 작 「야경」

건축에서 로코코 양식이 우세하였던 시기에 회화도 역시 그런 경향을 보였다. 와토Antonie Watteau, 부셰François Boucher, 레이널즈Joshua Reynolds, 그리고 게인즈버러Thomas Gainsborough가 대표적인 화가였다. 그런데 17세기 말에 이르러 시대적 유행과 인습에 반대하는 화가가 있었는데, 그가 바로 르네상스 때의 거장(巨匠)에 비견될 수 있는 렘브란트Harmensz van Rijn Rembrandt(1606~1669)이다. 네덜란드 화가 중에서 가장 철학적이었던 그는 인간 본성을 심오한 터치로 표현했으며, 작품으로는 「친절한 사마리아 사람」·「삼손의 결혼」·「팔걸이 의자에 앉아 있는 노파」 등의 초상화·풍경화·에칭 등이 있다. 그리고 렘브란트 이외에 고전적인 전통에 반대하였던 대표적 화가로는 할스Frans Hals(1580~1666)와 고야Francisco Goya(1746~1828) 등을 들 수 있다.

문 학

17·18세기의 문학도 역시 고전주의를 이상으로 하고 있었다. 고전적인 형태를 모방하는 것뿐만 아니라 고대 그리스와 로마인의 특징이었던 합리주의에 심취하였다. 몰리에르Moliére로 잘못 알려져 있는 프랑스 희곡의 시조인 포클랭Poquelin(1622~1673)은 바로크적인 분위기를 나타내고 있다. 그의 작품은 수식적이고 과장되었고, 인위적인 면을 보이고 있기는 하지만 고전적인 형태에 지나치게 치우치지 않고 인간의 본성을 보다 생생하게 표현하였다.

영국에서도 역시 고전주의는 융성하였다. 첫번째의 문인으로는 밀턴John Milton(1608~1674)을 들 수 있다. 그는 독실한 청교도신자로 한때 명예혁명의 철학적 배경을 제시하기도 하였다. 밀턴의 대부분의 작품은 고전적인 전통을 바탕으로 하였다. 그러나 그는 미의 정수는 도덕이라고 믿었고, 신학적인 문제에 깊은 관심을 가지고 있었다. 그의 대표작인 「실락원」Paradise Lost도 청교도주의에 입각한 그 시대의 종교적인 관심을 분석한 것이었다. 「실락원」의 주요 테마는 개인의 도덕적 책임과 덕을 수행하는 기구로서의 지식에 있었다. 인간이 낙원을 잃는 정도는 그들의 행동에 있어서 어느 정도로 감정이 이성을 능가하느냐에 비례한다는 것이다.

영국에서의 고전주의는 18세기의 포우프Alexander Pope(1688~1744)에 이르러 절정을 이루었다. 그는 계몽사상가들이 주장한 바를 그의 주요 작품을 통하여 저술하였다. 포우프 이외에도 고전주의의 영향을 받은 많은 문인이 있었는데 대중소설가인 디포우Daniel Defoe(1660~1731), 풍자소설가 스위프트Jonathan Swift(1667~1645), 회의주의 철학가 흄David Hume(1711~

1776), 역사가 기번 Edward Gibbon(1737~1794) 등이 대표적인 인물이었다.

18세기 중엽에 이르러서는 형식주의적이고 지적이며 논리적인 고전주의는 낭만주의에 의해서 도전을 받게 되었다. 일단의 작가들, 즉 낭만주의 작가들은 좀더 단순하고 좀더 자연주의적인 면에 관심을 두었고, 인간의 본능과 감정을 솔직히 받아들였다. 그들은 자연을 냉혹하고 기계적인 것으로 보지 않았으며, 미와 매력이 자연에서 구현된 것으로 생각하였다. 낭만주의 문학은 프랑스의 루소Rousseau의 「에밀」*Émile* 같은 작품에 근원을 두고 있다. 그러나 주요한 발전은 영국과 독일에서 이루어졌다. 18세기 영국의 낭만주의 작가로는 그레이Thomas Gray(1716~1771), 골드스미스Oliver Goldsmith(1728~1774), 번즈Robert Burns(1759~1796)가 대표적인 인물이었으며, 독일에서는 실러Friedrick Schiller(1759~1805), 괴테Wolfgang von Goethe(1749~1832)가 중심이 되었다.

17·18세기의 음악

17·18세기는 음악사에서 매우 중요한 전환기였다. 이 시기의 특징으로는 먼저 기악의 발전을 들 수 있다. 서양 음악의 흐름은 본시 성악이었다. 기계적인 악기의 발전이 없었던 시기의 당연한 산물인 것이다. 이런 가운데 17세기 말에 이르러서 건반악기인 오르간*Organ*이 만들어진 것은 음악 발전에 큰 진전이 아닐 수 없었다. 오르간뿐만 아니라 다른 중요한 몇 가지의 악기도 만들어졌다. 18세기 초에는 종전의 클래비어*clavier*와 하프시코드*harpsichord*가 피아노로 개량되었고, 역시 같은 시기에 지금도 최상급품으로 남아 있는 바이올린이 만들어졌으며, 이들 악기를 주축으로 하여 오늘날 오케스트라의 기본적인 구성이 이루어져서 처음으로 기악합주를 할 수 있었다. 그리고 이 시기에 비록 수준은 높지 않았지만 오페라가 시작되어 음악사적으로 큰 의의를 가지게 되었다.

18세기 전반기의 기악 발전에 획기적인 역할을 하였던 음악가는 바흐 Johann Sebastian Bach(1685~1750)였다. 바흐는 건반악기 연주기술을 혁신시켰다. 그는 오늘날 사용되고 있는 조절된 음계를 채용하여 악기를 다시 튜닝하지 않고 어떠한 음계와 조든지 연주할 수 있게 하였을 뿐만 아니라 이에 관련하여 근대 오르간 음악을 실제적으로 창시하였다. 또한 그는 많은 기악곡을 작곡하였는데, 이 작품들은 계몽사상가의 낙관적인 면을 표현하기보다는 독일 종교개혁과 고딕시대의 분위기를 나타내고 있다. 그렇지만 그의 작품 속에 나타난 우아하고 자유스러우며 시적인 감흥과 어울린 완벽한 형식미의 조화는 오늘날도 절대 음악의 극치를 이루고 있다.

바흐와 동시에 살았던 헨델G.F. Händel(1685~1759)은 훌륭한 오르간 연주자였고 지휘자였다. 헨델은 이탈리아식의 오페라에 성공한 이후 오늘날의 오라토리오*oratorio*를 처음으로 만들었는데, 그의 오라토리오「메시아」*The Messiah*는 영국에서 매우 환영받았다. 이러는 동안 18세기 중엽에 이르러서 소나타*sonata*·협주곡*concerto*·교향곡*symphony* 등의 기악곡의 형태가 완성되었고 문자 그대로 음악사에서 고전시대를 이루었다. 그렇지만 이런 업적은 하이든Franz Joseph Haydn(1732~1809)과 모짜르트Wolfgang Amadeus Mozart(1756~1791)의 공헌 없이는 불가능하였을 것이다.

제 4 편

서양근대사회의 성숙

제 1 장
혁명의 시대

　루이 14세가 죽은 후(1715)부터 빈회의가 개최될 때(1815)까지 1세기 동안의 18세기는 명확한 근대적 특징을 갖는 혁명의 시대였다. 정치·사회적으로는 프랑스대혁명과 같은 시민혁명이 발발하여 부유한 시민계급인 산업자본가들이 절대왕정과 상업자본의 지배를 타도하고 계급적 세력을 확립하였다. 또한 경제적으로는 18세기 중엽부터 19세기 초까지 영국에서 진행된 것과 같은 산업혁명이 전개되어 근대인의 경제·사회·정치 생활에 중대한 영향을 미치게 되었다. 이러한 산업혁명은 시민혁명과 더불어 근대 시민 사회의 형성에 커다란 역할을 하였다.

　이러한 세계적 규모의 정치·사회·경제 혁명은 17세기의 과학혁명과 18세기의 사상혁명이 선행되지 않았다면 불가능하였을 것이다. 전통과 몽매를 타파하고 인간사상의 자유를 확보한다는 이 계몽사상의 힘이야말로 시민혁명의 추진력이 되었던 것이다.

제1절 계몽사상

계몽사상의 의미

　계몽사상은 그 기원이 16세기까지 거슬러 올라가나 이것이 일반화된 시기는 유트레히트*Utrecht*조약을 맺은 1713년부터 프랑스혁명이 일어난 1789년까지였다.

　계몽사상의 의미는 다음과 같이 3가지로 요약해 볼 수 있다. 첫째로 이성에 대한 깊은 신뢰를 들 수 있다. 계몽사상은 무엇보다도 이성의 힘을 믿고 이성으로 우주의 모든 문제를 해결할 수 있다고 확신하였다. 따라서 이성에 맞지 않는 비합리적인 요소인 전통·관례·종교적 교리 및 권위 등은 단연 배격의 대상이 되었다. 이들은 낡은 사회 질서와 낡은 통치 방식의 기본이 되는 요소로서 인간을 인위적 속박, 부정불의 그리고 미신의 구렁텅이에 빠져 있게 하는 불합리한 중세적 유산이었다. 계몽사상은 이러한 불합리한 역사 진보의 장애물을 타파하여 법과 질서의 사회를 창조하고자 하였다.

이처럼 계몽사상의 이성적 정신, 곧 합리주의정신은 기존의 사회적 모순을 타파하여 새로운 이상적 사회를 건설하려 했던 혁명사상이었다.

둘째는 자연법에 입각한 통치 질서의 재구축을 들 수 있다. 계몽사상은 자연법에 입각하여 절대주의 사회 질서를 타파해서 새로운 시민 사회 질서를 건설하려고 하였다. 자연법 사상은 헬레니즘시대의 스토아학파로부터 유래되었는데 이 법은 인간과 자연의 궁극적 질서를 규정하고 있는 기본법으로서 모든 인종·종파·계급·시대를 초월한 보편타당한 도덕률과 같은 것이었다. 자연법 사상은 두 가지의 기본 이념을 가지고 있었는데 그것은 인간은 누구나 자기의 순수한 개인적 사생활을 갖는다는 '개인'의 이념과 또 인간은 그 모두가 공통된 인성을 부여받았다는 '보편성'의 이념이었다. 전자는 근대에 이르러 권리개념과 자유개념으로 확대되었고 후자는 평등개념으로 확대되었다.

계몽사상은 바로 이와 같은 자연법에 내포되어 있는 권리·자유 및 평등 개념을 근대 시민 사회 속에 구현해 보고자 했던 것이다.

셋째는 진보주의적 정신을 들 수 있다. 계몽사상은 이성에 의한 인간 사회의 무한한 '진보'를 믿었다. 인류의 진보를 위하여서는 무지와 미신을 타파하고 구습과 그릇된 제도를 개혁하려 하였으며 역사 진보를 방해하는 모든 사회적 장애물을 제거하려고 하였다. 이와 같이 계몽주의는 어두운 과거로부터 일탈하여 인류 역사를 무한히 전진시키고자 하였다. 이러한 진보적 정신은 18세기 계몽시대의 사회·정치혁명의 원동력으로 작용하였다.

존 로크

영국의 계몽사상

계몽사상의 선구자는 영국의 존 로크John Locke(1632~1704)였다. 로크는 홉즈Thomas Hobbes(1588~1679)와는 달리 태초의 인간 사회 상태를 만인 대 만인의 투쟁 상태로 보지 않고 절대적 자유와 평등이 지배한 평화로운 상태로 보았다. 그러나 이러한 상태는 만인이 본래 지니고 있었던 생명·자유·재산 등의 자연권을 보다 안전하고 확고하게 유지하기에는 불편하였으므로 만인은 사회계약을 맺어 시민사회와 정부를 수립할 것과 여기에 일정한 권력을 줄 것을 동의하게 되었다 한다. 그러나 이때 인민이 동의하여 정부에게 양도한 권력은 절대적인 것이 아니라 오로지 자연법을 집행할 제한적 권력뿐이었기 때문에 만일 정부가 폭정화할 경우에 인민은 유보된 자연권을 가지고 정부를 타도할 혁명권을 갖는다고 하였다. 이와 같은 로크의 자연권, 제한정부론, 폭정에 대한 저항권(＝혁명권) 등의 사상은 그의 저서인 「정부이론」 *Two Treatises of Civil Government*(1690)에 체계적으로 제시되어 있다. 이 사상은 원래 1688~1689년 영국의 명예혁명을 합리화하기 위한 이론으로 나왔으나 후에 프랑스혁명과 미국독립혁명시에 중요 사상으로 받아들여졌다. 한편 그는 「인간오성론」 *An Essay Concerning Human Understanding*(1690)에서 데카르트의 본유개념(本有槪念) *idées innés* 을 반박하고 인간의 정신은 원래 백지(白紙) *tabula rasa* 와 같은 것이라고 주장하면서 인간 지식의 근원을 감각적 기초에 입각시켰다. 이와 같은 로크의 경험주의적 인식론은 근대적인 심리학·교육학 및 사회과학의 발전에 지대한 영향을 미쳤다.

프랑스의 계몽사상

로크의 사상은 프랑스의 볼테르Voltaire(1694~1778) 및 몽테스키외Montesquieu에게 큰 영향을 미쳐 이들로 하여금 프랑스에서 계몽사상을 크게 전개토록 하였다. 루소J.J. Rousseau 는 로크와는 달리 자유주의 이론보다는 민주주의 이론을 제창하였다.

볼테르는 정통 기독교가 인류의 최악의 적이라고 혹평하고 또한 전제정부에 대해 모욕적인 발언을 함으로써 영국으로 3년 간 추방당했다. 그러나 이 기간 동안에 그는 로크의 저서를 읽고 개인의 자유론에 심취하게 되었다. 그 이후 그는 더욱 지적·종교적·정치적 자유를 위한 투쟁에 몰두하여 프랑스 계몽사상의 선구적 역할을 하였다. 볼테르는 체계적인 정치 이론을 갖지는 않았으나 역사·희곡·팸플릿·에세이·소설·서한 등 수많은 저술 활동을 통하여 구체제하의 사회악을 폭로하고 합리주의의 복음을 전파하였다. 그러나 볼테르는 다른 계몽사상가들처럼 자연권을 주장하기는 했으나 이상적 정부 형태로는 계몽군주제를 지지함으로써 온건한 개혁자에 그치고 말았다.

볼테르

몽테스키외

몽테스키외는 볼테르보다 심원하고 체계적인 정치사상을 전개하였다. 몽테스키외는 로크의 사상 및 영국의 제도들에 대한 열렬한 예찬자였다. 그는 정치학을 순수한 연역에 의하여 수립하고자 하지 않고 아리스토텔레스의 연구 방법에 따라 과거에 실존했던 실제적인 정치 체제를 연구했다. 그래서 그는 로크적인 자연권과 국가의 계약적 기원을 무시하고, 자연법의 의미는 역사적 사실 속에서 찾아야 한다고 가르쳤다. 또 한편 그는 만인에게 적합한 유일하고 완전무결한 정부가 있다는 가정에 반대하면서 각 정치제도는 각기 고유의

외부 조건, 곧 그 국가의 사회 발전 수준과 국토적 규모와 조화되어야 한다고 역설했다. 그리하여 그는 전제정 *despotism* 은 넓은 영토를 가진 국가에 적당하며, 제한군주제 *limited monarchy* 는 적절한 크기의 국가에, 그리고 공화정 *republican government* 은 작은 영토를 가진 나라에 적합하다고 하였다. 이러한 관점에서 그는 프랑스는 제한군주제가 가장 이상적이라고 하였다. 한편 몽테스키외는 「법의 정신」*L'esprit de lois* 에서 인간은 권력을 한번 쥐면 그것을 악용하여 전제정화하는 경향이 있으므로 정부의 권력은 삼분되어야 한다고 주장하였다. 권력분립론은 이미 로크도 언급하였으나 몽테스키외처럼 입법·사법·행정의 삼권으로 국가 권력이 분화되어야 한다는 주장은 하지 않았다.

루소 Jean Jacques Rousseau(1712~1778)는 프랑스혁명의 중요한 지적 요인들 중 하나인 민주주의 이론을 전개하였다. 그는 「인간불평등기원론」*Discourse on the Origin of Inequality* 과 「민약론」*Contrat social* 에서 다음과 같이 그의 민주주의 이론을 전개하였다. 루소는 로크와는 달리 자연 상태를 만인이 자신의 자연권을 지키는 데 있어 조금도 불편을 느끼지 않은 천국의 상태였다고 상정하였다. 곧 이 상태에서 만인은 아무런 갈등과 병폐 없이 만인끼리 평등하게 지냈다고 하였다.

루소

그러나 이러한 상태는 일부의 탐욕적인 사람들이 토지를 사유화하는 행위를 저지름으로써 깨지고 이후 토지재산의 소유 여하에 따라 불평등이 생기기 시작하면서 인간 세계는 기만, 허영, 무한한 탐욕이 지배하게 되었다고 하였다. 이리하여 만인의 안전에 대한 요구가 점차 사람들로 하여금 사회계약을 맺어 시민사회를 수립하게 했다고 하였다. 이때 인민은 자신이 지니고 있던 자연권을 공동체에게 전부 양도해서 다수의 의사에 복종할 것을 동의했다고 하였다.

이 점에 있어서 루소는 로크와 견해를 달리했다. 로크는 인민이 정부를 수립할 경우에도 인민의 자연권의 일부는 유보된다고 생각한 데 반하여 루소는 그것을 전부 공동체(=국가)에 양도했다고 했다. 루소는 주권은 양분할 수 없는 것이기 때문에 일단 정부에게 개인의 주권(자연권)이 양도되었을 때는 이것의 전부가 양도되는 것이라고 보았다. 따라서 그는 각 개인이 사회계약에 응했다면 자신의 모든 권리를 국가에 양도한 것이며, 또한 일반의지 *general will* 에 절대적으로 복종할 것을 동의한 것이라고 하였다. 또 국가란 실제적인 관행에서 볼 때 다수를 의미하며 법적으로 전권 *omnipotent* 을 지닌다고 하였다. 그런데 그는 국가가 전권을 지닌다고 해서 개인의 권리가 완전히 파괴되는 것은 아니라고 하였다. 그 반대로 국가에 대한 복종은 '참된 자유'를 증진시키는 효과를 갖고 있다고 하였다. 왜냐하면 개인의 권리를 공동체에 양도

한다는 것은 단지 개인이 자연 상태에서 지니는 동물적 자유를 법에 복종하는 합리적인 존재의 참된 자유로 대체하는 것에 불과하기 때문이었다. 이와 같은 루소의 정치사상은 그의 가장 열렬한 추종자였던 로베스피에르Robes-pierre에게 영향을 미쳐 그로 하여금 루소의 평등사상과 다수의 지배사상을 프랑스혁명시에 실현토록 하였다. 또한 미국의 잭슨민주주의 *Jacksonian democracy*의 원리에는 물론이고 국가를 역사 속의 신으로 찬미했던 독일의 낭만적 이상주의자들에게도 무시 못할 영향을 끼쳤다.

백과전서파

백과전서파는 디드로Diderot(1713~1784) · 달랑베르D'Alembert(1713~1783) 등에 의하여 꾸며진 백과전서의 간행에서 비롯된 명칭이었다. 볼테르 · 몽테스키외 · 루소 · 네케르, 중농주의 경제학자인 케네 · 튀르고, 유물론자인 콩디야크Condillac(1715~1780) · 돌바크d'Holbach(1723~1789) 등 다방면에 걸친 인사들이 백과전서에 기고하였다. 이들은 정치 · 경제 · 과학 · 사상 · 예술상에 계몽주의사상을 전국적으로 전파함으로써 프랑스 국민에게 끼친 영향은 지대하였다.

디드로

자유경제이론

계몽주의사상은 절대주의의 경제정책에 대해서도 신랄히 비판하였는데 그것은 케네Quesney(1694~1774) · 튀르고Turgot(1727~1781) 등을 중심으로 한 중농학파(重農學派)였다. 이들은 국부의 원천은 상업이 아닌 농업이라고 주장하면서 농업 생산의 증대를 중요시하는 한편 국가의 경제활동에 대한 간섭과 통제를 배제하고 "방임하라"*laissez-faire*고 주장하였다. 이와 같은 자유방임정책은 영국의 애덤 스미스Adam Smith에 의하여 보다 체계화되었다. 그러나 애덤 스미스는 케네와는 달리 국부의 원천을 농업 또는 토지에 두지 않고 노동에 두었다.

그는 개개인이 자기의 이익을 추구하도록 내버려두면 그것이 결국은 사회 전체의 이익을 증진시키는 것이 되며 국가가 간섭하거나 통제하는 것보다 자유방임이 오히려 '보이지 않는 손'에 의하여 원만히 경제 발전을 이룩할 수 있다고 하였다. 스미스의 경제사상은 「국부론」에서 잘 나타나 있는데 이 책은 오늘날 자유주의경제학의 고전이 되고 있다.

이와 같은 중농주의 및 자유방임주의 이론은 부르주아계급들이 절대왕권을 타도하는 데에 중요한 명분을 제공해 주었다.

제2절 미국독립혁명

아메리카 식민지의 발달

메이플라워호

북아메리카에 대한 영국의 식민 활동은 이미 엘리자베스여왕대에 시작되었으나 이것이 본격화된 것은 17세기 초부터였다. 스튜어트조의 제임스 1세 및 찰스 1세는 국내의 신앙을 통일하고자 비국교도인 청교도를 탄압하였는데 이에 반발한 청교도인들 *Pilgrim Fathers*은 1620년에 메이플라워 *May Flower*호를 타고 아메리카 동해안에 도착하여 매사추세츠주를 개척하였다. 이들은 그 뒤에 계속 건너온 사람들과 함께 이곳에다 뉴잉글랜드 식민지를 완성하였다.

한편 국왕의 특허를 얻어 많은 식민회사가 설립되었는데, 이들을 중심으로 버지니아 이남의 중·남부 연안에 몇 개의 자치주가 성립되었다. 이 밖에도 정치·사회상의 자유와 경제상의 자유 독립을 원하는 영국 사람들이 연달아 식민지에 건너와 1732년까지 13주의 식민지가 성립되었다. 이처럼 북아메리카에 이주해 온 영국인들은 스페인·포르투갈·프랑스의 식민지인들과는 달리 단순한 경제적 동기 때문만은 아닌 정치적·종교적 이유로 이주해 왔다.

식민지 가운데는 완전한 자치제가 실시된 식민지 이외에 영국의 국왕이 임명한 총독에 의하여 통치된 식민지도 있었다. 그러나 이런 식민지에서도 인민들은 각각 의회를 만들어 이를 통하여 자기들의 정치상의 의견을 표명하고 전제에 기울어지기 쉬운 총독의 정치에 대항하고 있었다. 이처럼 식민지인의 청교주의·자유주의·민주주의·인도주의는 후일 서부 개척자의 '개척정신' *frontier spirit*과 더불어 현재의 아메리카정신을 형성하는 기본 요소가 되었다.

영국의 중상주의적 식민지정책

영국은 아메리카 식민지에 대하여 처음에는 별로 간섭을 하지 않았다. 그러나 17세기에 접어들어 네덜란드와 해외무역경쟁을 하게 되면서 아메리카 식민지에 대하여 간섭을 하기 시작했다. 1650년의 항해조례와 같은 것이 대표적인 예이다. 그러나 이때는 아직 본국의 통제가 철저하지 못했기 때문에 밀무역을 행할 수 있었고, 식민지인의 생업이 농업이어서 본국의 중상주의적 정책과 큰 마찰이 없었다. 또한 인접한 프랑스 식민지의 위협 때문에 본국의 원조가 필요했으므로 식민지인의 반발은 크지 않았다.

그러나 7년전쟁 후 영국 정부는 전쟁에서 입은 재정적 손실을 메우기 위하여 식민지에 대하여 경제적 탄압정책을 강화하였다. 곧 모든 문서에 인지를 붙이게 한 인지조례 *Stamp Act* 라든지 각종 수입품에 대하여 세금을 부과토록 한 1767년의 타운센드령 *Townshend Acts* 등은 그 대표적인 예인 것이다.

식민지인들은 이러한 본국의 조치에 대하여 강경하게 반대하였다. 이들은 식민지인이 본국 의회에 대표를 보내고 있지 않는 한 본국 의회의 결정에 따를 수 없다는 헌법론 *no taxation without representation* 을 들고 나왔다.

1770년에 영국의 노스 Lord North 내각은 이와 같은 헌법론에 기초한 식민지 각지에서의 조직적인 반항으로 인해서 차세(茶稅)만을 제외하고 타운센드령을 철회하였다.

보스턴 차 사건

이로부터 3년 후 영국은 동인도회사의 적자를 메우기 위한 방법으로 이 회사에 남아돌던 차를 북아메리카의 식민지인에게 매각하려 하였는데 이러한 조치는 식민지인을 극도로 분노시켰다.

분노한 일단의 식민지인들은 1773년 12월 중순경 밤에 아메리카 인디언으로 가장하고 보스턴 항구에 정박중인 동인도회사 선박 3척에 침입하여 선적된 수백 상자의 차(15,000파운드의 차)를 바닷속으로 내던져버렸다. 이것이 바로 '보스턴 차사건(茶事件)' *Boston Tea Party* 으로서 이 사건으로 인해 본국 정부와 식민지인과의 대립은 급속도로 악화되었다. 이 사건이 발생하자 본국 정부는 강제입법들을 제정하여 보스턴 시민이 손상된 차값을 배상할 때까지 보스턴 항구를 폐쇄하고 매사추세츠주의 자치선거를 중지시켰을 뿐만 아니라 이곳에 군대를 주둔시켰다. 또한 퀘벡법 *Quebec Act* (1774)을 제정하여 7년 전쟁 때 프랑스로부터 뺏은 앨리게니산맥 이서(以西) 지방을 캐나다에 편입시켜서 식민지인의 서점운동을 저지하였다.

대륙회의

이에 1774년 9월 조지아주를 제외한 전 식민지의 대표가 필라델피아에 모여 제1차대륙회의 *Continental Congress* 를 열어 본국과의 통상을 끊고 본국 상품을 배척하기로 결의하였다.

그러나 이 회의는 본국과의 전쟁을 목적으로 한 것이 아닌 평화적인 타협을 통해서 식민지인의 권리와 자유를 회복할 것을 희망하였다.

그러나 모든 식민지인이 이와 같은 정치적 열망을 갖고 있었던 것은 아니었다. 곧 관리, 영국자본과 관계가 깊은 대상인, 대지주, 그리고 국교파의 승

조지 워싱턴

려들로 구성된 왕당파(충성파)는 오히려 본국 정부의 탄압 정책을 환영했다. 이에 대하여 자영농민, 서부개척인, 도시의 소상인, 기능공, 선원 등으로 이루어진 다수의 애국파만이 본국 정부의 식민지 정책을 맹렬히 비난했던 것이다. 이와 같은 식민지인의 반항은 본국 정부 내의 유력자들에게서도 지지를 얻어냈다. 그러나 이들의 주장은 당시의 영국 왕 조지 3세George Ⅲ의 강경 노선에 굴복당하고 말았다.

독립전쟁

1775년 4월 동북부 매사추세츠주 보스턴 근교의 렉싱턴*Lexington*과 콩코드*Concord*에서 영국군과 식민지의 민병 간에 교전이 벌어져 이것으로 독립전쟁의 전단이 열리고 말았다.

이 사건이 발발하자 13주의 대표들은 제2차대륙회의를 열어 영국에 대한 무력항쟁을 결의하고, 조지 워싱턴George Washington(1732~1799)을 총사령관으로 하여 임전 태세를 갖추었다.

아직 국론을 주전론으로 일치는 보지 못하였지만 전쟁이 계속되는 가운데 식민지의 여론은 점점 통일되어 갔다. 이처럼 분열된 국론을 통일하여 식민지인들로 하여금 독립전쟁을 수행할 수 있게 해 준 사람은 영국인 토마스 페인Thomas Paine(1737~1807)이었다. 그는 1776년에 지은 자신의 저서 「상식론」*Common Sense*에서 '소도인 영국이 아메리카 식민지와 같은 대륙을 통치한다는 것은 상식에 어긋난다'고 하여 영국과의 정치적 분리를 주장하였다.

토마스 페인

독립선언 광경

「상식론」은 간행 즉시로 30만부가 팔렸는데 미국독립혁명에 미친 영향은 지대했다.

1776년 7월 4일에 토마스 제퍼슨Thomas Jefferson(1743~1826)은 안으로는 식민지인의 단결을 촉구하고 밖으로는 외국의 원조를 얻어내려는 목적으로 독립선언을 발표하였다. 이 독립선언문은 로크의 사상을 계승하여 인간의 기본권과 주권재민의 사상을 밝히고, 본국 정부의 부당한 권리 침해를 지적하여 식민지 주민의 혁명권을 주장한 것으로서, 영국의 '권리선언', 프랑스의 '인권선언'과 더불어 근대 민주주의의 경전적 가치를 가지는 문헌이다.

독립군과 영국군과의 교전은 이후 8년 간(1776~1783) 계속되었는데 초전에는 독립군이 훈련과 장비가 부족하여 고전하였다. 그러나 독립선언의 호소가 유럽 여러 나라의 인도적 동정을 환기하는 동시에, 식민지전쟁으로 영국과 숙적 관계가 된 프랑스의 지원으로 인해 전세는 독립군에게 유리하게 전개되어 1781년의 요크타운Yorktown전투에서 대세가 결정지어져 영국은 마침내 1783년에 파리조약에서 아메리카의 독립을 정식으로 승인하게 되었다.

미합중국의 탄생

독립 후 13주는 한동안 정체 구성 문제를 가지고 심각하게 논란을 빚었다. 곧 연방주의와 분립주의의 대결이었는데 이러한 대결은 전후에 산적된 제문제들의 신속한 처리의 필요상 우선 집권적 연방제도론이 더 호소력을 지니게 되었다. 이러한 분위기 속에서 알렉산더 해밀턴Alexander Hamilton · 매디슨 Madison · 워싱턴 등이 중심이 되어 1787년에 필라델피아에서 헌법제정회의 Constitutional Convention를 열게 되었고 마침내 이듬해에는 헌법을 제정하여 초대 대통령에 워싱턴을 선출하게 되었다.

알렉산더 해밀턴

미합중국 헌법의 특색으로서는 첫째, 연방제도federal system를 실시하게 한 점과 둘째, 몽테스키외의 삼권분립의 정신에 입각하여 입법권은 연방의회에, 행정권은 임기 4년의 대통령에, 그리고 사법권은 연방최고재판소와 주의 재판소에 속하게 한 점이었다.

독립선언서 홀(필라델피아)

미국독립혁명의 의의

미국독립혁명은 단순히 영국의 식민지적 상황으로부터 벗어나려는 독립혁명에 그친 것이 아니라 그것이 역사상 최초로 주권재민설과 민족자결원칙에 입각한 민주공화정을 수립했다는 데에 의의가 있다.

또한 미국혁명은 구제도에 허덕이는 유럽대륙에 큰 자극을 주어 프랑스혁명의 한 가지 원인이 되기도 하였다.

제3절 프랑스혁명

프랑스혁명의 원인

루이 14세

17~18세기의 절대주의 체제를 타도하여 근대 시민 사회를 수립하는 데 있어서 결정적인 역할을 한 정치적 대사건은 프랑스혁명이었다.

프랑스혁명은 근대적 역사발전의 출발점이며 19세기의 역사뿐만 아니라 현대사를 이해하는 데도 필수적인 전제가 되고 있다. 이러한 프랑스혁명의 원인은 크게 정치·경제·지성의 세 측면으로 대별해 볼 수 있다.

① 정치적 원인 프랑스혁명의 정치적 원인으로서는 첫째, 부르봉가(家) 프랑스 왕들의 전제적 지배를 들 수 있다. 부르봉가의 프랑스 제왕들은 자신을 국가로 생각하여 그 어떤 탄핵조건이나 법적 규제의 공포 없이 방약무인하게 행동하였다. 따라서 이들은 합헌성을 무시했고 인민의 생명·재산·자유 등의 자연권을 무시했다.

두 번째의 정치적 원인으로서는 혁명 전의 프랑스 정부 기구의 불합리성을 지적할 수 있다. 즉 혁명 전의 프랑스 정부의 행정 기구는 새로운 부서의 분별 없는 증설로 인해 그 기능이 중복되어서 행정이 지연되거나 마비되었고 또한 제부서의 증설로 인한 불필요한 관료의 증가는 이들에 대한 봉급 지불의 증가를 가져와 국고의 낭비를 초래했다. 또한 세정(稅政)에 있어서는 국가 수입과 왕실수입 간의 명확한 구분이 없어서 예산 편성과 결산이 유지되지 못하였을 뿐만 아니라 세금 징수시에도 공식 세무서원이 없이 개인 회사나

마리 앙트와네트

개인에게 세금 징수의 임무를 맡김으로써 이들로 하여금 사복(私腹)을 채우게 하였다.

또한 사법행정에 있어서도 각 지방이 지방 관습에 따른 특수법전을 지님으로써 범법 행위에 대한 총괄적인 처벌 규정이 없이 지역적으로 행해지는 사법 행정의 난맥을 보였다.

세 번째의 정치적 원인으로서는 프랑스 왕들의 무모한 대외전쟁을 들 수 있다. 이것은 프랑스혁명의 정치적 원인 가운데 가장 중요한 것이었다. 그 이유는 이 전쟁의 패배로 인하여 기존 체제의 무능과 부패가 여지없이 드러났기 때문이다.

이처럼 값비싼 물적·인적 희생을 치르면서 감행된 무모한 대외전쟁은 루이 15세 때의 7년전쟁(1756~1763)과 루이 16세 때의 3년 간에 걸쳐 진행된 미 독립전쟁에의 개입(1778)을 들 수 있다.

다음으로는 혁명 발생에 있어서 보다 직접적인 원인을 제공하였던 경제적 원인에 대하여 살펴보자.

② 경제적 원인 프랑스혁명 발생의 경제적 원인으로는 첫째, 중산계급의 성장을 들 수 있다. 이들은 16~18세기 간의 상업혁명을 통해서 획득한 부력(富力)으로 경제적 지위를 향상시켰는데 이들은 이러한 경제적 지위의 향상으로 자의식을 갖게 되었고 정치 권력에의 참여와 사회적 권위의 획득을 요구하게 되었다.

이들 중산계급들은 상업·제조업·금융업 기타 법률업 분야에 종사해 왔는데 자신들이 사회적으로 충분히 독립할 수 있는 지위에 서게 되자 자신들이 정치적 특권으로부터 소외당하고 있는 사회적 차별현상에 점차로 분노하게 되었다. 이들은 이미 혁명 이전에 만연된 계몽사상을 통해서 자신들의 사회적 중요성과 동료의식을 느끼게 되고 이러한 각성 속에서 기존의 사회적 차별현상을 혁명에 의해 타도하고자 하였다.

두 번째의 경제적 원인으로는 중상주의에 대한 반대를 들 수 있다. 상공업 발전에 따라 부르주아계급은 자신들이 자립할 수 있는 데에 대한 자신감을 갖게 되고 이에 따라 중상주의의 여러 규제를 억압적인 제지로 생각하게 되었다. 또 상인들은 정부가 특수 회사에게 허용해 준 제반 독점권을 비판하고 또 외국 시장에서 자유로이 상품을 살 수 있는 권리를 정부가 간섭하는 것에 대해서도 반감을 갖게 되었다.

세 번째의 경제적 원인으로서는 경제적 특권계급의 존재를 들 수 있다. 프랑스혁명 전의 사회, 곧 구제도(舊制度)*ancien régime*는 다음과 같이 3개의 사회계급으로 구성되어 있었다. 제1계급은 성직자계급으로서 이들은 고위성직자와 하위성직자로 구분되어 있었는데 전자는 추기경·대주교·주교·수도원장으로 구성된 성직자들로 전 인구의 1%에 해당되었고 이들은 전 토지의 20%를 차지하여 부유한 생활을 향유하고 있었다. 그러나 교구성직자들로 이루어진 후자는 같은 성직자 계급이면서도 교구민과 같이 가난한 생활을 영위하고 있었다.

공평한 세금부과를 주장하는 풍자화

제2계급은 세속적인 귀족계급이었는데 이들은 기사계급과 법복귀족으로 구성되어 있었다. 기사계급은 제2계급 중에서도 특권계급을 이룬 계급으로서 이들은 고위성직자들과 더불어 정부의 요직을 독점하고 넓은 영지를 소유하였으며 관습적으로 베르사이유궁에 머물면서 사치스런 생활을 즐겼다. 또 이들은 국왕에게 아첨하거나 타락한 고전 예술에 탐닉하면서 사회적으로 유익한 기능도 수행하지 않고 국록만 탕진하였다. 다음으로 법복귀족은 재판관 또는 판사 등으로 이루어진 총명하고 진보적인 상층계급의 사람들이었는데 이들 중에는 같은 세속적인 특권계급이면서도 전자와는 달리 사회개혁과 민중의 열망에 상당히 관심을 갖고 있는 사람이 많았다. 예를 들면 몽테스키외 · 미라보Mirabeau · 라파예트Lafayette 같은 사람들이 이에 속하였다.

이들 성직자 및 귀족계급들은 면세특권이라는 가장 가치 있는 특권을 지니고 있었는데 바로 이와 같은 불평등한 조세제도가 당시의 평민들로 하여금 프랑스혁명을 일으키게 한 네 번째의 중요한 경제적 원인을 이루었던 것이다.

1789년 이전의 프랑스의 세금은 직접세와 간접세의 두 가지로 나누어져 있었다. 직접세는 개인의 동산 · 부동산에 부과하는 재산세taille와 통행세, 그리고 소득세vingtième를 포함하였고, 간접세는 외국상품 구입시에 받는 수입세와 외국 선박으로부터 받는 통관세 및 소금세gabelle를 포함하였다. 그런데 이 간접세는 비교적 각 계급으로부터 공정하게 징수됨으로써 평민들에게 별다른 불평의 요소가 되지는 않았다. 그러나 직접세의 경우, 특권계급인 성직자계급과 귀족계급들은 재산세와 소득세를 면제받고 있었기 때문에 제3계급의 불만을 크게 사게 되었던 것이다.

더욱이 제3계급 중에서도 기능공 및 노동자들은 세금을 낼 능력이 없었기 때문에 조세부담은 전적으로 농민들과 부르주아계급이 짊어지고 있었다.

경제적 원인의 마지막으로는 봉건적 유습의 잔존을 들 수 있는데, 이것의 전형적인 예는 농노제였다. 혁명 전의 프랑스의 전 농민은 약 1,500만 명이었는데 이 중에 150만 명이 농노였다. 나머지는 자립할 수 있는 농지를 가진 자영농과 수확량의 1/3에 해당하는 소작료를 바치고 지주에게 의탁하여 살고 있는 소작인으로 구성되어 있었다.

농민에 대한
성직자와 귀족의 착취를
암시하는 풍자화

농노는 물론이려니와 법적으로 완전히 자유롭게 된 자영농들도 봉건시대로부터 내려온 제반 의무를 이행해야 했다. 곧 농민들은 토지를 팔았을 때에 토지를 판 값의 일부를 지방 귀족에게 상납한 공조(貢租)를 물었고, 귀족 소유의 여러 시설, 예를 들면 방앗간, 포도주 압착기, 빵 굽는 난로 등의 이용시엔 그 사용료를 지불하였다. 또 농민은 봉건적 부역의 일종인 꼬르베corvée라는 국가가 시키는 강제 부역에 종사해야 했다. 끝으로 농민들은 귀족들의 사냥 특권으로 인해서 많은 피해를 보았다. 농민들은 귀족들이 사냥을 할 때에는 사냥감을 해칠까 봐 농지를 마음대로 개간하지도 못하였고, 또한 농작물을 해치는 야생 조류와 동물들도 포획하지 못하였다.

③ 지적 원인   지적원인으로서는 계몽사상의 영향이 가장 컸다. 전술한 바와 같이 계몽사상은 존 로크와 몽테스키외의 자유주의사상과 루소의 민주주의사상이라는 두 가지의 정치 사상을 낳았다. 이 두 사상은 상호 근본적으로 다른 주장을 했다 하더라도 공히 프랑스혁명의 기본 이념이 되었던 자유 · 평

등 · 박애 이념을 심어주었던 것이다.

또한 계몽사상은 절대주의시대의 중상주의적 경제 정책에 반대하면서 중농주의와 자유방임주의라는 새로운 경제 이론을 전개함으로써 부르주아계급으로 하여금 경제적 자유를 억압하고 있는 구체제를 폭력으로 타도할 결의를 굳게 해 주었다.

혁명의 전개 과정

프랑스혁명은 3단계를 거쳐 진행되었다. 제1단계는 제3신분이 국민의회를 수립해서 그들의 의사가 관철될 때까지 의회를 해산하지 않겠다는 테니스코트의 선언을 한 1789년 6월부터 국민공회가 발족한 1792년 9월까지이다. 이때는 주로 온건한 중산계급들이 혁명을 주도해 갔으며, 바스티유 감옥의 파괴라든지 국왕 수비병의 살해 사태를 제외하고는 비교적 폭력이 없이 평온하게 진행되었다. 이 단계의 업적으로는 ① 봉건적 특권의 폐지, ② 인권선언, ③ 교회의 세속화, ④ 1791년의 헌법제정 등을 들 수 있다.

혁명의 제2단계는 국민공회가 발족된 1792년 9월부터 테르미도르의 반동이 일어났던 1794년 7월 28일까지인데 이때는 중산계급 대신에 파리의 소시민, 노동자 등의 하층계급들이 혁명을 주도해 갔다. 따라서 이 시기에는 혁명의 성격이 과격하고 급진적으로 변화하였다. 이에 따라 혁명사상도 볼테르나 몽테스키외와 같은 부르주아적 사상 대신에 루소의 급진적 민주주의사상

바스티유 감옥 습격
(1789. 7. 14)

이 더 인기를 끌었다.

제2단계의 업적은 ① 프랑스령 식민지에서의 노예제도의 폐지, ② 부채로 인한 투옥금지, ③ 도량형의 정비(미터법 실시), ④ 장자상속제 폐지, ⑤ 봉건제도 유습의 완전 폐지, ⑥ 생필품에 대한 최고가격제 등이 있다.

제3단계는 테르미도르반동에서부터 1799년 11월 나폴레옹의 브뤼메르의 쿠데타까지인데 이 시기는 혁명이 보수화해 가는 단계로서 침체와 부패, 그리고 비방주의가 만연된 시기였다.

삼부회의 소집

프랑스혁명은 175년 동안이나 휴회 상태에 빠져 있던 삼부회 *étatsgénéreaux* 의 재소집으로 인해 발단되었다.

전술한 바와 같이 루이 15세, 루이 16세의 치세 기간에 두 번의 무모하고 값비싼 대외전쟁을 치름으로써 왕실의 재정은 도탄에 빠지게 되었다. 이러한 재정의 위기를 타개하기 위하여 부르봉 왕실은 이미 많은 돈을 꾸어다 쓰게 된 시민계급 이외에도 면세특권을 가진 승려와 귀족계급들에게도 세금을 부과해야 할 형편에 이르게 되었다.

이처럼 왕실이 특권계급에게도 과세하려 하자 귀족계급들은 이에 맹렬히 반대하였다. 국왕은 특권계급의 회합인 명사회 *Assembly of Notables* 를 소집하여(1787) 이들을 회유하고자 하였으나 전혀 호응을 얻지 못하였다. 그리하여 국왕은 하는 수 없이 귀족들의 제청에 따라 삼부회(三部會)를 소집하기에 이르렀다. 왕과 귀족들은 삼부회의 소집을 통해서 재차 강권으로써 부르주아계급으로부터 재정지원을 얻어내고자 하였으나 그것은 큰 오산이었다. 전술한 바와 같이 제3계급은 이미 사회적으로 자립할 수 있는 기반 위에 서 있었던 데다가 이들은 구제도의 정치 · 경제 · 사회 현실의 모순에 대해서 날카로운 비판의식을 갖고 이를 혁명에 의하여 과감하게 시정하고자 하였다. 그러므로 삼부회의 소집은 불만에 차 있는 평민계급들에게 그들의 의사를 관철시킬 절호의 기회를 제공해 주었던 것이다.

삼부회는 개회 벽두부터 의결방법을 둘러싸고 대립되었다. 성직자 308명, 귀족 285명으로 구성된 특권계급의 대표들은 621명으로 구성된 평민계급의 대표들에게 의안을 다수결이 아닌 신분별 *par ordre* 로 표결에 붙이자고 제안하였다. 만일 이렇게 할 경우에 평민계급이 특권계급에게 2:1의 비율로 패퇴할 것은 분명한 일이었다.

이에 평민계급들은 미라보 Mirabeau(1749~1791)를 중심으로 하여 국민의회를 만든 뒤 6월 20일 테니스 코트에 모여 헌법이 제정될 때까지 해산하지

테니스 코트의 선언

않을 것을 선언하였다(테니스 코트의 선언). 이때 일부의 성직자와 귀족들도 평민계급에 동조하여 가담하였다. 이후 국민의회는 제헌의회로 명칭을 바꾼 뒤 헌법 제정을 서두르게 되었다.

국민의회

루이 16세는 일단 국민의회를 인정하였다. 그러나 국민의회(제헌의회)의 수립과 더불어 국내의 여러 도시와 농촌에서 혁명열에 들뜬 민중들이 대소동을 벌이자 국왕은 만일의 사태에 대비하여 베르사이유 교외에 군대를 주둔시켰다. 파리의 민중들은 이를 국왕이 강제로 국민의회를 해산시키려는 것으로 짐작하고 들고 일어나 파리시청을 점령하고 7월 14일에는 부르봉왕가의 정치범 수용소이며 앙시앵 레짐의 상징이었던 바스티유*Bastille* 감옥을 파괴하였다.

혁명은 삽시간에 전국으로 파급되어 도시와 농촌에서 폭동이 일어났다. 이러한 형세에 놀란 특권계급들은 제헌의회*Constituent Assembly*로 하여금 8월 4일에 조세상의 특권, 부역, 인격적 예속관계, 1/10세, 영주재판권, 매관제, 길드 등의 봉건적 제특권의 폐지를 결의토록 하였다.

의회는 다시 8월 26일에는 라파예트Lafayette(1757~1834)가 기초한 인권선언*Declaration of the Rights of Man*을 발표하였다. 이 인권선언은 전문과 본문 17조로 되어 있는데 그 내용은 루소의 사상, 미국의 독립선언, 영국의 권리선언 등에 바탕을 둔 것으로서 자유·재산·안전 및 압정에의 저항 등의 기본적 인권을 명시하였다.

인권선언서

봉건제도의 폐지와 인권선언으로 앙시앵 레짐은 이론상 폐지되었다. 그러나 이것은 이론상에 불과하였고 실제적으로는 그렇지 못하였다. 왜냐하면 국왕 자신이 봉건적 특권의 폐지와 인권의 선언을 승인하지 않았기 때문이다. 이에 분노한 파리 시민들은 10월 5일에 부인들을 앞세우고 약 2만 명 가량이 베르사이유로 행진하여 왕과 그 가족을 파리로 데려온 사건을 일으켰다. 이때 국민의회도 같이 파리로 옮겨 왔다.

파리 민중의 압박하에 국왕은 종전의 입장을 바꾸게 되었고 제헌의회도 헌법 제정 작업을 서두르게 되어 1791년 9월에 입헌군주제에 입각한 신헌법을 제정 공포하였다. 신헌법은 남자 시민을 능동시민*citoyen actif*과 수동시민 *citoyen passif*으로 구분하고 선거권을 3일 간의 임금에 해당하는 직접세를 지불할 수 있는 능동시민에게만 부여하였다. 이와 같이 1791년의 프랑스헌법은 재력이 있는 부르주아계급의 이익을 반영하는 데 그쳤다.

한편 헌법 제정이 거의 끝날 무렵, 반왕실적 공기가 높아 가는 것에 위험을 느낀 루이 16세는 왕후 마리 앙트와네트Marie Antoinette(1775~1793)와 함께 오스트리아로 망명을 꾀하다가 발각이 되었는데 이 사건 후 정국은 군주제를 폐지하고 공화제를 채택하려는 추세로 나아가게 되었다.

입법의회와 혁명전쟁

1971년 9월 제헌의회의 헌법 제정 작업이 마무리되자 그 해 10월 신헌법에 의거하여 제헌의회는 해산되고 단원제의 입법의회*Legislative Assembly*가 소집되었다. 입법의회에는 입헌군주제를 주장하는 라파예트의 푸이앵*Feuillants*파가 제1당을 차지했으나 이 세력은 점차 쇠하고 그 대신에 공화파가 우세해 갔다.

여성 혁명전사

공화파는 상층시민계급을 기반으로 한 온건한 지롱드파*Girondists*와 소시민층 특히 파리의 민중에 기반을 둔 자코뱅파*Jacobins*로 갈라져 있었는데 혁명을 기피하여 해외로 망명한 반동귀족*émigrés*의 반혁명 책동이 노골화될 무렵에는 온건한 지롱드파가 우세하게 되었다. 반혁명 책동은 1791년 8월에 오스트리아의 레오폴드 2세와 프로이센의 프리드리히 빌헬름 2세가 필니스에서 회동하여 프랑스혁명에 반대하는 공동성명서를 발표했을 때 형성되었다. 이때 의회의 다수파를 장악한 지롱드파는 자코뱅파의 반대에도 불구하고 반혁명 세력에 대하여 선전포고를 함으로써 1792년 4월부터 23년 간에 걸친 소위 혁명전쟁이라는 대전쟁이 발발하게 되었다.

전쟁은 초기에는 프랑스가 불리했다. 그러나 프랑스 민중은 자발적으로 의용군을 조직하여 혁명전쟁에 가담했다. 프랑스의 국가 라마르세예즈는 이때

마르세유의 의용군이 부른 진군가였다.

프랑스 민중이 이처럼 자진하여 전선에 나아가 혁명전쟁을 치르는 가운데 프랑스 민중의 혁명열은 더욱 고조되었다. 그러나 전세가 계속 악화되자 전쟁이 혁명을 위태롭게 할 것을 우려한 자코뱅당은 그 해 8월에 파리의 소시민·노동자들을 충동하여 폭동을 일으켰다. 이들 폭도들은 왕궁을 습격하여 오스트리아와 내통한 왕과 그 가족을 감금하였다. 이리하여 왕권은 사실상 정지되고 이어 입법회의도 해산되었으며, 보통선거에 의하여 선출된 새로운 의회인 국민공회 *National Convention* 가 발족하였다(1792. 9. 21).

상퀼로트

국민공회

1792년 9월 21일에 국민공회는 당통Danton(1759~1794)을 수반으로 하여 공화제를 선포하였다. 이것이 이른바 프랑스 제1공화정이다. 이제 부르주아계급의 이익이 크게 반영된 프랑스혁명의 제1단계는 끝나고 도시의 노동자·소시민층이 중심이 된 혁명의 제2단계에 돌입하였다. 국민공회는 콩도르세Condorcet를 포함한 약 200명의 지롱드당이 우익을 점하고 당통·로베스피에르Robespierre(1758~1794)·마라 등의 자코뱅당이 좌익을 점하고 있는 상태였다. 지롱드당과 자코뱅당은 대내정치체제의 유지 및 대외 정책면에서 크게 대립하였다.

1793년 1월 13일에 국민공회는 지롱드당의 반대에도 불구하고 국왕을 처형하였다. 국왕의 처형은 유럽 여러 나라들을 놀라게 하였다. 이제까지 중립을 견지하던 영국 수상 피트Pitt(1759~1806)는 네덜란드·오스트리아·스페인에게 호소하여 제1차 대불동맹을 결성한 후 프랑스의 국경지대에 침입하였다. 이처럼 영국이 제1차 대불동맹을 서두르게 된 이유는 만일에 자유무역을 표방하던 지롱드당 대신에 국가에 의한 통제경제정책을 주장한 자코뱅당이 집권할 경우에는 프랑스가 재차 영국의 대외무역의 경쟁국으로 등장할 우려가 컸기 때문이다. 따라서 영국은 자코뱅당의 세력이 성장하기 이전에 이를 사전에 여러 나라의 힘을 빌려 제거코자 했던 것이다.

대불동맹세력의 국경 침범이 있자 이에 호응하여 국내의 각지에 강력한 왕당파의 반란이 일어났다. 그리하여 국민공회는 내외의 위기에 직면하게 되었다. 이러한 위기에 처하여 자코뱅당은 우선 국민공회 안에서 주도권을 장악하기 위하여 파리의 하층 시민을 동원하여 지롱드당 세력을 추방하고 의회를 독점하였다(1793. 6). 이어 자코뱅당은 1793년에 새 헌법을 제정하여 민중의 지지를 받고자 하였다. 이 헌법은 1791년에 재산 소유의 많고 적음에 따라 시민을 능동적 및 수동적 시민으로 구분한 것을 폐기하고 모든 시민에게 선

단두대에 의한
루이 16세 처형

거권을 부여하는 한편 노동하여 생활할 수 있는 권리를 인정하는 등 매우 민주적인 헌법이었다.

그러나 안으로는 반혁명운동이 치열해지고 밖으로는 영국을 중심으로 유럽의 거의 모든 국가가 대불동맹을 맺고 위협을 가해 오는 위기에 당면하자 자코뱅당은 헌법의 실시를 일시 중지하고 '공안위원회'*comit de salut public*를 만들어 정부의 권한을 위임하였다. 또한 보조 기관으로서 일반보안위원회와 혁명재판소를 두었다. 이리하여 공포정치*La Terreur*가 시작되었다. 수천의 왕당파 혐의자들이 체포되어 단두대로 보내졌다. 1793년 6월에서 1794년 7월에 테르미도르의 반동이 있을 때까지의 공포정치 기간에 25,000명이 처형되었다.

로베스피에르

로베스피에르의 독재정치

공안위원회는 당통 · 로베스피에르 · 카르노Carnot 등 9인의 위원에 의하여 구성되었는데 이들은 처음에는 별다른 내부 분란 없이 잘해 나갔다. 그러나 1794년 봄 프랑스의 대내외 사정이 안정을 회복하면서 민중들이 더 이상 자코뱅당의 독재정치와 최고가격제와 같은 급진적인 개혁에 추종하지 않게 되자 자코뱅당 내부에 균열이 생기고 공안위원회도 그 기능을 상실해 갔다. 곧 자코뱅당은 공포정치의 강화를 주장하는 좌파인 에베르Hébert와 공포정치를 반대하는 우파인 당통과 날카롭게 대립하였는데 이 틈을 타서 중간파에 속하였던 로베스피에르는 양자를 쓰러뜨리고 1794년 3월에 권력을 장악하였다.

로베스피에르는 청렴하고 성실한 혁명적 민주주의자였으나 그의 사상은 너무나 이상주의적이었다. 곧 그는 모든 시민들이 도덕적으로 깨끗하고 사심 없이 살며 애국심을 발휘할 수 있는 '도덕공화국'을 수립하고자 하였으나 대부분의 시민들은 로베스피에르의 광신적인 이념에 무관심하였고 또한 그의 공포정치에도 전율을 느끼고 있었다. 그리하여 그는 1794년 7월 27일에 온건파의 반동을 만나 체포되어 단두대에 보내졌다(7. 28). 이 사건은 공화력의 열월 *thermidor*(7. 19~8. 18) 9일에 일어났으므로 '테르미도르의 반동'이라고 일컫는다. 이 사건 후 지롱드당이 집권하는 반동 체제가 확립되어 혁명은 다시 부르주아 중심으로 되돌아갔다.

총재정부

1795년 8월, 국민공회는 소득액에 의하여 선거권을 제한하는 신헌법(제3헌법)을 제정하고 해산하였다. 신헌법에 의거하여 이원제의 입법부와 5명의 총재를 행정장관으로 하는 총재정부 *Directory*가 수립되었다. 이리하여 프랑스혁명은 사실상 종말을 고하게 되었다.

총재정부는 국내의 혼란과 외국의 압박이라는 내외의 산적한 어려움을 감당해 내기에는 너무나 무력하고 부패하였다. 특히 총재정부의 재정난은 극심하였다. 총재정부는 전쟁 비용을 충당하고 무능한 관료들의 봉급을 지불하기 위하여 지폐를 마구 남발하였다. 그 결과 인플레이션과 경제적 대혼란이 초래되었다. 이와 같은 재정적 위기 속에서 약간의 개인 재산을 지니고 있었던 수백만의 시민들이 무산자로 전락하였다. 이처럼 총재정부는 극심한 재정난과 정부의 부패·무능, 그리고 굴욕적인 전쟁에서의 패배 등으로 국민의 반감을 크게 사게 되었다. 이와 같은 상황 속에서 총재정부는 1799년 11월 9일에 이집트 원정 중 비밀리에 귀국하여 군사쿠데타(브뤼메르 *brumaire* 18일의 쿠데타)를 일으킨 나폴레옹에 의하여 전복되었다.

프랑스혁명의 의의

프랑스혁명은 다음과 같은 장단점의 역사적 유산을 남겨 놓았다.

우선 장점적인 유산으로는 ① 절대왕정에 대해 강력한 타격을 가함으로써 근대 시민 사회를 이룩할 정치적 토대를 마련해 준 점, ② 농노제, 귀족의 봉건적 특권, 길드와 같은 부패한 봉건적 유산을 크게 혁파해 준 점, ③ 성직자 계급의 특권을 박탈함으로써 종교와 정치의 분리 현상을 더욱 촉진시켜 준

점, ④ 기타 프랑스령 식민지에서의 노예제도 폐지, 부채로 인한 투옥 금지와 나폴레옹의 업적이기도 한 교육개혁·법전 편찬 등의 업적을 남긴 점을 들 수 있다.

그리고 단점으로는 ① 전투적 민족주의를 조장한 점, ② 로베스피에르의 공포정치 기간에서 볼 수 있는 바와 같이 통치자의 목적으로 인해 피지배자의 생명이 멸시당하는, 곧 인명을 가볍게 여기는 풍조를 낳은 점이었다.

제4절 나폴레옹시대

보나파르트 나폴레옹

나폴레옹시대

1789년 프랑스혁명 이후의 유럽 사회는 급격하고 다양한 변화를 겪게 되었다. 곧 이 시대는 새로운 정치·사회적 이상이 난무하고 사회 문제에 대해 날카롭게 대립하는 이견의 홍수시대였다.

특히 1800~1830년까지의 시기는 자유와 평등의 이념에 대한 격한 반동, 이성과 과학에 대한 반발, 그리고 인간을 다시 권위로써 복종시키려는 보수·반동적 경향이 지배하였다. 이러한 보수·반동적 경향은 1799~1814년까지의 나폴레옹시대와 1815년의 백일천하 때에 잠깐 그 모습을 보였는데 이것은 메테르니히의 빈체제가 시작된 1815년부터 프랑스의 7월혁명이 발발한 1830년 7월 직전까지 만연하였다.

그러나 나폴레옹시대가 비록 보수·반동화의 경향을 보였다 하더라도 다음과 같은 두 가지의 중요한 역사적 업적을 낳았다. 즉 첫째로, 프랑스혁명 이념을 프랑스의 실제적인 정치 상황에 적용하여 이것을 프랑스의 항구적인 여러 제도로서 확립시켰고, 둘째로는 프랑스혁명의 이상을 대외적으로 널리 전파시켜서 유럽 전체를 혁명의 도가니 속으로 몰고 가게 한 점이었다.

나폴레옹의 등장

보나파르트 나폴레옹Bonaparte Napoleon은 1769년에 지중해 연안의 코르시카섬에서 소귀족의 차남으로 태어나서 그 후 브리엔*Brienne* 유년학교와 파리 사관학교 시절을 거쳐 군사적 영웅으로 성장하게 되었다. 그는 청년 사관 시절에 프랑스혁명에도 깊은 관심을 보여 1791년에는 자코뱅당에 입당하였다.

나폴레옹의 군사상의 천재적 소질은 그가 1793년에 영국 함대의 지원을 받는 반혁명군이 장악한 툴롱*Toulon* 항구를 탈환했을 때부터 나타났다. 이 항구의 탈환으로 인해서 그는 로베스피에르의 추천을 얻어 일약 포병대장에서 육군 준장으로 승진하였다. 로베스피에르의 실각과 더불어 그는 일시 영어(囹圄)의 몸이 되기도 하였다. 그러나 1795년 10월에 파리에서 발발한 왕당파의 반란을 진압한 것을 계기로 재차 국민공회로부터 대단한 신망을 받게 되었다. 1796년에 나폴레옹은 총재정부로부터 이탈리아 방면 원정군 사령관의 직책을 부여받게 되었는데 이로부터 그는 프랑스의 국민적 영웅이 될 좋은 기회를 얻게 되었다.

1799년 11월 9일(브뤼메르 18일) 나폴레옹이 이집트 원정으로부터 단신 귀국하여 군사쿠데타를 일으키게 될 때의 프랑스의 대내외 정세는 다음과 같았다. 대내적으로는 전술한 바와 같이 재정 파탄과 부정 부패로 인해 민심이 총재정부로부터 이반되어 있었고, 대외적으로는 나폴레옹의 이집트 원정 후에 감행된 시리아 공격에 위협을 느낀 영국이 유럽의 열강들을 선동하여 제2차대불동맹을 맺고 프랑스에 쳐들어오는 군사적 위기에 직면하여 있었다. 이러한 상황하에서 나폴레옹은 무능한 총재정부를 타도하고 조국의 군사적 위기를 해결하는 것이 급선무라고 생각하여 쿠데타를 일으켰다. 당시의 프랑스 국민들도 우유부단한 총재정부 대신에 강력한 1인에게 지배되는 유능한 정부를 희구하였다.

통령정부

군사쿠데타에 의거하여 정권을 장악한 나폴레옹은 국민투표에 의하여 3명의 통령 consul 이 지배하는 통령정부를 수립한 뒤에 자신은 제1통령이 되었다. 통령정부는 내용상에 있어서는 나폴레옹 1인에 의한 독재정부였으나 외형상으로는 공화정을 유지하였다.

정권을 장악한 나폴레옹은 국내의 질서를 신속히 회복한 뒤에 국민적 인기를 항구화하려는 야심으로 대외정복전을 재개하였다. 그리하여 그는 1800년 5월에는 당시 북이탈리아에 진격하여 제노바를 포위하고 있던 오스트리아군을 마렝고 Marengo 전투에서 격파하였다. 같은 해 12월에는 독일지방의 오스트리아군을 격파하여 오스트리아와 뤼네빌 Lunéville 조약을 체결하고 제2차대불동맹을 실질적으로 와해시켰다.

알프스를 넘는 나폴레옹

이때 영국도 주전론자인 피트내각의 실각을 계기로 1802년 영국과 프랑스 양국 사이에 아미앵 Amiens 조약을 맺고 평화를 유지하였다. 이 조약은 유럽에서 프랑스의 패권을 인정한 것이었다. 그리하여 프랑스는 이 조약에 의거하여 라인강 좌측의 오스트리아령 네덜란드와 피에몬테 Piemonte 를 병합하였고 이탈리아 제국에 대한 우월권을 인정받았다. 그 밖에 네덜란드와 스위

나폴레옹의 대관식 광경
(다비드 작품)

스는 프랑스의 속령의 지위로 떨어졌다.

영국과 아미앵조약을 맺고 대외적으로 화평을 유지한 나폴레옹은 이 기회에 독재정치의 토대를 마련코자 1802년에 국민투표를 실시해서 국민의 압도적인 지지하에 10년 임기의 제1통령에서 종신통령으로 되었다. 또 1804년에는 영국과 프랑스 간의 아미앵조약(1803)의 파기와 전쟁을 선포한 대외 위기를 이용하여 또다시 국민투표를 실시, 통령 정치를 제정으로 바꾸었다. 나폴레옹은 노트르담 *Notre Dame* 사원에서 교황 피우스 7세 Pius Ⅶ의 집전(執典)으로 거행된 대관식에서 황제로 즉위하여 프랑스 제1제정의 막을 열었다.

나폴레옹 제정의 치적과 유럽 제패

1804년에 나폴레옹 1세로서 제위에 오른 나폴레옹은 혁명과 전쟁으로 와해된 질서를 회복함과 동시에 혁명이 낳은 개혁을 보존하기 위하여 내치면에 있어서 다음과 같은 업적을 남겼다.

우선 그는 혁명에 의해 획득한 토지를 재분배하여 농노를 독립농민으로 만들어 주었고 정부의 지출과 낭비를 감면했다. 또한 국내의 산업 발전과 교육제도의 개선에 주력하여 프랑스은행의 설립과 조세제도의 개혁, 그리고 초등학교·중학교·대학교의 학교제도를 마련하고 국립 군사학교와 기술학교를

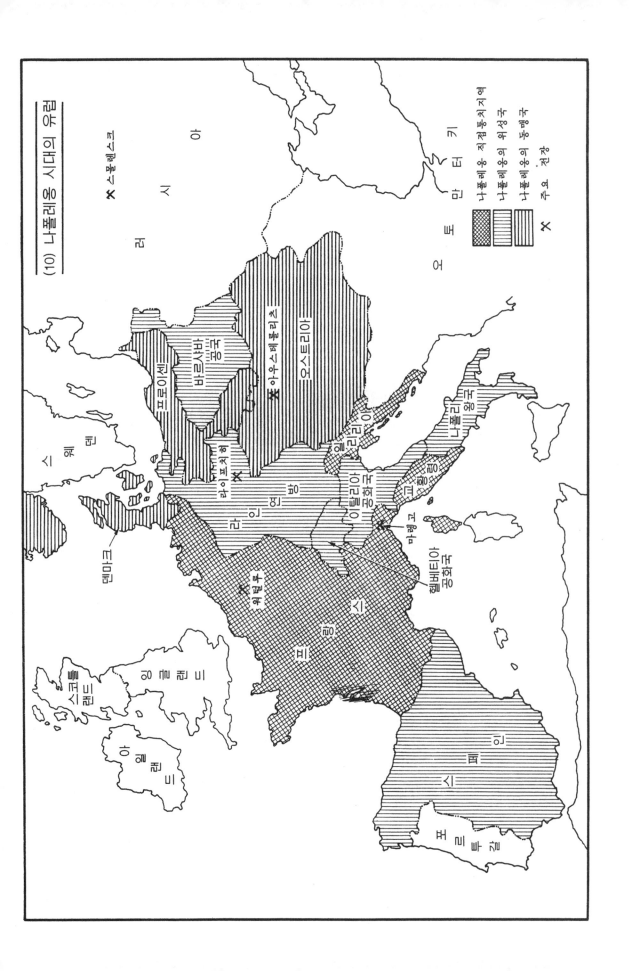

(10) 나폴레옹 시대의 유럽

스톡홀름 ✕

노르웨이

러시아

터키

✕ 나폴레옹 직접통치지역
  나폴레옹의 위성국
  나폴레옹의 동맹국
✕ 주요 전장

스웨덴

덴마크

프로이센

바르샤바 공국

✕ 아우스테를리츠

오스트리아

라이프치히 ✕

라인연방

일리리아

이탈리아 공화국

나폴리 왕국

베네치아

코르시카

마렝고

헬베티아 공화국

프랑스 제국

워털루

벨 기 에

스코틀랜드

아일랜드

잉글랜드

에스파냐

포르투갈

세웠다. 특히 그의 치세 중 주목할 만한 업적은 1804년에 완성된 「나폴레옹 법전」의 편찬이었다. 전문 2,281조로 되어 있는 이 법전은 프랑스혁명 이념을 제도적으로 잘 구현한 대표적인 부르주아 법전이었다.

한편 외치면에 있어서 나폴레옹은 유럽에서 영국 세력을 축출하여 유럽을 자국의 자본시장화하는 것을 목표로 삼았다. 이와 같은 외정의 방향은 영국과의 마찰을 불가피하게 했다. 왜냐하면 영국은 당시 산업혁명기에 처해 있어서 세계적인 규모의 원료공급지와 판매시장을 대단히 필요로 하였으므로 유럽 시장의 확보가 상당히 중요성을 띠고 있었는데 만일에 프랑스가 유럽을 제패할 경우에는 영국의 산업 발전은 중대한 위협을 받게 되기 때문이다. 이러한 이유로 인해서 영국은 이미 두 차례나 대불동맹세력을 형성하여 프랑스의 팽창을 저지하려 한 바 있었다.

이와 동일한 이유로 1803년에 영국은 2년도 채 못 되어서 프랑스의 유럽 제패를 인정한 아미앵 *Amiens* 조약(1802)을 깨고 프랑스와 전쟁 준비에 돌입했다. 1805년에 양국은 2년 간의 전쟁 준비를 끝내고 실전으로 돌입하였다. 이때 영국은 제3차 대불동맹을 형성하여 프랑스를 포위 공격하려 했다. 그러나 나폴레옹은 이러한 영국의 기도를 좌절시키기 위하여 1805년 10월 에스파냐와 연합 함대를 편성하여 영국 본토에 대한 침공을 꾀하였다. 그러나 이 연합 함대는 트라팔가 *Trafalga* 해전에서 넬슨 *Nelson*(1758~1805)이 이끄는 영국 함대에게 격파당하였다.

트라팔가해전중
넬슨제독의 부상

이에 나폴레옹은 작전을 바꿔 오스트리아를 공격하여 오스트리아의 수도인 빈 *Wien* 을 점령하고 다시 오스트리아·러시아의 연합군을 아우스테를리츠 *Austerlitz* 전투에서 격파하여 오스트리아와 프레스부르크 *Pressburg* 화약을 맺어 제3차 대불동맹을 무너뜨렸다. 또한 나폴레옹은 위의 화약에 의거하여 1806년에 서남 독일과 라인 우안(右岸)의 16개 영방국으로 구성된 라인동맹을 만들고 프랑스의 위성국으로 삼았다. 그리하여 독일은 오스트리아, 프로이센, 라인동맹으로 갈라지게 되었고 명목상에 불과했던 신성로마제국은 해체되고 말았다.

또한 1807년에 나폴레옹은 프로이센·러시아의 연합군을 프리들란트 *Friedland* 에서 격파해서 러시아와 틸지트 *Tilsit* 화약을 맺고 프로이센 영토의 폴란드 부분에 바르샤바 *Warszawa* 공국을, 그리고 엘베강 이서에는 웨스트팔리아 *Westphalia* 왕국을 신설하였다. 이에 나폴레옹제국은 러시아를 제외한 전 유럽대륙을 석권하게 되었다.

나폴레옹제국의 몰락

　나폴레옹의 유럽 대륙 제패가 거의 성공 단계에 이를 무렵인 1806년 11월에 나폴레옹은 베를린에서 대륙봉쇄령(大陸封鎖令)을 내려 대륙 제국이 영국과 무역하는 것을 금하였다.

　이러한 조치는 나폴레옹이 영국에 대한 직접적인 무력 침략이 여의치 않으므로 그 대신 경제적 봉쇄라는 우회·간접 전략에 의하여 영국을 굴복시키기 위함이었다. 그러나 대륙봉쇄령은 소기의 목적을 못 이루고 오히려 역효과를 가져왔다. 그것은 프랑스를 포함한 대륙국가가 농업국이어서 영국의 공산품을 수입하지 않고서는 국민 경제 생활을 유지할 수 없었기 때문에 필연적으로 대륙봉쇄령에 반발하지 않을 수 없게 된 점과 한편으로 영국이 대륙봉쇄령에 대항하기 위하여 내린 일련의 '역봉쇄령'*Orders in Council*이 프랑스의 산업 발달에 심대한 타격을 가했기 때문이다.

　먼저 1808년 여름에 스페인에서 대륙봉쇄령에 반대하는 반란이 일어났다. 나폴레옹 군대는 스페인 반란을 진압하려 했으나 반란군의 게릴라전에 말려서 성공하지 못했다. 스페인 반란을 계기로 유럽 각국에서는 나폴레옹의 지배체제로부터 벗어나려는 국민주의운동이 강하게 일어났다.

　대륙봉쇄령에 노골적인 반기를 든 나라는 러시아였다. 러시아는 영국에 곡물과 목재를 수출하고 그 대신 영국으로부터 공산품을 사들여 경제생활을 유지해 나간 나라였기 때문에 영국과의 무역 단절은 도저히 견디기가 어려웠다.

　1812년 봄에 나폴레옹은 대륙봉쇄령을 위반한 러시아를 응징하기 위하여 60만의 군대를 모집하여 숙명적인 러시아 원정의 길에 나섰다. 그러나 이 원정은 러시아의 초토작전과 동장군(冬將軍)으로 말미암아 실패하였다. 1812년

라이프치히전투(1813년)

12월 13일 퇴각한 나폴레옹 군대가 독일 국경에 이르렀을 때에 그의 군대는 30만 명으로 줄었고 그나마 그것도 대다수가 동상 환자였다.

나폴레옹 군대에 관한 신화가 이 전투에서 깨지자 유럽 열강들은 공동으로 나폴레옹 타도의 길에 나섰다. 제4차 대불동맹이 그것이다. 나폴레옹은 제4차 대불동맹 세력과 싸워 초전에는 승리하였다. 그러나 1813년 10월 16~19일 라이프치히Leipzig전투(일명 해방전쟁)에서 참패함으로써 나폴레옹은 결정적인 타격을 받게 되었다.

라이프치히전투에서 승리한 동맹군은 그 여세를 몰아 파리까지 진군하여 (1814. 3. 31) 나폴레옹을 퇴위시키고(1814. 4. 13) 그를 엘바섬으로 유배보냈다. 이후 부르봉왕가가 부활되고 루이 18세가 국왕으로 추대됨에 따라 나폴레옹제국은 몰락하게 되었다.

그러나 나폴레옹은 빈회의에 모인 보수·반동세력들이 전후의 수습책을 가지고 상호 이해 관계의 대립을 보고 있는 틈을 타서 엘바섬을 탈출하여 루이 18세를 몰아내고 다시 황제의 자리에 즉위하였다(1815. 3. 20). 그러나 나폴레옹의 재등장은 오래가지 못하였다. 왜냐하면 1815년 6월 18일에 나폴레옹은 영국의 웰링턴Wellington공이 이끄는 영국·덴마크·프로이센 등의 연합군에게 벨기에의 워털루Waterloo전투에서 참패했기 때문이다.

이리하여 나폴레옹의 백일천하도 종말을 고하고 그는 대서양의 고도(孤島)인 세인트헬레나St. Helena섬에 유배되어 1821년 5월 5일에 그의 여생을 마치게 되었다.

나폴레옹시대의 의의

전술한 바와 같이 나폴레옹시대는 프랑스혁명의 목적과 이념을 유럽 각지에 전파시켰다. 특히 그때까지 봉건적인 사회체제와 정치체제를 유지하여 역사 진보의 조류에 뒤처져 있던 중부 유럽과 동부 유럽 국가로 하여금 자유주의와 국민주의에 대한 각성을 촉구하여 근대 서구문명권에 참여시킨 점은 큰 의미를 갖고 있다 하겠다.

제5절 산업혁명

산업혁명시대

18세기 중엽에서 19세기 말엽에 걸쳐서 유럽의 중산계급 출신의 시민들이 구제도의 제모순을 타파해서 그들의 이상에 맞는 정치·사회를 건설하기 위

면방적 공장 내부

해 정치·사회적 혁명을 맹렬히 전개하고 있었을 때 경제 분야에서는 종래의 수공업적 소규모 생산 대신에 대규모 공장제 생산으로 전환하는 조용한 변혁이 진행되고 있었다. 이것이 이른바 생산양식의 대변화를 초래한 산업혁명이었다.

산업혁명은 경제생활의 합리화를 꾀하려는 자본주의정신에 의하여 추진되었고, 정치적으로는 자유주의운동과 보조를 맞추어 진행되었다. 근대 시민 사회는 산업혁명을 통해서 비로소 그 경제적·사회적 토대를 완성하였다.

산업혁명의 내용

산업혁명은 그 전단계로서 상업혁명기를 밟아 왔다. 이는 1400~1700년까지에 해당하는 시기로서 상인·은행가·선박소유주들이 경제적 주역을 맡아 소규모 자본과 설비로써 상업활동에 역점을 두어 온 때이다. 따라서 이때의 생산활동은 영세자본을 가진 소규모 제조업자들에게 맡겨져 선대제(先貸制) *putting out system* 나 매뉴팩처 *manufacture* 와 같은 전근대적인 생산조직 속에서 행해졌다. 생산도 주문생산(고객생산)이나 소규모 시장생산을 목표로 하여 이루어졌다.

그러나 1700년 이후 중산계급들은 상업혁명기에 축적한 자본을 가지고 개척된 해외시장을 겨냥해서 설비투자를 확대하여 대량생산체제에 돌입했다. 이것이 전술한 공장제적 생산양식의 출현이었다. 이러한 공장제 출현의 과학·기술사적 배경으로는 17세기에 진행된 과학혁명에 의하여 방직기·방적기·증기기관 등의 기계가 발명된 것과 생산 기술의 발달이 크게 이루어진 점을 들 수 있다. 이러한 기계 발명과 생산 기술의 발달, 그리고 새로운 동력원의 사용 등으로 기업주는 공장 내에 도구 대신에 기계와 근대적인 장치를 설치하여 대량 생산을 행할 수 있었다.

이와 같은 상품의 대량 생산은 수송수단의 발달과 전국적 규모의 통신망이 설치됨으로써 더욱 현저화되었다. 또한 산업혁명은 처음에는 공업 분야에서 시작되었지만 이것은 점차 농업과 기타 산업 분야에도 확대되어 영리를 목적으로 한 생산활동이 전개되었다. 이와 같은 산업혁명의 내용을 요약하면 다음과 같다. ① 공업과 농업의 기계화, ② 동력의 산업활용, ③ 공장제도의 발달, ④ 수송수단과 통신수단의 신속한 발달, ⑤ 전 경제활동에 대한 자본주의적 통제의 강화를 열거할 수 있다.

한편 산업혁명의 시기는 아래와 같이 크게 3분된다. 즉 첫째는 1760～1860년까지의 제1차 산업혁명 단계로서 철과 석탄이 중요 산업자원과 동력원으로 사용되었다. 영국·프랑스·벨기에·미국 등의 산업혁명이 이 시기에 해당하였다. 둘째는 1860～1945년까지의 제2차 산업혁명 단계로서 이 시기는 강철과 가스, 석유, 그리고 전기가 중요 산업자원과 동력원으로 사용되었고 독일·이탈리아·일본·러시아의 산업혁명이 이 시기에 속하였다. 마지막으로 1945년 이후의 제3차 산업혁명 단계로서 이 시기는 원자력이 산업의 주동력원으로 사용되고 있던 시기이다.

영국의 산업혁명

제임스 와트

영국이 유럽의 다른 나라에 비해 가장 먼저 산업혁명을 일으키게 된 원인은 다음과 같은 제조건이 타국에 비해 조기에 유리하게 성숙되었기 때문이다.

첫째로는 군사적 조건을 들 수 있다. 즉 영국은 18세기 중엽의 7년전쟁에서 프랑스에게 승리함으로써 프랑스에 대한 해상무역과 제국주의적 식민지 경쟁에서 우위를 확보하여 유리한 자본형성조건과 해외시장조건을 지니게 되었다. 또한 영국은 군사적 경쟁세력을 타도함으로써 안심하고 군사비를 절감하여 이를 산업투자에 전환할 수 있었다.

두 번째로는 정치적 조건을 들 수 있다. 영국은 1688～1689년 간의 명예혁명을 통해서 타유럽국에 비해 100년 내지 200년을 앞서 자유로운 정부를 수립하였다. 이로 인해 영국은 일찍이 독점폐지법과 자유경쟁에 대한 정부

산업혁명의 역동성을 보여
주는 그림

간섭을 배제하여 경제활동에 유리한 정치 풍토를 조성하였다. 영국 정부가
당시 얼마나 자유로웠는가 하는 점은 1685년에 프랑스 정부가 선포한 낭트
칙령 *Edit of Nantes*의 폐지로 인해 프랑스 내의 검소하고 활동적이며 야심에
찬 4만 명 가량의 위그노 *Huguenots*파들이 영국으로 망명해 간 사실을 통해
서도 알 수 있다.

　세 번째로는 은행제도의 발달과 같은 경제적 조건의 성숙을 들 수 있다.
1694년에 영국은 사기업으로 조직되고 관리된 은행 *the Bank of England*을
설립하였는데 이를 통해서 영국의 여러 기업가들은 사업에 필요한 자금을 융
자받고 소신껏 경제활동을 전개할 수 있었다.

　네 번째는 사회적 조건의 성숙으로서 귀족의 세습제가 폐지되고 그 대신
부의 소유액에 따라 귀족의 지위를 획득할 수 있는 사회 풍토가 조성된 것을
들 수 있다. 이때 귀족이 될 수 있는 최소한의 재산 소유 조건은 1만 달러였
다. 이처럼 1만 달러를 내고 귀족이 된 대표적인 사례로 윌리엄 피트 William

하그리브스의 제니 방적기

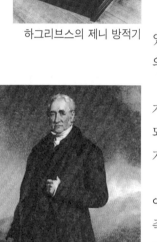

조지 스티븐슨

Pitt 수상의 경우를 들 수 있다. 또한 18세기 후반에 영국은 모직물의 수요 확대를 위하여 인클로저*enclosure* 운동과 같은 대규모의 자본주의적 농업 경영을 실시했는데 이때 토지를 잃은 소농민은 도시로 집중하여 산업혁명에 필요한 충분한 노동력을 제공하였다. 이런 현상은 영국만이 지닌 특이한 사회·경제적 현상이었다.

다섯 번째로 영국은 일찍이 경험과학의 발상지였다는 지적 조건을 들 수 있다. 영국이 일찍이 산업혁명을 수행할 수 있었던 것도 이와 같은 경험과학의 발달로 말미암은 기계 발명과 기술의 발달의 힘이 컸다.

끝으로 목면공업에 유리한 영국의 습한 기후적 조건과 철·석탄 등의 지하자원이 풍부한 점, 그리고 길드제도와 같은 봉건적 생산양식이 일찍이 소멸되었다는 점을 들 수 있다. 북부 잉글랜드의 경우는 이미 17세기에 길드제도가 소멸되었다.

영국에서 산업혁명이 가장 먼저 수행된 분야는 면직물공업이었다. 그것은 이 분야에서 기계의 발명과 동력의 사용이 가장 먼저 이루어졌기 때문이다. 즉 1764년의 하그리브스Hargreaves가 제니*Jenny* 방적기를 발명한 것을 필두로 1769년의 아크라이트Arkwright의 수력방직기, 크램프턴Crampton의 뮬*Mule* 방적기, 1785년의 카트라이트Cartwright의 역직기의 발명, 와트James Watt의 증기기관의 발명과 이의 새로운 동력으로의 이용으로 종래의 가내수동식 방직공업은 급속히 공장제 기계공업으로 전환되어 갔다.

기계의 제작에는 철이 필요하고, 동력원으로서 석탄이 필요하여 제철업과 광산업이 따라서 발달하였다. 또 철·석탄과 원료를 공급지로 운반하고 다량의 제품을 소비지에 운반하기 위해서는 운수기관의 개선이 요구되었다. 이에 따라 1807년에 미국인 풀턴Robert Fulton이 기선을, 1830년에 영국인 스티븐슨George Stephenson이 기차를 발명하여 수송기관의 일대 혁신을 가져와 산업혁명의 제1차 단계가 끝나게 되었다.

영국의 산업혁명이 1830년대의 수송혁명의 진전과 더불어 일단 마무리되자 영국의 발달된 산업 기계와 기술은 각국에 도입되어 프·미·독·러·일 등의 산업화에 크게 기여하였다.

스티븐슨이 발명한 기관차

산업혁명의 결과

산업혁명은 우선 소규모 주문생산 대신에 대규모 시장생산을 가능케 한 공장제도를 공업 전반에 걸쳐 확립시켜 주었다는 경제사적 의의를 지닌다. 공장제도에 의한 생산력의 비약적인 발전은 인류의 물질적 부를 전반적으로 향상시켰다. 그러나 그것은 다음과 같은 역기능적 효과도 낳았다. 곧 제2차 산업혁명이 시작된 1860년대 이후로 유럽 각국은 생산력의 비약적 발전을 소화하기 위한 해외 식민지 쟁탈전을 치열하게 전개하였는데 이것이 궁극적으로는 세계 대전을 불러일으키는 계기가 되어 인류의 파탄을 초래하였다.

아동노동자의 비참한 모습

한편 산업혁명은 전술한 생산조직상의 변화뿐만 아니라 사회조직상의 변화를 가져온 사회사적 의의를 지니고 있다. 곧 소규모 가내수공업 단계에 있어 유지되던 고용주(기업주)와 노동자와의 봉건적인 가부장적 유대관계는 공장제도가 출현한 이후부터는 금전(임금)을 매개로 한 계약관계로 바뀜으로써 사회는 생산관계에 의해 규정되는 자본가계급과 노동자계급이라는 두 계급으로 크게 갈라지게 되었다. 한편 이때 이 두 계급 사이에는 부유하지도 빈곤하지도 않은 소시민층 *petite bourgeoisie*, 즉 상점주 · 공무원 · 법률가 · 의사 · 자작농 · 교사 등이 또 하나의 사회계층을 형성하게 되었다.

그런데 이 노(勞) · 자(資) 양 계급은 상품 생산에 바친 노동자의 총노동가치 중에서 노동자의 임금 부분을 제외한 잉여가치분(지대 · 이자 · 이윤)을 재분배하는 문제에서 첨예한 대립을 보였다. 그 결과 각종의 사회문제와 노동문제가 제기되었고 노동조합운동 · 사회주의 등이 발생케 되었다. 그 밖에 산업혁명은 인구가 도시로 집중되는 도시화 *urbanization*현상과, 이와 결부된 사회적 유동성의 증대를 가져왔다.

제 2 장
보수 · 반동시대와
자유주의운동

1800년부터 1830년까지의 유럽은 지적으로는 낭만주의의 시대요, 정치적으로는 보수 · 반동의 시대였다. 이 시대는 18세기의 계몽주의시대에 만연하였던 이성 만능주의와 자연법 · 진보이념 대신에 인간의 감성과 공동체의 유지 그리고 역사의 고유성을 중요시하였다.

이와 같은 지적 경향은 1814~1830년 간에 유럽을 지배하였던 보수 · 반동체제에 크게 기인하였다.

그러나 이러한 보수 · 반동적 경향은 산업혁명의 진전과 더불어 사회적으로 크게 대두한 부르주아세력 앞에 또다시 굴복하고 말았다. 이들 부르주아세력들은 자유민주주의의 기치를 내걸고 보수 · 반동체제와 투쟁하여 성공하였던 것이다.

제1절 메테르니히체제의 출현과 몰락

빈회의

1814년 4월 나폴레옹을 퇴위시킨 연합국의 대표들은 프랑스혁명 및 나폴레옹전쟁 이후의 사태를 수습하기 위해서 그 해 9월부터 1815년까지 오스트리아의 수도 빈Wien : Vienna에서 회의를 열었다.

여기에는 터키를 제외한 모든 유럽 국가의 대표들이 모였다. 이때 회의의 주역은 러시아의 차르 알렉산드르 1세Aleksandr I(1777~1825), 영국의 카슬레이경Lord Castlereagh(1769~1822), 프랑스의 탈레랑Charles de Talleyrand-Périgord(1754~1838), 오스트리아의 메테르니히 Klemens von Metternich

빈회의 광경(1815년)

메테르니히

(1773~1859) 등이었다. 그런데 이 중에서도 오스트리아의 수상 메테르니히가 가장 중요한 인물이었다. 그는 이 회의를 주도해 나감으로써 후에 보수 · 반동적 인물의 거두로 불리게 되었다.

이 회의를 이끌고 간 기본 정신은 정통주의(또는 복고주의)와 보상주의였다. 정통주의(正統主義)란 1789년 이전의 상태, 곧 프랑스혁명 전의 상태로 돌아가자는 주장으로 혁명 전의 왕조와 영토를 부활하고 프랑스혁명과 나폴레옹전쟁의 산물인 자유주의 · 민주주의 · 국민주의를 탄압하고자 하였다. 이 주장은 원래 프랑스의 대표로 참가한 탈레랑이 프랑스에 대한 연합국들의 응징이 두려워 주장한 것이었으나 메테르니히가 이 주장을 반동정치의 기본 이념으로 삼았던 것이다.

그러나 정통주의 정신은 영국을 중심으로 한 연합국들의 국가적 탐욕으로 인해 흐려지게 되었다. 곧 이들은 전승국이라는 입장에서 약소국을 희생하여 영토적인 보상을 요구하였기 때문이다. 그리하여 본래의 정통주의의 주장 이외에 보상주의(補償主義)라는 또 하나의 원칙이 제기되었다.

우선 정통주의에 입각하여 프랑스에 부르봉왕가가 옛 영토 위에 부활하고 루이 18세가 즉위하였다. 메테르니히는 알렉산드르 1세의 러시아가 대국으로 등장하는 것을 저지하고 유럽의 세력균형을 유지할 의도하에 프랑스에 대해서는 관대한 조치를 취했다. 따라서 프랑스에게는 단지 7억 프랑의 보상금만을 지불하게 하였다. 그 다음에 네덜란드에는 오렌지 Orange 가가 부활하고, 피에몬테 *Piemonte* 와 사르디니아 *Sardinia* 에는 사보이 Savoy 가가, 그리

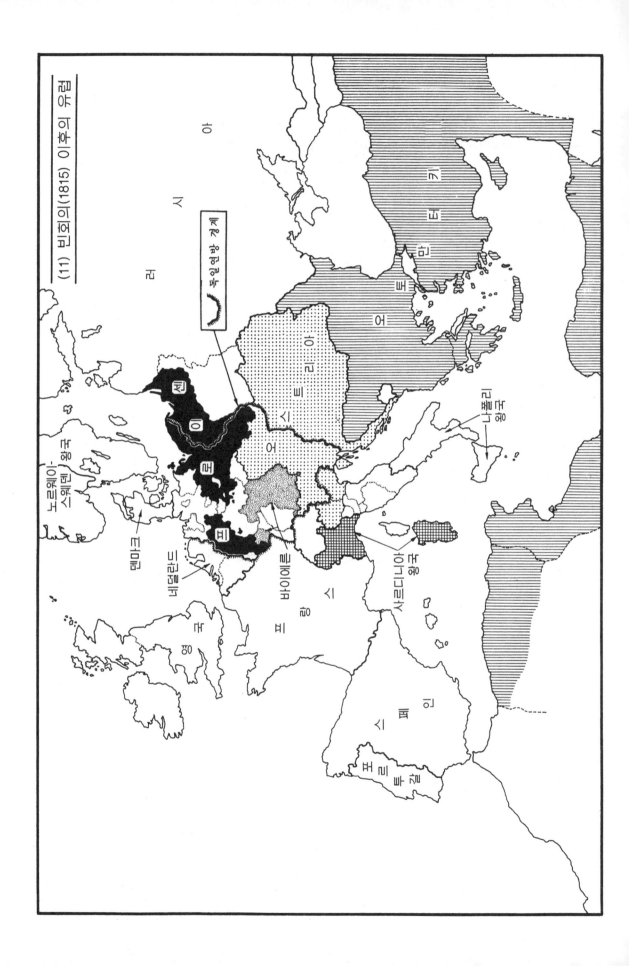

(11) 빈회의(1815) 이후의 유럽

독일연방 경계

러

시

아

노르웨이-
스웨덴 왕국

덴마크

프로이센

네덜란드

영국

프랑스

바이에른

오스트리아

나폴리

사르디니아 왕국

에스파냐

포르투갈

터키

폴란드

프로이센

고 스페인과 시칠리아에는 부르봉가가 부활하였다.

정통주의에 의하여 구왕조가 부활하자 다음에는 보상주의에 의한 영토 재조정 작업이 이루어졌다. 즉 영국은 나폴레옹전쟁 기간에 한동안 프랑스의 편이 되어 싸웠던 네덜란드의 식민지였던 남아프리카와 남미의 기아나*Guiana*의 일부와 실론*Ceylon*섬을 차지했다. 그 대신 네덜란드에게는 오스트리아령 네덜란드(벨기에)를 떼어 주었다.

오스트리아는 그 대가로 이탈리아 방면에 광범한 교두보를 획득했다. 즉 베네치아공화국과 밀라노공국을 차지했으며 또한 합스부르크 일가 중에서 투스카니*Tuscany* · 파르마*Parma* · 모데나*Modena*를 지배하게 되었다. 그 결과 오스트리아는 중부 유럽에서 강대국이 되었다.

러시아는 1809년 스웨덴으로부터 빼앗은 핀란드*Finland*를 차지하게 되었으며 그 대신 스웨덴은 덴마크의 영토였던 노르웨이를 차지하게 되었다.

이러한 조치는 관련 국민의 이익을 무시한 조치로서 민족적 반감을 깊이 사게 되었다. 특히 문화 · 종교가 전혀 다른데도 불구하고 벨기에는 강제로 네덜란드의 지배를 받아야 했고, 또 이와 똑같은 경우로 노르웨이는 스웨덴에게 수모를 당해야 했다. 또 이탈리아는 오스트리아에게 영토의 일부를 빼앗기는 비운을 맛보게 되었다.

빈회의 각국 대표들의 서명

4국동맹 · 신성동맹

메테르니히는 위와 같은 정통주의 및 보상주의에 입각하여 정해 놓은 결정을 항구화하기 위한 외교적 방책으로서 1815년 7월에 영국 · 오스트리아 · 프로이센 · 러시아를 중심으로 한 4국동맹*Quadruple Alliance*을 결성하였다. 이 동맹의 결성 목적은 만일에 동맹국 중의 어느 한 나라에서 민중이 반란을 일으켜 복고된 왕조나 군주를 전복시키려 하거나 또는 정해 놓은 국경선을 변경하려 할 때에는 군사적으로 개입하여 그 세력을 분쇄하자는 것이었다.

이 동맹을 맺은 후 동맹국들은 외교적으로 잘 협조해 나갔으므로 일명 이것을 '유럽의 협주'*the Concert of Europe*라고 부른다. 그런데 이 4국동맹은 1818년에 프랑스가 가맹함으로써 5국동맹*Quintruple Alliance*이 되었다.

한편 이와 같은 4국동맹의 결의는 1818~1822년 동안 열린 네 차례에 걸친 국제회의의 결정을 통해서 나타났다. 제1차는 1818년의 엑스라샤펠*Aix-la-Chapelle*회의였고, 제2차는 1820년의 트로포우*Troppau*회의, 제3차는 1821년의 라이바흐*Laibach*회의, 제4차는 1822년의 베로나*Verona*회의였다. 제2차 트로포우회의 때 반란으로 인해 군주 교체와 영토 변경이 이루어질 경우에 군사적으로 개입할 것을 결정했고, 제3차 라이바흐회의 때에는 제

2차 회의의 결정을 실제로 행동으로 보여 줄 것을 결의하였다. 즉, 시칠리아 왕국의 페르디난트Ferdinand 1세가 자유주의자들의 종용으로 자유주의적 헌법에 충성을 맹세했을 때 그를 불러서 그 맹세를 취소케 한 후에 오스트리아 군대가 직접 나폴리Napoles로 진군해 들어가서 자유주의세력을 진압하였다. 제4차 베로나회의 때는 스페인에서 자유주의자들이 국왕에게 자유주의적 헌법에 서명하라고 위협을 가하며 반란을 일으켰을 때 프랑스군으로 하여금 스페인에 군대를 보내어 진압할 것을 결의하였다.

한편 4국동맹이 맺어지기 2개월 전에 러시아의 차르 알렉산드르 1세는 신성동맹Holy Alliance을 제창하였다. 이것은 유럽의 군주들이 정의, 기독교의 자선심, 평화의 정신으로 뭉쳐서 국제관계 및 대내 통치를 해 나아갈 것을 제창한 것으로서 다른 서구 열강들의 서명을 받았으나 실제로는 하등의 구속력이 없는 경건한 서약에 불과했다. 그러므로 반동세력의 승리를 유지한 참된 무기는 신성동맹보다는 4국동맹이었다.

각국의 반동정치

메테르니히체제의 등장은 유럽 각국에서 보수·반동세력이 정치적으로 우세를 보이는 계기를 만들어 주었다. 그러나 프랑스혁명과 나폴레옹전쟁 사이에 형성된 진보세력이 이러한 반동세력의 발호를 방관할 리가 만무하였다.

그리하여 각국에서는 보수·진보 양 진영간에 치열한 투쟁이 전개되었다. 영국의 토리Tory당 정권은 토지귀족과 상업시민의 이익을 옹호하고 산업시민과 노동계급의 입장은 무시한 보수·반동 정책을 수행했다. 특히 1815년에 지주층을 보호하기 위한 '곡물법'의 제정은 나폴레옹전쟁 종결에 따른 불황과 실업에 허덕이는 중산계급과 노동자를 극도로 격분시켰다.

신흥도시의 노동자층은 그들의 비참한 환경을 견디지 못하고 1811∼1817 년에 걸쳐 영국의 중요 공업도시에서 이른바 러다이트소요Luddite Distur- bances(기계 파괴 폭동)를 감행하였다.

계속되는 민중의 정치·경제적 소요에 놀란 영국의 지주과두정은 1816년에 인신보호령의 6개월 정지와 1817년에 집회금지법 공포, 그리고 1819년에 맨체스터에서의 피털루Peterloo 학살사건을 계기로 발포한 6개의 법령 Six Acts 등을 통해서 탄압정치를 강행하였다. 이러한 정부의 반동정치에 대해 영국의 과격한 진보세력들은 1820년에 '카토거리의 음모단'the Cato Street Conspiracy을 조직하여 전 토리내각의 인물들을 암살하려는 극단적인 행동까지 취하였다.

프랑스에서는 1815∼1820년 간에 극우왕당파와 온건한 자유주의자 간에

피털루 학살사건(1819년)

투쟁이 전개되었다. 그런데 1820년에 루이 18세의 조카가 자유주의자에 의
해서 살해되는 사건이 발생함으로써 프랑스의 정치는 극우왕당파*Ultra-
Royalists*에 의해 극단적인 반동정치로 나아가게 되었다. 특히 1825년에 루
이 18세의 아우이며 극우왕당파 출신인 샤를 10세 Charles X가 정권을 장악
한 이후 프랑스의 정국은 더욱 반동화해 갔다.

　독일은 메테르니히의 반동체제의 등장으로 인하여 국가 통일의 열망이 좌
절되었다. 이에 예나*Jena* 대학과 베를린 대학의 학생들이 중심이 되어 학생
자치조합*Burschenschaft*을 만들어 반항운동을 전개하였으나 메테르니히가
주도한 반동적 탄압을 받아 저지되었다.

도망치는 메테르니히
(1848년 혁명)

　특히 메테르니히는 1819년에 예나 대학교 학생들이 코체부*Kotzebue*라는
러시아인 극작가를 스파이로 지목하여 암살한 사건을 계기로 카를스바트 칙
령*Carlsbad Decrees*을 채택케 하여 출판물의 검열, 대학의 감시 등 자유주의
와 국민주의의 탄압을 강화하였다. 이러한 카를스바트 칙령으로 인하여 독일
은 1848년까지 자유주의운동을 강력하게 전개하지 못하였다.

　스페인과 이탈리아에서도 복고된 부르봉왕조의 완고한 반동정치에 대항하
는 혁명운동이 일어났다. 이탈리아에서는 카르보나리*Carbonari*당이 일으킨
반란과 그 압력으로 자유주의적 헌법이 일시 채택되었으나 다시 메테르니히
의 간섭으로 전제정치가 부활하게 되었다.

　러시아는 1818년까지는 한동안 알렉산드르 1세가 학교를 세우고 농노의
일부를 해방하는 등의 계몽정치를 행하여 진보의 물결이 높아지게 되었다.

12월당 주요 멤버

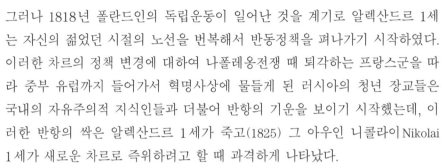

그러나 1818년 폴란드인의 독립운동이 일어난 것을 계기로 알렉산드르 1세는 자신의 젊었던 시절의 노선을 번복해서 반동정책을 펴나가기 시작하였다. 이러한 차르의 정책 변경에 대하여 나폴레옹전쟁 때 퇴각하는 프랑스군을 따라 중부 유럽까지 들어가서 혁명사상에 물들게 된 러시아의 청년 장교들은 국내의 자유주의적 지식인들과 더불어 반항의 기운을 보이기 시작했는데, 이러한 반항의 싹은 알렉산드르 1세가 죽고(1825) 그 아우인 니콜라이 Nikolai 1세가 새로운 차르로 즉위하려고 할 때 과격하게 나타났다.

이들 청년 장교들과 지식인들은 '12월당'Decabrists을 만들어 니콜라이 1세 대신에 자유주의자인 콘스탄틴 대공 Grand Duke Constantine의 옹립을 도모하였다. 그러나 이 거사는 콘스탄틴 대공이 응하지 않음으로써 무산되었다. 이후 니콜라이 1세는 노골적인 반동정치로 나아가 언론탄압·비밀경찰제도의 수립 그리고 국가를 군사캠프화하여 시민의 일거일동을 감시하고 정부의 통제를 받게 하였다.

먼로 대통령

키오스의 학살
(들라크르와 작)

메테르니히체제의 붕괴과정

메테르니히체제는 다음과 같은 5가지의 사건을 거치면서 붕괴되어 갔다. 메테르니히체제의 붕괴를 촉발한 첫번째 사건은 1822년에 5국동맹국의 대표들이 베로나회의를 열어 스페인내란에 대한 무력 간섭과 남미의 구스페인 식민지에 대한 파병론을 제기하자 영국이 반대를 표명하고 5국동맹으로부터 이탈한 사건이었다.

두 번째는 1828년에 미국의 먼로 대통령이 합중국 의회에서 연두교서를 밝히는 자리에서 다음과 같은 유명한 외교선언을 천명하였을 때였다. 즉 "아메리카대륙은 그들이 획득하고 유지해 온 자유 독립의 지위에 입각하여, 이후로는 유럽 강대국들의 미래의 식민 대상으로 화할 수 없으며 이는 합중국의 권리와 이해가 관련되어 있는 하나의 원칙이다"라고 천명했을 때 메테르니히의 외교 노선은 중대한 도전을 받게 되었던 것이다. 메테르니히는 감히 아메리카대륙에 개입하여 미국 대통령의 의지를 시험해 보려고는 하지 않았다.

먼로가 이처럼 메테르니히의 외교 정책에 정면으로 맞설 수 있었던 힘의 배경은 미국 자체의 국력의 신장에도 기인했으나 무엇보다도 영국의 강대한 해군력에 의존함이 컸다. 유럽 열강은 감히 영국의 막강한 해군력에 도전해서 영·미 양국의 공통의 이해관계가 얽혀 있는 신생 라틴아메리카 제국에 대하여 무력으로 개입할 수는 없었다.

세 번째는 1821~1829년 간의 그리스독립전쟁 때였다. 메테르니히는 그리

스의 독립전쟁에 간섭하지 않았다. 따라서 메테르니히와 함께 유럽의 협조체
제를 유지해 갔던 유럽 열강들도 처음에는 방관적인 태도를 취하였다. 그러
나 1825년에 새로 즉위한 러시아의 니콜라이 1세가 유럽의 협조정신을 어
기고 러시아의 국가 이익을 앞세워 그리스독립전쟁에 개입함으로써 러시아
의 남하정책에 깊은 이해관계가 있는 영 · 불 양국도 이 전쟁에 개입하게 되
어 결국 메테르니히의 유럽의 협조체제는 또 한번의 붕괴의 경험을 겪게 되
었다.

네 번째는 1830년에 프랑스에서 7월혁명이 발생하여 반동적인 샤를 10세
가 몰락하고 루이 필립의 7월 왕정이 수립되었을 때였다. 프랑스의 7월혁명
은 프랑스의 자유주의 세력의 승리로써 메테르니히체제가 붕괴하는 데에 결
정적인 역할을 하였다.

끝으로 다섯 번째의 사건은 1848년 2월 프랑스에서 재차 발생한 소위 2월
혁명으로 이 혁명은 메테르니히를 실각시키고 4국동맹을 붕괴시키는 데에
최종적인 역할을 하였다.

제2절 프랑스의 자유주의의 발전

7월혁명의 원인 : 샤를 10세의 반동정치

1825년에 루이 18세가 죽고 그 후임으로 루이 18세의 동생 샤를 10세가
즉위하자 프랑스의 정국은 노골적인 반동정치로 돌아가게 되었다. 물론 그간
루이 18세 때에도 반동정치를 실시했지만 그의 치세는 그렇게 탄압적이지는
않았다.

샤를 10세는 전술한 바와 같이 극우왕당파에 속하는 과격한 반동적인 인
물이었다. 그는 5년 간의 치세중에 다음과 같은 중대한 대실책을 범하였다.
그는 프랑스혁명과 나폴레옹전쟁 기간에 망명했던 귀족들의 재산 손실을 보
상하기 위하여 시민층에게 주어야 할 국채 이자를 삭감함으로써 시민층의 반
감을 크게 샀다. 국왕에 대한 반대가 높아지자 언론을 탄압하고 출판에 대한
검열을 강화하였다. 반동적인 장관들을 임명함으로써 하원의 의사를 무시했
을 뿐만 아니라 1830년 7월 26일에는 새로 구성한 의회가 반정부적 인물을
다수 포함하고 있다고 하여 신생 의회를 소집하지도 않고 해산 명령을 내렸
다. 또 그는 토지세의 납부자에게만 선거권을 부여하여 종래의 유권자의 3/4
으로부터 선거권을 박탈하는 등의 반동적 조치를 취함으로써 국민들의 반감
을 크게 샀다.

7월혁명시 파리의 시가전

루이 필립

이러한 국왕의 반동정치에 대하여 이미 1년 전에 그리스의 민족적 자유주의운동의 승리에 고무되어 있던 파리 민중들은 7월 27일에 파리시가에 바리케이드를 치고 3일 간 시가전을 벌였다. 이에 샤를 10세는 영국으로 망명하고 정권은 혁명파의 수중에 돌아가게 되었다. 혁명파는 오를레앙공 루이 필립 *Louis Philip* 을 국왕으로 추대하고 새로운 헌법을 승인케 하여 입헌군주제의 7월왕정 *July Monarchy* 을 수립하였다.

7월혁명의 영향

7월혁명의 결과 그 해 8월 벨기에에서 폭동이 일어나 네덜란드왕국으로부터 독립을 쟁취하였다. 벨기에는 1831년에 유럽 열강들의 승인을 얻어 영세중립국이 되었다. 스위스에서도 자유주의적인 헌법과 보통선거제가 채택되었다.

한편 독일 서북부의 여러 영방(領邦)국가인 브룬스비히 *Brunswich* · 헤센-카셀 *Hessen-Kassel* · 하노버 · 작센에서도 혁명운동이 일어나 자유주의적 헌법이 채택되었다. 그러나 독일의 자유주의운동은 프로이센 · 오스트리아 · 러시아 3국이 공동으로 이 운동을 저지함으로써 실패로 돌아갔다.

이탈리아에서도 카르보나리당의 반란이 일어났으나 오스트리아군의 탄압으로 실패로 돌아갔다. 한편 러시아의 보호국이 되었던 폴란드에서도 민족해

「민중을 이끄는 자유의 여신」
(들라크르와 작)

방혁명이 발생하였으나 러시아군에 의해서 진압되고 폴란드는 러시아의 직할령이 되었다.

이처럼 7월혁명은 프랑스와 벨기에를 제외하고는 대체적으로 실패로 돌아갔으나 각국에서의 자유주의 내지 국민주의운동을 촉구하여 메테르니히체제에 대해 결정적인 타격을 가하였다.

2월혁명의 원인 : 7월왕정의 폐정

루이 필립의 7월혁명 정권은 상층 유산시민층의 지지에 의하여 형성되었으므로 당연히 이들의 특수 이익을 옹호하는 편협한 정치를 해 나가게 되었다. 이에 라마르틴Lamartinne을 중심으로 한 소시민층을 대표하는 공화파세력과 루이 블랑Louis Blanc을 중심으로 한 노동자계층의 사회주의세력이 7월왕정에 반감을 품게 됨은 당연하였다. 또 한편으로 루이 필립의 소극적이고 안일무사한 대외 정책은 나폴레옹시대의 프랑스의 영광을 회상하는 국내의 왕당파(보수세력)들에게도 상당한 반발을 사게 되었다.

이렇게 점차 국내의 반정부세력의 반항이 심해지자 루이 필립은 1840년에 자유주의자인 티에르Thiers를 수상직에서 파면하고 그 후임으로 보수파의 기조Guizot를 등용하여 그로 하여금 반동정치를 수행토록 하였다. 기조는 의회를 매수하고자 의원들에게 관직과 정부 관계 공사의 주주 자리를 주거나 정부기관사업의 계약을 주는 등 온갖 정치적 부정과 부패를 조장하였다. 이리하여 기조내각은 유산계층을 위한 '주식회사적 정부'라는 명예롭지 못한 별칭을 얻게 되었다.

기조

이러한 정치적 부정 · 부패와 아울러 1846년에는 흉작과 공황이 일어나 파산과 실업이 속출하여 사회 불안이 증대하자 이에 공화파 · 사회주의자들은 1848년 2월 22일에 정부의 폐정(弊政)을 공박하고자 파리시내에서 '정치개선촉진회'Reform Banquet를 열기로 합의하였다.

그러나 이 대회의 개최는 정부의 방해 공작으로 저지당했는데 이에 이 촉진회의 참가자와 일반 민중들이 들고 일어나 기조의 관저를 습격하고 군경과 대치하였다. 24일에는 시가전을 전개하여 파리시청을 점령하고 왕궁을 습격하였는데 이에 왕은 하는 수 없이 퇴위하고 영국으로 망명하였다. 왕의 망명 후 라마르틴을 중심으로 한 공화파와 루이 블랑 등의 사회주의파가 합세하여 12명의 각료로 구성된 임시정부를 수립하였다.

루이 블랑

임시정부의 수립과 루이 블랑의 국립공장

임시정부는 2월혁명의 성공에 크게 기여한 루이 블랑이 이끄는 사회주의

임시정부 각료들
(1848년 2월)

세력에 보답하고자 이들의 노동권을 보장해 주었고 또 이들의 실업 상태를 해결하기 위하여 루이 블랑의 '노동조직론'에 따라 국립공장을 세웠다. 그러나 4월의 총선거에서 승리한 산업자본가를 중심으로 한 온건공화파는 국립공장의 막대한 유지비와, 노동계급과 사회주의세력에 두려움을 느껴 이 공장을 폐쇄해 버렸다.

6월폭동과 제2공화정

이에 불만을 품은 노동자들은 6월에 대유혈폭동을 일으켰는데 이 폭동은 카베냐크Cavaignac(1802~1857) 장군이 거느린 국민군에 의하여 진압되었다.

6월폭동을 진압한 온건공화파세력은 그 해 11월에 민주주의적 공화제를 지향하는 헌법을 제정하고 이 헌법에 의거, 임기 4년의 대통령을 선출하기 위한 보통선거를 실시하였다. 그러나 계속되는 사회불안과 외세압력을 극복할 강력한 정부의 출현을 바라는 국민들의 열망으로 인해서 나폴레옹의 조카인 루이 나폴레옹이 당선되었다. 그리하여 프랑스 제2공화정이 수립되었으나 루이 나폴레옹을 대통령으로 선출함으로써 프랑스의 정정을 다시 어두운 보수·반동으로 이끌게 하는 원인이 되었다.

1848년 3월혁명(빈)

2월혁명의 영향

2월혁명의 영향은 7월혁명의 그것보다 훨씬 컸다. 이 혁명으로 인해서 오스트리아에서도 3월혁명이 발생하여 메테르니히가 실각하게 되고 국왕은 새로운 헌법의 제정을 약속하였다.

오스트리아에서 혁명이 발생하자 합스부르크 제국 내에 있었던 보헤미아와 헝가리에서도 독립운동이 일어났다. 또 6월에는 프라하에서 범슬라브회의가 개최되었다. 그러나 이 무렵부터 반혁명이 시작되어 오스트리아군이 체코의 혁명을 진압하고 10월에는 빈을 점령하여 혁명분자를 처단함으로써 빈의 3월혁명과 체코의 독립운동은 수포로 돌아갔다. 헝가리의 독립운동도 1849년에 러시아군에 의해 진압됨으로써 실패로 돌아갔다.

이탈리아에서는 2월혁명의 영향을 받아 공화주의자이며 민족주의자인 마치니Mazzini의 청년이탈리아당the Young Italy의 지도 아래 국민주의운동이 크게 전개되었다. 이때 사르디니아는 오스트리아에 대하여 무력으로 항전하였으나 오스트리아군에게 패배하여 1849년에는 이탈리아에서의 국민주의운동도 실패로 돌아갔다.

독일에서는 3월혁명이 발생하여 프로이센의 프리드리히 빌헬름 4세Friedrich Wilhelm IV가 새로운 입법의회의 선거를 약속하였다. 한편 마인강가의 프랑크푸르트Frankfurt시에서는 대학 교수들이 중심이 된 자유주의자들이 모여 독일의 통일 방안에 관해 토의를 하였다. 이때 이 회의에서 거론된 독일 통일방안은 오스트리아를 통일주체국가로 삼자는 대(大)독일주의Grossdeutschtum와 프로이센을 그 중심으로 삼자는 소(小)독일주의Kleindeutschtum였다. 초반의 예상과는 달리 난항 끝에 회의에서 소독일주의가 채택되었다. 그러나 프로이센 황제인 프리드리히 빌헬름 4세가 통일제국의 제관을 거부함으로써 자유주의자들의 통일운동은 실패로 돌아갔다.

제2제정과 제3공화국

국민의 열광적인 지지로 대통령으로 당선된 루이 나폴레옹은 내외의 소란을 틈타서 1851년 12월에 쿠데타를 일으켜 정권을 장악하였다. 이어서 국민투표를 실시하여 대통령의 임기를 10년으로 연장하더니 마침내 1852년에 국민투표로 제위에 올라 나폴레옹 3세라 칭하였다. 이리하여 프랑스 제2제정의 수립을 보게 되었다.

나폴레옹 3세

나폴레옹 3세는 국민의 지지를 얻기 위하여 표면상 민주정치의 시행과 사회제도의 개편에 주력한 듯하였으나, 사실은 그의 독재 권력의 신장에 부심하였다. 또한 그는 적극적인 외교 정책을 써서 국민적인 영광을 달성하고자 1853년에는 크리미아전쟁Crimean War에 개입하여 남하하려는 러시아의 세력을 꺾고 근동에서 프랑스의 지위를 확고히 하였다. 그 밖에도 그는 사르디니아를 도와 오스트리아와 싸워 북부 이탈리아의 사보이Savoy와 니스Nice를 획득하였다. 그러나 그의 외교 정책은 초기에는 성공하는 듯이 보였으나 결국 독일의 통일을 방해하려는 정책으로 1870년에 프로이센과 전쟁

(보불전쟁)을 하게 되어 7주 만에 패함으로써 그의 제정은 붕괴되고 말았다.

패전의 혼란 속에 1871년 파리에서는 과격한 노동자들과 소시민 그리고 일부의 국민군이 개입하여 폭동을 일으켰다. 이들은 이들의 자치정부인 파리 코뮌Commune de Paris을 조직하여 티에르정권에 대항하여 난동을 부렸으나 이것은 곧 막마옹MacMahon(1808~1893) 장군이 이끄는 군대에 의하여 진압되었다. 그 후 1875년에는 새로운 헌법이 제정되어 티에르를 수반으로 하는 민주적인 제3공화국이 탄생하였다.

그러나 제3공화국의 정정은 공화국을 타도하려는 왕당파와 교회, 그리고 군국주의자들의 음모로 인해 계속 불안 속을 헤매다가 공화국의 운명을 건 중대한 정치 문제인 드레퓌스사건Dreyfus Affair을 무사하게 해결한 후에야 비로소 정치적인 기반을 공고히 할 수 있었다.

제3절 영국의 자유주의의 발전

선거법 개정

유럽에 정치적 반동체제가 등장함을 계기로 한동안 반동정치를 행하던 영국의 지주과두정은 1820년대 초부터는 국외 및 국내적으로 자유주의적 정책을 취하기 시작했다. 이렇게 영국이 정책 전환을 하게 된 중요한 이유는 산업 발전의 결과 크게 성장한 국내의 산업시민층이 자유주의 정책을 요구하고 나

선거법 개정을 요구하는
대중집회(버밍엄, 1832년)

섰기 때문이었다. 이들 산업시민층은 국내의 자유주의적 정치개혁으로서 참정권의 확대를 주장하였다.

영국의 유산시민층은 참정권을 요구하기에 앞서 우선 14세기 이래 방치되어 온 부패선거구*rotten borough*를 시정하고자 하였다. 영국의 선거구는 본래 14세기의 튜더조에 제정된 것이었는데 그간 많은 도시가 새로 생기고 또 농촌 인구도 도시로 대량 유입됨에 따라 선거구의 인구 분포 상태가 바뀌게 되었다. 그리하여 선거구민이 거의 없어져 50명 미만의 유권자만이 남아 있는데도 불구하고 2명의 의원을 선출하는 경우가 있는가 하면 던위치*Dunwich*와 같은 선거구는 바닷속에 침수되어 버렸기 때문에 선박 위에서 투표를 하는 희극을 벌이기도 하였다. 그러나 이에 반해 맨체스터*Manchester*나 버밍엄*Birmingham*과 같은 신흥 공업도시는 선거구를 갖지 못한 실정이었다.

디즈렐리

이 같은 부패선거구에 대해서 1831년 3월에 휘그당의 그레이*Grey*(1764~1845)내각은 제1차 개정안을 의회에 제출하였으나 토리당의 반대로 좌절되었다. 그러나 휘그당은 7월혁명의 여세를 몰아 토리당을 위협함으로써 1832년 7월에 드디어 개정안을 상·하 양원에서 통과시켰다. 그 결과 111명의 의원을 내던 46개 선거구의 선출권이 박탈되고 기타 32개의 선거구가 의석 하나씩을 상실하여 여기서 생긴 총 143석의 의석이 재배정되었다. 그리하여 22개의 대도시들이 각각 2개씩, 21개의 소도시들이 1개씩, 그리고 주*county*의 의석수는 거의 두 배로 늘려 부패선거구를 시정했던 것이다.

또 선거 자격도 확대하여 연수 40실링 이상의 자유토지보유자*free holder* 이외에 동산(動産) 소유자에게도 선거 자격을 주어 유권자수가 종전보다 3~5% 증가하게 되었다. 이리하여 종래의 휘그당은 신흥 자본가를 그 진영에 맞이하여 자유당*Liberals*이 되고 토리당은 보수당*Conservatives*이 되었다.

글래드스톤

곡물법 폐지와 자유무역제 확립

영국의 토리당이 지배하는 지주과두정은 지주세급의 이익을 대변하여 1815년에 곡물법*Corn Law*을 제정하였다. 이 법의 제정으로 인해 러시아의 값싼 곡물의 수입이 제한되었는데 그 결과 곡가의 상승으로 노동자가 생활난에 허덕이게 되었다. 또 곡가의 상승은 이에 따른 임금 수준의 상승과 공업제품 가격의 인상을 가져와 영국 공업제품의 해외경쟁력을 약화시켜 신흥 산업가들에게 피해를 주었다. 이에 1838년에 콥던 T. Cobden(1804~1865)·브라이트 J. Bright(1811~1889) 등이 중심이 되어 반곡물법동맹*Anti-Corn Law League*을 결성하여 곡물법 폐지 법안을 의회에 제출했으나 귀족 및 대지주 출신의 의원들의 반대로 부결되었다.

그러나 1845~1848년 간에 아일랜드에 감자 흉작이 일어나 많은 농민들이 굶어 죽자 이에 놀란 보수당 출신의 수상 필Peel(1788~1850)은 인도적인 견지에서 1846년에 곡물법을 폐지하였다. 필은 이어서 1849년에 항해조례를 폐지하고 1852년에는 자유무역주의로 전환하였다. 이는 영국이 당시로서는 타국의 경쟁을 불허하는 가장 선진적인 공업국가였고 또 최대의 해운국과 식민지 보유국이었기 때문에 가능한 일이기도 하였다.

차티스트운동

제1차선거법 개정운동시 지방에서 선동의 주동세력이었던 영국의 노동자계층은 1832년의 선거법 개정안이 자신들의 의원선출권이나 영향력을 증대시키지 못하고 오히려 반대로 고용주들의 권력을 더욱 확고히 굳혀 주었을 뿐이라는 사실을 깨닫게 되자 이에 대하여 강력히 항의하였다.

이들은 처음에는 자신들의 조직체를 만들어 고용주들과 직접 담판을 하고자 하였다. 그리하여 이들은 1833년에는 오웬Robert Owen(1771~1858)의 지도 아래 '전국노동조합총연맹'*Grand National Consolidated Trades Union*을 창설하여 임금과 노동시간의 규제는 물론 노동자 자신의 작업장을 만들어 고용주들의 사업체와 경쟁하여 고용주들을 사업으로부터 축출해 버리려고 시도하였다. 창설 1년 만에 조직의 회원이 50만을 돌파하자 정부는 강경하게 탄압 정책으로 나와 결국 조직은 와해되었다.

산업전선에서의 직접적인 투쟁이 실패로 돌아가자 노동계급의 지도자들은 정치적인 개혁운동으로 전환하였다. 그리하여 이들은 1838년에 '인민헌

하원으로 향하는 차티스트
들의 행진(1848년 4월)

장'*People's Charter*을 작성하여 급진주의자들과의 결속하에 이를 의회에 제
출하였다. 이때 이들이 내건 유명한 6개 조항*six points*은 ① 남자보통선거
권, ② 비밀투표, ③ 의원의 매년 선거, ④ 선거 지구의 균등화, ⑤ 의원봉급
제, ⑥ 입후보자들의 재산 제한 철폐 등이었다.

차티스트운동은 1848년에 노동계급이 상기한 6개 조항을 내걸고 최종적
인 시위운동을 전개한 것을 정부가 17만 명의 특별 경찰관을 풀어 탄압함으
로써 붕괴되었다. 그러나 차티스트운동은 비록 실패는 했어도 당시 위정자로
하여금 노동계급의 입장에 관심을 쏟게 하여 영국의 민주주의 발전에 크게
기여하였다. 그리하여 영국은 1867년에 제2차선거법 개정안을 통과시켜 도
시 노동자에게 참정권을 주었고, 1884년의 제3차 개정안에서는 농촌 노동자
에게, 그리고 1918년의 제4차 개정안에서는 30세 이상의 부인에게도 참정
권을 허용하여 이후 영국은 근대 민주주의 국가의 귀감이 되었던 것이다.

제 3 장
국민주의의 실현

국민국가 *nation-state* 의 건설을 정치적 이상으로 삼은 국민주의 *national-ism* 는 본래 프랑스혁명 이념이었던 '박애정신'에 의하여 형성되었다. 국민주의는 19세기와 20세기 초 사이에 두 단계에 걸쳐 전개되었다. 첫 단계는 1800~1848년 간으로서 이때는 자유주의자에 의해서 동일 민족에 대한 충성심이 고취되고 외국의 압제로부터의 해방과 국가 통일의 실현이 크게 강조된 때였다. 두 번째 단계는 1848~1914년 간으로서 이때는 자유주의자 대신에 현실정치가 *Realpolitiker* 가 역사의 전면에 나서서 자국의 국가적 위대성의 실현과 자국의 문화권의 확대를 위하여 팽창주의적 정책을 수행해 나간 때였다.

국민주의의 제2단계의 발전에 있어서 1870년대는 특히 중요하다. 왜냐하면 이때에 이탈리아와 독일이 통일됨으로써 장차 유럽 정세에 중대한 영향을 미칠 새로운 세력 균형 관계가 형성되었기 때문이다.

이와 같은 국민주의의 발전은 자본주의와 민주주의, 그리고 자유주의의 발전과 동시에 전개되었다. 곧 국민주의는 시민계급이 사회 · 경제적으로 성장(자본주의의 발전)함에 따라 봉건적 정치분권현상 대신에 통일된 국가체제를 요망하게 됨으로써 제기되었고, 국민주의의 실현은 시민계급을 특권계급의 압제로부터 해방(자유주의의 실현)시키고 참정권을 확대함(민주주의의 실현)으로써 달성되었던 것이다.

이탈리아와 독일의 통일 과정에는 주목할 만한 공통점이 있다. 첫째, 오스트리아의 지배로부터 해방되었다는 점, 둘째, 통일 중심 세력과 통일 중심 인물을 갖고서 통일이 되었다는 점이다. 곧 이탈리아는 사르디니아란 국가와 카부르란 인물에 의해서 통일이 되었고, 독일은 프로이센이란 국가와 비스마르크란 인물에 의해서 통일이 달성되었던 것이다.

제1절 이탈리아의 통일

이탈리아 통일방안

이탈리아는 중세 이후 소국으로 갈라져 정치적 통일을 이루지 못하고 군주 국가끼리 상쟁해 왔다. 1815년 빈회의 이후 이탈리아는 교황령, 사르디니아·나폴리의 두 왕국과 여러 개의 소공국으로 나뉘어 있었고, 북이탈리아의 롬바르디아*Lombardia*와 베네치아*Venezia*는 오스트리아령이 되어 그 지배를 받고 있었다. 그러나 1830년 7월에 프랑스에서 혁명이 발생하자 이에 자극을 받아 제노바에서 카르보나리*Carbonari*당이 조직되어 자유주의·국민주의운동을 활발하게 전개하여 이탈리아 전역에 국민주의의 기운을 드높게 해 주었다. 이때 이탈리아에서 고조되었던 통일 기운은 아래와 같은 세 가지 노선으로 요약할 수 있다.

주세페 마치니

첫째는 카르보나리 당원이었던 마치니*Mazzini*(1802~1872)의 통일 노선으로서 그는 카르보나리당보다 규모가 큰 청년이탈리아당*Young Italy*을 조직하여 이탈리아에 통일공화국을 수립하고자 노력하였다. 마치니의 자유주의적 국민주의운동은 한때 7월혁명과 2월혁명 직후에 큰 세력을 떨쳤으나 오스트리아의 탄압에 의해 실패하였다.

둘째는 빈센초 지오베르티*Vincenzo Gioberti*의 노선으로서 그는 교황을 대통령으로 하는 전 이탈리아 국가들의 연방체를 제창하였다. 그는 자신의 저서「이탈리아인의 도덕적 문화적 우위」(1843) 속에서 이탈리아는 참다운 문화의 정상국(頂上國)이며 로마는 세계의 이념적인 수도라고 주장하였다. 지오베르티의 노선은 카톨릭 교도들에게는 로마 교황령의 문제 해결을 위한 가장 유망한 방안으로 받아들여졌으나 전체 이탈리아 인민의 지지를 받지는 못하였다.

교황 피우스 9세(재위 1846~1878)

세 번째의 통일 방안은 가장 유력한 방안으로서 사보이왕가의 가장(家長)을 통일이탈리아의 국왕으로 하는 하나의 국민적인 왕국의 건립을 제창한 것인데 이 계획은 다수의 자유주의적인 지식인들과 실업인들의 지지를 얻었다. 이들은 피에몬테-사르디니아*Piemonte-Sardinia*가 이탈리아에서 경제적으로 가장 앞선 나라라는 사실과 또 오스트리아군을 축출할 수 있는 유일한 인물은 카를로 알베르토*Carlo Alberto*라는 사실을 알고 있었다. 이탈리아는 결국 이 세 번째의 방안을 통해서 통일되어 갔다.

비토리오 에마누엘레 2세

통일전쟁

1852년에 알베르토가 양위하고 그 아들 비토리오 에마누엘레 2세Vittorio Emanuele Ⅱ가 즉위하자 그는 부왕의 유지(遺志)를 받들어 이탈리아 통일운동에 나섰다. 그는 유능한 카부르Cavour(1810~1861)를 수상에 등용하여 제반 내정개혁과 산업 발전 그리고 군비 강화에 힘써, 통일의 기초를 마련하였다. 한편 대외적으로는 1854~1856년 간의 크리미아전쟁 때에 러시아군과 싸우는 영·프 연합군에게 1만 명의 군대를 파견함으로써 사르디니아의 국제적 지위를 높였고 나폴레옹 3세로부터는 사르디니아와 오스트리아가 전쟁을 할 경우에 20만 명의 프랑스 군대의 지원을 확약받는 외교적 성과를 올렸다.

이에 오스트리아는 사르디니아가 프랑스와 맺은 공수동맹에 위협을 느껴 1859년 4월에 드디어 사르디니아에 대해 선전포고를 하였다. 그러나 오스트리아군은 사르디니아·프랑스의 연합군에게 마젠타Magenta전투에서 대패하였다. 6월 24일에는 솔페리노Solferino에서 일대 혈전이 벌어졌는데 이때 나폴레옹 3세는 이 참혹한 대살육전의 결과를 보고 의기소침해졌고 이탈리아를 휩쓴 민족통일운동에 대해서도 커다란 위구심을 갖게 되었다.

카부르

더욱이 그는 프로이센과 오스트리아가 합세하여 프랑스를 공격하지 않을까 하는 우려 때문에 동맹국인 사르디니아와는 상의도 일절 없이 단독으로 1859년 7월 11일에 베네치아의 빌라 프랑카Villa Franca에서 오스트리아의 프란시스 요셉Francis Joseph과 강화조약을 체결하였다. 이 조약에 의해 사르디니아는 겨우 롬바르디아의 병합만을 인정받았을 뿐이고, 베네치아는 그대로 오스트리아의 지배 밑에 남게 되었다.

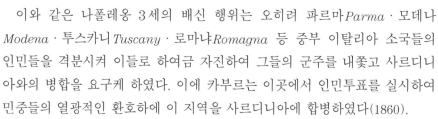

가리발디

이와 같은 나폴레옹 3세의 배신 행위는 오히려 파르마Parma·모데나Modena·투스카니Tuscany·로마냐Romagna 등 중부 이탈리아 소국들의 인민들을 격분시켜 이들로 하여금 자진하여 그들의 군주를 내쫓고 사르디니아와의 병합을 요구케 하였다. 이에 카부르는 이곳에서 인민투표를 실시하여 민중들의 열광적인 환호하에 이 지역을 사르디니아에 합병하였다(1860).

가리발디의 역할

이탈리아반도의 중·북부가 통일되자 전체적인 이탈리아반도의 통일을 목표로 삼은 열성적인 통일주의자들은 눈을 다시 미수복지(未收復地)인 나폴리와 로마로 돌리게 되었는데 이때에 등장한 인물은 마치니의 유력한 제자였던 애국지사 가리발디Garibaldi(1807~1882)였다. 그는 1860년 5월에 1천 명의 유명한 '적색셔츠단'Red Shirts를 이끌고 제노바에서 출발, 시칠리아섬에 상륙하여 수주 내에 이 섬을 장악하였고, 다시 해방자를 맞는 나폴리로 건너가

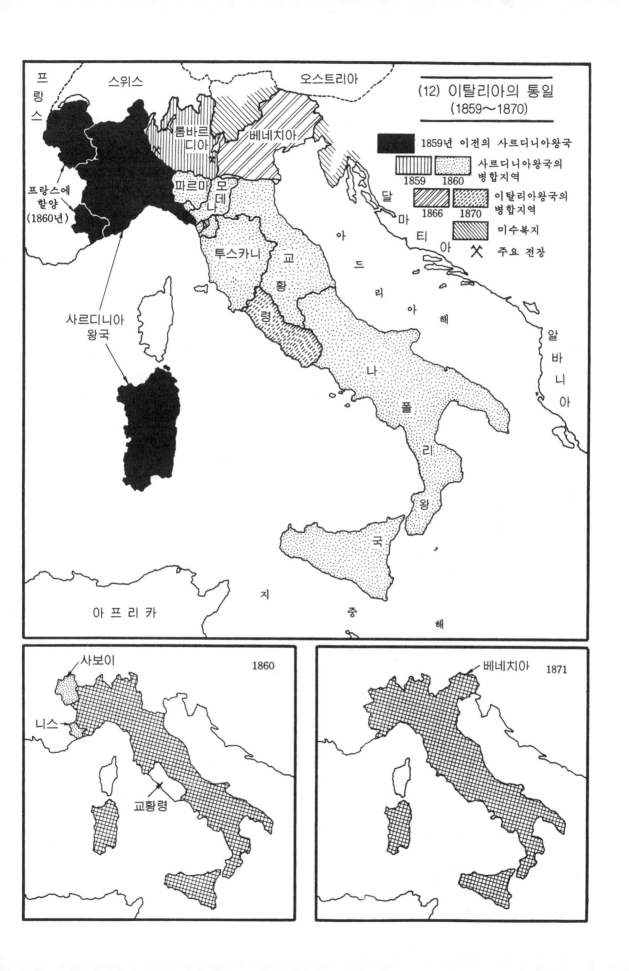

(12) 이탈리아의 통일
(1859~1870)

■	1859년 이전의 사르디니아왕국
▥ 1859 ∷ 1860	사르디니아왕국의 병합지역
▨ 1866 ▨ 1870	이탈리아왕국의 병합지역
▨	미수복지
✕	주요 전장

프랑스

스위스

오스트리아

롬바르디아

베네치아

파르마 모데나

프랑스에 할양
(1860년)

사르디니아 왕국

투스카니

교황령

달마티아

아드리아해

나폴리왕국

알바니아

아프리카

지중해

사보이 1860

니스

교황령

베네치아 1871

나폴리왕국을 정복하였다. 그는 처음에는 이곳에서 공화정을 수립하고자 하였으나 이탈리아가 왕정의 북부와 공화정의 남부로 분열될 것을 우려하여 중부 이탈리아로부터 신속하게 남하한 카부르의 설득을 듣고 기꺼이 남부 이탈리아 영토를 사르디니아왕에게 바쳤다.

이탈리아왕국의 성립

이리하여 이탈리아는 북부의 베네치아와 중부의 교황령을 제외한 전 영토가 통일되어 1861년 3월 17일에 사르디니아의 비토리오 에마누엘레 2세를 통일왕국의 군왕으로 하고, 1848년에 피에몬테의 헌법을 기본 헌법으로 채택하면서 정식으로 '이탈리아왕국'의 건립을 보게 되었다.

미수복지인 베네치아는 1866년 보오전쟁이 발발하였을 때에 오스트리아와 전쟁을 치르면서 장악하였고, 교황령은 1870년 보불전쟁이 발발시 로마의 프랑스 수비군이 철수한 틈을 타 장악하여 인민투표에 의해서 이곳 인민들의 지지를 받고 통합하였다. 이로써 이탈리아의 통일은 완성되었다.

결국 이탈리아의 국민주의는 오스트리아의 방해와 교황의 저항을 물리치고 승리하였는데, 이러한 승리를 거둘 수 있게 한 힘은 세 사람의 인물을 통해서 마련되었다. 즉 마치니의 이탈리아 민족혼의 부활운동 *risorgimento*, 가리발디의 검 그리고 카부르의 두뇌가 그것이다.

제2절 독일통일

독일통일 전야

오토 Otto 대제 이후 약 1,000년 간 국가의 명맥을 유지해 오던 신성로마제국은 1806년에 예나-아우스테를리츠전투에서 나폴레옹군에게 패배함으로써 멸망하였다. 그 제국의 영토는 나폴레옹의 보호국이 된 라인연방과 호엔촐레른가의 프로이센, 그리고 합스부르크가의 오스트리아로 크게 분할되었다.

나폴레옹의 몰락 후, 빈회의의 결정에 따라 등장한 독일연방은 독일 국민의 국가 통일의 염원과는 동떨어진 35개의 대소 국가와 4개의 자유시로써 구성된 엉성한 정치체제였다.

전술한 바와 같이 이러한 부당한 빈회의의 처사에 대하여 독일 학생들은 학생자치조합을 만들어 맹렬히 반대하고 범국민주의운동을 전개하였으나 이것도 1819년 7월에 공포한 '카를스바트'칙령에 의하여 탄압받고 말았다.

관세동맹과 독일의 경제적 통일

독일 학생들에 의한 통일운동이 이처럼 정치적 탄압에 의해서 저지되고 있는 동안에 독일 경제인들 사이에는 통일을 위한 심상치 않은 움직임이 일어나기 시작했다.

국내의 정치적 분열 상태에도 불구하고 구(舊)라인연방지대에서부터 시작된 독일의 산업 발전에 고무된 국내의 상공시민은 그들의 자본주의적 산업 발전의 계속적 추구를 위하여 범국내시장권의 형성을 요구하게 되었다. 이때 이들은 지난한 정치적 통일작업보다는 우선 국내의 대소 국가와 도시 간에 설정되어 있는 관세의 장벽을 철폐해서 경제적 통일을 달성하려는 움직임을 보였다. 그리하여 1819년에 프로이센의 경제인들은 북독 여러 나라와 관세 동맹(關稅同盟)*Zollverein*을 체결하고, 1833~1841년 간에는 오스트리아를 제외한 전 독일 국가끼리 관세동맹을 체결하여 정치적 통일에 앞서 경제적 통일을 이룩하였다.

3월혁명과 자유주의적 통일방안

이러한 상황에서 프랑스의 2월혁명의 영향을 받아 1848년 3월에 베를린과 독일 각지에서 발생한 혁명은 독일의 정치적 통일운동을 재개하게 한 중

프랑크푸르트 국민회의
(1848년)

대한 계기가 되었다. 이때에 정치적 통일운동을 주도해 간 사람들은 달만
Dahlmann · 야콥 그림Jacob Grimm · 드로이젠Droysen 등의 대학 교수진으로
이루어진 자유주의자였다.

이들은 1848년 5월에 프랑크푸르트 암마인에 모여 독일의 자유주의적 통
일방안에 대해 토론하였다. 그러나 회의 벽두부터 군주제와 공화제 등의 통
일 국가의 정체에 관한 논쟁과 대독일주의와 소독일주의 등의 통일 주도 국
가의 설정 문제로 의견이 분분했다. 정작 소독일주의와 군주제에 의한 통일
방안이 채택되었을 때에는 프로이센의 국왕인 빌헬름 1세가 이 안을 받아들
이지 않음으로써 자유주의적 통일운동은 실패로 돌아갔고, 독일 통일의 방향
은 현실정치가(現實政治家)Realpolitiker의 수중으로 넘어가게 되었다. 오스
트리아는 이탈리아 통일 때와 마찬가지로 분립주의와 지방주의를 내걸어 독
일 통일의 최대 장애세력이었다. 특히 1848~1850년 간의 사태로 보아 오스
트리아가 방해 공작을 벌일 것은 자명한 사실이었다.

따라서 베를린의 현실주의적인 정치가들은 자유주의자들처럼 의회를 통한
통일보다는 전쟁으로써 문제를 해결할 용의를 지니고 있었다. 그리고 프로이
센은 프랑스나 러시아의 후원을 받는다면 대가가 너무나 클 것이라고 생각하
여 사르디니아와는 달리 독자적으로 과업을 수행하고자 결심했다.

비스마르크의 등장과 철혈정책

빌헬름 1세

1859년 호엔촐레른Hohenzollern 가의 새로운 지배자가 된 빌헬름 1세Wil-
helm I(1861~1888)는 아직 섭정의 지위에 있으면서 룬Albert von Roon과 몰
트케Helmuth von Moltke를 각각 국방장관과 육군 총참모장에 임명하고 프로
이센군을 강화할 것을 지시하였다. 이 계획은 의회 내의 다수파인 자유주의
자들의 반대로 말미암아 거의 좌절될 사태에 직면하였으나 빌헬름은 의회의
반대를 무시하고 자신의 의도를 관철시킬 완고한 인물인 비스마르크를 기용
하여 통일작업을 계속 수행해 나가게 하였다.

비스마르크

비스마르크는 거만하지만 기민한 정치가로서 평소 오스트리아의 어리석음
과 의회의 우유부단에 대한 자신의 경멸을 거침없이 공언하였을 뿐만 아니라
당대의 중대 문제들은 오직 군비 우선의 철혈정책(鐵血政策)에 의해서만 결정
될 수 있다고 주장한 인물이었다. 그리하여 1861년에 빌헬름 1세는 파리대
사로 있었던 비스마르크를 수상으로 기용하여 그로 하여금 적극적인 현실정
치를 추구하게 했다. 비스마르크는 1864년에 오스트리아와 합동으로 덴마크
와의 단기전쟁을 수행하여 덴마크의 소유령이면서도 독일연방의 가맹국이었
던 실레스비히를 합병했다. 그러나 이때 오스트리아는 홀시타인을 장악함으

로써 그곳을 장악할 속셈이었던 프로이센과 대립하게 되었다.

비스마르크는 장차의 오스트리아전쟁을 고려하여 군사력을 강화하는 한편 외교적인 공작도 게을리하지 않았다. 즉 그는 1865년 10월에 나폴레옹 3세를 비밀리에 만나 장차 보오전쟁이 발발할 경우에 프랑스의 중립을 약속받고, 1866년 4월에는 이탈리아왕국과도 동맹을 맺어 오스트리아가 패배할 경우에 이탈리아의 베네치아 합병을 인정할 것을 약속하였다. 러시아와의 친선관계는 그가 1859~1862년 간에 상트 페테르부르크에서 대사로서 근무할 때에 이미 맺어 놓았다.

보오전쟁과 북독일연방

1866년 6월에 비스마르크는 의회의 맹렬한 반대에도 불구하고 프로이센군을 홀시타인공작령으로 출격시켜 보오전쟁(普墺戰爭)을 일으켰다. 전쟁이 발발하자 오스트리아는 재빨리 독일연방의회를 열어 프로이센의 침략행위를 규탄하고 대부분의 독일 영방을 오스트리아에 가담시켰지만 프로이센군의 신속한 작전의 성공으로 말미암아 2~3주일 이내에 홀시타인령을 장악하게 되었다.

몰트케 장군

1866년 7월 3일의 쾨니히그레츠*Königgrätz* 혹은 자도바*Sadowa* 전투에서 오스트리아군은 프로이센군의 후장총(後裝銃)과 몰트케가 이용한 철도라는 획기적인 기동수단에 의해 패배했다.

이 전쟁 후에 비스마르크는 아직 나폴레옹 3세가 개입하기 이전인 1866년 8월 23일에 오스트리아와 프라하*Praha* 조약을 맺어 독일연방을 해체하고 오스트리아를 독일 통일 문제에서 제외시켰다. 반면에 마인강 이북의 21개의 독일 국가들을 프로이센이 영도하는 북독일 연방에 합병하였다(1867). 이때 남독일 국가들은 독립을 유지하였다.

보오전쟁에 패배한 오스트리아 제국은 제국 내에서 자치를 요구하는 헝가리의 마자르*Magyar* 족의 주장을 인정함으로써 결국 오스트리아 제국은 붕괴되고 오스트리아-헝가리 이중 왕국*Dual Monarchy* 이 건립되었다.

보불전쟁

독일 통일의 첫째 장애세력이었던 오스트리아를 타도한 후에 비스마르크의 다음의 목표는 남독일에 상당한 세력을 미치고 있는 프랑스를 타도하는 것이었다.

보불전쟁(普佛戰爭)은 스페인 왕위 계승문제에서 비롯하였다. 1868년에 스페인에서 혁명이 일어나 이사벨라 2세를 몰아내고 프로이센왕 빌헬름 1세의

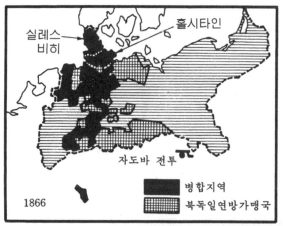

실레스
비히

홀시타인

자도바 전투

1866

■ 병합지역
▦ 북독일연방가맹국

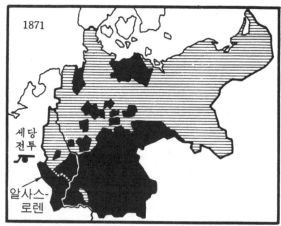

1871

세당
전투

알사스-
로렌

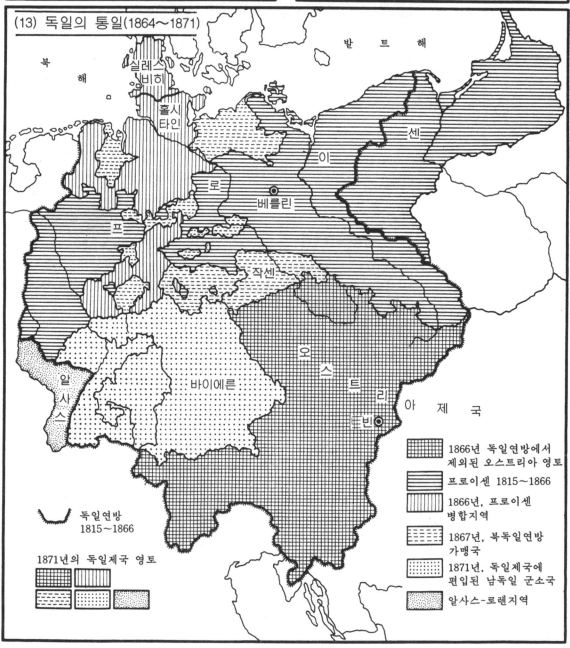

(13) 독일의 통일(1864~1871)

발트해

북

해

실레스
비히

홀시
타인

이

센

로

베를린

프

작센

알
사
스

바이에른

오

스

트

리

아 제국

빈

독일연방
1815~1866

1871년의 독일제국 영토

▦ 1866년 독일연방에서
제외된 오스트리아 영토

▤ 프로이센 1815~1866

▥ 1866년, 프로이센
병합지역

1867년, 북독일연방
가맹국

1871년, 독일제국에
편입된 남독일 군소국

알사스-로렌지역

나폴레옹 3세의 항복

친척인 레오폴드Leopold를 옹립하려 하자 독일 세력의 팽창을 우려한 프랑스의 나폴레옹 3세가 이에 반대하고 나섬으로써 양국의 대립이 첨예화되어 전단의 문이 열리게 되었던 것이다. 전쟁은 프랑스측에서 먼저 선전포고를 함으로써 시작되었지만(1870. 7. 17), 전과는 프로이센의 승리로 돌아갔다.

비스마르크는 일찍부터 개전을 예기하고 남독일 제국과 비밀히 공수동맹을 맺어 무력적 원조를 얻었다. 또 러시아 황제 알렉산드르 2세를 꾀어 오스트리아를 위협하여 중립을 지키게 함으로써 나폴레옹 3세와의 동맹을 무력하게 만든 치밀한 외교 공작을 벌였고, 군사적으로는 몰트케로 하여금 철저한 군비를 갖추게 하여 프랑스군을 병력·장비·훈련 등에서 압도하게 하였다.

그리하여 개전 후 불과 2개월 만에 나폴레옹 3세는 세당Sedan에서 항복하고 강화를 제기하였다. 그러나 비스마르크는 프랑스에 대한 철저한 타격을 가하기 위하여 강화 제의를 거부하고 1871년 1월 29일에는 파리를 함락하여 그 해 5월에 프랑스와 알사스-로렌Alsace-Lorraine의 할양과 50억 프랑의 배상금을 물 것을 서약한 조약을 맺고 전쟁을 종결하였다.

독일제국의 성립

파리가 함락되기 10일 전인 1871년 1월 18일에 남독 및 북독 여러 영방의 군주들은 베르사이유 궁전에 모여 빌헬름 1세를 통일독일제국의 황제로 추대하고 독일제국의 성립을 선포하였다. 이리하여 19세기 최대의 현안이었던 독일 통일은 완성되었다.

그러나 독일 통일은 산업자본가와 융커라는 보수적인 토지귀족과의 타협

독일제국 선포식(1871년)

속에서 그리고 비스마르크라는 냉철한 현실정치가에 의해 이루어졌으므로 자유주의와 민주주의를 희생시킨 국민적 통일이라는 한계점을 지니고 있었다.

독일제국은 4왕국·18공후국·3자유시 등 25개의 나라와 2제국령(알사스-로렌)으로 구성된 연방국가였다. 이러한 연방체제는 이전의 독일연방처럼 여러 대소 국가의 집합체도 아니었고 그렇다고 완전한 중앙집권국가라고도 할 수 없는 정치체제였다. 왜냐하면 바이에른·작센·바덴 등의 국가는 재래의 칭호와 군주를 그대로 유지한 반면에 프로이센은 독일제국의 황제와 수상의 지위를 독점하고 상원에 해당하는 연방의회*Bundesrat*에서 압도적인 의석을 차지했기 때문이다.

새로 제정된 제국헌법은 외형상은 입헌정치의 형태를 취하였으나 내용적으로는 민주주의와 거리가 멀었다. 상원인 연방의회는 주로 각국의 대표와 황제가 지명하는 60명의 의원으로 구성되었는데 입법권과 군사·외교상의 대권 등을 지녀 그 권한이 강력하였다. 그러나 상원의원 중 17명은 프로이센 황제가 직접 지명하였기 때문에 상원의 권한은 실질적으로 황제권에 예속되었다.

하원인 제국의회*Reichstag*는 25세 이상의 성년 남자의 보통선거에 의하여 선출된 의원으로써 구성되었지만 실질적인 권한은 없었고 수상의 자문기관에 지나지 않았다. 독일제국의 수상은 프로이센 수상이 겸임하였다. 수상은 행정적 책임을 의회에 대해서가 아니라 황제에게만 지게 되어 있어 실질적으로 황제와 더불어 국정을 좌우해 나갔다.

독일제국의 발전

통일 후 독일제국은 비스마르크의 통일 제국의 안전과 번영을 위한 제반 내정개혁과 외교정책을 통해서 비스마르크가 사임하기까지 약 20년 간 비약적인 발전을 하였다.

비스마르크는 보불전쟁에서 얻은 50억 프랑이라는 막대한 배상금을 가지고 독일의 산업화에 박차를 가하였다. 1890년경에는 독일의 산업 생산 능력을 영국의 산업 생산력과 거의 비등하게 만들었고, 이로부터 양국은 치열한 제국주의적 경쟁 단계로 돌입하게 되었다. 또한 외교적으로는 독일제국 성립 직후의 유럽 질서를 그대로 유지하기 위해 온 힘을 쏟아, 유럽의 국제 정치상에서 소위 비스마르크시대를 맞이하게 하였다.

한편 그는 국내의 반정부세력을 진압하는 데에도 부심하여 '문화투쟁(文化鬪爭)'*Kultur Kampf*이라는 반교권주의운동을 전개하였다. 문화투쟁은 국내의 카톨릭세력이 제국의 권력과 안정에 위협을 가함으로써 비롯되었다. 이들은 남독 지역에서 주권운동을 일으켰을 뿐만 아니라 알사스인과 폴란드인에게도 독일제국에 대한 불평의 씨앗을 뿌려서 비스마르크의 분노를 크게 샀다. 한편 당시의 로마 교황 피우스 9세는 세속 국가에 대한 교황의 우위를 선언하고(1864), 특히 1870년에는 교황의 완전무결성을 선언하였는데 이것이 비스마르크에게는 신생 독일제국에 대한 중대한 위협으로 느껴지게 되었다.

이 밖에도 비스마르크는 신제국의 토대를 강화하기 위해서 독일 내의 부르주아세력이 세운 국민자유당*The Bourgeois National Liberals*의 지지를 계속 얻어야만 되었다. 이러한 제반의 이유로 인하여 비스마르크는 독일의 카톨릭세력에 대한 타격을 가하게 되었던 것이다.

라살레

그의 타격의 주무기는 일련의 법과 칙령이었다. 그러나 그 당시 사회주의 세력이 크게 성장하여 이들이 카톨릭세력이 세운 중앙당과 정치적 결탁을 꾀하고자 하였으므로 비스마르크는 종래의 카톨릭교에 대한 탄압 정책을 철회하여 이들과의 정치적 제휴를 꾀하게 되었다. 그리하여 비스마르크의 문화투쟁은 실패로 돌아가게 되었다.

비스마르크는 1890년에 새로 즉위한 패기만만한 29세의 젊은 황제인 빌헬름 2세와 대립하다가 사임했다. 빌헬름 2세는 비스마르크가 제국의 평화 유지를 위해 이룩한 외교적 과업을 무시하고 세계정책으로 나아감으로써 영국과 대립하여 독일을 제1차 세계대전의 길로 나아가게 하였다.

제3절 미합중국의 발전

미국의 팽창

'앉아 있는 황소'라 불린
수우족 인디언 추장

1783년의 베르사이유 강화조약에 의하여 정식으로 독립이 승인된 아메리카합중국은 그 동안 약 80여 년 간에 걸쳐 착실하게 서쪽으로 영역을 확장해 갔다. 곧 미국은 1803년에 나폴레옹으로부터 루이지애나*Louisiana*를, 1819년에는 스페인으로부터 플로리다*Florida*를 매수하고, 1840년대에는 멕시코와 교전하여 텍사스*Texas*(1845)와 캘리포니아*California*(1848)를 획득하여 그 영토를 태평양 연안까지 확장하게 되었다. 그리하여 연방에 포함된 주도 1790년의 17개에서 1860년에는 33개로 증가하였다. 인구도 그 동안에 유럽으로부터의 집단 이민과 아프리카로부터의 노예 수입에 의하여 1790년의 390만에서 1860년에 3,100만으로 증가하였다.

이러한 영토의 팽창에 따라 서부개척운동이 활발하게 진행되면서 자유롭고 진취적인 프런티어정신이 미국의 국민성 속에 깊이 뿌리를 박게 되었고, 산업혁명도 이 시기에 시작되었다.

남북의 대립

그러나 서부개척운동은 남북의 지방적 대립이라는 심각한 문제를 일으키는 계기가 되었다. 남부는 기후가 따뜻한 농업지대로서 흑인 노예를 이용해 대규모의 농장*plantation*을 경영하고 있었는데 당시 격증한 영국의 면화 수요에 대비하여 서부로 노예주를 확장하려 한 데 반해, 동북부는 광활한 서부를 농산물과 원료의 공급지 및 공업 생산의 유력한 시장으로 삼으려 하였다. 이에 따라 남·북은 각각 자기 주를 서부로 확장하려는 경제적 문제를 둘러싸고 팽팽한 대립을 보게 되었다.

이처럼 남북의 대립은 외견상 경제적 동기에서만 비롯된 것으로 보이지만 사실은 연방의회에서의 발언권의 강화라는 정치적 문제와 직결되어 있었다. 당시 남부는 북부와 동일한 수의 주를 가지고 있었으나 연방의회에서의 의석 수는 북부보다 열세하였다. 그리하여 남부는 노예주의 확대를 통해서 이와 같은 연방의회에서의 열세를 만회하고자 했던 것이다.

남북은 또 보호관세의 제정과 정체론(政體論)에 있어서도 대립하였다. 북부에서는 상공업이 발달하고 있었기 때문에 외국 공산품의 배척과 국내 산업의 보호 조치를 요구하였고 정치적으로는 중앙집권의 강화를 꾀하여 연방주의

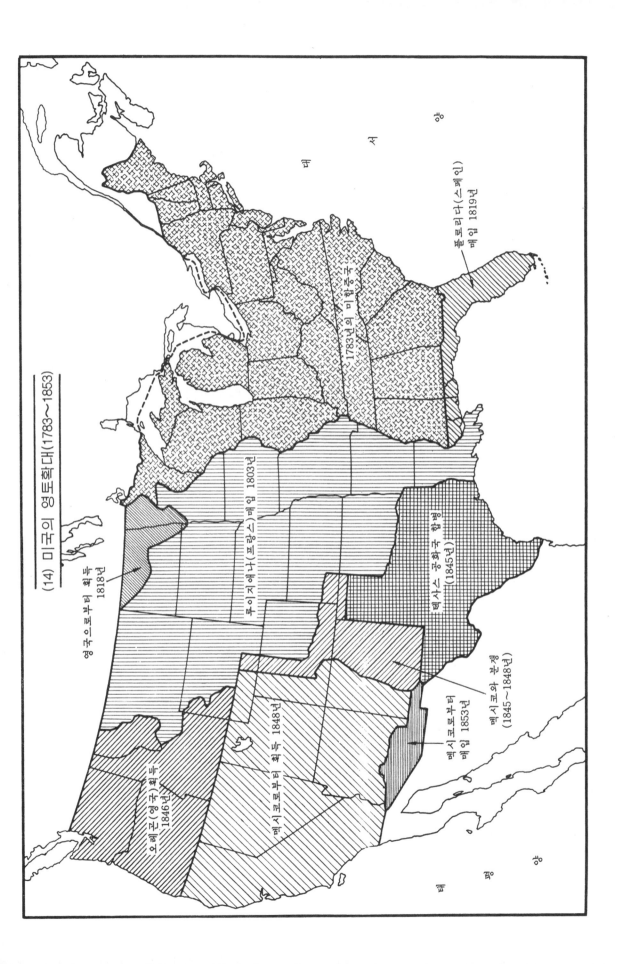

(14) 미국의 영토확대(1783~1853)

영국으로부터 획득 1818년

루이지애나(프랑스)매입 1803년

오레곤(영국)획득 1846년

멕시코로부터 획득 1848년

1783년의 미합중국

플로리다(스페인)매입 1819년

텍사스 공화국 합병(1845년)

멕시코와 분쟁(1845~1848년)

멕시코로부터 매입 1853년

흑인노예 매매광경

를 주장하였는 데 반해 남부는 값싼 농기구와 생필품들을 구입할 필요에서 자유무역을 원하였고 정치적으로는 분립주의를 주장하였다.

　이러한 지방주의*sectionalism*에 입각하여 북부의 상공세력은 공화당*Republicans*을, 그리고 남부의 농업세력은 민주당*Democrats*을 만들어 상호 대립하였다. 이와 같은 남북의 제반 이해관계의 대립은 1860년에 공화당 출신의 노예제 폐지론자인 에이브러햄 링컨 Abraham Lincoln(1809~1865)이 대통령에 당선됨으로써 내란으로까지 확대되었다.

링컨

남북전쟁

　1860년에 링컨이 대통령으로 당선되자 남부의 11주는 드디어 북부로부터의 분리를 선언하고, 1861년 2월 앨라배마*Alabama*주의 몽고메리*Montgomery*에서 대표자회의를 열어, 노예제도를 인정하는 새로운 헌법을 제정하였다. 동시에 ‘아메리카연방’*Confederate States of America*을 조직하고 민주당의 제퍼슨 데이비스*Jefferson Davis*(1808~1889)를 대통령으로 추대하여 수도를 버지니아주의 리치먼드*Richmond*로 정하였다.

　링컨은 처음에는 극력 전쟁을 회피하려 했으나 남부가 북부에 대하여 선전포고를 함으로써 1861년에 남북전쟁 *Civil War*(1861~1865)이 발발하게 되었다.

전세는 처음에는 영국이 남군을 지원함으로써 북군에게 불리하였다. 그러나 1863년 1월에 링컨이 노예해방령을 공포한 이후로는 남부의 노예가 북부로 도망하여 남부에 큰 타격을 주었다. 또한 북부의 인도적인 정책에 공명한 영국의 노동자들이 남군을 지원하는 영국 정부를 공격함으로써 영국 정부의 남부에 대한 지원은 점차 줄어들게 되어 전국은 북군에게 유리하게 전개되었다. 이리하여 남부는 사령관 리Lee(1807~1870) 장군의 선전에도 불구하고 1865년 4월에 수도 리치먼드에서 그랜트Grant(1822~1885) 장군이 거느린 북군에게 패배함으로써 와해되었다.

남북전쟁 이후의 미국의 발전

남북전쟁에서의 북부의 승리는 미국 자본주의의 승리이기도 하였다. 남북전쟁 후에 미국의 산업혁명은 본격적으로 진행되어 대서양과 태평양을 연결하는 대륙횡단 철도가 부설되는 등 미국의 경제적 발전은 놀라우리만큼 빠르게 진척되었다.

대륙횡단 철도 개통

농업 생산에 있어서도 남부의 노예제에 의한 농장제 농업이 폐지되고 그 대신 자영농민과 기계에 의한 대농경영이 이루어져 남북전쟁 후 소맥 생산량은 세계에서 제1위를 달리게 되었다.

제4절 러시아의 발전

19세기 초의 제정러시아

17~18세기경 피터대제에 의해 뒤늦게 근대 국가의 모습을 갖춰 유럽사에 등장한 러시아는 나폴레옹 군대를 격파한 19세기 초부터 유럽의 강국으로 부상하게 되었다. 이때부터 러시아의 국제적 지위가 높아져 1815년에는 알렉산드르 1세가 신성동맹을 제창하기에 이르렀다.

알렉산드르 1세는 러시아의 국제적 지위의 향상을 위해 힘씀은 물론 내치면에 있어서도 근대적인 교육 개혁과 일부의 농노를 해방하는 등 계몽정치를 행하였다. 그러나 그는 1818년에 발생한 폴란드의 독립운동 이후로는 심정에 변화를 일으켜 젊었을 때의 자유주의적 경향을 철회하고 반동정치를 펴나갔다.

알렉산드르 1세가 죽고 그 후임으로 그의 동생인 니콜라이 1세Nikolai I가 즉위하면서 러시아의 정국은 더욱 반동화해 갔다. 특히 그는 즉위 초인 1825년에 국내의 자유주의적인 청년장교단과 지식인 일당에 의해 계획된 정변을 겪은 후 반동정치를 더욱 강화해 나갔다.

그는 '관방 3부'라는 유럽에서 사상 유례없는 잔혹한 비밀경찰을 조직하여 국내의 언론·집회·출판 활동 및 기타 대학 내에서의 지식인들의 활동을 감시하였다. 한편 그는 대외적으로는 전통적인 러시아의 남하정책에 의거하여 흑해·발칸 방면으로의 진출을 꾀하다가 당시 터키 영내의 그리스정교도에 대한 학대를 구실로 터키와 크리미아전쟁*Crimean War*(1853~1856)을 일으켰는데 영·불을 비롯한 유럽 열강의 완강한 저항을 받아 패배하고 말았다.

크리미아전쟁의 패배는 니콜라이 1세의 전제권력과 군대의 위신을 뒤흔들어 놓았고 반정부적인 지식인들에게 정부를 공격할 좋은 기회를 제공하였다. 그러나 그는 다행히도 세바스토폴 항구가 점령되기 1년 전에 사망함으로써 정적으로부터의 반격은 모면하게 되었다.

알렉산드르 2세의 개혁정치

크리미아전쟁중에 니콜라이 1세의 후임으로 등장한 온건한 성품의 알렉산드르 2세 Aleksandr II(1855~1881)는 선친의 반동정치의 제반 모순을 통감하여 전제정치의 테두리 안에서 국정의 전반적인 개혁을 단행하였다.

그가 실시한 개혁 중에서 가장 주목할 만한 업적은 약 4,700만에 이르는 러시아의 농노를 해방한 것이었다. 그는 러시아의 경제 발전과 여론의 압력으로 농노제도의 토대가 붕괴되고 있는 것을 알고 있었고, 또 이때에 농노들이 동요를 보이기 시작했으므로 그는 또다시 푸가초프의 난과 같은 대농민반란이 일어나지 않을까 우려했다. 그리하여 그는 귀족들을 설득하여 자진하여 농노를 해방하기를 권유했지만 이들이 주저하자 자기 스스로 1861년과 그 후의 일련의 칙령을 통하여 농노폐지령을 내리게 되었던 것이다.

러시아의 농노 해방은 법적인 측면에서 보면 농노에게 인격적인 자유를 부여한 획기적인 조치였다. 이는 1863년에 미국의 링컨 대통령이 단행한 500만 이상의 흑인 노예해방과 더불어 19세기 중엽에 밀어닥친 인도주의의 세찬 파도에 의한 최대의 개혁이었다.

그러나 경제적 측면에서 볼 때 농노 해방은 많은 비판의 여지를 안고 있었다. 해방 농노는 농노폐지령을 통하여 지주가 지녔던 경작 가능한 토지의 반을 차지하게 되었지만, 실제 농노 1인에게 할당된 토지는 면적이 너무 작았다. 또 할당된 토지도 유럽에서 일반화된 것 같은 사유재산 또는 자작농의 원리에 따라 농민 개인에게 분양된 것이 아니고 농민공동체*mir*를 단위로 분양되었다. 더구나 여기서 매년 조금씩 토지를 재분배받게 함으로써 해방 농노는 지주로부터 해방은 되었다 하더라도 미르라는 이동의 자유가 없는 농민공동체에 예속되는 상태가 되고 말았다.

또한 해방 농노는 국가가 농노 해방으로 인해 토지와 노동수단을 상실한 지주에게 보상해 준 금액에 대하여 국가에게 49년 간 연부로 장기 상환을 해야 하는 무거운 세금 부담을 짊어지게 됨으로써 실제로는 특별상환세를 갚기까지 국노(國奴)의 위치에 있게 되었다.

이러한 문제로 인하여 알렉산드르 2세의 농노 해방은 러시아의 농민 자신들은 물론 전통적인 슬라브주의자Slavophils들의 상당한 반대에 부딪혔다. 그러나 그는 이 조치를 계속 밀고 나아갔는데 그것은 그가 그렇게 함으로써 선진 유럽 국가들의 앞선 제도를 모방할 것을 추구한 서구주의자(＝자유주의자)들의 지지를 얻고자 했기 때문이다. 이외에도 그는 1864년에는 계급차별이 심한 구식의 재판제도를 폐지하여 서구적인 공개재판제도 및 배심원제, 그리고 재판과정의 등급제 및 변호인의 자유선택제를 실시하였고, 기타 교육을 장려하고 각 지방에는 지주·도시민·농민공동체 등의 대표로 구성된 젬스트포zemstvo라는 지방의회를 창설하여 지방의 행정과 재정문제를 담당토록 하였다.

그러나 불행하게도 이 해방 황제tsar liberator는 1863년의 폴란드 반란과

차르 알렉산드르 2세의 암살 현장

1866년에 미수로 그친 황제암살사건으로 개혁에 대한 열의를 잃고 반동화해 갔다. 그는 치세 말년에 재차 자유주의적 개혁을 단행하려 했으나 무정부주의파 일당에 의하여 1881년에 암살당하였다.

알렉산드르 2세의 제반의 자유주의적 개혁은 러시아 민중의 무지와 차르 정권의 부패한 관료정치로 인하여 결국 모두 실패로 돌아갔다. 그러나 농노해방만은 러시아의 농업 생산력의 증가와 자본주의 발달에 크게 기여하였다.

혁명적 인텔리겐차의 활동

알렉산드르 2세의 위로부터의 제반 자유주의적 개혁이 실패로 돌아가자 이때까지 그의 서구노선의 개혁정치 때문에 빛을 못 보고 있었던 슬라브주의자들은 그 세력을 되찾게 되었다. 이들은 항상 신성한 러시아 문화의 고유성을 강조하였으며, 러시아 사회는 자체의 전통이 변질되어서는 안 된다고 믿고 있었다. 그리하여 1867년까지 그리스정교와 독재주의와 민족주의 이념들이 다시금 세력을 회복하게 되었다.

특히 슬라브주의자들 중에서도 일단의 혁명적 지식인들은 러시아의 농촌 사회의 부흥이 참된 러시아의 살 길이라고 주장하면서 인민(실제로는 농민)이라는 기치를 내걸고 러시아 농촌으로 뛰어들어가 농촌사회주의운동(일명 인민주의운동)을 전개하였다. 이들 농촌 사회주의자들은 나로드니키 *narodniki* 라고 불리었는데 나로드니키의 선구자는 「종」*Kolokol : The Bell* 이라는 주간지를 발간하여 러시아 급진주의자들의 아버지가 되었던 헤르젠 Herzen (1812~1870)과 서구의 공상적 사회주의를 도입하여 허무주의사상을 심어 주었던 바쿠닌 Bakunin 이었다.

나로드니키의 인민주의운동 *narodnichestvo : populist movement* 은 실패로 돌아갔다. 그 이유는 첫째, 농민들이 나로드니키들을 소귀족 *little lords* 처럼 생각하여 이들의 계몽활동에 잘 따르지 않은 점과, 둘째는 정부가 나로드니키의 농촌 사회주의운동을 위험시해서 탄압했기 때문이다.

이처럼 나로드니키의 온건한 농촌 계몽운동이 실패로 돌아가자 과격한 혁명주의자들이 크게 대두하여 암살과 테러 행위로 차르 정권을 타도하고자 하였다. 이러한 혁명파는 바쿠닌과 니차예프 Nechayev 의 무정부주의적 사상에 영향을 받아 '토지와 자유당' *Zemlya i Volya : Land and Freedom* 을 결성하여 암살이라는 과격한 선전 방식으로 정부를 타도하고자 하였다. 이들 과격파에는 약간의 마르크시스트들이 끼어 있었지만 아직 러시아의 여건은 이들이 활동하기에는 미숙하였다.

이들 혁명파는 1879년 여름에 두 파로 분열되었다. 한 파는 나로드니키의 농촌 사회주의운동을 재추진해 보자는 '흑색당'*Cherny Peredel ; the Black Partition* 으로, 또 한 파는 애당초의 '토지와 자유당'의 설립 목적 그대로 요인을 암살하여 제거해 버리자는 '인민의 의지당'*Narodnaya Volya ; the People's Will* 으로 갈라졌다. 이 '인민의 의지당'은 1881년에 마침내 알렉산드르 2세를 암살하는 데 성공하였다.

'인민의 의지당'의 당원

한편 '인민의 의지당' 당원들이 과격한 테러주의로 차르 정부의 고관들을 공포의 도가니로 몰고 갔을 때 이러한 단편적인 테러전술에 항의하여 궁극적인 사회혁명을 제창하고 나선 또 다른 혁명파는 플레하노프*Plekhanov*(1857~1918)를 선구로 한 러시아의 마르크스 사회주의자들이었다.

러시아에 마르크스 사회주의가 유입된 때는 알렉산드르 2세의 치세 말기인 1870년대였다. 이때는 농노 해방 이후 러시아의 자본주의가 발달하여 페트로그라드*Petrograd*를 비롯한 러시아의 여러 도시에서 산업노동자들의 수가 빠른 속도로 늘어날 때였다. 플레하노프 일파는 러시아의 산업 발전에 부응하여 점증하는 노동자군을 포섭해 마르크스노선에 따라 러시아를 사회주의국가화하려고 하였다. 이들 러시아의 마르크시스트들은 1883년에 최초로 사회민주주의적 단체를 만들어 장차 레닌의 볼셰비키*Bolscheviki* 혁명에 대비하였다.

범슬라브주의

1863년에 폴란드에서 반란이 일어난 것을 계기로 하여 러시아에서는 범슬라브주의*Pan Slavism*가 강력하게 일어났다. 범슬라브주의는 17~18세기의 피터대제 이래 추진해 온 러시아의 팽창주의의 연장에 불과했지만 알렉산드르 2세의 외교 정책의 근간이 되었다. 이때의 범슬라브주의의 내용은 ① 폴란드의 러시아화*russification*와, ② 서구로의 영토 팽창, ③ 발칸지역으로의 남하 정책을 포함하였다.

이러한 범슬라브주의로 인하여 1875년 이후에는 발칸지역에서 보스니아*Bosnia* · 헤르체고비나*Herzegobina* · 세르비아*Serbia* · 몬테니그로*Montenegro* · 불가리아 등 남슬라브의 여러 민족들이 러시아의 후원 아래 터키에 대하여 반란을 일으켰다.

특히 1876년에 불가리아에서 발생한 기독교도들의 반란에 대한 터키의 잔인한 집단학살은 세계의 이목을 끄는 대사건이었다. 이 사건을 계기로 러시아는 터키에게 내정개혁과 아울러 러시아의 내정 감시를 받을 것을 요구했다. 이에 대해 터키의 반응이 미온적이자 러시아는 터키에 선전포고를 하였다. 이것이 러시아-터키전쟁(1877~1878)이다. 전국(戰局)은 러시아군에게 유리하게 전개되어 러시아군은 아드리아노플을 함락한 후 1878년에 산스테파노*San Stefano*조약을 맺어 러시아의 발칸 진출을 용이하게 하였다.

그러나 러시아의 발칸 진출은 오스트리아를 비롯한 영·프 양국의 국가적 이익에 배치되었으므로 유럽 열강은 산스테파노조약을 폐기하라고 요구하였다. 이에 독일의 비스마르크가 중재에 나서 1878년에 베를린회의에서 이전의 조약을 폐기하고 새로운 내용의 베를린조약이 체결되었다. 즉 ① 불가리아의 자치 허락, ② 세르비아·루마니아·몬테니그로의 독립 승인, ③ 터키 영토의 일부를 러시아에 할양, ④ 보스니아·헤르체고비나에 대한 오스트리아의 위임통치 등을 그 내용으로 하였다.

이 조약을 통해 러시아는 직접적인 손실은 없었지만 오스트리아와의 구적(舊敵)관계 이외에 영국과의 새로운 적대관계와 독일과의 냉전이라는 부산물을 얻게 되었다. 특히 발칸 진출을 둘러싼 독·오의 범게르만주의 세력과의 대치는 제1차 세계대전을 촉발시킨 결정적인 요인이 되었다.

제4장
19세기의 문화

19세기는 서구 역사상 가장 다양한 종류의 사상과 문화양상이 출현한 다산의 시대였다. 19세기가 그처럼 다양한 문화를 이룩할 수 있었던 것은 19세기에 전개되었던 복잡다단한 정치·경제·사회적 변화와 과학·기술상의 발달이 문화에 반영된 까닭이었다.

19세기 문화의 성격은 전술한 문화적 변동요인에 따라 크게 두 시기로 구분할 수 있다. 첫째 시기는 1800~1830년 간으로서, 이 시기는 정치·사회면에서의 보수·반동적 경향으로 말미암아 사상과 철학에 있어서 자유*liberty*보다 질서*order*를 중요시하고 개인의 이익보다 사회·국가 등 집단적 이익을 우위에 두며 이성과 과학보다는 신앙과 권위와 전통을 더 중시하는 시대였다. 그리고 문예면에 있어서는 18세기의 이성 만능을 배격하는 낭만주의가 풍미하였다.

둘째 시기인 1830~1900년 간은 자연과학과 기술이 고도로 발달된 시기로서 17~18세기의 연역적 합리주의적 경향에 대해 분석적이고 귀납적인 과학적 사고방식이 문화의 전 영역에 팽배한 시대였다. 따라서 이 시기에는 철학의 상대적 중요성이 줄어들고 과학이 거의 유일한 지식의 원천이 되었다.

이러한 과학지상주의는 지성과 예술면에도 크게 영향을 미쳐 철학과 사상면에 있어서는 유물주의와 실증주의를 낳게 하였고, 문예면에서는 낭만주의의 비현실성을 극복하여 세계와 인간의 본질에 관한 철저한 탐구를 목적으로 하는 리얼리즘*realism*을 낳게 하였다.

제1절 자연과학의 발달

생물학

1830~1900년 간에 과학에서 최대의 발전을 보게 된 분야는 생물학과 의학이었다. 생물학에 있어서 최초의 획기적인 업적은 '유기체의 진화' 이론이었다. 유기체의 진화 이론은 B.C. 6세기에 아낙시만드로스Anaximandros에 의하여 최초로 제기되었지만 이 이론에 대한 체계적인 설명을 한 사람은 프랑스의 라마르크Jean Lamarck(1744~1829)였다. 그는 1809년 「동물철학」에서 "동물은 환경의 변화에 복종하며 동물이 습득한 새로운 습성은 후손의 구조적 변화에 영향을 주어 새로운 종을 탄생케 한다"고 주장하였다. 이 가설은 후에 부정되었지만 최초로 유기체의 진화에 관한 과학적인 가설을 제시하였다는 데에 의의가 있다.

생물의 진화에 대하여 보다 과학적인 가설을 내세웠던 사람은 찰스 다윈 Charles Darwin(1809~1882)이었다. 다윈은 1859년에 출판한 「종의 기원」 *Origin of Species* 과 1871년의 「인간의 기원」 *The Decent of Man* 에서 '자연도태'설과 '유인원의 인간시조'설과 같은 혁명적인 학설을 주창하여 세상을 놀라게 하였다. 다윈의 이 학설은 그 후 19세기 말 멘델Mendel의 '유전의 법칙'과 골턴Galton의 우생학이 성립되는 데 크게 공헌하였다.

다윈

생물학 분야에서 진화론 다음에 중요한 업적은 세포 이론의 발전이었다. 식물의 구조에 관한 세포 이론은 17세기의 로버트 후크Robert Hooke에 의해서 이루어졌으나 후크의 이론을 보다 체계적으로 발전시킨 사람은 독일 생물학자 슈반Theodor Schwann(1810~1882)이었다. 그는 1835년에 모든 생물은 세포로 구성되어 있으며, 세포의 분열과 복합에 의해서 성장이 이루어진다고 하였다. 수년 후에 몰Hugo von Mohl(1805~1872)은 모든 세포는 '원형질' *protoplasm* 이라는 물질의 결합으로 이루어진다는 이론을 발표하였다.

세포 이론 이외에 또 다른 생물학적 업적은 베어Karl Ernst von Baer(1792~1876)와 헤켈Ernst Haeckel(1834~1919)의 발생학 *embryology* 의 수립이었다. 헤켈은 베어의 '반복법칙'에 의존하여 각 개체는 발생기(태아기)에 그것이 속한 종의 생의 중요한 단계를 반복한다고 하였다.

한편 세포의 원형질설을 발표한 몰은 세포학 *cytology* 을 성립하였고, 파스퇴르Louis Pasteur 는 1865년에 박테리아학의 토대를 마련했다. 그는 "생물은 생물에서만 생성된다"는 '속생설(續生說)' *biogenesis* 을 발표하여 세균 연구에 획기적인 업적을 남겼다.

의 학

13세기에 의학 분야에서 가장 중요한 발견은 에테르를 마취제로 사용할 수 있다는 것이었다. 에테르의 마취제로서의 용도는 윌리엄 모튼William T.G. Morton에 의해 처음으로 알려졌다. 그러나 이 주장에 의거하여 최초로 수술을 단행한 사람은 크로포드 롱Crawford W. Long이었다.

마취제의 사용은 외과수술의 성공률을 크게 증가시켰으나 여전히 외과수술시 세균 침투로 인하여 환자가 사망하는 사례가 많았다. 이러한 결점을 극복한 새로운 의학상의 업적은 1847년에 헝가리 외과의사 제멜바이스Ignaz Semmelweiss의 수술시 방부액 사용 발견에 의하여 이루어졌다. 이와 같은 방법으로 산부인과수술시의 치사율을 80% 이상 감소할 수 있었다. 한편 리스터 Joseph Lister(1827~1912)는 방부액을 모든 외과수술 분야에도 전파한 공훈을 세웠다.

19세기 후반기에 등장하여 의학의 진보에 공헌한 또 하나의 중요한 이론은 질병의 세균 이론이었다. 세균 이론은 주로 파스퇴르와 코흐Robert Koch (1843~1910)의 업적이었다. 파스퇴르는 속생설(續生說)에서 이미 병의 발생 원인이 세균에 있다는 것을 알았으나, 그는 화학자였기 때문에 그의 학설은 의학자들의 관심을 끌지 못하였다. 그러나 1875년에 동프로이센의 시골 의사인 코흐가 가축의 탄저병anthrax의 원인이 세균에 있다는 것을 밝혀냄으로써 질병의 세균 이론이 입증되었던 것이다.

파스퇴르

그 후 이 이론에 입각하여 1885년에 파스퇴르는 광견병hydrophobia의 병균과 이의 치료법을 발견해 내었고 1882~1883년 간에 코흐는 폐결핵균과 아시아콜레라균을 발견하였다. 그는 수년 안에 디프테리아 · 선페스트 · 파상풍lockjaw · 수면병 등의 병균을 발견해 내고 이에 대한 처방제 및 예방약을 만들었다. 그리고 1892년에 베링 Emil von Behring(1854~1917)은 디프테리아 면역제인 혈청을 만들었고, 19세기 말에는 말라리아와 황열병의 치료약도 만들어졌다.

물리학 · 화학

19세기 말까지는 물리학과 화학분야에서 그리 큰 업적이 없었다. 1810년에 영국의 돌턴John Dalton(1766~1844)은 「원자론」에서 분자의 구성을 설명하여 물리학의 기초 이론을 제공하였다. 1847년에 독일의 마이어 Julius Mayer와 헬름홀츠Hermann von Helmholtz(1821~1894)는 '에너지보존법칙',

퀴리부인

곧 '열역학*thermodynamics* 제1법칙'을 발표하여 열역학의 발전에 크게 기여하였다. 1851년는 영국의 톰슨William Thomson은 열역학 제1법칙과 열역학 제2법칙, 곧 에너지분산법칙을 체계적으로 설명하여 우주의 전체 에너지는 일정하나 유용한 에너지의 양은 점차 감소한다고 하였다.

또한 1870년 이후 제2차 산업혁명기에는 물리학 분야에서 혁명적인 발전이 이루어져 빛·전기·에너지에 관한 새로운 이론들이 등장하게 되었다. 곧 1887년에 독일의 하인리히 헤르츠Heinrich Hertz는 공간에서 고주파 전기파동이 속도와 빛의 성질을 갖고 통과하는 것을 발견함으로써 1865년에 맥스웰Cherk Maxell(1831~1879)의 빛의 전자파이동설을 입증하였다. 또 1895년에 뢴트겐Wilhelm von Röntgen은 X-선*X Ray*을 발견하여 의학 분야에 크게 공헌하였다. 또한 1898년에 퀴리 부인Madame Curie은 라듐*radium*을 발견하여 이화학과 의학의 발달에 크게 이바지하였다. 이상과 같은 사실에서 빛·전기·X-선 및 모든 형태의 에너지는 근본적으로 같다는 결론에 도달하게 되었다.

1892년에 로렌츠Hendrick Lorentz는 물질은 고대 그리스인이나 돌턴이 생각하듯이 불가분한 원자*atom*로 구성되어 있는 것이 아니라 원자 자체도 전기 성질을 띤 보다 작은 단위로 구성되어 있다고 하였다. 이 이론은 1910년에 영국의 러더퍼드와 덴마크의 보어Niels Bohr가 태양계의 축소판과 같은 원자모형을 그려서 전기가 물질의 기본적인 구성분자임을 밝혀 냄으로써 더욱 확실해졌다.

제2절 철학과 사상

보수주의사상

버크

1800~1830년 간에는 전술한 바와 같이 질서와 국가이익 그리고 권위와 전통을 강조하는 보수주의자들이 우세하게 되었다. 이렇게 보수주의사상이 크게 등장하게 된 이유는 ① 보수주의적 정치사상의 경향과, ② 프랑스혁명의 공포에 대항하는 격한 감정과, ③ 이성보다는 정서와 감정을 중시하는 낭만주의의 영향 때문이었다.

이러한 지적 보수주의의 영향 아래 영국에서는 버크Edmund Burke의 보수주의사상이 전개되었고 독일에서는 낭만적 관념론이 풍미하게 되었다.

버크는 「프랑스혁명에 대한 고찰」*Reflection on the Revolution in France*에서 혁명은 수세기 간 누적된 지식(전통)을 과격하게 변화시킴으로써 문명

자체를 파괴한다고 하면서 혁명에 반대하는 입장을 피력하였다. 나아가서 전통은 하루아침에 파괴될 수 없는 것이며 점진적인 방법에 의하여 개혁되어야 한다고 주장하였다.

칸트

낭만적 이상주의

독일의 낭만적 이상주의, 곧 관념철학은 18세기 후반부터 19세기 전반기에 걸쳐 칸트, 피히테 그리고 헤겔에 의하여 전개되었다. 칸트Immanuel Kant(1724~1804)는 「순수이성비판」*Kritik der reinen Vernunft*(1781)에서 이성의 기능과 그 인식방법 및 한계를 논하였고, 피히테Johann Gottlieb Fichte(1762~1814)는 칸트의 철학을 더욱 관념론적인 방향으로 발전시켜 정신계가 실재의 세계라고 주장하면서 개체는 우주목적과 조화됨으로써만 참다운 본성을 실천할 수 있다고 하였다. 한편 피히테는 나폴레옹군이 프로이센을 점령하였을 때에 베를린 대학에서 '독일국민에게 고함'*Die Rede zur Deutsche Nation*이라는 강연을 하여 독일 청년들의 애국심을 크게 고취하였다.

독일 관념철학의 대성자는 헤겔Georg Wilhelm Hegel(1770~1831)이었다. 그는 변증법이란 동적인 진화관념을 제시하여 역사는 합목적적인 목표를 향하여 정*these* · 반*antithese* · 합*synthese*의 과정을 밟아 진보해 간다고 하였다. 이와 같은 헤겔의 역사철학은 역사와 사회의 발전을 이해하는 데 새로운 차원을 제공해 주어, 후에 포이에르바하Feuerbach(1804~1872)의 유물론과 더불어 칼 마르크스Karl Marx(1818~1883)의 '변증법적 유물론'*dialectical materialism*을 확립하는 데에 지대한 영향을 미치게 되었다. 또한 헤겔의 변증법적 역사 발전은 모든 개인의 이해가 사회 전체의 이해와 일치되는 완전국가를 지향한 것이었다. 또한 그는 진정한 자유의 실현은 국가에 복종함으로써 성취될 수 있다는 '국가지상주의 철학'을 수립하였다. 이러한 헤겔의 철학은 당시에는 어용철학이라는 비난을 받았지만 보수적 정치가들에게는 반갑게 받아들여졌다.

헤겔

벤담

공리주의 철학

독일에서 낭만적 이상주의가 만연할 때 계몽주의사상이 뿌리 깊게 박힌 영국과 프랑스에서는 일반적으로 보다 자유주의적 경향의 철학이 나타났다. 이것이 바로 영국의 벤담Jeremy Bentham(1748~1832)이 제창한 공리주의(功利主義)*utilitarianism*였다.

공리주의란 말은 1789년에 벤담이 「도덕과 법률의 원리」*The Principle of Morals and Legislation*라는 저서 속에서 모든 신념과 제도에 일치해야 할 가

밀

치기준은 공리성utility, usefulness에 있다고 주장한 데에서 유래되었다. 여기서 그는 공리성의 기준은 '최대다수의 최대행복'the greatest happiness of the greatest number에 기여하는 것으로 정의하였다. 그는 개인의 행동은 쾌락을 획득하고 고통을 회피하려는 순전히 이기적인 동기에서 출발하고 있으므로 사회는 사회 구성원에게 그 자신의 이익을 추구할 수 있는 완전한 자유를 주어야 한다고 하였다. 각자는 그 누구보다도 자신의 이익이 되는 바를 잘 알고 있기 때문에 사회복지는 각자에게 행동의 최대 자유를 허용해 줌으로써 증진될 수 있다고 하였다.

밀John Stuart Mill(1806~1873)은 대체로 벤담의 주장에 찬성했으나 쾌락의 추구와 고통의 회피가 인간 행동의 유일한 결정적 요인이라는 데에는 반대하였다. 밀에 의하면 인간의 행동은 단순한 습관에 영향받고 있으며 또 동료들과 행동 통일을 이루려는 욕망에 의해서 움직인다고 하였다. 더욱이 그는 쾌락 그 자체도 질적으로 다르다고 하였다. 예를 들면 "불만족한 소크라테스가 되는 것이 만족한 돼지가 되는 것보다 더 쾌락을 느낄 수 있다"고 하였다. 밀은 생애 말기에 가서 벤담의 개인주의 철학을 수정하였다. 한편 그는 사회주의 사상에 대해서는 이 사상이 개인의 자유를 파괴한다는 이유로 해서 거부했다. 그럼에도 불구하고 그는 국가가 사회적 빈곤 문제에 개입해서 이를 시정해야 한다고 강하게 주장하였다.

실증주의

유럽 대륙에서 자유주의적이며 동시에 실제적인 철학을 가장 잘 나타낸 사람은 프랑스의 콩트Auguste Comte(1798~1857)였다. 실증주의는, 가치 있는 유일한 지식은 실증적인 지식, 곧 과학에서부터 나온 지식이라고 주장한 콩트로부터 유래되었다. 따라서 콩트의 실증주의 철학은 영국의 공리주의 철학과 더불어 경험철학의 범주에 포함시킬 수 있다.

콩트는 형이상학은 완전히 쓸모 없는 것으로 생각했다. 그 누구도 사물의 본질, 곧 실존의 궁극적인 의미와 목적은 알 수 없으며 단지 알 수 있는 것은 어떻게 사물이 발생하고 있는가 하는 발생법칙과 제반 관계뿐이라고 하였다.

또 그는 개인의 행동의 동기가 전적으로 자리(自利) 추구에 있다는 것에도 반대했다. 그는 인간은 이기적인 본능과 아울러 타자에 대한 보다 고상한 이타주의altruism적인 충동에 의해서 영향받는다고 하였다('이타주의'란 말은 콩트 자신이 만든 용어였다). 그러므로 그는 각 사회가 추구할 최고의 목표는 이기주의egoism에 대한 이타주의의 우위를 확립하는 것이라고 하면서 이는 오직 사랑과 자기희생이라는 감정에 대한 호소를 통해 달성할 수 있다고 하였

콩트

다. 그리하여 그는 휴머니티교*the relegion of humanity*를 만들어 인간들로
하여금 정의와 자선과 관용의 생활을 하도록 장려하였다.

진화 철학

19세기 말~20세기 초의 철학은 과학의 진보에 의하여 큰 영향을 받아
기계론적이고 유물론적인 진화철학이 성립되었다. 진화철학의 대표자는 스
펜서·헉슬리·헤켈이었다. 이 중에서도 스펜서는 가장 영향력 있는 인물이
었다.

스펜서 Herbert Spencer(1820~1903) 철학의 요지는 진화*evolution*사상이
었다. 그는 다윈의 자연도태설에다가 '적자생존'*the survival of the fittest*이란
새로운 용어를 부가하였다. 그는 모든 생물의 종과 개체, 우주의 혹성과 태양
계, 그리고 인간사회의 관습·제도 및 종교적·윤리적 관념은 다 진화적 과
정을 겪는다고 하였다. 또 우주의 모든 존재는 발생·발전·붕괴·소멸의 순
환 과정을 겪으며 이와 같은 순환과정의 배후에는 일종의 초자연적인 힘이
있다고 믿었다.

스펜서

한편 그는 정치사상가로서 개인주의 철학을 열렬히 주창하였다. 곧 그는
집산주의*collectivism*는 사회 진보의 초기 단계인 원시사회의 유습이라고 하
면서 국가를 극도로 혐오하였다.

헉슬리 Thomas Henry Huxley(1825~1895)는 진화철학을 논리적 입장에서
뿐만 아니라 과학적 근거에서 주장하였다. 그는 그의 저서 「자연 속의 인간
의 위치」*Man's Place in Nature*에서 사회제도와 도덕적 이상은 그것이 신에
의해서 규정된 것이 아닌 단순한 생물학적 유산에 불과한 것이라고 하였다.
그는 또한 초자연적인 힘의 가능성은 배제하지 않았지만, 신의 존재에 관한
그 어떤 증명도 할 수 없다고 단언함으로써 '불가지론'*agnosticism*을 주장하
였다.

헤켈 Ernst Heinrich Haekel(1834~1919)은 「우주의 수수께끼」*The Riddle of
the Universe*(1898)에서 무신론과 유신론 그리고 기계론 등의 3대 이론을 제
창하였다. 그는 헉슬리의 불가지론과 스펜서의 「불가해한 힘」의 상정에 반해
서 정신적인 존재, 즉 신은 없다고 하였다. 곧 그는 우주란 순전히 물질로만
구성되어 있고 또 물질은 한 형태에서 다른 형태로 끊임없이 변화하고 있는
과정 속에 있다고 하였다.

그는 인간의 정신도 인간의 육체와 똑같이 진화의 한 산물로 보았다. 그러
므로 그는 인간의 정신과 하급동물의 정신과의 차이는 단지 그 정도 문제에
불과할 뿐이라고 하였다. 곧 기억·상상·지각·사고 그 모두가 물질의 기능

에 불과하며 따라서 심리학도 생리학의 한 분과가 되어야 한다고 주장하였다.

니체 철학

독일인으로서 대표적인 진화철학자는 니체 Friedrich Nietzsche(1844~1900)
였다. 그는 자연선택은 동·식물의 경우와 마찬가지로 인간의 경우에도 은밀
히 작용한다고 하였다. 니체는「짜라투스트라는 이렇게 말했다」*Thus Spake*
*Zarathustra*에서 인간에 있어 부적응자를 걸러내는 끊임없는 작업은 결국
초인(超人) *Übermensch*을 생성해 내기 위한 과정이라고 하였다. 초인이란 육
체적인 거인이 아니라 도덕적인 용기나 인격의 힘에서 가장 뛰어난 자라고
하였다. 따라서 생존경쟁에서 패배하는 자는 도덕적으로 약자이며 비능률적
이고 비겁한 자라고 하였다. 또 그는 자연선택이 작용하기 위해서는 우선 종
교적 장애물이 제거되어야 하며 이로 말미암아 노예와 거지들의 미덕을 찬양
하는 동방적 종교의식인 기독교와 유대교의 도덕적 우월성은 타도되어야 한
다고 주장하였다.

니체는 한편 그의 미완의 주저인「권력에의 의지」*Wille zur Macht*에서 권
력에 대한 욕망과 권력 그 자체를 선이라 하고, 약함에서 나오는 그 모든 것
을 악이라 규정하면서 권력에 대한 욕망을 강하게 드러내었다. 이러한 그의
사상은 프랑스의 베르그송의 철학과 더불어 '생의 철학'으로 불리고 있다.

실용주의 철학

19세기 말 물리학 분야에서 물질의 원자론이 크게 수정되자 그 영향은 철
학 분야에도 크게 미쳐 종래의 스펜서의 낙관주의와 헤켈의 기계론적 우주관
은 중대한 도전을 받게 되었다. 그리하여 회의주의 *skepticism*가 팽배해졌고
미국에서는 실용주의 *pragmatism* 철학이 나오게 되었다.

미국의 실용주의 철학은 퍼스 Charles Peirce(1839~1914)에 의해서 시작되
고 제임스 William James(1842~1910)와 듀이 John Dewey(1859~1952)에 의해
크게 발전하였다.

실용주의란 말은 실증적인 시험을 충족시키는 이념만이 진리라는 이 철학
의 중심 사상에서 비롯하였다. 실용주의는 그 어떤 종교도 정신적 평화나 영
혼의 만족을 주기만 하면 진실한 신앙으로 받아들일 수 있다는 태도를 취하
였다. 그러나 절대적인 진리나 실재의 궁극적인 성격을 규정하려는 형이상학
적 노력은 모두 배격하였다. 또 실용주의는 지식은 지식 자체로서 추구되어
야 할 것이 아니라 세상의 삶의 여건들을 개선하기 위한 수단으로 쓰여져야
한다고 하였다.

니체

신관념학파

유물론과 기계론에 대하여 보다 강한 반격을 가한 것은 신관념학파였다. 이 학파의 지도적 인물은 이탈리아의 크로체Benedetto Croce(1866~1952)와 영국의 브래들리T. H. Bradley(1855~1916)였다.

이들 신관념학파들은 헤겔과 칸트의 철학을 종합하여 자신들의 학설을 형성하였다. 헤겔로부터는 국가지상주의 사상을 도입했고, 칸트로부터는 종교와 철학을 분리시키는 태도를 받아들여 다음과 같은 학설을 주장하였다. "과학이 밝힌 우주론에 따르면 인간은 무력한 원자에 불과하다는 것을 인정하지만 이러한 과학적 발견은 거대한 우주의 한 단면을 본 데에 불과한 것이며 또 그것은 어두운 유리잔 속에서 세상을 본 희미한 관찰에 그친 것이기 때문에 직관intuition에 의한 내성적 고찰방법도 중요한 의미를 지닌다"고 하였다. 이러한 내성적 관찰을 통해 신의 세계에 도달할 수 있다고 하면서 종교의 가치를 긍정적으로 평가하였다.

신실재론과 심미주의 철학

신실재론의 대표자로는 영국의 러셀Bertrand Russell(1872~1975)이 유명하였다. 이 학파는 과학적 증명이 불완전하고 최종적인 진리가 아님은 인정하였으나 그렇다고 해서 인간이 신앙이라는 스커트에 매달릴 필요는 없다고 하였다. 왜냐하면 과학적 지식은 그 자체로서 인생을 이끌어 가는 데 충분한 실질적인 진리가 되고 있기 때문이라고 하였다. 또 그는 철학과 과학의 분리는 대단한 불행이며 세계의 고난은 대부분 신비주의의 성장 때문이라고 하였다.

19세기 말에 가서 인간관계가 복잡해지고 생활이 인위적인 제도 속에 획일화되기 시작하자 일종의 도피사상인 심미주의가 나타났다. 이 사상은 영국의 수필가이며 비평가인 페이터Walter Pater와 프랑스인 프랑스Anatole France(1844~1924), 그리고 스페인의 산타야나George Santayana에 의해서 제기되었다. 심미주의자들은 인간은 맹목적이고 불가항력적인 힘의 희생물이라고 하면서 정신의 안정을 성인의 생활 속에서 찾고 운명을 체념 속에서 맞이하려는 조용한 태도를 취하였다.

제3절 문학과 예술

낭만주의 문학

낭만주의의 본질은 지성의 숭배에 반대하여 본능과 정서를 찬양함에 있다. 또한 낭만주의는 자연에 대한 깊은 외경, 형식주의에 대한 혐오, 소박한 서민들에 대한 감상적인 사랑, 세계를 재창조하기 위한 뜨거운 정열, 그리고 민족의 과거에 대한 향수 등을 그 내용으로 하였다.

낭만주의운동은 최초로 18세기에 루소의 「에밀」*Émile*의 '자연으로 돌아가라'라는 말에서 비롯되었지만 19세기에 와서 영국과 독일의 문예계에서 크게 성행하였다. 독일에 있어 문학상의 낭만주의운동은 18세기 말 주로 실러 Friedrich Schiller(1759~1805)와 괴테 Johann Wolfgang von Goethe(1749~1832)의 주도하에 전개되었다. 이들의 작품 활동은 고전주의와 낭만주의의 과도기를 보여 주었다.

괴테의 「젊은 베르테르의 슬픔」

실러는 1763~1789년 간의 독일의 문학혁명기인 질풍노도기*Sturm und Drang* 속에서 성장했다. 이때는 독일의 모든 작가들이 종래의 습관과 형식 그리고 속박을 파괴하고, 독일 문화를 외국의 지배로부터 해방하여 국민문화를 형성하려고 노력한 때였다. 특히 19세기 초 나폴레옹군 지배하의 프로이센인의 이민족에 대한 반감은 낭만주의사상과 결부되었다. 이러한 배경 속에서 성장한 독일의 낭만주의는 자연히 그의 중요한 요소로서 민족적 영웅의 행위에 대한 이상화와 민족의 자유에 대한 투쟁을 찬양하는 요소를 내포하게 되었다. 실러는 「강도와 오를레앙가의 하녀」란 작품에서 개인주의적 자유관념을 강하게 보인 반면에 「빌헬름 텔」Wilhelm Tell(1804)에서는 스위스가 오스트리아의 전제정치와 싸우는 장면을 묘사하여 국민주의적 자유 관념을 여실히 드러냈다.

독일 문학사상 최대의 문호는 괴테였다. 그는 「젊은 베르테르의 슬픔」과 「파우스트」란 거작을 남겼다. 실러와 괴테의 작품을 제외하고서는 독일의 낭만주의 문학은 영국의 그것과는 비교가 안 되었으나 독일의 하이네 Heinrich Heine(1797~1856)의 서정시*leider*는 비할 데 없는 부드러움과 우수를 담고 있는 빼어난 작품이었다.

영국의 낭만주의 문학의 선구자는 워즈워드 William Wordsworth(1770~1850)와 콜러리지 Samuel Taylor Coleridge(1772~1834)였다. 워즈워드는 자연에 대한 깊고 신비한 사랑을 표현하였으며 콜러리지는 신비적이며 환상적인 시를 지어 많은 감동을 자아냈다.

영국의 전형적인 낭만파 작가로는 키츠Keats(1795~1821) · 셸리Percy Bysshe Shelly(1792~1822) · 바이런George Gordon, Lord Byron(1788~1824)을 들 수 있다. 특히 바이런은 도발적이고 모험적인 시인으로서 상류사회의 위선과 사회적 속박을 조소하였다. 그의 대표작으로는 「돈 후안」Don Juan (1818~1824)이 있다.

한편 스코트Sir Walter Scott(1771~1832)는 과거의 인물이나 전설을 소재로 소설을 써서 당대인의 감흥을 돋우었다. 그의 대표작으로서는 중세 기사의 모험담을 쓴 「아이반호」Ivanhoe(1819)가 있다.

프랑스의 낭만주의는 신비스런 비합리주의와 개인의 자유, 그리고 사회개혁 사이에서 방황하였다. 이 중에서 샤토브리앙François de Chateaubriand (1768~1848)은 기독교와 서민들의 순박성 속에서 세계의 숭고한 미를 발견한 비합리주의적 낭만파였고, 위고Victor Hugo(1802~1885) · 상드George Sand(1804~1876)(본명은 뒤팽Aurore Dupin임)는 자유주의적이고 개인주의적인 면을 대표하였다. 특히 위고의 「레미제라블」Les Misérables은 사회개혁적 성격도 내포하고 있는 불후의 명작이었다.

미국의 낭만주의는 유럽의 각국과 다른 독특한 특색을 가졌다. 그들은 대륙에서처럼 낡은 전통과 투쟁할 필요가 없었고 또 현실에서 도피할 필요도 없었기 때문에 낙천적이고 인간 생활에 대한 긍정적인 경향을 지녔다. 어빙Washington Irving(1783~1859) · 호손Nathaniel Hawthorne(1804~1864) · 에머슨Ralph Waldo Emerson(1803~1892) · 롱펠로우Henry Wadsworth Longfellow(1807~1882) · 휘트먼Walt Whitman(1819~1892) 그리고 포Edgar Allan Poe(1809~1849) 등은 미국의 대표적 낭만주의 작가들이었다. 이들의 작품에서는 그러한 정신이 잘 구현되어 있다.

낭만주의 회화

1820년 이후부터는 회화 분야에서도 낭만주의가 고전주의를 대신하여 크게 우세하게 되었다. 낭만파 회화는 고전파 회화처럼 절제와 엄격한 형식에 얽매이지 않고 다채로운 색깔의 효과로 인간의 강한 감정을 표현하였는데, 프랑스의 들라크르와Eugene Delacroix(1798~1863)는 전형적인 낭만파 화가였다.

들라크르와의 작품은 낭만주의적인 풍경화가들에게도 영향을 주었는데, 프랑스의 바르비종파의 선구자인 코로Camile Corot(1796~1875)와 영국의 터너Joseph M. W. Turner(1775~1851)는 당시 대표적인 낭만파 풍경화가들이었다.

한편 건축 분야에서는 낭만파 회화의 영향을 받아 잠시 고딕 건축양식이 부활하였으나 1900년경까지 고전적 건축 양식인 바로크*baroque* 양식이 우세하였다.

전기 낭만주의 음악

베토벤

음악 분야에서 낭만주의는 고전주의의 엄격성과 형식론 등을 배격하여 감상자의 감정을 고무시키는 데에 큰 비중을 두었는데 독일의 베버C. M. von Weber(1786~1826)가 이를 주도하였다. 낭만파 음악은 특히 독일의 오페라에서 발달했다.

낭만파 음악의 세계적인 거장은 베토벤Ludwig von Beethoven(1770~1827)과 슈베르트Franz Schubert(1797~1828)였다. 이들은 고전주의 형식을 빌어 낭만파 음악의 정신을 잘 표현한 점이 특징이었다. 음악에 있어서 낭만주의는 문학과 회화와는 달리 1890년대까지 지속되었다. 그것은 낭만주의 음악이 음악의 본질에 부합했기 때문이었다.

리얼리즘 문학의 특징

1830년대 이후 과학이 급속도로 발전하고 또 정치적으로는 보수·반동체제가 쇠퇴하면서 낭만주의 사상이 퇴조하고 이에 대신하여 리얼리즘이 점차 대두하게 되어 세기 중엽에 가서는 문화사상의 주류를 이루게 되었다.

문학적 리얼리즘의 특징은 ① 낭만주의의 감상주의와 방종을 배격하고, ② 심리학적·사회학적 문제에 몰두하여 인간 행동의 모순된 경향을 분석하고 인간이 역경과 싸워 이기려는 투쟁사를 묘사하는 데 주력하였고, ③ 당대의 인기 있는 과학적·철학적 관념들에 크게 지배받아 여러 형태의 리얼리스트들이 출현한 점이다. 즉 일부의 리얼리스트들 중에는 결정론자가 있는가 하면, 또 다른 한편으로는 진화론자가 있었고, 또 일부는 사회개혁사상에 열중하여 빈곤 일소와 전쟁 반대, 형벌의 정당한 시행 등을 주장하였다.

플로베르

프랑스의 리얼리즘 문학

문학상에서 리얼리즘이 최초로 대두한 곳은 프랑스였다. 프랑스의 리얼리즘 문학의 대표적 인물은 발자크Honoré de Balzac(1799~1850)·플로베르 Gustave Flaubert(1821~1880)·졸라Emile Zola(1840~1902)·프랑스Anatole France 그리고 모파상Guy de Maupassant(1850~1893) 등을 들 수 있다.

발자크는 「인간희극」*Comédie Humaine* 에서 부르주아 사회의 어리석음과 탐욕, 그리고 부패상을 적나라하게 폭로하였다. 플로베르는 「보바리부인」 *Madame Bovary*(1856)에서 인간 타락에 대해 치밀하게 분석하였다.

　졸라의 리얼리즘은 자연주의 *naturalism* 라는 극단적인 분파를 낳았다. 졸라는 자연에 관한 사실을 객관적 입장에서 정확하고 과학적으로 표현하고자 하였다. 곧 그는 알코올중독 · 악성유전 · 빈곤과 질병 등에 허덕이는 부조리한 사회상을 그대로 고발하려는 태도를 취했다. 또한 그는 정치적 문제에도 강한 관심을 가져 제3공화국 당시에 발생했던 드레퓌스사건의 허위를 폭로하는 데 서슴지 않았다. 그의 작품으로는 「나나」 *Nana*(1880) · 「제르미날」 *Germinal*(1885) 등이 있다.

발자크

　문인이면서 심미주의 철학가이기도 했던 프랑스는 그의 생애 초기에 있어서는 인간사에 대하여 초연한 입장을 취하였으나 말년에 가서는 졸라와 함께 부르주아 사회의 모순을 신랄하게 지적하면서 사회주의사상에 동조하게 되었다.

　모파상은 졸라와 함께 자연주의 작가로 지목되는 인물로서 수백 편의 작품을 써서 인류의 미덕과 악덕을 다 함께 냉철하게 묘사하였다.

영국의 리얼리즘 문학

　영국의 리얼리즘 문학 작품은 대부분 빅토리아시대에 씌어졌다. 이러한 작품을 최초로 쓴 작가는 대커리 Makepeace Thackeray(1800~1863)와 디킨즈 Charles Dickens(1812~1870)였다. 대커리는 귀족 출신이었으나 귀족을 찬미하는 작품은 전혀 쓰지 않고 상류층의 불미스런 사건을 소재로 삼았다. 디킨즈는 「올리버 트위스트」 *Oliver Twist* 를 포함한 다수의 작품을 써서 하층민의 곤경을 묘사하였다.

　빅토리아시대 말기에 영국의 대표적인 리얼리즘 작가는 하디 Thomas Hardy(1840~1928)였다. 그는 「테스」 *Tess of the D'Urbervills* 와 기타 여러 작품 속에서 인간은 운명과 함께 환경에 지배받는 존재라는 비관적인 견해를 피력하였다.

토마스 만

독일의 리얼리즘 문학

　독일의 리얼리즘 문학은 하우프트만 Gerhart Hauptmann(1862~1946)과 토마스 만 Thomas Mann(1875~1955)이었다. 하우프트만은 노동자들과 고용주와의 갈등을 묘사했으며, 토마스 만도 그와 유사한 성격의 작품을 썼다.

　한편 노르웨이의 입센 Henrik Ibsen(1828~1906)은 사회의 무지와 횡포에 강렬하게 반항하는 작품을 남겼는데, 「인형의 집」(1879)은 그의 대표작이다.

입센

비록 이 작품은 그 소재가 가정 내의 불화를 그린 것이지만 그의 문학 정신이 가장 잘 반영되어 있는 작품이다.

미국의 리얼리즘 문학

미국의 리얼리즘 문학은 19세기 중엽의 멜빌 Hermann Melville(1819~1891)의 소설에서 그 징조가 나타났다. 그의 걸작인 「모비 딕」*Moby Dick*에서는 자연에 대한 감탄과 경외감을 갖고 우주와 인간의 신비에 대해 깊이 탐구하는 태도를 엿볼 수 있다.

19세기 말에 이르러 미국에서는 정치적·사회적 병폐를 고발하면서 사회 개혁을 촉구한 일련의 젊은 작가들이 등장하였는데, 「허클베리 핀」*Huckleberry Finn*과 「톰 소여의 모험」*The Adventure of Tom Sawyer*을 쓴 마크 트웨인 Mark Twain, 19세기 말과 20세기 전환기를 전후하여 가장 전형적인 소설을 쓴 드라이저 Theodore Dreizer(1871~1945), 그리고 「여인의 초상」*The Portrait of A Lady*(1881)을 쓴 제임스 Henry James(1843~1916) 등이었다.

러시아의 리얼리즘 문학

러시아에서 리얼리즘 문학이 출현한 시기는 모호하다. 왜냐하면 몇몇 리얼리즘 작가들은 낭만주의 운동가들, 고전주의 문학운동가들과 동시에 활동을 했기 때문이다. 러시아의 리얼리즘 작가로는 투르게네프 Ivan Turgenev(1818~1883)·도스토예프스키 Feodor Dostoevski(1821~1881), 그리고 톨스토이 Leo Tolstoi(1828~1910)를 대표적으로 손꼽을 수 있다.

투르게네프는 「아버지와 아들」*Fathers and Sons*에서 구세대와 신세대의 미묘한 갈등을 묘사하면서 주인공을 통하여 허무주의적 사상을 나타내었다.

도스토예프스키는 「죄와 벌」(1866)과 「카라마조프가의 형제들」(1880)에서 비참한 하층민의 생활을 사실적으로 표현하였다. 또 그는 인간의 영혼은 오직 고통에 의해서만 정화될 수 있다는 신비주의적 신념을 나타내었다.

톨스토이는 도스토예프스키와 더불어 러시아의 위대한 소설가였다. 그의 주저로는 「전쟁과 평화」와 「안나 카레리나」가 있다.

이와 같이 문학 부문에서 리얼리즘이 지배적인 때에도 시 분야에서는 여전히 낭만주의가 우세하였다. 리얼리즘시대의 대표적인 낭만파 시인들로서는 브라우닝 Robert Browning(1812~1889)·테니슨 Alfred Tennyson(1809~1892)을 들 수 있다. 그 밖에 낭만주의적 전통을 계승한 문인은 칼라일 Thomas Carlyle(1795~1881)과 러스킨 John Ruskin(1819~1900) 그리고 키플링 Rudyard Kipling을 들 수 있다.

칼라일은 산업주의 · 민주주의 · 물질주의 · 공리주의, 그리고 과학 등의 19세기 문화에 대한 비판을 가하였다. 러스킨도 그의 작품 속에 사회개혁적 철학을 반영하여 19세기의 유물주의와 공장제, 그리고 근대 산업사회의 빈곤과 타락을 비난하였다.

리얼리즘 회화

리얼리즘 회화는 1860년 이후 유행하기 시작하였다. 이 회화의 특징은 생의 여러 모습을 적나라하게 또는 풍자적으로 묘사하고자 한 점이었다.

리얼리즘 회화의 대표자는 프랑스의 쿠르베Gustave Courbet(1819~1877)와 도미에Honoré Daumier(1808~1879)였다. 이들은 하층민에 대한 깊은 동정심을 갖고 도시 빈민가의 불결하고 비참한 생활을 묘사하여 고전주의와 낭만주의에 반발하였다. 이 두 화가는 억압과 착취를 당하고 있는 사람들을 옹호하여 사회를 고발하는 면에 있어서는 리얼리즘 문학의 디킨즈와 졸라에 필적하였다.

인상파 회화

19세기 회화에 있어 가장 독창적인 활동은 인상주의*impressionism* 운동이었다. 인상주의는 사실을 본 그대로 묘사한다든지 자연을 과학적으로 표현하려는 점에서는 리얼리즘과 같았다.

그러나 그 기교면에서는 전혀 달랐다. 인상주의는 화가가 대상을 본 인상에 따라 주관적으로 그림을 그렸기 때문이다. 특히 인상파 화가는 광선의 처리에 유의하였다.

인상파 회화는 1870년경 프랑스의 마네Edouard Manet(1832~1883)에 의해서 시작되어 모네 Clause Monet(1840~1926)와 르느와르Auguste Renoir(1841~1919) 때 절정에 이르렀다.

모네는 풍경화를 새로운 방식으로 그려 유명하였다. 그는 인습적으로 구도에 맞춰 그리는 것을 무시하고 빛의 처리에 중점을 두었다. 그는 풍경화뿐만 아니라 일상 생활의 장면을 그림의 소재로 삼았다. 특히 자주빛과 상아색으로 나체화를 그려 유명하였다. 또한 점과 빛을 잘 이용하여 대상의 어느 한 부분을 더 밝게 부각시킴으로써 윤곽을 드러낸 가장 위대한 인상파 화가였다.

후기 인상파

1890년대에 형체와 부피감이 없는 인상파 회화에 반대하여 형체와 구조를

「아비뇽의 여인들」
(피카소 작)

명확히 할 것을 주장한 '후기 인상파'*post-impressionism*가 나타났다. 더욱
이 이 파는 인상파가 대상의 일시적인 인상 표현에만 집중한 것을 비판해서
회화의 참된 목적은 의미를 전달하는 데 있다고 하였다.

후기 인상파는 점점 복잡해져 가는 19세기 말의 기계시대의 사회적 혼돈
상을 그렸는데 세잔Paul Cezanne(1839~1906)은 이 파의 출발점을 이루었다.
세잔은 자연의 모든 대상물을 본질적으로 기하학적 구조로 단순화시키고자
하였다. 곧 그는 모든 물체가 원추·원통·구에 해당한다고 하면서 과거의
인상파가 도달하지 못한 대상의 구조에 깊이 파고들어 갔다. 이러한 세잔의
회화방식은 20세기의 피카소Pablo Picasso의 입체파*cubism* 회화 수립에 크
게 기여하였다.

세잔 다음으로 유명한 후기 인상파 화가는 프랑스의 고갱Paul Gauguin
(1848~1903)과 네덜란드의 고흐Vincent van Gogh(1853~1890)였다. 고갱은
화가는 자연이나 과거의 노예가 되어서는 안 된다고 주장하면서 자연에 감정

을 불어넣고 주관적 감정에 따라 대상을 묘사하는 상징주의를 개발하였다.

고흐는 한때 고갱의 친구이기도 했는데 그는 화면 위에 대상에 대한 격한 감정을 율동적으로 표현한 점이 특징이었다. 그는 강렬한 감정이 이끄는 대로 대상을 마음대로 왜곡하고 형체와 공간적인 관계를 무시한 주관적인 그림을 그렸다. 고흐의 이러한 영향은 후에 대상을 단순히 주관적 감정의 표현 수단으로 환원하려 한 '표현주의'expressionism 운동을 낳게 하였다.

조각·건축

조각 분야는 바로크양식의 압도적인 영향으로 이의 모방에 급급하였으나 19세기 말에 이르러 프랑스의 로댕Auguste Rodin(1840~1917)에 의하여 독창적인 작품이 나오게 되었다. 그는 이때까지의 조각 작품이 정면묘사를 한 데에 비하여 과감하게 대상의 전후좌우의 모습을 나타내었다. 그는 미켈란젤로의 영향을 받아 리얼리즘 조각가로서 등장하였으나 당대의 낭만주의와 인상주의의 영향도 적잖이 받았다.

건축은 19세기 말경까지는 거의가 고전적 내지 중세적 양식에 지배받았다. 이에 따라 중요 공공 건축물은 대개가 바로크양식이나 고딕양식으로 지었다.

그러나 1880~1890년 간에 유럽과 미국의 일부 건축가들에 의해 '기능주의'functionalism라고 하는 새로운 건축양식이 나타나기 시작했다. 기능주의는 독일의 바그너Otto Wagner(1841~1918)와 미국의 라이트Frank Lloyd Wright(1869~1959)에 의해 제창되었는데 이것은 건물을 실제적인 사용 목적에 적합하게끔 프리즘·열주·창살 모양 등의 쓸데없는 건축 장식을 없애고 견고하고 효율적이며 편안한 감을 주는 건물을 짓자는 운동이었다.

후기 낭만주의 음악과 국민음악

음악 분야에서도 리얼리즘시대에 낭만주의 운동이 계속되어 슈만Robert Schumann(1810~1856)·멘델스존Felix Mendelssohn(1809~1847)·쇼팽 Chopin(1810~1849)·리스트Liszt(1811~1886) 등의 유명한 낭만파 음악가들을 배출하였다.

특히 19세기 후반기에 있어서 최대의 낭만파 음악가는 독일의 바그너 Richard Wagner(1813~1883)였다. 그는 행동·말·음악·무대 효과를 배합하여 전통적인 오페라 양식을 창조하였다. 한편 국민주의의 영향하에 각국에서는 국민음악이 발달하였는데 이탈리아의 오페라 음악가 베르디Verdi와 보헤미아의 스메타나Smetana와 드보르작Dvořák, 노르웨이의 그리그Grieg와 핀란드의 시벨리우스Sibelius(1865~1957)와 러시아의 무소르그스키Musorgski · 보로딘Borodin 등이 유명하였다. 특히 시벨리우스의 「핀란디아」*Fin-landia*는 핀란드의 국민음악으로서 유명하다.

한편 낭만파 음악이 유행하는 가운데서도 브람스Johannes Brahms(1883~1897)의 고전파 음악과 슈트라우스Richard Strauss(1864~1949)의 리얼리즘 음악, 그리고 드뷔시Claude Debussy(1862~1918)의 인상파 음악이 공존하였다.

슈트라우스는 감상자로 하여금 구체적이고 일상적인 것에 대한 의미를 사실적으로 느끼게 하는 데 힘썼으며, 드뷔시는 엄격한 형식과 조리성을 배격하여 바다 · 달빛 · 목양신(牧羊神) 등의 인상을 음악으로 나타내고자 하였다.

제4절 사회과학과 사회주의

사회학과 인류학의 성립

19세기에 비약적으로 발달한 자연과학적 연구 방법은 사회 문제를 연구하는 데에도 적용되어 소위 사회과학의 수립을 보게 되었다.

19세기 이전까지 사회 환경을 분석하려는 학문적 노력은 역사학 · 경제학 · 철학에서 주로 담당하였다. 그러나 이러한 학문은 연역적이고 직관적인 연구방법에 의존했기 때문에 문제의 핵심을 구체적으로 파악하지 못했다. 이러한 문제점을 보완해서 사회 문제를 보다 구체적이고 분석적으로 연구한 사람은 실증주의 철학자 콩트였다. 콩트는 사회에 관한 실증적인 연구를 하는 학문을 사회학*sociology*이라고 불렀다. 이리하여 사회과학의 첫 학문인 사회학의 성립을 보게 되었던 것이다. 사회학은 그 후 허버트 · 스펜서 등에 의해 더욱 진전을 보게 되었다.

사회학 다음에 발달한 사회과학의 학문은 프리처드James Prichard(1786~1848)와 타일러Sir Edward Burnett Tylor(1832~1917)에 의해 확립된 인류학*anthropology*이었다. 인류학은 간혹 광의적인 의미로 '인간학'*the science of man*이라고도 불리었는데 이 학문은 주로 인간의 육체적 진화나 선사시대의 문화 · 제도 그리고 관습을 그 연구대상으로 하였다.

심리학의 발달

1870년에 심리학*psychology*이 철학에서 분리되어 독립적인 학문으로 성립되었다. 이 학문은 최초로 독일의 분트Wihelm Wundt(1832~1920)에 의해 수립되었지만 미국인 제임스William James(1842~1910) 및 홀G. Stanley Hall (1846~1924)에 의해 보다 발전을 보게 되었다. 그리고 이 학문은 1890년대에 러시아의 파블로프Ivan Pavlov(1849~1936)에 의해 획기적인 발전을 보게되었다. 그는 개에 대한 동물실험을 통해서 '조건반사' 반응을 발견하였다. 그는 이 조건반사가 인간의 행동에도 중요한 요인이 되고 있음을 알려 주었다. 그 결과 심리학자들은 인간에 대한 심리학적 실험에 관심을 집중하게 되었다. 이 영향을 받아 20세기에 들어와서 파블로프의 후예들은 인간을 순전히 생리학적 유기체로 보고 모든 인간의 행동을 일련의 물리적 반응으로 보려는 행태주의behaviorism 또는 '생리학적 심리학'physiological psychology을 발전시켰다.

프로이트

19세기 말경에 나타난 심리학의 또 하나의 중요한 학파는 오스트리아의 내과의사 프로이트 Sigmund Freud(1856~1939)가 세운 '정신분석'psychoanalysis 학파였다. 이 학파는 '무의식'the sub-consciousness이 인간의 행위를 결정하는 중요한 요소라고 주장하였다. 곧 이들은 인간을 전적으로 권력과 자기보존욕, 그리고 성sex 등의 근본적인 충동에 의해 움직이는 이기적인 존재로 생각하였다. 그리고 현 사회의 도덕과 법률은 이러한 욕망의 무한한 실현을 죄악시하여 억제하고 있으므로 이 욕망은 억압된 상태로 인간의 무의식의 세계로 침잠해 버린다고 하였다. 이렇게 무의식의 세계로 사라진 억제된 욕망은 꿈·추억·공포감 및 기타 인간의 여러 비정상적인 행위로 나타난다고 하였다. 또 프로이트는 인간의 정신분열증 및 신경쇠약증은 대부분 이러한 자연적인 본능libido과 불행한 환경과의 갈등과 투쟁 속에서 생긴다고 하였다.

이러한 그의 이론은 정신병 치유에 혁명적인 성과를 가져왔고, 그 밖에 문학과 예술 분야에도 심대한 영향을 미치게 되었다.

역사학의 발달

19세기 초엽에 크게 팽배한 낭만주의 정신은 국민주의 정신과 결부되어 역사학의 발달에 크게 기여하였다. 특히 이러한 경향은 프랑스의 계몽주의로 인해 중세의 고유한 자기 역사가 무시당하고 있었던 독일의 경우에 더욱 그러하였다.

그리하여 독일에서는 중세사에 대한 사료 편찬과 그림Grimm 형제에 의한 언어학적 연구가 진행되었고 랑케Ranke에 의한 객관적이고 실증적인 역사학 연구가 시작되었다. 랑케는 역사란 역사가의 주관의 개입 없이 사실을 있는 그대로 묘사해야 된다고 역설하여 근대 실증사학을 수립하였다. 그 밖에 독일에서는 드로이젠 Droysen · 쥐벨 Sybel · 트라이치케 Treitschke · 몸젠 Mommsen 등의 대역사가를 배출하였다. 이들 독일 사가들은 '역사주의'*historismus*라는 학풍을 만들어 프랑스의 계몽사관의 보편성 이론을 배격하고 독일사의 개별성을 확립하고자 하였다.

독일의 역사학의 발달은 각국에도 영향을 미쳐 영국의 칼라일 Carlyle 과 매콜리 Macaulay 그리고 프랑스의 미쉘레 Michellet 와 기조 Guizot 가 활약하게 하였다.

맬더스

고전 경제학

산업혁명이 제일 먼저 진행된 영국에서는 고전 경제학 *classical economics* 이 수립되어 영국의 자본주의경제의 지속적인 발전을 도모함과 아울러 영국의 세계 자본주의 국가에 대한 지배권을 항구화하려 하였다.

이러한 고전 경제학은 18세기에 애덤 스미스에 의해서 기초가 놓여지고 19세기에 이르러 「인구론」*Essay on Population*(1798)을 발표한 맬더스 Thomas R. Malthus(1766~1834)와 '임금의 생계비설'*subsistence theory of wages*, '지대론'*theory of rent*, '노동가치설'*labor theory of value*을 주장한 리카도 David Ricardo(1772~1834)와 그 밖에 '토지의 불노증액 *unearned increment of land*에 대한 국가의 과세'를 주장한 제임스 밀 James Mill과 '이윤의 금욕설' *theory of abstinence*을 발표한 시니어 Nassau William Senior(1790~1864) 등에 의해서 발전되었다.

이 학파는 다음과 같은 요지의 경제 이론을 주장하였다.

① 각 사람은 자신의 재산을 자신에게 최대의 이익이 되게끔 사용할 수 있는 자유를 지닌다는 경제적 자유주의 *economic liberalism* 와,
② 정부는 공공안녕을 위할 경우를 제외하고는 경제활동에 일절 간섭할 수 없다는 자유방임주의 *laissez faire* 와,
③ 경제인은 수요-공급의 법칙이라든지 지대법칙과 같은 자연법칙을 준수할 것 *obedience to natural law* 과,
④ 고용주와 노동자 간에 맺은 임금과 노동시간에 관한 계약은 법과 노동조합의 단체적 행동에 의해서도 파기될 수 없다는 계약의 자유 *freedom of contract* 와,
⑤ 독점 방지 및 가격결정제의 폐지와 보호관세의 철폐를 통해서 자유경쟁과 자유무역정책을 실시할 것.

사회주의운동의 출현

1830~1840년 간에 유럽의 자본주의경제는 영국의 자본과 기술의 도입으

로 비약적인 발전을 보게 되었다. 그 결과 사회적으로 부는 증대되어 국가 생활은 전반적으로 향상되었다. 그러나 당시의 불공평한 부의 분배는 국민 상호간의 생활 수준의 격차를 더욱 벌어지게 하여 국민간에는 부의 소유의 다과를 가지고 격심한 적대감이 조성되고 있었다.

특히 생산수단을 소유한 산업자본가들은 노동자들이 바친 노동량에서 임금 부분을 제외한 잉여가치로 부를 증대해 갔으므로 계몽사상에 의해 이미 권리 문제에 눈을 뜬 노동자들은 이에 대해서 심한 반발을 보이게 되었다. 그러나 당시의 각국 정부는 이러한 사회문제에 대하여 방관적 내지는 상층유산 시민계급을 옹호하는 입장을 취했으므로 이에 대해 일부의 급진적인 사회개혁가들이 기존 질서의 수정 및 타도론까지 들고 나오게 되었던 것이다.

공상적 사회주의

사회주의운동은 최초에 프랑스의 생 시몽Saint Simon과 푸리에Charles Fourier(1772~1837), 그리고 영국의 오웬Robert Owen 등의 공상적(空想的) 사회주의자utopian socialist에 의해서 주장되었다. 특히 오웬은 기존 사회의 이윤제도profit system를 철폐해서 사회를 노동시간량에 따라 보상받는 협동적 공동체로 재조직할 것을 역설하였다. 그는 이와 같은 자신의 이상적이고 협동적인 노선에 따라 실제로 전 가산을 들여 여러 곳에다 이상촌을 세웠다. 스코틀랜드의 오르비스턴Orbiston과 미국의 인디애나주의 뉴 하모니New Harmony촌의 건설이 그것이다. 비록 그의 시도는 실패로 돌아갔다 하더라도 후세의 사회주의 발전에 미친 영향은 컸다.

생 시몽

마르크스 사회주의

사회주의운동에 실로 혁명적인 영향을 끼친 사람은 마르크스Karl Marx였다. 마르크스는 이전의 사회주의자들의 사상을 비현실적이고 비과학적이라고 비난하고 보다 체계 있고 현실성 있는 소위 '과학적 사회주의'scientific socialism를 주장하였다. 마르크스의 과학적 사회주의는 1848년에 엥겔스 Friedrich Engels(1820~1895)와 더불어 기초한 '공산당선언'Communist Manifesto과 1867년과 1883년 2차례에 걸쳐 나온 「자본론」Das Kapital에 보다 잘 나타나 있다.

마르크스

「자본론」에서 마르크스는 헤겔의 변증법과 포이에르바흐의 유물론, 그리고 루이 블랑Louis Blanc(1811~1882)의 국립공장제와 리카도의 노동가치설을 종합하여 유명한 유물사관을 확립하였고 그 요지는 다음과 같다.

엥겔스

① 역사상 대경제적 · 사회적 · 지적 운동은 그 모두가 생산과 교환방식을 전환하려는 문제에 의하여 결정되었다는 역사의 경제적 해석과,

② 기존 생산방식과 교환방식에 입각한 경제질서는 기존 질서 내부에서 성장한 반대체제의 도전을 받아 타도되고 새로운 차원의 경제 질서가 탄생된다는 변증법적 유물론과,

③ 모든 역사는 계급투쟁의 역사라는 계급투쟁사관(예컨대 고대는 주인과 노예 또는 귀족 *patricians* 과 평민 *plebeians* 과의 투쟁사였고, 중세는 길드장과 직인, 또는 영주와 농노와의 투쟁사였고, 근대 사회는 자본가와 프롤레타리아 *proletaria* 와의 투쟁이 전개되고 있다는 주장)과,

④ 노동자는 마땅히 상품 생산에 바친 총노동량에서 임금 부분을 제외한 '잉여가치'를 자본가계급으로부터 환원받아야 한다는 주장과,

⑤ 현 자본주의 사회는 노동자에 의해 타도되고 미래의 사회는 무산노동계급의 독재가 이루어지고, 또 모든 생산 · 분배 · 교환수단은 국가에 의해 소유 · 통제되며, 노동자는 생산에 바친 노동량에 따라 보상을 받게 되는 사회주의 단계로 발전하고, 또 이 사회주의적 단계는 궁극적으로 필요에 따라 분배받는 계급 없는 공산주의 *communism* 적 단계로 이행되어 모든 사회혁명은 완수된다는 사회진화이론이었다.

이러한 마르크스의 사상은 18세기의 볼테르 및 루소의 사상과 비견할 수 있는 19세기의 지배적인 사상이 되었다.

이와 같은 마르크스의 사회주의사상은 1864년에는 한때 런던에서 국제노동자협회 *First International* 를 조직하는 원동력이 되는 등 서구에서 맹위를 떨치더니 1890년대 이후로는 현저하게 수그러들고 사회주의운동의 주류는 러시아로 넘어가게 되었다. 그것은 그간에 각국의 정부가 노동계급의 사회적 지위의 향상을 인정하여 이들의 참정권의 요구와 경제적 권익의 요구를 들어 주어 왔기 때문이다. 그 동안 사회주의는 마르크스주의의 영향을 받아 여러 분파를 형성하게 되었다.

사회주의 분파와 사회주의 정당

러시아에서는 서구의 공상적 사회주의의 영향을 받아 바쿠닌 Bakunin · 크로포트킨 Kropotkin 등이 차르 정권하에서 무정부주의 *anarchism* 를 발전시켰고, 독일에서는 라살레 Lassalle 이후 사회주의와 국가와의 타협을 보아 오다가 마침내 베른슈타인 Bernstein 에 의해 수정주의 *revisionism* 의 출현을 보게 되었다. 프랑스에서는 소렐 Sorel 의 주도하에 총파업을 주무기로 한 신디칼리즘 *syndicalism* 의 발전을 보았고 그리고 영국에서는 쇼 G. B. Shaw 와 웹 부처 Sidney & Beatrice Webb 에 의해 페이비언사회주의 *Fabian socialism* 의 발전을 보게 되었다.

한편 그간에 노동계급의 정당도 출현하여 1875년에 독일의 리프크네히트 Liebknecht · 베벨Bebel이 최초로 사회주의 정당인 사회민주당을 결성하였고, 영국에서는 1893년에 하디Keir Hardie가 독립노동당을 결성하였다. 영국은 또 1900년에는 '전국노동자대표회의'(이는 1904년에 노동당으로 개칭되었음)를 결성하여 노동계급의 정당을 수립하였다.

제 5 편

현대의 세계

제 1 장
제국주의와 제1차 세계대전

　19세기 후반에 이르러 산업혁명이 확대됨에 따라 유럽 열강의 자본주의는 급속히 성장하였다. 이제 서구 열강들은 경제적 활동의 범위를 자국으로만 국한하지 않고 해외로 진출하여 식민지 획득에 대한 독점적 권리를 주장하게 되었으며, 이를 뒷받침하기 위하여 무력의 개입이 필수적으로 뒤따르게 되었다. 즉 식민활동이 국가적 차원에서 적극적 정책으로 추진되기에 이른 것이다. 영국·프랑스·미국은 물론 뒤늦게 통일국가를 수립한 이탈리아와 독일 등 몇몇 국가의 활동이 특히 두드러졌다. 이들은 세계의 후진 지역의 대부분을 분할 점령하여 세계 지도를 바꾸어 놓기에 이르렀다. 그리하여 아프리카·중동지역·아시아·태평양 일대가 그들의 활동 무대로 변해 버리고 말았다.

　열강의 이러한 제국주의 정책은 상호 충돌을 일으키게 마련이었으며 차츰 평화적으로는 이를 조정할 수 없게 되어 갔다. 무력이 최후의 수단으로 등장하게 된 것이다. 세계의 각국은 자국의 생존과 안전을 위하여 동맹측이나 협상측을 택하지 않으면 안 되는 국제적 무정부상태에 처하게 되었다. 이러한 상태는 더욱 악화되어 발칸지역의 민족주의가 충돌하는 계기가 되어 세계대전으로 폭발하게 되었다. 세계 대부분의 국가와 인구가 이 전쟁에 가담하게 되어 엄청난 인명 피해와 재산의 손실을 보고야 말았다.

　연합국의 승리로 전쟁은 종식되고 평화와 질서의 회복을 위한 국제 회담이 베르사이유에서 개최되었으나 진정한 평화 수립의 결과는 찾아볼 수 없었다. 패전국에 대한 보복적 조치와 연합국 상호간의 협조의 결여는 윌슨의 노력에도 불구하고 평화에 대한 새로운 기대를 좌절시켰다. 그럼에도 불구하고 대전 후 평화를 위한 노력은 지속되어 국제연맹이 수립되고 군축회담과 부전조약(不戰條約) 등이 체결되었다. 그러나 1930년대에 이르러 세계는 또다시 불안에 휩싸이게 되었다.

비록 1차 대전은 그 후의 국제 관계를 크게 개선하지는 못하였으나 기존의 제국들을 붕괴시켜 민주화의 길을 촉진하는 계기가 되었다. 또한 유럽 내 여러 약소민족의 독립을 보장함으로써 민족주의의 원리가 구현되는 계기를 만들기도 하였다.

제1절 제국주의의 전개

제국주의의 대두

리빙스턴

역사적으로 볼 때 제국주의란 용어 자체는 상당히 최근에 등장하였지만 기본적으로는 전쟁이나 정복에 의한 팽창정책이라는 뜻을 그 주요 내용으로 하고 있다. 이러한 사실은 인류의 출현 이후 끊임없이 계속되어 왔다. 고대에 이미 제국을 건설한 로마는 물론, 게르만족의 정복과 지배 및 사라센제국의 활동 등에서 우리는 그 실례를 쉽게 찾아볼 수 있다. 이러한 팽창 현상은 서구의 경우에 특히 16세기부터 18세기에 걸쳐 광범위하게 나타났다. 해외의 새로운 식민지의 발견은 유럽 세계의 급격한 팽창을 초래했던 것이다. 중상주의 정책이 적극적으로 추진되면서 해외의 식민지 건설 경쟁은 각국을 여지없이 전쟁으로 몰아가고 말았다. 스페인·포르투갈·네덜란드·프랑스·영국 등이 이러한 식민지 쟁탈전의 주역들이었다.

스탠리

그러나 1815년 이후 이러한 식민지 경쟁은 무시할 수 있을 정도로 감소되었다. 자유무역의 원리가 주장되는가 하면 각국은 정치적 자유나 국내의 문제에 관심을 집중시키게 되어 나폴레옹이 몰락한 후 약 60년 동안은 국제적으로 팽창을 추구하는 경쟁이 사라지고 평화적 분위기가 조성되었다. 그러나 1870년대에 이르러 식민지 문제가 또다시 대두되었다. 대개 1870년대에서부터 1910년에 이르는 30, 40년 간에 걸쳐 선진국들은 지구의 대부분을 분할하고 말았다. 따라서 이 당시의 세계지도는 8~10 종류의 색으로 변하고 말았다.

비록 시기적으로는 짧았지만 과거의 그 어느 때보다도 식민지에 대한 욕망은 컸으며 그 활동도 광범위하고 맹렬하였다. 전제국가이든 민주국가이든 간에 세계의 선진국들은 아무 거리낌없이 보다 많은 식민지를 획득하기에 여념이 없었다. 이러한 경향은 지식인이나 정치가들에게 공공연한 것으로 받아들여져 '이즘'*ism*이라고 불릴 수 있을 정도로 하나의 신념이 되었다. 모든 국가의 행동 원리가 되고 만 것이다. 이와 같이 제국주의는 짧은 시일에 폭발적으로 대두된 것이므로 각국 상호간의 마찰 또한 전례를 찾아볼 수 없게 강하게 나타나게 마련이었다. 협상과 조정을 결여한 이러한 과열된 경쟁은 드디어 인류를 미증유의 세계대전으로 이끌어 가고 말았다.

제국주의의 본질

제국주의가 19세기 말에 나타난 원인이 무엇인가라는 질문에 한두 마디로 답변하기는 쉽지 않다. 그것은 사상적 · 정치적 · 과학적 · 종교적 · 경제적 충동들이 복합된 것이라고 볼 수 있다. 다시 말해서 19세기 전반기까지 달성된 전 백인문명의 폭발이라고 보아야 할 것이다. 특정한 어느 요인이 지배적이었음으로 해서 나타난 것이라기보다 문명의 현격한 격차에서 나타난 침략적 지배가 곧 제국주의였다 하겠다.

제국주의가 종합적 요소에 의해 나타났다고는 하나 그중에서 가장 영향력이 컸던 것은 역시 경제적인 면이었다. 사실 19세기의 제국주의를 그 이전의 유사한 활동과 구별짓는 것 중 가장 큰 기준이 바로 이 경제적인 면이라 해도 좋을 것이다. 19세기 이전의 제국들의 활동은 대개 상업적인 것이었다. 그들은 토착민의 산물이나 자원에 큰 관심을 가져 왔다. 따라서 그들이 식민활동을 넓힌다 해도 영토적 야망이나 정치적 지배의 목적보다는 현금지불*cash and carry* 방법을 통한 경제적 이익 추구가 그 근본 목적이었다.

그러나 19세기의 제국주의는 종전의 그러한 경제활동에만 만족할 수는 없었다. 산업혁명 이후 경제적으로 성장한 선진국들은 후진국에 보다 더 철저히 침투하여 경제를 완전히 장악하기에 이른 것이다. 그들은 후진국에 대규모의 자본을 투자하여 은행을 세우는가 하면 철도 · 항만을 장악하고 광산 · 대농장의 경영을 인수하며 수익성이 높은 공장을 세우는 등 한 나라의 경제를 마음대로 조종하였다. 더 나아가 이들은 호텔 · 클럽 및 관광사업 등에까지 손길을 뻗쳐 백인의 문화와 생활 양식까지 강요하였다. 따라서 대부분의 중요 산업은 선진국이 점령하게 되고 다수의 원주민들은 외국인 고용주의 임금노동자가 되었다. 이와 같이 제국주의의 경제적 침투는 생산생활 전체에까지 이르렀으며 더 나아가 후진국의 내부에까지 깊이 파고들어 자체 분열까지 일으키게 하였다.

정치적으로도 제국주의는 종전의 활동과는 달랐다. 경제적 목적을 달성하기 위하여 우선 식민지역을 제국의 간섭이나 침투로부터 보호하고 더 나아가 이를 소유하지 않으면 안 되었다. 결국 군대가 파견되어 식민지역을 점령하는 현상이 벌어지게 되었으며 드디어는 식민지 쟁탈전으로 확대되기에 이르렀다. 대부분의 후진 지역은 선진 열강에게 분할될 수밖에 없었다. 직속식민지가 생기는가 하면 토착인들의 정치 세력이 인정되는 보호령이 나타나게 되었고 세력 범위가 보다 광범해지기도 하였다. 결국 당시의 제국주의는 경제적인 면과 정치 세력이 밀접히 결합되었다는 점에서 그 이전의 제국주의와 크게 다르다고 하겠다.

그렇다면 제국주의 열강들이 후진국의 경제에 철저히 파고들어 간 이유는 무엇일까. 이에 대한 해답은 산업혁명과 관련시킴으로써 얻을 수 있을 것이다. 아마도 가장 근본적인 원인은 유럽이 조밀한 인구와 복잡한 산업 및 높은 생활 수준을 가지고 있었으므로 해외의 수입에 의하지 않고는 유지되기 어려웠기 때문이라 하겠다. 한 예를 들이 면화·커피·코코아·구리 및 코프라 등은 서양에서 필수품임에도 불구하고 대개 식민지에서의 수입에 의존하고 있었던 것이다. 더욱이 산업혁명으로 인하여 경제생활의 규모가 확대되고 수요가 급증함에 따라 요구되는 물품의 종류나 양 또한 증가하기 마련이었다. 그리하여 산업혁명을 먼저 성취한 국가들은 필요한 필수품이나 상품의 원료 공급지로서 많은 식민지를 요구하였던 것이다.

다음의 원인으로 산업화가 고도화됨에 따라 생산된 상품의 판매경쟁으로 인한 '보호된 시장'을 개발해야 할 필요성이 증대되었음을 들 수 있겠다. 경쟁이 치열해짐에 따라 자국의 부와 번영을 보장해 줄 수 있는 식민지가 절실히 요구되었으며 이들 식민지를 자국과 연결시켜 타국 상품의 침투를 막아 내면서 하나의 결합체를 창설하려 했던 것이다. 이러한 측면에서 본다면 제국주의는 18세기 및 그 이전의 중상주의를 부활시켰다는 의미에서 신중상주의 *neo-mercantilism*라고 불릴 수도 있다.

다음으로 금융자본의 문제를 들 수 있다. 산업혁명 이후 축적된 자본은 점차 증대되어 대기업이나 은행 등과 결합하여 금융자본이 형성되었다. 이제 대규모의 금융자본가들은 이미 산업이 발달된 국내에 자본을 투자하는 것보다 후진 지역에 투자함으로써 보다 높은 이윤을 추구할 수 있었다. 따라서 서구의 대공업국가들은 그러한 목적에 적합한 영토를 획득하기 위하여 상호 경쟁이 불가피하게 되었으며 그 결과 제국주의 정책을 추진하게 되었다. 레닌은 「자본주의의 최후 단계로서의 제국주의」(1917)에서, 잉여자본으로 축적된 금융자본이 출구를 찾기 위해 대금융가들이 정치가들을 조종하여 제국주의 정책이 추진되었다고 논술하여 이러한 견해를 뒷받침하였다. 레닌의 이러한 설명은 금융자본이 제국주의의 대두에 하나의 원인이 되었다는 점을 이해하는 데는 도움이 되나 잉여자본을 제국주의 대두의 유일한 원인으로 보는 결정적 해석은 문제가 있는 것으로 보인다.

제2절 제국주의 열강의 활동

대영제국

가장 많은 식민지를 획득하였으며, 가장 효과적인 방법으로 제국주의에 충실했던 나라는 영국이었다. 영국은 아프리카에서 최남단을 점령하는 데 성공하였다. 네덜란드로부터 획득한 케이프식민지를 중심으로 영국은 그 세력을 확대해 나아갔다. 영국은 이 지역에 정착했던 보어*Boer*인이 세운 트랜스발공화국 및 오렌지자유국을 합병코자 하였고, 결국 전쟁은 불가피하게 되었다. 영국은 그들의 종주권하에서 아프리카인들에게 독립을 부여하고자 하였으며 이 지역의 새로운 금광과 다이아몬드에 큰 관심을 갖게 되었다.

1895년 제국정책의 지지자인 세실 로즈 총독의 단호한 정책으로 트랜스발과의 전쟁이 일어났다(보어전쟁). 이에 오렌지자유국도 트랜스발에 가담하고 독일의 빌헬름 2세가 그들을 도왔다. 그러나 그들의 완강한 저항도 끝내 성공을 거두지 못하고 1902년 양국은 영국에 합병되었고, 1910년에 케이프·나텔·트랜스발 및 오렌지 등을 합쳐 남아연방이 탄생하여 자치식민지가 되었다.

한편 대륙의 북쪽으로도 진출한 영국은 이집트를 보호령으로 만드는 데 성공하였다. 원래 오스만제국의 속국이었던 이집트는 나폴레옹의 원정 이후 프

수에즈운하 개통식 광경

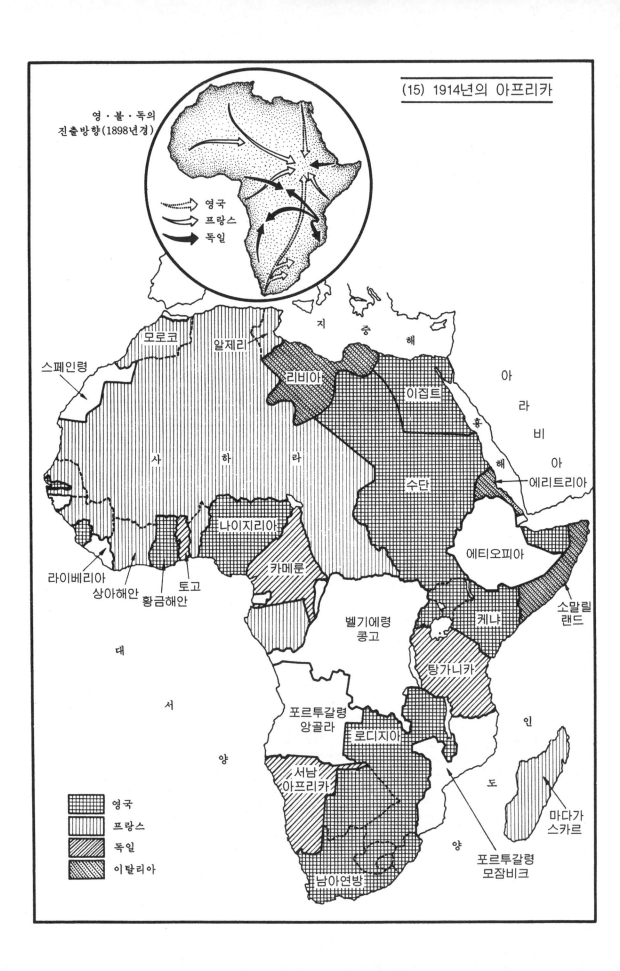

(15) 1914년의 아프리카

영·불·독의
진출방향(1898년경)

영국
프랑스
독일

모로코
알제리
스페인령
리비아
이집트
지 중 해
아 라 비 아

사 하 라
수단
에리트리아

나이지리아
라이베리아
상아해안
황금해안
토고
카메룬
벨기에령
콩고
에티오피아
케냐
소말릴랜드

대 서 양
탕가니카
포르투갈령
앙골라
로디지아
서남
아프리카
인 도 양
마다가
스카르
포르투갈령
모잠비크
남아연방

영국
프랑스
독일
이탈리아

랑스의 영향력이 컸으며 1859년부터 1869년까지 프랑스인 레셉스에 의해 수에즈운하가 건설되기도 하였다. 그러나 이집트가 재정난에 빠지자 디즈레일리가 이집트의 총독 케디브Khedive로부터 대부분의 주(株)를 매수함으로써 운하의 경영은 사실상 영국의 수중으로 들어가 버렸다. 후에 영국은 이집트의 내정 문제까지 간섭하였으며 민족주의자들의 반란을 무력으로 진압하여 이집트를 영국의 보호령으로 만들었다.

그 뒤 수단이 반란을 일으켜 독립하는 틈을 타서 파쇼다Fashoda 지역에 침투한 프랑스와 영국 간에 긴장감이 돌았으나 영국이 프랑스의 모로코 지배권을 인정함으로써 이집트는 영국의 세력권으로 인정되고 말았다. 아프리카에서 영국은 빅토리아의 치세기간(1837~1901)에 1,100만 평방마일의 면적 중 400만 평방마일을, 인구로는 1억 중 6,100만 명을 지배하여 대륙의 가장 강력한 지배자로 군림하였다. 나이지리아 등의 서아프리카 식민지나 우간다 등의 동아프리카 식민지를 건설한 영국은 내란을 금지시킨다는 조건하에 추장들에게 분할통치를 허용하고 그 위에 영국주재관이 이들을 통제하는 '간접지배'의 독특한 방식으로 식민지들을 다스렸다. 이제 영국은 식민지에 적은 인원을 파견하면서도 토착인과 큰 마찰 없이 효과적으로 그들을 지배할 수 있게 되었다.

아프리카 종단정책을 주창한 세실 로즈

아시아 일대에서 영국의 중요한 식민활동은 인도에서 이루어졌다. 1763년의 7년전쟁을 계기로 하여 인도의 지배권은 프랑스로부터 영국으로 넘어갔다. 처음 영국은 인도인을 회유하는 데 힘쓰면서 독립적 토후(土侯)에 대해서 불간섭주의를 취하였으나 점차로 이들을 장악하기 시작하였다. 동인도회사가 중심이 되어 풍요하고 인구가 많은 지역이 영국의 직접 통치하에 들어가게 되고 뒤이어 배타적인 토후들을 토벌, 병합하여 나아갔다.

영국은 이에 만족하지 않았다. 처우 문제로 영국의 정책에 반대하여 일어난 세포이Sepoy의 반란(1857)을 계기로 하여 그 책임을 무굴제국에게 물어 황제를 추방한 후 빅토리아여왕은 인도의 황제를 겸하게 되었다(1876). 이제 무굴제국은 붕괴되고 인도는 영국 해외 식민지 중에서 가장 중요한 상품 시장 및 원료 공급지가 되었다. 그러나 한편 인도는 영국의 지배를 받은 1세기 반 동안 세계의 어느 식민지보다도 경제 수준이 급격히 상승되었으며 교육·의료 시설 등에서 혜택을 받음으로써 근대화의 계기를 만들 수 있었다.

영국의 이집트 점령을 비꼬는 풍자화

위에 열거한 지역 이외에도 영국은 아시아에서 버마를 무력으로 정복하여 이를 인도의 일부로 병합하였다. 더 나아가 네덜란드의 세력하에 놓였던 말레이반도로 진출하여 말레이연방을 조직함으로써 이곳을 열대성 산물의 공급지로 만들어 놓았다.

커즌경과 인도의 왕자

　한편 7년전쟁 이후 그 지배권이 강화된 캐나다 일대는 19세기에 들면서
점차 이민이 늘어났으나 각 지역이 분리된 채 영국 식민지로 되어 있었다. 크
게는 영국계 주민이 많은 북서부캐나다와 프랑스계 주민이 많은 동부캐나다
및 기타 지역으로 구분되었다. 1867년 영국이 공포한 영령북미주법에 의하
여 이 두 지역은 통합되었으며 그 이후 영연방의 하나로서 자치권을 획득하
였다.
　또한 근대 공업이 발달하면서 태평양 일대의 여러 섬들도 원료 시장으로
주목을 끌게 되자 영국은 18세기 말 제임스 쿡James Cook의 탐험을 시작으
로 하여 오스트레일리아를 식민지화해 나갔다. 특히 19세기 중엽에 이곳에서
금광이 발견되고 목양의 적격지임이 알려지자 이민이 격증하여 원주민은 소
멸되고 마침내 백인의 땅이 되고 말았다. 영국은 이 대륙에 지역별 자치를 허
용해 오다가 1900년에 이르러 오스트레일리아연방을 조직하였다. 그 밖에도
영국은 뉴질랜드와 북보르네오를 얻었다.
　영국은 광범한 여러 지역들을 통치하는 데 타국과는 다른 몇 가지 특징을
보여 주었다. 우선 정치적으로 대개의 경우 자치권을 허용하고 직접적인 군
사 행동보다 효과적 외교 활동을 더욱 중요시하였다. 이러한 정책은 영국의
제국주의 정책이 타국의 그것보다 수명이 길 수 있었던 하나의 원인이기도
하다. 또한 경제적으로도 일방적인 착취보다 식민지와 경제적 유대를 강화하

여 하나의 세력권을 조직해서 장기적으로 상호 유대를 유지하였던 것이다. 실로 오늘날에도 영국의 과거 식민지역의 국가들이 영연방하에서 영국과 우호적인 외교 관계를 수립하고 있는 원인도 이러한 영국의 제국주의 정책의 특징에서 나온 것이라 하겠다.

프랑스

영국과 함께 제국주의 정책에 충실했으며 아울러 치열한 경쟁을 전개했던 나라는 프랑스였다. 나폴레옹의 몰락과 함께 프랑스는 그 전에 획득한 영토를 대개 상실하였으나 19세기에 들어서 또다시 식민제국을 건설하는 데 성공하였다. 프랑스가 가장 중요시하였으며 식민정책이 크게 성공한 지역은 북아프리카 일대의 튀니지 · 알제리 · 모로코 등지였다. 1824년 이래 알제리를 점령한 프랑스는 계속 체류하여 그 지배를 강화하는 한편, 1880년에는 이탈리아가 탐을 내던 튀니지를 점령하였다. 또한 20세기에 들어서 이집트를 영국의 세력권으로 인정하는 대가로 모로코를 보호령으로 만드는 데 성공하였다. 상당한 수의 백인이 이 지역에 정착한 후 정치적으로나 문화적으로 프랑스화하려는 동화정책(同化政策)이 추진되었다. 그 후에도 프랑스는 계속 남하하여 불모이기는 하나 광대한 사하라사막을 점령하고 서쪽의 상아해안*Ivory Coast*과 동쪽의 마다가스카르섬을 1896년에 점령함으로써 광범위한 지역을 삼색기의 지배하에 두게 되었다.

아시아 일대로의 진출도 나폴레옹 3세 이래 활발히 진전되었다. 중국의 항의에도 불구하고 1862년 안남(월남)을 점령하고 그 다음해에는 캄보디아를 보호령으로 만들었다. 영국과 프랑스 양국 간의 충돌은 상호의 협정으로 피하게 되었으며 프랑스는 1906년 샴*Siam*을 병합하여 드디어 프랑스령 인도차이나가 성립되었다. 프랑스는 이외에도 인도 및 북미주 등에 세력을 뻗치고 있었으나 영국과의 식민지 전쟁에서 패배함으로써 이 지역의 지배권은 완전히 영국으로 넘어가고 말았다.

미 국

미국이 먼로주의*Monroe Doctrine*를 천명하였을 때 그 영향이 영국이나 프랑스에 직접적으로 미쳤던 것은 아니었다. 오히려 신대륙 자신이 직접적인 영향권하에 들게 되었다. 미국이 스페인으로부터 1822년 독립을 선언한 멕시코와의 전쟁을 통하여 텍사스 및 캘리포니아 지역을 합병한 것이다(1845). 남북전쟁 이후 자본주의가 급속하게 성숙되면서 미국의 해외 진출은 불가피하게 되었다.

1895년 클리블랜드 대통령의 먼로주의 재천명은 이러한 해외 진출의 신호였다. 스페인령이었던 쿠바와 푸에르토리코에서 혁명운동이 일어나자 이를 지지한 미국은 스페인과의 전쟁(미·서전쟁, 1898)에서 쉽게 승리함으로써 필리핀·괌·푸에르토리코를 얻을 수 있었다. 이어서 미국은 하와이공화국을 합병하고 콜롬비아로부터 독립하려는 파나마를 도와 독립을 승인한 후 운하 지역을 조차하였다. 이후 곧 운하를 개착함으로써(1904~1914) 실상 파나마는 유럽인들이 부르는 바대로 미국의 보호국이 되었다.

태평양 일대로 진출한 미국은 보다 적극적으로 중국 시장을 요구하여 문호개방정책을 추진하기에 이르렀다. 당시 국무장관인 존 헤이John Hay는 청국의 영토 보존과 항구와 철도의 사유 사용 및 일강 침투의 기회 균등을 요구하기에 이르렀다. 실상 이러한 주장은 중국에 적용되어 중국이 어느 한 국가의 식민지로 전락하는 것을 방지해 주는 한 역할을 담당하기도 하였다.

독 일

민족 통일이 늦어졌던 독일은 그만큼 식민지 건설에서도 뒤질 수밖에 없었다. 비스마르크는 통일 과업을 수행한 이후 국내 발전에 주력하였으나 시대적 추세에 따라 서남아프리카·동아프리카·카메룬·토고랜드까지 손에 넣게 되었다. 그 외에도 아시아로 진출하여 중국 분할에 참여함으로써 교주만을 99년 간 조차하고 태평양 일대에서도 뉴기니의 일부와 마셜군도·메리애나군도 등을 획득하였으나 이 지역은 경제적으로 큰 가치가 있는 곳은 못 되었다.

그러나 본격적인 제국주의 정책은 비스마르크가 사임한 후 빌헬름 2세의

비스마르크의 사임 풍자화
(1890년)

바그다드 철도 착공식

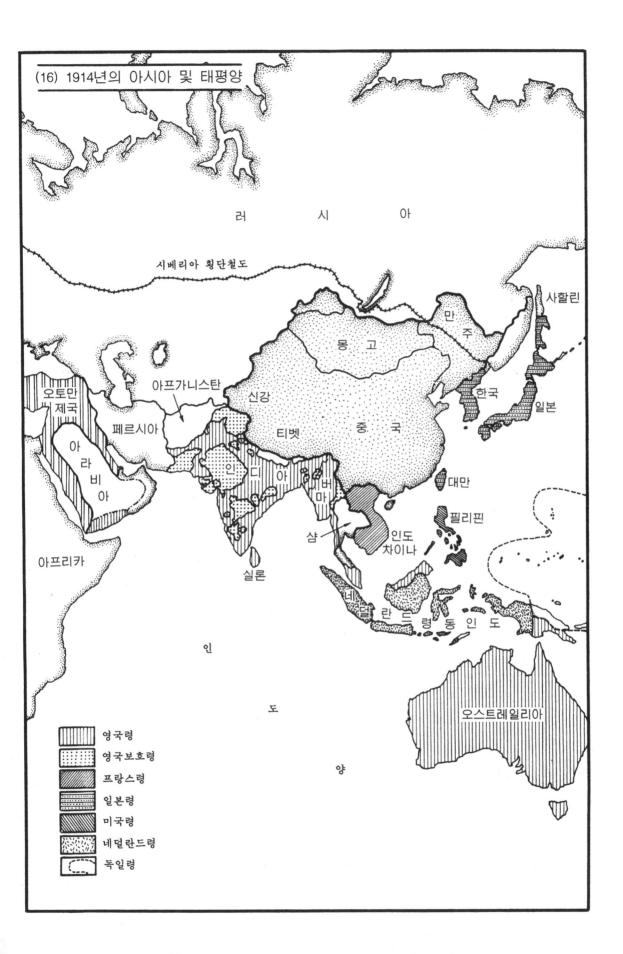

(16) 1914년의 아시아 및 태평양

러 시 아

시베리아 횡단철도

사할린

몽 고

만 주

신강

티벳

중 국

한국

일본

오토만
제국

페르시아

아프가니스탄

아
라
비
아

인 디 아

버
마

대만

샴

인도
차이나

필리핀

아프리카

실론

네
덜
란
드
령
동
인
도

오스트레일리아

인

도

양

영국령

영국보호령

프랑스령

일본령

미국령

네덜란드령

독일령

독일 황제 빌헬름 2세

이른바 세계정책*Welt Politik*의 추구와 함께 시작되었다. 새로 즉위한 황제는 특허회사 중심으로 운영하던 식민지들을 정식으로 제국령으로 만들고 보다 적극적인 식민지 획득에 앞장서서 근동지역으로 진출하게 되었다. 그리하여 영국의 세력권이었던 터키제국에 끼여들어 스스로 새로운 보호자로 자처하는 한편 아프리카 북안에서도 이른바 모로코사건을 일으키기도 하였다.

지정학적으로 보아 요충지이면서 또한 정치적으로 독립국 행세를 해온 모로코는 자연히 열강들의 관심의 초점이 되어 온바 1880년 13국의 마드리드조약에 의해 외세로부터의 보호와 그 주권을 보장받게 되었다. 그러나 1904년 영국과 프랑스 간의 협상으로 프랑스가 이집트를 포기하는 대신 모로코 지배에 대한 우월권을 약속받게 되이 모로코는 프랑스의 세력권으로 넘어갔다. 이를 좌시할 수 없었던 빌헬름 2세는 모로코에 상륙하여 프랑스가 마드리드조약을 위반했다고 비난하면서 모로코의 영토 보존과 기회 균등을 강조하였다. 전세계의 이목이 집중된 가운데 1906년에 열린 알제시라스의 회의는 영국을 위시한 열강이 독일에 반대하고 프랑스를 지지함으로써 빌헬름 2세의 모로코 간섭은 실패로 끝나고 말았다(제1차 모로코사건).

그 후 모로코에 대한 프랑스의 우월권은 묵인되어 왔다. 그러다가 1911년 모로코에서 원주민의 반란이 일어났을 때 프랑스가 이를 진압하기 위하여 파병하자 독일도 돌연 포함을 파견하면서 프랑스의 행동이 알제시라스조약을 위반한 것이라고 비난하였다. 또다시 열강의 이목이 집중되었으나 영국의 로이드 조지는 프랑스를 열렬히 지지함으로써 독일은 프랑스령인 콩고의 일부를 얻고 후퇴하고 말았다(제2차 모로코사건). 그 후 1912년 프랑스는 모로코를 보호국으로 함으로써 모로코 문제는 일단 해결되었다. 이와 같이 독일은 뒤늦게 진출하였음에도 불구하고 호전적 기세를 드러냄으로써 국제적으로 고립을 자초하였다. 더구나 영국과 프랑스 간의 결합을 강화시킴으로써 세계대전의 가능성의 한 원인을 만들어 냈던 것이다.

기타 국가들

벨기에 왕 레오폴드

아프리카대륙에서 큰 힘을 들이지 않고 광대한 콩고를 얻은 나라는 벨기에였다. 행방 불명된 리빙스턴Livinigstone을 찾아 아프리카의 탐험에 종사하게 된 스탠리Stanley는 벨기에 왕 레오폴드 2세의 후원하에 새로이 콩고강 유역을 발견하게 되었으며, 이에 따라 1878년 콩고국제협회가 조직되어 레오폴드 2세가 콩고 개발의 주도권을 장악하게 되었다. 당시 유럽의 열강들도 이 지역에 지대한 관심을 갖고 있었으나 열강 간의 상호 견제는 오히려 이 지역을 완충지대로 만들게 되었다. 1885년 콩고자유국이 수립되었고 1908년 드디어 공식적으로 벨기에령이 되었다.

이탈리아도 독일과 같이 열강의 자극을 받아 뒤늦게 해외로 진출하게 되었다. 1889년 아프리카 동해안의 소말릴랜드*Somaliland*를 얻고 더 나아가 에리트리아*Eritrea*를 얻은 후 에티오피아로 진출하였으나 프랑스가 간섭함으로써 그 뜻을 이루지 못하였다. 그 외에도 이탈리아는 노쇠한 터키와의 전쟁(이·토전쟁, 1911~1912)으로 지중해의 트리폴리*Tripoli*와 리비아*Libya* 등을 얻게 되었다.

한편 아시아에서는 미국의 페리Perry 제독에 의해 개국하게 된 일본이 서양 제국과의 교섭을 통해 서구의 근대 문명과 접하였으며 메이지유신을 거쳐 부국강병을 꾀하는 한편 대륙으로의 진출을 시도하였다. 일본의 조선에 대한 진출은 갑신정변시 청의 간섭으로 좌절되는 듯했으나, 동학운동을 계기로 일어난 청일전쟁(1894)에서 승리하여 그 우월권을 인정받게 되었다. 그 후 일본의 진출에 대하여 위협을 느낀 러시아·프랑스·독일의 3국간섭으로 인해 요동반도로의 진출은 좌절되었으나 러일전쟁(1905)에서 일본이 승리함으로써 조선의 지배는 물론, 만주로의 진출까지 용이하게 되었다. 그 후 일본은 아시아 일대에서 독점적 위치를 차지하게 되었다.

제3절 제1차 세계대전의 배경

국제적 무정부상태

1815년 빈회의 이래 유럽은 비교적 평화를 구가하여 왔다. 그러나 이탈리아와 독일이 통일된 1860년대와 1870년대 이후 국제적 분위기는 달라지고 있었다. 대부분의 나라가 독립국가로 변했으며 이제 더 이상 세력 균형의 원리가 적용될 만한 영토란 유럽에서는 찾아볼 수 없었다. 다만 노쇠해 가고 있던 터키제국의 발칸지역만이 유럽 열강의 야욕의 대상으로 남았을 뿐이었다. 이러한 분위기에서 유럽의 강국들은 타협과 조정의 길을 찾아낼 수 없었다. 신흥 국가들은 보다 많은 것을 요구하였으며 기성 국가들도 양보하려 하지 않았다. 모두들 제국주의의 원리에 성실한 추종자가 되었던 것이다. 이제 유럽은 불안과 경쟁 속에 빠져서 새로운 방향을 찾아내지 못하게 되었다. 각국은 자체 국방력 증대의 필요성을 주장하며 거대한 상비군을 조직하였고 더 나아가 잘 훈련된 수백만의 예비군까지 준비하였다. 따라서 의무병역제가 일반화되었다. 이러한 각국의 경쟁은 조만간에 전쟁이 일어날 수밖에 없다는 위기 의식을 더욱 조장할 뿐이었다.

비스마르크의 교묘한
외교술을 풍자한 그림

오스트리아 왕가의 결혼식
에 모인 유럽의 군주들
(1914년)

이제 유럽의 각국은 독자적으로 경쟁에 임할 수 없음을 인식하고 집단적
보장책을 강구하였다. 이러한 집단적 보장책은 동맹과 협상이라는 두 세력으
로 대두하게 되었다. 독일은 우월한 지위 *place in the sun* 를 요구함으로써 영
국과 프랑스의 적대감을 더욱 조장하였다. 1879년 독일은 오스트리아와 군
사동맹을 체결하였고, 1882년 이탈리아가 이에 가담하여 이른바 삼국동맹이
형성되어 1차 대전까지 지속되었다. 조약 내용은 동맹국이 2개국 이상과 전
쟁을 하는 경우 군사력을 원조한다는 것이었다.

한편 독일이 추구한 강력한 세계정책은 독일과 러시아 간의 재보장조약의
파기를 가져와 러시아와 프랑스가 가까워지는 계기를 마련해 주었다. 그리하
여 1894년 정식으로 러불동맹(露佛同盟)이 체결되었다. 영국은 얼마간 '영광
스런 고립'을 계속 유지하였으나 파쇼다사건과 보어전쟁 이후 독일 황제의
크뤼거 전보사건과 건함경쟁(建艦競爭) 등으로 인하여 독일과의 관계가 악화
되자 불가피하게 프랑스와 러시아 세력에 접근하게 되었다. 아프리카에서 이
집트에 대한 영국의 지배권과 프랑스의 모로코에서의 우월권이 승인되어
1904년 영불협상(英佛協商)이 수립되고 이듬해 모로코사건에 대처하기 위하
여 군사적 공동노선이 결정되었다. 러시아는 러일전쟁에서 패배한 후 발칸으
로의 진출을 기도하였다. 또한 영국은 독일의 진출에 불안을 느껴 온 터인지
라 발칸에서 독일과 오스트리아의 진출을 막을 필요가 있었다. 그리하여 발
칸에서 양국의 공동 이해 관계에 따라 양국은 프랑스의 주선으로 역사적 적
대감을 해소하고 1907년 영러협상(英露協商)을 체결케 되었다. 이렇게 하여
삼국협상 체제가 이루어지게 되었다.

아가디르 항구사건 풍자화

이제 유럽의 나라들은 싫든 좋든 간에 동맹과 협상의 양자 중 어느 하나를
택하지 않을 수가 없었다. 중립적 위치는 어떤 것도 보장해 줄 수 없었으므로

아무런 의미가 없었던 것이다. 이른바 이와 같은 국제적 무정부상태는 1차 대전 직전까지 계속되었으며 이미 대전의 필연성을 암시해 주고 있었다.

발칸의 위기와 민족주의의 대립

제국주의 열강의 관심의 초점은 자연 발칸으로 집중되었다. 이 지역은 터키제국의 노쇠와 함께 영토적 야심을 가진 유럽 열강들의 활동 무대로 변한 것이다. 뿐만 아니라 민족적으로도 게르만족, 슬라브족 및 기타 민족이 섞여 있어 더욱 이해 관계를 복잡하게 만들었다. 유럽에 있는 터키제국의 영토는 19세기 말에 대개 독립하고 그 뒤에도 계속 줄어들어 20세기 초에 이르러 유럽 내에는 알바니아 · 트라키아 · 마케도니아 · 크레타섬 정도만이 남아 있을 뿐이었다. 그러나 크레타섬은 그리스와의 합병을 원하여 반란을 일으켜 1897년의 희 · 토전쟁(希 · 土戰爭)의 결과 자치권을 획득하였다. 이와 같이 유럽의 터키제국 영토는 점차 분해되어 갔다.

한편 터키의 내정이 문란하게 되자 많은 지식인들은 터키의 개혁을 주장하게 되었으며 그중 청년 지식인이 중심이 되어 조직된 청년터키당*Young Turks*이 일시 정권을 장악하여 입헌정치를 부활시킨 적이 있었다. 그 후 이들은 탄압을 받아 실패하였으나 1908년에 이르러 다시 혁명을 일으켜 자유주의적 헌법을 부활시키고 의회를 개설하고 정권을 장악하여 강력한 내정 개혁을 추진하였다. 동시에 오스만제국의 영토의 해체를 막기 위하여 보스니아와 불가리아의 대표를 제국의회에 참석시키기까지 하였다. 그러나 청년터키당의 이러한 개혁운동은 오히려 제국의 약체성을 폭로하는 계기가 되어 불가

베를린회담(1878년)

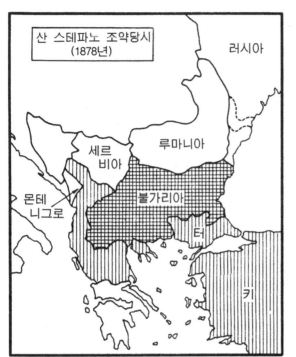

산 스테파노 조약당시
(1878년)

러시아

루마니아

세르
비아

불가리아

몬테
니그로

터

키

베를린회담 후 조정(1878년)

러시아

보스니아-헤르체고비나
(오스트리아합병)

루마니아

세르
비아

불가리아

터키
점령하의
불가리아인
자치구

몬테
니그로

터

키

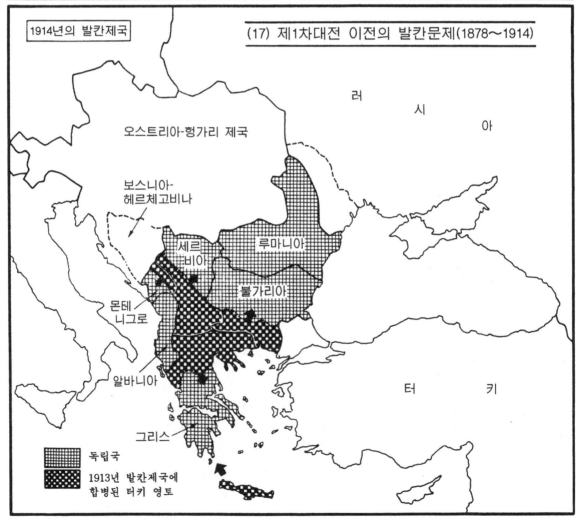

1914년의 발칸제국

(17) 제1차대전 이전의 발칸문제(1878~1914)

러   시   아

오스트리아-헝가리 제국

보스니아-
헤르체고비나

세르
비아

루마니아

몬테
니그로

불가리아

알바니아

터   키

그리스

독립국

1913년 발칸제국에
합병된 터키 영토

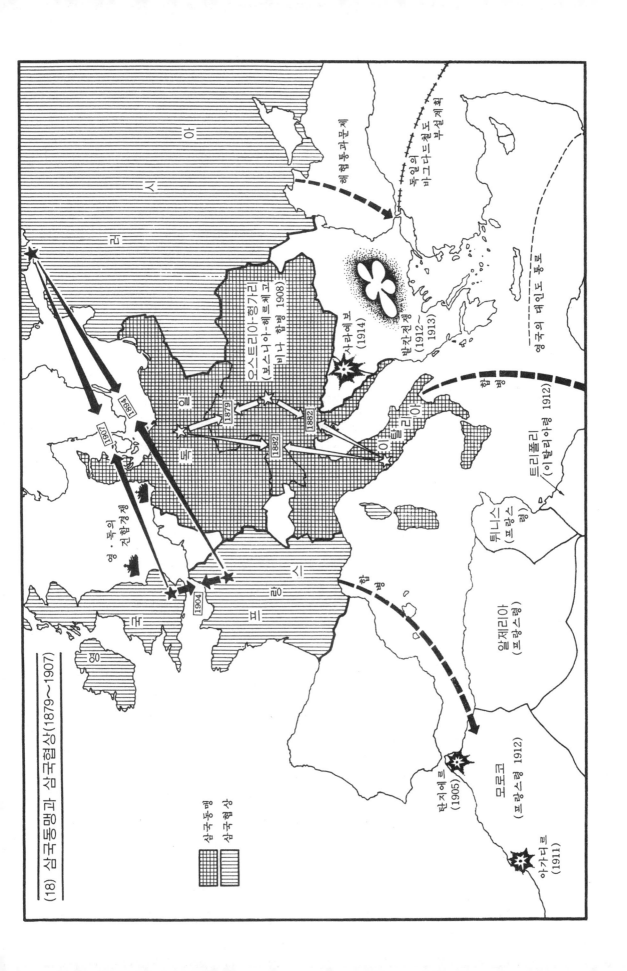

(18) 삼국동맹과 삼국협상(1879~1907)

리아는 반대로 오스트리아의 묵인하에 독립을 쟁취하게 되었다.

한편 베를린회의(1878, 여름)에서 서구 열강들로부터 보스니아와 헤르체고비나에 대한 지배권을 부여받았던 오스트리아가 1908년 이 지역을 합병해버렸다. 이는 오스트리아의 외상 에렌탈Count von Aerenthal과 러시아의 외상 이스볼스키Isvolski 간에 비밀리에 체결된 협정에 의한 것이었다. 즉 오스트리아가 보스니아와 헤르체고비나를 합병하며 러시아는 자신의 군함이 다다넬스해협을 통과할 수 있도록 합의를 본 것이었다. 그러나 원래 이 두 지역은 슬라브민족이 다수였으므로 당시 남슬라브족을 연합하여 새로운 민족국가를 수립하여 아드리아해로의 진출의 꿈을 가져 온 세르비아는 오스트리아의 이와 같은 행동에 크게 분격하였다.

그런데 당시 러시아는 국내 문제의 혼란과 러일전쟁의 패배 이후의 제문제로 세르비아를 지원할 수도 없는 형편이었다. 그리하여 발칸지역에서 범(汎)슬라브주의의 발칸 진출은 좌절되고 범(汎)게르만주의의 진출은 현저하게 드러났다. 그러나 이는 완전한 범게르만주의의 승리만을 의미하는 것은 아니었다. 그로부터 오히려 범슬라브주의와 범게르만주의 간의 적대 의식은 더욱 고조되어 보다 심각한 위기를 초래하게 되었다.

발칸전쟁

터키제국의 국제적 지위의 전략과 함께 이탈리아는 재빨리 아프리카 북안의 터키령인 트리폴리와 키레나이카Cyrenaica를 점령하여 이른바 이·토전쟁(伊·土戰爭)(1911~1912)을 일으켰다. 터키는 육해전에서 계속 패배하여 그 무력함이 또다시 세계에 폭로되었다. 그러나 동맹측의 야욕이 오히려 협상측의 조정에 의해 보장받는 격이 된 이·토전쟁은 드디어 발칸의 영토 분할을 더욱 자극하게 되었다.

1차 발칸전쟁은 동맹을 체결한 세르비아·몬테니그로·불가리아·그리스 등의 4국에 의해 발발하였다. 이들은 발칸 내의 터키의 영토인 마케도니아의 분할을 노려 민족적 차별 대우를 받는 마케도니아를 구한다는 명목으로 터키에 선전(宣戰)하였다. 러시아가 세르비아를 지지하는가 하면 오스트리아는 세르비아의 아드리아해로의 진출을 거부했다. 터키군이 도처에서 패배함과 함께 전쟁이 확대되는 것을 막을 수 있었다. 1913년의 런던조약에서 터키는 유럽 내 영토의 대부분을 상실하였다.

그러나 전승국 사이에서도 분열은 일어났다. 영토 조정을 할 때 세르비아가 양보하려는 것 이상을 불가리아가 요구하자 세르비아는 그리스와 몬테니그로와 연합하여 불가리아에 선전하였고, 루마니아·터키도 불가리아에 선전하였다(2차 발칸전쟁). 결국 불가리아는 여러 국가들의 연합공격에 패하였고, 러시아의 중재에 의해 부쿠레슈티평화조약이 성립되었다. 그 결과 터키는 콘스탄티노플을 제외한 전 유럽의 영토를 상실하였고 전승국들의 영토는 대부분 확장되었으며 알바니아는 독립하여 영세중립국이 되었다.

두 차례의 발칸전쟁에서 범슬라브주의의 위세는 약간 강화되기는 하였으나 대세르비아주의를 꿈꾸고 있던 세르비아의 불만은 더욱 커졌다. 세르비아는 오스트리아의 강경한 태도로 알바니아에 더 이상 진출할 수도 없었고 몬테니그로에의 진출도 좌절되었던 것이다. 그리하여 민족주의의 대립은 더욱 고조될 뿐이었다.

제4절 제1차 세계대전

대전의 발발과 열강들의 참전

오스트리아가 보스니아와 헤르체고비나를 합병하자 세르비아인은 맹렬하게 범게르만주의에 반기를 들고 일어났다. 오스트리아는 그러한 대세르비아주의를 억압하기 위하여 무력 시위를 하였다. 마침내 보스니아 지방에서 행해진 오스트리아 육군의 훈련을 사열하기 위해 보스니아의 수도 사라예보에 도착한 페르디난트 황태자를 세르비아 비밀 결사단원이 암살하는 사건이 벌어졌다(1914. 6. 28). 이에 오스트리아는 책임이 전적으로 세르비아에 있다고

암살 직전의 페르디난트 황태자 부처

1차 대전 발발 소식을 듣고 뮌헨의 오데온 광장에 운집한 군중(히틀러의 모습이 보임)

선언하고 이 기회에 세르비아를 완전히 오스트리아의 지배하에 두기 위하여 48시간의 시한부(7월 25일 한) 최후 통첩을 보냈다. 그러나 오스트리아는 최후 통첩을 발송하기 전에 이미 동맹국인 독일과 협의한 결과 독일의 전폭적 지지를 약속받은 이른바 '백지위임장'*blanc check*을 받아 놓고 있었다.

이 최후 통첩의 내용은 범인의 색출과 그들의 재판에까지 오스트리아 관리의 참석을 주장하는 강경한 것이었다. 드디어 세르비아도 러시아의 지지를 보장받아 오스트리아의 최후 통첩을 거절하기에 이르렀다. 이제 남은 길은 전쟁뿐이었다. 7월 28일 오스트리아는 영국의 에드워드 그레이경이 제안한 국제회의를 거절하고 세르비아에 선전 포고하였다.

군대를 먼저 동원한 것은 러시아였다. 7월 30일 총동원령을 내리자 독일은 사태의 심각성을 깨닫고 전쟁 확대를 방지하기 위해 늦게나마 타협에 나섰으나 백지위임장의 책임을 면키는 어려웠다. 러시아의 총동원령이 철회되지 않자 독일은 8월 1일 대러선전을 포고하였다. 그와 거의 동시에 프랑스도 8월 1일 동원령을 내리고 8월 3일 독일은 프랑스에도 선전을 포고하였다.

영국은 처음에 전쟁에 휩쓸려 들어가지 않기 위해 한 발짝 물러나 이 전쟁을 외교적 조정으로 방지해 보려고 하였다. 그러나 독일이 대프랑스와의 작전상 중립국인 벨기에를 침범하게 되자 중립국 보장의 명분으로 독일에 선전 포고하였다(8월 4일). 영국의 이러한 행동에 대한 독일의 비난은 오히려 전쟁 도발의 책임이 독일에 있다는 인식을 더해 주고 말았다. 이렇듯 전쟁은 초기에 순식간에 동맹과 협상으로 관련되어 있던 대부분의 국가들을 불러들였다.

한편 일본도 영일동맹에 의해 8월 23일 독일에 선전 포고하였고 터키는 동맹측에 가담하게 되었다(11월). 이탈리아는 독일 · 오스트리아와의 동맹을

전쟁참전 선전 포스터

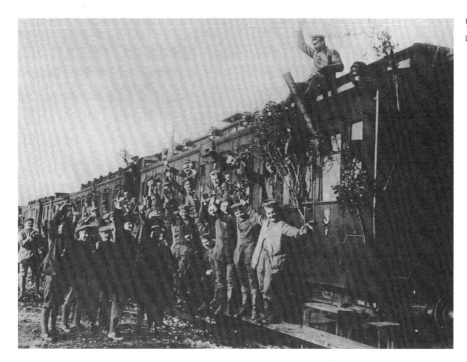

병력을 태우고 전선으로 떠나는 기차(1914년 베를린)

무시하고 한동안 중립을 지키더니 반도 북부의 오스트리아가 점령한 지역의 반환을 조건으로 오히려 협상측에 가담하게 되었다(1915. 5). 그리하여 대전의 말기에는 동맹국측 4개국과 연합국측 30개국이 참가하는 미증유의 대규모 전쟁으로 확대되었다.

초기의 전황

독일은 러시아 및 프랑스와 양 전선에서 전쟁을 치르지 않으면 안 되었으므로 불리한 입장에 놓여 있었다. 따라서 독일은 인적 자원이나 물적 자원면에서 보더라도 장기전보다 단기전을 구상할 수밖에 없었다. 이들은 '슐리펜 플랜'*Schlieffen Plan*이라는 작전을 구상하였다. 2개 전선에서 싸워야 하는 불리한 점을 극복하기 위하여 병력을 동시에 분산시키는 것이 아니라 동원이 늦은 것으로 판단되는 러시아와의 동부 전선에서는 방어에 주력하는 한편 프랑스의 서부 전선에 집중공격을 가하여 일격에 프랑스를 무력화시킨 후 양호한 철로망을 이용하여 동부 전선으로 병력을 이동하여 러시아를 격파한다는 작전이었다. 따라서 프랑스를 단숨에 격파하기 위하여 저항이 심한 남부 스위스의 전선은 다소 약화시키고 반면 우익(右翼)을 강화하여 벨기에를 통해 북프랑스로 진격한 후 계속 전진하여 남부의 프랑스군을 스위스의 산악지대로 몰아붙여 오스트리아군과 합동으로 공격한다는 것이었다.

슐리펜

이 슐리펜 플랜은 우익의 강화가 절대적인 요건이었다. 당시 독일군 참모 총장은 6주면 프랑스를 점령할 수 있다고 선언하였다. 이와 같은 독일의 작전 계획은 꽤 효과적이었다. 계획은 비교적 순조롭게 진행되었다. 독일군은 벨기에를 휩쓸고 전진하여 1개월이 거의 다 될 무렵 예정대로 파리 근교에 육박하였다. 그러나 병력 소모가 많았던 데다 예상치 않게 러시아의 진격이 빨랐다. 이제 슐리펜 플랜은 차질이 생긴 것이다. 할 수 없이 몰트케는 우익에서 일부 병력을 빼돌려 동부 전선으로 투입하였다. 따라서 우익의 공격력은 약화됐으며 병참선은 길어졌다. 또한 프랑스가 벨기에와 영국군의 지원을 얻어 적절한 반격을 실시하자 전세는 독일에게 이롭지만은 않게 되었다.

뒤이은 마르느진투*Battle of Marne*(9월 5일~12일)는 전쟁의 성격 전체를 바꾸어 버렸다. 일격으로 프랑스를 타도하려던 독일의 계획은 수포로 돌아가고 전선은 해안까지 연장되어 참호전 중심의 지구전으로 변하였다. 이리하여 1914년 가을, 전선은 교착상태에 빠지고 만 것이다. 또한 프랑스도 중공업지대가 독일의 점령하에 놓이게 됨으로써 전력에 큰 차질을 초래하였다.

동부 전선에서 독일은 작전 계획상 대병력을 집결시키지 않고 있었으나 의외로 러시아가 신속히 행동을 취해 왔다. 즉 러시아 병력의 일부는 카르파티아산맥을 넘어 오스트리아로 침입하고 일부는 프로이센 방면으로 침입하여 왔던 것이다. 이에 독일의 육군 참모부에서는 서부 전선의 병력까지 동부에 투입함으로써 슐리펜 플랜을 수정하기에 이르렀다. 당시 동부 전선의 독일군은 새로운 조직을 갖게 되어 힌덴부르크*Hindenburg* 사령관과 루덴도르프*Ludendorf* 참모장의 지휘하에 들어갔다. 이들은 8월 말 탄넨베르크*Tannenberg* 회전에서 삼소노프 장군이 이끄는 러시아의 주력 부대를 포위하여 결정적인 승리를 올렸으며 더 나아가 마주렌호반(湖畔)에서도 혁혁한 전과를 올렸다. 이 두 차례의 전투에서 22만 5천 명의 러시아병이 포로가 되었다. 이제 동프로이센에 침입한 러시아군은 소탕되고 말았다.

힌덴부르크

동부의 위기를 모면한 독일은 남부에서 곤경에 처해 있던 오스트리아를 도와야 했다. 양군이 협력함으로써 오스트리아는 갈리치아의 러시아군을 반격하였으며 독일은 폴란드로 진격하여 바르샤바를 함락하기에 이르렀다. 그리하여 1915년 여름에 이르러 러시아는 깊숙이 후퇴하게 되었으며 새로운 전선이 형성되기에 이르렀다. 즉 발트해의 리가*Riga*에서 루마니아의 북부에 이르는 긴 전선이 형성되어 이곳에서도 장기전의 양상이 여실히 드러나기 시작했다.

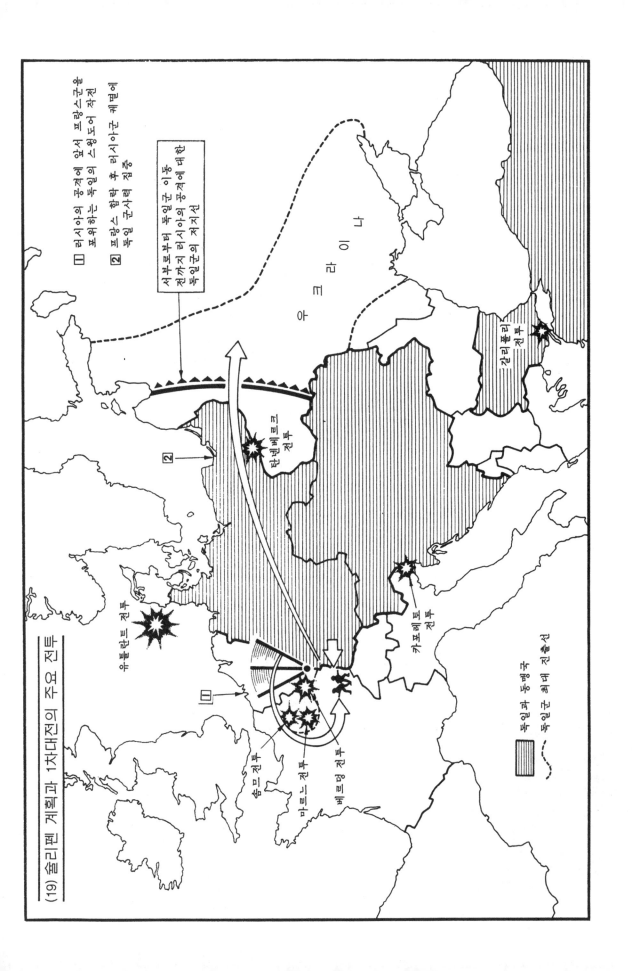

(19) 슐리펜 계획과 1차대전의 주요 전투

1 러시아의 공격에 앞서 프랑스군을 포위하는 독일의 스윙도어 작전

2 프랑스 함락 후 러시아군 궤멸에 독일 군사력 집중

서부로부터 독일군 이동 전까지 러시아의 공격에 대한 독일군의 저지선

유틀란트 전투

탄네베르크 전투

갈리폴리 전투

카포레토 전투

솜므 전투

마르느 전투

베르덩 전투

독일과 동맹국

독일군 최대 진출선

서부 전선의 참호전

전선의 확대

마르느전투 이래의 교착된 서부 전선은 대체로 큰 변화 없이 1916년까지 소모전을 계속하였다. 기동전의 양상은 진지전으로 바뀌고 지그재그형으로 연결되는 호 앞에 철조망이 가설되고 기관총이 큰 위력을 발휘하였다. 따라서 이러한 장벽을 제거하기 위하여 포병의 역할이 증대되었으며 엄청난 포탄의 지원이 뒤따라야 했다. 충분한 준비 포격 이후 보병이 전진을 하였으나 그리 용이하지 못하였다. 결국 공격자보다 방어자가 더 유리한 국면이 되고 말았다. 공격은 어렵고 희생이 컸으며 그 효과는 미미하였다.

그러나 전쟁은 계속되어야 했으므로 양편은 계속 돌파를 시도했으나 별반 소득이 없이 사상자 수만 점차 증가할 뿐이었다. 결국 서부 전선에 동원된 인원과 전사자 수는 2차 대전 때보다도 많아졌다. 독일은 결정적 승리의 계기를 만들기 위하여 1916년 동부 전선의 병력까지 투입시켜 중요 거점인 베르덩*Verdun* 요새에 대해 맹공을 가했으나 연합군은 페탱*Petain* 장군의 결사적 방어로 독일의 공격을 막아내는 데 성공하였다. 뒤이어 연합군은 2천 문의 포를 앞세우고 솜므*Somme* 전투에서 반격을 시도하였으나 결정적 승리를 얻지 못하고 말았다.

독가스 전쟁

초기에 독일군의 독가스의 개발은 잠시 위협적이기는 했으나 연합군에서 곧 가스 마스크를 만들어 냄으로써 치명적인 효과를 주지 못하였다. 그러나 교착된 전선의 돌파구가 서서히 마련되기 시작하였다. 집중적인 포탄의 사격으로 탄막을 형성하는 전술이 나타났고 탱크가 등장함에 따라 기관총의 문제는 해결되어 나갔다. 보병과 탱크의 밀접한 상호 협조가 이루어지기 시작한 것이다. 그럼에도 불구하고 1918년 러시아의 단독강화조약 이후 독일은 서

뉴욕항을 떠나고 있는
루시타니아호

부에 병력을 집결하여 한때 연합군을 위기에 몰았으나 미국의 참전으로 전세
는 뒤집혀지게 되었다.

미국은 전쟁이 발발한 후 신중하게 중립을 고수하였으나 분열되어 있던 미
국민의 여론은 점차 민주주의 수호를 위하여 참전을 긍정적으로 받아들이기
시작하였다. 특히 루시타니아호 침몰 사고와 1917년 1월 31일에 발표된 독
일의 무제한 잠수함 격침선언(無制限潛水艦擊沈宣言)은 미국민에게 큰 충격을

영국의 포탄제조 병기창

서부 전선에 등장한 탱크

주었다. 설상가상으로 짐메르만 전보사건으로 미국민은 독일의 침략성을 확신케 되었다. 드디어 윌슨 대통령은 '민주주의가 안전한 세계를 만들기 위하여' 참전을 촉구하고 1917년 4월 독일에 선전하였다. 미국은 참전 후 200만 이상의 육군을 서부 전선에 투입시켰으며 개인은행 이외에 정부가 공식으로 제공한 차관만도 100억 달러에 달했다. 물론 이러한 지원은 식량과 군수 물자의 보급에 이용되었다. 결국 미국의 참전은 대전의 종결에 결정적 역할을 하게 되었던 것이다.

한편 남부에 있어서는 친독적(親獨的) 입장을 유지해 오던 터키가 1914년 11월 동맹측에 가담하였다. 이에 연합군은 육·해군의 합동 작전으로 새로운 전선을 형성하기 위하여 다다넬스해협을 공격하려 하였으나 오히려 14만 5천여 명의 사상자를 내고 실패하였다. 그러나 그 뒤 영·불 연합군은 시리아 방면으로 진출하여 터키군을 격퇴하고 예루살렘과 바그다드를 점령할 수 있었다.

또한 발칸반도에서는 먼저 오스트리아군이 세르비아 및 러시아군에 의해 격퇴당했으나 1915년 불가리아의 참전과 독일의 지원으로 세르비아 전역을 제압할 수 있었다. 더 나아가 1916년에 연합국에 가담하여 선전한 루마니아를 점령하고 그리스에도 압력을 가하였다. 그리하여 발칸반도에서는 전반적으로 연합국이 불리한 위치에 놓였다. 발칸전선에서도 전세를 바꿀 수 있었던 것은 미국이 참전한 후였으며 1918년 연합군은 일제히 반격 작전에 나설 수 있었다.

이탈리아는 원래 동맹국측에 가담하였으나 전쟁이 발발하자 중립을 고수하였다. 그러나 곧 연합국측의 교섭에 응하여 종전 후 이탈리아 북부의 오스트리아령(트렌티노·트리에스테 등의 지역)을 획득한다는 조건으로(런던조약) 1915년에 오스트리아에 선전하였다. 그러나 전세를 타개하는 데 별반 도움을 주지 못하고 오히려 이탈리아 영토가 전장으로 화하였다. 다만 루덴도르프의 6개 사단 병력을 이 지역에 묶어 두는 정도의 견제 작전으로 러시아를 돕는 정도였다.

해상에서의 전투에서는 대전 발발 이후 비록 독일의 동양함대가 영국함대에 의해 격멸당했으나 독일의 잠수함 작전이 당분간 큰 위력을 발휘했다. 1917년 말까지 연합군, 특히 영국의 피해는 엄청났다. 그러나 점차로 호송함대의 운용과 폭뢰의 개발 및 소형 구축함의 사용으로 대잠수함전의 양상은 많이 호전되었다. 한편 해상 함대의 해전에 있어서는 비록 영국이 손실을 많이 입었다 하더라도 끝내는 제해권을 장악할 수 있었다. 영·독 양측의 주력 함대의 결전은 1915년 5월 말 북해 근처에서 일어난 유틀란트*Jutland* 해전이었다. 비록 손실의 비율로는 영국이 2배 이상이었으므로 독일 해군의 위력을 과시했다고는 하지만 그 후 독일의 함정은 마음대로 활동할 수 없었으며 이로써 영국의 제해권은 확고해졌다. 그리하여 미국이 안전하게 서부 전선에 대병력을 투입할 수 있었으며 연합군에 대한 군수품 보급 또한 용이하였다. 반대로 독일은 해상봉쇄로 군수품 보급 및 일반 시민의 식량 보급조차도 어려움을 겪어야만 했으니 연합군의 해상권 장악은 대전을 승리로 이끈 중요한 요인이 되었다.

연합군의 승리

1917년 4월 독일 정부는 양면 전쟁의 부담을 경감하기 위하여 밀봉된 열차편을 제공하여 레닌을 러시아로 침투시켰다. 과연 독일이 바라던 바대로 1917년 11월 러시아에는 볼셰비키혁명이 일어났고 이어 레닌은 독일과 이른바 브레스트-리토프스크*Brest-Litovsk* 조약이라는 단독강화조약을 체결하기에 이르렀다(1918. 3). 볼셰비키가 독일과 강화한 것은 먼저 러시아 국민의 지지를 얻고 더 나아가 1차 대전을 자본주의 국가들 간의 투쟁으로 판단하여 이 전쟁이 러시아의 사회주의 실현에 도움을 줄 것으로 믿었기 때문이었다. 여하튼 브레스트-리토프스크 조약은 제1차 대전 중에 독일이 얻은 최고의 전리품이었다. 이들은 러시아를 중립화했으며 동구의 신생 괴뢰 정부를 통해 상당한 양의 식량을 공급함으로써 해상 봉쇄의 영향을 감소시킬 수가 있었다. 이제 전쟁은 양면 전쟁이 아니었다. 많은 독일군이 동부에서 서부로 집결

브레스트-리토프스크조약
체결

하였으며 결정적인 역전의 기회를 노렸다.

그 해 3월에서 5월 말까지 독일은 독가스의 공격과 6천 문의 포를 동원하여 이른바 춘계대공세를 취하였다. 그 결과 영국군과 프랑스군은 후퇴하고 파리에서 가까운 마르느까지 진격하였다. 미국은 참전한 지 1년이 되었으나 아직 소수의 병력만을 투입하고 있을 때였다. 연합군은 통합작전을 실시하였으며 연합군 총사령관이었던 프랑스의 포쉬Foch 장군은 독일의 춘계대공세의 방어에 성공할 수 있었다. 속속 미군이 도착하여 전세는 역전되기 시작하였다. 미군이 선봉이 되어 7월 중순 연합군의 반격이 시작되었으며 최대의 마지막 공격이 9월에 시행되어 독일군은 깊숙이 후퇴할 수밖에 없었다. 연합군에게 승리의 서광이 보이기 시작한 것이다.

한편 기타 지역에서도 동맹측의 열세는 뚜렷이 나타났다. 1918년에 일제히 반격 작전에 나선 발칸 지역의 연합군은 드디어 9월 28일 불가리아와 휴전 조약을 체결하였고 10월 30일에 터키도 항복하였다. 오스트리아도 영내에 이민족의 해방 운동과 함께 헝가리가 분리되어 합스부르크가의 지배는 종식을 고하고 11월 공화국으로 변하였다. 드디어 오스트리아도 단독으로 강화조약을 체결하였다.

독일은 서부 전선에서 더 이상 연합국의 공세를 막을 수가 없었다. 군부에서도 패전을 시인하고 루덴도르프 장군은 강화를 건의하였다. 내부에서도 뒤늦게나마 평화와 민주화를 바라는 목소리가 높아져 자유주의자 막스Max의 내각이 수립되어 강화를 추진하였으나 윌슨 대통령은 이를 거부하였다. 드디어 독일 내부에서 폭동이 일기 시작하였다. 키일Kiel 군항의 수병의 폭동이 혁명운동화하려 하자 빌헬름 2세는 퇴위하였다. 이렇게 하여 호엔촐레른가의 지배는 종식되었고 사회민주당의 에베르트Ebert가 신정부를 세워 11월 11일 콩피에뉴Compiegne숲에서 휴전 조약이 체결되었다. 이렇게 하여 1차대전은 그 막을 내렸다.

제5절   베르사이유체제

파리평화회의

1815년 빈회의 이후 1세기 만에 인류는 또다시 전례를 찾아볼 수 없는 대규모의 전쟁을 치러야 했다. 만 4년 3개월 간의 이 전쟁에 약 6천만 명이 동원되었으며 그중 1천만 명 정도가 사망하였고 2천만 명 정도의 부상자가 생겼으며 포로 및 행방 불명 또한 7백만 명에 이르렀다. 물질적 손해 또한 수

베르사이유회의의 4거두

천억 달러나 되었다. 참전한 30여 개 국의 피해는 물론이고 중립을 유지하여 참전을 피해 왔던 몇몇 나라에 있어서도 직접·간접적인 전쟁의 피해는 컸다.

전쟁 기간 중 각국은 정치적으로나 사회경제적으로 전쟁의 마술에 이끌려 바람직하지 못한 변화를 감수하여야 했으며 대부분의 사람들은 열병을 앓는 환자와 같은 상태에 빠졌다. 이제 전쟁의 포성이 멈추어지고 새로운 질서의 회복과 평화를 위한 노력이 절실히 요구되었다.

1918년의 독일의 항복을 최후로 이듬해의 한랭한 겨울에 각국의 대표들은 세계영구평화의 큰 이념을 품고 희망에 부푼 채 파리에 모였다. 전승국 32개국이 참가한 가운데 새로운 질서의 방안이 논의되었다. 그러나 실제 전승국 전체회의는 몇 번 열리지도 않았고 전쟁을 승리로 이끄는 데 주역을 담당했던 5개국(미·영·불·이·일)의 대표로 구성된 최고회의에서 중요한 사항들이 결정되었다. 그러나 일본은 유럽과 중요한 관계가 없었으므로 제외되었고 이탈리아는 피우메*Fiume* 문제로 합의에 도달할 수가 없었으므로 스스로 철수해 버렸다. 따라서 주도권은 미국의 윌슨, 영국의 로이드 조지, 프랑스의 클레망소의 손에 들어갔다.

대학 총장을 지낸 바 있는 윌슨은 원래부터 대중에게 친밀감을 주는 사람은 아니었으나 고집과 정의감에 찬 엄격한 인물로서 이념적이고 이상주의에 충실하였다. 그는 전 인류의 희망이자 구세주로 등장하였다. 자연히 그는 전쟁에서의 미국의 역할 때문에 파리회의에서 주도적 역할을 하게 되었다. 로

이드 조지는 성급한 성격에 항상 국내 개혁에 관심을 쏟은 인물이었으며, 클
레망소는 단지 애국자로서 민주주의에 충실한 채 항시 독일로부터의 안전 보
장에 집착한 인물이었다. 이렇게 볼 때 이들이 각국을 대표하고는 있었으나
권위로써 협의에 임함에 따라 당면 과제를 해결할 수는 없게 되었다.

회의의 기본 방향은 동맹측에 제시할 강화조약의 대강을 마련하고 새로운
평화의 보장을 위해 국제 문제를 조정하는 것이었다. 윌슨은 사막에서 유럽을
구해 줄 사람으로서 열렬히 환영받게 되었다. 그의 파리평화회의의 이념은
1918년 1월 8일 회의에 보낸 교서에 나타나 있다. 즉 전후 평화수립 원칙으
로 14개 항목을 제시하였다. 그의 주장의 요점은 비밀 조약의 폐지, 전시나
평상시에나 똑같은 해양의 자유, 국제 무역에 있어서 장벽과 불평등 제거, 전
령 지구의 해방, 민족의 자결, 민족의 거주지에 따른 국경의 재조정, 그리고 끝
으로 전쟁 방지를 위한 국제기구의 설립 등이었다. 이는 대체로 자유주의적이
며 민주주의적이며 민족주의적인 주장을 기본 이념으로 제시한 것이었다.

수년 간의 전쟁이 민주주의 이념을 위한 것이었으므로 연합국은 상호 신뢰
의 분위기에서 14개조에 동의할 것이라는 것이 윌슨의 생각이었으나 각국은
현실적 문제로 많은 오해와 이해 관계가 얽히어 그의 이상주의는 타협하지
않을 수 없었다. 특히 프랑스의 대독 강경책은 윌슨의 기본 이념을 많이 변질
시키는 바 되었다. 그러나 국제 평화를 위한 국제연맹의 설립 주장은 각국이
인정하는 바 되어 평화를 위한 노력은 한걸음 진전하게 되었다.

베르사이유조약

파리강화회의에서 제시된 이상주의적 평화수립안은 많은 논란 끝에 대독
강화조약만이 6월에 성립되는 것으로 마무리되었다. 패전국 독일에게는 프
랑스의 강경한 입장으로 제정된 가혹한 조문에 이의를 제기할 권한조차도 주
어지지 않았다. 전문 440조로 구성된 이 방대한 문서는 겨우 몇 군데에 자구
상의 수정만을 실시한 후 6월 28일 베르사이유 궁전에서 역사적인 조인식을
가졌다. 파리강화회의의 주장이 받아들여져 독일 식민지는 상실되고 유럽의
영토 조정이 이루어졌다. 이에 따라 독일은 일방적으로 영토가 축소되고 배
상금을 물어야 했으며 전범자로 정해졌고 또한 군비도 엄격히 제한되게 되
었다.

먼저 영토 조정에 있어서 프랑스의 보복적 처사에 따라 알사스-로렌 지방
이 프랑스로 넘어가고 자르 지역도 15년 간 통치하기로 하였다. 실레스비히
와 슐레지엔의 일부도 덴마크와 폴란드로 넘어갔으며 그 외에도 폴란드 및
체코슬로바키아 등에 영토를 할양하였다. 그뿐이 아니었다. 독일은 해외의 전

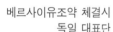

베르사이유조약 체결시
독일 대표단

베르사이유 궁전에서 거행
된 베르사이유조약 체결식

식민지를 포기할 수밖에 없었다. 일단 독일의 식민지는 각국의 부당한 합병
을 막기 위하여 윌슨의 주장에 따라 국제연맹의 소유로 돌린 다음 '위임통치
령'으로 하여 그에 대한 관리권을 전승국들에게 위임하였다. 영국·프랑스 등
은 아프리카에서, 오스트레일리아는 독일령 뉴기니·솔로몬군도 등에서, 뉴
질랜드는 사모아 등에서 독일의 영토를 관할 통치하게 된 것이다.

　조약 자체에는 배상금 총액이 정해져 있지 않았고 1921년 5월 1일까지 배

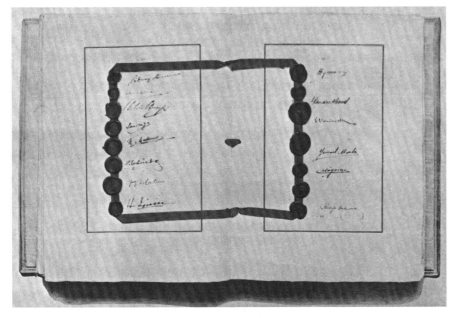

베르사이유강화조약
조인서

상위원회에서 결정하도록 되어 있었다. 프랑스는 선두에 나서서 전쟁의 피해에 대한 보상을 주장했으며 벨기에 역시 국가 재산보다도 더 많은 배상금을 요구하였다. 영국도 전쟁연금 및 전쟁의 피해에 대한 보상을 주장하였다. 연합국은 독일이 어떻게 배상할 수 있을 것인가 하는 문제는 고려하지 않고 다만 감정적으로 처리하려 하였던 것이다. 결국 배상금은 처음 요구된 200억 마르크(금화)에서 1,320억 마르크라는 엄청난 양으로 증가하고 말았다.

유명한 전범자 조항이 조약에 들어간 것도 실은 연합국이 배상금을 정당화시키기 위한 목적 때문이라 하겠다. 독일인들은 전범자 조항에 격심한 분노심을 나타내면서 국민으로서의 명예가 더럽혀졌다고 격노하였으며 따라서 독일 내의 신동가들에게 좋은 기회를 주어 더욱 분열을 조장시켰다. 뿐만 아니라 온전한 사람들까지도 자존심의 문제를 들고 나와 조약에 대한 불신을 표명하였다.

또한 베르사이유조약은 독일의 의무병역제도를 폐지시켰고 병력에도 크게 제한을 가하였다. 윌슨의 세계군축계획은 단지 독일에만 적용된 것이었다. 육군은 10만으로 제한되고 독일 함대를 접수하려 하였으나 독일 수병들은 이에 항거하여 배에 구멍을 뚫어 스스로 침몰시키곤 했다. 독일은 또한 중포(重砲)나 비행기 및 잠수함을 갖지 못하게 되었다. 그러나 이러한 연합국의 독일에 대한 군비 제한은 오히려 군을 전문화하는 계기를 만들어 주었으며 군국주의 사상을 더욱 고취시키는 결과를 초래했다.

이와 같이 연합국의 대독 베르사이유조약은 기본적으로 윌슨의 이념과는 상당한 거리를 나타내어 영구한 평화를 위한 노력과는 반대로 독일에게 적대감과 증오심을 불러일으킴으로써 새로운 불화의 터전을 만들어 놓고 말았다.

기타의 강화조약

독일 이외의 동맹측 패전국에 대해서는 그 후 별도로 조약이 체결되었다. 오스트리아–헝가리 이중왕국이 붕괴된 후 오스트리아와는 생 제르맹 *St. Germain* 조약(1919. 9)을, 헝가리와는 트리아농 *Trianon* 조약(1920. 6)을 체결하였다. 생 제르맹조약은 오스트리아–헝가리제국을 분리시켜 오스트리아와 헝가리 및 체코슬로바키아로 각각 독립시켰으며 트리아농조약으로는 특히 유고슬라비아왕국이 탄생하였으며 오스트리아의 영토가 다소 상실되었다. 한편 터키에 대해서는 세브르 *Sevres* 조약(1920. 8)이 체결된바, 터키는 유럽에서 콘스탄티노플 이외의 여러 지역을 상실하였고 시리아·메소포타미아는 영·불의 위임 통치하에 들어갔으며 다다넬스해협의 자유항해 등이 결정되었다. 불가리아와는 뉘이 *Neuilly* 조약(1919. 11)을 체결하여 군비 제한과 배상금 지

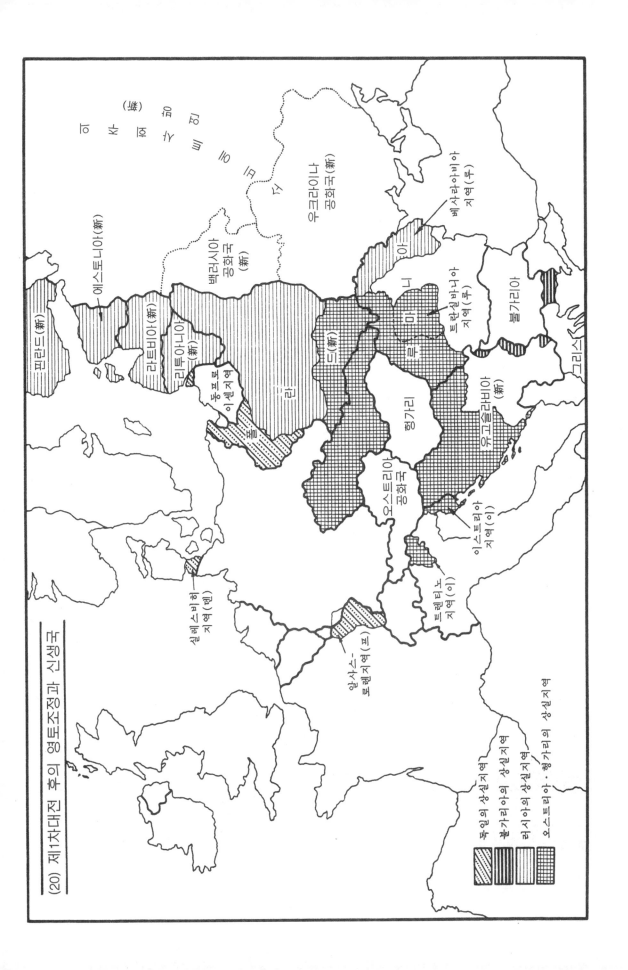

(20) 제1차대전 후의 영토조정과 신생국

독일의 상실지역
불가리아의 상실지역
러시아의 상실지역
오스트리아 · 헝가리의 상실지역

핀란드(新)

에스토니아(新)

라트비아(新)

리투아니아(新)

동프로이센지역

폴란드(新)

백러시아
공화국(新)

우크라이나
공화국(新)

소 비 에 트 연 방 (露)

루마니아

트란실바니아
지역(루)

베사라비아
지역(루)

불가리아

체코슬로바키아(新)

헝가리

오스트리아
공화국

유고슬라비아(新)

이스트리아
지역(이)

트렌티노
지역(이)

알사스-
로렌지역(프)

슐레스비히
지역(덴)

그리스

불 및 약간의 영토 손실이 결정되었다.

한편 대전 중 볼셰비키혁명으로 독일과 단독강화조약을 체결한 러시아는 동구의 상당한 부분의 영토를 독일에게 양보한 바 있었다. 이제 전쟁이 종결되자 그 지역에서는 민족자결(民族自決)의 원칙에 따라 여러 민족들이 독립하여 핀란드·폴란드·에스토니아·리투아니아·라트비아 등의 새로운 독립국가들이 건설되었다. 그러나 우크라이나는 스스로 세력을 확장한 후 소비에트 러시아에 가입하였다.

베르사이유조약에 대한 평가

1차 대전은 인류에게 비록 쓰라린 기억을 남겨 주고 말았지만 민주주의를 신봉하는 연합국이 결국 승리했다는 점은 다행스런 일이었다. 또한 대전 후에도 민주화 경향은 각국에서 뚜렷해졌다. 즉 1848년의 2월혁명 당시의 자유주의 개혁운동이 부진하였거나 실패한 지역에서 민주주의는 크게 진전하였다. 싫건 좋건 간에 많은 나라에서 제국이 무너져 왕관은 굴러떨어지고 말았다. 독일과 오스트리아 및 러시아와 터키 등에서 군주제가 몰락하게 되었으며 아울러 군주를 받들던 궁전 신하도 사라지게 되었고 봉건적 귀족도 몰락의 길을 걸었다. 독일에서는 빌헬름 2세의 퇴위와 함께 호엔촐레른가가 무너지고 이른바 바이마르*Weimar* 공화국이 뒤를 잇게 되었으며 오스트리아에서도 합스부르크가의 몰락 후 공화국이 등장하였다. 또 러시아에서는 1917년 볼셰비키혁명으로 니콜라이 2세를 마지막으로 로마노프왕조가 몰락하였으며 터키에서도 술탄Sultan의 절대적 권위는 부정되고 입헌체제로 변하였다.

1차 대전은 민주주의의 승리이면서 또한 민족주의의 승리이기도 하였다. 파리강화회의의 가장 일반적 원리는 최소한 유럽 안에서라도 민족자결주의의 원칙을 인정하는 것이었다. 언어로 구분된 각 민족이나 국민은 원칙적으로 민족국가를 수립하게 되었다. 폴란드의 완전 독립이 인정되고 발트해 연안의 핀란드·에스토니아·리투아니아·라트비아가 신생 공화국으로 되었으며 오스트리아-헝가리 이중왕국이 분해되어 헝가리와 체코슬로바키아라는 새로운 국가가 생겼다. 뿐만 아니라 많은 영토가 민족자결의 원리에 따라 조정되기도 하였다. 이러한 변화들은 비록 아시아 등의 지역에까지 확대되지는 않았으나 적어도 유럽 내에서는 뚜렷하였다.

무스타파 케말

그러나 이상주의적인 차원에서 전쟁을 종결시키려 했던 노력은 유독 패전국 독일에 대해서만은 적용되지 않았다. 베르사이유조약은 독일의 위협에 종지부를 찍으려고 한 것이었으나 그것조차 결국 실패로 돌아간 것이다.

베르사이유조약은 독일을 파괴시키기엔 너무 불충분했고 화해하기에는 너무 가혹했다고 보아야 할 것이다. 독일은 물론 이것을 파괴의 의미로 받아들일 수밖에 없었다. 그러나 그 전쟁에 대한 책임은 바로 제국 자체가 졌어야 함에도 불구하고 실은 그 뒤에 나타난 공화국이 대신 십자가를 지게 되었다. 이 점이 바로 불행의 근원이었다. 1815년 유럽제국이 행했던 부르봉왕가에 대한 관대한 처리가 바이마르공화국에도 뒤따라야 했다고 하겠다. 독일은 연합국의 이러한 강제적 명령에 굴욕을 느꼈으며 그리하여 히틀러를 환영하게 된 것이다.

제6절 평화를 위한 국제협조

국제연맹의 성립

전쟁의 참혹한 결과는 평화의 보장을 위한 노력에 자극을 주었다. 윌슨은 각국이 주권을 희생하지 않으면서 전쟁이라는 수단에 호소하지 않고서 분쟁을 해결하기 위해 국제연맹의 창설에 적극 힘썼다. 그는 차라리 자신이 내세운 14개조의 이상주의를 어느 정도 양보해서라도 국제연맹에 대한 각국의 지지를 얻도록 노력하였다. 유럽 각국의 정치인들은 이러한 국제 기구의 창설이 옳은 일이라고 믿기는 하면서도 대부분 그것을 전적으로 신뢰하지는 않았다. 다만 그들은 이러한 신성한 제의를 거부할 수가 없었던 것이며 따라서

국제연맹 건물(스위스 제네바)

국제연맹 제1회 총회

이를 받아들여 파리강화조약에 포함시키도록 결정한 것이다. 이것은 마치 1815년의 거룩한 신성동맹*Holy Alliance*에 대한 유럽 열강의 태도와 일면 상통하였다.

1920년 1월 국제연맹이 창설되었다. 본부를 제네바에 두고 기타 필요한 조직이 갖추어지게 된 후 같은 해 11월 최초의 총회가 열리어 50여 국이 이에 참석하였다. 그 후 국제연맹은 보조 기관인 국제사법재판소와 국제노동국 등을 이용하면서 국제분쟁이나 군비축소 및 노동 문제의 해결에서 적잖은 활동을 하였다. 특히 구독일 식민지와 터키의 점령 지역 등을 인수하여 위임통치제도를 마련하기도 하였다. 창설 당시에는 국제연맹에 큰 기대를 걸어 보았으나 패전국과 러시아는 여기에서 제외시켰으므로 문제가 뒤따랐다. 뒤에는 패전국도 받아들여 그들이 모두 가입하였으나 연합국의 정책에 반감을 품게 되자 또다시 독일·일본·이탈리아 등이 탈퇴하기에 이르렀다.

또한 러시아가 사회주의국가화됨에 따라 연합국은 사회주의운동이 유럽에 파급되는 것을 막기 위하여 러시아를 국제연맹에 참가시키지 않음으로써 러시아는 고립 상태에 놓이게 되었고 그 이후 연합국과의 관계도 원만하지 못하게 되어 버렸다.

또한 국제연맹의 창설을 주도해 온 미국 역시 이에 불참할 수밖에 없었다. 공화당이 우세한 상원에서 민주당인 월슨의 사업을 거부하였기 때문이었다.

미국 의회에서의 연맹 가입의 거부는 연맹의 위신을 크게 손상시켰다. 그리하여 국제연맹은 처음부터 각국이 공동으로 보조를 취하지 못하여 그 미래에 어두운 그림자를 던졌다. 뿐만 아니라 연맹규약은 이를 위반하는 국가에 대하여 무력제재의 규정을 포함하고 있지 않음으로 인하여 특히 정치적 문제 해결에 큰 실효를 거둘 수가 없었다. 단지 특정한 국가의 비민주적 행동이 발생할 때 다수의 회원국이 이에 집단적으로 대항하여 심리적 부담을 주는 정도였다. 그리하여 끝내 국제연맹은 불행하게도 그 실효를 거두지 못하게 되고 말았다.

군비축소 문제

처음에 윌슨이 전쟁 방지의 목적의 하나로 제창한 군비 축소의 문제는 전승국들에게까지 효과를 보지는 못하고 다만 독일에 대해서만 효력을 발휘하였다. 베르사이유조약이 체결된 후 세계의 열강들은 군비 축소의 방향과 오히려 어긋나게 경쟁적으로 건함 경쟁에 박차를 가하였으며 일본과 미국이 그 선두에 나섰다. 따라서 영국도 이 경쟁에 적극 참여할 수밖에 없었다. 이러한 건함 경쟁은 자연히 전후의 경제 재건이라는 기본적인 당면 과제에 차질을 불러일으키는 것이었다. 그리하여 1920년 이후 각국은 드디어 군비 축소의 필요성을 절감하게 되었다.

미국의 하딩Harding 대통령의 발안으로 군비 축소와 극동 및 태평양의 국제 문제를 논의하기 위하여 1921년 11월 이른바 워싱턴군축회의가 열리게 되었다. 이 회의의 결과로 각국의 주력함의 비율이 정해졌다. 미 · 영 · 일 · 불 · 이의 5국이 5 : 5 : 3 : 1.75 : 1.75의 비율로 보유 톤수를 결정지었다. 그리고 더 나아가 태평양 일대에서의 열강의 충돌을 막기 위하여 9국조약과 4국

워싱턴군축회의

조약이 체결되었다. 전자는 중국에 대해서 열강들이 주권을 존중하고 문호 개방과 기회 균등을 보장하기로 합의한 것이며 후자는 태평양 일대에 있어서 각국의 영토와 위임통치지역을 상호 보장키로 합의하고, 분쟁의 발생시에는 공동의 회의에서 대책을 강구하기로 합의한 것이었다. 그 결과 영·일동맹은 사실상 폐지되기에 이르렀다. 이 워싱턴회의는 태평양 및 아시아 일대에서 일본의 제국주의적 진출을 억제하는 것이 주목적이 되었던 최초의 군축회의 였다.

그러나 워싱턴군축회의는 주력함에 국한하고 있었으므로 각국은 소규모의 보조함 경쟁에 다시 열을 올렸다. 이에 새로운 군축의 필요성이 제기되어 미국의 쿨리지Coolidge 대통령의 제창으로 제네바에서 1927년 6월 새로운 군축회의가 열렸다. 물론 해군의 조정이 주목적이었다. 그러나 이 회의는 프랑스와 이탈리아가 불참하고 또한 미국이 제시한 미·영·일 간의 5 : 5 : 3이라는 비율에 영국과 일본이 반대하였으므로 소기의 실효를 거두지 못하고 결렬되고 말았다.

그러나 군비 축소의 필요성은 모두 인정하고 있었던 터라 뒤이어 다시 군축회의가 개최되었다. 1930년 영국 노동당 내각의 맥도널드MacDonald의 제창에 미국의 후버Hoover 대통령이 호응하여 런던에서 세 번째의 군축회의가 열린 것이다. 미·영·일·불·이 5대국이 참석하였으나 프랑스와 이탈리아는 협정을 거부하였다. 그럼에도 불구하고 미·영·일 간의 보조함의 비율은 10 : 10 : 7로, 잠수함의 수는 3국이 동수(同數)로 한다는 원칙에 합의를 보게 되었다. 런던군축회의는 그런대로 평화에 기여한 바가 없지 않았으나 1930 년대 이후의 새로운 국제 관계의 변화에 따라 더 이상의 군축회의는 진행되지 못하였다.

배상 문제

독일의 배상 문제는 파리평화회의에서 가장 중요한 문제로 대두되었으나 문제의 성질이 복합적이었으므로 쉽사리 해결되지 못한 채 배상위원회가 조직되어 이를 결정하게 되었다. 그 결과 연합국의 배상위원회는 1921년에 배상액을 1,320억 마르크(금화)로 결정하였다. 이것은 물론 독일과 아무런 상의도 하지 않은 일방적인 조치였으며 당시의 독일로는 감당키 어려운 액수였다. 이 금액 중에는 프랑스에 대한 배상액이 가장 많았다. 독일은 할 수 없이 지불유예(支拂猶豫)를 구할 수밖에 없었으나 프랑스는 이를 인정하지 않았다.

드디어 프랑스는 같은 입장의 벨기에의 지원을 얻어 배상 불이행의 대가로 독일의 최대 공업지대이며 탄전지대인 루르Ruhr지방을 1924년에 점령하고

미국의 실업가 영(가운데)

말았다. 이에 독일은 경제적으로 위기에 놓였으며 극심한 인플레이션에 빠져 경제는 완전히 파국에 직면해 버렸다. 독일의 이와 같은 경제적 파탄은 연합국측에도 불리하였으며 또한 독일 국민의 연합국에 대한 반감도 날로 증대되어 갔다.

이러한 문제의 해결에 앞장선 것은 미국이었다. 1924년 연합국의 지지를 받아 이른바 도즈안Dowes Plan이 성립되었다. 미국의 재정가 도즈를 중심으로 연구된 이 안은 먼저 독일의 배상 능력을 키워 주기 위하여 특별은행을 설치하기로 하였으며 따라서 미국 자본이 가장 많이 투자되었다. 또한 지불 방식을 완화하여 연차적으로 상환하도록 하되 첫 해에는 차관 알선을 주로 하기로 하였다. 결국 배상액 자체가 감소된 것은 아니었으나 차관을 통하여 독일 경제를 재건한 후 연차로 지불케 함으로써 지불 방법을 개선한 것이었다. 아울러 도즈안은 프랑스가 루르지방에서 철병할 것을 요구하였다. 그리하여 독일의 경제는 다시 일어서게 되고 독일과 연합국 간의 관계도 많이 개선되기에 이르렀으며 또 프랑스도 루르에서 자진 철병하기에 이르렀다.

그러나 도즈안만으론 배상금 지불이 해결될 수는 없었다. 배상액이 너무나 컸기 때문에 독일은 계속해서 배상액을 지불할 수가 없었던 것이다. 한편 독일은 슈트레제만Streseman의 적극적 외교로 인하여 서방과의 우호를 증진시키며 1926년에는 국제연맹에 가입하고 1929년에는 침략 전쟁을 불법화하는 켈로그-브리앙조약Kellog-Briand Pact을 수락함으로써 평화의 재건에 열의를 보였다. 이러한 외교적 추세와 관련하여 1929년 연합국측에서 배상액의 감액을 주 내용으로 한 영안Young Plan이 대두되었다. 이 새로운 배상안은 배상 총액을 1/4로 감소시켜 주는 한편 배상 기간도 연장시키는 것이었다.

그러나 독일은 그 후 경제 공황의 영향을 받게 되어 지불 불능 상태에 빠지게 되었다. 이에 미국 대통령 후버는 1931년에 앞으로 1년 간 독일의 배상금 지불 정지를 선언하였다(Hoover Moratorium). 그 뒤에도 연합국측은 1932년 로잔협정을 통하여 배상 총액을 30억 마르크로 절감하였으나 이미 독일 내에서는 국수주의 사상이 대두되어 배상금 지불을 거부하게 되었다. 곧 1933년 나찌정권의 수립과 함께 히틀러는 배상을 거부함으로써 배상 문제는 일단락짓게 되었다.

로카르노조약과 켈로그-브리앙조약

베르사이유조약 이후에도 독일과 프랑스의 대립은 완화되지 않은 채 상호 불신과 경계의 태도를 취했다. 이에 전쟁 재발을 억제하기 위한 국제적 보장이 더욱 시급하게 되었으며 이러한 타협과 성취의 기반은 도즈안이 채택된 이후부터 마련되기 시작하였다. 그 후 독일의 슈트레제만 외상과 프랑스의 브리앙 외상의 외교적 진전이 이루어져 1925년 10월 스위스의 로카르노에서 유럽 국가들의 회의가 열리게 되었다. 이 조약에 의해 우선 독일·프랑스·벨기에가 라인강 부근의 국경에 대한 상호 보장에 동의하고 영국과 이탈리아도 이를 보장하였다. 뿐만 아니라 기존의 국경을 침범하는 국가가 있을 경우 피해국에게 각국이 군사적 원조를 제공하며 중재재판을 통해 이 분쟁을

로카르노조약 체결 광경
(1925년)

켈로그-브리앙조약 문서

해결토록 규정하였으며 독일의 국제연맹의 가입을 규정하였다. 이에 따라 독
일은 1926년 국제연맹에 가입하게 되었다. 이른바 이러한 화해의 로카르노
정신은 그 후 수년 간 지속되어 영·불 두 나라의 번영과 독일의 국제적 지위
향상에 크게 기여하게 되었다.

　세계 평화 조성에 대한 또 하나의 기여는 1928년 브리앙과 미국의 국무장
관 켈로그 사이에 체결된 켈로그-브리앙조약이다. 이른바 부전조약(不戰條約)
으로 알려진 이 조약은 각국이 국제적 문제의 해결책으로 전쟁이라는 수단을
사용하지 않을 것과 또한 각국이 전쟁을 하나의 국책으로 인정하지 않음으로
써 전쟁을 폐기할 것을 결정한 것이었다. 이 조약은 그 후 대부분의 국가들이
비준하였으며 특히 독일도 이를 비준하기에 이르렀다. 이 조약은 구체적으로
전쟁 방지를 위한 해결책을 제시한 것은 아니었다. 1932년 이러한 의도는 비
록 실패하였지만 각국이 세계 평화를 추진하기 위해 의견을 같이했다는 점에
서 그 의의가 크다고 하겠다.

제 2 장
전후의 세계

　미증유의 대전을 치르고 난 후 각국은 제각기 영구한 평화의 확립을 위해서 노력하는 듯하였다. 그러나 그러한 노력은 실상 전쟁을 증오하는 마음이 가득 찬 상태에서 시작되었기 때문에 자국의 안보와 평화 및 경제의 재건에만 치중하였다. 따라서 대부분의 전승국들은 국내 문제에만 몰두하게 되었고 국제 문제에 대해서는 비교적 무관심하게 되었다. 이른바 고립주의 현상이 각국에 공통적으로 나타났던 것이다. 물론 각국에서는 선거권이 확대되고 공화체제가 수립되는 등 민주주의가 크게 성장하기도 하였지만 국제적으로는 국제연맹조차도 출발에서부터 난관에 부딪힐 정도로 협조체제는 미약하였던 것이다.

　제정러시아는 전쟁 중에 사회의 모순과 약체성이 완전히 노출됨으로써 개혁이 불가피하게 되었다. 그 어느 때보다 혁명의 필요성이 증대되어 서구에서와 같이 민주적 혁명이 일어나는 듯했다. 그러나 놀랍게도 러시아는 볼셰비키의 지배하에 들어갔으며 드디어는 공산주의라는 이념이 혁명을 일으킨 것으로 되어 버렸다. 그 후의 소련은 처음에는 공산주의의 이념을 내세웠으나 스탈린 이후 이념적 요소는 퇴조되고 독재 정치의 수립이라는 면이 강조되는 사회로 변하였다. 1차 대전 이후 소련은 더욱 서구와 간격이 벌어졌으며 국제질서의 수립에 있어서도 소극적이며 배타적인 태도를 취하였다.

　패전국인 독일에 있어서도 평화는 기대할 수 없었다. 전승국의 일방적 조치로 체결된 베르사이유조약은 독일 국민으로서는 감당키 어려운 것이었다. 한때 비록 미국을 위시한 몇몇 국가의 재정적 뒷받침이 독일을 재건시키는 듯 보였으나 그것으로 독일 국민이 베르사이유조약을 잊어버릴 수는 없었다. 전쟁의 책임을 떠맡아야 했던 바이마르 공화국은 민주적인 헌법을 갖추고 있기는 하였으나 결국은 단명할 수밖에 없었으며 국수주의가 새로 성장되게 되었다.

1차 대전이 끝난 지 20년 만에 평화는 다시 무너졌다. 결국 전후 20년 동안은 위기의 시기였음이 입증된 것이다. 1차 대전 이후 각국이 뿌렸던 씨의 열매를 20년 후에 가서는 거두어들여야만 했던 것이다.

제1절　러시아혁명과 소련의 발전

정당의 대두

러시아 인텔리겐차의 활동은 단순히 이념적인 것으로만 그치지 않고 드디어 정치운동으로 발전하여 19세기 말에서부터 20세기 초에 이르러 세 개의 정당이 대두하였다. 가장 먼저 나타난 사회민주당은 1880년 이후 발생한 노동자를 기반으로 하여 마르크시즘의 신봉자들이 1898년에 조직한 정당이었다. 그러나 이들은 내부의 이념적 분열로 인하여 두 파로 나누어졌다. 당을 소수의 직업적 혁명가 중심의 중앙집권적 체제로 운영하려는 레닌 중심의 볼셰비키(다수파)와 당의 조직을 중앙에서 모두 통제하지 않고 지방의 독자적 운영을 허락하여 노동자 이외에도 중산층 등이 혁명에 참가할 수 있도록 주장한 마르토프 중심의 멘셰비키(소수파)로 분열된 것이다. 이들의 투쟁은 후에 볼셰비키의 성공으로 끝나고 말았다.

1901년에 조직된 사회혁명당은 인민주의자들의 이념에 충실한 비마르크스주의적 혁명가들이 중심이 되어 조직한 정당으로서 토지재분배를 그 목적으로 하였다.

1905년에 이르러 가장 뒤늦게 나타난 입헌민주당은 정치적 온건파로서 농업개혁이나 의무교육제 및 입헌체제를 주장하였다.

이와 같이 정당 활동은 개시되었지만 아직도 중앙에 의회가 없었기 때문에 이들은 서구적 의미의 정당 활동을 할 수가 없었으며 따라서 정치적인 발전은 더디었다. 뿐만 아니라 차르 정부는 각 정당이 내세우는 주장의 상호 차이점을 제대로 파악하지도 못하고 있었다.

1905년의 혁명

1894년에 즉위한 니콜라이 2세는 전제정치와 러시아 민족주의에만 몰두한 인물이었다. 자연히 모든 정당의 활동도 경찰의 감시를 받게 되었으며, 지하에서 활동할 수밖에 없었다. 한편 농민들도 지주들이나 세리(稅吏)에게 반

항하여 도처에서 반란을 일으켜 사회의 불안은 한층 고조되기에 이르렀다. 때
마침 1904년에 일어난 러일전쟁은 불만투성이의 러시아 국민에게 애국심과
차르*tsar*에 대한 충성심을 발휘케 할 계기가 되는 듯하였다. 그러나 1905년
1월 여순이 함락되고 러시아의 약체성이 드러나게 되자 기대와는 정반대로
그들은 차르에 대한 불신과 러시아 사회에 대한 불만을 폭발시키고야 말았다.

페테르스부르크의 20만 군중이 1월 22일(일요일) 정치적 자유와 중앙 의
회의 수립 및 노동자의 파업권 등을 요구하며 시위를 벌이자 군대가 출동하
여 사격을 가함으로써 수백 명의 사망자가 발생하였다(피의 일요일). 그러나
정부의 과격한 탄압은 오히려 노동자를 혁명투사로 만들어 버렸다. 뿐만 아
니라 전국의 농민들도 이에 호응하여 영주의 저택을 불사르고 그 토지를 약
탈하는 등 난동을 일으켰다. 이에 지식인들도 이 사건의 중요성을 인식하게
되었고 각 정당도 러시아의 개혁을 부르짖으면서 이 운동의 지도자로 자처하
였다. 이제 자연발생적 혁명의 시기가 도래한 것으로 보였다.

차르는 처음에 탄압을 시도하였으나 노동자들의 총파업이 일어나자 탄압
이 불가능함을 깨닫고 내심 불만을 가진 채 국민의 요구를 들어 줄 것을 약속
하게 되었다. 드디어 '10월선언'이 발표되어 중앙의회인 두마*Duma*의 개설

'피의 일요일'사건
(1905년 1월)

과 헌법제정 및 신앙과 언론의 자유가 보장됨을 선언하였다.

온건한 자유주의자들은 만족을 표명하면서 혁명가들을 불신하고 노동자를 두렵게 생각하였으나 사회민주당은 노동자들과 함께 10월선언이 소극적이라고 불만을 표시하였다. 또한 정부에서도 그들이 약속한 바를 적극적으로 성실히 이행하려고도 하지 않았으며 오히려 분열을 조장하고 있었다. 즉 차리즘에 충성을 표시하는 흑색백인대*Black Hundreds*를 조직하여 유대인들을 학살하면서 농민들로 하여금 두마를 해산시키도록 선동하였다.

이와 같은 극좌파 및 극우파 간의 혼란 속에서 1906년 5월 최초의 두마가 설립되어 선거에서 자유주의적인 입헌민주당이 압승하였으나 그 해 7월까지만 회합하였을 뿐 단명한 의회가 되고 말았다. 이 최초의 두마는 국유지 및 교회토지를 농민에게 재분배하는 토지개혁안을 제출하였으나 정부가 오히려 이를 해산시켰던 것이다. 제2회 두마 또한 단명하였다. 과격한 혁명을 부르짖는 사회주의자들의 의회 진출이 현저해지자 차르는 의원 50여 명을 체포하고 의회를 해산하였다.

이러한 정부의 간섭은 계속되었으며 새로운 선거법에 따라 조직된 제3회 두마(1907~1912)와 제4회 두마(1912~1917)에는 차르가 바라던 바대로 지주 등의 보수주의자가 다수를 차지하여 그 임기를 마칠 수 있었다. 그러나 혁명이 바라던 기본적 질서의 재확립은 이루어지지 못하고 말았다. 결국 국민의 대표자들이 아직은 미약하였으며 차르는 여전히 전통적인 권위를 내세워 개혁사상을 탄압함으로써 러시아의 자유주의적 자연발생적 혁명은 프랑스의 1793년과 같은 해를 맞지는 못한 것이다.

스톨리핀의 개혁

그러나 당시의 정부 관리라고 하여 전제 정치에 모두 충성을 다한 것은 아니었다. 1906년부터 1911년 사이에 재상을 역임하였던 스톨리핀*Stolypin*은 혁명세력을 견제하면서 통제권을 장악하여 이성적인 정치를 함으로써 러시아를 발전시킬 수 있다고 생각하였다. 즉 노동자가 아닌 건전한 유산자(有産者)를 육성함으로써 러시아를 재건할 수 있다는 것이었다. 이 보수적 개혁가는 자신의 신념에 따라 두마를 두 번씩이나 해산시키는 한편 건전한 유산층을 육성하기 위해 농업법을 선포하였다(1906. 11). 그는 미르*mir*의 토지소유 관계가 불합리한 것을 보고 미르가 공동으로 상환해야 하는 보상금의 잔여를 폐지시키는 한편 농민은 자신의 자작토지(自作土地)를 임의로 매매할 수 있게 하였다. 그 결과 농민의 1/4인 900만 명이 미르로부터 해방되었다. 이들 중 비록 적은 수이긴 하지만 굳건하고 부유한 농민들이 발생했으며 후에 '쿨락'*Kulak*

니콜라이 2세와 그의 가족

라스푸틴

화하였다. 바로 이들이 스톨리핀이 기대했던 건전한 유산자층이었다.

한편 미르에서 이탈한 많은 농민들은 도시로 몰려 임금노동자로서 공업화에 기여하게 되었다. 스톨리핀의 개혁은 그 자체로서는 성공임에 틀림없었다. 보수적이라고는 하나 합리적 개혁을 시도함으로써 전면적인 사회개편은 아니었어도 그의 부분적 목표는 달성했다. 그러나 아직도 대부분의 농민들은 미르의 제약하에 있었으며 토지 부족과 빈곤은 계속되었다.

스톨리핀이 그의 적인 사회혁명당의 테러 단체의 일원에 의해 암살되자 그같은 시도는 좌절되고 말았다. 수염을 기른 괴승(怪僧) 라스푸틴 Rasputin 과 알렉산드라 Alexandra 황후의 세력이 드디어 러시아를 지배하게 되었으며 그나마 싹텄던 개혁사상도 무참히 짓밟히어 반동정치는 1차 대전 전까지 다시 계속되었다.

1차 대전 이전까지 러시아는 난폭하고 야만적이며 시행착오적이긴 하면서도 확실히 서구적 방향으로 움직이고는 있었다. 유산층이 점차 형성되어 갔고 의회정부는 아니더라도 의회는 존재하였으며 개혁의 기운은 점점 드높아 갔다. 1905년의 혁명이 비록 완전히 성공하지는 못했어도 개혁의 지도자들은 새로운 날이 꼭 와야 한다고 믿고 있었다.

3월혁명과 임시정부의 수립

러시아의 1차 대전 참전은 차르 정부에게 견디어 낼 수 없는 시련을 주었다. 전쟁으로 인하여 정부와 인민의 총체적 협력이 어느 때보다 절실히 요구되었고 이에 애국심이 강한 중산층이 호응하였다. 그러나 개전 벽두의 탄넨베르크와 마주렌 호수의 대참패 및 200만 러시아군의 전사는 정부의 약점을 완전히 폭로하여 국민들의 애국심은 사라지게 되었다. 또한 전쟁이 장기화됨에 따라 강제노동과 물자의 궁핍으로 인해 국민의 생활이 어렵게 되자 여론도 분열되기에 이르렀다.

그러나 라스푸틴은 여전히 모든 권력을 장악하고 반동정치를 계속하여 두마를 해산시키는 한편 지식인들의 개혁사상을 말살하려 하였다. 또한 차르 정부의 행정은 비능률적이고 부패해서 식량 문제를 해결하기 위한 배급제도 같은 것조차 제대로 수행할 수 없었다. 전쟁은 이와 같이 러시아를 잠식해 오고 있던 여러 사회적 모순을 더욱 확대시킨 결과가 되었으며 이에 많은 온건한 사람들조차 혁명의 필요성을 인정하게 되었다.

혁명의 발단은 식량 부족에 따른 노동자들의 폭동에서 시작되었다. 1917년 3월 8일 페트로그라드(1차 대전 중 페테르스부르크가 바뀐 이름)의 노동자들이 식량난 때문에 폭동을 일으키자 혁명가들도 이들을 지지하여 결국 식량폭동은 정치적 폭동으로 변하였다. 이들은 '차르 타도'와 '전쟁 반대'를 부르짖으며 정치범을 석방하고 정부 관리를 체포하였다. 이들을 진압키 위해 동원된 군대조차 오히려 합세하여 국민을 지지하기에 이르렀다. 이들 혁명의 주도적 세력인 노동자와 병사들은 합세하여 노동자-병사협의회인 소비에트를 결성하여 새로운 군대를 조직하고 식량배급에 주력하면서 그 실력을 행사하기 시작하였다.

동궁 앞에서 혁명군에 가담하는 러시아 병사들

한편 두마는 사태 수습의 책임을 절감하고 새로운 내각의 조직을 요구하면서 정국을 관장하기 시작하였다. 이와 같이 표면적으로는 2원적 과도체제가 공존하고 있기는 하였지만 소비에트는 아직 권력기구로서의 기능을 수행하지는 못하였다. 오히려 많은 지도자들이 참여하는 듀마가 중요한 역할을 하고 있었다.

곧 소비에트와 두마 간에 상호 교섭이 진행되어 러시아에 정치적 자유의 보장과 의회소집에 합의를 보는 한편 혼란을 수습하기 위한 임시정부 수립에도 합의를 보았다. 자유주의자인 르포프Lvov공자를 수반으로 하여 조직된 임시정부에는 입헌민주당 및 기타 온건파가 다수를 차지하였다. 또한 사회주의자로서 준법 정신이 강한 사회혁명당의 케렌스키Kerensky도 참여하게 되었다.

한편 전선을 시찰 중이던 차르는 귀환하려고 하였으나 군대에 의해 저지당하고 권고에 의해 마침내 3월 17일 퇴위하게 되었다. 이로써 1613년 이래 군림해 온 로마노프왕조는 끝나 버리고 임시정부가 정권을 장악하게 되었다.

새로운 정부는 즉시 보통선거에 의한 의회의 설립, 언론·출판의 자유를 선포하고, 토지개혁 등을 약속하면서 전쟁을 계속할 것을 주장하였으나 기본적으로 소비에트와 그 주장이 일치하지 않았다. 더욱이 4월 이후 소비에트가 강화됨에 따라 그 대립은 더욱 날카로워졌다. 4월에 전 러시아 소비에트대회가 개최되어 그 위세가 더욱 커져 갔다. 처음 소비에트에는 사회혁명당과 멘셰비키 세력이 강하였으나 4월 독일의 밀봉열차(密封列車) 편으로 레닌이 귀국하고 5월에 미국으로부터 트로츠키가 귀국하여 볼셰비키에 합세함에 따라 그들의 세력은 크게 강화되었다. 볼셰비키는 소비에트정권 장악을 위하여 임시정부를 공격하는 한편 노동자를 선동하여 7월에 봉기했으나 실패하여 레닌은 핀란드로 피신하였다. 이에 정부는 일반 민중의 지지를 얻기 위해 르포프 공자 대신 사회혁명당 출신의 법무장관이었던 케렌스키를 수반으로 삼았다.

11월혁명과 소련의 성립

그러나 중간노선을 택하였던 케렌스키 정부는 좌·우파의 공격을 동시에 받아야 했다. 코르닐로프 장군이 주도한 우익폭동은 일단 실패하였으나 좌익의 볼셰비키는 계속 세력을 키워 갔다. 이들은 마르크시즘의 이론보다 러시

젊은 시절의 스탈린

군중 앞에서 연설하고 있는 레닌

아의 현실적 문제를 들고 나와 '빵과 토지와 평화'를 약속하면서 과감성이 없
는 정부를 공격하였다. 드디어 중요 도시의 소비에트가 볼셰비키의 수중으로
들어가고 10월에 귀국한 레닌과 트로츠키의 주도하에 '모든 권력을 소비에트
로' 집중시키기 위한 폭력혁명이 계획되었다.

이들은 권력 장악의 시기를 1917년 11월 7일로 결정하고 전 러시아 소비
에트대회를 개최키로 하였다. 몇몇 분자의 반대를 무릅쓰고 볼셰비키는 페트
로그라드의 군대의 지지하에 6일 밤 중요 국가 시설을 접수하였으며 다음날
새벽 임시정부의 해산과 혁명위원회의 정권 장악을 선포하였다. 11월 8일
소비에트인민위원회가 조직되어 레닌이 의장에, 트로츠키가 외무인민위원에,
스탈린이 민족인민위원에 임명되었다. 이어서 사유재산의 폐지와 토지 무상
몰수가 결의되었다. 볼셰비키혁명은 이렇게 하여 이루어진 것이다.

레닌

이제 남은 문제는 제헌의회의 개설이었다. 1918년의 총선거에서 대중의
광범한 지지를 받은 것은 볼셰비키가 아니라 러시아 민족주의에 충실한 사회
혁명당이었다. 그러나 볼셰비키는 이 결과를 인정하지 않았다. 제헌의회에 권
력을 위임하는 것은 다시 부르주아와 타협하는 것이라고 주장하여 무력으로
제헌의회를 해산하고 볼셰비키 이외의 정당을 거부하였다. 이들 볼셰비키는
다수지배를 부정하고 프롤레타리아의 계급지배를 택한 것이니 곧 프롤레타
리아 일당독재가 수립된 것이다.

한편 볼셰비키정부는 자신의 통치를 강화할 목적으로 연합국에게 전쟁중
지를 선언했으나 반대에 부딪혔다. 그러자 광대한 영토를 상실하면서까지 독
일과 단독으로 브레스트-리토프스크조약을 체결하였다. 이러한 동구의 영토
상실은 레닌의 이론에 따르면 곧 유럽의 제국이 사회주의화할 것이므로 궁극
적으로는 손실이 아니라는 것이었다.

트로츠키

신정권은 1918년 볼셰비키를 러시아공산당으로 개칭하고 수도를 모스크
바로 옮겼다. 이어 러시아의 도시와 농촌을 더 상세히 나누어 소비에트공화
국을 수립하였다. 처음에는 러시아만을 대상으로 하여 소비에트공화국을 조
직하였으나 후에 우크라이나 외 4개 지역으로 점차 이를 확대하여 1923년
에 소비에트사회주의공화국연방 *The Union of Soviet Socialist Republic*
(U.S.S.R.)이 조직되었다.

신경제정책

혁명의 이념하에 경제 정책은 급격히 변화하기 시작하였다. 사유재산이 폐
지되고 토지와 모든 자원은 국유화되었다. 기간산업은 정부가 관리하게 되었
고 공장은 노동자에 의해 관리되었다. 농민은 새로운 토지를 정부로부터 받

았으며 모든 생산과 분배는 정부의 통제에 의하여 실시되었다.

제도적으로는 공산주의 원리에 충실하였으나 그 결과 오히려 생산은 증가되지 않고 급격히 위축되었다. 농민들은 분배받은 토지의 주인이 국가라는 점에 불만을 표시하고 지정량의 곡물 제공을 거부하여 격심한 식량위기가 닥쳤으며, 노동자들의 무지와 무능으로 공장의 생산은 크게 감소되었다. 무엇하나 제대로 되어 가는 것이 없었다. 또한 혁명과 함께 닥쳐온 가뭄으로 소련은 고질적 인플레에 시달리게 되었다. 수백만 명이 기근으로 죽었으며 생산수준은 1914년의 그것보다도 수십 년이나 후퇴하였다.

이에 레닌은 사회주의가 너무 급격히 진행되었다고 판단하여 경제 정책의 변경의 필요성을 인식하고 이른바 신경제정책(新經濟政策) *New Economic Policy*(N.E.P.)으로 전환하였다. 원칙적으로는 기본적인 생산 공장의 국유화가 지속되었으나 상당한 부분에서 자본주의경제가 허용된 것이다. 개인의 상업활동이 허용되었고 농민은 자유로이 농산물을 판매할 수 있게 되었으며 소규모의 개인 기업이 허락되고 상인의 활동조차 인정되었다. 이러한 네프*NEP*는 자연 부농(富農)인 쿨락에게 유리하였으며 부유층의 상업계급에게도 유리하게 되었다. 결국 1921년부터 1927년까지 실시된 네프는 전시공산주의 체제의 모순을 자본주의 경제로 극복하여 생산을 증가시키려는 것이었다. 그러나 네프하에서 성장된 경제 수준도 대단한 것은 못 되었다. 단지 1913년의 경제 수준으로 환원된 정도였다. 즉 혁명이 없었더라면 도달했을 것으로 예상되는 수준에는 훨씬 미달된 것이었고 진정한 의미의 진보란 없었다고 해도 과언이 아니다.

스탈린 치하의 소련

사망한 후(1924) 레닌은 거의 마르크스와 같이 신성시되기에 이르렀다. 많은 볼셰비키들은 그를 숭배하면서 그 이름을 빌려 주도권을 다투게 되었다. 정권투쟁은 당을 장악하고 있던 스탈린과 이론가로서 뛰어났던 트로츠키와의 대결로 나타났다. 트로츠키는 레닌의 신경제정책의 나태성을 공격하면서 자본주의가 지배하는 세계의 모든 전선에 프롤레타리아의 혁명을 주장하는 영구혁명론을 전개하여 세계혁명의 대변자로 자처했다. 이에 대해 스탈린은 일국(一國)사회주의론을 내세워 먼저 러시아의 사회주의화에 힘쓸 것을 주장하면서 농민의 대우 개선이나 외국과의 국교회복 등을 주장하였다. 1927년 양자가 대결한 결과 스탈린의 승리가 결정되고 트로츠키는 국외로 추방되었다.

당은 트로츠키를 축출하자마자 곧 급속한 공업화와 농업집단화를 목표로

스탈린 우상화 정책

한 계획경제를 채택하여 제1차 5개년계획(1928~1932)과 2차 5개년계획 (1933~1937)을 추진하였다. 제3차 계획은 1941년 독일과의 전쟁으로 중단 되고 말았다. 계획 경제의 목적은 네프의 자본주의적 요소를 없앰으로써 마르크스주의에 충실한 정책을 추진하여 전후의 복구와 공업 생산의 증가를 꾀 하는 것이었다. 제1차 5개년계획은 중공업의 건설에 있었다. 그것도 외국의 자본을 빌리지 않고 추진하는 것이었다. 따라서 농업국이 단시일에 공업국이 되기 위하여는 기타 부문에 많은 희생을 치러야 했다. 국민의 소비 생활이나 경공업은 큰 타격을 받았으며 사회적 희생이 뒤따랐다. 그럼에도 불구하고 소련은 계획 경제를 통하여 중요한 자본재(철·석탄·석유) 건설에서는 성공

집단농장의 농민들
(1930년대)

을 거둘 수가 있었다.

집중적 공업화와 함께 집단농장을 중심으로 하는 농업의 집단화가 뒤따랐다. 농민들이 소유한 토지와 가축은 집단농장으로 통합되었으며 이에 반대하는 수천의 쿨락이 살해됨으로써 유능한 영농가(營農家)들이 전멸하게 되었다. 1,000에이커를 단위로 하여 농장이 운영되었으며 이에 자본 투입과 트랙터 등의 기계 사용이 증대되었다. 그럼에도 불구하고 농업의 집단화는 농업생산고를 증가시키는 데는 성공하지 못하였다. 다만 농업 생산물에 대한 정부 통제의 구조 형성에 성공함으로써 불필요한 노동력을 도시로 집중시키어 새로운 공업 활동에 이용할 수 있게 하였다.

스탈린은 이제 사회주의 정책이 대단한 성공을 거두고 있다고 판단하여 제2차 5개년계획이 한창 진행되고 있던 1936년 신헌법(스탈린헌법)을 공포하였다. 이 헌법은 보통선거권을 부여하였고 인종차별주의를 배척해 소수민족에게도 선거권을 부여하여 다소 독재의 성격을 완화시키기는 하였다. 그러나 선거에 있어서 입후보를 엄격히 제한하고 공산당 이외의 정당을 허용하지 않았으므로 그것은 기본적으로 민주주의를 표방하고 있는 것은 아니었다.

한편 자신의 정책에 비판적이었던 좌·우파의 세력에 위협을 느끼기 시작한 스탈린은 1930년대에 이른바 '숙청재판'으로 사회주의 건설의 수많은 협조자들을 무참히 처형하였다. 농업의 집단화를 점진적으로 추진할 것을 주장하는 부하린과 우파들을 자본주의를 부활하려 한다는 죄목으로 모두 처형하였으며, 지노비에프와 카메네프 등은 좌파의 거물인 트로츠키와 내통하여 반역적 행위를 음모하고 있다 하여 전원을 처형하였다. 요컨대 스탈린에게 절대 충성을 약속하지 않은 나이 지긋한 볼셰비키들은 대개가 1930년대의 숙청으로 처형되고 말았다. 이제 스탈린에게 묵종(默從)하는 젊은 집단만이 스탈린 체제에 충실한 역군이 되었다. 이렇게 하여 철저한 독재국가가 수립되었던 것이다.

제2절 서구 민주진영 국가들의 발전

위기의 20년

민주주의를 수호하기 위해 전쟁에서 주도적 역할을 맡아 온 영국·프랑스·미국 등 전승국들은 베르사이유조약 이후 제각기 전쟁이 초래한 정치적·경제적 혼란의 수습을 위해 국내의 문제를 해결하는 데 몰두하게 되었다. 이제 민주주의는 이들 전승(戰勝)민주주의국가의 공통 신념이 되어 보통선거제도가 확립되었고 국민투표권·의안제출권·공직해임권 등이 많은 나라에서 채택되었다. 서구 열강들의 평화와 민주주의에 대한 노력은 민주주의를 크게 발전시켰음에 틀림없었다.

그러나 이들은 자국의 문제 해결에만 열의를 보였을 뿐 새로이 발생되고 있던 국제 문제에는 무관심하였다. 이들은 로카르노정신을 과도히 신봉하여 인류의 미래를 낙관시한 것이다. 1920년대 말부터 공황의 위기와 함께 전체주의국가들이 등장함에 따라 전후의 1920년 간의 시기는 진정한 평화를 보장한 시기가 아니라 위험한 휴전의 시기였음이 드러나게 되었다. 그럼에도 불구하고 전승 민주주의국가들은 이에 대처할 수 있는 영향력을 보여 주지 못하였다.

영 국

1차 대전으로 영국은 큰 진통을 겪어야 했다. 당시 세계 제일의 공업국이면서 연합국의 맹주 역할을 해 온 영국은 전쟁 중에 자유당의 로이드 조지 Lloyd George를 중심으로 하는 거국내각이 조직되었다. 그는 적극적으로 전쟁에 임하는 한편 국내 문제에 있어서도 참정권 확대를 통해 민주화에 주력하였다. 즉 1918년 새로운 선거법을 통과시켜 성년남자와 30세 이상의 부인에게 선거권을 부여하였던 것이다. 참정권의 확대 문제는 그 뒤에 더욱 진전되어 1928년에는 21세 이상의 남녀 전원에게 선거권이 부여되어 보통선거제도가 확립되었다.

비록 참정권이 확대되기는 하였지만 전후의 영국은 다른 모든 면에서는 심각한 위기에 봉착하였다. 전후의 부채(負債)도 전전보다 10배로 증가하였으며 다른 나라와는 달리 심한 경제적 압박과 대량실업으로 고통을 받고 있었다. 이러한 경제불황에 따라 노동자들의 계급의식이 점차 확대되기 시작하여 노동당이 현저히 진출하게 되었다. 1922년 로이드 조지가 물러난 후 실시된 총선거에서 노동당은 분열된 자유당을 앞질러 보수당 다음의 제2당으로서의 위치를 확보하게 되었다. 이어 노동당은 보수당의 보호무역 정책에 반대하고 산업의 국유화를 내세워 1924년 보수당을 앞지르고 자유당과 연립하여 맥도널드MacDonald(1866~1937)를 수상으로 하는 정부를 구성하였다.

맥도널드

그러나 맥도널드 내각은 연립내각이었으므로 노동당은 온건한 정치 노선을 취하게 되어 실업의 구제 강화, 주택 및 공공 사업의 확장 정도에 힘썼을 뿐이었다. 비록 외교 정책에서는 로카르노조약을 인준하며 도즈안을 승인하고 소련을 승인하는 등 활발한 움직임을 보였으나 영국 노동자들의 공산혁명을 촉구하는 이른바 '지노비에프 서한'이 공개됨으로써 맥도널드 내각은 실각하고 또다시 보수당 내각이 수립되게 되었다.

1924년의 선거에서 보수당이 승리하여 볼드윈Baldwin 내각이 4년 간 집권하였으나 보수당의 정책으로는 불황을 극복할 수가 없었다. 1929년 노동당은 또다시 보수당에 승리하여 맥도널드의 제2차 노동당 내각이 재집권하게 되었다. 그러나 이 내각도 충분한 의석을 확보하지 못하였으므로 자유당과 제휴할 수밖에 없었다. 두 번에 걸친 노동당 내각은 이와 같이 산업을 국유화할 정도로 강한 세력을 확보하지는 못하였으나 종전의 보수당과 자유당의 대결을 보수당과 노동당의 대결이라는 새로운 양당정치의 판도로 바꾸어 놓고 말았다.

그러나 노동당 내각도 1929년의 대공황을 이겨낼 수는 없었다. 실업자의 수가 100만 명에서 300만 명으로 증가하였다. 드디어 1931년 8월 노동당 내각은 실업 문제를 해결하지 못하고 사퇴하였다. 이어서 새로운 초당적(超黨的) 연립 내각이 구성되어 파운드화 절하(切下)와 보호관세 정책을 추진하는 등 소극적인 불황의 억제책을 강구하였다. 그 뒤의 1935년 및 1937년의 연립 내각도 대개 균형예산을 유지하며 공황에 대처해 나갔으나 완전한 회복을 보지 못한 채 파시즘의 위협에 관심을 돌리게 되었다.

프랑스

대전 후 가장 큰 피해를 입은 나라는 프랑스였다. 프랑스는 전승국이었지만 대전의 주전장(主戰場)이 되었으므로 물질적으로나 인명상으로 가장 큰 피해를 입었다. 따라서 프랑스는 이 모든 손실을 독일로부터 보상받고자 하였다. 베르사이유조약에서 미국·영국과 달리 독일에 가혹한 조건을 내세운 것도 그와 같은 이유에서였다. 아울러 프랑스는 역사적으로 숙적이었던 독일을 이 기회에 더욱 약화·고립시켜서 재기 불능의 상태로 만들고자 하였다.

국민의 최대 관심사였던 알사스-로렌 지방을 점령하기는 하였으나 러시아의 전쟁 포기와 미국의 참전으로 독일로부터 보다 많은 이권을 획득할 수는 없었다. 윌슨의 이상주의가 프랑스의 대독 정책을 다소 방해했으나 프랑스는 일단 베르사이유조약을 적극적으로 이행하려고 하였다.

이러한 프랑스 국민의 감정은 1919년 11월에 실시된 총선거에 잘 반영되었다. 반공산주의와 대독강경정책을 내세운 우익의 국민블록이 승리한 것이다. 국민블록이 승리함에 따라 여러 정책들이 강경하게 추진되었다. 1923년 1월 수상이었던 프왱카레Poincare는 독일의 배상금 지불을 촉진시키기 위해서 루르 지방을 점령하였다. 그러나 루르 점령은 실제로 프랑스에게 별로 소득을 가져다 주지 못했다. 또한 인플레이션으로 국내 경제가 혼란해지자 국민들은 국민블록을 불신하게 되었다. 그 결과 1924년의 선거에서 좌익의 연합 세력이 승리하여 급진사회당의 에리오Herriot가 수상이 되었다.

득세한 좌파연합세력은 기본적으로 인플레이션 문제를 해결하지는 못하였지만 외교 문제에서는 괄목할 만한 진전을 보였다. 브리앙은 전후 계속 외상에 머물러 있으면서 일관된 외교 정책을 추진하였던 것이다. 그의 기본 외교 방침은 독일과 러시아를 국제 사회에서 고립화하는 한편 열강 제국의 집단보장에 의해서 유럽의 질서를 수립하려는 것이었다. 그리하여 그는 소련을 승인하고 도즈안을 성립시켰으며 루르에서 철병을 단행하고 로카르노조약 및 부전조약 등을 체결하였다. 또한 그는 폴란드 · 체코슬로바키아 · 루마니아 · 유고슬라비아 등과 소협상(小協商) *Little Entente* 체제라는 집단안보체제를 구축하여 러시아와 독일의 위협에 대처해 나아갔다.

좌익연합세력이 외교 정책에서 큰 진전을 보인 것은 사실이지만 대내 정책에서는 성공을 거두지 못하였다. 기본적으로 프랑스의 재정적 위기를 해결하지 못하였던 것이다. 재정상의 위기는 막대한 전비의 지출이나 국외투자의 상실 및 낙후한 과세 제도로 인한 대대적인 탈세 등에 원인이 있었다. 결국 좌익연합세력은 단호한 조치를 취하지 못하여 경제적 난관을 극복하지 못함으로써 정권은 다시 국민블록으로 넘어가게 되었다.

1926년에 다시 수상이 된 프왱카레는 각파의 인물을 규합하여 국민연합내각을 조직하였다. 그는 단호한 정책으로 징세 사무를 강화하고 정부 지출을 감소시키는 한편 프랑화를 대전 전 가치의 5분의 1로 안정시켜 재정 위기를 타개해 나갔다. 그 결과 프랑스는 1926년부터 1929년 사이에 경제적으로 안정되어 번영을 맞게 되었다. 파괴된 공장 대신에 현대적 공장이 건설되고 공업생산지수가 올라가고 관광객이 몰려들었다.

이러한 경제적 안정이 정치적 안정을 보장해 주지는 못하였다. 뿐만 아니라 세계대공황은 미국이나 독일과 같은 강도는 아니더라도 1930년 이후 프랑스에도 닥쳐왔다. 이제 정국은 더욱 유동적이 되어 단명내각이 일반화되었다. 이러한 정치적 위기는 1933년 2월 스타비스키Stavisky의 재정부정사건으로 폭발하였다. 그전의 드레퓌스사건처럼 공화주의자들은 단결하여 이 위기를 모면하는 듯했으나 이미 국민은 그들을 불신하고 새로이 사회주의를 지지하게 되었다.

1936년 총선거에서 급진사회당 · 사회당 · 공산당이 규합한 이른바 인민전선이 승리하여 사회당의 레옹 블룸Léon Blum이 이끄는 인민전선내각이 형성되었다. 이 내각은 고전적 긴축재정으로 위기를 타파하려 하지 않고 중요 산업의 국유화, 노동분쟁의 강제중재, 사회복지정책 등의 혁신적 개혁을 내세웠

레옹 블룸

다. 그러나 이를 수행하기엔 시기가 너무 늦었다. 유럽에 파시즘이 대두됨에 따라 프랑스 역시 재무장을 해야 하는 문제와 인민전선 내에서 공산당의 비협조 및 공화주의자들의 불신으로 야심적이었던 블룸의 계획은 1937년 실패하였다. 비록 제3공화국은 구했을지 모르나 인민전선내각이 붕괴된 후 프랑스는 크게 분열되었다. 노동자들은 인민전선의 붕괴에 불만이었고 유산계급은 위기를 느끼고 '레옹 블룸보다 히틀러가 더 낫다'고 생각하기도 하였다. 이들은 다 같이 절망적이고 분열된 상태에서 2차 대전을 맞게 된 것이다.

미 국

1차 대전으로 미국도 인적 물적 손실을 받은 것은 사실이지만 다른 나라와 비교해 본다면 극히 적은 편이었다. 오히려 미국은 이 전쟁을 통하여 경제적 대번영을 맞게 되었다. 전쟁 전에는 채무국이었으나 전후 채권국으로 되면서 세계경제의 주도권을 장악하였다. 세계 도처에 미국 자본이 미치지 않는 곳이 없었다. 1920년대야말로 미국의 최대 번영기였다. 풍부한 자원과 시장을 바탕으로 공업·기계·생산업 등 중요 산업이 급속히 진전되었다. 자동차·영화 산업이 붐을 이루고 자본가와 노동자가 제각기 소기의 목적을 위해 자유로이 활동할 수 있었다. 오늘날 미국적이라고 할 수 있는 것들이 이 시대에 많이 나타났으며 비즈니스화가 급속히 이루어져 갔다.

하딩

그러나 정치적인 면에서 볼 때 미국은 고립주의에 휘말려 들어가고 있었다. 비록 미국이 독일의 경제부흥에 공헌했고 켈로그-브리앙조약으로 국제평화에 기여한 바 없지는 않으나 기본적으로 미국은 국제 문제에서 냉담한 태도를 취하였다. 국내에서 민주당의 윌슨의 신자유주의는 크게 환영받지 못하여 그 뒤 공화당의 하딩Harding(1921~1923), 쿨리지Coolidge(1923~1929), 후버Hoover(1929~1933)가 백악관을 차지하게 되었다. 그렇지만 미국의 국제연맹에의 가입은 끝내 거부되었다. 또한 미국은 연합국의 대미차관의 상환을 집요하게 촉구했는가 하면 외국인의 이민을 대폭적으로 제한하였고 외국 상품에 대하여 높은 관세를 부과하였다. 대부분의 미국민들은 더 이상 유럽에 간섭할 필요가 없다고 판단하여 전후의 유럽 문제에서 물러나기를 원했던 것이다.

후버

1929년 뉴욕 증권거래소의 파산으로 일어난 대공황은 먼저 미국에게 가장 치명적일 수밖에 없었다. 그러나 번영의 절정기에 당선된 공화당의 후버 대통령은 공황을 순간적인 현상으로 판단하여 곧 회복될 것으로 낙관하였다. 그는 정부의 대대적인 간섭을 원하지 않았으며 직접적인 구호 대책을 취하는 것도 반대했다. 이에 분노한 농민은 1932년의 선거에서 새로운 정당과 인물

뉴욕 주식시장의 폭락
(1929년 10월)

을 지지하였다.

새로 당선된 루스벨트Franklin Roosevelt(1933~1944) 대통령은 신속성과 열성을 갖고 많은 실험적인 계획에 착수하였다. 뉴딜*New Deal*이라 불리는 그의 정책은 기본적으로 정부 자본의 활용을 통해 국가가 재정에 통제를 가하여 공황을 극복하자는 것이었다. 이에 따라 실업자 구제를 위한 재정 보조가 제공되고 공공 사업을 추진하여 실업자를 흡수하는 한편 연방정부가 직접 각종 사업 계획을 수립하고 감독하였으며 달러의 평가절하를 단행하는 등 다방면에서 개혁과 통제를 강화해 나아갔다. 또 많은 법이 제정되었으니 1933년의 농업조정법*A.A.A.*, 전국산업부흥법*N.R.A.*, 1935년의 사회보장법*Social Security Act*, 1937년의 와그너법*Wagner Act* 등이 그 대표적인 것들이다.

루스벨트

루스벨트혁명이라 불릴 수 있는 이 뉴딜정책의 영향은 대단히 컸다. 그는 연방 정부의 권한을 확대시켜 부의 재분배에 관여하였고 사회보장제도를 확립하여 복지국가를 확립시켰으며 노동자의 권리와 정치적 영향력이 신장되도록 보장하였다. 이제 국가의 권력과 기능에 대해 미국인들은 새로운 인식을 갖게 되었다.

이탈리아

이탈리아는 1차 대전에서 전승국이면서도 패전국과 같은 패배 의식을 갖게 되고 말았다. 원래 정치적 통일이 늦어져 해외식민지를 별로 갖지 못한 데다가 자원마저 빈약하여 공업의 발전은 더디었다. 공업은 북부에 편중되어

발전하였으며 중부 이남은 농업에 의존하고 있었으나 식량조차 수입하여야
하는 형편이었다.

이러한 경제 구조상의 대립은 정치적으로도 혼란을 일으키기 일쑤였다. 미
수복지를 찾기 위해 대전에 참전하였으나 종전 후 피우메의 병합이 실현되지
않자 국내 불안이 크게 고조되었다. 이탈리아 국민은 자신들이 헛되이 피를
흘렸다고 생각하게 되었으며 아무 소득이 없었던 전쟁의 책임을 정부에 전가
시켰다. 또한 전쟁에서 돌아온 청년들은 실업자가 되었다. 전후 산업은 위축
되고 생산은 저하되어 국가의 재정은 절망 상태였으며 정부의 위신은 땅에
떨어졌다. 어느 계층이건 만족스러울 수 없는 형편이었다.

정치적으로도 군소정당제로 인하여 의회는 무능하게 되었다. 1919년 사회
당이 득세하자 노동자의 세력은 증대되어 도처에서 파업과 폭동이 일어나 북
부의 많은 공장이 노동자들에 의해 점령당하기도 하였다. 농촌의 농민조차
토지에 불만을 표시하여 임의로 약탈과 폭동을 자행하였다. 이제 이탈리아는
기존의 체제나 온건한 정책으로는 평화를 되찾기 어렵게 되고 말았다. 이런
경우 국민의 감정은 극단적인 사상에 휩쓸리게 마련이었다. 곧 새로운 과격
한 인물이 정권을 잡도록 되어 버렸다.

제3절 바이마르공화국과 독일의 재건

독일공화국의 동요

독일 국민은 전쟁에서의 패배를 직접 목격하지 못했으므로 전쟁에서 패배
했다는 사실을 인식하려 하지 않았다. 뿐만 아니라 독일군도 자신들은 충분

제1회 독일 국민의회

히 더 싸울 수 있음에도 불구하고 독일이 항복하게 된 것은 독일 내부의 정치
인들에 의해 농락당한 것이라고 믿게 되었다. 베를린 등에서 폭동이 일어나
자 빌헬름 2세는 퇴위하였고 사태의 수습을 맡은 사회민주당의 에베르트
Ebert는 공화국을 선언하였다. 사회민주당은 비교적 온건한 개혁을 주장하였
으므로 이에 불만을 품는 세력이 대두되었다. 그중 하나가 독립사회민주당이
었다. 그들은 독일에 급진적 사회주의를 실현하고자 스파르타쿠스단 *Spar-
takus bund*을 조직하여 러시아식 프롤레타리아혁명을 선동하여 폭동을 일으
켰다(1919년 1월). 이에 사회민주당은 군을 동원하여 쿠데타를 무력으로 진
압하였다. 이 폭동을 지도하던 공산당의 리프크네히트 Karl Liebknecht와 로
자 룩셈부르크 Rosa Ruxemburg 등이 체포되어 살해됨으로써 스파르타쿠스단
의 폭동은 진압되고 말았다.

스파르타쿠스단

　패전에 따른 공화국의 위협은 이로써 끝나지는 않았다. 1920년 3월 사회
민주당에 불만을 가진 군의 장교들이 무장폭동 *putsch*을 일으켰다. 카프폭동
*Kapp Putsch*이라 불리는 이 폭동은 꼭두각시인 카프 박사를 수반으로 동프
로이센의 관료들이 정권을 장악하고자 한 것이었다. 그러나 에베르트의 조종
을 받은 베를린의 노동자들이 동맹파업을 일으켜 공공 시설을 마비시킴으로
써 카프폭동은 좌절되고 공화국은 구출되었다.

리프크네히트(가운데)와
로자 룩셈부르크(오른쪽)

바이마르공화국의 수립

1월 폭동이 진압된 직후 공화국은 제헌의원 선거를 실시하였다. 많은 정당 가운데서 사회민주당이 40%의 지지를 획득하였다. 1919년 2월 바이마르에서 최초의 국민의회가 소집되었으며 에베르트가 대통령으로 취임하고 베르사이유조약이 승인되었다. 이어서 헌법 제정 작업에 착수하여 8월에 이르러 이른바 바이마르헌법이 공포되었다.

이 헌법은 가장 민주적이며 진취적인 것으로 전해지고 있다. 주권재민의 원칙이 확립되어 있으며 20세 이상의 남녀에게 이른바 보통선거권이 주어졌으며 의원은 비례대표제로 선출되었다. 내각은 보통선거에 의해 구성된 하원 *Reichstag*에 대하여 책임을 지고 있었으며 대통령은 임기 7년으로서 국민의 직접선거로 선출되도록 되어 있었다. 대통령에게는 조각권·군통수권·의회 해산권 및 조약체결권 등이 부여되었으나 의회의 권한은 막강하여 이러한 조치를 중지시킬 수가 있었다. 결과적으로 볼 때는 대통령 권한은 제한될 수밖에 없었으며 대신 내각의 수상이 실권을 장악하게 되었다. 이 헌법은 당시의 사회·경제적인 환경을 고려하여 사유재산과 상속권을 보장하였으며 국민의 노동의 권리를 보장하여 노동자의 단결권·단체교섭권 및 공장 경영에 의사를 반영할 권리를 부여하였다.

이 헌법은 제도적으로는 철저히 민주적이었지만 독일은 아직도 이러한 제도를 받아들이기에는 많은 문제점을 갖고 있었다. 봉건적 융커 세력이나 우익의 관료적 세력 및 지방할거적 연방제 등은 새로운 공화국을 위협하는 요소들이었다. 전제적인 구제정이 하룻밤 사이에 가장 진취적이고 민주적인 헌법으로 바뀐 것이다. 바로 여기에 문제점이 있었다. 뿐만 아니라 바이마르공화국은 불행히도 전쟁의 책임에 대한 십자가를 질 수밖에 없었다. 독일 국민의 불만과 전후의 모든 사회적 불안이나 정치적 혼란 및 인플레이션 등의 위협이 바이마르공화국의 수명을 단축하였던 것이다.

독일경제의 재건

바이마르공화국이 당면한 가장 큰 문제는 경제 문제였다. 더욱이 배상금 지불이 지연되자 프랑스와 벨기에가 산업지대인 루르를 점령함으로써 독일 경제는 더욱 파탄에 이르렀다. 독일의 노동자들이 프랑스의 루르 점령 행동에 반기를 들어 총파업을 일으키자 바이마르 정부는 이들 노동자들의 생계 보장을 위하여 지폐를 남발하였으며 따라서 독일은 걷잡을 수 없는 인플레이션에 빠져들어갔다. 1923년 말 달러 대 마르크의 환율은 1 대 3조였다. 그야말로 최악의 파멸 상태였던 것이다. 이제 독일 사회에서는 기존의 경제적 계층이 무의미해질 수밖에 없었다. 채권자는 쓸모 없는 지폐만 잔뜩 받았을 뿐이며 시민계급은 그들이 중시해 온 윤리관이나 이성을 상실하게 되어 아무것도 존중할 것이 없게 되었다. 이제 독일은 노동자도 중산층도 귀족도 용납될 수 없는 공허한 상태로 돌아가고 말았다. 독일은 이와 같은 상태에서 경제부흥이라는 과업을 달성하지 않으면 안 되었다.

위기를 타개하기 위하여 1923년 독일인민당의 슈트레제만Streseman이 수상이 되고 연립 내각이 구성되었다. 그는 베르사이유조약으로 독일의 활동이 제한되자 소련에 접근하여 군사적인 면이나 물자의 교류면에서 양국의 우호를 증진시키는 한편 인플레 방지를 위해 통화개혁을 추진하여 경제의 안정에 주력하였다. 뿐만 아니라 1924년 도즈안이 성립되어 가혹한 배상지불이 완화되었다. 이어서 미국 자본이 대량으로 독일에 흘러 들어왔다. 미국으로서는 독일 경제를 재건시키지 않고서는 연합국의 배상금을 받을 수가 없었던 것이다. 자연히 프랑스도 루르에서 철병하게 되었다.

슈트레제만

이제 독일은 수년 전의 경제적 파멸을 씻어 버리고 안정을 되찾게 되었으며 번영을 누리게 되었다. 도로·주택·공장·선박업이 상당히 발전하였다. 이러한 경제적 부흥과 함께 정치 문제도 점차 해결되어 로카르노조약이 체결되는가 하면 국제연맹에도 가입하게 되었으며 영안으로 배상액은 훨씬 줄어들었다. 이와 같이 슈트레제만은 독일 경제의 재건이나 외교면에서 커다란 업적을 이룩하였다.

그러나 재건된 독일의 자본주의에는 문제가 있었다. 1925년의 독일 공업이 대전 전의 수준으로까지 올라갔다고는 하지만 기본적으로 그 번영은 외국차관에 의존한 것이었다. 또한 경제 재건의 방향은 산업의 합리화와 기술향상에 있었으므로 노동력이 절감되어 실업자가 대량으로 발생하였다. 말하자면 경제 재건의 토대가 약했던 것이다. 이러한 독일 자본주의의 약점은 1929년 대공황이 발생하자 쉽게 노출되었으며 심대한 타격을 받게 되었다.

급료로 지급된 지폐 더미

제3장
파시즘의 출현

파시즘은 역사에 나타난 어떠한 이즘*ism*보다도 그 본질을 구명하기가 어렵다. 파시즘은 민주주의와 공산주의를 다 함께 배격할 뿐만 아니라 자유나 이성에 대해서도 부정적이다. 이것은 하나의 이데올로기로 파악하기에는 체제가 일관되어 있지 않았고 또한 매우 복잡하였다. 파시스트들은 이론보다 행동을 앞세우고 있다. 따라서 이론은 행동을 위한 하나의 수단이 되고 있는 것이다. 그러나 파시즘이 대두된 여러 지역을 비교하면 하나로 묶어서 설명할 수 없는 차이점들이 있다. 즉 이탈리아·독일 및 스페인의 경우와 동구 독재 국가들의 경우에는 많은 차이점이 있는 것이다.

진정한 의미에서는 동구 국가들의 정권을 파시스트 정권이라고 하기에는 곤란한 점이 있다. 애초부터 그들은 국민의 지지를 받아 성장한 것이 아니었고 다만 관료계급이나 군에 의존하여 독재 정권을 수립하였던 것이다. 이러한 점이 이탈리아나 독일의 파시즘과 다른 점이다. 그렇지만 동구 독재 정권이 우익 중심의 반민주적 정권이었다든가 의회제도 전통이 다 같이 약한 지역에서 발생했다든가 전체주의적 성격을 띠고 있다든가 하는 점 등은 대개 독일이나 이탈리아의 파시즘의 일반적 성격과 공통된 점이라 하겠다. 따라서 파시스트 국가들 간에 나타나는 이질적인 요소들은 그 나라의 특수한 역사적 전통이나 환경에 기인한 것으로 보아야 할 것이다.

파시스트 정권의 대두는 단지 그 나라 자체에만 영향을 준 것은 아니었다. 대공황을 극복하기 위하여 그들은 새로운 영토와 시장을 필요로 하게 되었으며 이를 위하여 거대한 군사력을 키워 나갔다. 1930년대 후반기에 들어서면서 무력진출이 노골화되어 베를린-로마추축(樞軸)*Berlin-Rome Axis*이 성립되었고 일본도 이에 가담하여 세계는 또다시 민주주의 세력과 추축세력으로 대치되었다. 민주주의 세력은 무력 충돌을 방지하기 위하여 유화정책을 썼으나 파시스트 국가들의 세계재분할의 야욕은 줄어들기는커녕 오히려 더욱 증대되어만 갔다. 드디어 1939년 히틀러의 폴란드 침공으로 세계는 1차 대전을 치른 지 20년 만에 또다시 새로운 대전으로 휘말려 들어갔던 것이다.

제1절 파시즘의 본성

과장된 민족주의

파시즘의 본질을 일관해서 일목요연하게 설명하기는 곤란하나 몇 가지 근본 특징을 열거할 수는 있을 것 같다.

파시스트들은 먼저 민족주의를 크게 내세워 과장하고 있다. 그들은 사회를 살아 있는 하나의 유기체로 간주하여 개인은 그 속의 단세포에 불과할 뿐이며 독립적인 존재일 수가 없다고 주장하고 있다. 이러한 이론에 따르면 개인은 그가 태어난 사회로부터 모든 것을 부여받아 성장하므로 그 스스로의 의견을 내세워서는 안 되며 자유나 이성을 주장해서도 안 된다는 것이다. 개인이란 다만 전체에 복종하여야 하며 개인의 집단인 국민이나 민족의 의견만이 옳은 의견이라는 것이다.

그러나 그들이 내세우는 민족주의도 그것을 적용하는 데에는 매우 편협한 경향을 나타내고 있다. 다만 그들이 소속된 민족에만 이러한 이론을 적용할 뿐 타민족에 대해서는 거의 배타적인 입장을 취하고 있다. 이러한 배타적 민족주의 사상은 특히 역사적으로 많은 시련과 곤란을 겪은 국가인 이탈리아와 독일에서 강력하게 나타났다. 그러한 시련에 대한 반동이 오히려 과도한 민족주의 의식을 고취시켰다고 볼 수 있겠다.

파시스트들이 내세우는 민족주의는 여기서 그치는 것이 아니었다. 보다 중요한 것은 그들이 1차 대전 후의 모든 사회적 불안과 전승국에 대한 패전국의 불만의 발생을 오로지 민족주의의 대결에서 발생한 것으로 가장함으로써 국민의 지원을 얻게 되었다는 점이다. 그들은 국가 간의 부의 불균형이나 모든 사회 문제는 '가진 나라와 못 가진 나라'의 투쟁에서 비롯되는 것이라고 주장하면서 그들이 속한 국가는 항상 가지지 못한 나라로서 억눌려 왔다고 선전함으로써 국민의 불만을 타국에게 전가시켰던 것이다. 이와 같이 파시스트들은 민족주의로 국민을 선동하여 이용함으로써 정권장악에 성공하였고 모든 불만의 해결책은 전쟁뿐이라고 믿게끔 유도하였다.

그리하여 민족주의와 민족의 단결을 크게 강조하기 위하여 민족을 생물학적인 인종으로 설명하는 경향이 대두되었다. 나치 독일의 경우 이러한 인종주의는 반유대사상으로 나타났던 것이다. 파시스트들은 게르만민족의 인종적 순수성을 더욱 과장함으로써 민족의 단결을 도모하고 온갖 사회 문제의 책임을 유대인에게 전가시키어 그들의 통치 체제를 강화할 수 있었다.

주관적 진리관

다음으로 열거할 수 있는 파시즘의 특징은 파시스트들이 객관성이나 합리성을 무시하고 만사(萬事)를 주관적으로 파악하였다는 점이다. 그들은 진리나 미덕, 정의의 개념을 객관적인 실재와 부합되는 것으로 생각하지 않았다. 따라서 이들에게서 인간의 이성이나 자연권 및 인류의 보편성 및 진보에 대한 신념 등의 합리적 사상은 부정되게 마련이었다.

파시스트가 인정하는 철학은 주관적인 것이어야만 했다. 어떠한 사상이 진리인가 하는 문제는 누구의 사상인가 하는 것에 달려 있었다. 과학관에 있어서도 민주주의적이고 서구적이며 부르주아적인 일반적 과학관과는 다른 '나치과학'이 별도로 성립되었다. 예를 들면 인종주의를 고수하기 위하여 유대인을 실험 재료로 사용한다든가 게르만족의 피의 순수성을 보존키 위해 그들끼리만 결혼케 한다든가, 육체를 예찬하여 미친 사람이나 노인을 편안히 죽인다든가, 학살된 유대인의 시체에서 전쟁에 필요한 물자를 생산해 낸다든가 하는 것이 그들이 말하는 과학이었다.

음악·미술·문학·건축 등 예술에 있어서도 새로운 가치관이 추구되었다. 그들이 속해 있는 민족이나 국가를 표현하는 것이 최고로 가치 있는 예술 활동이었다. 참된 사상은 모두 자취를 감추게 되었다. 조직적이고 되풀이되는 선전활동에 따라 국민은 날조되고 통제된 정보만을 접하게 되었으며 점차 판단의 기준을 잃어 이성을 사용할 능력조차 상실하게 되었다.

이교적 윤리관

파시즘은 또한 폭력을 근본으로 한 이교적인 윤리관을 뚜렷이 보여 주고 있다. 파시즘의 이러한 윤리관은 사실 돌연히 나타난 것은 아니었다. 니체나 1차 대전 이전의 사상가들의 지적 풍토가 파시즘의 윤리관 형성에 영향을 주었던 것이다. 인간은 항상 신중하여야 하며 사색적이어야 한다는 나약한 태도를 과감히 버리고 붉은 피가 끓는 정력을 가지고 생활에 뛰어들어야 한다고 파시스트들은 가르쳐 왔던 것이다.

이에 따라 파시스트 국가들은 대개 청년운동을 조직화하였다. 청년들을 각종 단체에 가입시켜 그들로 하여금 국가의 거대한 중흥에 자신들이 공헌한다고 믿게 하였다. 청년들은 마음보다 육체를 더 존중하여 체육관을 애국심의 도장으로 생각하였다. 젊은 여자들은 아무 불평 없이 부엌일에 만족하고 많은 자식을 낳아 기르도록 요구되었으며 씩씩한 남편을 경외심을 갖고 우러러보도록 교육받았다. 육체에 대한 예찬이 유행하는 반면에 정신은 타락해 갔다. 특히 나치즘은 독일 국민을 건장한 동물의 종족으로 만들어 놓으려고 했던 것이다. 이러한 목적을 수행하기 위해 나치 독일은 동구를 점령한 후 600만 명이 넘는 유대인들을 가스실에 넣어 학살했던 것이다.

폭력예찬

파시즘을 특징짓는 또 하나의 요소는 파시스트들이 폭력을 용납하거나 예찬할 뿐만 아니라 투쟁을 유익한 것으로 생각했다는 점이다. 이러한 폭력과 투쟁의 신념은 산업혁명 이후 대두된 계급투쟁이라는 단어에서 영향을 받은 것으로 보이나 파시스트들은 그 개념을 보다 더 일반화하여 국가 간의 전쟁으로까지 확대시켰다. 그들에게 있어서 전쟁이란 숭고한 것이었으며, 평화와 사랑은 퇴폐의 징조였다. 이러한 전쟁예찬론은 전체주의 국가인 소련에서도 찾아보기 어려운 것이었다. 소련은 자본주의 국가들과 장차의 전쟁이 불가피하다고 생각을 하고 있었으나 전쟁 자체를 도덕적 선이라고 주장하지는 않았다.

독일 국민들은 더욱이 1차 대전의 경험으로 다른 어느 시대보다도 폭력과 투쟁에 익숙해져 있었으므로 파시스트의 선전은 큰 효과를 거둘 수 있었다.

국내에 있어서도 폭력은 횡행하게 마련이었다. 전국을 누비고 다니는 사사로운 무장단체들이 나타났으며 이들은 법을 잘 준수하고 있는 국민을 마구 학대하고 죽이면서도 아무런 처벌을 받지 않았다. 도처에서 '검은 셔츠단'이나 '갈색셔츠단' 등의 제복을 갖춘 폭력배 조직을 볼 수 있었으며 고문이 또다시 상식화되기에 이르렀다.

제2절 이탈리아의 파시즘

무솔리니의 등장

전술한 바와 같이 전승국이면서도 아무런 보상을 얻지 못하고 오히려 패배의식에 사로잡힌 이탈리아는 피우메 항구와 달마치야의 요구가 전시의 동맹국에 의해 거부되자 국민들은 헛되이 피를 흘렸다고 생각하고 과격한 국수주

무솔리니

의자들에게 관심을 집중시켰다.

민족시인이었던 가브리엘 다눈치오Gabriele Danunzio가 의용군을 조직하여 피우메를 점령하였을 때 이탈리아 국민은 이를 열렬히 환영하였다. 비록 피우메는 1920년 라팔로조약Treaty of Rapallo으로 자유시화되었으나 다눈치오의 정열적인 연설이나 경례의식 및 추종자들이 입었던 검은 셔츠 등은 이탈리아 국민이 무엇을 원하고 있었는가를 분명히 말해 주는 것이었다. 그들은 파멸한 이탈리아 국민에게 새로운 생활 터전을 마련해 줄 수 있는 극렬한 변화를 요구하고 있었던 것이다.

이와 같이 무솔리니는 실의에 가득 찬 전후의 시대 배경과 다눈치오의 영향하에서 성장할 수 있었던 것이다. 1차 대전 이전까지 그는 전문적 혁명가, 좌익사회주의자, 과격한 신문기자 등의 경력을 거쳤으며 소렐Georges Sorel 의 「폭력에 대한 반성」이나 니체의 저작 등을 탐독하였다. 대전 중에는 열렬한 민족주의자가 되어 연합국측에 참전할 것을 주장하고 미수복지의 정복을 요구하였다. 하사로서 전쟁에 참가하였다가 제대한 후 그는 주로 제대군인을 모아 전투자동맹Fasci di Combattimento을 조직하였다. '파시'란 고대 로마의 관리들이 권력의 상징으로 갖고 다니던 막대기 다발을 뜻하는 것으로서 결속이나 단결을 나타내고 있었다. 무솔리니는 고대 로마의 영광을 재현하려 하였던 것이다.

그는 전투자동맹을 만든 후 특정한 원리에 따라서 행동한 것이라기보다 기회주의에 입각하여 여러 종류의 폭동을 선동했다. 그의 주장은 사회주의 운동에는 반대하면서도 프롤레타리아의 투쟁이나 노동자의 봉기 및 토지몰수, 중요 산업의 몰수 등을 포함하고 있어 결국 혁명을 적극적으로 자극하고 있었던 것이다.

파시스트 정권의 수립

　이탈리아는 대전 후 다른 나라와 같이 전채(戰債)의 부담과 인플레이션 및 실업으로 곤란을 받았다. 농민들은 도처에서 지주들의 토지를 몰수하였고 도시에서는 중공업 및 교통 기관의 파업이 일어났고 노동자들이 공장의 운영권을 장악하기도 하였다. 또한 거리에는 각종 무장 단체들이 무력 충돌을 일으키며 혼란을 조성하였다.

　그러나 정부는 과감한 행동을 취하지 못하였으며 의회의 기능도 더욱 약화되어 정치적으로 이탈리아는 점차 불안정하게 되었다. 1919년과 1921년의 선거에서 사회당이나 기독교민주당 등의 온건파가 승리했으나 인플레이션과 사회 혼란을 수습할 수는 없었다. 무정부주의자와 공산주의자들은 더욱 사회 혼란을 조장하여 유산계급들은 불안과 공포를 경험하게 되었다. 이제 의회의 자유주의자들조차 극렬 분자를 소탕하기 위하여 파시스트당에게 총을 제공하였고 유산계급은 재정적으로 지원하였다.

　무솔리니는 이러한 호기회를 놓칠 인물이 아니었다. 그는 국왕에게 충성을 맹세하여 스스로 국가의 질서 및 법률의 보호자로 자처하고 민족을 와해시키려는 세력에 대하여 투쟁을 약속하였다. 따라서 많은 애국자와 민족주의자들

로마 진격(1922년 10월)

이 무솔리니에게 호응하였다. 공산주의자들과 사회주의자 및 기독교민주당원 등이 파시스트에 의해 살해되고 소탕되었다. 살인, 방화, 피마자기름 세례 등의 독특한 방법으로 수천 명의 반파시스트들이 생명을 잃었다.

파시스트당은 1921년의 선거에서 500석 가운데 35석을 차지함으로써 떳떳한 정당으로 대두되기 시작하였다. 1922년 말 당원은 30만 명을 넘어섰으며 전국의 중요 기관은 그들의 수중에 넘어갔다. 의회는 뒤늦게 파시스트들의 위험성을 깨닫고 왕에게 계엄령선포를 제의했으나 왕은 사태를 파악하고 이를 거부하였다. 이제 로마에서 파시스트들의 쿠데타를 막을 수 없음이 증명된 셈이었다.

1922년 10월 드디어 파시스트들의 '로마 진격'이 시작되었다. 쿠데타의 위협을 과시하기 위해 '검은 셔츠단'이 동원되고 파시스트들은 여러 방향에서 수도를 향해 집결하였다. 왕은 드디어 밀라노에 있는 무솔리니를 불러 새로운 내각을 구성하도록 하였다. 그는 합법적으로 수상이 된 것이다. 수상이 된 지 1개월 후 그는 의회로부터 1년 간의 비상 대권을 부여받았다.

파시스트의 통치

무솔리니가 비상 대권을 부여받은 순간부터 파시스트의 독재 정치가 시작되었다. 그는 비상 대권의 시효가 끝나기도 전에 하나의 선거법을 강제로 통과시켰다. 그것은 정치의 혼란을 막는다는 구실하에 선거에서 최대의 표수(票數)를 차지한 정당이 의석의 2/3를 차지한다는 법안이었다. 1924년의 선거에서 파시스트당은 위협과 테러로 65%의 지지를 얻었다. 드디어 파시스트만의 내각이 구성된 것이다.

그 후 몇 년 동안 무솔리니는 의회를 유명무실하게 만들고 선거권을 축소하며 다른 정당들을 해산시켰다. 그는 또 노동조합을 해체시키고 노동자의 파업권을 박탈했으며 신문을 검열하에 두었다. 의회의 반대 세력은 파시스트에 반감을 품고 스스로 의회를 떠남으로써 오히려 파시스트의 행동을 자유롭게 하였다. 비밀결사가 금지되었으며 중앙정부의 권력이 강화되어 선거에 의하여 임명된 지방 관리는 추방되고 로마에서 새로운 관리가 파견되었다. 비밀결사가 결성되어 정적들을 내사하였으며 그들을 처벌하기 위해 특별재판소가 설치되었다. 그는 또한 20만의 정규군을 창설하여 파시스트 정권의 지지 세력으로 육성하였다.

그는 민주주의를 가리켜 역사적으로 낡은 것이라고 비난하였다. 즉 민주주의는 계급투쟁을 촉진하고 국민을 소수당파로 분열시키며 이기심이나 분열을 조장하는 무익한 것이라고 공언하였다. 또한 그는 자유주의 · 자본주의뿐만 아니라 마르크시즘·유물론·사회주의 등도 사회악의 근원으로 계급의식을 조장한다고 배격하였다. 그는 대안으로서 미래를 내다볼 수 있는 안목과 대담성을 가진 지도자 밑에 국민이 결속할 것을 내세웠다. 무솔리니 자신이 말하고 있듯이 파시즘은 잘 다듬어진 이론의 산물이 아니라 행동의 필요성에서 생겨난 것이었다.

파시스트는 개인의 사생활까지도 규제하려 하였다. 당시 이탈리아의 인구가 증가하고 있음에도 불구하고 무솔리니는 더욱 인구 증가를 원하여 혼인과 대가족제를 장려했으며 미혼자에게는 세금을 부과하였고 사생아에게는 법적 평등권을 부여하였다. 이러한 방법을 통하여 그는 군대를 강화시켜 전쟁을 준비해 나갔다.

무솔리니는 교황의 세속적 권위를 인정하였다. 1929년 라테란조약*Lateran Treaty*을 체결하여 바티칸의 독립을 인정함으로써 이탈리아 통일 이후 미결 상태였던 교황과의 관계를 일단락지었다. 또한 국내에서도 카톨릭을 국교로 정하였으며 종교적 혼인이 합법화되고 학교에서의 종교 교육이 인정되었다. 교황과 무솔리니 간에 한때 불화가 있기는 했으나 1931년 이후 교회의 활동을 다시 인정함으로써 해결을 보았다.

공동체국가

무솔리니는 민주주의를 사회악으로 생각하여 의회제도를 개혁하기 시작했다. 그가 생각하는 새로운 국가는 신디칼리즘*Syndicalism*에서 나온 듯하다. 그러나 그가 생각한 신디칼리즘은 조르주 소렐이 주장하는 노동자 중심의 신디칼리즘이 아니라 노동자와 자본가 등 각종 직업을 대표하는 것이었고 거기에다 또 파시스트당을 결합한 것이었다. 파시스트의 이러한 신디칼리즘 이론에 따라 1928년 13개의 신디케이트에서 1,000명의 위원이 선출되었다. 그러나 위원 선임(選任)에 있어서 파시스트는 절대적인 권한을 갖고 있었고 투표도 총체적으로 가부만을 결정할 수 있도록 하였다.

로마에서 연설중인 무솔리니(1934년)

따라서 신디칼리즘은 발전할 수가 없었다. 국가의 간섭과 통제가 강화되었기 때문이었다. 1930년대에 이르러 복잡한 몇 단계를 거쳐 이러한 변형된 신디칼리즘 이론은 공동체로 변하였다. 즉 전국이 22개의 경제권으로 구분되고 각 경제권마다 공동체가 조직되었다. 각 공동체에서는 파시스트가 조직한 노동자 집단의 대표들과 고용주 및 파시스트당원이 노동조건이나 기타 중요한 경제 정책을 결정하였다. 모든 공동체는 무솔리니가 맡고 있는 공동체장관에게 통합되어 있었다. 1938년에 이르러 공동체와 파시스트당을 대표하는 파쇼-공동체회의가 구성되어 국민을 대표하는 기관으로 등장하였다.

이와 같이 하여 정치·경제적으로 새로운 조직이 나타났으나 이것은 과연 파시스트들이 주장하는 바와 같이 민주주의를 개선한 것은 아니었다. 파쇼-공동체회의의 대표는 정부에 의해 선출되었고 국민의 비준을 받지 않았으며, 최고의 권력은 파시스트당이 행사하도록 되어 있었다. 결론적으로 공동체란 개인기업과 사유재산을 인정하는 자본주의적 경제 체제 내에서 국가가 경제 생활을 가장 극단적으로 통제하는 제도였다. 그것은 서구식의 민주주의와 소련식 프롤레타리아독재에 대한 파시스트식의 새로운 제도였다. 무솔리니의 표현을 빌린다면 파시즘은 '협력하는 많은 계급에 대한 국가의 독재'였다.

제3절 독일의 나치즘

히틀러의 대두

히틀러는 1889년 하급 공무원의 아들로 태어나 어려서 고아가 되었다. 그후 젊어서 빈으로 갔으나 화려하고 국제적이며 자유로운 빈의 분위기에 증오감을 갖게 되었다. 그는 사태를 분별할 만한 지식도 없었으며 사회주의에 물들지도 않았다. 다만 주변의 환경은 그를 불만투성이의 급진주의자로 만들어 버렸다. 1차 대전이 발발하자 그는 귀족·자본주의·사회주의·국제주의 및 인종혼혈에 심한 증오심을 가진 채 독일군에 입대하여 열심히 싸웠다. 전쟁은 그에게 해방감과 스릴과 소속감을 불어넣어 주었다. 그에게 있어서 전쟁은 우호적인 세계를 제공하였으며 민족주의에 대한 열정을 한층 고조시켜 숭고한 사명감을 불어넣어 주었다.

히틀러

대전이 끝나고 평화가 돌아오자 그는 다시 좌절감에 사로잡혔다. 그가 다시 돌아온 남부의 바이에른은 공산주의자·사회주의자·공화주의자 및 민주주의자에 혐오감을 갖는 온갖 불평 분자들이 이끄는 비밀 조직으로 들끓었다. 많은 우익정당 중 그는 독일노동당에 가입하였고 이 정당은 1920년 국가사회주의독일노동당(나치스)으로 개칭하였다. 그는 급진적이며 선동적인 연설에 능하여 곧 당의 주도적 인물이 되었다. 그는 독일 민족의 단결, 유대인 추방, 중소기업의 육성, 토지재분배 등의 과격한 주장을 내세우면서 점차 국민의 지지를 얻어 나갔다.

나치스의 활동은 전후 5년 동안에 큰 기세를 올렸다. 당시 독일에는 공산주의자들의 소요와 카프폭동*Kapp Putsch* 등으로 정치적 위협이 증대되었으며 프랑스의 루르 점령과 인플레이션으로 경제가 위기에 빠졌다. 뿐만 아니

라 독일 국민은 전후의 불만으로 바이마르공화국을 비난하고 있었다. 히틀러
는 이때야말로 정권을 탈취하기에 가장 적합한 시기라고 판단하였다.

1922년 무솔리니의 로마 진격을 모방하여 히틀러는 그 다음해 뮌헨에서
비어홀폭동을 일으켰다(일명 뮌헨폭동). 혁명이 일어났음을 선언하고 폭동을
계획하였으나 경찰은 재빨리 이를 진압하고 히틀러는 투옥되기에 이르렀다.
5년의 금고형(禁錮刑)을 받았으나 1년도 못 되어 출옥하였다. 바이마르 정부
는 자신의 정적에 대해 강경할 수가 없었던 것이다. 그가 옥중에서 집필한
「나의 투쟁」은 잡다한 그의 사상 및 자신의 회고담을 실은 것이다.

나치스 지지자의 집회
(1927년)

세계공황과 히틀러의 집권

1924년 프랑스군이 루르에서 철수하고 배상 문제가 조정되면서 독일의 경
제가 점차 부흥되자 국가사회주의는 호소력을 잃어 나치스는 그 세력이 현저
히 감소되었다. 그러나 1929년 대공황이 일어나자 사태는 달라지기 시작하
였다. 대공황이 없었더라면 역사에서 자취를 감춰버렸을지도 모르는 히틀러
가 일약 나폴레옹과 같은 인물로 등장하게 된 것이다.

세계공황으로 독일처럼 큰 피해를 입은 나라는 없었다. 외국차관이 회수되
거나 중지되자 공장은 폐쇄되고 실업자는 격증하여 600만에 이르렀다. 또다
시 독일 국민은 이러한 혼란의 책임을 연합국에 전가시켰으며 바이마르 정부
는 무력하게 되었다. 중산대중은 이러한 사태를 구해 줄 사람을 찾기에 바빴
으며 점차 공산주의 세력은 증대되어 갔다. 드디어 히틀러는 온갖 선전 방법
을 통하여 위기의식을 더욱 조장하는 한편 모든 혼란의 책임을 공산주의자

히틀러의 대통령 선거포스터

히틀러를 지지하는 군중

힌덴부르크 지지를
호소하는 푯말

및 사회주의자에게 전가하면서 소시민의 보호를 주장하여 나치스를 재생시키는 데 성공하였다.

드디어 1930년의 선거에서 나치스는 그전의 12석에서 107석의 의석을 확보하여 사회민주당에 다음 가는 제2당이 되었다. 공산당도 54석에서 77석으로 늘어났다. 1932년에 힌덴부르크가 대통령이 된 후 당시 수상이었던 중앙당의 브뤼닝Brünning은 해임되었다. 브뤼닝은 국민이 바라고 있던 배상지불의 재연기나 군비확장에도 실패하였던 것이다. 그해 6월 유력한 군지도자인 슐라이허Kurt von Schleiher의 지원을 받아 파펜Franz von Papen이 수상이 되었다.

한편 나치스의 세력은 점차 증대하였다. 1932년의 7월 선거에서 나치스는 230석을 얻어 제1당이 되고 사회민주당은 패배하였다. 파펜은 히틀러를 지지하는 산업자본가를 억누르는 한편 선거를 반복함으로써 나치스의 세력을 약화시키려 하였다. 그해 11월의 선거에서 파펜의 계획은 적중하여 나치스의 의석은 줄어들었다. 그러나 230석에서 196석으로 줄었을 뿐 여전히 제1당이었으며 공산당도 100석으로 증대되었다. 그리하여 파펜은 자신의 계획을 끝까지 추진할 수 없게 되었다. 슐라이허의 방해와 압력으로 파펜은 실각하고 그 뒤를 이어 슐라이허가 수상이 되었으나 그는 정치적으로 기반이 약하였으며 힌덴부르크와도 사이가 좋지 않았다. 1933년 1월 힌덴부르크 대통령은 대자본가와 지주들의 지지를 받던 히틀러에게 드디어 수상의 지위를 허락하였다. 그리하여 히틀러는 합법적인 절차로 권력을 장악하였다.

독재체제의 확립

힌덴부르크

새로 조직된 내각은 나치스만으로 구성된 것이 아니라 국민당도 끼어 있는 연립내각이었다. 히틀러는 다른 정당과 함께 권력을 행사하기를 원치 않았다. 1933년 2월 선거가 있기 1주일 전 의사당에 화재가 발생하였다. 이 방화사건은 물론 나치스가 일으켰음에도 불구하고 이들은 공산당에게 방화의 책임을 전가하였다. 아무런 구체적 증거도 없이 공산당은 탄압을 받았으며 반정부 인물들이 그들과 함께 대거 검거되었다.

그해 3월에 실시된 선거에서 나치스는 적극적인 선전활동에도 불구하고 44%인 288석을 얻었을 뿐이었다. 여기에 만족할 수 없었던 히틀러는 의회가 개원되자 곧 전권위임법(全權委任法)을 통과시켰다. 이 법령으로 의회는 법률제정이나 조약체결 등의 권한을 박탈당하고 헌법의 기능은 정지되어 모든 권력은 히틀러에게 넘어갔다. 공산당이 불참한 의회로부터 독재권을 부여받은 순간부터 나치혁명이 시작되어 제3제국의 문이 열리게 된 것이다.

히틀러는 먼저 지방장관조차 중앙에서 파견하여 나치의 위용을 과시하더니 나치 이외의 모든 정당을 해산하기 시작하였다. 먼저 공산당은 유대적이라는 딱지가 붙어 사회당과 함께 불법화되었고 국민당과 카톨릭중앙당도 해산되었다. 이렇게 하여 독일에서는 나치스만이 유일한 합법적 정당이 되었다. 1934년 연로한 힌덴부르크 대통령이 죽자 히틀러는 대통령직까지를 겸하여 스스로 총통*Führer*이라 칭하고 독일 국민의 절대적 자주권을 구현하기 위한 지도자로 자처하였다. 국민들도 공황 이후 계속되는 연립내각에 불안을 느껴 의회를 점차 불신임하게 되었다. 그리하여 히틀러가 비효과적인 의회를 무력하게 만들어 버리자 국민들은 이 새로운 질서의 수립자를 지지하기 시작했다.

군중 앞에서 연설하는 히틀러

히틀러는 나치스 자체 내에서도 그 지위를 더욱 강화하였다. 그의 오랜 친구들이었던 나치스의 지도자들이 처형되었다. 히틀러가 성장하는 데 결정적인 힘이 되었던 것은 돌격대 *S. A., Sturmabteilung*였다. 히틀러는 돌격대가 자신에게 충실치 않을 뿐더러 그 안에 이질분자들이 증가하고 있다고 판단하였다. 1934년 6월 말 드디어 돌격대 대장이었던 룀*Roem* 등 많은 대원들이 반히틀러음모를 꾸몄다는 죄로 고발되어 숙청되었다. 이렇게 하여 히틀러에게 위협적인 세력은 제거되고 독재 체제는 확고해졌다.

나치스의 통치

히틀러는 전권을 위임받은 후 유대인 탄압에 적극 나섰다. 로젠베르크

돌격대 대장 룀

강제수용소에 수감되는 유대인

Rosenberg를 우두머리로 하여 새로운 인종학이 연구되었다. 그에 따라 유대인을 비아리아족으로 규정하고 금발과 까만 눈동자를 특징으로 하는 게르만 민족의 순수혈통을 유지하기 위하여 1935년 뉘른베르크법을 제정하였다. 이에 의하여 조부모 중 어느 한 사람이 유대인이면 후손은 유대인으로 간주되었고 유대인과 비유대인의 결혼이 금지되었다. 유대인들은 모든 공직에서 추방당했으며 어떠한 사회 활동도 할 수 없었다. 2차 대전이 시작되고 동구의 더 많은 유대인을 접촉하게 되자 나치스는 드디어 가스실까지 고안해 내게 되었다.

히틀러는 나치 국가만을 위한 독일 국민의 의지를 법으로 생각하였다. 이리한 법을 어기는 자를 처벌하기 위하여 1933년과 1934년 비밀경찰인 게슈타포와 인민재판소가 설치되었다. 히틀러와 사상이 다른 자들은 모두 탄압되었다. 이들은 재판의 절차도 제대로 거치지도 않고 집단수용소를 거쳐 사형에 처해졌다.

또한 정부는 산업에 대해 통제를 강화하였다. 1936년 괴링 Göring의 감독하에 새로운 경제계획(2차 4개년계획)이 수립되었다. 해외무역으로부터의 완전 독립으로 자급자족을 이루면서 전쟁준비를 철저히 갖춘다는 것이 그 목표였다. 이에 따라 인조고무 · 플라스틱 · 합성섬유 등의 생활대용품이 개발되었고 철의 증산이 더욱 요청되어 알사스-로렌의 상실에도 불구하고 생산고가 현저히 늘었다. 또한 거대한 군수산업을 육성함으로써 수백만의 실업자를 구제할 수 있었다.

모든 노동조합 또한 탈바꿈을 하여 나치 정권에 협력하게 되었다. 노동조합 대신 노동전선이 들어서서 지도자에게 충성을 약속하였다. 고용주들은 충성의 대가로 강력한 통제권을 부여받았다. 파업은 금지되고 노동자들은 복종을 전제로 직장을 보장받았다. 이러한 통제는 또한 반나치 분자를 색출해 내는 데도 도움이 되었다. 결국 나치하에서의 독일 경제는 전쟁의 노예가 되고만 셈이다.

히틀러는 기독교 자체를 부정하지는 않았다. 그러나 기독교는 나치스의 정책을 거부하고서는 존재할 수 없게 되었다. 신교이건 구교이건 나치 정권에 협력할 수밖에 없었다. 성직자들의 정부 시책에 대한 비판은 허용될 수가 없었던 것이다. 히틀러는 카톨릭측에게 신앙의 자유와 학교에서의 종교교육을 보장할 것을 약속하였지만 그 약속을 완전히 지킬 수는 없는 것이었다. 히틀러의 종교 정책은 비스마르크의 이른바 문화투쟁의 방식을 연상시켜 주지만 그는 비스마르크식으로 실패하고 싶지는 않았다. 교황과의 타협하에 카톨릭에 대해서는 신중함을 보였다. 그러나 신교에 대해서는 간섭이 심하였다. 옛

날 튜튼족의 원시종교를 다시 부활시키어 신교를 이에 참여시키려 하였으나 성공을 거두지는 못하였다.

제4절 스페인의 독재정치

공화국의 성립

광대한 식민지와 절대주의 왕정으로 16세기까지 유럽에 군림해 오던 스페인은 19세기에 미국의 제국주의의 진출로 많은 식민지를 상실하게 되어 하락의 기세를 보이게 되었다. 국내 산업은 부진하였고 토지는 대귀족이나 카톨릭교회가 대부분 소유하고 있어 농민은 빈곤에서 헤어날 수 없었다. 특히 교회는 대지주로서 경제적으로 실권을 장악하였으며 보수적 입장을 유지하였다. 기본적으로 봉건적 요소가 스페인을 지배하고 있었던 것이다.

스페인은 서구에 위치하면서도 서구의 근대화에 보조를 맞추지 못한 채 봉건적이고 이질적인 전통을 지니고 있었다. 이러한 보수적 전통은 정치제도에 있어서도 민주적인 발전을 어렵게 만들었다. 근대화가 늦어지자 내부로부터 개혁의 요구와 혁명의 기세가 높아지기 시작하여 무정부주의나 마르크시즘 등의 극좌파 사상이나 극우의 칼리즘*Carlism*이 대두되었다.

1923년 알폰소 13세의 신임을 받은 프리모 드 리베라*Primo de Rivera* 장군은 국왕과 교회의 협조 아래 독재 정치를 실시하였다. 그는 계엄령을 선포하고 검열제를 강화하면서 헌법의 기능을 정지시키고 의회를 해산시켰다. 또 그는 공공 사업에 치중하였으나 큰 성과를 나타내지 못하고 1929년 대공황의 타격을 받아 물러서고 말았다. 그가 퇴진한 후 공화파가 점차 신임을 얻어 지주나 군인 및 교회의 우익 세력에 대항하기 시작하였다. 1931년 공화파가 우세한 의회는 왕을 축출하고 그 재산을 몰수하였다. 그해 12월 내각책임제와 보통선거를 보장하는 헌법이 제정되어 스페인은 공화국이 된 것이다.

공화국의 위기

새로 탄생한 스페인의 공화국은 온건한 정치노선을 따랐다. 공화국은 사회주의자의 지지를 받았으나 마르크시즘으로부터는 불신을 당하였다. 왕이 망명하자 구귀족의 우익 세력은 공화정에 불만이었다. 결국 공화국은 좌우로부터 위협을 받는 상태에 놓일 수밖에 없었다. 새로운 헌법은 민주적이기는 하였으나 우익 세력을 그대로 인정하여 교회는 그전대로 특권을 행사하였으며 귀족 또한 숫자상으로 줄어들지 않았다. 가장 중요한 토지제도도 개혁이 이루어지지 않았다. 공화국이 수립되었으나 농촌은 여전히 빈곤에서 벗어날 수 없었던 것이다.

또다시 국민들은 공화정을 불신하기 시작하였다. 많은 사람들이 과격한 주장에 휩쓸리어 공산당을 지지하게 되었으며, 왕당파 귀족과 군인 등 우익 세력은 공공연히 공화파를 공격하면서 정권 장악에 주력하였다. 또한 무정부주의자들도 정부를 불신하여 봉기하였다. 정부는 이들 무정부주의자들을 무력으로 진압하였으나 그 대가로 좌익의 지지를 상실하게 되었다.

1933년의 총선거로 우익 세력이 득세하게 되었다. 많은 왕당파가 귀국하여 정치에 복귀하게 되고 우익 정부가 조직되었다. 새로운 우익 내각은 혼란을 수습하기 위해 점차 독재 정치를 강화하면서 노동자 단체나 공산당을 해산시키려 하였다. 이에 각지의 노동자·농민 및 하층계급은 무정부주의자들과 합세하여 반란을 일으켰다. 그중 아스투리아 및 카탈로니아의 반란이 가장 맹렬하였다. 그러나 이러한 반란도 당시의 국방상인 프랑코Franco의 무력 탄압에 의해 진압되고 말았다. 비록 반란은 진압되었으나 공화국의 위기가 해결된 것은 아니었다.

인민전선의 형성

패배한 좌익 세력은 단결심과 조직력이 약함을 인식하고 코민테른노선에 따라 공동전선을 펴기로 하였다. 1936년의 선거에 대비하여 사회당·공산당 및 공화주의자들은 1936년 1월 인민전선을 결성하였다. 정부의 탄압에도 불구하고 1936년 2월의 총선거에서 인민전선은 압도적 승리를 거두어 3분의 2의 의석을 차지하게 되었다. 그 결과 공화파의 중도적인 노선을 취하고 있던 아자냐Azana가 정권을 쥐게 되자 사회당은 불만을 품고 혁명을 주도하게 되었다.

프랑코 장군

이제 스페인 정국은 좌우의 대결로 변해 버렸다. 좌익 세력은 노동자의 무장폭동을 선동하면서 그 세력을 증대시켜 나아갔다. 우익도 팔랑헤*Falange* 당을 통해 그 세력을 결속하였다. 팔랑헤당은 국수주의적 요소가 강하여 아프리카 식민지의 확장과 포르투갈의 병합 및 남미제국의 건설 등을 주장하고 이탈리아의 파시스트 이념을 받아들였다. 이들은 군과 왕당파 및 성직자 등과 결탁하여 반동혁명(反動革命)을 계획하기에 이르렀다.

드디어 1936년 프랑코 장군의 지휘하에 쿠데타가 일어났다. 스페인내란이 발생한 것이다. 1939년 프랑코 장군은 독일과 이탈리아의 도움을 얻어 최종적 승리를 획득하였다. 이렇게 하여 스페인에 파시스트정권이 수립된 것이다. 군·지주·교회 등의 보수적 세력에 기반을 둔 프랑코정권은 꽤 오래 지속하여 2차 대전 이후에도 계속되었다. 마침내 1975년 프랑코가 사망함으로써 파시스트 정권은 몰락하였다.

제5절 동유럽의 국가들

독재정치의 전파

이탈리아나 독일과 형태는 같지 않지만 1930년대의 동구에서도 몇몇 나라를 제외하고 대부분은 우익의 독재 정권이 들어서게 되었다. 당시 유럽에서 민주국가라고 할 수 있는 나라는 10개 국 정도에 불과했다. 이들 국가는 영국·프랑스·네덜란드·벨기에·스위스·체코슬로바키아 및 스칸디나비아 3국이었다. 그 외의 유럽 국가의 독재 정권은 사실 국민의 지지를 얻어 수립된 것은 아니었다. 대개의 경우 군이나 경찰 및 관료계층이 핵심이 되어 독재 정치가 이루어졌을 뿐이었다.

그러나 독재 정치가 수립된 배경은 독일 및 이탈리아와 비슷하였다. 대개의 국가의 경우 민주주의 전통이 미약하거나 결여되어 있어서 의회정치에 익숙해 있지 않았으며 교육 수준은 낮았고 볼셰비즘으로 인한 새로운 공포를 경험하고 있었다. 그 외에 기존의 질서에 대한 반동적 적대감이나 대공황으로 인한 경제적 혼란 등이 독재 정부를 성립시킨 또 다른 원인들이라 하겠다. 그러나 무엇보다도 히틀러나 무솔리니의 성공이 이들로 하여금 독재 정부를 수립하는 데 용기와 자극을 주었던 것이다.

이들 권위주의적인 정권들은 개인의 자유를 억압하고 야당의 활동을 금지하고 의회제도를 폐지하거나 아니면 거의 유명무실하게 만들었다. 많은 나라들에서 노동조합이 불법화되고 파업은 금지되었다. 정권의 유지는 대개 개인의 권력과 군사력을 결합함으로써 가능하였다. 헝가리·루마니아·폴란드 등의 국가에서는 반유대인법이 제정되기도 하였다.

폴란드는 1차 대전 후인 1919년 통일정부를 세우고 러시아 세력에서 벗어나려고 애쓰는 한편 1921년에는 민주적 헌법을 갖게 되었다. 그러나 내정의 불안으로 혼란이 일어나자 애국적 민주주의자인 필수츠키 Pilsudski는 쿠데타를 단행하여 헌법을 개정한 후 독재 정부를 수립하였다.

전후 오스트리아에서는 기독교사회당에서 나치즘 색채가 드러나기 시작하였다. 수상이 된 돌퓨스 Dollfuss는 나치즘을 억제하려다 암살되었으며 그 후임의 슈시니히 Schuschnigg도 나치스의 압력으로 투옥되었다. 그 후 오스트리아는 나치스 독일의 속주로 변해 버리고 말았다.

헝가리에서는 1921년 이후 베틀렌Bethlen이 수상이 되어 전제적 독재 체제를 구축하였다. 10년의 집권 끝에 정권은 굄뵈스Gömbös로 넘어갔으나 그는 친독정책을 추구하여 나치스식의 정치를 받아들였다. 헝가리는 점점 독일의 조종하에 들어가게 되었으며 끝내는 독일에게 점령당하였다.

한편 세르비아는 대전 후 부근의 남슬라브족을 합하여 하나의 국가를 이루었다. 세르비아인·크로아티아인·슬로바키아인으로 구성된 이 새로운 왕국은 정치적으로나 지리적으로 많은 문제점을 안고 있었다. 1929년 알렉산더 왕은 독재를 선포하고 유고슬라비아로 국가 명칭을 바꾸었다. 분명 그의 정치는 반민주주의적이었고 관료적 독재에 기반을 둔 것이었다.

그 외에도 포르투갈·그리스·불가리아·루마니아 등지에서도 비슷한 독재 정권이 수립되었으며 남미에서도 같은 길을 밟는 나라들이 등장하였다.

결국 민주정부가 번성할 것으로 예측한 1920년대의 기대는 무너지고 말았던 것이다.

제 4 장
제 2 차 세계대전

1929년 대공황이 발생하자 로카르노정신은 그 빛을 잃게 되고 각국은 또다시 국제적 무정부상태로 빠져 들어갔다. 대부분의 민주 국가들은 이 위기를 해결함에 있어서 무력의 사용을 포기하였으나 파시스트 국가들은 그렇지 않았다.

히틀러는 국제연맹에서 탈퇴한 후 베르사이유조약을 파기하여 독일군의 재건에 적극 나섰다. 뿐만 아니라 로카르노조약이 무효임을 선언하고 라인란트를 다시 점령하였다. 한편 무솔리니도 에티오피아로 진격하여 침략행동을 개시하였다. 그러나 아직도 서방의 민주 국가들은 이에 적극적으로 대응책을 강구하지 못하고 자국의 문제에만 몰두하였다. 드디어 스페인내란으로 독일과 이탈리아는 공동 보조를 취하게 되었으며 이에 일본도 가담하게 되었다.

서방의 민주 국가들이 유화정책(宥和政策)을 포기했을 때는 평화를 유지하기에는 시기가 너무 늦었다. 오스트리아와 체코슬로바키아 등의 병합으로 계속 팽창하고 있던 히틀러의 야망을 막을 수는 없었다. 히틀러는 스탈린과 독소불가침조약을 체결한 후 1939년 폴란드로 진격해 들어갔다. 새로운 국제전쟁이 발발한 것이다.

전쟁은 초기에 추축국에게 유리하여 프랑스는 함락되고 영국은 고립되었다. 그러나 동부에 새로운 전선이 형성되고 미국이 참전하게 됨에 따라 전세는 역전되기 시작하였다. 미드웨이해전과 스탈린그라드전투 및 연합군의 아프리카상륙작전에서 전기를 마련한 연합국은 대규모의 노르망디상륙작전으로 전세를 결정짓고 말았다.

그러나 전쟁이 채 끝나기도 전에 세계는 새로운 적을 발견하게 되었다. 전쟁에서 민주진영과 나란히 파시스트에 대항하여 싸웠던 소련은 대전 후 동구 일대를 순식간에 붉게 물들이고 만 것이다. 2차 대전은 종식되었지만 평화에 대한 보장은 오히려 대전 이전보다도 더 나아졌다고는 볼 수 없게 된 것이다.

제1절 파시스트 침략의 전개

일본의 만주침공

2차 대전은 1939년 독일이 폴란드로 진격함으로써 발발하였지만 파시스트 국가들이 침략 행위를 자행하기 시작한 것은 수년 전부터였다. 1931년 일본은 만주를 불법적으로 점령하고 말았다. 일본에도 1차 대전 이후 사회주의와 공산주의가 전파되어 1922년 공산당이 조직되었다. 비록 민주주의가 널리 확대되어 보통선거제가 이루어졌지만 의회는 정쟁의 무대가 되었으며, 정계는 자본가의 영향으로 어지러웠다.

이러한 분위기에서 군부의 청년 장교들이 국수적 국가주의를 내세우고 폭력 활동을 개시하였다. 이들은 독일 및 이탈리아의 파시즘의 영향을 받아 자유주의 풍조와 자본가의 활동을 증오하면서 천황의 친정(親政)을 주장하였다. 또한 그들은 의회제도를 부정하고 자본주의 경제 구조의 개편을 주장하면서 국수적 독재정치를 주장하였다. 군부수뇌는 이들 급진적인 장교들의 주장을 이용하려 하였다. 1차 대전 이후 군비축소의 기세로 인해 군부는 항시 불만에 휩싸여 있었으며, 어떠한 변화를 요구하고 있었다. 군은 전쟁을 바라고 있었던 것이다.

드디어 중국의 현지군대는 사건을 저질러 놓을 필요를 느꼈다. 1931년 군부는 먼저 만주사변을 일으키고 괴뢰국가인 만주국을 세우는 한편 국내에서는 테러를 자행하여 몇몇 관료들을 암살하였다. 그 결과 정당내각은 무너지고 군부가 정치의 주도권을 장악하게 된 것이다.

리튼조사단

　일본의 군사력 사용이 표면화되자 국제연맹은 영국의 리튼Lytton을 중심으로 하는 리튼조사단을 파견하여 그 진상을 규명토록 하였다. 그 결과 일본의 침략 행위가 분명히 드러나게 되었고, 1933년 2월 만주국은 국제적으로 승인받지 못하였다. 이에 일본은 만주 점령을 확고히 하기 위하여 1933년 3월 국제연맹에서 탈퇴하였다. 그러나 국제연맹은 일본의 이와 같은 행동을 힘으로 응징할 수는 없었다.

독일의 재무장

　히틀러는 수상이 된 후 베르사이유조약의 파기와 대독일주의의 건설에 힘

나치군대의 퍼레이드
(1939년 6월)

을 기울였다. 이를 실현하기 위하여 이론적으로 생활권이론(生活圈理論) *Lebensraum*을 내세웠다. 로젠베르크Rosenberg 등의 학자에 의해 뒷받침되었던 이 이론에 의하면, 이제 유럽에서 앵글로-색슨의 지배 시대는 종식되고 우월한 인종인 게르만족의 지배 시대가 도래하였다는 것이었다. 그러므로 독일 주변의 지역들은 마땅히 독일에 합병되어야 한다는 것이었다.

히틀러는 먼저 군축회의에서 군비의 평등을 내세웠으나 서방 국가들은 그것을 받아들이지 않았다. 이에 히틀러는 1933년 10월 군축회의는 물론 국제연맹에서 탈퇴를 선언하였다. 독일의 이러한 처사는 침략적 의도를 분명하게 드러낸 것이었다. 이어서 히틀러는 프랑스의 오랜 동맹국이었던 폴란드에게 추파를 던져 1934년 1월 상호불가침조약을 체결하였다. 히틀러가 불가침 조약을 체결한 원인은 오스트리아를 합병할 때 그 배후를 안전케 하기 위함이었다.

동년 7월 나치들은 오스트리아에서 폭동을 일으키어 돌퓨스Dollfuss 수상을 암살하고 오스트리아를 독일에 병합하려 하였다. 이러한 독일의 행동에 대하여 서방 국가들은 아무런 조치도 취하지 못하였다. 이를 저지하기 위해 나선 것은 오히려 무솔리니였다. 독일의 힘이 이탈리아에까지 미치는 것을 좌시할 수 없었으므로 무솔리니는 대규모 병력을 이탈리아와 오스트리아의 국경 지대에 집결시켰던 것이다. 독일은 이에 굴복하여 오스트리아 합병을 포기하게 되었으며 오스트리아는 4년 간 독립을 더 연장할 수 있었다.

1935년 1월 베르사이유조약에 따라 자르 지방에서 국민투표가 실시되었다. 나치스의 맹렬한 선동이 작용하여 90%의 자르 인민들은 독일과의 재통합을 지지하였으며, 그해 3월에 자르 지방은 독일로 귀속되었다. 또한 동년 3월 독일은 베르사이유조약의 독일군비축소 조항을 폐기하고 공공연히 독일군을 재건하기 시작하였다. 독일이 이와 같이 국제협약을 일방적으로 폐기하자 영국·프랑스·이탈리아는 항의를 제기했으나 독일에게는 아무런 영향을 주지 못했다. 오히려 영국은 1935년 6월 독일과 해군협정을 체결하여 프랑스를 더욱 놀라게 했을 뿐이었다.

히틀러는 이어서 아무런 효력을 발휘하지 못하는 로카르노조약의 약점을 파악하고 1936년 3월 로카르노조약의 폐기를 선언하고 라인란트를 다시 점령하였다. 즉 베르사이유조약에서 비무장지대로 규정되었던 라인강 이남의 독일 영토에 독일군을 진주(進駐)시킨 것이다. 그럼에도 불구하고 프랑스와 영국은 이에 적절한 조치를 취하지 못하여 나치 독일의 침략을 저지할 수 있는 호기회를 상실하고 말았다. 이제 베르사이유조약은 완전히 무효화되고 말았으며, 독일의 침략정책은 새로운 단계로 확대되어 나아갔다.

에티오피아의 함락

무솔리니 역시 야망이 대단하여 이탈리아 국민으로부터 인기를 얻을 수 있는 외교적 승리를 원하고 있었다. 더욱이 대공황 이후 이탈리아 경제가 타격을 받자 이러한 욕망은 더 커졌다. 대전 후 많은 나라들이 위임통치령이라는 명목으로 영토를 받은 데 비해 이탈리아는 터키나 독일로부터 아무런 영토보상을 받지 못하였으므로 영토에 대한 욕망은 대단하였다.

이러한 영토적 욕망을 충족시키기 위하여 이탈리아는 에티오피아를 대상으로 택하였다. 이탈리아 국민들은 1896년 아도와*Adowa*에서 에티오피아인에게 받은 치욕적 패배를 기억하고 있었다. 에티오피아는 리비아와 함께 아프리카에서 유일하게 독립을 유지해 오고 있었다. 에티오피아가 독립을 유지할 수 있었던 것은 국력이 강해서라기보다는 서구 열강들이 세력균형을 원하고 있었기 때문이었다.

당시 일본과 독일이 국제연맹을 탈퇴함으로써 국제연맹의 무능함이 드러났으며, 열강들은 독일의 팽창에만 관심을 집중시키고 있었다. 무솔리니는 바로 이러한 시기를 포착하여 1935년 에티오피아에 침입하여 들어갔다. 국제연맹은 이탈리아의 행위를 불법 침략이라 선언하고 제재를 가하였다. 즉 연맹의 회원국들은 이탈리아에 무기와 석유를 제외한 원료의 공급을 중단하였다. 그러나 이탈리아는 이에 굴복하지 않았다. 영국은 아프리카에서 이탈리아의 정책에 위협을 느꼈기 때문에 적극적으로 국제연맹의 선언을 실천하기 위해 지중해에 대규모의 해군을 집결시켰다. 그러나 프랑스는 독일에 대항하기 위하여 이탈리아에게 강경한 태도를 보이지 않았던 것이다.

마침내 무솔리니는 에티오피아를 격파하고 그것을 이탈리아령 소말릴랜드 및 기타 식민지와 합쳐서 동아프리카제국을 건설하였다. 이제 국제연맹은 완전히 무능함이 증명되었으며, 열강들끼리 협조가 잘 안 되고 있음이 여실히 드러났다.

스페인내란과 추축의 성립

에티오피아 위기가 파시스트 침략국에게 만족스럽게 처리되자 더 중대한 위기가 스페인에서 나타났다. 1936년에 일어난 스페인내란은 스페인 자체의 문제가 아니었다. 유럽의 수십 개 국가가 직접 · 간접으로 이에 관련을 맺음으로써 유럽 인구를 분열시켜 놓았던 것이다.

1936년 2월 선거에서 인민전선이 승리를 거두자 보수적 우익 세력은 이에 반기를 들고 나섰다. 사회주의자 · 공산주의자 · 무정부주의자 · 신디칼리스트 및 공화주의자로 구성된 좌파와 군국주의자 · 성직자 · 장교 및 팔랑헤

「게르니카」(피카소 작)

당의 지지자로 구성된 우파 사이에 격렬한 전쟁이 시작되었다. 1936년 7월 프랑코 장군의 반란으로 시작된 이 내란은 극히 잔인하고 열성적이어서 준(準)종교전쟁과 같았다. 3년 간에 걸친 이 전쟁에서 60만 이상이 목숨을 잃었다.

내란이 발생하자 스페인은 곧 서구 열강들의 비상한 관심을 끌게 되었다. 영국과 프랑스는 이 내란이 전면전쟁으로 확대되는 것을 원하지 않았으므로 공화국정부에 대해 전쟁 물자의 공급을 중단하였다. 미국을 위시한 27개국의 주요 유럽국들도 같은 입장을 택하여 이 내란에 간섭하지 않기로 합의하였다.

그러나 독일과 이탈리아 및 소련은 예외였다. 독일과 이탈리아는 프랑코를 지지하였고 소련은 공화국을 지지하였다. 독일과 이탈리아는 직접 군대를 파견하고 무기를 보내어 전쟁 능력을 실험하였다. 소련은 지리적 이유로 직접 군대를 파견하지 못하고 기술고문을 파견하였다. 미국이나 유럽에서 자유주의에 동정심을 갖거나 좌파를 지지하는 많은 의용군이 개인 자격으로 스페인으로 건너갔다. 이리하여 스페인은 이념의 각축장으로 변하였고, 세계는 파시스트와 반파시스트 진영으로 분열되었다. 그러나 1939년 드디어 바르셀로나가 함락되어 스페인내란은 또다시 파시스트의 승리로 끝나고 말았다.

스페인내란은 파시스트들에게 또 한번 승리를 안겨 준 것만으로 끝나지는 않았다. 그 당시까지 같이 파시스트 정권을 유지하면서도 서로 반목, 경쟁해 오던 독일과 이탈리아가 상호 접근하여 동맹을 체결하기에 이른 것이다. 1936년 10월 무솔리니와 히틀러는 이른바 로마-베를린추축*Rome-Berlin Axis*을 형성하여 세계를 석권하려는 뜻을 나타내었다. 아울러 같은 해 일본이 이에 가담하여 독일·이탈리아·일본은 공산주의에 대항한다는 구실로 방공협정(防共協定)을 체결하기에 이르렀다. 이로써 파시스트 국가들은 단합된 무력을 과시하게 되었다.

제 2 절 나치스 침략의 확대와 서방의 유화정책

오스트리아 합병

독일은 베르사이유조약을 폐기하고 재무장을 선언한 후 3년 간 군비를 강화하더니 침략성을 드러내기 시작하였다. 그들이 택한 첫번째 대상은 오스트리아였다. 오스트리아는 독일과 역사적 성격이 다르기는 하지만 민족이나 언어 등에 있어서 독일과 가까웠다. 1차 대전 이후에도 오스트리아에서는 독일과의 합병론(合併論)이 크게 대두되었다. 양국의 합병에 불안을 느낀 프랑스 등 전승국들은 이에 적극 반대하였으나 히틀러가 수상이 된 후 합병론은 더욱 고조되었다. 1934년 오스트리아 내의 나치 지지자들의 폭동으로 돌퓨스 수상이 암살된 후 오스트리아는 위기에 봉착했으나 무솔리니의 간섭으로 독일과 오스트리아의 합병은 실패로 끝났다.

그러나 1936년 이후 사태는 달라졌다. 베를린-로마추축이 이루어진 후 히틀러는 오스트리아와 독일의 합병에 대한 무솔리니의 반대 의견을 무마하고 양해를 얻게 되었다. 1938년에 독일과 오스트리아는 합병될 수 없다는 베르사이유조약이 파기될 시기가 도래하였다. 그 해 2월 독일은 오스트리아의 나치스 당원인 잉콰르트Inquart를 입각(立閣)시킬 것을 요구하였으나 오스트리아의 수상 슈시니히Schuschnigg는 이를 받아들이지 않았다. 같은 해 3월 히틀러는 무력으로 잉콰르트 내각을 성립시키고 이어 군대를 파견하여 오스트리아를 병합하였다. 그리하여 히틀러는 600만의 새로운 독일 민족을 지배하게 되었다.

수데텐과 뮌헨회담

히틀러는 오스트리아 합병만으로 만족하지 않았다. 그것은 히틀러에게는 오히려 대독일제국 건설의 시초에 지나지 않았다. 그가 다음으로 손길을 뻗친 곳은 체코슬로바키아의 수데텐Sudeten 지방이었다.

체코슬로바키아는 독일 동쪽 지역에서 가장 높은 생활 수준을 유지하고 있었으며, 중부 유럽에서는 유일한 민주 국가로서 공업과 농업의 균형 속에서 복수민족국을 훌륭히 유지해 오고 있었다. 또한 체코슬로바키아는 전략상의

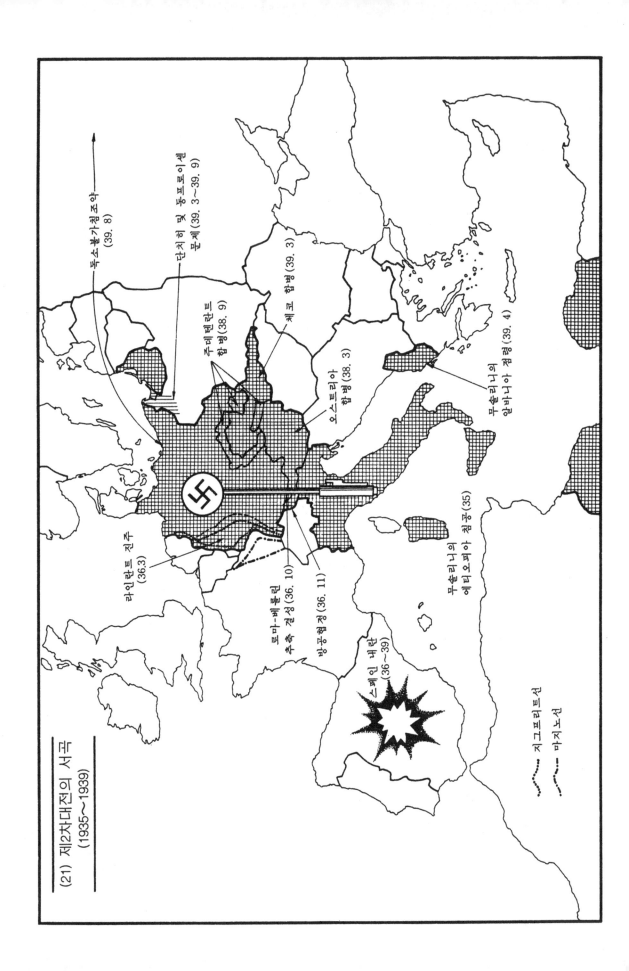

(21) 제2차대전의 서곡
(1935~1939)

독소불가침조약
(39. 8)

단치히 및 동프로이센
문제(39. 3~39. 9)

체코 합병(39. 3)

주데텐란트
합병(38. 9)

알바니아의 점령(39. 4)

오스트리아
합병(38. 3)

라인란트 진주
(36.3)

로마-베를린
추축 결성(36. 10)

방공협정(36. 11)

무솔리니의
에티오피아 침공(35)

스페인 내란
(36~39)

지그프리트선

마지노선

뮌헨회담의 4거두
(1938년 9월)

요지였으므로 독일에 대항하기 위해 프랑스 · 소련 · 루마니아 및 유고슬라비
아 등과 협조를 유지해 왔다.

히틀러가 오스트리아를 병합하자 체코슬로바키아는 독일 영토로 포위당하
게 되었다. 그 북쪽의 수데텐 지방에는 독일인들이 많이 살고 있었는데 그들
은 독일 민족의 우수성을 내세워 체코 정부에 비협조적이었다. 히틀러는 수

뮌헨협정 체결 후 연설하는
체임벌린

데텐의 독일인들을 선동하는 한편 체코 정부에게 그 지역의 할양을 요구하였다. 수데텐의 친독분자들도 히틀러를 지지하여 독일과의 합병을 적극 주장하였으며, 체코 정부로부터 이탈하려는 움직임을 보였다. 1938년 여름 무력충돌은 간신히 피할 수 있었으나 히틀러는 수데텐을 포기하지는 않았다.

프랑스와 영국은 전쟁을 원하지 않았으므로 수데텐 문제에 적극적인 개입을 피하였다. 다만 그해 여름 영국의 중재로 체코슬로바키아의 수데텐 지역에 지방자치를 허락해 주었다. 그러나 히틀러는 이에 만족할 수 없었다. 1938년 9월 그는 또다시 강경한 태로로 수데텐의 합병을 요구하였다. 히틀러의 이러한 태도에 대해 소련은 단호한 태도를 표명했으나 서방 강대국들은 소련과는 달리 전쟁을 회피하여야 한다고만 생각하였다.

영국의 체임벌린Neville Chamberlain 수상은 히틀러의 요구를 완화시키기 위하여 두 번씩이나 히틀러를 방문하였다. 결국 무력충돌은 피하게 되었고 무솔리니의 주선으로 1938년 9월 뮌헨회담이 열리게 되었다. 소련과 체코 정부는 제외시키고 히틀러·무솔리니·체임벌린·달라디에 등 4거두(巨頭)만이 참석한 채로 회담은 개최되었다. 이 회담은 전적으로 히틀러를 만족시키는 결과를 초래했다. 체임벌린과 달라디에는 히틀러의 요구를 수락한 다음 체코 정부로 하여금 자신의 사형집행에 서명하도록 강요하였다. 뮌헨회담은 보헤미아의 수데텐 지방을 독일에게 합병할 것을 인정하고 체코슬로바키아의 기타 영토에 대해서는 그 권리를 뮌헨회담 참가국들이 엄숙히 보장할 것을 선언하고 폐회하였다.

체임벌린과 달라디에는 귀국 후 그들이 전쟁을 막고 평화를 이룩했다고 주장하여 국민들로부터 열렬히 환영을 받았다. 실제로 영국이나 프랑스가 히틀러와 싸울 능력이 부족하였는지는 모르나 결과적으로 뮌헨회담의 유화정책은 서방의 약체성을 또 한번 폭로한 바 되었으며 나치스에게는 더욱더 침략에 대한 용기를 불어넣어 준 결과가 되었다. 뿐만 아니라 뮌헨회담은 소련과 서방을 갈라놓음으로써 서방 국가들의 단결을 약화시켜 독일의 침략 행동에 도움을 주게 되었다.

체코의 합병, 유화정책의 종말

뮌헨회담은 수데텐 이외의 체코슬로바키아의 영토보장을 약속하고 있었으나 반 년이 못 되어 이 엄숙한 선언은 효력을 상실하게 되었다. 1939년 3월에 이르러 히틀러는 수데텐이 자신이 요구하는 최후의 영토요구라는 뮌헨에서의 선언을 번복하였다. 그리고는 슬로바키아인Slovak의 민족감정을 선동하여 체코로부터 독립을 선포케 하였다. 그와 함께 분명 체코 영토인 보헤미

독일군의 체코 침입
(1939년 4월)

아Bohemia 와 모라비아Moravia 로 진군하여 이들을 독일의 보호령으로 만들었다. 이제 체코슬로바키아는 지도상에서 사라져 버리고 만 것이다.

히틀러는 여기에서 만족치 않고 리투아니아로부터 메멜Memel 지방을 탈취하였으며, 무솔리니도 4월에 알바니아Albania 를 병합하였다.

한입만 먹겠다던 히틀러는 전부를 삼켜 버렸으며, 이제 또 다른 것을 요구하고 나선 것이다. 그의 야심이 독일에만 국한된 것이 아니라 전 동구에까지 뻗쳐 있고, 절대로 만족될 수 없으며, 결코 타협될 수도 없음이 명백해진 것이다. 지금까지 유화정책을 써 오던 영국을 위시한 서방 국가들도 이제 점차 군비를 강화하기 시작했으며, 히틀러에 대처할 새로운 방안을 연구하기 시작했다. 서방은 사이가 멀어진 소련을 달래어 군사적 동맹을 체결하려고 전력을 다하였으나 끝내 실패하고 말았다.

제3절 대전의 발발과 추축국 승리기

대전의 발발

히틀러는 메멜 지방을 점령한 후 폴란드와 1934년에 체결한 불가침조약을 파기하고(1934. 4) 폴란드에게 단치히Danzig 의 반환을 요구하였다. 당시 폴란드는 영국·프랑스와 함께 군사 동맹을 체결하고 있었으므로 히틀러의 요구를 거절하였다. 미국은 다소 안일한 입장에서 중립을 유지하여 폴란드나 프랑스 등에 적극적인 원조를 하지 못하고 있었다.

스탈린과 리벤트로프
(독소불가침조약 체결,
1939년 8월)

소련과 미·영·불 사이의 외교 문제도 뮌헨회담 이후 상호 신뢰를 되찾지 못하였을 뿐 아니라 영국의 소극적인 대소외교노선은 오히려 소련을 불쾌하게 만들었다. 드디어 소련은 영·불의 간청을 물리치고 1939년 8월 23일 독일과 불가침조약을 체결하여 서방 세계를 경악케 만들었다. 이 조약이 체결될 수 있었던 것은 폴란드의 영토분할 약속 때문이었다. 장차 영토의 조정이 있을 경우 양국은 폴란드와 발트해의 국가들을 분할하기로 비밀리에 합의한 것이었다. 역사적으로 적대적이었던 두 이념인 볼셰비즘과 나치즘이 손을 잡게 되자 협상을 통한 평화 수립의 노력은 무의미해졌다.

독소불가침조약은 전쟁 개시의 신호였다. 소련에 대한 적대 관계가 해소되자 독일은 본격적으로 폴란드 침략을 개시하였다. 1939년 9월 1일 독일은 폴란드에 침입하였으며, 영국과 프랑스는 독일에 선전포고를 하였다. 그리하여 제1차 세계대전이 끝난 지 한 세대도 못 되어 또다시 새로운 국제적 전쟁이 발발하였다.

폴란드의 붕괴와 소련의 진출

9월 1일 100여 만의 독일군은 기갑사단을 앞세우고 2,000대의 항공기의 지원을 받아 선전포고도 없이 서부 폴란드로 신속히 진격하였다. 장비조차 불충분했던 폴란드는 필사적 저항을 시도하였으나 독일의 침략을 막아낼 수가 없었다. 영국·프랑스가 폴란드를 도와 9월 3일 독일에 선전포고를 하였

독일 공군의 급강하폭격기

으나 동원이 늦어졌으므로 독일의 침략을 저지하는 데에는 아무런 도움을 주지 못했다. 1주일도 못 되어 전세는 확실해졌다. 2주일이 지나 바르샤바는 포위당하고 서부 폴란드는 독일의 수중에 들어가게 되었다. 폴란드의 조직적 저항은 1개월 내 종결되었으며, 독일은 정복지를 제국에 통합하기 시작하였다.

독일이 폴란드를 1개월 내에 완전 점령할 수 있었던 것은 그들이 전격전(電擊戰)*Blitzkrieg*이라는 공격전술을 사용했기 때문이었다. 탱크를 집단으로 운용하여 화력뿐만 아니라 돌파에서 큰 효과를 거두고 공격 부대의 기동력을 증대시키기 위해 이들을 기계화하였다. 한편 수송력을 증대시키기 위해 대규모의 보급지원 부대를 편성하였으며, 급강하(急降下)폭격기 *Stukas*가 화력을 최대한 지원함으로써 신속한 입체적 작전을 벌일 수가 있었다.

한편 동부 폴란드에서는 독일의 침공이 시작된 지 2주일 후 소련군이 침공해 들어왔다. 독소불가침조약의 비밀보장에 따라 소련이 행동을 취했던 것이다. 9월 22일 드디어 독일과 소련 사이에 협정이 성립되어 폴란드는 다시 분할되고 말았다. 소련은 이에 그치지 않고 핀란드에 압력을 가하기 시작하였다. 소련은 핀란드에게 영토를 할양해 줄 것과 핀란드 내에서의 군사적 권리를 양보해 줄 것을 요구하였다. 핀란드가 이를 거절하자 소련은 동년 11월 핀란드를 공격하였다. 핀란드의 저항은 처음에는 완강했으나, 소련의 적수가 되지 못했다. 1940년 3월 전쟁은 끝나고 소련이 요구한 갈레리아 지방의 많은 지역이 소련에게 할양되었다. 그외에도 소련은 루마니아로부터 구러시아 영토를 빼앗고 이어서 발트 3국인 에스토니아·라트비아·리투아니아를 점령하였다.

프랑스의 항복

동부에서는 폴란드가 독일과 소련에 분할되었지만 서부에서는 믿을 수 없을 만큼 아무런 변화가 없이 조용하였다. 프랑스는 마지노*Maginot*선에다 큰 희망을 걸고 불안에 휩싸여 있었으며, 독일도 지크프리트*Seigfrid*선 뒤에서 움직이지 않고 있었다. 서방의 민주 국가들은 무력 충돌을 피하고 평화를 이룩할 수도 있을 것이라는 어리석은 희망을 갖고 있었다. 그러나 독일은 1939년의 겨울 동안 특수훈련을 받고 있었던 것이다.

1940년 4월 독일군은 기습적으로 덴마크와 노르웨이를 점령하고 5월에는 네덜란드와 벨기에를 공격하였다. 이미 폴란드에서 시험한 전격전이 큰 위력을 발휘하였다. 독일의 기갑부대와 급강하폭격기를 견디어 낼 군대는 하나도 없었다. 벨기에는 2주일 만에, 네덜란드는 5일 만에 항복하였다.

독일의 기계화부대는 마지노선의 북단을 돌아 아르덴 숲을 통과한 후 프랑

덩케르크 철수

스 북부로 깊숙이 진격하여 도버해협으로 진격하기 시작하였다. 당시의 영국
군과 벨기에군 및 일부 프랑스군은 독일의 이러한 진격으로 말미암아 프랑스
의 주력 부대와 차단된 채 덩케르크Dunkirk 항구에 몰리게 되었다. 1940년
5월 28일부터 6월 8일까지 33만 명의 영국과 프랑스군은 귀중한 군장비를
모두 포기한 채 극적으로 겨우 영국으로 철수할 수 있었다.

　독일군은 조금도 기세를 늦추지 않고 남쪽으로 진격하였다. 또한 독일의
주공(主攻) 부대도 마지노선을 돌파하여 파리로 육박해 들어갔다. 드디어 6
월 13일 파리가 함락되었다. 프랑스 정부는 이에 레이노Reynaud 내각 대신
페탱Petain을 수상으로 앉히었다. 6월 22일 프랑스는 강화를 제의하여 휴전
이 성립되었다. 프랑스는 마침내 항복하고 만 것이다. 휴전협정에 의해 북부
프랑스는 독일군이 점령하고 남부 프랑스는 비시Vichy에 수도를 두어 페탱
의 지배를 받는 파시스트 괴뢰 국가가 수립되었다.

　프랑스의 항복은 세계를 놀라게 하였다. 민주주의 국가들은 강대국이 한
달도 못 되어서 붕괴되었다는 사실을 믿으려 하지 않았다. 그러나 그것은 엄
연한 사실이었다. 한편 프랑스 국내에서는 레지스탕스운동이 전개되기 시작
하였고, 일부는 영국으로 망명하였다. 드골De Gaulle 장군은 영국으로 건너가
자유프랑스임시정부를 세우고 비시 정부를 부인하면서 항전을 계속하였다.

　히틀러가 프랑스를 격파한 것이 확실해지자 형세를 관망만 하던 무솔리니
는 1940년 6월 10일 프랑스를 공격하고 아울러 그리스를 침공해 들어갔다.
무솔리니는 히틀러에게 자신의 운명을 맡겨 버린 것이다. 그리하여 무솔리니

는 6월 24일 프랑스와의 휴전을 통해 남프랑스 일부를 점령하게 되었다.

지중해와 발칸작전

대전이 발발하자 이탈리아는 비(非)교전상태를 선언했으나 독일과 함께 프랑스와의 싸움에 가담한 후부터 지중해의 패권 장악에 적극 나서기 시작하였다. 그는 먼저 1940년 8월 영령 소말릴랜드*Somaliland*를 침입하고, 9월에는 이집트로 진격해 들어갔다. 뿐만 아니라 10월에는 그리스에 대하여 전영토를 이탈리아의 작전지역으로 개방할 것을 요구하여 침략의 의도를 표명하였다. 이 요구를 그리스가 거절하자 무솔리니는 점령지인 알바니아로부터 그리스로 공격을 개시하였다. 그러나 그리스군은 지형의 이점을 잘 이용하고, 영국의 지원을 받아서 이탈리아의 진격을 저지하고 더 나아가 이탈리아군을 알바니아로 축출하였다. 이집트에서도 이탈리아군은 격파당했으며, 영국군은 리비아까지 진격하였다. 또한 영국의 원조를 받은 에티오피아도 이탈리아 통치에 반기를 들고 나왔다. 이와 같이 지중해 근처에서의 이탈리아의 침략 행위는 대체로 실패로 돌아갔다.

한편 히틀러는 소련의 남진정책에 위협을 느끼고 발칸 지역을 확보할 필요성을 느꼈다. 더욱이 영국 본토를 공격하기 위하여 제해권을 장악해야 할 필요성이 증대되자 히틀러는 자원이 풍부한 동부 지중해를 점령하기로 결심하였다. 히틀러는 1940년 먼저 유전 지대인 루마니아를 점령한 후 인접의 헝가리와 불가리아에 압력을 가하여 추축 세력에 가담시켰다. 히틀러의 설복이 유고슬라비아에까지 미쳤으나 유고는 이에 반대하고, 반독쿠데타를 일으켰다. 이에 히틀러는 1941년 3월 유고를 침공하여 2주 만에 점령하였다. 발칸 일대를 석권한 히틀러는 당시 곤경에 처한 이탈리아를 지원하기 위하여 1941년 4월 그리스로 진격해 들어갔다. 독일군은 영국군과 그리스군의 저항을 격파하여 전 그리스 영토는 독일의 수중에 들어갔으며, 크레타*Crete*섬까지도 점령되고 말았다. 이제 영국군은 완전히 분쇄되고 독일군의 위용에 세계는 다시 한번 놀라게 되었다.

수상에 취임한 처칠

영국의 항전

영국은 덩케르크의 철수 이후 독일이 곧 침공할 것으로 판단하여 초조한 상태에 놓여 있었다. 대부분의 무기와 장비를 유럽에 방기하였으므로 영국 본토는 실상 무방비 상태였다. 따라서 독일이 영국에 상륙만 한다면 영국은 침입을 막아내기 어려웠을 것이다. 프랑스가 함락된 후 독일은 영국에게 평화를 위한 휴전을 제의하였다. 히틀러는, 당시 영국이 유럽에서의 형세를 파

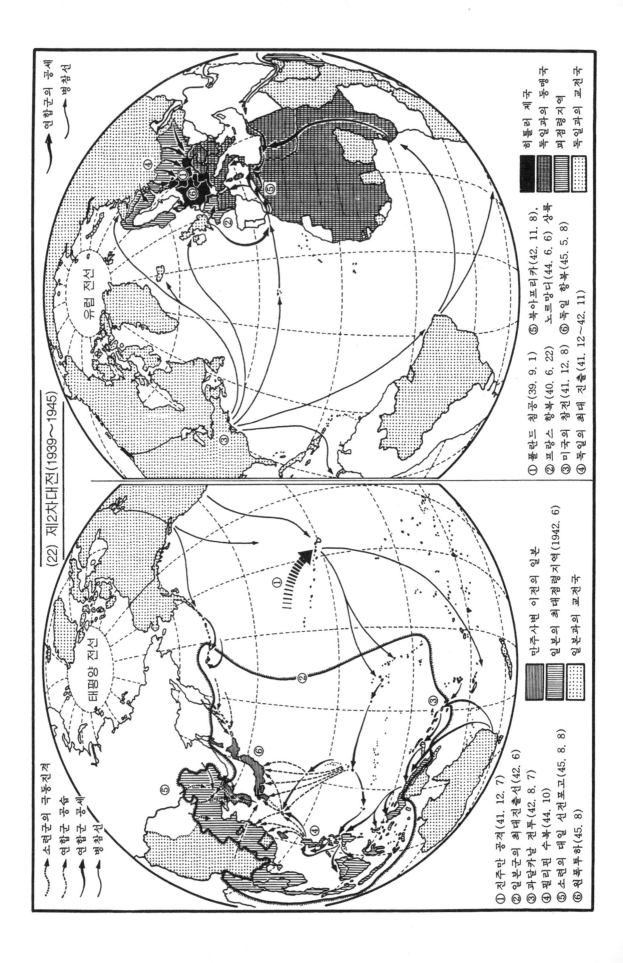

(22) 제2차대전 (1939~1945)

악하여 독일의 우월성을 인정하는 평화 제의를 수락할 것으로 생각했으나 그의 휴전 제의는 거절되었다. 1940년 북구작전의 실패 후 체임벌린에 이어 수상이 된 처칠Winston Churchill은 영웅적인 지도력을 발휘하여 전쟁을 위한 국민의 단결을 호소하며 필승을 약속하였다.

히틀러는 영국 침공이 불가피하다고 판단하였다. 그러나 유럽대륙에서와 같이 신속하고 용이한 방법을 발견할 수가 없었다. 독일 잠수함이 영국을 해외로부터 고립시키어 식량과 물자의 궁핍으로 영국을 굴복시킨다는 것은 큰 모험이며, 시간적으로 너무 오래 걸렸다. 가장 빠른 방법은 직접 영국 본토로의 상륙작전이었으나 독일은 이를 위한 충분한 준비가 부족하였다. 결국 히틀러와 공군 원수 괴링Göring은 항공기에 의한 공습으로 영국을 침략하기로 하였다.

독일 잠수함의 활동이 증가됨과 동시에 우수한 독일 공군의 폭격이 수개월간 계속되었다. 처음에는 독일 공군이 영국 공군을 제압하는 듯 보였으나 끝내 독일은 제공권을 장악하지는 못하였다. 당시의 영국 공군은 수적으로는 열세하였지만 유능한 조종사와 우수한 전투기Spitfire 및 새로 발명한 레이더에 힘입어 독일 공군에게 큰 타격을 주었다. 독일은 할 수 없이 주간 폭격을 중지하고 야간 폭격을 실시하였으며, 중요 도시에 무차별 폭격을 실시하였다. 독일의 무차별 폭격으로 영국은 수많은 인명을 손실하였으며 코벤트리Coventry 시는 완전 폐허화되기에 이르렀다.

그러나 영국 국민은 용기를 잃지 않았다. 미국의 원조를 받아 가며 영웅적인 항전을 계속하였다. 이렇게 하여 1940년 가을을 절정으로 하였던 수개월간의 독일의 공습도 실효를 거두지 못하고 말았다. 히틀러는 이제 영국과의 전쟁에서 결정적 승부를 보기 어렵게 되자 관심을 소련으로 돌리기 시작하였다.

독일 공군의 런던 폭격

독일의 V-2 로켓

독일 공군의 폭격으로 폐허가 된 런던시내

제4절 대전의 확대와 연합국 승리기

독일의 러시아 침공

1939년의 독소불가침조약은 양국의 이념이 일치했다든가 역사적으로 화목한 관계를 유지해 왔기 때문에 체결한 것은 아니었다. 오히려 나치즘은 공산주의와의 투쟁을 통해서 성장해 왔다. 서로 위기를 의식한 양국은 시간을 얻고 더 나아가 동구의 영토를 얻기 위해 불가침조약을 체결하였던 것이다. 독일의 폴란드 침공 이후 소련은 폴란드 동부와 발트 3국을 점령하고, 핀란

폴란드 동부의 부크강을
건너는 독일군 전차

드의 영토를 탈취하였다. 소련은 이에 그치지 않고, 루마니아로 진출하여 1차
대전 때 상실한 베사라비아를 탈환하였다.

러시아가 점차 발칸 지역으로 세력을 확장시키자 독일은 불안을 느끼기 시
작했다. 발칸 일대와 그리스까지 점령한 독일은 소련에 대해 기회만을 엿보
게 되었다. 히틀러는 우크라이나가 독일 국민에게 충분한 식량을 제공할 것
이며, 우랄의 지하 자원은 독일을 번영시킬 것으로 믿었다. 그러나 아무 때나
전쟁을 저질러 1차 대전에서와 같이 양면전쟁의 어려움을 자초하고 싶지는
않았다. 히틀러는 소련 침공의 시기를 노리고 있었던 것이다. 1941년은 독일
에게 결정적 시기로 보였다. 서부에서 프랑스는 이미 정복되었고, 영국은 공

소련의 혹독한 겨울에
고전하는 독일군

습에 시달려 독일을 공격할 수 없는 시기였다. 미국이 참전한다 해도 1941년
에는 독일에게 큰 위협을 줄 수는 없는 것으로 보였다. 히틀러는 이러한 상태
에서 독일이 러시아를 공격한다면 양면전선은 분명히 피할 수 있을 것이며,
겨울이 오기 전에 러시아를 함락시킬 수 있을 것으로 생각하였다.

소련의 반독 선전포스터

　1941년 6월 22일 핀란드·루마니아·헝가리·이탈리아군의 지원으로 증
강한 300만의 독일군은 소련에 침입을 개시하였다. 그 당시까지 산발적이던
전쟁은 이제 세계 대전으로 확대되었다. 독일의 전격전은 처음에는 역시 성
공하였다. 그 해 가을에 이르기까지 독일군은 백러시아와 우크라이나의 대부
분을 점령하였다. 북쪽에서는 레닌그라드가 포위당하고, 남쪽에서는 세바스
토폴이 함락되었다. 독일군은 계속 진격하여 모스크바로부터 25마일 되는 지
점까지 육박하였다. 많은 러시아 군대가 포로가 되든가 아니면 전사하였다.

　그러나 러시아는 정복되지 않았다. 지나치게 자만에 빠진 독일군은 러시아
의 완강한 저항을 사전에 고려하지도 않았으며, 혹한을 견디어 낼 만큼 충분
한 장비를 갖추고 있지도 못하였다. 또한 소련의 산업은 치명적으로 파괴당
하지도 않았다. 산업 시설이 우랄 이동(以東)으로 옮겨졌기 때문이었다. 다만
소련은 영토를 내어 주고 시간을 벌고 있을 뿐이었다. 독일군은 1941년 겨울
이 닥치자 후퇴하지 않을 수 없었으며, 전선은 축소될 수밖에 없었다. 결국
단숨에 소련을 격멸시켜 양면전선을 피하겠다던 히틀러의 계획은 수포로 돌
아가고 말았다. 히틀러는 나폴레옹을 괴롭혔던 모스크바의 겨울을 잊고 있었
던 것이다.

태평양전쟁의 개시

　일본은 만주사변을 일으킨 후 국제연맹에서 탈퇴하고 추축 세력과 방공협
정(防共協定)을 체결하는 등 점차 파시스트 색채가 강화되더니 1937년 7월
노구교 사건으로 중국과 전쟁을 개시하였다. 일본의 대중국전쟁이 장기화되
고 한계점에 도달하자 일본은 이를 타개하기 위하여 대동아공영권(大東亞共
榮圈)이란 주장을 내세우고 남방침략을 시작하였다.

　미국은 종래의 태도와는 달리 1941년 미국 내의 일본재산을 동결시키는
한편 군수품의 대일수출 규제를 강화하고, 중국과 인도차이나에서 일본의 철
수를 요구하였다. 많은 전쟁 물자를 미국에 의존하고 있던 일본은 새로운 자
원의 확보가 시급하였다. 그 해결책은 자연 석유나 고무 등의 자원이 풍부한
남방지역에서 구할 수밖에 없었다. 더구나 독일이 소련을 침공함으로써 소련
이 동아시아에 관심을 쓸 여유가 없게 되자 일본은 남방침략에 큰 위협을 느
끼지 않게 되었다.

일본군의 기습으로 파괴된
미전함 아리조나호

　일본은 이미 1940년에 중국을 봉쇄하기 위하여 프랑스의 비시 정부에 압력을 가하여 북부 프랑스령 인도차이나를 점령하고 있었다. 일본의 이와 같은 침략 행위에 대하여 미국은 영국·중국·네덜란드와 이른바 A.B.C.D. 경제봉쇄망을 구성하였다. 일본은 이에 연합국의 봉쇄를 타파하고 필요한 자원의 자급자족을 해결하기 위해 미국과 타협을 모색하였으나 실패하였다. 1941년 새로 수상이 된 파시스트 도죠 히데키는 전쟁으로 이 난국을 극복하려 하였다. 미국이 전시체제로 전환하는 데에 상당한 시일이 걸릴 것이 분명하자 일본은 사용 가능한 모든 전투력과 전쟁 경험을 총동원하여 남방 자원지대를 점령하기 시작하였다.

　1941년 남부 프랑스령(領) 인도차이나를 점령한 후 남방으로 진출을 꾀하던 일본은 배후를 위협하고 있던 미태평양 함대를 무력화시켜야 할 필요를 느꼈다. 드디어 1941년 12월 8일 일본은 기습적으로 미국 해군의 전진 기지인 진주만을 공격하였다. 미국의 피해는 상당히 컸다. 태평양 함대는 거의 작전불능의 상태가 되어 버렸다. 이렇게 하여 일본은 태평양에서 미국에 선전포고를 하였던 것이다.

미국의 참전

　미국은 1937년 중일전쟁이 일어난 이후 전체주의 국가의 침략에 대한 관심이 증대되었으나 계속 고립주의정책을 고수하였다. 미국 내에서, 고립주의자들의 전쟁 불참 주장을 배격하고 유럽을 구하여야 한다는 여론이 증대하자 루스벨트 대통령은 참전을 지지하는 국민적 여론을 불러일으키기 시작하였다.

1939년 11월 중립법 수정으로 무기 수출 금지 조항이 삭제되어 미국은 이제 '민주주의의 병기창'의 역할을 맡게 되었다. 덩케르크의 철수 이후 무기 부족에 곤란을 겪고 있던 영국의 호소에 응하여 미국은 최초로 소량의 무기를 지원하였다. 이어서 미국은 영국에 50척의 구축함을 양도하고 필요한 해군 기지를 건설하기 시작하였다. 미국의 참전 의도는 점차 현실화하여 1940년 징병제 실시와 대해군 건설이 착수되었고, 1941년 3월 추축국과 교전하고 있는 국가들에게 무기·식량·원료를 제공하는 '무기 대여법'*Lend Lease Bill*이 통과되었다. 또한 독소개전 후 연합국 선박의 안전 호송을 위해 아이슬란드에 해군 기지를 건설하였다.

히틀러는 내심 미국의 참전을 불안하게 생각하여 미국과의 전쟁을 적극 회피하려 하였다. 1차 대전에서 경험한 비참한 패배를 기억하고 있었기 때문이었다. 그러나 참전을 향해 나서는 미국과의 충돌은 불가피하였다. 히틀러는 미국의 무기 및 경제 원조를 방관할 수 없었던 것이다. 1940년 10월 미국 구축함 1척이 독일 잠수함에 의해 격침되어 점차 전쟁의 기운이 무르익어 가고 있었다. 태평양에서 일본과 미국 간의 전쟁이 확실해지자 독일은 그 추축세력인 일본을 도와 1941년 12월 12일 미국에 선전 포고하였다.

미국은 참전 후 당장 큰 위력을 발휘하지는 못하였다. 주로 영국·소련 등

전쟁발발을 알리는 신문기사

미군의 엔터프라이즈 항공모함

에 원조를 계속하여 독일 잠수함 격파에 주력하였다. 태평양 일대에서도 일본의 신속한 진출로 수개월 간은 수세에 몰려 남태평양 일대는 일본의 수중에 들어가고 말았다.

전국의 전환

1942년에 들어서면서부터 전국은 변하기 시작하였다. 확대된 전선의 도처에서 연합국의 공격의 계기가 마련되었다. 태평양 일대에서 다소 타격을 받았던 미국은 1942년 여름 이후 일본의 팽창을 저지하기 시작하였다. 1942년 6월 일본 함대의 미드웨이*Midway* 점령 기도는 미국 해공군에 의해 좌절되었다. 미드웨이해전의 승리는 당시 암담했던 연합국에 희망을 안겨 준 최초의 승리였다. 이어서 반격에 나선 미국은 솔로몬군도의 과달카날*Guadal-canal*섬에 상륙하였으며, 이른바 우회전술*by pass tactics*로 남태평양의 일본군을 구축해 나아갔다.

동부전선에 있어서도 1942년과 1943년 겨울 독일은 스탈린그라드 전투에서 파멸적인 패배를 당하게 되었다. 1942년 8월 독일군은 볼가강 상류의 보급 요충지인 스탈린그라드에 대해 총공격을 시도하여 일시 점령에 성공하였으나 스탈린은 필사적인 탈환 작전을 전개하여 33만 명의 독일군을 포로로 하였다. 스탈린그라드 전투를 계기로 동부전선의 전국도 전환점을 맞게되었다. 소련은 그 후 몇 번 패배를 당하기는 했으나 끝까지 공세를 취할 수있었다.

몽고메리

패튼

또한 1942년 11월 영·미군은 아프리카에서 독일군을 구축하기 위하여 프랑스령 북아프리카 상륙작전을 개시하였다. 아이젠하워*Eisenhower* 장군이 지휘하는 미군은 기습적인 상륙작전에 성공한 후 그곳에 주둔한 비시 정부의 프랑스군과 협조하여 모로코와 알제리를 장악하는 데 성공할 수 있었다. 그후 영국의 몽고메리*Montgomery* 장군과 아이젠하워 장군의 협동작전으로 튀니스에 있었던 '사막의 여우' 롬멜*Rommel*은 오래 지속하지 못하고 1943년 5월 30만의 독일군은 궤멸되고 말았다. 이어 1943년 7월 연합군은 시칠리아*Sicilia*섬을 점령하고 이탈리아 본토 상륙작전을 개시하였다. 이리하여 남부전선에서도 새로운 전환점이 마련된 것이다.

연합군의 반격

미드웨이, 스탈린그라드 및 북아프리카에서 새로운 전국이 마련된 후 연합국은 대규모의 반격작전에 나섰다. 결정적인 제2전선을 형성하기 위하여 서방에서 프랑스 상륙작전을 계획한 것이다. 연합국의 서방해안 상륙작전은 사

연합군의 노르망디 상륙작전

상 전례 없는 대작전이었다. 독일이 모든 과학적 지식을 총동원하여 구축한 해안의 요새는 난공불락을 자랑하고 있었다. 따라서 이 요새를 함락하기 위하여 연합국은 어마어마한 준비를 하지 않으면 안 되었다.

1944년 6월 4일 수천 대의 항공기의 지원과 4천 척의 함선이 도버해협을 건너 노르망디*Normandy*에 상륙작전을 개시하였다. 아이젠하워의 지휘하에 연합군은 예상보다는 쉽게 교두보를 구축하고 프랑스로 진격해 들어갔다. 8월에 파리를 해방하고 9월에 독일 국경을 넘어섰다. 이와 함께 연합군은 8월

베를린 점령 후 의사당 꼭대기에 소련깃발을 내걸고 있는 병사

엘베강에서 만난 미·소
양국 병사

무솔리니의 처형

항복문서에 서명하는
독일군 대표

프랑스 남부에서도 상륙하여 계속 진격해 들어왔다.

연합국의 진격은 잠시 중대한 저항에 직면하게 되었다. 1944년 12월 새로운 로켓 공격을 앞세우고 반격에 나선 독일군의 공격으로 전선에는 돌출부가 형성되었다(발지전투). 그러나 독일군의 반격도 오래 지속되지 못했다. 연합군이 재정비 강화하여 지크프리트선을 돌파한 것이다. 미군은 미처 파괴되지 않은 레마겐교를 이용하여 라인강의 도하에 성공하였다. 연합군은 프랑스, 이탈리아 등지의 레지스탕스의 협력을 얻어 대공세를 취하였다. 이탈리아에서는 연합군의 진격이 시작되자 국내에서 반파시스트운동이 전개되어 무솔리니는 추방되고 바돌리오Badolio가 수상이 되어 파시스트당을 해산시키는가 하면 1943년 9월 연합국에 무조건 항복한 후 연합군의 일원으로 독일에 선전 포고하기에 이르렀다. 그러나 히틀러가 한때 로마를 점령하고 무솔리니를 구하여 파시스트 정권이 재등장하였으나 연합군은 계속 반격을 가하여 1944년 6월 로마를 점령하였다.

한편 소련군도 스탈린그라드의 여세를 몰아 발트 3국·백러시아·우크라이나·폴란드를 휩쓸고, 루마니아·핀란드·불가리아의 항복을 받았다. 소련군은 계속 진격하여 1945년 초에는 동프로이센·체코슬로바키아·헝가리에 진입한 후 독일을 향한 마지막 반격을 개시하였다. 드디어 서방의 연합군과 소련군은 엘베강과 오스트리아에서 만날 수가 있게 되었다. 연합국의 양해를 얻어 소련군은 베를린을 점령하였으며, 히틀러는 자살하고 말았다. 독일 정부는 조건부 항복을 내세웠으나, 연합국은 무조건 항복만을 주장하여 1945년 5월 7일 드디어 독일은 항복하고 말았다.

일본의 항복

연합국의 대독우선전략(對獨優先戰略)으로 인해 태평양에서의 대일전쟁은 3년 간이나 지속되었다. 미드웨이해전에서 역전의 기회를 잡은 미국은 1942년 7월 과달카날과 솔로몬군도를 점령하고 이어 서서히 일본을 향해 북진을 계속하였다. 미군은 제해권·제공권을 장악하고 맥아더군과 니미츠군이 반격에 나서 메리애나군도와 뉴기니를 탈환한 후 1944년 10월 필리핀의 레이테Leyte 만해전에서 대승을 거두었다. 미군은 이어서 점령한 오키나와에 새로 건설한 공군기지와 항공모함을 기반으로 하여 강력히 일본 본토 폭격을 시작하였다. 이제 일본 본토에 대한 전면적 공격 준비가 진행되게 되었다.

이와 함께 미국은 전쟁을 빨리 종식시키기 위해 비밀리에 제작한 원자탄을 1945년 8월 6일 히로시마에 투하하였다. 이로 인해 20만 인구 중 7만이 희생되었다. 이틀 후 소련은 얄타회담 약속에 따라 일본에 선전 포고함과 동시에

원폭투하 직후의 히로시마 광경

만주에 침입하였다. 8월 9일에는 더 위력이 강한 원자탄이 나가사키에 투하되었다. 일본은 더 이상 견딜 수 없게 되자 강화를 수락하여 공식적으로 9월 2일 항복이 조인되었다. 천황은 그대로 국가수반에 머물러 있게 됐으나 일본열도는 미군정하에 들어가게 되었다. 이렇게 하여 2차 대전은 막을 내리고 말았다.

제5절 전후처리와 평화를 위한 노력

대전의 영향

2차 대전의 손실을 정확히 집계하기는 어려우나 1차 대전과 비교할 때 인

미주리호 함상의 일본 항복 조인식(1945년 9월 2일)

명피해만도 엄청났다. 대략적으로 2천만 이상의 전사자와 3천만 이상의 부상 자를 내었던 것이다. 전쟁의 피해가 컸던 곳은 물론 패전국이지만 인명 손실 에 있어서는 러시아가 700만 명 이상이 사망함으로써 가장 큰 손실을 나타내 었다. 대전시 새로운 설파제, 페니실린 및 혈청 주사로 병사의 반이 생명을 건 질 수 있었음을 생각한다면 2차 대전은 훨씬 더 살인적인 전쟁이었음이 분명 하다. 더욱이 비행기의 폭격과 대량 학살 등으로 죽어 간 민간인까지 생각한 다면 인명 피해는 4천만 이상이 될 것 같다. 이러한 전쟁은 패전국에게는 물 론이고 승전국에게도 파괴와 절망을 남겨 주었다.

대전에서 소련은 서구열강과 합심하여 전쟁을 종식시켰으나 전후 그 입장 이 달라졌다. 1차 대전에서 미국이 강대국으로 등장한 것과 같이 2차 대전 이후 소련은 많은 인명 피해에도 불구하고 새로운 강국으로 등장하였다. 대 전 중 점령한 동구의 여러 나라들을 그 휘하에 두고 위성국화하여 공산주의 는 큰 세력으로 성장하게 되었으며, 민주주의 진영과 대립되기에 이르렀다. 1차 대전은 러시아를 공산주의 국가로 만들었지만 2차 대전은 공산주의 국 가를 크게 성장시키는 계기를 만들어 주었던 것이다. 대전은 끝났으나 결국 평화의 보장은 어렵게 될 운명에 놓이고 말았다.

대서양헌장

전쟁은 단순히 승패를 가리기 위한 것만은 아니었다. 전후의 국제질서 회 복과 평화를 위한 노력이 결여된다면 오로지 전쟁은 파괴 이외에 아무런 의 미도 없다. 대전 후의 평화를 위한 노력은 전쟁 중에도 연합국에 의해 논의되 어 왔다. 전쟁을 조속히 종결시키기 위한 회담과 이후의 국제 질서 수립이 그 중심과제였다.

미국의 참전 이전인 1941년 8월 루스벨트와 처칠은 뉴펀들랜드해안의 함 상에서 회동하여 대서양헌장*Atlantic Charter*을 발표하였다. 해상에서의 자 유와 침략의 폐기 및 피정복민의 권리 회복 등을 합의한 이 회담은 전후 평화 의 구상과 민주 진영의 단결을 촉구한 것으로서 1차 대전 때 윌슨의 14개조 를 연상시키는 이상주의적 노력을 보여 주었다. 이 대서양헌장은 1942년 1 월 워싱턴 회의에서 26개국에 의해 지지를 받았다.

카사블랑카 · 테헤란회담

전쟁의 종말이 가까워지자 민주 진영의 거두는 활발히 국제적 협의를 전개 하였다. 1943년 1월의 카사블랑카회담에서는 추축국의 무조건 항복만을 받 아들이기로 합의하였다. 1918년의 경우와 같은 조건부 항복을 배제하도록

카사블랑카회담
(1943년 1월)

결정한 것이다. 이어 같은 해 11월 루스벨트와 처칠 및 장개석은 카이로에
모여 전후 일본 처리에 관해 토의한 결과 일본이 점령한 태평양의 제도(諸島)
는 상실되며, 중국 영토는 모두 중국에 반환될 것과 한국은 '정당한 절차'*in
due course*에 의하여 독립시킬 것을 합의하였다.

1943년 12월 처칠과 루스벨트 및 스탈린은 이란의 수도 테헤란에서 다시
모였다. 이들은 모두 전쟁에서나 평화수립에서나 공동으로 협력할 것을 합의
하였으며, 또 독일을 점령한 후 비무장화할 것과 전후 국제기구의 창설에도
의견을 함께하였다.

얄타회담

테헤란회담 이후 중요한 국제적 회담은 없었으나 연합국의 승리가 눈앞에
닥치게 되자 1945년 2월 루스벨트와 처칠, 스탈린은 흑해 연안의 얄타*Yalta*
에 다시 모였다. 루스벨트와 처칠은 평화 수립에 대해 다소 의견을 달리하고
있었다. 1944년 소련군이 독일을 향해 전진하자 동유럽의 운명이 중대한 문
제로 대두되었다. 그러나 루스벨트는 전쟁을 빨리 종식시키기 위해 소련과
서방과의 갈등이 드러나지 않기를 바랐으며 동구문제는 일단 뒤로 미루고자
하였다.

처칠은 전쟁의 결과 동구 전체가 소련의 지배에 들어갈 것을 우려하여
1944년 스탈린을 방문하여 상호 세력 범위를 결정하였다. 즉 불가리아와 루
마니아에서는 소련이 우월권을 갖고, 그리스에서는 서방이 우월권을 갖도록
하며 유고는 양측이 분할하기로 합의한 것이다. 그러나 루스벨트는 처칠과
스탈린의 합의가 1차 대전 당시의 낡고 위험한 외교를 부활시키는 것으로 생

알타회담시 3거두
(1945년 2월)

각하였다.

이러한 견해 차이에도 불구하고 3거두는 폴란드, 동유럽, 독일, 아시아에서의 전쟁 종결 및 전후의 국제연합의 창설에 대해 적어도 공식적으로 합의를 볼 수 있었다.

동구와 폴란드는 가장 중요한 문제를 제기시켰다. 루스벨트와 처칠은 여하튼 소련이 동구의 지배자가 되어 전체주의체제를 확대시키는 것을 인정할 수는 없었다. 그리하여 영국·미국은 스탈린에게 동구 지역에 국민의 의사에 부합되는 정부를 자유 선거를 통해 가능한 한 조속히 수립할 것을 요구하였다. 스탈린은 다만 선거에 대한 국제 감시의 제안만을 거부한 채 이 요구를 수락하였다. 그에게는 별 손해 없는 구두의 약속이었던 것이다. 폴란드와 소련의 국경 문제는 1919년 영국의 외상 커즌Curzon이 제시했던 이른바 커즌라인Curzon Line에 따르기로 하고 해결을 보았으며, 폴란드는 그 대신 독일의 북부와 서부에서 약간의 영토를 보상받게 되었다.

독일에 관해서는 1차 대전 후의 베르사이유조약에서와 같이 가혹하게 다룰 생각은 없었지만 3거두는 여전히 증오심을 품고 있었다. 그들은 독일을 무장 해제시키고 4개 점령지구로 분할하여 미국·영국·소련 및 프랑스가 통치하도록 합의를 보았다.

또한 얄타회담에서는 극동에 대하여 중요한 합의에 도달했다. 소련은 1941년 4월 일본과 불가침조약을 체결하였다. 그러나 미국은 미군의 인명 피해를 줄이고 태평양전쟁을 조속히 끝내기 위해 소련의 대일본 참전을 기대하였다.

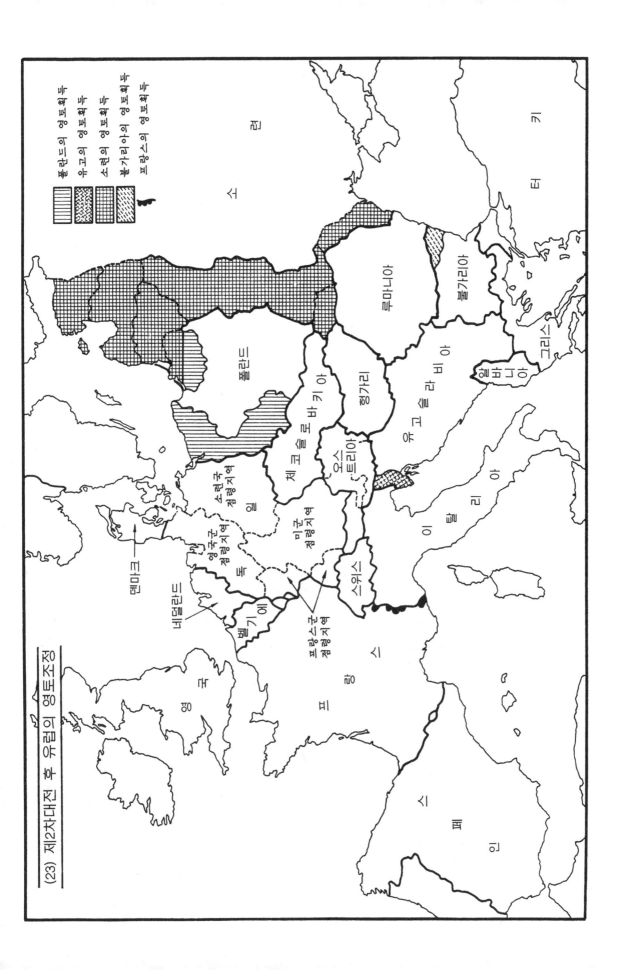

(23) 제2차대전 후 유럽의 영토조정

폴란드의 영토획득
유고의 영토획득
소련의 영토획득
불가리아의 영토획득
프랑스의 영토획득

소련

핀란드

덴마크

네덜란드

독일

벨기에

영국군 점령지역

소련군 점령지역

미군 점령지역

프랑스군 점령지역

스위스

프랑스

폴란드

체코슬로바키아

오스트리아

헝가리

유고슬라비아

루마니아

불가리아

알바니아

그리스

이탈리아

에스파냐

터키

스탈린은 이 제의를 받아들여 3개월 내 대일전에의 개입을 약속하였으나 그 대가를 요구하였다. 그리하여 소련은 참전의 약속으로 러일전 때 빼앗긴 사할린 남반부와 대련(大蓮) 및 여순(旅順)의 회복, 그리고 만주 철도에 대한 중국과의 공동 관리 등을 보장받았다.

또한 3거두는 국제연합이라는 국제 기구의 창설에 대해 만족스러운 합의를 보았다. 루스벨트는 국제 기구 안에 소련을 붙잡아 두는 것이 바람직하다고 생각하였다. 또한 강대국의 역할의 중요성에 비추어 거부권행사가 필요함을 주장하여 의견의 일치를 보았다. 소련이 연방 내의 각국에게 투표권을 주장하여 총회에서 3표의 투표권을 요구하자 루스벨트는 이를 받아들였다. 이러한 조그만 양보를 통해서라도 국제기구가 탄생되고, 여기에 소련이 참가한다는 것이 보다 중요한 것으로 생각되었기 때문이었다.

포츠담회담

독일이 항복한 후 1945년 7월 미·영·소 3거두는 다시 포츠담에서 회합하였다. 새로 대통령이 된 미국의 트루먼Harry S. Truman과 새로운 영국의 노동당 수상 애틀리Clement Attlee와 스탈린의 3거두는 얄타회담의 내용을 보완하고 새로운 평화의 수립에 앞장섰다. 독일의 군비축소, 독일의 배상, 전

포츠담회담(1945년 7월)

범자 처벌 등에 대한 최후의 협정은 전후 평화회의로 미루어졌지만 몇 가지 문제에서 중요한 합의가 이루어졌다.

오데르*Oder*강과 나이제*Neisse*강 이동의 독일 영토를 폴란드에 할양하여 폴란드는 소련에게 잃은 영토의 대가를 보상받았다. 독일의 프로이센도 그 북쪽은 소련에게, 남쪽은 폴란드에게 분할되었다. 또한 독일 군대는 완전히 해산되게 되었다. 그 외에도 독일의 공업은 엄격히 통제되어 전쟁에 필요한 군수산업은 폐기되고 평화를 위한 농업과 기초 공업만이 인정되게 되었다. 아울러 얄타회담에서 제시된 독일의 분할 통치도 재확인되었다.

또한 포츠담회담은 세부적인 문제를 해결키 위해 종전에 필요한 모든 회담을 조속히 개최할 것을 촉구하였다. 이에 따라 각국 외상회의와 1946년의 파리평화회의가 개최되었고, 1947년 12월에는 이탈리아·루마니아·헝가리·핀란드와 강화조약이 체결되어 배상금 지불과 몇 가지 영토 조정이 이루어졌으며, 1951년 일본과도 강화조약이 수립되었다.

그 결과 1차 대전 후와 같이 철저한 보복이 가해진 것은 아니었지만 침략정책을 내세운 파시스트 국가의 재출현 방지책이 강구되고 그들이 점령한 지역은 다시 그 이전 상태로 환원되었다. 일반적으로 연합국은 1차 대전 후와 같은 실수를 막아내었다 할 것이다. 그러나 수차의 평화를 위한 회담에도 불구하고 세계는 또다시 공산주의라는 새로운 위협에 직면하게 되었다.

국제연합

2차 대전 중 영함(英艦)*Prince of Wales*에서의 루스벨트와 처칠의 회동에서부터 1945년 포츠담회담에 이르기까지 전후 문제의 해결을 위한 노력이 계속되는 가운데 새로이 평화 수립을 위한 국제 기구의 필요성이 수차 논의되었다. 대서양헌장의 8개조 가운데 이미 영구적이고 일반적인 안전보장제도의 확립이 선언되어 있었다. 세계의 평화를 위한 노력은 그 뒤에도 계속되어 테헤란회담에서도 공동의 노력이 약속되었다. 국제연합에 대한 구체적 합의는 얄타회담에서 나타났다. 여기에서 3거두는 같은 해 4월 25일 샌프란시스코에서 국제연합에 관한 회담을 소집키로 합의하였다. 이에 따라 샌프란시스코 회의가 개최되었고, 그 결과 6월 26일에는 전문 11개조의 헌장이 역사적으로 조인되었다.

국제연합의 주요 기구는 다음과 같다. 첫째, 모든 회원국들로 구성된 총회 *General Assembly*, 둘째, 미·영·불·중·소의 상임이사국과 기타 6개국의 비상임이사국으로 구성된 안전보장이사회*Security Council*, 셋째, 사무국 *Secretariat*, 넷째, 총회에서 선출한 18개국으로 구성된 경제사회이사회

샌프란시스코회의 본회의장

Economic and Social Council, 다섯째, 신탁통치이사회 *Trusteeship Council*, 여섯째, 국제사법재판소 *International Court of Justice* 등이다.

연 1회의 정기 총회와 특별 총회를 개최하며 표결권은 1국 1표제였다. 총회는 국제연합헌장이 규정하는 모든 문제를 토의할 수 있으나 구속력을 행사할 수는 없었고, 또 안전보장이사회가 다루고 있는 문제에는 실제로 관여할 수 없었다.

평화와 안전에 관해 직접적인 책임을 지고 있는 것은 안전보장이사회였는데 국제적 분쟁을 조사하고 해결책을 강구하여 경제적 군사적 조치를 결의할 수 있었다. 그러므로 회원국은 이 결의에 따르지 않으면 안 되었다. 따라서 강대국의사의 합치가 필수적으로 요구되었다. 안전보장이사회 결의는 5개국 상임이사국을 포함한 7개국 이상의 합의로 성립되었다. 상임이사국의 거부권 *the veto power*은 절대적이었으며, 그들의 만장일치가 아니고서는 어떤 문제든 해결할 수가 없었다. 그러나 대개의 경우 거부권은 소련이 독점적으로 사용하였다. 이와 같이 국제연합에서 안전보장이사회는 가장 중요한 기능을 수행하는 기구이다.

그 외 신탁통치이사회는 패전국의 지배에서 벗어난 지역을 관장하였고, 경제사회이사회는 전쟁 방지를 위한 사회 · 경제 · 문화적 활동을 담당하였으며, 사무국은 국제연합의 운영에 관한 일체의 사무를 장악하였으며, 국제사법재판소는 국제적 분쟁의 해결을 관장하였다.

그 외에도 국제연합은 많은 전문 기관을 갖고 있다. 유네스코 *United Nations Educational Scientific and Cultural Organization*(*UNESCO*) 및 세계보건기구 *WHO*, 식량농업기구 *FAO*, 국제부흥개발은행 *IBRD*, 국제통화기금 *IMF* 등이 그것이다.

이와 같은 조직을 갖추고 국제연합은 1946년 11월 런던에서 51개국이 참가한 가운데 역사적으로 제 1 회 총회를 개최하였다.

국제연합의 업적

국제연합은 탄생 이후 중요한 몇 가지 점에서 국제 평화에 기여해 왔다. 한국 전쟁을 위시하여 인도네시아 · 캐시미르 · 수에즈운하 · 콩고 · 키프로스 · 이스라엘 등에서의 무력 분쟁을 해결하거나 완화시킴으로써 합리적 평화 기구의 면모를 보여 주었다.

그러나 국제연합은 그 기본 성격에 있어서 국제연맹과 다를 바 없다. 그것은 주권국가의 회합을 위해 창설된 것이지 그 자체가 세계정부는 아닌 것이다. 더욱이 5대 강국의 거부권이라는 것이 더욱 국제연합의 성격과 한계를 잘 말해 주고 있다 하겠다.

강대국의 거부권은 만일 전쟁이 일어난다면 이를 막는 데 큰 힘을 발휘할 수 없다고 보아야 할 것이다. 1956년 헝가리 폭동이 발생하여 소련이 이를 탄압하였을 때 국제연합이 무력할 수밖에 없었던 것이 그 실례라 하겠다. 뿐만 아니라 가장 중요한 핵무기에 관해서도 국제연합은 이를 규제할 힘을 갖고 있지 못하다. 과연 앞으로 국제연합이 창설 당시의 목적을 충분히 달성할 수 있을지는 의문이지만, 그 가치를 평가하기에는 시기상조라 보아야 할 것 같다.

제 5 장
제 2차 세계대전 후의 세계

2차 대전 이후의 세계 문제는 역사보다는 시사에 속한다고 할 수 있다. 그러나 오늘날 인류는 분명히 몇 가지 커다란 격변을 느낄 수 있다. 그중의 하나는 세계에 파시스트의 위협이 제거된 후 국제무대에서 공산주의가 급격히 팽창하여 민주진영과 대치하게 되었다는 점이다. 이들 공산주의 세력은 동구에서뿐만 아니라 2차 대전 당시 반제국주의운동을 통해 독립을 쟁취한 신생국에 보다 깊이 침투하였다. 전후의 세계는 이제 공산진영과 민주진영으로 대립되어 위기는 점차 고조되었다.

다음으로 지적할 수 있는 것은 제국주의의 현저한 퇴조 현상이다. 2차 대전 후 도외시되었던 아시아 · 태평양 · 아프리카 등지의 식민지들은 대개 독립을 쟁취하였다. 그러나 독립이 부여되었다고 해서 평화가 보장되거나 문제가 해결된 것은 아니었다. 우선 대중의 빈곤과 인구팽창이 큰 문제로 등장했으며, 경제개발이라는 지상과업을 수행해야 하는 보다 큰 어려움이 따랐다. 또한 정치적으로는 자유를 얻었으나 입헌전통의 결여와 독특한 역사적 전통과 관련된 모든 분야의 혼란을 극복하지 않으면 안 되었다. 그 외에 전후 중동에 있어서 아랍 국가와 이스라엘의 불화 및 아프리카의 여러 문제들은 새로운 불안을 조성하여 오늘날의 국제 정세를 어둡게 하고 있다.

제 1절 2차 대전 후의 국제정세

미 · 소의 대립

소련과 미국은 2차 대전에서 파시스트를 패배시키는 데 결정적인 역할을 수행하였다. 소련은 수백만 명의 희생자와 도시·공장 등 많은 시설의 파괴를 감수하였으나 내부적으로 공산주의는 더욱 공고해지고 국제적으로 그 지위 또한 크게 향상되었다. 동구에서뿐만 아니라 아시아의 신생독립국에 그 세력이 확장되기에 이른 것이다.

소련의 이와 같은 진출은 자연 민주진영의 지도자 역할을 해 온 미국과 충돌을 일으킬 수밖에 없었다. 이념적으로도 양 대국은 공존이 불가피하다고 생각했으며, 현실적으로도 강화조약의 체결이나 신생국에 대한 의견에서 양국은 대립되는 견해를 나타내었다. 미국은 소련이 파시스트와 마찬가지로 민주주의 사회를 위협하고 있음을 인식하고, 대소외교정책을 전환하기 시작하였다.

트루먼 독트린과 마샬 플랜

미국 외교 정책의 전환은 1947년 이른바 트루먼 독트린 *Truman Doctrine* 으로 표명되었다. 트루먼은 의회에서 동구에 공산주의가 팽창하고 있음을 지적하고 어떤 나라이든 자유와 독립이 위협받는 경우 미국은 그들을 돕겠다고 선언하였다. 그리하여 당시 공산주의의 위협에 놓인 그리스와 터키를 지원하기 위하여 그는 4억 달러를 의회에서 승인받을 수 있었다. 트루먼의 이와 같은 과감한 조치로써 그리스와 터키가 공산화되는 것을 막을 수 있었다.

한편 같은 해 6월, 당시 미국의 국무장관이었던 마샬 George C. Marshall 은 2차 대전으로 빈곤과 기아 및 절망에 빠진 어떠한 국가들에게도 미국은 경제

트루먼과 마샬

적 도움을 줄 수 있다는 유럽부흥안(일명 마샬 플랜 *Marshall Plan*)을 제시하였다. 이 계획의 목적은 전후 전 유럽을 재건하겠다는 것 이외에도 공산주의의 위협에 처한 유럽의 국가들을 보호하겠다는 것이었다. 물론 소련과 그 위성국들은 이를 수락하지 않았으며, 서구 16개국만이 그 혜택을 받게 되었다.

냉 전

적어도 2차 대전 이전까지의 국제전쟁에는 3개 이상의 강대국이 대개 등장하여 세력균형의 원리가 적용되곤 했다. 그러나 2차 대전 이후 소련과 미국이라는 초강대국이 출현하게 되자 세계는 두 세력의 대립이라는 상황으로 변해 버렸다. 이제 앞으로 있을 수 있는 전쟁에 대비하기 위하여 양 대국은 자기 진영을 공고히 결속시키지 않으면 안 되었다. 따라서 양국은 모든 분야에서 서로 대결하게 될 수밖에 없었다. 이 대결은 단순한 이념상의 대결은 아니었다. 또한 이 대결은 단순히 미국과 소련 사이의 대결만도 아니었다. 그것은 두 진영 또는 두 공동체 간의 대결이었다. 그렇다고 두 공동체는 직접 무력 충돌을 시도하지는 않았다. 무장된 가운데 평화를 위한 대결이 계속된 것이었다. 이른바 이러한 냉전 *cold war* 현상은 2차 대전 이후부터 한국전쟁에서 실전(實戰)이 일어날 때까지 조금도 양보 없이 꾸준히 지속되었다.

서방 국가들이 미국을 중심으로 하여 경제적으로 단결을 과시하자 공산권에서도 이에 대응하여 1947년 9월, 공산주의를 선전하기 위한 공산당정보국인 '코민포름' *Cominform* 을 창설하여 마샬 플랜에 대항하면서 미국에 협조하

NATO 조인식 광경

는 서구 국가들을 비난하였다. 또한 서구에서 프랑스·서독·이탈리아 및 베네룩스 3국 등의 6개국이 석탄과 철의 공동시장을 창설하자 동구 위성국들은 ‘코메콘’COMECON(상호경제원조위원회)을 구성하여 이에 대항하였다. 1949년 연합국이 ‘나토’NATO를 결성하자 공산권도 1955년 ‘바르샤바동맹’War-saw Pact으로 이에 대응하였다.

1948년 헝가리에 이어서 체코슬로바키아에서 공산주의자들의 혁명이 일어남으로써 민주 국가들은 냉전에서 패배를 경험하였으며, 스탈린이 히틀러보다 더욱 잔악함을 인식하게 되었다.

그러나 냉전의 절정은 베를린에서 일어났으며, 미국은 여기서 그 역량을 충분히 과시하였다. 1948년 가을 민주 국가들에 의해 서독에 통일정부가 구성되자 위기를 느낀 소련은 동독에 위치한 베를린을 봉쇄하여 서독에서 베를린으로 통하는 보급로를 차단하였다. 미국이 굴하지 않고 공중수송으로 이 난국을 충분히 타결하자 소련은 베를린봉쇄를 철회할 수밖에 없었다.

제2절 전후의 공산세계

동구 국가들의 공산화

1차 대전 중 러시아가 공산화하자 세계는 경악과 우려를 표명하면서도 이를 일면 자연발생적 현상으로 인식하려 하였다. 그러나 2차 대전이 끝났을 때 서구는 또다시 충격을 받아야 했다. 약 1억 인구의 동구 11개국이 공산화했기 때문이었다. 실상 1차 대전을 전후한 당시의 공산주의 활동은 크게 성공한 것은 아니었고, 중구 및 동구에서의 팽창도 실패하고 말았다.

스탈린의 70세 생일을 축하하기 위해 모스크바에 모인 세계 공산주의 지도자들 (1949년 12월)

그러나 1945년 이후 공산주의는 무서운 전염병같이 동구와 중국 등 아시아 일부를 휩쓸었다. 물론 이러한 공산화 현상은 자연발생적인 것은 아니었다. 소련의 군사력이나 소련이 제공한 원조에 의해 가능했기 때문이다. 이와 같은 공산화 현상은 마치 150년 전 나폴레옹이 유럽을 휩쓸면서 괴뢰국과 위성국을 세웠던 경우를 연상케 하는 것이었다. 1차 대전까지 공산주의의 완충지대로 생각되었던 이 지역이 2차 대전 후 거의 소련의 지배에 들어가게 된 것이다.

2차 대전이 끝나 갈 무렵 소련은 독일이 점령했던 동구 국가들을 점령하게 되었다. 지리적으로 보아 동구 지역은 서방 국가들이 직접 개입하기 곤란한 지역이었다. 알타와 포츠담회담으로 동구 국가들과 발칸 지역은 자유로이 그들 자신이 정부를 선택하게 되는 듯했으나 소련은 약속을 이행하지 않았던 것이다. 미국과 영국은 강력히 항의했으나 아무런 효과를 거두지 못했다. 다행히 핀란드 · 오스트리아 · 그리스는 공산주의의 지배를 면할 수 있었으나 대체로 엘베강 이동은 소위 '철의 장막'이 드리워지고 말았다. 소련은 1940년 발트 3국을 병합하고 이어 동독을 점령한 후 1946년 헝가리 · 불가리아 · 루마니아에 직접 군대를 주둔시키고 폴란드 · 체코슬로바키아 · 알바니아 및 유고슬라비아 등에 새로운 인민공화국을 수립하였다.

위성국의 수립과정

동구가 공산화되는 과정에는 대개 비슷한 수단이 이용되었다. 소련은 먼저 이들 점령 지역을 관례에 따라 평화조약이 체결될 때까지 잠정적으로 지배하게 되었다. 서방 국가들도 사실 소련과 협의하지 않고 이탈리아에 정치적 지배권을 행사하여 왔던 것이다. 소련은 점령 지역에서 서방 국가의 후원을 받고 있는 민족주의자들을 무시할 수가 없었다. 그리하여 공산주의자들은 먼저 연립정부에 가담하지 않으면 안 되었다.

그러나 이들 공산주의자들은 연립 정부에서 법무장관이나 경찰 · 선전부 등의 요직을 맡음으로써 관권을 장악해 나아갔다. 민족주의에 편승한 공산주의는 국민의 감정을 이용하여 파시스트나 그 추종자들을 색출, 처단하기 시작하였다. 그러나 실제 파시스트만이 아니라 많은 반공산주의자들이 누명을 쓰고 처형되거나 숙청을 당하게 됨으로써 점차 공산주의 세력은 신장되어 갔던 것이다.

다음 단계로 공산주의자들은 연립 정부 내의 정적을 제거하기 시작하였다. 농민 지도자들이나 민주주의자 및 사회주의자 등 모든 정적들을 추방하거나 감소시켜 연립정부를 무너뜨린 후 정권을 완전히 장악하였다. 이러한 권모

술수를 통해 그들은 최후로 소련의 헌법을 모방하여 인민공화국을 수립하였다. 스탈린은 자신에게 충성을 확약하지 않는 인물들은 가차없이 숙청·체포·재판·처형 등으로 다스렸다. 폴란드의 미콜라시크는 망명하지 않으면 안 되었고 불가리아의 농민 지도자 페트코프는 1947년에 처형당하였으며, 그 외에도 수십 명의 지도자들이 투옥당하였다. 스탈린의 신체제는 또한 교회와도 타협할 수 없었다. 헝가리의 민젠티 추기경을 위시하여 각국의 고위 성직자들이 탄핵을 받고 인민재판을 받거나 투옥되었으며, 교회 재산도 몰수당하였다.

유고정부 수반 티토

또한 독자적인 공산주의자들도 용납하지 않았다. 유고슬라비아의 티토Tito는 음모를 꾸미는 이단자로 규탄을 받았으며, 폴란드의 고물카Gomulka는 1949년 당에서 추방되기에 이르렀다. 그러나 고물카는 스탈린이 사망한 후 권좌로 다시 돌아올 수 있었다.

스탈린 사후의 소련

1953년 20세기판 피터대제가 죽었다. 소련의 공업화를 추진하였고, 독일과의 전쟁에 주민을 동원하였으며, 동구에 소련의 세력을 확장시킨 무자비한 독재자가 죽은 것이었다. 그가 죽은 후 흐루시초프Khrushchev가 1958년 승리할 때까지 권력 다툼은 계속되었다. 처음에는 말렌코프Malenkov가 수상이 되었지만 권력은 몰로토프Molotov·불가닌Bulganin·흐루시초프 등에 의해 집단적으로 행사되었다. 이들은 단합하여 비밀경찰 두목인 베리야Beriya를 처형하였다. 1955년 말렌코프가 추방된 후 불가닌이 수상이 되었으나 실권은 당서기 흐루시초프에게 넘어갔다. 이제 흐루시초프의 시대가 온 것이었다. 또한 흐루시초프의 승리는 군대와 비밀경찰 및 관료에 대한 당의승리이기도 하였다.

흐루시초프

그가 집권한 후 국내 정책들에 현저한 변화가 나타났다. 1956년 2월 그는 '스탈린시대의 죄상'이란 연설을 통하여 이른바 스탈린 격하운동(格下運動)을 전개하였다. 그는 스탈린 독재의 내막을 폭로함으로써 서방 국가들에게 스탈린의 죄악의 참상을 깨우쳐 주었다. 점차 스탈린 치하의 극단적 탄압은 감소되기 시작하였다. 비밀경찰의 권한이 축소되고 강제노동수용소가 폐지되고 많은 정치범들이 석방되는가 하면 예술에서도 어느 정도 자유가 부여되었다. 이른바 '해빙(解氷)'의 물결이 퍼져 나갔던 것이다. 소련 지도자들은 완화책과 억압책을 번갈아 사용하면서 자유에 한계를 정하여 놓았다.

그들은 자본주의 세계를 여전히 경멸하면서 소련의 경제적 발전을 추구하였다. 제4차 5개년계획(1946~1950)에 이은 제5차 5개년계획(1951~1955)

은 여전히 중공업에 치중한 것이었다. 점차 소련은 대전에서 입은 피해를 복구하고 공업생산능력이 향상되었다. 소련 국민들의 요구에 맞추어 소모품 생산에 중점을 둔 제6차 5개년계획(1956~1960)은 1958년에 중단되고 말았다. 폴란드 및 헝가리폭동을 진압하기 위해 많은 비용을 지출해야 했기 때문이었다. 1950년대와 1960년대의 소련의 경제성장률은 6~7%로서 미국의 두 배에 해당하고 있었다. 그러나 중공업에 중점을 두어 왔으므로 1960년대 소련 국민은 미국 국민의 절반도 안 되는 구매력을 갖는 정도였다. 그러나 우주개발과 원자력개발에서는 주목할 만한 업적을 남겼다. 1957년 소련은 세계 최초로 스푸트니크*Sputnik* 인공위성을 발사하였으며, 1960년대 초에는 유인인공위싱을 빌사하였던 것이다.

외교정책의 전환

스탈린 사후 소련 자체의 변화는 위성국들에게도 영향을 주게 마련이었다. 스탈린의 후계자들은 동구에서 더 이상 스탈린 방식의 통치가 어렵다는 것을 깨닫게 된 것이다. 1956년 흐루시초프는 유고슬라비아에 사회주의를 실현하는 길이 서로 다를 수 있다고 공식적으로 발표하여 유고와 화해를 모색하였다. 흐루시초프의 스탈린 격하운동과 대유고의 화해외교는 위성국가들에게 용기를 주었다.

1956년 10월 폴란드와 헝가리에서 반소폭동이 일어났다. 폴란드에서는 이단자로 투옥되었던 고물카가 다시 집권하게 되고 국민의 광범위한 지지를 받

헝가리 반소봉기
(1956년 10월)

았다. 폴란드가 독립을 요구하자 흐루시초프는 폴란드가 소련의 동맹국임을 확인한 후 물러서고 말았다. 이제 폴란드에서는 농업의 집단화가 중지되고 경찰의 테러 행위가 억제되었으며 정치적으로 자유로운 분위기가 조성되었다. 그러나 헝가리는 불운하게 되었다. 온건한 공산주의자인 임레 나지Imre Nagy가 정권을 장악한 후 정치범을 석방하는 등 자유주의적 경향이 보이자 부다페스트에서 공산 정권을 몰아내려는 폭동이 일어났다. 그러나 흐루시초프는 탱크와 포병을 파견하여 무력으로 이 폭동을 진압하고 성품이 거친 카다르Janos Kadar로 하여금 강력한 공산 정권을 수립케 하였다. 흐루시초프의 이와 같은 행동은 흐루시초프가 자비심과 관대성을 보이고 있다는 환상을 깨뜨림으로써 소련의 기본외교정책 자체가 변한 것은 아님을 서방에게 인식시켜 주었다.

헝가리 사건으로 소련은 위성국의 독자성에 한계를 분명히 정했지만 위성국들은 점차 자국의 특성을 내세워 경제정책의 수정을 주장하였다. 소련은 이러한 추세를 끝내 무력으로 탄압할 수는 없었다. 드디어 소련은 위성국들의 민족적 특성을 이해할 수밖에 없었으며, 그들의 독자성의 한계를 넓혀 주지 않을 수 없었다. 그리하여 위성국에서는 공업화정책이나 집단농장제 등도 일률적으로는 지켜지지 않았다. 결국 현대 공산주의 세계는 획일적인 공산 국가의 건설에 실패하였다고 단정할 수 있다.

제3절　전후의 민주국가

미 국

미국은 2차 대전이 끝나자 전시의 확장된 경제 체제를 평시의 체제로 전환시키는 부담을 안고 있었다. 그러나 파국은 오지 않았다. 오히려 1차 대전 이후보다 미국의 부는 더욱 과시되었다. 미국에서 수입의 필요성이 줄어들게 되자 세계무역은 불균형에 빠지게 되었다. 고질적인 '달러부족' 현상으로 각국은 미국과 원조가 아닌 무역을 원하였지만 필요한 달러를 벌어들일 수가 없었던 것이다. 미국은 비공산권의 금과 외환의 약 반을 차지하고 있었다. 그러나 1960년에 들어서면서 유럽의 경제부흥이 현저하게 드러남에 따라 미국의 금 보유는 급격히 떨어지고 말았다.

루스벨트의 죽음으로 대통령직을 승계하였다가 그 뒤에 재선된 트루먼 대통령은 페어 딜Fair Deal정책으로 뉴딜의 이념을 살려 나아갔다. 국내에서는 노동조합의 비대를 막기 위해 조치를 취하기도 하였으나 노동조합의 세력은

케네디와 흐루시초프

크게 꺾이지는 않았다. 외교 문제에서 트루먼은 미국이 자유 진영의 선봉자임을 내세워 공산주의 세력의 팽창에 적극 대항하였다. 트루먼 이후 1952년 정권은 공화당으로 넘어갔으며, 1960년 민주당이 다시 집권하였다. 새로 대통령이 된 아이젠하워나 케네디는 기본적으로 뉴딜 이래의 강력한 국가의 통제 개념을 인정하는 입장에서 경제성장 · 인종차별 등의 어려운 국내 문제의 해결에 힘써 왔다.

미국 자체의 딜레마인 흑백 문제는 국제적으로 미국의 위신을 인식시켜 주기 위해서나 또 미국 자체의 민주화의 장래를 위해서도 해결되어야 할 가장 어려운 문제이다. 1965년 흑인은 1,900만 명으로 크게 증가하였다. 그러나 인종분리는 미국 도처에서 통해 왔으며, 남부에서는 특히 심한 경향을 보이고 있었다. 흑인들은 점차 폭력에 호소하게 되었으며, 따라서 1957년과 1962년 아이젠하워와 케네디는 연방군을 동원하지 않으면 안 되었다. 그 후 미국의회의 끈질긴 노력으로 인종 문제는 점차 해결되어 갔지만 여전히 기대하는 수준에는 미치지 못하였다.

영 국

제2차 세계대전이 완전히 끝나기도 전인 1945년 7월 선거에서 영웅적인

지도력을 발휘한 처칠의 보수당은 노동당에게 패배하여 애틀리Clement Attlee
가 수상이 되었다. 이제 영국은 사회주의적 개혁의 중심지가 된 것이다. 먼저
노동당은 자유경쟁과 자본주의를 방치하여 영국 경제를 무질서하게 만들 수
는 없다고 판단하여 중요한 기간산업을 국유화하기 시작하였다. 영란은행(英
蘭銀行)과 탄광 및 전기·가스·체신·교통·제철 등의 공익사업이 국유화되
었다. 기간산업이라고는 하지만, 그것이 영국 경제에 대해서 압도적인 비중을
차지하고 있지는 않았다. 따라서 노동당이 추진한 개혁정책은 사회주의가 아
니라 혼합경제였다. 말하자면 사회주의와 자본주의가 타협된 경제 정책이었
던 것이다.

이러한 혼합경제의 기반 위에 노동당은 전후 국민의 생활 보장을 위하여
사회보장제도를 확장하였다. 자유로운 사회 내에서 완전고용은 물론 '요람에
서 무덤에 이르기까지' 철저한 사회보장을 약속하였다. 그리하여 실업·노령
기타 불시적 재난에 대한 보험의 범위가 확대되고 무료 치료의 혜택이 보급
되었다. 노동당의 이러한 제반 정책은 1951년까지 추진되었으나 전시의 내
핍에 불만을 느낀 국민들은 1951년 보수당을 다시 지지하였다.

그리하여 1964년 노동당이 재집권하기까지 14년 간 보수당이 영국을 지
배하였다. 보수당은 국유화계획을 중지하여 철·석탄 및 기간산업의 국유화
를 해제시켰다. 그렇지만 노동당이 확장해 놓은 사회보장제도나 건강보험계
획 등은 계속 유지되었다. 결국 정부의 통제권을 약화시키기는 하였지만 복
지민주주의는 계속 고수된 것이었다.

대전 후 영국은 선박의 반을 잃게 되자 심각한 무역역조현상을 경험하게
되었다. 그러나 점차 내핍 생활과 미국의 재정적 도움 및 수출 강화로 파산을
면하고 번영을 향해 노력을 경주하고 있다. 다만 식량과 원료를 외국에 의존
해야 하는 영국 경제의 고민은 완전히 해결되지는 않고 있다.

드골

프랑스

2차 대전으로 프랑스의 제3공화국은 붕괴되고 말았다. 연합군의 반격과
레지스탕스의 활약으로 프랑스가 해방되자 1944년 드골의 임시정부가 들어
섰다. 제4공화국이 시작된 것이다. 1945년 신헌법 제정을 위한 총선거에서
공산당·사회당·인민공화운동파M.R.P. 순으로 국민의 지지도가 나타났다.
국민들은 2차 대전시 3정당의 레지스탕스 활약을 높이 평가했던 것이었다.
1946년 제3공화국의 헌법과 별로 다르지 않은 제4공화국 헌법이 국회투표
로 통과되었다. 그러나 부인참정권이 이 헌법에서 인정된 것은 민주주의의
진전이었다.

상제리제 거리를
행진하는 드골

　새 헌법은 역시 행정부에 불신을 갖고 있어 모든 권력을 의회로 집중시켰다. 대통령은 의례적 인물이었고, 수상이 의회에 책임을 지고 있었다. 드골이 1946년 정계에서 물러선 후 제4공화국하의 프랑스 사회와 내각은 계속 불안정하였다. 국민들은 의회의 무능과 정국의 불안정에 불만을 갖고 제4공화국에 무관심하게 되었다.

　제4공화국이 붕괴된 결정적 원인은 인도차이나전쟁(1946~1954)과 알제리전쟁(1954~1962)이었다. 2차 대전 후 프랑스만이 계속 전쟁을 하고 있었던 것이다. 1954년 6월 프랑스는 베트남의 디엔비엔푸전투에서 완전 패배하여 물러설 수밖에 없었다. 이어서 프랑스는 알제리의 이탈을 막기 위하여 안간힘을 쓰게 되었다. 일부 강경한 군부 지도자들이 1958년 5월 알제리에서 일으킨 폭동은 프랑스 자체를 위협하는 것이었다. 파리의 내란을 두려워한 국민들은 사태를 수습하기 위해 드골을 지지하였다. 드골은 무혈 속에서 다시 정권을 장악할 수 있었으며, 국민의회는 그에게 6개월 간 비상대권을 부여하였다. 이 기간에 새로운 헌법이 마련됨으로써 새로운 제5공화국이 탄생하게 되었다.

　비록 제4공화국은 정치적으로 불안정했지만 이른바 복지민주국가 건설에는 중요한 업적을 남겼다. 영국과 같이 일부 중요 산업이 국유화되어 혼합경제가 나타나고 기존의 사회보장제도가 확대되었다. 모네 Jean Monnet 는 마샬 계획의 도움으로 프랑스 경제를 현대화하여 눈부신 경제 성장을 이룩하는 데 앞장섰다.

새로운 제5공화국의 헌법은 대통령중심제의 강력한 행정부를 인정하였다. 대통령은 의회해산권·비상권 등을 갖고 있었다. 새로 대통령이 된 드골은 1962년 알제리에서 국민투표를 실시, 그 결과를 바탕으로 알제리를 독립시켰다. 국내적으로는 프랑스 국민에게 안정과 번영을 가져다 주었으며, 프랑스를 핵무기보유국으로 만들었다. 그리하여 1962년의 2차 선거에서 드골은 절대 다수의 의석을 확보할 수 있었다. 국민의 자유와 언론의 자유는 보장되었다. 실로 공화국의 역사로서 프랑스가 이러한 안정과 번영을 누린 것은 드골에 의해서 비로소 가능하였던 것이다.

서 독

1946년 4대강국은 뉘른베르크에서 전범자재판을 실시하였다. 연합국은 나치의 행동을 독일 국민 전체의 의지와 관련시키려고는 하지 않았다. 고발된 대부분의 나치 지도자들은 처형되고 말았으나 이 처형에 문제점이 전혀 없는 것은 아니었다.

1946년부터 1948년 사이에 미국과 영국 및 프랑스는 그들이 점령한 독일 지역을 통합하였으나 소련은 여기에 응하지 않았다. 1946년 소련은 자신의 점령 지구인 동독에 인민공화국을 수립하고 말았다. 동독은 스탈린이 죽은 후에도 자유화운동이 미미할 정도로 소련에 충실한 위성국가가 되었다. 서독에서는 제헌의회가 수립되더니 1950년 독일연방공화국이 탄생하여 본*Bonn*에 그 수도를 두었다.

독일의 민주화에 앞장서 새로운 지도자로 등장한 사람은 기독교민주당의

뉘른베르크 전범자재판

베를린 장벽

아데나워 Adenauer 였다. 그는 1949년 수상에 취임하여 프랑스와 우호관계를 유지하면서 독일의 민주화에 진력하여 서방열강의 지지를 받아 왔다. 그는 1963년까지 14년 간 효과적으로 독일을 통치하여 서독을 민주 국가로 만드는 데 크게 기여하였다.

점차 폐허화된 독일의 경제가 복구되어 가기 시작하였다. 이른바 '독일의 기적'이라고 불리는 산업의 부흥이 시작된 것이다. 서방 국가들에 대한 배상 지불이 중지되고 마샬 플랜에 따른 30억 달러의 원조가 경제 부흥을 도왔다. 아데나워 수상 아래서 경제상을 맡은 에어하르트 Erhart 의 노력으로 독일은 1950년에 이르러 전전의 상태로 회복되었다. 완전고용이 이루어졌고, 1960년대에 이르러 세계적인 공업국으로 등장하였다.

그러나 동서독 간의 관계는 더욱 경색되어 갔다. 동독 지역에 위치한 베를린에 소련은 동베를린 시민의 서베를린으로의 탈출을 방지하기 위해 높고 긴 콘크리트 장벽을 쌓았던 것이다.

제4절 전후의 신생국

아시아 태평양지역

2차 대전 이후 국제 사회에서 드러난 가장 뚜렷한 특징은 제국주의의 퇴조였다. 1960년 초까지 영국·프랑스·네덜란드·벨기에 등의 식민제국은 거의 붕괴되었다. 아시아 태평양 지역은 대전 후 가장 큰 변화를 맞게 되었다. 영국의 인도통치가 종식되면서 파키스탄과 인도가 분리되었으며, 말레이연방이 창설되고 네덜란드의 지배를 받던 인도네시아가 독립을 쟁취하였다. 또한 인도차이나에서 프랑스의 제국주의는 종식되었고 베트남은 남북으로 분단되었다.

영국인이 직접 통치한 가장 넓은 지역이었던 인도는 대전 후 자치령의 지위를 획득했으나 힌두교 중심의 인도자치령과 이슬람교도로 구성된 파키스탄자치령으로 분리되었다. 그 후에도 종교적 분쟁과 캐시미르에서의 국경분쟁으로 양국은 불안정한 관계에 놓이게 되었다. 특히 인도는 네루Nehru의 지도하에 민주주의화와 빈곤의 해결, 인구 문제의 해결에 있어서 서서히 진보를 보이기 시작하였다.

또한 영국으로부터 새로이 독립된 말레이지아는 10년 간의 혼란과 투쟁을 거친 후 1957년에 독립이 인정되었다. 그 뒤 싱가포르와 기타 영국 식민지를 합하여 1963년 18개 회원국으로 구성된 말레이연방을 구성하였다.

네덜란드는 1942년 일본에게 인도네시아 식민지를 빼앗겼으나 대전이 종식되자 인도네시아인들은 독립을 선포하였고 네덜란드는 재차 이 지역에 군대를 파견하였다. 수년 간의 전쟁 후 1949년 네덜란드는 인도네시아를 독립국으로 인정하게 되었으며, 수카르노Sukarno가 초대 대통령이 되었다. 그는 교도(教導)민주주의guided democracy 정책으로 독재권을 행사하여 의회민주주의 수립이나 경제적 안정에 아무런 기여를 하지 못하고 말았다.

프랑스령 인도차이나에서도 2차 대전 후 민족주의 세력의 지도자인 호치민이 독립을 선언하였다. 호치민은 소련의 도움을 받은 유능한 공산주의자였기에 프랑스는 제국주의 정책의 고수를 위해서 방공을 내세웠다. 양자 간의 협상은 깨지고 1946년부터 혈전이 개시되었으나 프랑스는 디엔비엔푸에서 크게 패배하여 휴전이 성립되기에 이르렀다. 북위 17도선을 경계로 하여 월맹과 월남으로 분단된 것이다. 그러나 월맹이나 중공의 공산주의 세력들은 인접 지역을 크게 위협하였다. 이에 미국은 월남공화국의 민주화와 공산주의 침투를 막기 위해 점차 전쟁에 깊이 관여하게 되었으나 끝내 미국의 노력은 성공을 거두지 못하고 말았다.

독립을 선언하는 수카르노

아랍국가와 이스라엘

아시아 · 아프리카에 광범위하게 퍼져 있는 이슬람 세계는 터키의 지배가 종식되면서 민족주의 의식이 크게 고조되었다. 1차 대전 후 서방 국가의 위임통치(委任統治)를 받고 있던 시리아 · 레바논 · 요르단은 2차 대전으로 독립

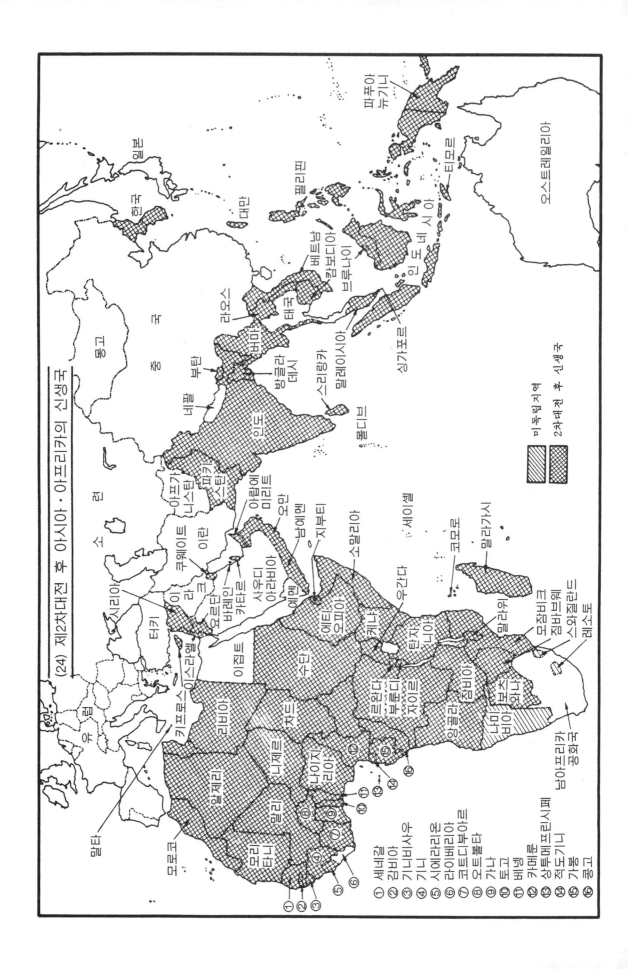

(24) 제2차대전 후 아시아·아프리카의 신생국

미독립지역

2차대전 후 신생국

① 세네갈
② 감비아
③ 기니비사우
④ 기니
⑤ 시에라리온
⑥ 코트디부아르
⑦ 가나
⑧ 토고
⑨ 베냉
⑩ 카메룬
⑪ 상투메프린시페
⑫ 적도기니
⑬ 가봉
⑭ 콩고

국이 되었다. 1945년 이집트·이라크·시리아·요르단·사우디아라비아·
예멘 등의 아랍 국가들은 아랍민족주의를 내세워 아랍연맹*Arab League*을
구성하였다. 그 후 새로이 모로코·알제리·튀니지가 이에 가입하여 아랍연
맹은 더욱 강화되었다.

이즈음 러시아와 동구 등지에서 박해를 받아 오던 유대인들은 시오니즘
Zionism 아래 팔레스타인 지방으로 모여들었다. 이 지역을 위임통치해 온 영
국은 아랍과 얽힌 이해 관계로 유대인의 이민을 제한하려 하였으나 실패하
고, 드디어 이 지역의 분할을 선언하였다. 유대인들은 재빨리 이스라엘공화국
을 선포하고 국제연합의 승인을 얻었다.

그러나 이 지역의 아랍인들에게는 시오니즘도 중동에 대한 서양의 새로운
침략으로 생각되었다. 많은 아랍인들이 이스라엘 건국으로 생명과 재산과 땅
을 잃게 되었기 때문이었다. 상호 전쟁은 불가피하였다. 그러나 아랍 국가들
은 단결을 보여 주지도 못하였고, 군사적으로도 무능하여 인적 자원은 부족
하면서도 잘 단결된 이스라엘에 패배하였다. 그 결과 팔레스타인 일부 지역
의 아랍인들은 이 지역을 떠나야만 했다. 이 이민 문제는 아랍과 이스라엘 관
계를 더욱 악화시켰다. 이스라엘은 그 후에도 전쟁에서 계속 아랍세력을 압
도하였다.

이집트에서 1952년 혁명으로 정권을 장악한 낫세르Nasser가 아랍 국가의
지도자로 등장하였다. 그는 소련으로부터 원조를 받아들임으로써 미국과 긴
장을 조성하기도 하였다. 1956년 낫세르가 수에즈운하의 국유화를 선언하자
영국은 유화정책을 포기하고 프랑스 및 이스라엘과 함께 군대를 파견하였다.
그러나 미국은 이에 이의를 표명했으며, 소련 또한 낫세르를 지원하게 되자
영국은 군대를 부득이 철수시킬 수밖에 없었다. 드디어 수에즈운하는 이집트
의 관리하에 들어갔으며 이스라엘 선박의 통행은 금지되었다.

낫세르의 범아랍적 단결의 야망은 국내에서는 성공하였으나 기타 아랍 국
가들에게서는 환영받지 못했다. 1958년 그는 스스로 이집트의 국명을 통일
아랍공화국으로 고쳤으나 시리아만이 잠시 가담하였다가 이탈해 버렸다. 아
랍 국가들은 낫세르가 개인적 야망을 위해 아랍 국가들을 희생시키고 있다고
의심했던 것이다. 결국 이처럼 제2차 대전 후 이스라엘의 등장은 중동지역에
끊임없는 갈등과 분쟁을 초래하였던 것이다.

인도의 독립

영국 정부는 직할통치(直轄統治)를 시작한 후 인도에 여러가지 근대적인 제
도를 실시하고 근대적인 시설들을 설치하게 되었다. 이때부터 신앙의 자유가

주어져 종교적 개혁운동이 전개되고 또한 근대적인 교육이 널리 보급됨에 따라 인도의 지성인들 사이에 민족적 각성이 일어나 민족 운동이 전개되었다.

이에 영국은 인도인의 반영(反英)의식을 무마하기 위해 1885년에 인도국민회의*Indian National Congress*를 결성시켜 인도인과의 타협을 꾀하였다. 국민회의는 당초에는 실업가 · 지주 · 지식계급 등으로 구성되어 정부와의 협조하에 온건한 정치 개혁 운동을 전개해 나갔으나 민족주의가 팽대함에 따라 후에는 계급과 종교를 초월한 민족 독립 운동의 중심 기구로 변하였다.

민족 운동이 활발해짐에 따라 영국의 인도 지배는 더욱 강경해져서 1905년에는 벵골분할법을 제정하였다. 이 분할법은 벵골주를 둘로 분할함으로써 힌두 · 이슬람 양 교도의 민족 운동을 분열시키려는 것이어서 인도인의 반발을 받았다. 때마침 러일전쟁에서 일본이 승리하여(1905) 인도인 등 아시아 민족의 민족주의를 자극시킨 바 있어 청년 · 학생 · 중소 상공업자 · 농민 등이 일어나 반영운동을 일으켰다.

이에 국민회의도 1906년 영화(英貨)배척 · 스와데시*swadeshi*(국산품애용) · 스와라지*swaraji*(자치) · 민족교육 등의 4대 목표를 결의하고 반영 운동의 지도에 나섰다. 그 후 영국은 이를 무마하기 위해 소극적인 개혁을 단행하였으나 전통적인 분열정책을 고수하여 인도인의 반감은 계속되었다.

제1차 세계대전 중 영국은 인도의 자치를 약속하고 인도인의 전쟁 협력을 요구하였다. 이에 인도는 영국에 적극 협력하여 막대한 군수품 보급과 병원 및 전비를 제공하였다. 그러나 전쟁의 장기화로 민중의 생활이 곤란해진 데다 해외로부터 전파된 독립 운동의 영향으로 반영 풍조가 나타나 인도인 스스로의 자치운동이 개시되었다. 이때 인도회교도연맹*All India Moslem League*(1906년에 조직)도 범이슬람주의의 영향으로 영국에 대해 적대적 태도를 취하게 되니 힌두 · 이슬람의 양 세력이 자치권 획득을 위해 공동투쟁을 전개할 것을 다짐하게 되었다.

전후 영국은 인도의 자치 약속을 이행치 아니하였다. 그 위에 러시아혁명과 민족자결주의 풍조에 자극을 받아 반영운동이 격화되었다. 이에 영국은 가혹한 로울라트법*Rawlatt Bills*을 제정하여(1919) 민족 운동과 언론을 탄압하였다.

간디

1920년 국민회의파의 지도자 간디 Mahatma Gandhi(1869~1948)는 '비폭력 · 불복종'이라는 새로운 저항운동을 전개하여 민족자본가 · 농민 · 노동자와 이슬람교도 등 각계 각층의 지지를 얻게 되었다. 간디는 무기와 폭력을 부정하고 법률의 불이행, 공직의 사임, 납세거부, 영국 상품 불매, 파업, 공립학교 취학 거부 등으로 영국의 통치와 일체 손을 끊을 것을 주장하였다. 영국의 가혹한 탄압에도 불구하고 이 운동은 더욱 확대되어 1922년에는 그 절정에 이르렀다. 이에 영국은 로울라트법을 폐지하여(1922) 이 운동의 완화를 꾀하는 한편 간디를 체포하였다. 간디는 2년 뒤에 석방되었지만 비협력을 일시 중지하는 네루 등의 독립 운동에 합류하였다.

네루

1920년대에 들어와서는 네루Nehru(1889~1964)를 지도자로 하는 스와라지스트당이 국민회의파의 지도권을 장악하여 합법적 수단에 의한 자치 운동을 추진하였다. 이러한 시기에 영국은 새로운 인도통치법을 작성키 위해 인도의 실정을 조사할 필요에서 사이먼Simon 위원회를 파견하였으나(1927) 국민의회파는 이 위원회에 한 사람의 인도인도 포함되지 않았으므로 위원회 배척운동을 일으켰다. 그 후 국민회의파는 1929년에는 라호르Lahore에서 대회를 열어 인도의 완전독립(푸르나 스와라지 purna swaraji)을 결의하고 (1930) 간디에게 국민회의의 전권(全權)을 위임하여 재차 불복종운동을 전개하였다.

영국 정부는 무력으로 탄압을 가하는 한편 인도통치법 개정을 제안하였으며, 그 후 인도인의 반대를 무릅쓰고 새로운 인도통치법을 제정 발표하였다 (1935). 이의 주 내용은 영령과 토후국을 통합하여 인도연방을 조직하고 각 주에 자치권을 부여하는 것이었으나 군사·외교에 관한 총독의 집행권은 여전하여 이제 완전 독립을 요구하는 인도인을 만족시킬 수는 없었다. 이 법은 1937년부터 시행되어 선거 결과 국민회의파는 11주 중 7주에 단독 내각을, 2주에 연립 내각을 조직하게 되었다.

1939년 제2차 세계대전이 발발하자 영령 인도 정부는 의회와 협의도 없이 전쟁을 선포했다. 국민회의파는 전쟁에 협력하는 조건으로 자치권을 요구하였으나 거절되었다. 이에 각 주의 국민회의파 내각은 1940년 총사직하고 전쟁 협력을 거부하였다. 따라서 영국은 강제동원을 실시하는 한편 전후에 자치령의 지위를 부여할 것을 약속하였으나 국민회의파는 이를 거부하고 1942년 간디의 지도 아래 다시 불복종운동을 전개하였다. 그러나 영국의 강경한 탄압 아래 다시 침체와 불만 속에 빠지게 되었다.

인도의 독립 운동에는 영국의 탄압 외에도 장애가 많았다. 네루의 합법적 자치운동과 간디의 불복종운동 사이에 가끔 마찰이 있었고, 자치주와 토후국 사이에도 의견의 대립이 있었다. 이슬람교도와 힌두교도 사이에도 불화가 소멸되지 않았다. 진나Jinnah가 영도하는 회교도연맹은 간디와 협력하여 독립운동에 참가했으나 추구하려는 목표가 서로 반드시 일치되지는 않았다.

인도는 제2차 세계대전 중에도 완전 독립을 요구하여 마침내 1964년 영국 수상 애틀리는 인도의 완전 독립 허용을 선언하였다. 그러나 회교도연맹이 강력하게 분할독립을 주장함에 따라 영국의 조정하에 인도는 파키스탄 *Pakistan* 과 인도연방으로 분리되어 각각 영연방의 자치령으로서 독립하였다 (1947. 8. 15). 인도연방은 11주를, 파키스탄은 2주를 차지하였고, 나머지 2주는 양자가 분할하였으며, 크고 작은 여러 토후국들은 자유 선택에 맡기어 그 귀속을 결정지었다.

파키스탄은 계속 영국의 자치령으로 남아서 반공국가로 발전하게 되었으나, 경제 · 외교 · 캐시미르*Kashmir* 귀속문제 등을 둘러싸고 인도연방과 심각한 대립 상태에 놓여 있게 되었다.

인도연방은 1950년 1월 26일 헌법을 공포하여 대통령을 수반으로 하는 입헌공화국으로 발족하였다. 인도는 더 이상 영연방의 자치령이 아니었으나 영연방의 회원국으로 남기로 결정함으로써 영국과 다른 회원국들과 우호적인 관계를 계속하게 되었다. 1952년의 1차 총선거 결과 상 · 하 양원과 주의회 등에서 국민회의당이 대다수 의석을 획득하였고 대통령에는 프라사드가, 수상에는 네루가 선출되었다.

네루 수상은 전근대적인 요소의 제거와 새로운 사회의 건설을 위한 점진적인 개혁을 계속하면서 농업 개량과 중공업 발전에 힘써 사회주의형 사회 수립을 위해 노력하였다. 대외적으로는 적극적인 중립정책을 취하여 중립 제국의 지도적 위치에 서서 국제정치에 중요한 역할을 하였다. 그러나 복잡한 민족구성과 종교적 대립, 그리고 인구팽창과 빈곤, 중국과의 국경분쟁 등으로 말미암아 어려운 문제를 안고 있다.

제 6 편
근세 동아시아

제 1 장
동아시아의 전제국가

제1절 청조의 중국지배

만주족의 흥기

청은 퉁구스계의 만주 민족인 여진족에 의하여 수립된 국가이다. 여진족은
일찍이 12세기에서 13세기에 걸쳐서 금을 건국하여 활약한 일이 있었으나,
그 후 원·명에 복속하여 건주·해서·야인 등의 여러 부족들로 분립하여 왔
다. 명조는 그들 사이에 통일 세력이 생기는 것을 두려워하여 이에 대한 분할
통치정책을 채용하였다. 영락제 때 각 추장에게 도독·도지휘 등의 관직을
수여한 것이라든가 또는 조공무역을 하게 한 것은 그러한 정책의 예이다.

17세기 초엽 임진왜란에 의하여 남만주의 명나라 병력이 감소된 틈을 타
서 건주부의 누르하치(奴兒哈赤)가 부근의 여러 부족들을 평정하여 여진족을
통일하고 1616년 제위에 올랐으니, 이것이 곧 후금이다. 이어서 그는 1619
년 명의 대군을 사르호(薩爾滸)산에서 격파하고, 만주를 통일하여 심양(봉천)
에 도읍한 후, 팔기제(八旗制)를 제정하여 국내의 제도를 정비하였다. 팔기제
란 금대의 씨족제도를 기초로 하여 제정한 행정조직인 동시에, 국민개병의 군
사조직이었다. 이처럼 군대조직과 사회조직이 동일한 것은 몽고 등 북방 민족
의 공통된 특징이었다(1기는 25좌령, 1좌령은 300인으로 편성되어 8기 6만 인).

그 후 태종 시대에는 한인·몽고인을 한군기·몽고기로 편성하였다. 기
(旗)에 속하는 자는 기인(旗人)이라 불리고, 병역의 의무를 지는 동시에 일정
한 기지(旗地)를 지급받아 우대되었다. 그리고 이것이 초기에는 청조지배의

유력한 수단이었으나, 점차 경제적으로 곤궁하여졌기 때문에 청말에 이르러서는 무용지물이 되고 말았다.

누르하치의 사후, 태종(1623~1643)은 내몽고의 찰합이부(察哈爾部)를 정복하여 내몽고를 복속시키고, 국호를 청(淸)이라 개명하였다. 내몽고를 정복하였을 때 칭기즈칸의 적통에 의하여 대대로 전하여 온 '대원전국새(大元傳國璽)'를 얻어, 이후 만주왕조는 동시에 몽고의 지배자가 되었다. 그 후 조선에도 2차에 걸쳐 출병한 바 있으니, 그것이 곧 정묘호란과 병자호란이다.

중국대륙의 정복

태종의 아들 순치제(1644~1661)는 명 멸망 후의 혼란을 틈타서 1644년 화북을 침입하여 이자성을 비롯한 각지의 군웅을 토멸하고 북경을 함락하였다. 화북의 여러 성을 손에 넣은 후 명조의 부흥을 꾀하는 왕족·유신을 차례로 토벌함으로써 1661년 마침내 전 중국을 평정하였다.

청은 중국에 진출하기 위한 무력을 강화하고자 명의 많은 항장(降將)을 이용하였다. 특히 강대한 무력을 가진 자에게는 왕으로서의 황족 대우를 하여 우대하였다. 즉 오삼계(吳三桂)·상가희(尙可喜)·경계무(耿繼茂) 등을 각각 운남·광동·복건에 봉하였으니, 이것을 삼번(三藩)이라 하였다. 모두 다수의 병력을 보유함으로써 청에 대하여 거의 독립된 상태에 있었다.

국내 통일의 완성을 기한 성조 강희제(1662~1722)가 1673년 번 폐지의 방침을 정하였기 때문에 삼번의 난(1673)이 일어났다. 최초에는 삼번의 세력이 강하였으나, 강희제는 1681년 난을 평정하는 데 성공하였다. 이어서 명 멸망 후 대만에 근거하여 20년 간에 걸쳐서 청에 반항을 지속한 명의 유신 정성공의 일족을 토멸함으로써 1683년에 비로소 중국은 완전히 통일되었다.

국내 통일에서 여력을 얻은 청조는 외부로부터의 위협을 배제하는 데 진력함으로써, 강희제로부터 옹정제(1723~1735)를 거쳐 건륭제(1736~1795)에 이르기까지 3대 130년 간 그의 지배 지역을 확대하는 데 성공하였다. 중국본토·만주·대만을 직할령으로, 몽고·청해·동 투르크스탄·티베트를 번부(藩部)로 만들었으며, 조선·안남·버마·샴 등을 신복(臣服)케 함으로써 마치 아시아를 대표하는 듯한 장관을 보였다.

만주족의 한인통치

청은 이처럼 광대한 판도를 통치하는 데 있어서, 강경정책과 회유정책을 병용하는 극히 교묘한 방법을 채용하였다. 통일 후 변발령을 발포하여 중국인으로 하여금 만주의 풍속을 따르게 하였고, 또 중국인의 청조정치에 대한 비판을 탄압하였다. 여러 번 문자의 옥을 일으켰으며, 금서령을 발포하여 한인의 민족 의식을 진작하는 다수의 서적을 금지하였다. 그러면서도 다른 한편으로는 한인 지식계급의 회유를 꾀하여 중국 문화를 존중하였다. 특히 강희·건륭 시대에는 학술을 장려함으로써 명대의 뒤를 이은 서적의 대편찬을 행하였다.

관료기구는 명조의 것을 계승하였다. 황제의 직속하에 내각 대학사를 두어 정무를 통할케 하고, 그 밑에는 이·호·예·병·형·공의 6부를 설치하여 사무를 분담케 하였으며, 감찰 기관으로서 도찰원을 설치하고, 번부의 감독은 이번원으로 하여금 담당케 하였다. 그러나 그 후 정치의 실권은 내각에서 군기처(군기대신)로 옮겨져 갔다. 이 중앙 관청들에는 만주인과 중국인을 병용하였으나, 군기대신과 같은 특정한 관직은 만주인에 한하였고, 동일 관직에서도 만주인 관리를 우위에 두었다. 중요 정무에는 합의제를 철저히 시행케 하고 밀정정치(密偵政治)를 하였다.

이리하여 만주인과 중국인과의 세력 균형 위에 황제독재권을 구축 강화해 나갔다. 군제는 전술한 만주·몽고·한인 각 기(旗) 외에 명 멸망 후에는 중국인으로 녹영(綠營)을 편성하여 각 성의 지방 치안 유지에 종사케 하였다. 이처럼 강희·옹정·건륭의 3대(1662~1795)는 청조의 최대 번성기였다.

청조의 위기

청조의 최성기는 동시에 청조 쇠퇴의 시작이었다. 즉 인구가 증가하고 소비 생활의 향상에 의한 사치 풍조가 유행하여 물가가 폭등하였으며, 더욱이 상층계급의 사치와 정치의 부패가 극에 달하였다. 그 결과 하층계급의 빈곤화, 토지 소유를 둘러싼 상하의 대립이 격화되었고, 유민·비적이 증가하여 사회 질서를 문란케 하는 자가 점차 많아졌다. 이와 같은 경향은 건륭 말년부터 나타나기 시작하여 시대가 흐름에 따라 점점 심하여졌다.

건륭제 다음의 인종(1796~1820) 시대에 이르러서는 이러한 정치의 부패와 사회의 불안으로 말미암아 민중들은 스스로 자위책을 강구하고, 따라서 비밀 결사의 세력이 발전하게 되었다. 이미 건륭 말년부터 각지에 소규모적인 반란이 가끔 일어났는데, 얼마 안 가 한인의 반청의식이 표면화한 종교적 비밀 결사 백련교(白蓮敎)의 대란이 1796년 호북성에서 발발하였다. 이것은 하남·섬서·감숙의 여러 성으로 확대되었고, 청조는 9년 만에야 겨우 이를 진압하였다.

그러나 당시에는 일찍이 청나라 무력의 중심이며, 중국 지배의 지주였던 만주팔기도 심하게 부패하고 타락하였기 때문에, 난의 평정에는 무력하였다.

그리하여 자위를 위하여 조직된 민간 의용병인 향용(鄕勇)의 힘을 빌 수밖에
없는 형편이었다. 이 백련교의 난 이외에도 정도의 난·장격이의 난 등 대소
의 반란이 연발하여 청은 이를 진압하기 위하여 막대한 경비를 쓰게 되어 재
정이 궁핍해졌다. 또 그로 인하여 가혹하게 세금을 징수하게 되었고, 이것은
또다시 새로운 반란을 유발하였다. 이러한 사회 불안과 만·한 양 민족의 대
립은 19세기 중엽에 절정에 달하여 태평천국혁명이 일어나는 계기가 되었다.

산업과 경제

만주인이 지배하는 청대의 중국 사회도 본질적으로는 이전의 왕조 때와 변
함없이 발전히였다. 더욱이 청초의 강희·옹정·건륭의 3대의 전성시에는
크게 국위가 신장되고, 명말의 재정적 궁핍이 점차 회복됨으로써 국내 경제
도 순조롭게 발전하였다.

농업을 개관하면, 곡창 지대인 양자강 하류역에서는 품질 개량·농지 개
발·관개 시설의 증설 등을 실시하여 농산물의 생산량이 증대하였다. 송대에
수입한 점성미는 청대에 이르러 널리 화중·화남 일대에서까지 재배되었고
중만도와 조합한 이모작이 일반화되었다. 면의 재배가 보급된 결과, 면과 면
포가 일반민에게 사용되었고, 차도 수요량이 증대하여 그 산액(産額)과 종류
가 증가하였기 때문에 종래의 녹차 외에 수출품으로서 홍차·우롱차·전차
등이 생산되었다. 17세기 초엽에는 필리핀에서 연초가 수입되고, 기타 지역에
서는 감자·옥수수·땅콩 등이 수입되어 곧 중국의 중요한 농산물이 되었다.

공업을 개관하면, 견직물은 절강·강소·사천·광동 방면에서 번영하여 해
마다 산액이 증가되고, 면직물 공업은 양자강 하류의 송강부를 중심으로 발
흥하여 민간의 중요 산업이 되었다. 도자기는 강서의 영덕진산이 유명하였으
며, 비단은 차와 함께 유럽 여러 국가들에 다량으로 수출되었다.

이상과 같은 국내 경제의 순조로운 발달로 해외 무역이 왕성해져서 은의
유입은 현저히 증가되었다. 또한 이 외국 은의 유입은 중국에서의 은의 유통
에 박차를 가하여 국내 상업의 번영을 초래하였다. 이에 수반하여 상업 자본
은 눈부시게 발전하여 대규모적인 상업 거래가 성행하고, 다수의 부호가 배
출되었다. 각지의 중요 도시에는 명대에 이어서 회관·공소가 설치되었으며,
다시 이 양자가 결합된 방(幇)이라는 동업조합도 출현하였다. 은에 의한 화폐
경제의 진전에 의하여 지정은(地丁銀)이라고 불리는 새로운 세제가 확립되었
다. 즉 조세는 먼저 정부(丁賦:인두세)와 지조(地租:지세)가 중요한 것이었는
데, 옹정제 때에 이르러 인두세를 폐지하고 정부를 지조에 포함시켰다.

이상과 같은 상공업의 발전에도 불구하고, 외국 무역은 물론 중요한 국내

산업마저 정부의 엄중한 통제하에 있었기 때문에, 비약적인 발전이 저지되었다. 따라서 당시의 중국에는 근대적 경제도시나 매뉴팩처가 발생하지 못하였다. 또한 지배적인 권력을 장악한 것은 명대와 같이 관료·지주·대상인 등이어서 농민은 중세적인 신분에서 탈피할 수 없었다.

청대의 문화

청은 정치적 안정, 경제적 번영에 의하여 17세기 중엽으로부터 18세기 말에 걸쳐서 문화의 발전이 현저하여 소위 강희·건륭의 최성기를 맞이하였다. 청조가 문자의 옥·금서령 등에 의하여 중국인의 반청사상을 탄압한 것은 전술한 바와 같으나, 한편으로는 중국의 지식인을 회유하기 위하여, 중국 고유의 전통적 문화를 존중하며, 학예를 장려하여 강희·건륭 시대에 많은 문화사업을 행하였다.

명대에는 일찍이 국가 사업으로서「영락대전」과 같은 편찬 사업이 행하여졌으나, 청대에 들어서자 이 경향은 더욱 성하여져서 총서·사전 등이 계속하여 간행되었다. 즉 강희제는「강희자전」·「연감류함」·「패문운부」등을 편찬하게 하고, 옹정제 때는「고금도서집성」이 만들어졌으며, 건륭제 때는「사고전서」·「대청일통기」를 편찬케 하였다. 이러한 사업은 학문의 보급과 발달을 현저하게 촉진시켰고, 그 결과 고증학이 일어났다. 이는 고전을 순학문적으로 고증하는 것으로서 유교의 고전을 중심으로 하여 학문의 모든 분야에 걸쳐서 행하여졌다.

이러한 학문의 경향은 청조의 학예장려와 한편으로는 사상탄압의 처지에 있던 민간 지식인들이 부득이 취한 방도였을 것이다. 고염무의「일지록」, 재진의「맹자자의소증」, 조익의「이십이사차기」등은 그 대표적인 저작이다.

서양문화의 전파

청대문화와 관련하여 덧붙이지 않으면 안 될 것은 다름아닌 유럽 문화의 영향이다. 명말 제주이트파의 선교사가 중국에 도래하여 유럽의 학술이 중국에 소개되자, 실학이 발달하게 되었다. 16세기 말 도래한 마테오 리치가 명대의 학술의 진보에 공헌한 바는 잘 알려져 있다. 그 후 청대에 들어와서 독일인 아담 샬Adam Shall(湯若望), 벨기에인 페르비스트Ferdinand Verbiest(南懷仁) 등은 포술·천문·역법·지리학 등을 전하였다. 특히 강희제가 보우레트Joachim Bouret(白晋) 등에 명하여 중국 전토를 측량해서 만든「황여전람도」는 중국 최초의 실측도로서 주목할 만한 것이다.

기타 유럽의 학술도 선교사들을 통하여 중국에 소개되었다. 예컨대 건륭제 때 궁정에 봉사한 이탈리아인 선교사 카스틸리오네Giuseppe Castiglione(郞世寧)의 동물화·전쟁화는 중국의 화풍에 영향을 주었고, 동판화도 유럽인의 손에 의하여 시작되었다. 또 북경에 건립된 이궁 원명원은 베르사이유 궁전을 모방한 것이다.

한편 기독교는 14세기에 중국에 전파된 후 원말 명초의 혼란기에 일시 선교사의 도래가 두절되었다가 16세기 이래 제주이트파의 선교사에 의하여 부활되었다. 이후 언어·의복·성명을 중국식으로 개정하는 등 열렬한 전교활동을 펼쳐 17세기 중엽에는 약 15만의 신자를 획득하였다. 이 선교사들은 중국인 개종자에게 제천·공자숭배·조상제사 등 중국 구래의 관습·의식을 따르는 것을 인정한다는 타협적인 방법을 취하였다. 그 후에 도래한 도미니코파·프란체스코파의 선교사들은 이 타협적 태도를 공격하였다. 로마교황도 이 전교 방법의 오류를 지적함으로써, 중국인 개종자가 고래(古來)의 제사를 속행하는 것을 금지하였다. 이를 전례(典禮)문제라 한다. 이 때문에 강희제는 제주이트교 이래 허용된 선교사의 입국을 금지하였고, 옹정·건륭 시대에는 학예·기술에 의하여 궁정에 봉사하는 자 이외의 모든 선교사를 추방하였다. 이 결과 기독교는 대타격을 받았으나, 이후로도 궁정에 봉사하는 선교사는 우대되었고, 지방에서는 비밀리에 전교 활동이 계속되었다.

이처럼 유럽의 학문·예술이 중국에 전하여지기는 하였으나, 그것은 궁정 혹은 일부 상류계급의 취미·오락으로서의 범위를 벗어나지 못하였다. 또한 그 배후에 있는 유럽정신과 사회에 대한 이해가 결핍되었기 때문에 중국 사회에 근본적인 영향을 미치지 못하였다.

제2절 일본의 무가정치

가마쿠라(鎌倉)막부의 성립

다이라씨를 타도한 미나모토노 요리토모(源賴朝)가 가마쿠라에 막부를 세운 것은 일본 역사상 무가(武家)정치의 개막이자, 지배계급이 된 무사들이 주종관계로 조직된 봉건사회로의 전환을 의미하는 것이었다. 이 최초의 정권을 가마쿠라막부(鎌倉幕府, 1185~1333)라 하는데, 이후 무인정권은 그 내용에 많은 변화가 있었으나 그 근본구조는 19세기까지 지속되었다.

막부(幕府)란 무사단의 우두머리가 사는 거소(居所)라는 의미인데, 성립 초기인 1180년대의 막부는 미나모토씨의 가신들인 어가인(御家人, 고케닌)을 통제하기 위한 사적 통치기관으로 출발하였다. 그 지배 범위도 어가인의 영역에 한정되었을 뿐이었다. 그것이 1192년 미나모토노 요리토모가 천황으로부터 정이대장군(征夷大將軍, 쇼군) 직위를 부여받고, 또한 자신의 가신들을 전국의 지방 행정망을 장악할 수 있는 위치에 임명함으로써 막부는 사적 통치기관에서 사실상 전국을 통치하는 공적 기능을 지닌 통치기관으로 변모되었다.

가마쿠라막부가 전국적인 지배망을 확보한 것은 수호(守護, 슈고)와 지두(地頭, 지토)제를 통해서였다. 미나모토노 요리토모는 1185년 반가마쿠라 반란 진압을 계기로 여러 국(國은 최대의 지방행정단위)에 수호를 두고, 그 밑에는 전국의 공령과 장원에서 경찰업무·토지관리·조세징수를 할 수 있는 지두를 배치하였다. 그리고 이 두 종류의 직책에는 대부분 자신의 어가인들을 임명함으로써 조정귀족들이나 대사원 세력들이 누려왔던 지방에서의 세력을 크게 약화시키고, 대신 미나모토씨의 세력을 전국적으로 확대하게 된 것이었다.

가마쿠라막부의 중요한 경제적 기반은 다이라씨가 보유하고 있던 영지를 몰수한 것과 장군 자신의 직할영지, 그리고 장군의 임명을 받은 어가인들이 수호나 지두로 활약하고 있던 영지들이었다. 그리고 정치적·군사적 기초가 되었던 것은 장군과 어가인 사이를 연결시켜 주던 주종관계의 확립이었다.

그것은 가마쿠라막부를 봉건사회의 기원으로 삼는 이유이기도 하다. 전국적으로 전개되고 정권의 바탕이 되고 있던 이 주종관계는 봉공(奉公)과 어은(御恩)의 관계인데, 어가인들이 평시와 전시에 군사적 의무를 수행하는 것을 봉공이라 하고, 장군이 토지 지배권을 보증하거나 새 토지를 급여하는 것을 어은이라 하였다.

미나모토노 요리토모가 죽자 장군 계승문제로 정치적 혼란이 있은 후 막부의 실권은 미나모토씨의 외척 호죠(北條)씨에게 넘어갔다. 호죠씨의 지배하의 가마쿠라막부는 13세기 초 천황이 실권을 재탈환하려다 무참히 진압된 사건을 맞았으나 대체로 정치적 안정이 잘 유지되고 있었다. 이 안정이 크게 동요된 것은 원의 일본침략 때문이었다. 고려와 더불어 2차(1274, 1281)에 걸친 원의 공격은 일본인들의 결사적인 방어와 태풍의 도움으로 격퇴되었지만, 일본에 가해진 최초의 군사적 침략은 결국 당시 정권의 기반을 흔들어 놓고 말았다. 즉 막부체제의 핵심이었던 어가인들이 전비 부담으로 인한 경제적 곤란을 겪게 되어 몰락하여 갔고, 이를 틈타 교토와 지방에서 반막(反幕)운동이 일어나 호죠씨가 타도됨으로써 가마쿠라막부는 멸망하고 말았다(1333).

무로마치(室町)막부의 통치

막부타도운동의 구심점이 되었던 고다이고(後醍醐) 천황은 막부정치를 대신하여 복고적인 친정체제를 이룩하였다. 당시의 연호를 따서 건무중흥(1334~1336)이라고 불리는 이 공(公 : 궁정귀족) 무(武 : 무사)를 통합한 친정은 많은 취약점을 안고 있어 정권은 다시 신흥 무장세력인 아시카가 다카우지(足利高氏)의 손에 넘어가고 말았다. 교토에서 막부정치가 부활되어 무로마치 막부시대가 개막되었다(1336).

무로마치막부 초기의 정치적 상황은 불안하였다. 교토에서 아시카가씨의 추대를 받은 천황과 요시노(吉野 : 나라현)에서 조정을 세운 고다이고 천황과의 분쟁은 일본 전국을 내란에 휩싸이게 하였다. 막부 초기 약 60년 간 지속된 이 시기를 남북조시대(1336~1392)라고 하는데, 대세는 교토의 막부 세력이 안정되어 감에 따라 북조 쪽으로 기울어졌다. 그리하여 1392년 남조의 천황이 북조의 천황에게 양위하는 형식으로 남북조의 화합이 이루어졌다.

무로마치막부의 권력은 강력한 수호의 존재로 인해 가마쿠라막부만큼 강하지 못하였다. 남북조의 전란은 수호들이 지방무사들에 대한 통제를 강화할 필요성을 야기시켰고, 이에 따라 장군은 수호들에게 보다 광범위한 권리를 부여하였다. 그 결과 수호는 단순한 막부의 지방행정관이 아니라 스스로의 가신단과 영지를 갖는 세습적인 봉건영주가 되어 갔는데 이들을 수호대명(守護大名, 슈고 다이묘)이라고 한다. 유력 수호대명은 영국(領國) 안에서 일족 자제를 분봉하고, 가신이나 토착무사들에게 새 영지를 주거나 기존의 영지를 승인해 줌으로써 봉건관계를 이루어 나갔다. 가신 중 유력한 자는 다시 자기 일족이나 부하에게 영지를 분봉하여 독자적인 가신단을 거느리기도 하였다.

이 수호대명들은 스스로의 힘을 배경으로 막부 또는 다른 대명들과의 대립관계에 들어가게 된다. 1392년부터 1467년 대규모의 전란이 시작되기 전까지의 사이를 제외하고, 무로마치막부시대 내내 전쟁이 그치지 않았던 중요한 이유 중 하나는 바로 이러한 지방분권적인 수호대명들의 세력을 강력하게 영도해 나갈 정치적 권위와 능력을 장군이 갖추지 못했다는 것이다.

전국시대와 통일정권

장군가의 후계자 분쟁과 유력 수호대명의 집안 내분이 계기가 되어 일어난 응인(應仁)의 난(1467~1477)은 전국이 양 군으로 나뉘어 11년 간 전쟁을 계속함으로써 전쟁터였던 교토의 태반을 초토화시켰다. 이 난으로 막부의 권위는 철저하게 무너져 수호대명은 실질적인 독립영주로서 행동하였다. 이후 일본은 장원제가 소멸되고 하극상의 기풍이 만연하는 전국시대를 맞게 된다.

16세기 말 오다 노부나가(織田信長)·도요토미 히데요시(豊臣秀吉)가 전국을 통일할 때까지 100년 가량 계속된 대 분열시기 동안 구세력의 몰락과 새로운 세력의 대두가 현저하였고, 일본의 봉건사회는 새로운 국면을 띠고 전개되었다.

새로운 세력인 전국대명(戰國大名)은 하극상의 풍조를 타고, 미천한 출신임에도 불구하고 실력으로 각지의 영주로 올라선 세력을 말한다. 이들은 구세력이었던 수호대명들의 부하들로서 주군을 타도하고 세력을 획득하였던 것이다. 이들은 영내의 군사·사법·행정·경제의 모든 권한을 독점하고는, 종래의 토착세력들의 전통적인 권한을 무시하고 새롭게 주종관계를 맺어 나갔다. 이 과정에서 장원제도 청산되고 말았고, 농민에 대한 직접 지배권을 강화해 나갔다. 수호대명이 형식적이나마 막부의 통치구조 속에서 관직을 통해 권력을 획득하고, 또한 장원 및 재지(在地)영주를 통해 농민을 지배하던 것과는 큰 차이가 있었다.

이러한 전국대명의 대표적인 한 사람이었던 오다 노부나가는 마침내 형식적으로만 존재하던 무로마치막부를 멸망시키고(1573), 반대 대명세력과 불교의 저항세력을 격파하면서 일본의 통일사업을 완성하였다. 그러나 그는 통일전쟁과정 중에 암살되고(1582), 도요토미 히데요시가 노부나가의 유업을 추진하였다. 히데요시는 전국시대의 특징인 실력경쟁의 풍조와 급격한 사회변동을 틈타서 출세한 전형적인 인물이다. 노부나가의 부장(部長) 중 한 사람이었던 그는 노부나가의 사후 기민하게 움직여, 자신의 세력을 확대하고 반대파들을 격파함으로써 1590년경에는 전국을 통일할 수 있게 되었다.

히데요시는 강력한 통일권력과 정권의 안정을 확보하기 위한 사회기반을 구축하였다. 대명의 절대적 복속을 강화하고, 정복지역은 토지조사사업을 실시함으로써 연간 표준 생산량을 산출하고, 그를 근거로 하여 대명의 중앙정부에 대한 의무를 확정하였다. 동시에 직할지를 확대함으로써 자체의 힘을 키워 나갔다. 사회적인 안정을 위하여 오랜 전란 중에 문란해진 신분제를 정리함으로써 무사계급만이 무기를 소지할 자격이 있는 지배계급으로 고정시켰다. 또한 그의 시대 이전부터 발달하고 있던 성하정(城下町 : 대명의 성을 중심으로 발달한 도시)도 무사·상공업자들의 농촌으로부터 분리를 조장함으로써 히데요시가 원하던 병농분리·상농분리에 의한 안정된 사회질서의 구축에 도움이 되었다.

그러나 도요토미 히데요시의 대외 모험은 그의 죽음과 아울러 그의 세력 또한 끝나게 만들었다. 일본 국내의 통일기세를 몰아 명을 정벌하기 위한 전초전으로 1592년 한반도를 침략했던 히데요시는 그의 심복 대명들을 대거

이 대외전쟁에 투입하였다. 그의 죽음(1598)과 아울러 성과 없이 끝나버린 이 전쟁은 크게는 일본의 인적·경제적 손실을 초래했고, 적게는 히데요시의 자파세력을 약화시키는 결과가 되고 말았다. 그리하여 조선출병에 참가하지 않았던 도쿠가와 이에야스(德川家康)가 도요토미가 죽자 쉽게 도요토미씨의 세력을 누르고 전국의 정권을 장악하게 된 것이다.

에도(江戶)막부

에도에 근거지를 갖고 있던 도쿠가와씨는 세키가하라(關原)전투(1600)에서의 결정적인 승리를 토대로 에도막부(1603~1868)를 개설하였다. 에도시대의 정치·사회 조직은 도요토미시대에 확립된 체제를 더욱 공고히 한 것인데, 서양의 봉건사회의 전개과정과는 다른 독특한 일본적인 봉건사회였다고 할 수 있다. 이것을 가리켜 집권적 봉건제도 또는 막번체제(幕藩體制)라고 부른다.

막번체제라고 하는 도쿠가와시대의 정치조직은 절대적 지배자인 장군이 막부를 장악하고 그 아래 여러 대명의 번이 제한된 자치권을 행사하는 체제였다. 영지는 장군에게서 위임받는 것으로 되어 있었기 때문에 장군이 바뀔 때마다 확인서를 다시 받아야 했으며, 막부의 규정을 어긴 대명의 영지는 몰수되거나 삭감되기도 하였다. 이 같은 대명들에 대한 막부의 강한 통제력 때문에 이 체제를 봉건제의 바탕 위에 선 중앙집권체제라는 의미의 집권적 봉건제도라고 하는 것이다.

대명은 1만 석 이상의 쌀을 생산하는 영지의 소유자를 말하는데, 크게 세 종류의 대명이 있었다. 첫째는 친번(親藩, 신빤)대명으로서 도쿠가와 이에야스의 직계와 방계의 대명이고, 둘째는 일찍부터 도쿠가와씨를 섬겨 온 보대(譜代, 후다이)대명이 있었으며, 마지막으로 외양(外樣, 토자마)대명이 있었다. 외양대명은 세키가하라의 싸움 당시 동맹자·중립자 그리고 적, 즉 도쿠가와씨와 동격자였던 대명들이다. 따라서 이들에 대한 막부의 통제가 제일 엄하였고, 그들의 주변을 보대대명들로 둘러싸게 하거나 잘 조직된 첩자망을 운영하여 감시를 게을리 하지 않았다.

대명에 대한 통제규정으로 1615년에 반포되었다가 1635년에 개정된 무가제법도(武家諸法度)가 있었다. 이 규정에 따라 대명들은 성의 신·증축이 금지되고, 장군의 허가 없이는 대명가 간에 혼인을 할 수 없었다. 특히 참근교대(參勤交代, 산킨 고타이) 규정은 대명이 에도에서 1년, 자기 영지에서 1년씩 교대로 살게 하고, 처자는 언제나 에도에 상주하도록 함으로써 대명이 영지에 가 있을 동안은 인질이 되게 하였다.

장군은 7백만 석에 이르는 직할영지를 보유한 이를 토대로 한 직속군단을

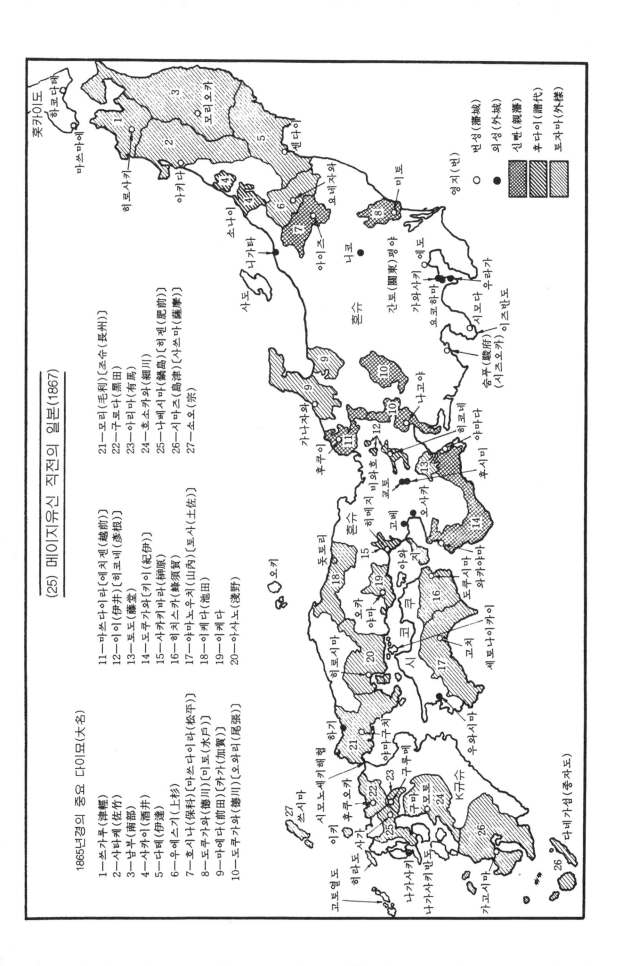

(25) 메이지유신 직전의 일본(1867)

1865년경의 중요 다이묘(大名)

1—쓰가루(津輕)
2—사타케(佐竹)
3—남부(南部)
4—사카이(酒井)
5—다데(伊達)
6—우에스기(上杉)
7—호시나(保科)[마쓰다이라(松平)]
8—도쿠가와(德川)[미토(水戸)]
9—마에다(前田)[카가(加賀)]
10—도쿠가와(德川)[오와리(尾張)]

11—마쓰다이라[에치젠(越前)]
12—이이(伊井)[히코네(彦根)]
13—도도(藤堂)
14—도쿠가와[키이(紀伊)]
15—사카키바라(榊原)
16—이케다(池田)
17—야마노우치(山內)[토사(土佐)]
18—이케다(池田)
19—이케다
20—아사노(淺野)

21—모리(毛利)[죠슈(長州)]
22—구로다(黑田)
23—아리마(有馬)
24—호소카와(細川)[히젠(肥前)]
25—나베시마(鍋島)[히젠(肥前)]
26—시마즈(島津)[사쓰마(薩摩)]
27—소오(宗)

영지(번)
○ 번성(藩城)
● 외성(外城)
신반(親藩)
후다이(譜代)
토자마(外樣)

거느리고 있었고, 직속 가신 및 보대대명 중에서 막부의 행정 요직을 담당하게 하였다. 즉 장군 스스로가 하나의 대명과 같았다. 각 번의 행정조직도 막부의 예에 따라 운영되었는데, 행정관료들은 대명의 가신들인 무사들로 구성되었다. 그리하여 무사들이 농촌을 떠나 영주가 사는 도시에 거주하면서 봉록(토지나 쌀 또는 돈의 형태로 수여)을 받는 관료로 된 것이 이 시대의 한 특징이 되었다.

도쿠가와막부하의 사회는 도요토미 히데요시 이래의 신분질서 고정방침에 따라, 사농공상의 유교적 계층구조를 갖고 무사와 타계층 간의 유동이 엄격하게 제한된 사회였다. 지배계급으로서의 무사계급은 19세기 말엽의 통계에 따르면 전 인구의 5~6%를 차지하고 있었는데, 다른 세 계급보다 월등한 특권적 지위와 의식을 갖고 있었다. 농민이 무사계급의 다음 지위를 차지한 것은 농업을 재정적 기반으로 한 도쿠가와시대의 일면을 보여 주는 것이다. 그러나 상인계급인 정인(町人, 조닌)의 활동이 활발해져 경제적 실력을 갖게 됨에 따라 무사 외의 다른 계급 사이의 순서는 별다른 의미가 없었다.

도쿠가와막부의 막번체제가 대내적으로 신분질서의 유동을 억제함으로써 유지되었다면 대외적으로는 쇄국정책을 실시함으로써 가능하였다. 16세기 중엽에 시작된 포르투갈인과의 접촉은 교역 및 기독교의 일본 전파에 크게 기여하였다. 그러나 막부가 안정 위주의 정책을 쓰게 되면서부터, 외부세력의 개입 가능성과 이로 인한 대명의 막부 도전 위험성을 우려한 도쿠가와막부는 17세기 중엽부터는 대외무역을 금지시키고, 기독교의 선교를 철저히 탄압하였다.

그리하여 이후 2백여 년 간 일본은 중국과 조선 그리고 서양 국가 중에서는 네덜란드 상인들과의 교역만 제한적으로 허용했을 뿐 외국인과 일본인의 접촉을 완전히 단절시켰다. 네덜란드 상인들의 거주가 허락된 나가사키(長崎)의 인공섬 데시마(出島)는 일본의 유일한 대서구 창구가 되었는데, 이를 통해서 들어온 서양학문을 난학(蘭學)이라 부른다. 난학의 발달은 서구에 대한 이해와 현실적 감각에 민감한 일단의 사상가들을 출현시킴으로써 19세기 이후 일본의 근대화 과정에 적지 않은 영향을 미치게 된다.

제 2 장
서구인들의 아시아 진출과
동아시아의 근대화

제 1 절 서구인들의 아시아 진출

서구세력의 아시아 팽창

19세기에 들어와 서구 열강들의 활발한 동아시아 진출 경쟁은 동아시아의 국가들, 중국과 일본 그리고 한국의 전통적 사회와 동아(東亞)의 세계질서에 커다란 변화를 초래하였다. 그러나 19세기 이전의 동아문명과 서구문명의 접촉은 서양의 동아에 대한 관심을 증대시키는 역할을 하였으나, 동아시아에 대한 심대한 충격으로 작용하지는 못하였다.

서구 국가들이 동방세계에 대한 관심을 행동으로 나타내기 시작한 것은 15세기 서구의 모험가들이 동방으로 가는 신항로를 개척하면서부터였다. 서구세계의 팽창은, 앞에서 살펴본 바와 같이 팽창의 필요성과 기술적 가능성의 결합에서 나온 것이다. 상업적 · 종교적 동기가 신항로 개척의 필요성을 부여하였고, 원거리 항해를 할 수 있는 당시의 항해기술 수준이 그 필요성을 실현시킬 가능성으로 작용한 것이다.

15세기 말 이후 포르투갈과 스페인은 선두 주자로서 동양에 진출하였다. 인도와 동남아시아 지역에 무역 근거지를 설치한 양국은 동남아시아의 향료와 중국의 비단을 교역함으로써 막대한 경제적 이득을 취하였다. 뒤를 이어 17세기에는 네덜란드가 아시아 무역의 패자로 군림하다가 17세기 후반부터는 뒤늦게 동방 무역경쟁에 뛰어든 영국과 프랑스에 그 자리를 내어주었다. 영국은 인도 연안의 무역 근거지 확보경쟁에서 프랑스를 제치고, 특허회사인 동인도회사가 인도와 중국 무역을 독점하는 발판을 마련하였다. 프랑스는 인도에서의 무역경쟁에 실패한 후, 방향을 돌려 인도차이나 방면으로 포교와 통상권 확대를 모색하여 나갔다.

서구의 해양국가들이 바다를 통하여 동양으로 진출하고 있을 때, 대륙국가인 러시아는 16세기부터 육로로 시베리아 지역을 향해 완만하나 꾸준한 진출을 계속하고 있었다. 모피 상인들에 의해 촉진된 이 러시아의 동방진출이 마침내 17세기 중엽에는 태평양 연안과 흑룡강 유역까지 도달하기에 이르렀다. 이것이 중국을 자극하여 일련의 조약들이 체결됨으로써 러시아 세력의 중국지역으로의 확대가 방지되었다. 즉 1689년 네르친스크조약으로 러시아가 외흥안령산맥 남쪽으로 월경하지 못하도록 하였고, 1727년 캬흐타 조약으로 시베리아와 몽고의 경계선을 정한 것 등이 그러한 예들이다.

이와 같이 서구세력의 동방진출은 16세기부터 추진되었으나, 초기에는 동남 아시아나 인도 연안, 또는 시베리아 지역으로 한정되었고, 동아국가들 특히 중국엔 큰 영향을 주지 못하였다. 물론 16세기 이전과는 달리 정기적이고 지속적인 교역이 이루어졌고, 선교사들을 통한 서양학문의 전래가 없었던 것은 아니었다. 그러나 그 영향은 소수의 상인이나 관심 있는 학자 및 관료들에 한정되었고, 전체적인 문화적 영향으로 확대되지는 못하였다. 더구나 16세기에서 18세기까지의 교역은 주로 서양 상인들의 필요에 의한 것으로서, 동양으로부터 향료나 비단, 차 등을 수입하는 것이 위주였고, 동양에 서구의 산물을 수출하는 것은 극히 적었다. 뿐만 아니라 동아시아의 국가들은 서양과의 통상확대를 원하지 않았으니, 중국은 전통적인 조공체제(朝貢體制)를 이용하여 방어책으로 삼고, 일본은 쇄국정책으로써 서양 상인들을 거부했던 것이다. 그리고 이 시대는 동아시아의 이러한 대응이 가능한 시기였다.

그러나 산업혁명으로 서구 국가들이 산업 자본주의 체제에 돌입하면서 사정은 변하였다. 동력자원의 이용과 기계의 사용으로 다량의 상품생산이 가능해진 유럽국가들에게 상품 판매시장을 확대할 필요성이 대두하였고, 시장확대를 강요할 수 있는 힘으로써 우수한 군함과 총포를 제조할 능력이 갖추어졌다. 그리하여 19세기의 동아시아의 역사는 포함 외교*gunboat policy*로 통상 확대와 선교의 자유를 강요하는 서구 열강과 이에 대응하는 동아 각국들의 역사로 이루어졌다. 동시에 16세기 이래의 서구의 팽창은 19세기에 들면서 서구의 동아시아에 대한 '충격'으로 그 성격이 전환되었다.

동아시아 세계의 대응

19세기 이후 동아시아의 각국들이 서구열강의 세력확장에 대해 보인 반응은 두 가지였다. 한편으로는 국가의 독립을 유지하기 위해서 서구의 문화를 받아들여 부국강병(富國强兵)의 활로를 모색하는 소위 근대화운동을 일으키고, 다른 한편으로는 저들의 세력에 저항하는 반제국주의운동을 전개하였다.

동아시아의 국가들은 각국의 전통과 역사적 여건의 차이에 따라 근대화의 성취 속도가 달랐다. 그 결과로서 전통적인 동아시아의 세계질서가 변화되었다. 문화의 중심국이었고, 조공제도로서 그 권위를 유지하고 있던 중국이 반식민지상태로 전락한 반면, 동아시아의 소국이었던 일본은 주변국가들인 조선과 중국을 침략하게 됨으로써 비서구 국가로서는 유일하게 제국주의 국가의 대열에 끼이게 되었다.

근대화의 속도의 차이에도 불구하고, 근대화의 기본적인 진행 과정에는 공통점이 발견된다. 즉 모두 초기에는 서구의 정신적 문화에 대한 우월감 속에서 유럽의 외형적인 힘을 구성하는 군함과 대포 등의 군사무기와 제조기술을 도입하여 서구의 팽창을 저지할 수 있다고 보았다. 그리하여 중국에는 중체서용(中體西用), 일본에는 화혼양재(和魂洋才) 등 기술적 근대화가 전통문화와의 갈등 없이 이룩될 수 있다는 일종의 합리화 이론이 등장하였다. 그러나 서구의 과학기술이 서구의 근대적인 정치·경제·사회제도 등과 밀접하게 연관되어 있고, 제도를 선도하는 사상 또한 유럽의 힘을 구성하는 보이지 않는 요소라는 점이 인식된 후로는 기술만이 아니라 제도와 사상을 함께 도입하려는 방향으로 나가게 되었던 것이다.

근대화의 결과로 나타난 사회가 서구와 또는 동아시아 각국들 간에 서로 똑같지는 않았다. 서구의 근대적인 제도와 사상을 수용하는 과정에서 동아시아의 각국들은 전통사회의 일대 변질을 경험하였다. 그러나 그 결과는 서구의 제도와 사상이 중국적 또는 일본적인 제도와 사상으로 일부 변용된 것이었고, 모델이 된 서구의 그것들과도 다른 모습을 띠었다. 이런 점은 근대화 과정에 작용한 각국의 고유한 전통문화의 힘으로 지적되어야 할 것이다.

한편 서구의 자극 형태가 단순히 문화적인 것이 아니라 군사력을 앞세운 정치적·경제적 침략의 양상을 띠었으므로 동아시아는 근대화와 더불어 반제국주의 운동의 전개라는 다른 측면의 반응을 하게 되었다. 일본의 경우는 예외로서 오히려 인접 국가들의 반제국주의 운동의 대상이 되었다. 그러나 서구 열강들의 반식민지적인 상태로 전락해 간 중국이나 일본의 식민지로 되어 버리는 과정을 밟아 간 조선의 경우는 정도의 차이는 있었지만, 모두 19세기 말에 가까워질수록 격렬한 반제국주의 운동을 전개하였다. 이러한 반제국주의 운동 속에서 근대적 민족주의 이념이 체계화되어 나타났는데, 이것은 근대적 국가에 대한 개념과 아울러 동아시아의 정치적 근대화의 한 양상이기도 하였다.

제2절   아편전쟁

서양무역의 성격

지리상의 발견 이후 서양 국가들이 동양으로 진출해 온 데 대하여 전술한 바 있거니와, 서양 각국 상인들은 처음에는 동양의 산물인 후추·향료 등을 수입하여 다시 전매(轉賣)함으로써 막대한 이윤을 얻는 이른바 중개무역을 목적으로 하였다. 그 결과 중국에 필요한 은이 유입되어 혈액과 같이 중국 사회에 순환함으로써 산업을 진흥시켰다.

그러나 18세기 말 영국을 중심으로 산업혁명이 진행되어 자본주의가 확립되고, 근대적 기계 공장에 의하여 상품이 대량으로 생산되자, 홍수처럼 쏟아져 나오는 상품을 국내 시장에서는 소비할 길이 없어 새로운 상품 시장을 동양에서 찾기 시작하였다. 그러므로 서양 국가들의 초기의 동양 진출의 목적이 중개 무역이었다면, 산업혁명 이후의 동양 진출의 목적은 상품 수출이었다고 할 수 있다.

그러기 위하여서는 우선 거의 동양의 각국이 취하고 있는 쇄국정책을 분쇄하지 않으면 안 되었다. 아편전쟁을 비롯한 일련의 전쟁은 영국을 필두로 한 서양 자본주의 국가들이 중국에 상품 시장을 개척하기 위한 것이었다. 그 결과 중국은 서구 국가들의 반식민지의 제일보를 밟게 되었다. 만일 그때 유럽에 산업혁명이 일어나지 않았던들, 이 노대(老大)한 중국은 기껏해야 왕조가 한 번 더 바뀌는 변화를 겪는 데 불과하였을 것이고, 면면히 내려온 구식 생산 방법에 의하여 지주계급이 여전히 통치하는 봉건 사회가 그대로 계속되었을 것이다. 그러나 이미 유럽 각국에서는 근대적 기계로 대량 생산하는 자본주의가 나날이 발전하고 있었던 때이었던 만큼 지대물박(地大物博)한 중국을 그대로 두지 않았던 것이다.

영국의 삼각무역

영국의 동인도회사는 처음 영국산의 모직물과 인도산의 면제품을 중국으로 수출하고 중국으로부터 차·비단 등을 수입하여 이것을 본국에 팔아 다량의 은을 획득한 후 그 일부는 인도경영에 쓰고, 다른 일부는 수입 초과를 이룬 중국과의 무역결제에 충당하였다. 그런데 영국 및 인도의 제품에 대한 중국측의 수요는 그다지 크지 않은데 반하여, 차에 대한 영국의 수요량은 해마다 격증하여 19세기 초에는 수백 배로 증가하였다.

　이러한 현상은 결국 중국을 수출초과국으로 만듦으로써 다량의 영국 은이 중국으로 유입되었고, 차·비단의 가격이 등귀함과 동시에 동인도회사는 재정상의 위기를 맞았다. 이러한 상태를 타개하는 방도로서 동인도회사는 인도산 아편의 중국 수입을 증대시키고자, 영국의 제품을 인도에, 인도산 아편을 중국에, 중국의 차와 비단을 영국으로 들여가는 소위 삼각무역을 완성함으로써 수입 초과의 불리한 무역으로부터 벗어나려 하였다.

아편수입과 은의 유출
　이러한 징조는 이미 18세기 말부터 나타나고 있었는데, 특히 1816년 이후 인도에 자유무역이 인정된 후부터 더욱 활발하여졌다. 1800년의 아편 수출량 2,000상자가 약 30년 뒤에는 10배로 증가하였고, 1816~1833년에 중국으로 수출된 아편은 전 수출액의 평균 34%를 차지하여 면화를 능가하는 수출의 주 품목이 되었다. 이 결과 1831년에 이르러서는 수출초과국이던 중국이 수입초과국으로 전락하고, 따라서 은의 유입은 완전히 정지되는 반면, 다량의 중국 은이 해외로 유출되기 시작하였다. 그리고 1831년에 동인도회사의 중국에 대한 무역독점권이 폐지되자 이 현상은 더욱 현저하여졌다. 예컨대, 1834년의 60만 파운드는 1836년에 다시 132만 파운드로 증가하고, 1837년에는 아편 39,000상자(1상자는 약 133파운드)가 밀수입되었다. 이와 더불어 1834년에는 영국의 모직물 수출도 증가하여 중국 국내의 제조공업에 대한 파국적인 영향이 예상되었다.

광동체제
　당시 청조의 대외 무역은 광동 한 항구에만 국한하고, 외국인의 거래 교섭

아편전쟁 : 영국전함과 중국 정크선의 해전(1840)

은 일체 광동의 공행(公行)을 통하여 허락되었다. 공행이라 함은 대외 무역을 독점한 행상들이 조직한 특허무역상조합으로서 청 정부 직속의 해관(海關) 감독하에 있는 기관이었다. 이러한 쇄국정책은 청조가 봉건 사회의 기초 위에 형성된 동양적 전제주의를 유지하기 위하여 불가결한 요건이었다. 특히 만청(滿淸)정부는 그들의 지배에 대한 중국인의 불만을 외국인이 조장할까 두려워하여 더욱더 쇄국정책을 강화한 것이었다.

이러한 청조의 태도에 반하여 동인도무역의 독점권을 폐기한 영국 자본주의는 차·비단 등을 더욱 다량으로 획득하는 한편 아편 및 기타의 제품을 한층 더 다량으로 판매하려 하였다. 그러기 위해서는 중국측의 독점 기관인 공행 및 해관의 감독과 제공과(諸公課)를 철폐할 필요가 있었으며, 차 기타 수입품의 산지와 면제품의 소비지와 직접 교통할 필요가 있었다.

이러한 문제를 해결하기 위하여 영국은 1793년에 매카트니 Macartney, 1816년에 애머스트 Amherst, 1834년에는 네이피어 Napier를 청국으로 파견하여 3회에 걸친 평화적인 대중(對中)교섭을 시도하였으나 실패하였다. 이에 영국은 무력에 의한 해결 방법을 고려하여 오던 중 아편문제가 일어나자, 좋은 전쟁의 구실로 삼고 만 것이다.

아편문제

중국에서 아편 흡연의 습관이 생기기 시작한 것은 명초(明初)부터의 일로서 이미 1729년에 청조는 그 흡연금지령을 내린 바 있다. 그러나 영국 동인도회사가 인도의 아편 매매권을 장악하고, 중국에 대한 수출을 장려하였기 때문에 오히려 아편의 수출액이 급증하였다. 여기에 청조는 아편의 밀수입 증대가 국민 보건 및 국민 경제에 미치는 파괴적 영향을 방지하기 위하여 1800년에 아편수입금지령을 발포하였다. 그러나 부패한 청의 관리는 영국 상인들에게 매수되어 밀무역이 성행하였고, 금수령이 내리면 내릴수록 아편의 수입량은 점점 더 증가하였다.

1830년대 말에 이르러 사태가 더 이상 수수방관할 수 없을 만큼 악화되었으므로 청정부는 1839년에 임칙서(林則徐)를 흠차대신으로 임명하여 아편밀수의 철저한 취체(取締)를 취하도록 하였다. 광동에 파견된 그가 영국 상인들이 갖고 있던 아편을 몰수하여 통상을 단절하자, 영국은 이를 호기로 대중(對中)무역의 장애를 무력으로 제거할 생각으로 같은 해 11월 중국침략전을 개시하였다. 이것이 곧 아편전쟁 *Opium War*(1839~1842)이다.

아편전쟁의 영향

이 전쟁에서 원시적인 무기밖에 갖지 못한 청은 결국 굴복할 수밖에 없었고, 1842년 8월 드디어 굴욕적인 남경(南京)조약을 체결하지 않을 수 없었다. 남경조약은 8월에 체결한 기본 조약 13개조와 1843년 10월에 추가로 체결된 호문조약 17개조로 구성되어 있다.

본 조약의 주요 조항은 ① 광동·하문·복주·영파·상해의 5항을 개방하고, 개항장에 영사를 두어 무역을 감시케 할 것, ② 홍콩의 할양, ③ 공행의 독점 폐지, ④ 배상금(2,100만 멕시코 달러) 지불, ⑤ 세율은 수출입품 일체에 대하여 종가(從價) 5분(分)으로 하되 차만은 1할로 할 것 등을 정하였다.

그리고 호문조약에서는 최혜국대우 조관, 해관의 제관계, 외국인에 대한 영사재판권, 5개항의 군함 출입의 자유 등을 인정함으로써 치외법권이 부가되었다. 또 형세만 관망하고 있던 미국과 프랑스도 청국에게 강요하여 미국은 1843년 7월 망하조약, 프랑스는 동년 10월 황포조약을 체결함으로써 남경조약의 이익을 균점(均霑)하였다.

남경조약은 중국이 유럽의 세력 앞에 굴복한 제일보로서 이때까지 정체 상태에 있던 중국의 봉건 사회는 아편전쟁으로 말미암아 근본적으로 동요하기 시작하였다. 진·한 이래 여러 차례에 걸쳐 외래 민족들이 중국을 침범하였으나, 생산 방식에 아무런 변동이 없었을 뿐 아니라 외래 민족은 생산 방식이 중국보다 낙후되어 있던 관계로, 도리어 침범한 이민족이 한족에게 점점 동화되어 갔었고, 중국 사회의 동요나 변화는 극히 적었다.

그러나 아편전쟁 이후에 구미의 자본주의 세력이 침범하자, 이와 같은 중국의 봉건 사회는 비로소 동요되기 시작하였다. 또 중국은 자본주의적인 생산 방법을 채용할 사이도 없이 자본주의 국가들의 원료공급지와 상품경매장으로 변하여 멸망하기 시작하였고, 문화가 낙후된 민족들의 대열에 끼이게 되었다.

이처럼 남경조약의 성립은 중국의 전통적인 중화사상을 완전히 타파하는

남경조약 조인식

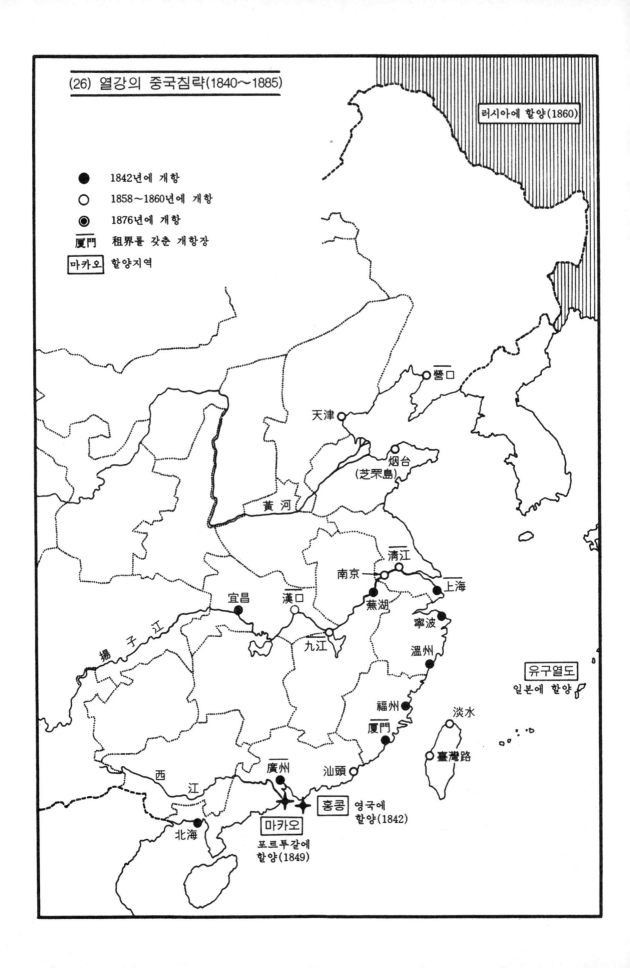

(26) 열강의 중국침략(1840~1885)

러시아에 할양(1860)

● 1842년에 개항
○ 1858~1860년에 개항
◉ 1876년에 개항
厦門 租界를 갖춘 개항장
마카오 할양지역

營口

天津

烟台
(芝罘島)

黃　河

淸江
南京
漢口
宜昌
蕪湖
上海
揚　子　江
九江
寧波
溫州
유구열도
일본에 할양

福州
淡水

厦門

西　江
廣州
汕頭
臺灣路

北海

마카오
포르투갈에
할양(1849)

홍콩 영국에
할양(1842)

것이었으나, 청조는 전과 다름없이 외국인을 경멸하는 기풍을 고치지 않았다. 또한 스스로의 근대화도 단행하지 못하였고, 그 후에도 종종 외국과의 분쟁을 겪었다. 한편 남경조약 이후의 영국 및 기타 국가들은 아직도 잔존하는 무역상의 불완전한 조약을 해결코자 조약 개정을 끊임없이 시도하였다. 그러나 청국이 여전히 중화사상을 견지하고 남경조약의 실천에 성의를 보이지 않을 까닭에 영국의 대중무역은 정체하기 시작하였다. 그 결과 양국의 외교 관계는 점차 순조롭지 못하게 되었으므로 영국은 또다시 무력 행사의 기회를 엿보게 되었다.

애로우호사건 · 천진 및 북경조약

이런 때 광동항에 정박 중인 영국선박 애로우*Arrow*호를 청의 관헌이 임검(臨檢)수색하고, 영국 국기를 모욕한 사건이 일어났다. 이것이 이른바 1856년의 애로우호사건이다. 이 사건이 일어나자 영국은 기대했다는 듯이 이것을 구실로 삼아, 청이 태평천국혁명으로 고통을 받고 있는 틈을 타서 원정군을 파견하였다. 이때 크리미아전쟁에서 영국과 연합하고 있던 프랑스도 자국의 선교사가 살해되었다는 것을 구실로 영국과 합동하여 천진과 북경을 함락시켰다.

이리하여 중국은 재차 서양 열강들의 세력 앞에 굴복하여 1858년에 천진조약, 1860년에 북경조약을 체결하였다. 그 결과 청조는 남경조약을 재확인하고 배상금의 추가, 외교관의 북경주재, 내지여행의 자유, 통상 · 포교의 자유, 아편수입의 공인, 11개 항의 개방, 홍콩대안인 구룡의 할양, 천진의 개항, 1724년에 몰수되었던 카톨릭교회 재산의 회복 등을 약속하였다. 이때 러시아는 청국과 서양 열강들과의 중재를 이유로 애혼조약(1858)과 북경조약(1860)을 체결함으로써 흑룡강 이북의 광대한 토지와 우수리*Ussuri*(烏蘇里)강 이동의 땅을 획득하였다. 이처럼 중국의 자본주의 제국의 시장화는 남경조약에서 시작하여 북경조약으로 끝을 맺었다. 현대 중국의 아버지라 불리는 손문이 말한 바와 같이 차식민지화(반식민지화)는 이때에 결정적인 것이 되었다.

제3절 태평천국혁명

배 경

수년 간에 걸친 아편전쟁은 청조의 사회 · 경제에 심대한 영향을 끼쳤다. 곧 아편전쟁을 전후로 한 아편 수입의 증대는 중국 은의 해외 유출을 더욱 촉진시켜 은화의 등귀를 초래하고, 물가를 폭등케 하여 대중의 생활을 위협하였다. 또 방대한 전비와 막대한 전쟁배상금은 결국 세금의 인상으로 나타나 농민들의 부담을 가중시켰으며, 외국 면제품의 수입은 도시의 수공업과 농촌의 가내 공업의 붕괴에 박차를 가하였다.

따라서 명말 청초부터 나타난 새로운 생산 관계를 표현하는 객주제 수공업 또는 매뉴팩쳐는 이러한 외국 자본주의의 파괴적 영향 때문에 그 발전의 길이 막히고 말았다. 이리하여 외래 자본주의의 경제적 침입은 상품경제를 크게 진행시켜 중국 봉건 사회의 해체 과정을 더욱 촉진케 한바, 이는 농촌의 과잉 인구와 더불어 유민(流民)의 수를 증가시키는 원인이 되었다. 가령 1616년의 경지 면적을 100으로 할 때 1813년의 경지 면적은 138, 1847년에는 131, 1887년은 160이었으며, 인구는 1813년은 332, 1847년은 277, 1887년에는 377로서 토지에 대한 인구 증가는 절대적인 과잉인구 현상을 나타내고 있었다.

이러한 과잉인구는 자본주의적 토지 경영과 공업화가 정상적으로 발전하였다면 그 방면에 흡수되었을 것이나 그렇지 못하여 외국으로 이민(화교)을 가거나 도적·비적이 되는 수밖에 없었다. 서양의 침략에 대응하는 청조의 취약성은 이러한 현상을 배경으로 하는 반란에 의하여 더욱 두드러졌으며, 또한 그것이 반란의 확산을 돕기도 하였다.

위와 같은 사회경제의 붕괴와 이에 따르는 빈자의 증대로 인해 도처에서 배외·반청을 내건 종교적 비밀 결사가 우후죽순처럼 결성되었다. 반란의 진압이나 아편전쟁 때문에 재정상 대타격을 받은 청조는 지출의 초과로 말미암아 일반 민중에 대한 가렴주구를 강제하였으니, 농민의 궁핍은 더욱 구제될 수 없는 지경에 이르러, 필연적으로 무수한 배외·반청의 비밀 결사가 출현하여 반란으로 나타난 것이다. 특히 아편전쟁에 의한 청조의 위신 실추는 만청 조정에 대한 한인의 경시를 자아내어 반만(反滿)감정을 더욱 격발케 하였다.

혁명의 발단과 성격

원래 중국 각지에는 빈농을 중심으로 하는 비밀 결사가 출현하여 그 활동을 경시할 수 없는 상황이었다. 그중에서도 외국의 압력을 가장 많이 받고 있던 광동·광서 지방은 그 세가 더욱 극심하였다. 이때 상제회(上帝會)라고 일컫는 기독교적 비밀 결사를 중심으로 세력을 확대하고 있던 홍수전(洪秀全)이 출현하여 1850년 광서성에서 반란을 일으켰다. 그는 멸만흥한(滅滿興漢)의 슬로건을 내걸고, 만주인의 풍속인 변발을 폐지하고 중국 고유의 풍습을 따라 장발을 하였기 때문에 장발도적이라고도 불렸다. 빈농과 여러 비밀 결사와 청조에 불만을 품은 지식인들이 이에 참가하자, 반란은 급속히 확대되어 단번에 18개 성 중 16개 성을 점령하였으나 통치는 못하였다.

그는 만청의 타도뿐만이 아니라, 농민에게는 충분한 경작지를 주며, 토지세를 감면한다는 슬로건을 내걸었다. 또 스스로 예수의 아우라 하여 기독교를 신봉하였으며, 당시 사회에 유행하였던 전족(纏足), 노예의 매매, 아편의 흡연을 엄금하고, 남녀의 평등권을 인정하여 직업상 동일한 권리를 주었다. 그리하여 농민과 유민의 지지를 받은 그는 국호를 태평천국(太平天國)이라 하고, 1853년에는 남경을 수도로 정하였으니, 이를 태평천국혁명(1850~1864)이라 한다.

혁명의 발전과 쇠퇴

태평군이 광서성에서 화중(華中)으로 진출해 올 무렵에는 군대의 규율이 엄정하여, 청조의 부패한 군대들로부터 고통을 받고 있던 인민들이 모두 이를 환영하였다. 그러나 남경을 점령한 후 점차 잡스러운 분자를 포섭하여 그 세력이 커지자, 내부로부터 암투와 부패가 시작되어 청조의 현 정권과 본질적으로 다름이 없는 존재가 되었다. 또한 세력의 신장도 정지됨으로써 남경 부근을 점거한 지방정권에 불과하게 되었다.

한편 지식층은 대부분 지주층이었으므로 태평천국의 토지균분정책에 공포를 느꼈을 뿐 아니라, 외국의 종교인 기독교보다도 유교를 신봉하였기 때문에 그들은 중국의 전통을 존중하는 청조 정부를 옹호하게 되었다. 그리하여 지주층은 보갑(保甲)을 중심으로 향용을 조직하였던바, 특히 강충원(江忠源)·증국번(曾國藩)·이홍장(李鴻章)의 지도하에 조직된 초용(楚勇)·상용(湘勇)·회용(淮勇) 등의 민병은 태평군의 진압에 전력을 기울였다.

한편 상해를 근거로 하고 있던 서양인들도 처음에는 기독교를 신봉하는 태평군에게 호감을 갖고 있었지만, 점차 그것이 이단적이라는 것을 깨닫게 되었다. 나아가서 태평천국의 실력으로는 도저히 청조를 타도하지 못하리라는 것과 또 북경조약 성립 이후에는 청조를 이용하는 것이 민족주의적 경향이 강한 태평천국보다 유리하다는 것을 간파하게 되자, 태도를 일변하여 청조를 지지하였다. 그리하여 영국인 고든Gordon은 청조의 의뢰를 받아 소위 상승군을 거느리고 민병과 협력하여 1864년 드디어 태평군을 진압하게 되어 전후 15년 간에 걸친 태평천국혁명은 종결을 보았다.

특징과 영향

태평천국혁명은 종래의 많은 도전들과 상이한 몇 가지 특징을 가지고 있다. 즉 첫째로는 멸만흥한의 민족주의적 운동이었다는 점, 둘째로는 비록 왜

곡되기는 하였으나 기독교적 요소를 내포하였다는 점, 셋째로는 토지의 균분을 위시한 남녀동등권, 악습의 폐지 등 근대적인 요소를 가진 점이었다.

또한 태평천국이 진압되기는 하였으나, 파급된 지역이 광범위하였기 때문에 청에게 준 영향은 심대하였다. 즉 태평군의 진압에 청조가 바친 희생은 지대한 것이었고, 재정은 한층 더 궁핍하게 되었다.

한편 태평군의 진압에 공이 큰 것은 청조의 친위군인 팔기병도, 한인으로 조직된 상비병인 녹영병도 아니었고, 다름아닌 새로 조직된 민병이었다. 특히 팔기병이 부패하여 아무 소용이 없었다는 것은 정복왕조인 청조의 위신을 크게 손상시켰다. 이때부터 피정복자인 한인은 차차 자신을 얻어 점점 청조의 명령을 듣지 않았다. 한편 신식 무기를 가진 서양이 이를 원조하였기 때문에, 한인이 세력을 얻게 된 것은 물론이요, 유럽인 자신의 발언권도 증대되었다는 것을 간과하여서는 안 될 것이다.

이홍장(1823~1901)

제4절 동치중흥

열강의 압박이 격화되고 내란이 빈발하게 되자, 위기에 빠진 청조를 재건하려는 운동이 한인 대관(大官)과 만인 일부 관료들 사이에 일어났다. 이러한 움직임은 일찍이 아편전쟁 직후부터 있었으나 본격적으로는 1861년부터 시작되었다. 즉 목종(1861~1874)이 즉위하자 공친왕(1832~1898)을 중심으로 한 청조의 일부 진보적 관료들은 보수배외파의 거두를 처형하고, 정권을 장악한 후에 주요 인사의 쇄신을 단행하였다. 이들은 대외화친 · 만한융화(滿漢融和)를 꾀하는 한편, 서양 문화를 흡수하여 중국을 근대화함으로써 열강의 중국 진출을 저지하고 중국의 부강을 달성하려 하였다. 이것을 당시의 연호를 따서 동치중흥(同治中興, 1860~1870)이라 한다. 이제 그 중요한 점들을 들면 다음과 같다.

동치중흥의 내용

첫째로, 근대적 외교가 시작된 점이다. 곧 총리각국사무아문의 설립, 외국 공사의 북경주재, 청조외교사절단의 구미파견 등이 실현되어 종래 모든 외국을 조공국으로 취급한 전통적인 대외 정책은 명실공히 폐기되었다. 다음으로는 서양 근대 문화의 수입에 힘쓴 이른바 양무운동(洋務運動)을 추진한 점이다. 특히 아편전쟁 · 애로우호사건 등에서 외국이 보여 준 무력적 우수성은 청조의 위정자들을 자각케 하여, 이에 군사력 강화를 목적으로 서양 근대 기술 문화의 수용이 시작되었다. 곧 외국의 장교를 초청하여 영국과 프랑스 방식의 육해군제를 채용함으로써 군사 조직을 근대화하고, 해외 유학생을 파견하였다. 또 북경·상해에 외국어학교를 개설한 외에 남경·상해·복주에 관영의 근대적 군수공업과 조선소를 설립하였다.

그러나 이러한 혁신적인 대외 정책에 있어서나, 국내 질서의 근대화에 있어서나, 그것을 담당한 것은 전술한 바와 같이 이홍장·증국번·좌종당 등 한인 관료였으므로 만주인의 정권상의 특권은 사실상 상실되고, 한인 관료에 의하여 청조정치가 운영되었다.

성격과 한계

위와 같은 중국인의 각성과 개혁 운동에 외국 선교사의 공도 컸다. 중국의 근대화의 업적에도 주목할 만한 것이 있었으나, 당시의 중국인은 서양 문화에 대한 인식이 부족하여 다만 서양의 기계의 위력만을 인정하였다. 그리하여 군수 공업의 건설은 광범위한 일반 산업과 근대적인 신사회를 기초로 하여야 한다는 것을 인식하지 못하였다. 그들은 피상적인 모방에 만족하였고, 더욱이 일반 관료들은 쓸데없는 자존심만 강하여 보수적 입장을 고집하였다. 이들의 강한 반대에 부딪혀 근대적인 개혁작업은 커다란 효과를 얻지 못하였다.

또한 이것을 실시한 신관료 자신들이 중국의 봉건적 사회를 기반으로 하는 사람들이었던 관계로 그들은 어떠한 사회적 개혁도 기도하지 않았을 뿐 아니

총리각국사무아문에서 논의 중인 중국 관리들

라, 도리어 청조의 지배체제를 이용함으로써 그들의 봉건적 특권을 유지하려 하였다.

이리하여 동치중흥은 중국 근대화의 제일보를 내디딘 역사적 의의를 갖지만, 그것은 군사력의 강화만을 목적으로 한 관료들의 노력에 불과하였으며, 전통적인 전제적 관료제를 강화한 것 외에는 아무런 효과도 가져오지 못하였다. 즉 그 본질은 어디까지나 봉건적 지배자의 연명책이었으니, 이 모순은 결국 청일전쟁(1894~1895)에 의하여 폭로되고 말았다.

양무운동의 발전

동치중흥의 군수공장 건설시대의 뒤를 받아 1882년부터 1894년 청일전쟁이 일어날 때까지의 약 10년 간에는 이홍장·장지동(張之洞)의 지도하에 천진·광동·무창·한양 등지에 방적·직포·제사·제지·성냥·비누 등의 신식 공업이 대두하였고, 광산의 채굴, 철도의 부설 등도 개시되었다. 이러한 신식 공업의 대부분은 상인이 창설하여 정부의 감독을 받은 것이었기 때문에, 중국 자본주의 발달사상 '관독상판(官督商辦)'시대라고 한다. 그러나 이러한 민족 산업의 맹아도 외국 자본의 압박에 의하여 그 발전을 저지받아 주유(侏儒)와 같은 상태에 빠졌고, 도리어 유력관료의 지역적 할거, 즉 군벌의 맹아를 키우는 데 도움이 되고 말았다.

제5절 일본의 개국

아시아 각국이 서양세력의 침략에 효과적으로 대응하지 못하여 식민지 또는 반식민지화의 길을 걷고 있을 때, 일본은 예외적이었다. 일본은 서양의 충격을 신속하게 그들의 근대화를 위한 계기로 받아들였고, 그 결과 국가의 독립을 유지할 수 있었을 뿐만이 아니라, 비서구국가로서는 유일하게 제국주의 국가의 대열에도 끼게 되었다. 이러한 일본의 특이함은 개국 이전의 일본 전통사회의 내부 변화와 밀접하게 연관되어 나타난 것이었다.

에도막부의 동요와 쇠퇴

에도막부가 취했던 막번체제(幕藩體制)가 도쿠가와체제의 유지와 사회의 안정에 크게 기여했음은 사실이다. 그러나 에도막부하의 2백여 년에 걸친 평화시대는 시간이 흐름에 따라 막번체제의 모순이 노정되었고, 그로 인해 19세기 초의 막부는 동요와 쇠퇴의 징후를 분명히 보이고 있었다.

막부(幕府)의 지배체제가 확고하게 된 지 1세기 후, 18세기부터는 막부와 번(藩)의 재정궁핍 현상이 나타났고 이를 타개하기 위한 여러 재정개혁은 실패로 끝났다. 무력을 배경으로 정권을 잡은 막부였지만 지배체제의 안정과 더불어 문치주의라 부를 수 있는 온건정책으로 전환하였다. 그 결과 사사영조비(寺社營造費)·의식풍례비 등의 증대로 인하여 막부재정을 적자로 만들어 놓았다. 여러 번에서도 참근교대에 따른 경비, 생활의 사치화, 유일한 수입원이었던 곡물생산량과 쌀값의 불안정 등으로 인한 손해 때문에 재정적 궁핍이 점차 심해 갔다. 일반무사들도 영주의 성시(城市)에 모여 살게 됨에 따라 소비중심의 생활을 하게 되면서 수입·지출의 균형을 잃게 되었다.

더구나 영주들은 번의 적자 재정 해소책으로 무사들의 봉록을 감소하거나 지불을 늦추었으므로 무사계급의 생활고는 더욱 심하였다. 특히 하급무사들의 경우 생활난은 극심하여 몰래 짚신을 삼는 부업을 한다든지, 무사신분을 상인에게 팔거나 상인과 혼인관계를 맺음으로써 경제적 곤란을 모면하려는 사태에까지 이르렀다. 따라서 위로는 막부와 번의 대명(大名), 아래로는 하급무사에 이르기까지 상인들에게 빚을 지지 않는 경우가 드물었다. 또한 지배계급의 궁핍에 따라 농민에의 수탈도 증대되고 그 결과 농민반란이 빈번하여져서 도쿠가와막부 말기에는 연간 20번 이상의 반란이 일어났다.

막부는 이러한 재정적 곤란, 무사의 생활고, 기강의 쇠퇴 등의 사태를 해결하고 막부를 보강하려는 몇 차례의 개혁을 시도하였다. 그러나 그러한 개혁의 본질은 복고적이어서 당시의 사회경제적 변화를 적극적으로 수용하는 정책이 되지 못하였고, 따라서 결과도 근본적인 해결책은 못 되었음이 입증되었다. 개혁의 특징은 사치 억제, 부채의 강제적 말소 등 현상 타파 위주이거나, 상업 억제와 농업 치중이라는 정통적 경제사상의 재확인 또는 도쿠가와막부 초기의 무사적 기풍과 윤리를 재흥(再興)시킨다는 복고적·유가적인 면이 위주였던 것이다.

번에서의 개혁도 막부의 개혁과 성격상 크게 다를 바 없었다. 예외적으로 서남웅번(西南雄藩)이라고 불린 외양(外樣, 토자마)번들은 개혁에 성공함으로써 개혁의 실패로 쇠퇴되어 가던 중앙의 막부에 대한 정치적 발언권이 강화되어 나갔다. 조슈(長州)번에서는 특산물의 전매 또는 영업세 부과, 번 스스로의 해운업·상업을 통한 재정개혁에 성공하였고, 사쓰마(薩摩)번에서는 사탕수수 재배의 장려와 세금의 부과, 유구를 통한 중국과의 밀무역추진 등에 의해 번 재정을 개선하는데 성공하였다. 이들 조슈·사쓰마 두 번 외에 히젠(肥前)·토사(土佐)번도 재정개혁에 성공하였다. 후일 막부를 타도하고 신정권을 수립하는 데 앞장섰던 것은 바로 이들 재정개혁에 성공한, 그리고 막부

수립 당시부터 중앙의 정권으로부터 정치적 감시를 받아 온 서남일본의 큰 외양번들이었던 것이다.

막부와 번의 재정적 궁핍이 곧 전 일본의 경제적 곤란을 의미한 것은 아니었다. 부유한 도시상인들의 출현은 막번체제의 경제적 모순을 의미하였다. 농업을 재정의 기반으로 삼은 막번체제는 상업에 대한 세금부과를 중요하게 생각하지 않았고 그 결과 농민은 극심하게 수탈되었으나 상인들은 역설적으로 막부의 보호 속에 성장한 셈이 되었다. 그 외에 도쿠가와막부의 정치적 통일과 평화는 전국이 단일 시장권으로 편성되고, 안정 속에 상업이 발전할 수 있는 조건을 마련해 주었다. 무사들이 다이묘의 성 안에서 집단으로 거주하게 되면서 이들에게 일용품을 제공하는 상공업자들이 성하정(城下町)에 모이게 되었다. 또한 참근교대제(參勤交代制)는 대명들에게 번의 미곡을 현금으로 바꾸어 주는 대미곡도매상들이 출현하도록 만들었다. 그리하여 부유한 상인들은 재정궁핍에 허덕이는 무사계급들에게 돈을 빌려주는 채권자가 되기도 하고, 권력은 없지만 도시에서 호화로운 문화생활을 즐길 수 있는 계층으로 성장해 나갔다. 이들은 농촌에서 특수작물의 상업적 재배에 의하여 자본을 축적하고 그것을 양조·방직 등 농촌기업에 투자하는 부농들의 성장과 함께 19세기 일본의 사회·경제적 변화의 주역으로 등장했다.

사회·경제적 변화에 따른 막부체제의 동요는 필연적으로 체제 비판적인 개혁사상가들을 출현시키게 되었다. 이들은 일본의 역사연구를 통하여 일본의 전통문화를 재인식하려는 국학파나 제한적이기는 하였지만 서양의 기술과 학문을 연구하는 난학파(蘭學派)의 학자들이거나 또는 그러한 영향을 많이 받은 중·하급 무사들이었다. 이들은 막부를 전면 부인한 것은 아니었지만, 국학파들의 존왕론(尊王論 ; 천황친정 주장)이나 난학파들의 쇄국 반대론 등은 후일 막말(幕末)에 정치적 위기가 심해갈 때에는 막정비판(幕政批判)으로 전환될 수 있는 소지를 충분히 갖고 있었다. 그러므로 막번체제를 근본적으로 뒤흔들고 있었던 사회·경제적 기반의 변화와 사회적으로 불만을 품고 있었던 궁핍한 그러나 유능했던 중·하급 무사들의 존재는 막부가 개국 문제를 둘러싸고 정치적 위기에 봉착하였을 때, 일본 사회를 새롭게 변화시킬 추진력을 제공하게 되는 잠재적 요소였다고 볼 수 있다.

개국과 막부의 몰락

2백여 년 간 쇄국정책을 써 오던 도쿠가와막부는 19세기 초부터 러시아·영국·미국 등 서구세력의 문호개방 압력에 직면하게 되었다. 초기 일본의 일반적인 반응은 막부의 「재고불요(無二念)령」(1825)과 같이 초강경 태도로 외세를 격퇴하는 것이었다. 그러나 포경선 기항지 및 중국항로의 중계항을 필요로 했던 미국이 1853년 페리M.C. Perry 제독의 함대를 파견하여 일본의 개국을 강요하자 막부도 더 이상 거부하지 못하고 굴복하고 말았다. 1854년의 미일화친조약과 뒤이은 1858년의 미국을 위시한 5개국(미·영·불·노·화)과의 통상조약(안정조약) 체결로써 일본의 쇄국정책은 막을 내리고 말았다. 이 통상조약은 서양 열강이 중국에 강요한 것과 같이 5항의 개항, 개항장에 외국인 거류지 설정과 치외법권 인정, 협정관세(비자주적 관세), 최혜국 대우가 주된 내용인 불평등조약이었다.

개국을 둘러싼 대외 위기는 국내에 심각한 정치적 파문을 불러일으켰다. 그 결과 서양세력의 우세한 무력 앞에 개국을 결정하지 않을 수 없었던 막부는 결국 이 대외적 위기를 반막부의 정치적 목적으로 이용했던 서남웅번 연합세력에 의해 타도되고 말았다.

개국에서 막부의 몰락에 이르는 시기는 복잡한 정치적 과정을 겪지만, 그 본질은 정치적 권위의 상징으로 다시 부각된 천황을 옹립하고 정치적 주도권을 장악하려는 세력들 간의 투쟁 과정이었다. 막부의 통상조약 조인(1858)이 천황의 반대에도 불구하고 독단적으로 이루어졌다 하여 형성된 존왕양이파(尊王攘夷派)는 각 번의 하급무사들이 주류를 이룬 가장 과격한 반막부세력이었다. 서남 일본의 대번이었던 사쓰마·조슈번은 조정(公)과 막부 및 여러 번(武)의 융화 연합정책인 공무합체(公武合體) 운동의 주도권 다툼을 벌였다. 막부도 추락된 정치적 권위를 천황의 권위에 의탁함으로써 회복하고자 공무합체 운동을 스스로 제안·참여하였다.

존왕양이파와 공무합체파의 다툼은 초기에는 후자에 유리하였다. 그러나, 1860년대 중반 이후 양이가 현실적으로 불가능함을 깨달은 존왕양이파들이 개명정책으로 전환하면서, 단순히 막부정책에 반대하던 종전의 입장에서 막부를 타도해야 한다는 도막파(倒幕派)로 변모하자 판도는 바뀌었다. 공무합체 운동이 실패하자, 사쓰마·조슈번도 도막을 위한 연합세력을 구성하였기 때문이다.

도막파의 세력 증대에 위기의식을 느낀 막부는 1867년 10월 천황에게 정권을 되돌려준다는 대정봉환(大政奉還)을 주청하여 허락을 받았다. 그러나 도쿠가와씨가 최대의 영지와 군사력을 지닌 대명으로 남아 있는 한 신정부는 의미가 없음을 인식한 사쓰마·조슈번 등은 궁정 쿠데타를 통해 메이지천황의 이름으로 왕정복고령을 발표하였다(1868. 1. 3). 처음에는 저항하던 막부군이었으나, 지원세력을 얻지 못해 전투에서 패하게 되자, 에도성을 도막군에게 평화리에 내주고 말았다. 도쿠가와막부가 완전 몰락한 것이다. 동시에 7세기

만에 천황 친정체제가 부활한 것이다. 신정부의 개혁 정치가 전개될 바탕을
마련한 이 정치적 사건을 메이지유신이라 부른다.

제6절 메이지유신

메이지유신과 근대화

일본이 메이지유신 이후에야 비로소 근대화를 시작한 것은 아니다. 막부
말기에 몇몇 번들에 의해서 이루어진 근대적인 서양의 군사기술 도입 움직임
이라든지, 프랑스의 도움으로 시도했던 막부의 개혁정책 등이 이미 나타나기
시작하였다. 특히 난학자의 한 사람이었던 사쿠마 쇼잔(佐久間象山, 1811~
1864)의 '화혼양재(和魂洋才)'(일본의 정신과 서양의 기술)론에 입각한 서양기술
의 도입 주장은 개국 이전부터 근대화론이 일본사회에 존재하였음을 입증해
주는 것이다.

그러나 이러한 초기 근대화론의 주장이나 분산적인 근대화의 시도는 메이
지유신 이후의 근대화 과정과는 방법과 정도의 면에서 큰 차이를 보여 주고
있다. 양이(攘夷)라는 다분히 문화주의적인 서구문화에 대한 대응 의식이 개
국 이후 10여 년 간의 정치적 투쟁 과정에서 보다 현실적이 되었다. 즉 메이
지유신이 일어날 즈음에는 서양의 세력 앞에서 구국을 하려면 서양의 문물을
받아들여야 한다는 인식이 전 일본의 지도계층에 보편화되고 있었던 것이다.
그리고 근대화의 범위 또한 기술적인 면에서만이 아니라 제도와 사상의 수용
이라는 선까지 확대되었던 것이다.

메이지정부의 수립과 새로운 정책

메이지천황

서양에 대한 인식의 변화 속에 일어났던 메이지유신은 천황의 권위를 구심
점으로 변혁을 주도한 하급무사들이 번주(藩主 ; 대명)를 움직이고 궁정의 하
층 귀족들과 연결됨으로써 성공한 것이었다. 따라서 메이지정부의 실질적 주
도권은 바로 이 하급무사들이 장악하여 새로운 정부의 정책을 추진해 나갔
다. 구질서 속에서 그들의 낮은 신분으로서는 재능이 있었음에도 불구하고
신분상승의 기회가 거의 차단되었을 터였으므로, 대체로 20~30대였던 이
젊은 지도자들은 구질서에 대한 미련을 거의 갖고 있지 않았다. 천황은 이들
에 의해 받들어진 상징이었으므로, 왕정복고란 명분의 문제이었지 실질적인
정치권력의 소재에 관한 문제는 아니었다. 천황은 모든 합법적 권위의 원천으
로서 정치문제에 관여되었으나 직접적으로 통치하지는 않았다. 현실적으로도

당시 14세에 불과하였던 메이지천황이 직접 통치한다는 것은 불가능하였다.

메이지유신 지도자들은 신정부의 시정방침을 천황의 이름으로 발표한 5개 조의 서문(1868. 3. 14) 속에서 제시하였다. 공론에 의한 정치와 대외개방을 골자로 한 이 선언은 메이지유신의 기본원리를 표명한 것이었다. 그러나 신정부의 이상과 이념을 실현하는 것은, 봉건적 세력이 거의 완벽하게 남아 있었던 당시의 상황에서 결코 쉬운 일이 아니었다. 이 어려운 문제를 해결함으로써 메이지정부는 비로소 일본 근대화의 거보를 내디딜 수 있었던 것이다.

실질적인 중앙집권정부가 되기 위하여 신정부는 1869년 판(版 : 영토) · 적(籍 : 영민)을 천황 곧 중앙정부에 반환하게 하고, 1871년에는 번을 없애고 지방 행정 기구인 현(縣)을 설치하였다. 이러한 토대 위에 메이지정부는 여러가지 봉건체제를 혁파하는 신정책을 수립 · 추진해 갈 수 있었다. 토지 세율을 통일하고 현금 납세를 규정한 조세개정(1873), 무사들의 봉록을 현금 또는 공채증서로서 일시에 지불한 질록처분(秩祿處分, 1876)은 신정부의 재원을 확보하고, 재정부담을 감소했을 뿐만 아니라 막부시대의 경제적 · 사회적 질서를 크게 변화시킨 것이기도 하였다.

'부국강병'이라는 고전적인 슬로건 아래 근대적인 군사 · 산업정책이 적극적으로 추진되었다. 1872년의 징병령은 무사계층이나 평민을 불문하고 누구나 병사가 되게 함으로써 근대적이고 능률적인 군대를 육성하는 기반이 되었다. 동시에 사민평등의 이념을 내세운 이 평민 군대의 창설은 종전의 무사계급에만 국한되었던 전사의 특권을 박탈하였다는 사회적 의의도 큰 사건이었다.

경제적으로는 자본주의 산업의 적극적인 진흥책이 마련되었다. 예로부터의 폐쇄적인 상업조직을 해산하고 정부의 지도와 감독 아래 주식회사의 설립이 권장되었다. 종전의 특권적 환전상의 자본을 근대적 은행자본으로 전환시켜 자본의 축적을 용이하게 하였다. 산업의 진흥이 당시의 민간기업인들만의 손에 의하여 수행되는 데에는, 자본과 기술의 부족과 경영의 미숙으로 인한 한계가 있음을 안 정부는 관영기업을 일으켜서 직접 경영하였고, 외국인 기술자의 초빙과 일본인 기술자의 훈련을 병행하였다. 관영기업의 대부분은 병기창, 조선소 등의 군수공장이었는데, 탄광은 군수용 석탄확보를 위해서, 방적공업은 군복제조의 차원에서 그 진흥이 시작되었다. 이들 관영공업의 대부분은 후일 '정상(政商)'으로 불리는 특혜업자들에게 싼값으로 불하되었는데, 이들은 메이지 초기의 정부에 대한 주된 재정적 지원자였기 때문이었다. 예컨대, 막부시대부터 대판의 부상 가문이었던 미쓰이(三井)가나 메이지유신 이후 해운업에 종사하여 자본을 축적한 미쓰비시(三菱) 계열이 이러한 특혜를 받아 대재벌을 형성하였다.

근대화의 인적 자원을 확보해 주는 교육제도의 개혁도 수반되었다. 미국의 교육사상과 프랑스의 학제를 바탕으로 한 새로운 학제가 반포되어(1872), 의무교육이 새로운 뿌리를 내려갔다. 1877년 설립된 동경제국대학은 일본의 고급관료 · 기술자 · 의사의 양성기관으로서 사립대학인 경응의숙과 아울러 일본의 근대적 고등교육을 주도해 나갔다.

정부의 대외개방 · 서양 모방 정책은 생활의 여러가지 면에도 문명개화의 바람을 일으켰다. 태양력의 채력(1873년 1월 1일부터), 1주 7일, 일요 휴일제의 제정, 전기와 전화의 가설, 벽돌 양옥의 등장, 양복착용의 습관화 등이 이 시대 일본의 외면적 변화를 인상적으로 말해 준다. 한편 계몽적인 지식인들이 등장하여 학교 · 상공업 · 군대 등 외형적인 변혁만이 아니라 근대적인 이념과 가치의 수용을 통해 '문명의 정신'을 배워야만이 강력한 근대국가를 이룩할 수 있다고 주장하였다. 신문 · 잡지 · 서적 등을 이용하여 이들이 전개해 나간 것은 후진적이고 야만적이라 할 구습의 타파였다. 경응의숙을 창시하였고, 「서양사정」을 저술하기도 한 후쿠자와 유키치(福澤諭吉, 1834~1901)는 대표적인 계몽 지식인이었다.

근대적 국가제도의 수립

신정부의 근대화 정책이 순조롭게 진행되었던 것은 아니다. 농민층과 무사들로부터의 저항을 극복해야 했고, 반정부적 자유민권 운동을 진압해야 하는 부담을 안고 있었다.

정부의 개혁책은 농촌사회를 지탱해 오던 사회윤리에 혼란을 야기하였을 뿐만 아니라, 상공업 진흥책은 결과적으로 농민들에게 새로운 부담을 강요하게 되었으므로 불평 불만을 품은 농민들의 저항을 유발시켰다. 정부는 가차없이 이를 진압하였다.

농촌에서의 동요보다 더욱 정부를 위협했던 것은 무사계층의 저항운동이었다. 무사들의 저항은 두 갈래로 나뉘어 전개되었는데, 하나는 무사들의 봉건적 반란이었고, 다른 하나는 자유민권운동이었다. 이러한 반대파들의 지도력은 역설적이게도 메이지유신을 성공시키는 데 큰 공로를 세웠던 메이지 지도자들 중에서 나왔다. 메이지 지도자들의 분열 계기가 된 것은 1873년의 이른바 정한론(征韓論)을 둘러싼 정책 논의였다. 조선정부가 외교적인 의전 문제로 일본의 외교문서 접수를 거부한 것이 발단이 되어 메이지정부의 지도자들은 정한론자와 국력배양 우선론자로 분열되었다. 결국 정한론이 패배하였고, 이로 인해 정부를 떠난 정한론자들이 재야 반대세력을 형성하게 되었다. 사이고 다카모리(西鄉隆盛, 1822~1877)는 무사 반란의 우두머리가 되었고,

이타가키 다이스케(板垣退助, 1837~1919)는 자유민권파의 기수가 되었다.

징병제, 봉록지급과 패도의 금지 등 정부의 신정책에 의하여 무사들의 사회적 위치와 경제적 보장에 대한 봉건적 특권이 허물어짐에 따라 이들의 불만이 고조되어 나갔다. 이러한 불만은 곧 반란을 유발하였는데 1877년의 사쓰마반란은 메이지정부 수립 이후 정부가 직면한 최대의 정치적 위기였다. 이 반란이 근대적 장비를 갖춘 징집병군대에 의하여 진압됨으로써 최후의 봉건적 저항은 막을 내리게 된다.

그러나 자유민권파는 꾸준히 민선의원 개설과 헌법제정을 촉구하여 끝내는 정부로 하여금 입헌의 약속을 하지 않을 수 없게 만들었다(1875). 동시에 정부는 입헌의 주도권을 잡기 위하여 관리 비방 금지령과 언론통제령을 반포함으로써 민권운동을 탄압하였다. 그럼에도 불구하고 민권파는 지주들의 지지를 바탕으로 한 자유당과 퇴직관리 및 도시 지식인들을 배경으로 한 입헌개진당을 결성하여 의회 속개운동을 계속하여 나갔다. 특히 자유당에 가담하는 농민들의 수가 증가하면서 격렬한 농민민권운동이 전개되었는데 정부의 탄압도 이에 따라 점점 심해졌다.

입헌실시를 약속한 정부는 주도권 장악을 위하여 민권운동가들의 입헌준비를 억압하는 동시에 이토 히로부미(伊藤博文, 1841~1909)를 유럽에 파견하여 유럽 각국의 헌법을 연구하고 돌아오게 하였다. 그리고 장차의 국회개설에 대비하여 귀족제를 강화 확대하고 경찰제를 정비하며, 내각제도를 만들었다. 마침내 1889년 천황의 이름으로 헌법이 반포되었는데, 이것이 1946년까지 시행된 메이지헌법이다.

프로이센적 헌법구조를 바탕으로 한 이 메이지헌법은 천황의 절대권과 그것을 실제로 장악하고 있는 과두 집권세력의 영도권을 확고하게 보장하고 있었다. 의회는 천황이 임명하는 귀족원과 민선에 의하는 중의원으로 구성되었는데 1890년 최초의 의회가 개설되었다. 이로써 일본은 천황을 정점으로 한 입헌군주국이 되어, 동아시아에서는 처음으로 근대적 국가제도를 수립하게 된 것이다.

제국주의의 대두

쇄국·고립의 정책을 완전 포기한 메이지유신 이후의 일본은 서양과의 외교적 교섭을 통해 불평등조약의 개정을 위해 노력하는 한편, 동아시아의 인접국가들에 대해서는 공격적 팽창정책을 꾸준히 추진하여 나갔다. 사실상 일본의 근대화 과정에서 보이는 괄목할 만한 성과는 대외적인 팽창에서 얻은 이익을 기반으로 하였다는 점을 간과할 수 없다.

정한론을 둘러싼 논쟁에서 보듯이 1870년대 초기의 외교정책은 신중하고 조심스러웠다. 그렇다고 해서 성급한 대외모험보다는 국내의 안정을 우선적으로 고려했던 비정한론자들이 일본의 대외적인 권익에 언제까지나 무관심했던 것은 아니었다. 1874년의 대만정벌을 시작으로 해외진출의 조짐이 보이더니, 드디어는 1876년 강제적으로 조선의 문호를 개방하였다. 미국이 일본을 개항시켰던 방법을 모방하여, 일본은 포함외교를 통해 조선정부를 위협하고, 자신이 벗어나려고 애쓰는 불평등조약체제를 오히려 조선에 강요한 것이다.

1880년대에 이르면 유럽의 각국들은 식민지 및 세력방위 획득에 열중하게 되이 세계 도처에서 신제국주의의 징조가 분명히 나타났다. 이러한 국제관계의 변화와 일본의 군사적·경제적 발전에 따른 자신감으로 1880년대 이후의 일본은 더욱 적극적이고 공격적인 외교방침을 채택하게 되었다. 이때 일본 지도자들의 외교방침은 1890년 당시 수상이었던 야마가타 아리토모(山縣有朋, 1838~1922)의 발언에 단적으로 나타났다. 그는 국가의 독립과 방위는 일본의 '주권선'에만 그치지 않고 전략적으로 긴요한 주변지역, 즉 '이익선'까지를 지키는 데 있다고 하였다. 이 이익선은 조선을 지칭하는 것이었는데 일본의 국력이 강화되면서 이익선은 만주와 북부중국, 마침내는 전 중국으로 확대되어 나갔다.

청일전쟁 후 청국과
일본대표 간의 휴전조약
체결 장면

1894년 동학농민봉기를 계기로 일어났던 청과의 전쟁은 메이지유신 이후 일본의 근대화 성과에 대한 시험이기도 하였다. 이 전쟁에서 승리한 일본은 청으로부터 조선에서의 우위권을 인정받고, 요동반도·대만 등 영토의 획득이라는 이득도 얻었다. 요동반도만은 이 지역에 이해관계를 가졌던 러시아가 프랑스와 독일의 후원 아래 반대하였으므로 청에 다시 돌려주었다. 막대한 배상금과 새 영토, 새 시장을 획득하게 된 일본은 바로 이 청일전쟁을 계기로 자본재 생산을 비약적으로 발전시켜 나갈 수 있었다.

그러나 조선에서의 독점적 우월권을 기대했던 일본은 러시아의 조선 진출과 조선에서의 반일경향 등으로 예상한 대로의 세력강화를 꾀하지 못하였다. 조선과 만주에서의 우월권 확보경쟁은 러일전쟁(1904~1905)으로 비화되었다. 영국의 지원을 받은 일본은 제한된 승리였지만 얻은 것은 많았다. 승리의 대가는 조선에서의 완전한 지배권과 남만주에서의 세력확보였는데, 이는 일본의 제국주의적 진전에 획기적인 일이었다. 경제면에서도 일본 중공업 발전의 중요한 계기를 마련해 주었다. 그리고 1906년에 설립된 남만주철도주식회사는 이후 일본의 만주경영의 중심기관으로 발전하게 된다.

제7절 일본의 다이쇼민주주의시대

정당정치의 발전

헌법의 공포가 일본 정치의 기본적인 틀을 마련하긴 하였으나, 정당활동을 기반으로 한 의회제 민주주의로서의 확고한 발전을 보장한 것은 아니었다. 정당의 활동이 강화되고 참정권이 확대되며 서구적 민주주의 사상이 보급되기 시작한 것은 다이쇼(大正)시대(1912~1925)에 들어가면서부터였다. 그리하여 이 시기를 다이쇼데모크라시(민주주의)시대라고 부른다.

다이쇼시대의 가장 중요한 정치적 특색은 번벌정치에 대한 투쟁과 그 성과로서 정당정치가 성립된 것이다. 메이지유신의 지도자들은 천황의 비공식적인 자문역인 '원로(元老)'의 지위로서 실질적인 정치권력을 장악하고 있었고, 이들과 이들의 특별한 신임을 받은 젊은 층들이 총리와 중요 대신직을 독점하였는데 이러한 과두지배정치를 속칭 '번벌(藩閥)정치'라고 불렀다.

1900년대에 들면서 오랫동안 일본 정국을 이끌어 온 과두지배가 한계에 이르렀음이 드러나게 되었다. 원로들의 사망과 과두지배의 장기화에 대한 불만이 정당을 조직하여 의회에서 활동하던 정치인들의 번벌정권에 대한 집중 공격으로 나타났다. 그리하여 1918년에 정우회 총재인 하라 다카시(原敬, 1856~1921)가 중의원의 제1당 당수로서 내각을 조직하게 되니, 이로써 최초의 정당내각이 탄생하였다. 정당내각제는 약간의 동요시기를 지나 1924년부터 1932년까지 전개되는데, 정권은 헌정회(1927년 이후 입헌민정당으로 개칭)와 정우회가 번갈아 가며 장악하였다. 입헌제도가 마련된 후 30여 년에 걸친 투쟁 끝에 얻어진 결과였다.

이 같은 정당정치의 발전은 민주주의 사상의 보급과 표리관계를 이루고 있었다. 천황체제 내에서 인민을 위한 정치를 주장하는 '민본주의'와 주권은 천황 아닌 국가 자체에 있고 천황은 국가의 최고기관일 따름이라는 '천황기관설'은 이 시대에 널리 유포된 정치 이론으로서 정당내각의 이론적 토대를 제공하였다. 한편 정당정치의 활발한 전개로 마침내 1925년에 25세 이상의 모든 남자에게 선거권을 주는 보통선거법이 통과되었고, 1928년에는 최초의 보통선거가 실시되기에 이르렀다. 그러나 사회운동의 확산을 우려하던 정부는 보통선거법의 통과와 아울러 치안유지법을 통과시킴으로써 국체(國體 ; 천황제)의 변혁 및 사유재산제 부인을 목적으로 하는 일체의 반체제적 운동을 탄압하였다.

경제적 발전과 사회문제

정당정치의 발전과 병행하여 일본의 경제적 번영과 성장의 표시도 현저하게 나타났다. 도쿄는 근대적 대도시의 면모를 완전히 갖추어 도심 중앙을 왕래하는 전차와 즐비한 근대적 건물 등이 번영의 상징으로 등장하였다. 그러나 1910년대와 1920년대의 경제적 발전은 새로운 문제들을 초래하기도 하였다. 세계 자본주의 경제구조 속에 편입된 결과 세계의 경제상황의 변화가 국내경제에 심각한 충격을 주게 되었고, 경제발전의 혜택이 고르게 분배되지 않아 노동분쟁을 비롯한 사회 불안의 요인이 격증되었다. 이에 따라 1920년대 말엽에는 심각한 경제적 · 사회적 위기를 맞게 되었다.

제1차 세계대전은 일본이 대단한 전시 호경기를 구가할 수 있는 계기가 되었다. 소규모의 전비지출만으로도 연합국의 대열에 낄 수 있었던 일본은 제1차 세계대전으로 인하여 새로운 무역의 기회를 획득할 수 있었다. 연합국들은 전쟁물자의 공급을 일본에 의존하였고, 유럽상인들은 아시아의 시장으로부터 물러났다. 이 공백을 일본의 상품이 파고든 것이다. 그 결과 수출의 증대, 해운업 · 조선업의 발달 등으로 인해 일본은 자본주의 국가로서의 기틀을 완전히 다질 수 있었다. 국민총생산량의 증가는 물론 전쟁 전에는 채무국이었던 일본이 전후에는 채권국으로 등장하게 되었다.

그러나 제1차 세계대전의 종료와 더불어 서양 열강들이 세계무역의 주도권을 회복함에 따라 상황은 바뀌었다. 다시 일본은 무역적자를 보기 시작하였다. 많은 기업들은 과잉투자의 여파로써 만성적 재정난에 허덕이게 되었다. 더구나 경제적 불황은 끊임없는 경제력의 집중현상을 초래하여, 명치 이래의 소수의 재벌들이 경제계를 좌우하는 결과를 낳았다. 중소기업의 타격은 상대적으로 더욱 극심하여졌고, 도시의 경기 변동에 민감하게 영향을 받던 농촌경제의 피폐 현상도 현저하게 나타났다. 그리하여 전후 일본의 경제적 상황은 사회 전체와 노동 · 농민계층의 불안을 고조시킴으로써 사회주의운동, 노동조합운동 등 사회운동의 격화와 더불어 군국주의가 배태될 수 있는 토양을 마련하고 있었다.

일본 제국주의의 변화

러일전쟁의 승리를 계기로 일본은 마침내 조선을 합병(1910)하고, 만주지역에서의 특수권익을 확대시켜 나갔다. 그리하여 메이지시대의 말기, 일본의 대외적 기본목표는 기존의 해외 식민지 및 세력범위를 공고히 하는 데 있었다. 그러나 다이쇼시대에 들어오면서 이러한 목표를 달성하는 전략을 둘러싸고 정책이 크게 양분되었다. 즉 다른 제국주의 열강과 협조해야 한다는 주장

과 독자적인 길을 걸어야 한다는 주장으로 갈라졌던 것이다. 이러한 두 정책
의 교차 속에서 1910~1920년대의 일본 제국주의가 전개되었다.

메이지외교의 중심과제가 조선문제였다면 다이쇼외교의 핵심은 중국문제
였다. 1911년 신해혁명에 의해 중화민국이 수립되자 일본은 자신의 이익을
보존하는 방향에서 열강과의 협조 정책을 추진하였다. 그러나 제1차 세계대
전의 발발과 함께 유럽국가들이 중국에 대한 관심이 소홀해지자, 일본의 대
중국 외교정책은 자체 이익을 독자적으로 추구한다는 쪽으로 완전히 방향전
환을 하였다. 1915년 일본은 '21개조 요구'를 제시하여 중국에서의 일본의
기존권익을 보장 또는 확대하는 한편, 군벌에 대한 지원을 통하여 일본의 우
월권을 확보하려 하였다. 그러나 이러한 조치들은 중국인들의 반일감정을 고
취시켜 마침내는 5·4운동이라는 중국의 민족주의 운동을 촉발시키는 중요한
계기가 되었다.

제1차 세계대전의 종결과 아울러 한반도에서의 3·1운동, 중국에서의 5·4
운동의 발발은 일본 외교를 열강과의 협조라는 온건방침으로 돌려놓았다. 군
사적 행동보다는 평화적 침투 즉 경제적 확장주의 전략이 1920년대 일본의
주류를 이룬 대외정책이었다. 동아시아에서의 새로운 국제질서 수립을 목표
로 한 워싱턴회의(1921~1922)에 참석한 일본이 '21개조 요구'의 일부를 포기
하고, 해군군축에 합의한 일 등은 그러한 정책 전환을 명백하게 보여준 것이
라 하겠다.

그러나 열강과의 협조 정책이나 중국과의 평화적 공동번영이라는 목표에
는 한계가 있었다. 중국과의 평화적 외교의 추진은 중국에서 일어나는 반일
감정을 누그러뜨릴 수 없었고, 일본세력의 확장을 경계하는 서구 열강의 압
력이 줄어들지 않았다. 이러한 결과 정부는 국내의 열광적인 민족주의자들로
부터 '연약외교'를 청산하라는 심한 압박을 받게 되었다. 이것이 1920년대 말
의 대중국정책이 강경노선으로 전환하게 된 이유였다. 그러나 기본적으로는
신중한 외교정책을 수행하던 정부였고, 따라서 이에 대한 불만을 품고 있던
육군 일각의 음모가 표면화되면서 일본의 외교정책은 적극적 무력 팽창으로
급선회하게 된다.

제8절 일본 군국주의의 대두

만주사변과 일본 군국주의화 과정

1931년 9월 만주에 주둔하고 있던 관동군은 봉천 교외의 유조구 부근을

통과하던 만주철도폭파사건을 빌미로 만주사변을 일으켰다. 전 만주지역을 점령한 일본군은 1932년 만주국을 수립하였다. 국제연맹에서 파견된 조사단이 일본의 만주 침략을 규정하고, 연맹이 이를 총회에서 의결하자 일본은 국제연맹을 탈퇴하였다(1933). 이러한 만주사변의 전개는 일본을 외교적으로 고립시켰을 뿐만 아니라, 국내적으로도 국방정책이 모든 정책의 구심점이 된 군국주의로의 길을 걷게 만든 계기가 되었다.

만주사변을 전후하여 일본 국내에서는 국가주의를 신봉하는 과격한 청년장교들과 민간우익파들에 의해 정당정치를 종결시키려는 정치테러가 횡행하였다. 1932년 5월 15일 정당정치에 불만을 품은 해군의 청년장교들이 수상 이누카이 쓰요시(犬養 毅, 1855~1932) 및 요인들을 암살한 사건(5·15사건)은 일본에서 정당내각의 시대가 막을 내리게 한 사건이었다. 이어 거국일치를 표방하는 내각이 성립되었으나 이미 정치의 중심은 군부로 옮겨졌다.

그러나 군부 내에서는 수뇌부가 황도파와 통제파로 나뉘어 분쟁이 그치지 않았다. 천황을 중심으로 '일본의 정신'을 개조함으로써 국가의 병폐를 바로잡아야 한다는 주장을 펴는 황도파 장군들은 과격파 청년장교들의 열렬한 지지를 받았다. 반면에 통제파 장군들은 황도파가 현대 군사이론을 충분히 이해하지 못하고 있음을 비난하였다. 황도파의 '정신 동원' 대신에 통제파는 장기적인 경제개혁과 국가총동원 체제를 수립할 것을 주장하였다. 1936년 2월 26일 황도파를 추종하는 과격파 청년 장교들은 쿠데타를 일으켰으나, 정계·군부의 일부 요인을 암살하는 데 그쳐 실패하고 말았다(2·26사건). 이후 육군은 통제파가 장악하게 되었고, 일본정치의 진로는 이들 군부의 손에 완전히 맡겨지게 되었다.

군국주의 대두의 배경

그러면 일본이 이와 같은 군국주의화의 길을 걷게 된 원인은 어디에 있을까? 그것은 군부가 정치적 영향력을 행사할 수 있도록 만들어진 메이지헌법의 구조와 1920년대의 국내·외적인 정치·경제 상황 그리고 보수적 국수주의 사상의 영향에서 찾아볼 수 있을 것이다.

부국 '강병'의 기치 아래 출발한 메이지정부의 이념은 메이지헌법에도 그대로 반영되었다. 입헌제의 틀 속에서 천황의 대권은 모든 것을 제한할 수 있는 장치였는데, 특히 군의 통수권은 천황에게 직속되는 것으로서 내각의 통제를 벗어나게 규정되어 있었다. 이에 군부의 세력이 증대됨에 따라 군부의 지도자들은 통수권의 분리를 내세워 취약한 정당정치의 기반을 위협할 수 있었던 것이다.

의회 민주주의의 전통이 전무했던 일본에서 정당정치가 뿌리를 내리기 힘들었던 것도 군국주의화의 한 원인일 것이다. 국가개조주의자들의 눈에는 정당정치가 당리당략만을 일삼고 재벌과 결탁함으로써 정치적 부패를 만연케 하는 주범으로 비쳤다. 이러한 인식은 사회·경제적인 문제가 누적됨에도 불구하고 이를 해결하지 못했던 정당정치의 무능에 대한 뿌리 깊은 불신과 연약외교로 일본의 국익을 손상시킬 뿐이라는 비판적 견해와 더불어 정당정치의 기반을 더욱 약화시켰던 것이다.

마지막으로 1920년대의 경제적·사회적 불안은 국가주의적 민간 우익단체가 속출하는 배경이 되었다. 이들은 민주주의적 사상에 반대하였을 뿐만 아니라, 계급투쟁을 강조하는 사회주의 사상도 일본의 사회질서를 파괴하는 위험사상으로 보아 배격하였다. 그리하여 복고적·보수적 우익 사상가들은 전통적 가치관을 바탕으로 천황을 중심으로 한 강력한 국민통합·국가개조를 주장하고, 배외적 국가지상주의를 부르짖었던 것이다. 이러한 국가주의 사상은 공황으로부터 탈출을 원하는 사회의 중·하층계급으로부터 호응을 받고, 특히 농어촌 출신의 하급장교들에게 깊이 침투해 들어갔다. 그리하여 민간 국가주의자들의 국가개조개혁이 마침내 군의 추진력에 의하여 실행에 옮겨진 것이었다.

제3장
제국주의하에서의
중국의 개혁운동

제1절 열강의 제국주의적 진출

조차지(租借地)

종래 '잠든 사자'라 하여 두려워하고 있던 청조의 실력이 청일전쟁에 의하여 백일하에 폭로되자, 이를 계기로 서양 열강은 중국에 대한 제국주의적 침략을 적극적으로 시도하였다. 이러한 침략은 먼저 조차지의 형태로 나타났다.

조차지 획득 경쟁에서 독일은 산동성의 한 촌락에서 2명의 독일 선교사가 토비(土匪)에게 피살된 것을 구실로 교주만을 점령하였다. 이후 중국에 대하여 산동성 내의 철도부설권 및 탄광채굴권과 교주만을 독일 해군의 기지로 제공할 것을 요구하여 교주만 입구의 양 해안 지역과 만내(灣內) 등을 99년간 조차하는 데 성공하였다(1898).

독일의 교주만 획득을 지켜 본 러시아는 일본으로 하여금 요동반도를 환부(還附)시키게 한 보상으로 여순·대련을 25년 간 조차하였다(1898). 러시아와 국제적으로 대립 관계에 있던 영국은 이에 대항하여 러시아가 여순항을 조차하고 있는 동안이라는 조건하에 위해위(威海衛)를 조차하기에 이르렀다. 프랑스는 광주만을 조차하였고(1898), 영국은 구룡반도를 조차하였으니, 기간은 모두 99년 간이었다.

이와 같이 중국은 조차지란 명목하에 분할되기 시작하였는데 이러한 조차지가 사실상 식민지와 다름이 없었다.

세력범위

영국은 다시 중국에 대하여 양자강 유역의 각 성의 토지를 타국에게 할양하지 않을 것을 약속받아 자기의 세력범위로 하였다. 프랑스는 동일한 방법으로 해남도 및 광동에 인접한 각 성을 세력범위로 하였고, 러시아는 만주를, 일본은 복건성을 각각 세력범위로 하였다.

차관침략

열강은 상술한 조차지와 세력범위를 근거지로 삼아 자본을 수출하였다. 여기에는 이윤의 획득을 목적으로 한 것과 이자를 목표로 한 것이 있었다. 이자를 목표로 한 것에는 정치차관·경제차관 등이 있었고, 이윤을 목적으로 한 것으로는 철도경영·공장경영·광산의 채굴 등이 있었다. 또한 이러한 자본의 수출은 반드시 은행을 통하여 행하여졌다. 곧 외국 은행은 중국의 차관을 인수하고, 중국에 대한 투자에서 중요한 역할을 하였던 것이다. 서구 열강들은 앞다투어 중국에 은행을 설치하였는데, 만주사변 직후에는 중국 내의 외국 은행수는 43개소, 총불입자본은 6억 8천만원에 달하였다. 이 밖에 내외합판은행이 20개소, 불입자본이 1억 400만원으로 추산되었다.

이에 대하여 중국 자체의 은행수는 140개소, 총불입자본은 겨우 1억 5,800만원에 불과하였다. 열강들이 이처럼 청일전쟁으로 재정이 궁핍하여진 중국에 대하여 경쟁적으로 차관을 떠맡긴 것은 그들이 중국해관의 수입을 담보로 이자의 수입을 노렸기 때문이었다. 또한 중국의 차관을 인수함으로써 자본 수출의 편의를 얻자는 데도 그 이유가 있었다.

철도부설

다음으로 열강이 가장 격렬한 경쟁을 일으킨 것은 철도이권의 획득이었다. 제국주의 진출의 근간이 된 철도의 부설은 막대한 이익을 낳을 수 있을 뿐 아니라 연선(沿線)에 있는 탄광과 철광의 자원을 획득할 수 있는 동시에, 그 나라의 정치적 세력도 철도에 따라 신장하여 세력범위를 형성할 수 있었기 때문이다.

1896년 러시아가 밀약으로써 동청(東淸)철도의 부설권을 얻은 것을 시초로 하여, 영·독·불 등이 각지에 철도를 부설할 권리를 획득하였다. 이리하여 중국의 철도 연선 각지에는 열강의 세력범위가 설립되고, 열강의 자본 투하와 공장이 설립되어 중국은 완전히 열강의 식민지로 화하여 일시 중국의 분할론까지 일어났다.

문호개방정책

미국은 미·서(美·西)전쟁 이후 먼로Monroe주의를 국시로 하는 외교 정책을 변경하여 서태평양까지 그 세력을 확대하게 되었다. 그러나 그때 중국에 뿌리박은 유럽 열강과 일본의 세력이 공고하였으므로, 미국은 중국의 문호 개방을 제창하여 1899년 국무장관 존 헤이John Hay의 이름으로 미·불·러·독·이·일의 국가들에게 중국의 문호를 개방하여 영토를 보전하고, 기회 균등으로 공평한 공영을 하자는 제의를 하였다. 당시 중국은 의화단의 난으로 소란하였기 때문에 이 제의는 실현되지 못하였으나, 중국의 분할을 저지하는 것이라 하여 중국인들은 이를 감사하게 생각하였다. 이로 인해 미국은 다소 용이하게 중국으로의 경제적 진출을 꾀할 수 있었다.

제2절 무술정변

개혁과 혁명의 기로

중국은 청일전쟁을 계기로 노골화된 열강의 진출로 말미암아 영토는 분할되고, 각종 이권은 박탈당하였다. 국권이 상실되어 반식민지적 상태에 놓이게 되었던바, 이러한 열강의 무자비한 침략에 대하여 민중들 사이에도 자신의 손으로 스스로 중국을 근대화하려는 움직임이 나타났다. 이 움직임을 대표하는 것으로는 '상부로부터'의 개혁을 실시하여 입헌군주정을 수립하려는 강유위(康有爲) 등의 혁신 운동과, '하부로부터'의 개혁을 통해서 민주공화제를 수립하여 봉건적인 관계들을 일소하려는 손문(孫文)을 중심으로 한 혁명 운동의 두 가지가 있었다.

강유위

변법운동

청일전쟁에서 중국이 외국에게 패배한 것은 중국인들에게 좀더 근본적인 결함을 발견케 하였다. 그들 중에는 병기 및 군비의 개혁뿐만이 아니라, 정치 제도의 개혁을 열심히 창도(唱導)하는 사람이 나타났다. 즉 강유위를 중심으로 한 양계초(梁啓超)·담사동(譚詞同)의 하급관료단이었다.

강유위는 일찍이 1888년(광서 14년) 야인의 몸으로서 메이지유신을 모방하여 정치를 개혁할 것을 상소한 바 있다. 그러나 아무런 반향을 보지 못하자, 고향인 광동성으로 돌아가 사숙을 열고 후진을 지도 양성하였다. 이러는 동안 청일전쟁에서 청국이 패배하자, 그는 다시 상경하여 거인(擧人) 1,000여 명의 찬성을 얻어 거화·천도·변법의 삼사를 청하는 이른바 '공차상서(公

車上書)'를 행하는 한편, 1898년 보국회를 조직하고 양계초·담사동 등 동지를 규합하여 변법운동(變法運動)을 추진하였다. '변법'이라 함은 전통 문화를 중심으로 하되 서양의 근대 기술 문화를 편법으로 사용하여 부국강병책을 꾀하자는 것인데, 보국회는 영토·주권 및 국교의 옹호, 민족의 자립, 내치·외교의 쇄신, 경제학의 실천 등을 강령으로 하고, 일본의 메이지유신을 모방하여 헌법의 제정과 국회의 개설을 목표로 하였다.

양계초

무술개혁과 실패

강유위·양계초 등의 열성은 1898년 4월 그들을 대면한 젊은 황제 덕종(광서제, 1875~1908)을 감격케 하여 그는 같은 해 6월 초부터 9월 중순에 이르기까지 강유위 일파를 등용하여 제반 제도의 개혁에 착수하였다.

착수기간 동안 제도 개혁에 관한 칙령은 실로 61개조에 미쳤으니, 그 궁극적 목적은 상술한 바와 같이 국회를 열고, 입헌군주체제를 확립하자는 데 있었다. 그러나 이러한 변법유신에 대하여 서태후를 에워싼 영록 등의 수구파 관료들은 사사건건 반대하였다. 그리하여 개혁파는 원세개로 하여금 수구파에 대한 쿠데타를 일으키게 하려고 하였으나, 원세개의 밀고에 의하여 도리어 개혁파들이 역쿠데타를 당하여 강유위·양계초는 해외로 망명하고, 담사동은 처형당하고 말았다. 이리하여 민주주의적 개혁을 지향한 변법유신도 백일 천하가 되고 말았는데, 이것을 무술정변(戊戌政變) 또는 백일유신이라 한다.

민중의 토대를 가지지 못한 이러한 운동은 수구파들의 반동이 없었다 하더라도 실패할 성격의 것이었다. 무술정변 후의 청조는 보수적·배외적 경향을 더욱더 강화시켜 드디어 1900년 서구 열강들과의 사이에 의화단의 난을 일으키고 말았다.

제3절 의화단의 난

배 경

무술정변에서 서태후는 덕종을 유폐한 후 다시 수렴정치를 하였다. 혁신운동의 반동으로 수구파들이 전성하여 정치는 보수적이며 배외적이 되었다. 남경조약과 북경조약의 성립으로 중국은 국제 경제 속에 개방되었고, 특히 세관자주권의 상실로 말미암아 중국의 민족 공업은 발전할 여지가 없게 되었다. 또 홍수같이 밀려드는 자본주의적 상품은 중국 사회에 결정적인 영향을 주었다. 즉 기계 공업에 의한 값싼 생산품이 협정관세율이라는 특권을 등에

서태후

업고 중국 시장에 대량으로 유입되어 중국 토착 공업의 발전을 방해하고, 중국 농촌의 가내 공업을 몰락시키자, 농민 생활은 급격히 악화되었다.

이러한 경향은 산동과 하북에서 더욱 심하였다. 한발·기근에다 열강들의 면제품이 대량 수입되었고, 그중에서도 일본 상품이 만주·화북에 진출하자, 겨우 일어나기 시작한 화북 각지의 토착 공업의 발달은 좌절되었다. 산동·하북의 소도시에는 실업자가 급증하게 되었다.

또 북경과 천진 사이의 철도가 개통되자, 운반 인부와 차부들이 일자리를 잃었고, 더욱이 독일의 교제(膠濟)철도 부설은 산동성민의 반감을 사게 되었다. 게다가 아편전쟁과 애로우호사건 이후 기독교가 포교의 자유를 얻어 점차 보급되었다. 기독교도들은 중국의 재래 습관을 버렸고, 또 국가적 배경을 가진 교회나 선교사들이 치외법권의 보호하에 조치하였기 때문에 반교회열이 격화하여 교안(敎案) 문제가 빈번히 생겼다. 나아가서는 외국인 전체에 대한 반감으로 변하여 불안한 공기가 팽배하게 되었다.

난의 발생과 영향

이러한 반외인열이 고조해 갈 무렵, 백련교의 일파인 의화권교문이라는 종교적 비밀 결사가 산동성 방면에서 세력을 얻어 1899년 폭동을 일으켰는데, 빈궁한 농민이나 실업자들이 많이 이에 가담하였다. 다음 해인 1900년에 그들은 선교사나 기독교도들에게 박해를 가하면서 하북 방면으로 진출하였다.

의화단과 8개국 연합국
군대와의 격전

부청멸양(扶淸滅洋)을 제창하여 청조의 보수적 정권과 결탁하였으며, 관병과 협력하여 드디어 서구 열강의 공사관을 포위 공격하기에 이르렀다. 이에 영·미·러·일·독·불·이·오의 8국이 연합 출병하여 북경을 함락하였으니, 이를 의화단의 난(1900)이라 한다.

1901년 연합국은 청조로 하여금 의화단의정서(신축화약)에 조인케 하였다. 이 조약에서 청은 막대한 배상금(총액 4억 5천만냥과 원리상환연액 5천만냥)을 부담하고, 그 지불 재원으로 관세·염세를 담보로 하였기 때문에 중국 경제에 커다란 영향을 끼쳤다. 이 의화단의 난은 외국 세력을 구축해 보려는 구중국의 최후의 노력이었으나, 오히려 이로 말미암아 청조의 보수파는 대타격을 받고, 변법신정(變法新政)을 할 수밖에 없게 되었다. 이는 청조가 그 전제적 통치체제를 고수할 힘이 소진하였음을 의미한다.

432

제 4 장
20세기의 중국

제1절 신해혁명과 5·4운동

신해혁명

손문

아편전쟁 이래 서구 열강들의 제국주의적 침략이 도를 더해가는 가운데, 개혁을 통한 중국의 자강 노력은 수차에 걸쳐 시도되었으나 하나같이 실패로 끝나고 말았다. 이에 청조의 정치적 지도력을 불신하게 된 대다수의 중국인들은 이미 일각에서 일고 있던 혁명운동에 기대를 걸게 되었다. 그리하여 전국적으로 혁명의 분위기가 고조되고 있는 가운데 마침내 1911년 10월 혁명군이 봉기하자 순식간에 청조는 쓰러지고 공화제정부인 중화민국이 수립되었다. 이것을 신해혁명(辛亥革命)이라 한다.

청일전쟁 이후 등장하기 시작한 중국의 혁명운동은 만주족을 몰아내고 한족이 주체가 된 공화국을 수립하자는 목표하에 국내외에서 화교들과 유학생을 중심으로 그 세력을 확장하여 나갔다. 그러나 이러한 운동이 처음부터 조직적이고 통일적으로 전개된 것은 아니었다. 1905년 동경에서 조직된 중국혁명동맹회의 창설은 그러한 초기의 분산적인 활동에 대한 혁명파들의 반성 결과였다. 동맹회(同盟會)는 손문을 총재로 선출하고, 그의 삼민주의(三民主義)를 혁명강령으로 채택하였다. 삼민주의라 함은 배만흥한(排滿興漢)의 민족주의(民族主義)와 공화정을 수립하자는 민권주의(民權主義), 일종의 사회주의라 할 수 있는 민생주의(民生主義)를 말한다. 혁명운동의 통일기관으로서 동맹회는 기관지 「민보」의 발간과 국내에서의 무장봉기 획책 등을 통하여 중국의 혁명적 분위기를 고취시키는 데 크게 이바지하였다.

청말의 혁명운동에서 동맹회의 활동이 커다란 비중을 차지하고 있기는 하지만, 신해혁명이 동맹회원들의 직접적인 활동에 의해서 일어난 것은 아니었다. 동맹회 외에도 국내에는 각 지방별로 군소 혁명단체들이 활약하고 있었는데, 이 단체들은 혁명에 대한 이념적 동조집단이었다는 점 외에는 동맹회와의 연계성이 미약하였다. 신해혁명은 바로 이러한 지방 혁명단체에 의해 주도되었던 것이다.

청말의 입헌운동이 정부에 의해 좌절된 것은 혁명의 동조세력을 확대시킨 셈이 되었다. 입헌군주제를 지향하며, 3차에 걸친 국회속개 청원운동을 벌이던 입헌파들은 애초에는 청조의 지배체제를 전면 부정하지는 않았다. 입헌파는 중국의 전통적 지배계층인 신사(紳士)계층의 인사들이 주류를 이루었고, 그들 중 다수는 지방의회의 의원들이었다. 그리하여 기득권 유지라는 입장에서 혁명보다는 개혁 쪽을 지지하는 경향이 강하였다. 그러나 황족 중심의 내각 구성과 국회속개운동에 대한 탄압이 계속되자 개혁 입장의 입헌파들마저도 정부에 더 이상의 기대를 걸지 않게 되었다. 오히려 입헌파는 그 반작용으로서 혁명파의 동조세력이 되어 버렸다. 입헌파의 이러한 혁명파로의 전환은 신해혁명이 성공할 수 있었던 중요한 요인의 하나였으며, 또한 신해혁명의 성격을 규정하는 결정적인 요소 중의 하나가 되기도 하였다.

신해혁명의 도화선이 된 것은 철도국유화 문제였다. 청말 외국열강들은 경

한코우(漢口)전투
(1911년 10월)

제적 제국주의의 기본도구이자 막대한 이윤을 남기는 철도 건설 경쟁을 벌였다. 이에 여러 성(省)에서는 애국적인 이권회수운동(利權回收運動)이 활발하게 일어나 외국인 소유의 철도 매수, 민간 자본에 의한 철도건설회사의 설립 등을 추진하였다. 그런데 청조의 중앙정부는 1911년 5월 이미 민간자본에 의해 남부지방에 부설되고 있던 철도를 국유화하고, 부설권 인수를 위해 외국차관을 도입하기로 결정하였다. 이와 같은 중앙정부의 결정에 대해 관련된 여러 성은 즉각 보로운동(保路運動 : 철도를 지키는 운동)을 펴면서 맹렬히 반대하였다. 특히 이 조처로 인해 피해가 컸던 사천성의 반대운동이 가장 격렬하였다. 중앙정부는 무창에 주둔하고 있던 군대를 사천성으로 파견하여 이 반대운동을 진압토록 하였다.

무창에서 암약하고 있던 혁명파들은 이 기회를 이용하여 잔류 주둔군의 폭동을 주도하고, 주요 주변지역을 장악한 다음 호북성군정부 수립을 선언하였다(1911. 10. 10). 전국 대부분의 성(省)들이 곧 이에 호응하여 마침내 남경에 중화민국 임시정부가 수립되고 손문이 임시대총통에 추대되었다. 한편 청조가 파견한 진압군 총사령관이었던 원세개(1859~1916)는 정세를 관망한 후 혁명의 진압이 아니라 도리어 혁명정부와의 협상을 추진하였다. 혁명정부도 조직력·군사력·경제력이 모두 약한 상태에서 원세개와의 협상을 거부할 수가 없었다. 협상의 결과 원세개는 대총통의 직위를 넘겨받는 대신 청조를 쓰러뜨리는 데 협조하기로 합의하였다. 그리하여 마침내 1912년 2월 원세개의 압력으로 청조의 마지막 황제가 퇴위하였고 원세개가 중화민국의 공식적인 대총통으로 취임하였다.

신해혁명에 의하여 한족의 통치권이 회복되었고, 2천 년 이상 지속되어 온 군주체제가 공화제로 대치되었다. 군주제로의 복귀를 기도한 사건들이 그 후 몇 번 있었지만 어느 경우도 성공하지 못하였다. 그것들은 오히려 공화제 수호의 결의를 더욱 공고히 하고, 제도적 확립을 촉구하는 작용을 하였을 뿐이다.

그러나 신해혁명은 정치체제의 변화를 가져왔을 뿐, 사회계층으로서의 지배세력의 구성 성분상 변동은 유발하지 못하였다. 따라서 사회조직의 기본구조라든지 사회이념 등에 관한 근본적 변화는 수반하지 않았다. 신해혁명이 이와 같이 정치혁명에 국한된 이유는 구제도하에서 사회의 지배세력을 이루고 있던 입헌파 인사들이 혁명의 진행방향을 조정할 수 있었기 때문이었다. 그들은 혁명을 성공시키는 데 기여한 것과 마찬가지로 혁명이 구질서의 전면 파괴로 이어지는 것을 막는 데도 기여한 것이다. 이리하여 구지배계층이 개인적인 영광의 부침(浮沈)은 있었어도 집단 전체로서의 세력에 큰 변화가 일어나지 않았던 점은 신해혁명의 한계성을 의미한다. 신해혁명 이후에 이어지는 군벌의 난립현상은 이러한 한계성의 결과이며, 5·4운동이나 국민혁명, 공산혁명 등은 이러한 한계성을 극복하는 역사인 것이다.

장개석 장군과 군벌 염석산

군벌시대

실권을 장악한 원세개는 동맹회의 후신인 국민당(1913년 창당)을 탄압하여 독재체제를 굳히는 한편, 여론을 선동하여 공화제를 입헌군주제로 바꾸어 자신이 황제가 되려는 야심을 품었다. 그러나 내외의 격렬한 반대에 부딪혀 뜻을 이루지 못하고 1916년 쓸쓸한 좌절감 속에 죽고 말았다. 원세개의 사망을 계기로 형식적으로나마 존재하였던 중국의 통일정부는 사라지고 말았다. 중국은 북양군벌계의 북경정부와 혁명파들의 광동정부로 대립 항쟁하는 시대로 돌입한다. 이때부터 장개석이 중국을 재통일하는 1928년까지를 군벌(軍閥)시대라 한다.

군벌이란 고정적 혹은 유동적인 지반을 갖고 거의 독립적인 통치권을 행사하며 지방에서 할거하던 군사집단의 우두머리들을 말한다. 그들은 자신들에게 개인적인 충성을 바치며, 근대화된 새로운 장비로 무장된 군대를 지휘하고 있었다. 이 군대를 유지하기 위하여 필요한 재원은 점령지역에서 거두는 각종 명목의 세금으로 충당하거나 외국세력의 지원에 의존하였다. 따라서 군벌군대는 지방민들 눈에 포학과 공포의 대상으로 비쳤으며, 제국주의 열강에는 이익을 증대시켜 주는 유익한 도구가 되었다.

군벌 풍옥산

군벌들은 자신들의 정치적 목적 달성을 위하여 연합과 분리를 거리끼지 않았다. 북방의 군벌들은 북경정부의 정권장악을 위하여 적과 아(我)가 수시로 뒤바뀌는 가운데 정권쟁탈 전쟁을 벌였다. 남방 혁명파의 사정도 예외가 아니었다. 당은 있으나 군사력이 없던 혁명파는 광동·광서파 등 남방의 군벌세력을 군사적 지주로 삼았다. 그러나 변절을 다반사로 하는 군벌 세력에의 의존은 결과적으로 광동정부도 또 하나의 군벌들의 각축장으로 변하게 하고 말았다. 이러한 남북정부의 정치상황 속에서 어느 한 세력도 적을 압도할 만한 실력이 없었기 때문에 정치적 분열과 혼란은 오랫동안 계속되었다.

그러나 군벌시대는 혼란의 시기이기도 하였지만 창조의 시기이기도 하였다. 마치 정치적으로 혼란하였던 춘추전국시대가 중국 고대 문화의 융성기였던 것과 마찬가지로 현대의 군벌시대도 문화적인 면에서 대실험이 일어나던 시대였다. 군주체제의 종언으로써 전통적인 권위의 중심이 이미 무너지기 시작하였다. 또한 군벌들의 발호가 중앙집권력의 약화를 가져왔으므로 여러 종류의 사상과 행동들이 권위에 의해 제약받지 않고 자유롭게 나타날 수 있는 상황이 조성되었다. 따라서 군벌시대의 정치적 혼란에 주목한 나머지 이 시대를 전반적인 사회발전의 침체기로 보아서는 안 될 것이다.

5·4운동

흔히 중국 현대사의 기점으로 간주되는 5·4운동은 1919년 5월 4일 북경 대학생들의 시위 사건인 5·4사건을 포함하여 대략 1915년경부터 1921년경 까지 중국에서 일어난 대규모의 사상 및 사회개조운동을 일컫는다. 이러한 지적인 대운동은 도시에서의 경제적 성장과 전반적인 사회변화가 그 바탕을 이루고 있다.

제1차 세계대전은 중국의 국내산업이 발전할 수 있는 기회를 제공하였다. 소위 매판계급(買辦階級)이라고 불리던 일련의 근대적인 기업가 계층이 대전 이 일어나기 전부터 중국에 나타나고 있었다. 이들은 외국인 기업가들 밑에 서 근대적인 경영기법과 기업정신을 터득하고 있었으므로 기회가 제공되기 만 하면 근대적인 기업가로 성장할 태세가 되어 있었다. 제1차 세계대전이 그 기회였다. 중국에서 손을 떼고 물러난 외국 상인들의 공백을 이들이 메우 면서 방적업·조선업 등을 발전시켜 나갔다. 이러한 도시에서의 산업 발달은 값싼 노동력을 구하게 되었고 따라서 농촌의 노동력이 도시로 유입되었다. 그 결과 1919년쯤에는 백만이 넘는 도시 노동자가 발생하였다.

새로운 자본가나 도시 노동자 계층의 흥기만이 아니라 귀국유학생이나 국 내에서 근대적인 교육을 받은 학생들이 또한 새로운 사회계층으로 등장하여

1919년 북경지역
대학생들의 시위 광경

중국의 전통적 사회의 변질을 촉진하였다. 고전적인 학위소지에 의하여 사회의 지배계층을 형성하고 있던 신사계층은 사라지고, 이들의 자리를 신식 학생들이 대신하게 되었다. 이들 학생들은 새로운 관료로 충원될 후보자가 되었을 뿐만 아니라, 전통적인 지식인들이 그랬던 것처럼 이들도 중국을 근대화하고 구해야 한다는 사명의식이 충만해 있었다.

이러한 사회·경제적인 배경 속에 일어난 5·4운동은 신문화운동과 민족주의 운동이라는 두 관점에서 살펴볼 수 있다.

정권 담당자들이 분열과 대립 속에 정국을 혼미상태로 몰아넣고, 제국주의적 침략의 여건을 확대시켜 나가자 이에 국가적 위기의식을 느낀 진보적인 사상가·문학가들은 1915년경부터 중국을 구하기 위해서는 문화·사상적인 개혁이 절실히 필요하다고 느껴 계몽운동을 펴게 되었다. 그 선봉이 된 것은 진독수(1879~1942)가 창간한「신청년」잡지였다.

진독수는 군벌정권을 옹호하던 유교사상을 맹렬히 공격하고 서양사상의 본격적인 수입을 강조하여 당시 청년지식인들에게 심대한 영향을 끼쳤다. 그는 중국의 개혁운동이 서양의 기술·제도의 모방에 그쳤고, 서양문명의 기반이 되었던 사상의 도입에 등한하였음을 통감하였다. 따라서 그는 중국의 근대적 발전을 위해서는 이념적인 개혁이 필수적인 것으로 보고, 유교주의의 전면부정을 주장하는 한편, 서구 민주주의 사상과 과학사상을 수입할 것을 제창하였다. 이에 자극받은 신지식인들은 전통적인 가족제도 비판, 여성해방운동 등 중국의 전통적 사회에 대한 전면 재검토를 주장하기에 이르렀다.

진독수가 발행하던「소년」잡지

신문화운동의 전파에 막대한 영향을 준 것은 미국 유학에서 돌아온 호적(1891~1962)과 이에 호응한 진독수 등이 일으킨 백화(白話)문학운동이었다. 이것은 새로운 문학은 전통적인 형식(고문·고어)을 버리고, 구어를 써서 자기의 사상·감정을 표현하자는 운동이었다. 노신의「광인일기」나「아Q정전」등은 백화문학의 가능성을 실증한 당대의 대표적인 사회비판 소설이었다. 그리고 이 백화의 보급은 민중교육을 증진시켜 신사조운동이 사회 전반의 개혁운동으로서 널리 보급되는 것을 촉진하였다.

신문화운동으로 지식인들의 사회의식·정치의식이 고양된 가운데 일어난 5·4사건은 5·4운동의 다른 측면인 반제국주의적 민족주의 운동이었다. 민족주의적 관심은 1915년 산동반도를 점거한 일본이 당시의 원세개 정부에 승인을 강요하였던 21개조요구사건 이래로 증대되어 온 것이다. 1918년 연합국의 일원으로서 파리강화회담에 참석하였던 중국대표단은 일본에 의해 강요되었던 산동반도의 이권회수를 요구하였으나 묵살되어 버렸다. 이 소식이 전해지자 나날이 높아가던 중국인들의 반일감정은 마침내 전국적인 시위로 폭발하고 말았다. 1919년 5월 4일 북경대학생들을 필두로 한 북경의 학생들은 21개조 요구의 철폐, 파리강화조약의 거부, 일본 상품 불매, 친일파 요인들의 파면 등을 요구하면서 시위를 벌였다. 이러한 학생들의 시위는 마침내 노동자의 참여까지 초래하였고, 운동의 성격도 단순한 반일운동에서 반제국주의 및 반군벌운동으로 발전하였다. 결국 북경정부가 친일파 요인을 해직하고 강화조약의 조인을 거부함으로써 5·4사건은 일단락되었다.

신해혁명이 정치혁명이었다면 5·4운동은 사상혁명이었다. 신해혁명이 정치형태의 틀을 바꾸었다면, 5·4운동은 새로운 정치제도 속의 정치사상과 사회사상을 바꾸려 한 것이다. 신해혁명을 통해 살아남았던 구지배계급의 세력과 이념적 기반은 5·4운동을 주도했던 새로운 세력과 신사조에 의해 크게 동요되었다. 그러므로 새로운 중국을 새로운 이념의 바탕 위에 건설하려던 5·4운동은 중국 현대사의 가장 뚜렷한 분수령을 이루고 있는 것이다. 문화적인 사조의 변화는 말할 것도 없고, 정치면에 끼친 영향도 막대하였다. 공산당의 창당(1921)과 국민당의 개조(1924)는 정치적인 면에 5·4운동이 끼친 가장 중요한 영향의 하나였다.

제2절 국민정부의 전국통일

공산당 창당과 국민당의 개조

공산당의 창당과 국공합작(國共合作)을 통한 국민당의 개조는 5·4운동의 정치적 여파가 현실정치면에서 구체화된 사건이며, 장차의 두 혁명운동 즉 국민혁명과 공산혁명을 주도해 나갈 정치집단이 형성되었다는 점에서 중요한 의미를 지닌 사건이었다.

볼셰비키혁명의 성공과 소련의 우호적인 외교적 제스처는 자본주의 진영의 국가들이 보인 냉대에 실망하고 있던 많은 중국의 지식인들을 친소적인 경향으로 기울게 하였다. 신문화운동의 산파역을 맡았던 진독수·이대교(1888~1927) 등은 새로운 사회사상의 하나로서 마르크스-레닌주의 연구를 주도하였다. 이들의 이론적인 연구가 마침내 소련의 정치적 지도하에 중국공산당 창당(1921)이라는 정치적 행동으로 발전하였다.

한편 소련은 중국을 사회주의국가로 만들기 위한 단계적인 전략으로서 국민당과의 제휴를 시도하였다. 창당된 지 얼마 안 된 공산당이 혁명의 주체세력이 되기에는 아직 부족하고 따라서 오랜 혁명 전통을 지닌 국민당의 정치적 명망과 조직을 이용하는 것이 유리하다고 판단하여 궁지에 몰리고 있던 손문에게 지원의 손길을 내민 것이다.

당시의 손문은 5·4운동에 의하여 군벌정부가 굴복하는 것을 보고, 사상과 민중의 힘에 대한 새로운 인식 위에 혁명노선의 전환을 검토하고 있는 중이었다. 신해혁명 이후 수차에 걸친 자신의 정치적 실패가 소수의 직업적 혁명가와 군벌의 힘을 빈 무력에만 의존한 혁명방법을 택했기 때문이라고 보고, 손문은 대중에 기반을 둔 근대적 정당이 필요하다고 판단하였다. 그러나 그에게는 무력적 기반이 없었고, 새로 터득한 대중의 힘을 효율적으로 조직화할 당을 건설할 능력도 없었다. 이러한 손문에게 소련의 원조 제의는 대단히 반가운 것이었다. 그리하여 손문과 소련 양자의 이해관계가 일치하여 나타난 것이 국공합작이다.

손문과 요페 Adolf Yoffe의 공동합의선언(1923)에 의하여 국공합작의 움직임은 급진전되었고, 그 내용이 당조직에 공식적으로 반영된 결과가 국민당 개조였다. 1924년 1월에 소집된 제1차 전국대표자회의는 소련공산당을 모델로 한 당조직의 개편과 연소(聯蘇)·용공(容共)·부조농공(扶助農工)의 정책을 선언하였다. 이것은 국공합작의 공식적인 천명임과 동시에 공산당원의 도움을 받아 농민·노동운동 등 대중운동을 조정하여 군벌 타도의 전략적 수단으로 동원하려는 새로운 혁명노선의 표명이었다.

당조직의 개편 못지않게 중요했던 것은 당군사력의 근간이 될 혁명군 간부를 양성하기 위하여 군관학교를 설립한 일이다. 손문의 지시에 의하여 소련의 적군조직과 사관학교를 돌아보고 온 장개석(1887~1975)은 1924년 6월 황포군관학교를 설립하였다. 설립 의도대로 이 군관학교의 졸업생들은 북벌시 국민혁명군의 핵심적인 존재로서 활약하게 된다.

국민혁명

당을 개조하고 당군을 마련한 손문은 정치·경제·사회 등 모든 방면에서 근대적이 된 국가의 수립을 목표로 한 국민혁명을 추진하기로 하였다. 혁명방략(方略)으로 손문은 혁명의 3단계 과정설을 주장하였다. 중국은 민주주의의 전통이 없고, 또 군벌들이 정권 쟁탈전을 벌이고 있는 당시의 정치적 상황을 고려할 때, 중국혁명은 군정기(軍政期 : 무력에 의해 군벌 등 반혁명적 요소의 제거기), 훈정기(訓政期 : 정부가 주도하여 국민들에게 민주주의 훈련을 시키는 시기), 헌정기(憲政期 : 국민들의 민주적 자치능력이 생겼을 때 헌법에 의한 민주정치 실시 시기)의 3단계를 거쳐 완성되어야 한다는 것이다. 이러한 전략개념 아래 손문은 군벌세력을 일소하기 위한 북벌 준비를 서두르는 동시에 평화적 통일의 마지막 가능성을 타진하기 위하여 북경으로 올라갔다. 그러나 그는 거기서 국민당

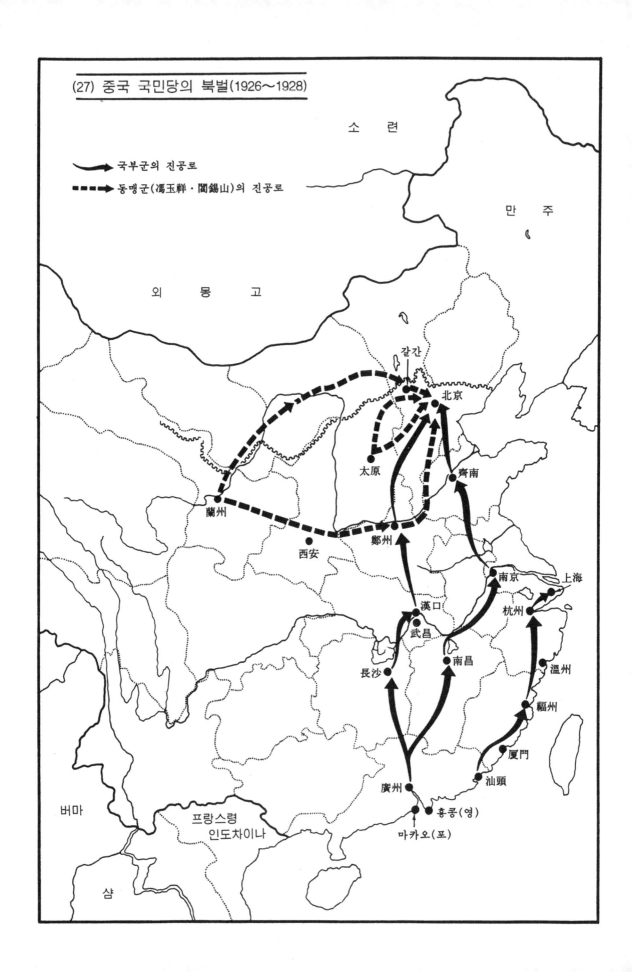

(27) 중국 국민당의 북벌(1926～1928)

국부군의 진공로
동맹군(馮玉祥·閻錫山)의 진공로

소　련

만　주

외　몽　고

갈간

北京

太原

齊南

蘭州

鄭州

西安

南京

上海

漢口

武昌

杭州

南昌

溫州

長沙

福州

廈門

汕頭

廣州

홍콩(영)

마카오(포)

버마

프랑스령
인도차이나

샴

원들에게 혁명과업의 지속을 유언으로 남기며 1925년 3월 병사하고 말았다.

손문의 북벌유업은 장개석에 의하여 달성되었다. 손문이 사망할 당시 장개석이 비록 황포군관학교의 교장이긴 하였지만 아직 정계에서 그리 이름이 널리 알려졌던 것은 아니다. 그러한 그가 정계의 실권자로 부상하면서 북벌을 주도할 수 있었던 것은 국민당 정부 내의 파벌싸움을 교묘하게 이용하였기 때문이다. 국공합작에 대한 누적된 찬반논쟁은 손문의 사망으로 그 권위가 사라지자 이내 노골화되었다. 국민당의 혁명원로들은 국공합작을 지지하는 좌파와 반대하는 우파로 분열되어 격렬한 권력투쟁을 전개한 것이다.

이때 장개석은 좌파와 중도적 입장 간을 왕래하면서 자신의 정치적 기반을 다져나갔다. 처음에 좌파가 정권을 지배하였을 때는 좌파와 손잡고 우파를 제거하였으며 그 공적으로 최고 군사 실력자가 되어 좌파와 공존하였다. 다음에 그의 정치적 기반이 충분히 튼튼하여지자 그는 군사력을 배경으로 이번에는 좌파를 공격하여 실권을 완전 장악한 것이다.

당의 최고 실력자가 된 장개석은 혁명군 총사령관으로서 1926년 6월 북벌을 개시하였다. 북경의 군벌정부와 대립하고 있던 군벌들을 포섭하여 군사적 협력을 받고, 공산당이 주로 조정하는 민중운동을 이용하면서 광동으로부터 북진한 지 2년 만인 1928년 7월 마침내 북경을 점령하게 되었다. 그리고 그 해 12월 만주의 2세 군벌 장학량이 자진하여 국민당을 지지하게 됨으로써 전 중국이 국민당 정권 아래 통일되었다.

남경정부시대

북벌의 완성에 의하여 남경을 수도로 한 국민정부가 중국을 대표하는 중앙정부로 됨으로써 이른바 남경정부시대(1928~1937)가 개막되었다. 남경정부의 수립이 순탄하게 이루어진 것은 아니다. 북벌기간 중에 세력을 만회한 좌파는 공산당과 연합하여 국민정부를 무한으로 이전시키는 데 성공하였다. 그런데 그 무한정부가 점차 좌경화의 경향이 뚜렷해지자, 우익적인 입장으로 기울어진 장개석은 독자적으로 남경에 정부를 수립함으로써 일시적으로 무한·남경 두 정부가 대립하게 되었다(1927. 4). 이 대립이 해소된 계기는 공산당의 급진적인 토지개혁 정책이 문제가 되어 무한정부가 그 해 7월 공산당을 추방한 사건이었다. 그 후 9월 분리되었던 두 정부가 남경정부로 재통합되었고, 이로써 4년 간 합작해 오던 국공의 분리가 공식화되었다. 남경통합정부는 정부의 분열과정에서 잠시 중단되었던 북벌을 속행하는 한편 공산당 세력의 제거를 또 하나의 목표로 삼게 되었다.

남경정부라는 통일된 국민정부의 수립은 손문이 구상한 혁명단계에서 보면 제1단계의 목적을 달성한 것에 불과하였다. 즉 군벌세력을 타도하여 본격적인 국민혁명을 추진할 정치적 주체를 성립시켰다는 의미가 있을 뿐이다. 그러나 정권장악 과정에서는 좌우익을 넘나들었지만 원래 우익 보수적인 정치적 성향을 지녔던 장개석이 영도하는 국민당은 더 이상 혁명정당으로 존재하지 않고 보수화된 통치정당으로 국민 위에 군림하게 되었다.

사회혁명을 통한 근대적 민주국가의 수립이라는 국민혁명의 원래의 목적은 퇴색되고, 사회혁명운동은 정권에 대한 도전으로 인식되었다. 북벌의 성공에 커다란 역할을 한 민중운동은 이제는 정권의 경쟁상대로 등장한 공산주의자들의 음모와 획책으로 간주되어 모두 탄압되고 말았다. 따라서 전통적인 농민문제에 대한 개혁도 극히 미진하였고, 새롭게 대두되는 노동문제에 대한 관심도 뒷전이 되고 말았다. 이것은 국민당이 그 정권의 지지기반을 도시의 소수자본가와 농촌의 지주계층에 두고 있었던 점과 표리관계를 이루고 있었다.

남경정부의 업적이 전혀 없었던 것은 아니다. 근본적인 사회혁명에 인색한 대신 정부는 도시의 산업을 발전시키기 위한 기술개혁에 관심을 기울이고, 화폐의 통일, 근대적 은행의 설립, 학교제도의 개혁, 근대적인 교통·통신시설의 확대 등에 힘을 기울였고, 그 성과도 눈에 띄게 나타나고 있었다. 그러나 이 시대의 대내외적인 정치적 동요는 이 제한된 근대화에마저 정부의 관심을 집중하지 못하게 하였다. 다음에 소개하게 될 반장(反蔣)내전과 집요한 공산당의 도전 그리고 일본의 북부 중국 침략은 남경정부가 근대화 정책을 효과적으로 확대할 수 있는 여건을 박탈하였다. 실로 남경정부 시대는 시련의 시대였다.

제3절 공산당의 도전과 중공정권의 성립

공산당의 도전과 국민정부의 응전

남경정부에 의해 중국의 통일이 공식적으로 선언되기는 하였으나, 이 국내 통일은 대단히 불완전한 것이었다. 통일 후에도 북벌에 참여하였던 지방군벌들의 세력은 사병을 유지한 채 그대로 독립적으로 존재하고 있었다. 이에 국민정부는 중앙집권력의 강화를 위하여 군대의 정리를 단행하기로 하였다. 그러자 이 정책에 불만을 품은 군벌들은 국민당 내의 장개석 반대파와 결합하여 1929년에서 1936년까지 전후 7차례에 걸친 반장(反蔣)운동을 전개하였다. 비록 간헐적이기는 하였으나 이 정치·군사적 반란은 전국적인 현상이었으며, 때로는 장개석 정권에 심각한 위협이 되기도 하였다. 그러나 이것은 무력과 회유에 의한 장개석의 교묘한 정책으로 모두 실패하고 말았다.

반장운동보다 더 남경정부에 큰 위협이 되었던 것은 공산당의 도전이었다. 1927년 7월 국공분열 후 공산당 본부는 상해에서 지하로 숨고 나머지 당원들은 지방으로 분산되어 당의 지시에 의한 또는 독자적인 활동을 전개하였다. 그 결과 이 당시의 공산당 활동노선은 크게 두 가지로 나누어진다. 하나는 당 중앙본부의 혁명노선으로서 모스크바의 지령에 따라 노동자 중심의 도시 폭동을 통하여 공산혁명을 달성하려는 것이었고, 다른 하나는 모택동 (1893~1976)의 노선으로서 농민의 지지를 바탕으로 농촌지역에 혁명근거지를 마련하고 이를 확대함으로써 혁명을 이루어 나가자는 것이었다. 초기에는 당의 공식노선에 따라 도시에서의 공산폭동 사건이 많이 일어났으나, 모두가 국민정부군에 의해 진압되고 말았다. 이에 따라 모택동의 노선과 그 성과를 점차 중앙당에서도 인정하지 않을 수 없었다.

모택동

공산당 창당 멤버의 한 사람이었던 모택동은 1927년 9월 호남성 장사(長沙)에서 농민과 광산노동자를 동원하여 이른바 추수폭동을 일으켰다. 그러나 이것이 실패하자 그해 10월 잔여부대를 이끌고 호남성과 강서성의 접경지대에 있는 정강산으로 들어가 혁명의 근거지를 구축하였다. 토지혁명으로 농민의 지지를 얻는 데 힘쓰는 한편 공산당 자체의 무력기반이 필요함을 절감하고 주덕(1886~1978)과 더불어 홍군(紅軍)을 건설하였다. 유명한 16자유격전법〔적진아퇴(敵進我退), 적주아우(敵駐我優), 적피아타(敵疲我打), 적퇴아추(敵退我追)〕은 바로 이때 우세한 수의 국민당군의 공격으로부터 생존하기 위하여 주덕과 모택동이 공동으로 창안해 낸 전술이다. 정강산근거지에 대한 국부군 (국민당 정부군)의 공격이 강화되자 1929년 2월에는 강서성 남부의 서금으로 혁명근거지를 옮겼다.

모택동과 다른 중공 지도자들의 활동으로 1930년에는 전국에 대소 15개의 혁명근거지가 마련되었다. 이를 바탕으로 하여 1931년 11월에는 각 근거지의 대표들과 중앙당 간부가 서금에 모여 중화소비에트 임시 중앙정부(강서 소비에트라고도 함)를 수립하고 모택동을 정부의 주석, 주덕을 홍군 총사령관으로 임명하였다. 이로써 중국 공산당은 일정한 지역과 주민을 통치하는 또 하나의 중국정부를 만든 것이다.

공산당 세력의 비상한 확대에 위기 의식을 느낀 국민정부는 1930년 12월부터 1934년 10월 사이에 5차례에 걸친 대규모의 공산당 소탕작전을 전개하였다. 국부군은 4차까지는 번번이 유격전을 구사하는 중공군에 의하여 격퇴됨으로써 소탕작전에 실패하였지만, 5차작전에서는 새로운 전략을 구사하여 성공하였다. 고문으로 초빙한 독일 장교들이 제안한 작전 개념을 채용하여 완전한 군사 및 경제 봉쇄를 실시하면서 단계적으로 포위선을 압축하였다. 한편 점령지구의 주민들에게는 집중적인 선무공작을 실시하여 그 지역이 재차 공산군의 유격기지로 될 가능성도 철저히 차단하였다.

마침내 견디다 못한 공산당은 1934년 10월 주력을 집중하여 포위망을 뚫고 대장정(大長征)의 길에 올랐다. 국부군의 추격을 피하고 지방 군벌들과 싸우면서 1년 뒤인 1935년 10월 천신만고 끝에 중국의 서북쪽에 있는 섬서성 혁명근거지에 도착하였다. 출발 당시 8만여 명이었던 병력은 섬서성에 도착하였을 때에는 3만 명 정도로 줄어들었다. 이와 같이 군사적인 면에서는 비참한 패배의 장정이었지만 정치적으로도 반드시 그러한 것은 아니었다. 장정에서 살아 남은 공산당원들간에는 단결심이 강화되었고, 생존에 대한 자신감도 높아졌다. 또한 11개성을 도는 장정 과정은 변두리 지방 구석구석까지 공산당의 혁명이념을 전파할 수 있는 기회로 이용되었던 것이다.

일본의 침략과 국공의 재합작

요동반도의 일본 주둔군이었던 관동군은 본국 정부의 승인도 없이 독자적인 판단으로 1931년 9월 만주사변을 일으켜 장학량의 동북군을 패퇴시키고 전 만주지역을 장악하였다. 그리고 기세를 몰아 1933년에는 만리장성을 넘어 화북지방으로 침공하고, 1936년에는 내몽고지역에까지 손길을 뻗쳤다. 점령지역에는 주민들의 자치정부를 세운다는 명목하에 일본이 쉽게 조종할 수 있는 괴뢰정부를 세워 나갔다.

이러한 일본의 만주 및 화북침략에 대한 장개석정부의 태도는 매우 미온적이어서 계속적으로 일본과 타협하는 방향으로 일을 처리해 나갔다. 장개석은 '선안내후양외(先安內後攘外)'를 내세워 공산당 세력을 소탕하는 데 주력하기 위하여, 일본과는 가급적 군사적인 충돌을 피한다는 정책을 취하고 있었기 때문이었다.

반면에 학생과 지식인을 중심으로 한 일반국민들은 일본의 침략과 동시에 격렬한 항일운동을 전개하는 한편, 일본군에게 타협적인 정부로 하여금 즉시 공산당과의 내전을 중지하고 전 민족적인 항일전쟁을 수행하도록 촉구하였다. 그러나 장개석정부는 이러한 주장에 귀를 기울이지 않았을 뿐만 아니라 도리어 민중의 항일운동을 억제·탄압하는 방향으로 나아갔다. 그러나 정부의 탄압운동은 역효과만 낳았다. 민중의 항일의지가 꺾이기는커녕 오히려 많은 학생들과 지식인들로 하여금 반정부적이 되게 하고, 항일을 주장하는 공산당측에 동조하게끔 만들었다.

공산당은 일본의 만주침략 이후 줄곧 항일을 주장하였다. 국부군의 계속적

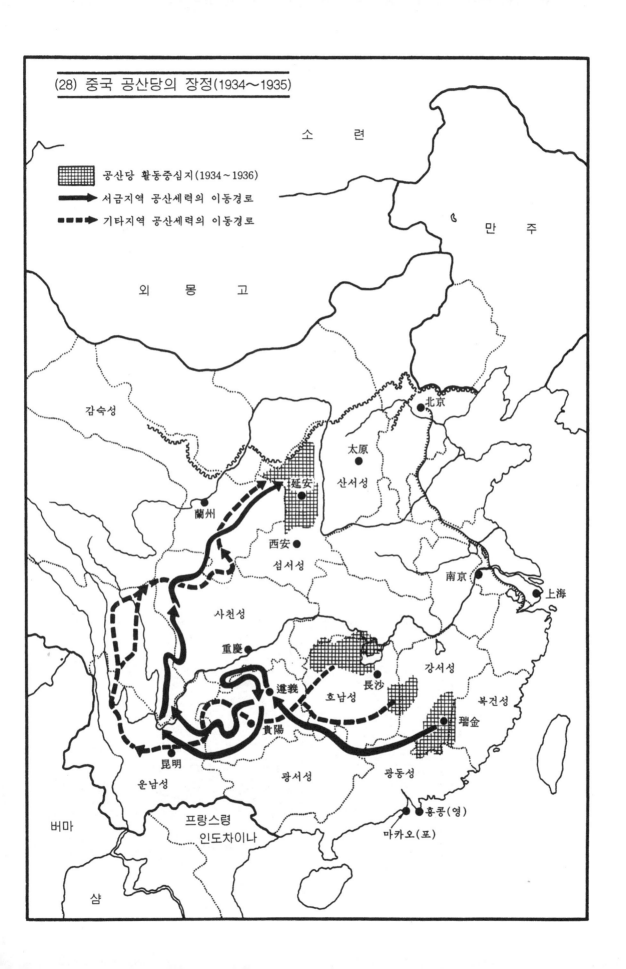

(28) 중국 공산당의 장정(1934~1935)

공산당 활동중심지(1934~1936)
서금지역 공산세력의 이동경로
기타지역 공산세력의 이동경로

소　련
만　주
외　몽　고
감숙성
北京
太原
산서성
延安
蘭州
西安
섬서성
南京
上海
사천성
重慶
강서성
長沙
遵義
호남성
복건성
貴陽
瑞金
昆明
운남성
광서성
광동성
버마
프랑스령
인도차이나
홍콩(영)
마카오(포)
샴

인 공격을 받고 있던 공산당의 지도자들은 내전 종식만이 자신들을 파멸에서
구할 수 있는 길임을 간파하고, 항일통일전선 형성을 주장하였다. 당시 비등
하고 있던 민중의 격렬한 항일감정에 편승하여 여론의 압력으로 그 목적을
달성하려 한 것이다.

공산당의 이러한 정략은 성공하였다. 자신의 정책을 고집하던 장개석에 대
한 불만은 일반국민들만이 아니라 국부군 내의 장병들에게도 파급되었다.
1936년 12월 12일 공산토벌군 부사령관이었던 장학량은 토벌작전을 독려하
기 위해 서안의 최전방 부대를 방문한 총사령관 장개석을 감금하고, 그의 정
책전환을 강요하였다. 2주 간의 협상 끝에 장개석은 '내전중지와 항일'로의
정책변경을 약속하고 풀려났는데, 이 사건을 서안(西安)사건이라 한다. 서안
사건으로 국공재합작의 실마리가 풀린 후, 1937년 7월 전면적인 중일전쟁이
일어남으로써, 그해 9월 공식적으로 제2차 국공합작이 이루어졌다. 연안(延
安)의 중공정부는 남경정부의 지방정부가 되었고, 홍군은 팔로군으로 재편성
되어 국부군의 휘하에 들어왔다. 그러나 이 국공재합작은 국민당의 일시적
정책변경이요, 공산당의 정략적 결과였지, 어느 쪽도 진정으로 합작의 필요성
을 느껴 추진한 것은 아니었다. 분리를 전제한 방편적 결합이었을 뿐이었다.

국공내전의 재개와 중공정권의 수립

단기전으로 남경정부를 굴복시키려던 일본군의 계산은 착오였다. 국공합작
에 의해 통일전선을 결성한 후 국민정부는 최후까지 항일전을 계속할 것을
천명하였다. 대부분의 도시와 교통선을 일본군에 점령당하였으나, 국부군은

중화인민공화국
건국 선언식
(1949년 10월 1일)

수도를 내륙 쪽으로 옮겨 가면서 전략적 후퇴와 소모전으로 일본군과 맞섰
다. 중일전쟁은 결과적으로 8년 간이나 지속된 장기 지구전이 되어, 일본이
연합국측에 항복한 1945년에야 비로소 끝이 났다. 그러나 항일전의 종결은
내전의 재개로 이어졌다.

국공합작에 의한 통일전선은 본래가 국민정부와 공산당 양측의 이해에 따
른 편의적인 것이었다. 따라서 오래갈 성질의 연합이 아니었다. 공산당의 속
셈은 항전보다는 국부군의 공격에서 벗어나 자기 당의 세력을 회복·확장하
는 데 있었다. 그리하여 초기에 일본군 주력부대와 한 차례의 큰 전투를 치른
것 외에는 되도록 일본군과의 정면전을 피하면서 유격전을 위주로 하고, 농
촌지역의 기지확장에 총력을 기울였다. 공산당의 이러한 움직임에 대응하여
국부군도 한편으로 항일전을 계속하면서, 다른 편으로는 공산군 주둔지역에
대한 무력봉쇄를 병행하였다. 양자의 갈등은 심화되어 이미 1941년부터 통
일전선에 금이 가더니 1944년에는 완전히 붕괴되었다.

실질적으로 합작이 깨어진 국민당과 공산당은 미국의 중재에도 불구하고,
일본이 항복한 후인 1945년 말부터 만주지역 장악문제를 계기로 충돌하여
내전 상태로 재돌입하였다. 초기에는 국부군이 우세한 듯하였다. 미국의 원조
무기로 무장하고, 풍부한 군수물자를 지원받은 국부군은 병력도 300만으로
서 100만의 중공군에 비해 압도적으로 많았다. 그러나 8년 간의 항일전 동안
전투보다는 주로 광범위한 농민들의 지지를 바탕으로 병력의 확대를 이룩해
오고 있던 것은 공산군이었다. 이들은 항일전에서 지쳐 사기와 단결면에서
와해상태에 있었고, 또 극심한 부패로 유명하였던 국민당군을 점차 궁지로
몰아갔다. 마침내 국부군이 완전 열세에 몰려 대만으로 정부를 옮기게 되자,
1949년 10월 1일 북경에서 중공당 정권인 '중화인민공화국'이 정식으로 수
립되었다.

국공의 승패 원인

국민정부의 대륙 상실은 국민당에 대한 중공군의 군사적 승리였다. 그러나
국부군 국공내전에서의 이러한 군사적 승패는 그 바탕이 되었던 정치적 승패
의 요인을 전제하지 않고는 이야기할 수 없다. 즉 국공내전은 "민중의 지지를
얻었던 소규모이지만 헌신적이고 잘 조직된 군대가, 사기가 떨어진 무능한
지도부를 지닌, 보다 큰 규모이기는 하지만 신망 없는 군대에 승리한 하나의
역사상 명확한 예"였던 것이다.

국민정부는 남경정부 수립 이후 사회적으로 개혁되어야 할 문제점들이 많
음에도 불구하고 혁명정당으로서보다 통치정당으로서, 변혁보다는 정권유지

에 더 관심을 기울였다. 따라서 상황의 변화에 탄력성 있게 대처하지 못하였다. 중일전쟁 이전에는 항일전을 요구하는 지식인들의 주장을 무시하였고, 전후 내전기에도 국민당 지배지구에서 일어난 학생·지식인들의 '반전' 시민운동이 정부의 토대를 어지럽히는 운동으로 간주되어 탄압되었다. 이러한 지식인들의 정치적 요구에 대한 탄압이 결국은 지식인들의 이반현상을 가져왔고, 이들은 중공측에 투신하여 혁명달성에 적극적인 가담을 하게 된 것이다.

한편 국민정부가 별로 관심을 기울이지 않은 농민들을 공산당은 그들 혁명의 기초적인 토대로 이용하였다. 대중 그것도 전 중국 인민의 8할을 차지하는 농민들의 지지획득에 전략적 기초를 두고 있던 중국 공산당은 항일전쟁시대부터 일본에 대한 중국농민의 민족주의적인 저항감정을 동원하는 데 전력을 기울이고, 그에 따라 자기 당의 권력확대를 도모해 왔다. 전후에도 토지개혁정책을 적극적으로 추진하여 모든 지주의 토지소유권을 폐지하고 경작자가 토지를 균분하게 한다는 슬로건으로 농민대중의 지지기반을 넓혀갔다.

정치적으로 농민과 지식인들의 지지기반을 잃고 있던 국민정부는 전후 직면한 경제상황의 악화로써 치명적인 위기에 도달한다. 이미 일본과의 전쟁으로 인한 군사지출로 인해 국가재정의 악화를 경험한 국민정부는 또다시 내전으로 인한 대폭적인 재정적자를 감수하여야 했다. 이를 타개하기 위하여 정부가 행하였던 통화개혁 등 일련의 경제정책은 오히려 인플레이션만 조장하고 모두 실패로 끝나고 말았다. 예컨대, 1948년 8월부터 그 후 6개월 사이의 물가는 8만 5천 배를 기록하고 있다. 이러한 국민당 지배지구에서의 경제적 붕괴로 인해 도시에 있어서 국민당의 마지막 지지세력인 공무원, 상인, 중소기업가들마저 국민정부의 붕괴에 냉담한 반응을 보이면서 "다음에 올 공산정권 치하에서 지위의 보전을 생각할 뿐"이었다.

국민정부의 군사적 패배는 이렇게 농촌과 도시에서의 지지기반을 잃어가던 국민당의 통치능력의 한계를 확실히 드러낸 것에 지나지 않았다. 국민당 군대 내부의 지휘계통의 문란이라든지, 전쟁에 대한 염증의 증대, 미국의 군사적 지원의 부적절, 군사 전략적 실패 등은 구체적인 군사적 패배의 원인으로 열거될 수 있다.

그러나 이것들은 사실 따지고 보면 이상과 같이 정치적인 면에서 중공의 전략에 패하고 있던 국민정부의 통치력이 현실적으로 군사적인 면에 반영된 결과에 불과하다. 요컨대 국공내전의 승패는 "한 건축업자가 버린 돌이 다른 건축업자에 의해 건물의 주춧돌로 쓰여졌다"는 성경의 구절처럼, 국민당이 버린 농민과 지식인들이 공산당에 의해 중요한 혁명의 수단으로 동원되었다는 점에서 그 근본적인 원인을 찾아야 할 것이다.

색 인

◇ 저자 약력 ◇

김기훈 金基勳
육군사관학교 졸업(문학사)
서울대학교 동양사학과 졸업(문학사)
하와이대학교 사학과 졸업(역사학 석사 및 박사)
현재 육군사관학교 사학과 명예교수로 재직 중
전공분야는 '중국현대사'이고「1930년대의 일제의 만주 이주 정책」등
　다수의 논문과 저술이 있음.

이내주 李來珠
육군사관학교 졸업(문학사)
서강대학교 사학과 졸업(문학석사)
영국 서섹스대학교 사학과 졸업(역사학 석사 및 박사)
현재 육군사관학교 사학과 교수로 재직 중
전공분야는 '영국근현대사'이고「기술교육과 영국산업의 쇠퇴」등
　다수의 논문이 있음.

이재 李宰
육군사관학교 졸업(문학사)
서울대학교 사학과 졸업(문학사)
서울대학교 사학과 대학원 졸업(문학석사)
서울대학교 사학과 박사과정 수료
미네소타대학교에서 서양사 연구
육군사관학교 사학과 교수 역임
현재 육군사관학교 사학과 명예교수로 재직 중
전공분야는 '미국사'이고「차알스 비어드의 미국헌법의 경제적 해석에
　관한 고찰」등 다수의 논문이 있음.

세계문화사 (제3판)

초판 펴낸날	1977년 2월 10일
개정판 펴낸날	1985년 8월 15일
제3판 1쇄 펴낸날	1998년 8월 10일
제3판 7쇄 펴낸날	2016년 2월 17일

공저자　김기훈 · 이내주 · 이재
펴낸이　김시연
펴낸곳　(주)일조각
　　　　03176 서울시 종로구 경희궁길 39
등 록　1953년 9월 3일 제300-1953-1호(구 : 제1-298호)
전 화　734-3545, 733-8811(편집부)
　　　　733-5430~1(영업부)
팩 스　735-9994(편집부)/738-5857(영업부)
이메일　ilchokak@hanmail.net
홈페이지　www.ilchokak.co.kr
ISBN　978-89-337-0338-0　93900

값 20,000원